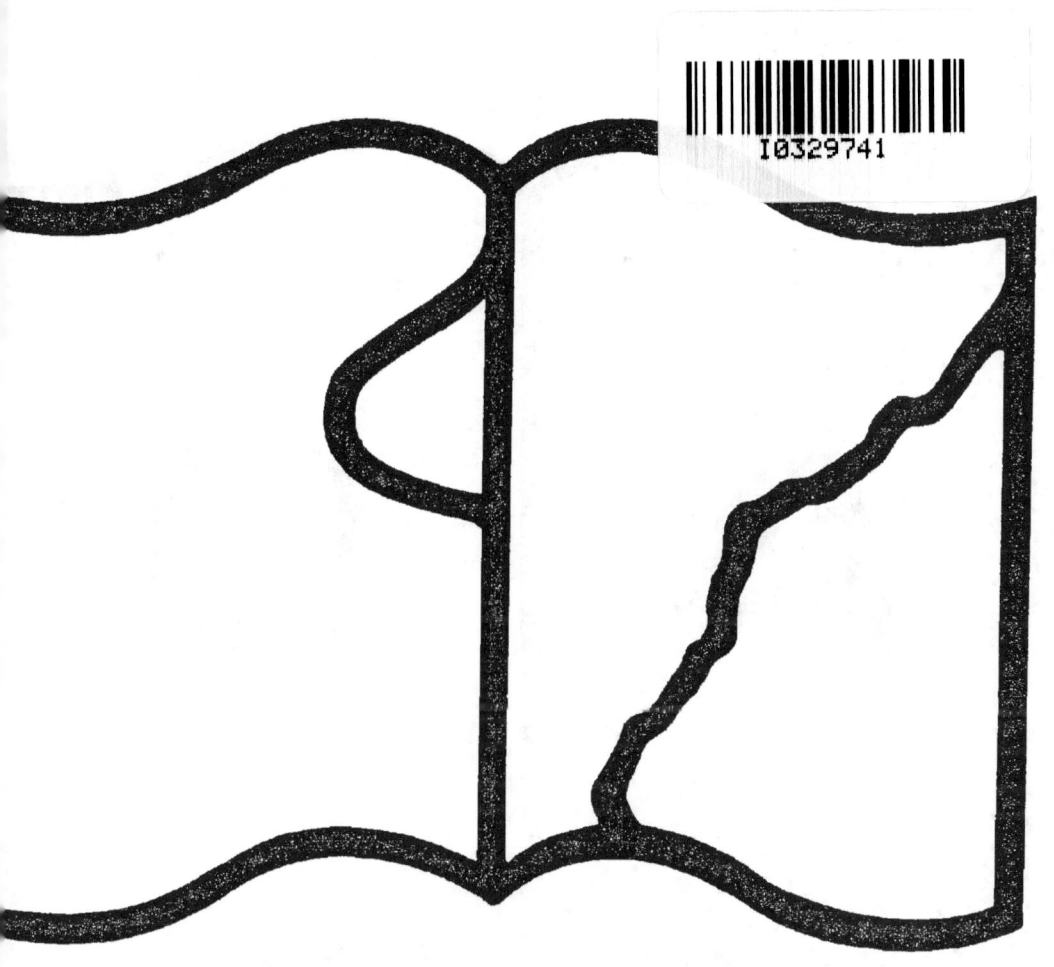

Texte détérioré — reliure défectueuse

NF Z 43-120-11

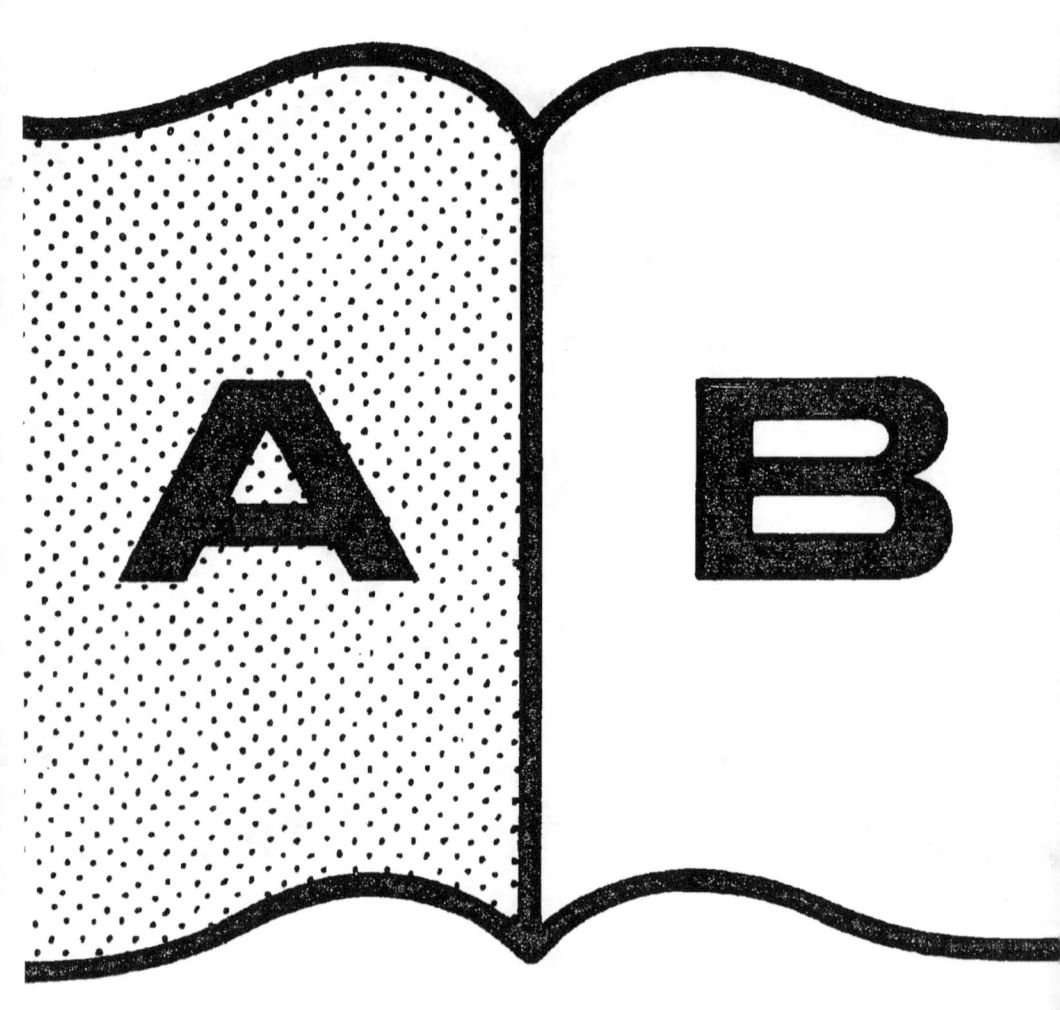

Contraste insuffisant

NF Z 43-120-14

Q.198.

Z 7744

JUGEMENS
DES
SAVANS
SUR LES
PRINCIPAUX OUVRAGES
DES
AUTEURS.
PAR
ADRIEN BAILLET.

Revûs, corrigés, & augmentés par M. De la Monnoye de l'Académie Françoise.

TOME SECOND.

A PARIS.

Chés
- Charles Moette, ruë de la Bouclerie, près le Pont S. Michel.
- Charles le Clerc, Quai des Augustins.
- Pierre Morisset, ruë Saint Jacques.
- Pierre Prault, Quai de Gêvres.
- Jacques Chardon Imp. Libraire, ruë du Petit-Pont.

M. DCCXXII.
Avec Approbations & Privilége du Roi.

TABLE

DES CHAPITRES ET PARAGRAPHES
du second Volume.

JUGEMENS DES PRINCIPAUX CRITIQUES.

PREMIE'RE PARTIE.

CRITIQUES HISTORIQUES,

Contenant les Examinateurs ou Censeurs de Livres, les Bibliothéquaires, ceux qui ont fait les Recueils des Hommes Illustres par leurs Ecrits, ceux qui ont fait les Catalogues des Livres.

CHAP. I. Des Critiques universels qui ont parlé indifféremment de toutes sortes d'Auteurs. Page 3
CHAP. II. Des Critiques & Recueils d'Auteurs Ecclésiastiques. 39
CHAP. III. Bibliothéques d'Auteurs Ecclésiastiques Réguliers. 65
CHAP. IV. Des Bibliothéquaires & Ecrivains d'Hommes Illustres disposés selon les Pays différens. 76
CHAP. V. Des Professions des Arts & des Sciences. 106
CHAP. VI. De quelques Catalogues de Livres, tant de Libraires que de Bibliothéques particuliéres. 134
    Catalogues de Manuscrits. 135
    Catalogues de Livres imprimés. 141
    Des Critiques qui ont écrit de la maniére de dresser une Bibliothéque, &c. 149
CHAP. VII. Des principaux Critiques qui n'ont point écrit exprès ou par profession sur le Jugement des Ouvrages des Auteurs, mais qui se sont contentés d'en faire l'éxamen par occasion dans leurs écrits, ou qui étant consultés sur les Livres n'ont donné leurs avis, & n'ont prononcé leurs Sentences que de vive voix. 153

De quelques Savans Hérétiques qui se sont éxercés dans la Critique & qui ont voulu l'employer contre l'Eglise Catholique. 168
CHAP. VIII. *Critiques des Etudes.* 170
  § 1. *Des Gens d'Etude & de leur état.* 170
  § 2. *De l'Examen des Esprits.* 172
  § 3. *Ceux qui ont écrit de la Manière de bien étudier.* 173
  § 4. *De quelques Systèmes des Sciences pour servir de Plan aux Etudes.* 178

SECONDE PARTIE.

CRITIQUES GRAMMAIRIENS,

Contenant principalement les Auteurs qui ont écrit de la PHILOLOGIE.

Critiques ou *Philologues anciens.* 185
Critiques ou *Philologues modernes qui ont paru depuis le rétablissement des Belles Lettres.* 207
Dissertation touchant POMPONIUS LÆTUS. 233
Des principaux Recueils, ou *Corps de Critique.* 507
Critiques de l'Histoire Byzantine. 507
Variorum d'Hollande. 510
Interprétes ou *Scholiastes Dauphins.* 514

Grammairiens que l'on appelle Techniques ou Artistes.

De deux Livres anonymes qui traitent de l'Art de parler en général. 521
Auteurs qui ont donné des Traités de l'Orthographe, &c. par rapport à la Grammaire. 525
Traités particuliers des Lettres. 528
Des Notes & Abbréviations. 529
De la Cryptographie ou *Stéganographie.* 530

Grammairiens de la Langue Latine.

CHAP. I. *De ceux d'entre les Latins qui en ont écrit.* 533
CHAP. II. *Des autres anciens Grammairiens Latins.* 536

Les vieilles Gloses. 543

Grammairiens Latins des derniers siécles.

CHAP. I. *De quelques-uns des principaux Dictionnaires & Recueils de mots.* 544
CHAP. II. *De quelques Dictionnaires de la Latinité corrompuë.* 556
Grammairiens Artistes des derniers siécles qui ont écrit des Régles de l'Art de la Grammaire Latine. 560

Grammairiens Grecs.

CHAP. I. *De ceux qui ont fait des Léxicons.* 582
CHAP. II. *De quelques Dictionnaires de Grec corrompu & barbare.* 598
CHAP. III. *De ceux qui ont donné des Grammaires Grecques.* 599

Grammairiens Hébreux, & de quelques autres Langues Orientales.

CHAP. I. *Des principaux Grammairiens qui ont vécu vers la fin du IX. siécle & le commencement du X.* 627
CHAP. II. *De quelques Grammairiens Hébreux d'entre les Chrétiens.* 632
§. 1. *De ceux qui ont fait des Léxicons.* 632
§. 2. *De ceux qui ont écrit de l'Art & des Régles de la Grammaire.* 638
CHAP. III. *De quelques autres Traités de Grammaire de Langues Orientales.* 644
§. 1. *De la Grammaire Arabe.* 644
§. 2. *De la Grammaire Persane.* 646
§. 3. *De la Grammaire Turque.* 647

Grammaires en Langues vulgaires qui viennent de la Latine.

CHAP. I. *Des Grammairiens François.* 648
§. 1. *De quelques Auteurs qui ont écrit de l'Orthographe Françoise.* 648
§. 2. *De ceux qui ont écrit des Principes de la Grammaire Françoise.* 651

CHAP. II. *Grammairiens Italiens.* 673
  §. 1. *De quelques Dictionnaires.* 673
  §. 2. *De quelques Grammaires Italiennes.* 675
CHAP. III. *Des Grammaires Espagnoles.* 678

JUGEMENS

JUGEMENS

DES PRINCIPAUX

CRITIQUES.

PREMIERE PARTIE.

Contenant les Examinateurs ou Censeurs de Livres, les Bibliothéquaires, ceux qui ont fait les Recueils des Hommes Illustres par leurs Ecrits, ceux qui ont fait les Catalogues des Livres:

C'est-à-dire,

Cette premiére espéce de Critiques, dont le devoir est de ramasser & de faire le dénombrement des Ouvrages de chaque Auteur; d'en faire le discernement, afin de ne point attribuer à l'un ce appartient à l'autre; de juger de leur stile & de leurs maniéres d'écrire, d'apprendre le succès qu'ils ont eu dans le Monde; & de faire voir le fruit qu'on en doit tirer.

JUGEMENS
DES PRINCIPAUX
CRITIQUES.

PREMIERE PARTIE.

CHAPITRE PREMIER.

Des Critiques univerſels qui ont parlé indifferemment de toutes ſortes d'Auteurs.

OMME nous ne parlons dans tout notre Recueil que des Ecrivains dont les Ouvrages ſont parvenus juſqu'à nous, nous ne dirons rien ni de *Zoïle* fameux Cenſeur d'Homére, de Platon, d'Iſocrate, &c. ni de *Didyme Chalcentere* cenſeur de Ciceron, ni de pluſieurs autres Critiques anciens dont les ouvrages ſe ſont perdus.

1 Dionyſ. Halicarnaſſ. de Zoilo in judic. pag. 235.
2 Ammian. Marcel. lib. 22. de Didymo, 3 Senec. Epiſt. 88. Suidas in Lexic. & aliï.

DENYS D'HALICARNASSE,
vivant sous Auguste.

33. IL semble qu'on ne soit pas encore bien assuré que les fragmens de Critique qui nous restent sous son nom soient certainement de lui. Il y a plus d'apparence que ce sont des Extraits que quelque Grec posterieur aura faits de ses Ouvrages. Henry Estienne (1) a montré le rapport qu'il y a entre cette Critique & celle de Quintilien pour en faire voir l'antiquité, comme si celui-ci avoit lû & imité Denys. Mais il se pourroit faire au contraire que l'Auteur de ces Extraits écrivant au troisième ou au quatrième siécle auroit profité des Livres de Quintilien. Il est constant néanmoins que l'Auteur est ancien, & que si ce ne sont pas les paroles de Denys d'Halicarnasse c'en sont les sentimens selon toutes les apparences. Mr De la Mothe-le-Vayer (2) dit que ,, c'est de la plus fine & de la ,, plus judicieuse Critique; qu'il n'est point aveuglé par aucune ,, passion particuliére, & encore moins par l'ignorance. Et en effet on a toujours reçu ses jugemens avec le respect dû à l'autorité qu'il s'est acquise dans l'antiquité, comme il paroît en divers endroits ausquels les plus célébres Ecrivains ont eu occasion de parler de lui (3).

Entre les precieux morceaux qui nous restent de ces excellens Ouvrages dont nous regrettons tant la perte, nous avons

1. *Les Caractères des Anciens*, par lesquels comme par des marques infaillibles chacun peut faire le discernement des Ecrits des Anciens, & remarquer ce qu'il faut imiter, & ce qu'il faut éviter dans chacun d'eux en particulier.

2. *Des Commentaires à Ammée* sur les Ecrivains Athéniens, dont la première partie traite des anciens Orateurs Athéniens savoir Lysias, Isocrate & Isæus. La seconde contient les Orateurs qui les ont suivis, comme sont Démosthène, Hyperide, Æschine; mais il ne reste que le premier traité de cette seconde Partie, encore est-il fort estropié. La troisième Partie devoit comprendre les His-

---

1 Henr. Steph. tom. 2. oper. Dionysii Halicarn.
2 Jugement des Historiens, pag. 74. 75. ¶ Les paroles qu'on cite ici de la Mothe-le-Vayer ne sont nulle part dans ses Jugemens des Historiens. ¶
3 Voss. Hist. Lat. lib. 2. pag. 171. Item De Hist. Gr. ¶ Il n'est parlé ni près ni loin de Denys d'Halicarnasse dans les Historiens Latins à l'endroit cité. ¶

CRITIQUES HISTORIQUES.

toriens, mais il ne paroît pas qu'elle ait encore vû le jour, & peut-être même que Denys d'Halicarnasse s'étoit contenté de la promettre.

3. *Une Epitre au même Ammée* sur l'Eloquence & les Harangues de Démosthène.

4. *Une autre à Pompée* qui est un jugement de Platon, dans lequel il fait voir ce qu'il approuve dans son stile & ce qu'il n'y approuve pas, avec une *Appendice* des plus célébres Historiens qu'on peut se proposer comme des modéles pour bien écrire. Ces Historiens sont Hérodote, Thucydide, Xénophon, Philiste & Théopompe.

5. *Du Caractère* & des propriétés de Thucydide à Tuberon, & un autre *Traité* plus ample à Ammée sur le même sujet.

On peut ajouter qu'entre ses autres Ouvrages de Critique qui sont entiérement perdus, il n'y en avoit peut-être pas de plus important pour notre sujet que les trois Livres *De l'Imitation* à Démétrius, dans le premier desquels il parloit de l'Imitation des Anciens; dans le second il faisoit voir quels sont les Poëtes, les Philosophes, les Historiens & les Orateurs qu'on peut imiter; & dans le troisiéme il montroit en quoi consiste cette imitation & quelle est la maniére d'y bien entrer.

Nous-nous sommes peut-être un peu trop étendu sur le sujet de ce grand Critique par rapport au dessein que nous avons pris d'être succints & de ne dire précisément que ce qui regarde le jugement des Auteurs; mais cela ne paroîtra pas entiérement déraisonnable quand on considerera qu'il est comme la régle de ceux qui embrassent ce genre d'écrire, & qu'ayant passé de beaucoup tous les Critiques de l'Antiquité qui l'avoient precedé, selon Eunapius (1), il a été regardé comme le Maître de ceux qui sont venus après lui.

Nous parlerons encore de Denys parmi les Historiens.

* *Dionysii Halicarnassei Scripta omnia, Historica & Rhetorica, Gr. Lat. Opera & studio Friderici Sylburgii* in-fol. *Francofurti* 1586. la plus correcte de toutes les Editions. — Idem *Gr. Lat. Opera Joh. Hudsonii* in-fol. 2. vol. *Oxoniæ* 1704. Dans cette Edition la Rhétorique se trouve traduite en Latin, ce qui la rend plus commode, mais elle est très-fautive.*

1 Eunapius de vit. Sophist. in Porphyrio.

QUINTILIEN, sous Galba & Vespasien.

54. SOn dixiéme Livre des *Institutions*, & le Dialogue des *Causes de la corruption de l'Eloquence* que quelques-uns lui attribuent sont des ouvrages de Critique.

André Schott dit, que les jugemens qu'il porte sur les qualités des Auteurs sont pleins de sincerité & de candeur; qu'il en a fort bien marqué les vertus & les talens, mais qu'il a donné lieu de croire qu'il en vouloit à Sénéque, comme s'il eut voulu le condamner & le rendre odieux. En effet comme il tâchoit de rétablir la pureté de la Langue Latine qui commençoit à déchoir & à se corrompre, il avoit de la peine de voir que la jeunesse ne lisoit presque plus que Sénéque, & sans prétendre le leur arracher absolument des mains il vouloit leur redonner le goût des bons Auteurs. Mais nous parlerons de lui plus amplement au Recueil des Rhétoriciens.

* *Quintiliani Opera*, in-4º. *R. Steph. Paris.* 1542. — Ibidem in-fol. *Vascosan.* 1543. — Ibidem in-4º. *Turnebi* 1586. — *Edmundi Gibson*, in-4º. *Oxoniæ* 1593. — *cum notis variorum* in-8º. 2. vol. *Lugd. Batav.* 1665. — *edente P. Burmanno cum notis Ameloveen.* in-4o. 2. vol. Ibidem 1720.*

And. Schott. tom. 2. biblioth. Hispan. pag. 203.

LONGIN, *Dionysius Cassius Longinus*, mis à mort par l'ordre de l'empereur Aurelien.

55. TOut le monde le reconnoît pour un souverain Critique, comme n'ayant point eu de Superieur en ce point.

Le Philosophe Porphyre qui avoit été son disciple parle de lui comme d'un prodige, & s'il en est crû, le jugement de Longin étoit la régle du bon sens; ses décisions en matiére d'ouvrages passoient pour des Arrests souverains: & rien n'étoit bon ou mauvais qu'autant que Longin l'avoit approuvé ou blâmé.

La plupart de ses ouvrages étoient de cette Critique dont nous

CRITIQUES HISTORIQUES.

traittons, mais il ne nous en est resté que le petit livre du Su- Longin
blime dont il faudra parler parmi les Rhétoriciens.

* *Dionysii Longini de sublimi Orationis genere Gr. & Lat. interprete Jac. Tollio, cum ejusdem & aliorum comment. & versione Gallica N. Despreaux ejusdemque & Daceris & aliorum notis in-4º. Trajecti ad Rhen. 1694.*

Voyés M. Despreaux dans sa Préface sur Longin.
Ger. Langbaine sur le même.

Vossius, lib. 1. Histor. Græc. &c.
Eunapius de vit. Sophist. in Porphyrio.

PHOTIUS Patriarche de Constantinople, mort peu après l'an 886.

56. Personne ne lui a jamais disputé la gloire d'avoir été le plus savant homme de son siécle, ayant eu une lecture prodigieuse avec un jugement très-exquis & un génie extraordinaire (1). C'est le témoignage des Auteurs anciens & modernes (2).

Il y a peu de Livres qui puissent être d'une plus grande utilité & qui ayent plus d'agrément que sa Bibliothéque, en ce qu'il nous a pour ainsi dire, conservé l'ame & l'esprit d'une infinité de Livres de Théologie, de Philosophie, de Médecine, d'Histoire, d'Orateurs & de Philologie, que nous avons perdus. La République des Lettres n'a point encore porté de Juge ni de Censeur plus judicieux, plus capable, plus libre, ni plus désinteressé qu'il paroît être sur la Critique qu'il a faite de plus de deux cens soixante-dix Auteurs qu'il a lus fort exactement. De sorte qu'on peut dire qu'il étoit plus habile en Théologie que les Théologiens qu'il censure ; en Philosophie, en Rhétorique & en Belles Lettres, que ni les Philosophes, ni les Orateurs, ni les Grammairiens & Philologues qu'il rapporte. C'est le jugement qu'en font Heinsius (3) & André Schott (4). Ce dernier dit en un autre endroit (5) que la Critique de Photius suit particuliérement la méthode d'Hermogène sur les Idées, & que comme cet Hermogène a beaucoup plus de subtilité

---

1 Nicet. David. in vit. S. Ignat. Patr. Constantinopolitani. Item Zonar. & Cedren. in Hist. Joan. Diac. & alii.

2 Vossius, lib. 2. Histor. Græc. cap. 15. pag. 288. Item. ejusd. addend. pag. 540. Baron. Bellarm. Labb. Schott & alii, Lambec. Combefis.

3 Dan. Heinsius prolegom. in Aristarc. sacr.

4 Andr. Schott. not. ad Procli Chrestomath.

5 Idem Schott. in præfat. ad Phot. Myriobibl.

Photius. que ni Ariſtote, ni même Ciceron, il s'eſt attiré l'admiration de beaucoup de gens, mais qu'il en a trouvé peu qui l'ayent pû imiter.

Il paroît néanmoins que cette Bibliothéque n'eſt point dans toute la perfection qu'auroit pû lui donner ſon Auteur. On y trouve ſouvent des répétitions des mêmes choſes, & des mêmes mots; des endroits défectueux, & d'autres hors de leurs places naturelles; un ſtile négligé, & ſouvent un renvoi qu'il fait de ce qu'il a deſſein de dire à une ſeconde partie de cet ouvrage qu'il n'a point faite; on y trouve même des cahiers entiers qui y ſont deux fois, comme ceux de Denys d'Egée, d'Hiérocles, & d'Himerius. Caſaubon a remarqué auſſi (1) qu'il attribuë quelquefois à un ſeul & un même Auteur des ſentimens contraires & oppoſés les uns aux autres & qui ſont effectivement de divers Auteurs, & que c'eſt ce qui met la confuſion dans pluſieurs de ſes narrations. C'eſt ce qui a fait croire à Schott que l'aſſemblage de ce Recueil des Cahiers de Photius a été fait avec précipitation; qu'il n'avoit apparemment écrit ces Reflexions que pour le ſoulagement de ſa mémoire, ſans avoir deſſein de ſervir le Public, ou que les affaires de l'Etat & de ſon Egliſe ne lui ont pas donné le loiſir d'y mettre la derniere main (2).

Monſieur Valois l'aîné avoit deſſein de prouver qu'il y a plus d'un quart de cette Bibliothéque qui n'eſt point de Photius (3).

Photius a fait d'autres Ouvrages fort conſiderés, entre autres Des Lettres que Montagu nous a données, & le *Nomocanon* dont nous parlerons parmi les Ecrits du Droit Canon.

* *Bibliotheca Photii, ſive Librorum quos legit Photius Patriarchæ Conſtant. excerpta & cenſura, Gracè edit. à Dav. Hoeſchelio* in-fol. *Aug. Vindel.* 1601. --- Idem *Latinè interprete And. Schotto* in-fol. *ibidem* 1606. --- Idem *Gr. Lat. interprete And. Schotto* in-fol. *Rothomagi* 1653. Cette derniere Edition n'eſt qu'une copie des deux précédentes, ce qu'elle a de commode eſt que le Grec & le Latin ſont à côté l'un de l'autre. *

---

1 Caſaub. Exercitat. prima in Baron. cap. 3. pag. 26.
2 Schott. prolegom in eumd. Phot.
3 Paul. Colomeſius in Opuſc. particul. pag. 97.

DIDIER

CRITIQUES HISTORIQUES.

DIDIER ERASME, mort en 1536.

57 LE Cardinal du Perron (1) nous donne une aſſés méchante idée de ſa Critique, & dit qu'il a fait de grandes fautes dans les jugemens qu'il donne des Auteurs.

La Critique d'Eraſme paroît dans ſes Préfaces & dans ſes Lettres, mais particuliérement dans le *Ciceronien* qui eſt une Cenſure qu'il a faite en forme de Dialogue des Auteurs qui approchent ou qui ſont éloignés du ſtile de Ciceron.

Joſeph Scaliger (2) dit que quoiqu'il n'y eut d'ailleurs rien de plus docte que tous ſes écrits, il n'a point laiſſé de tomber en celui-ci dans des erreurs qui ſemblent tenir quelque choſe de la badinerie & de l'enfance. Mr de Mauſſac (3) écrit qu'il y a dans ce Dialogue beaucoup de paſſion & d'envie contre les Auteurs, beaucoup de termes injurieux, & de méchantes railleries, tant à l'égard de Ciceron, le pere & la ſource de la pureté Romaine, qu'envers ſes ſectateurs, & particuliérement les Italiens de la fin du quinziéme ſiécle & du commencement du ſeiziéme qui croyoient avoir rencontré le génie Ciceronien. Il compare Eraſme à un bandit, qui ſans s'arrêter nulle part & ſe croyant en droit de tout prendre, court impunément la campagne & pille tout ce qu'il trouve à ſa rencontre: & il dit qu'il n'a point traitté les Auteurs avec plus d'indulgence.

Cela n'empêche pas néanmoins qu'Eraſme n'ait eu quelquefois raiſon, principalement lorſqu'il s'eſt expliqué contre ces Gens qui faiſant gloire de n'imiter que Ciceron, condamnoient indifferemment tout ce qui n'étoit pas dans le ſtile de cet Orateur, ſans examiner ſi les tems, les perſonnes, les lieux & les matiéres qu'on traitte peuvent ſouffrir ces maniéres & ces expreſſions. C'eſt ce que nous verrons dans la ſuite de ce Recueil en parlant de Longolius, de Bembe & de quelques autres imitateurs ſerviles de Ciceron. Et Voſſius de ſon côté témoigne en pluſieurs endroits (4) l'eſtime qu'il faiſoit des jugemens qu'Eraſme a portés ſur les Auteurs dans ce Dialogue.

Jules Scaliger fit deux Oraiſons, ou plutôt deux Invectives contre cet Ouvrage d'Eraſme, mais avec un peu trop de chaleur comme il

---

1 Perronian. pag. 111. au mot *Eraſme*.
2 Scaligeran. diction. Eraſmus, &c.
3 Mauſſac. præf. Orat. Jul. Scal. ad Guil. du Vair.
4 In Libris de Hiſtor. Latin. paſſim.

Erasme. le reconnut ensuite lui-même, & ce fut même avec si peu de succès, que Joseph son fils pour sauver l'honneur de son nom & de sa famille, employa toutes choses au monde pour supprimer ces deux déclamations qui lui coutérent beaucoup d'argent & d'inquiétudes, sans avoir pû venir à bout de son dessein (1).

Quant au stile du Dialogue *Ciceronien*, Borremans (2) dit qu'Erasme n'y a gardé ni la bien-séance ni l'uniformité, & que bien loin de parler Ciceronien lui-même, & de suivre les maximes qu'il prescrit aux autres, il tombe dans une autre extrémité qui est le genre Poëtique; & qu'il quitte souvent Ciceron pour parler des Poëtes comme s'il avoit oublié son thême: qu'enfin ce nouveau Censeur a eu tort de vouloir porter son jugement des Livres de son tems, comme s'il les avoit lûs.

* *Erasmi Opera omnia* in-fol. 9. vol. *Basil.* 1540. — Eadem *in-fol.* 11. vol. *Lugd. Batav.* 1703.*

1 Scaligeran. passim. Vide & infra in Philolog.   2 Borremans. Var. lection. cap. 4. p. 26.

PAUL JOVE, mort en 1552.

58   PAUL JOVE dépeint assés souvent le caractére des hommes doctes dont il fait les éloges, & il juge quelquefois de leurs ouvrages. Mais nous le remettons parmi les Historiens qui ont fait les éloges & les vies des Hommes illustres.

* *Elogia Doctorum Virorum*, &c. in-fol. *Florent*. 1551. — Idem in-fol. *Basil.* 1566.*

CONRARD GESNER, mort en 1565.
avec ses Abbreviateurs & ses Continuateurs.

59   ON a de lui deux principaux Ouvrages sur les Auteurs & les Livres; savoir, sa *Bibliothéque*, [in-fol. *Tiguri* 1545.] & ses *Pandectes* [in-fol. *Tiguri* 1548.] (1) Ce dernier Ouvrage est compris en dix-neuf Livres de *Partitions universelles* en deux gros volumes in-folio, où il a rangé les Auteurs dans des Classes réglées

1 Labb. Bibl. Bibl. pag. 27. 28.

CRITIQUES HISTORIQUES.

& sous des lieux communs selon la disposition des Arts & des Sciences. Il devoit encore y avoir deux Livres, le vingtiéme contenant les Ouvrages de Médecine, & le vingt-uniéme ceux de Théologie qui fut depuis imprimé séparément (1). On louë le dessein & le travail même de Gesner dans ces Pandectes, mais il n'étoit pas assés bien instruit pour éxécuter dignement ce grand projet, qui mériteroit bien la peine qu'on se donneroit aujourd'hui de le reprendre & d'y travailler de nouveau, l'Imprimerie nous ayant mis au monde, depuis Gesner, beaucoup plus de Livres & de meilleures éditions qu'elle n'avoit fait depuis sa naissance jusqu'à lui.

La Bibliothéque est un travail qui n'est ni moins industrieux ni moins pénible que l'autre, & comme remarque sagement Jonsius (2) quoiqu'elle soit remplie de fautes, cela ne doit point empêcher qu'on ne lui conserve sa premiere réputation, parce que c'est avoir beaucoup fait pour lui, que d'être entré le premier dans cette carriere que personne n'avoit encore ouverte, & d'avoir montré le chemin à ceux qui sont venus après lui, & qui n'ont presque point eu d'autre peine que de polir ou continuer la matiére. Il faut avouer avec Dom Nicolas Antonio (3) que Gesner a traitté cela d'une maniére un peu séche & stérile, mais on doit considerer aussi que la recherche qu'il auroit fallu faire pour nous donner l'histoire des Lettres & des Auteurs comme on a fait depuis, étoit infiniment au dessus des forces d'un Homme seul qui n'avoit personne à suivre, qui étoit sans secours, & qui outre cela étoit occupé à d'autres Ouvrages concernant la Physique, la Médecine & les Langues dont il a enrichi le Public.

Il s'est formé peu de Desseins dans la République des Lettres qui ayent été mieux goûtés que celui-là, quoi qu'on ne puisse pas se vanter de le voir encore parfaitement éxécuté jusqu'ici dans le grand nombre des Bibliothéques & des Catalogues, que l'exemple de celui de Gesner a fait naître.

---

1 ¶ Baillet a peut-être voulu dire qu'on avoit en deux volumes in-folio les deux principaux Ouvrages de Gesner sur les Auteurs, sçavoir sa Bibliothèque & ses Pandectes, mais il s'est fort mal expliqué, & Menage a eu raison de le reprendre tant d'avoir dit que ces Pandectes sont en deux gros volumes in-folio quoi qu'elles ne soient qu'en un seul qui ne fait pas la moitié de l'autre, que d'avoir ajouté qu'outre les dix neuf livres dont ces Pandectes étoient composées, il y en devoit avoir deux de plus, le vingtiéme contenant les Ouvrages de Médecine, & le vingt-uniéme ceux de Théologie, qui fut depuis séparément imprimé ; en quoi il y a double erreur, l'une d'avoir donné à entendre que le vingtiéme livre soit entré dans les Pandectes, quoi qu'il n'ait jamais paru ni là ni ailleurs, l'autre d'avoir ignoré que le vingt-uniéme avoit été imprimé dans les Pandectes-mêmes, & non pas séparément.

2 Jonsius, lib. 3. Hist. Philosoph. p 10.
3 Nic. Anton. Præfat. Biblioth. Hisp. pag. 30.

*Mort en 1561.
avant Gesner.*

CONRAD LYCOSTHENE entreprit le premier de faire un *Abregé* de cette nouvelle Bibliothéque laborieuse, en faveur de ceux qui n'aiment pas les gros Livres, comme nous apprend Simler (1), & pour épargner les finances de ceux qui étoient épouventés du grand prix du Livre de Gesner; mais cet Abregé n'est point de grand usage, parce qu'il n'a marqué ni la forme des Livres, ni le lieu, ni l'année des éditions, ni le nom des Imprimeurs. Oporin l'imprima en 1557. in-4o.

Mort en 1576.

JOSIAS SIMLER a beaucoup mieux réussi dans l'*Abregé* qu'il en a fait [in-fol. *Tiguri* 1574.] car outre qu'il a soigneusement observé les choses qui manquent à Lycosthène, & que nous venons de remarquer, c'est que non seulement il a bien gardé l'uniformité & la proportion dans cet ouvrage, mais il l'a encore enrichi de beaucoup de Livres nouveaux qu'il s'est contenté de marquer d'un asterisque pour les distinguer de ceux de Gesner.

Mort vers le commencement du 17. Siécle.

JEAN-JACQUES FRIS qui étoit de Zurich aussi-bien que Simler encherît encore sur lui. Car il augmenta cet Abregé [en 1583. in-folio *Tiguri*] de quelques milliers de Livres tant de nouveaux Auteurs que de ceux qui y étoient déja, & se servit pour cet effet du Catalogue MS de la Bibliothéque de Vienne & de ceux des Foires de Francfort, qui ne sont pas toujours fort exacts. Il avoit même réduit séparément cet Abregé à peu prés en la maniere des Pandectes de Gesner sous des titres de lieux communs, selon les Arts & les Sciences, mais si ce dernier ouvrage a été imprimé (2), il n'a point fait grand bruit jusqu'ici.

Mort en 1605.

ROBERT CONSTANTIN Normand, a fait un *Index* tant de la Bibliotéque que des Pandectes de Gesner, qui est assés bon. Il parut dès l'année 1555. [in-4o.] Vossius & les autres s'en sont servi utilement, quoiqu'il ne soit pas exemt de fautes.

Mort en 1575.

GUILLAUME CANTER a fait (3) des Notes sur la Bibliothéque de Gesner abregée par Simler, & comme il étoit bon Critique d'ailleurs, je ne doute nullement qu'elles ne soient excellentes: mais je n'ai pas été assés heureux pour les trouver & m'en servir comme j'aurois souhaité pour le dessein de ce Recueil.

---

1 Jos. Simler. Præf. epitom. Bibl. Gesn.
2 ¶ Baillet, dit Ménage chap. 50. de l'Anti-Baillet, ne devoit pas en qualité de Bibliothécaire, ignorer que cet Abregé n'a jamais été imprimé.§
3 ¶ Le P. Labbe est le premier que je sache qui page 107. de sa *Biblioteca Bibliothecarum* ait rapporté cela de Canter sur un oui-dire: *Camerus* DICITUR *notas scripsisse in Bibliothecam Simleri.* La dessus Baillet a dit: *Canter a* FAIT *des notes sur* &c. & Morhof: *Camerus* FECIT *notas in* &c.§

CRITIQUES HISTORIQUES. 13

ANTOINE DU VERDIER sieur de Vauprivas, a fait aussi un supplément à la Bibliothéque de Gesner des Livres qui ont échappé à la diligence de *Simler* & de *Fris*; ou qui ont été mis au jour depuis leur tems. * Il se trouve à la fin de sa Bibliothéque Françoise.* Cela est assés bon, mais tant que l'Imprimerie subsistera, il se fera toujours de nouvelles augmentations à cette Bibliothéque, quoique l'on se soit avisé dans ces derniers tems de donner d'autres titres à ces sortes d'ouvrages. *Mort vers la fin du 16. siécle.*

JEAN HALLERVORD fit pareillement un nouveau supplément à la Bibliothéque de Gesner en ces derniéres années; mais son Imprimeur craignant que le titre de *Supplément* ne rendît le Livre méprisable & n'en empêchât le débit, il l'obligea de changer ce titre & de l'appeller *Bibliothéque curieuse*. * in-4°. *Regiomonti* 1656.* *Aujourd'hui (1685.) vivant.*

Monsieur de Thou a fait un Eloge de Gesner qu'on peut voir à l'année 1565. & nous parlerons encore plus d'une fois de cet Auteur dans la suite.

ANTOINE POSSEVIN, mort en 1611.

60 ANTOINE POSSEVIN dont la Bibliothéque choisie est une espéce de Critique universelle de toutes sortes d'Auteurs Profanes. Voyés le Chapitre suivant des Auteurs Ecclésiastiques où nous parlerons de son Apparat sacré.
* *Bibliotheca selecta* in-fol. *Romæ* 1593, --- Idem *Coloniæ Agrip.* in-fol. 1607.*

DU VERDIER le jeune, Avocat au Parlement de Paris.
Claudius Verderius, Antonii filius.

61 IL publia à Lyon en 1586. [in-4°.] une Censure (1) de presque tous les anciens Auteurs, à ce qu'il prétend dans son titre magnifique, où il croyoit avoir remarqué les fautes des plus célébres Grammairiens, Poëtes, Historiens, Dialecticiens, Rhé-

---

1 ¶ Il parut sous le nom de Scioppius à la suite de ses Commentaires sur les Priapées une censure de la Censure de Claude du Verdier à Francfort in-12. l'an 1606. Cet écrit qui est des plus courts ne contient que trois ou quatre Observations Grammaticales. Celui de du Verdier ne méritoit pas qu'on le critiquât sérieusement. Ce n'est qu'une déclamation de jeune homme. ¶

B iij

Du Verdier. teurs, Orateurs, Jurisconsultes anciens & modernes, Philosophes, Mathématiciens, Médecins & Théologiens. Mais il paroît un peu de présomption dans cet ouvrage, assés peu de jugement, & trop d'expressions d'un jeune homme qui affecte le suffisant & souvent sans occasion. Il semble qu'il ait pris plaisir à contredire les autres Censeurs, & à juger des Auteurs & de leurs Ecrits au hazard. Vossius & Konig après lui disent qu'ils n'ont presque rien vû de plus fade, ni de plus impertinent, & qui mérite plus de censure que cette Censure même.

Et en un autre endroit Vossius avouë que du Verdier étoit savant, mais qu'il est mauvais Critique.

Vossius lib. 4. & libro 5. Rhetorices.   Konigius Biblioth. vet. & nov. pag. 81.

FABIEN JUSTINIEN *Genois*, mort en 1627.
Prêtre de l'Oratoire.

62   IL a fait un *Index* universel [imprimé à Rome en 1612. in-fol.] qui comprend par ordre Alphabétique les Matiéres traitées en particulier. Comme ce Livre devient assés rare, on s'imagine volontiers que l'ouvrage doit être excellent. Il le seroit en effet s'il avoit été fait avec plus d'exactitude, si la maniére d'énoncer les sujets n'étoit pas si séche, & s'il ne s'étoit pas trompé si souvent dans les noms & les ouvrages des Auteurs (1.

1 ¶ Il vaudroit autant dire que le Livre seroit bon s'il n'étoit pas mauvais ¶

GEORGE DRAUDIUS Allemand, vers 1630.

63   IL nous a donné une Bibliothéque Classique en trois Volumes [in-4°. à Francfort 1611.] où il a ramassé toutes sortes de Livres qu'il a tâché de ranger sous des titres generaux des Sciences & des Arts, ayant aussi observé autant qu'il a pû l'ordre Alphabetique des surnoms. Il faut avouer qu'il a découvert en partie quelle étoit la meilleure méthode de dresser ces sortes d'Ouvrages, & on peut dire même qu'il y est entré, quoiqu'il l'ait fait d'une maniére fort imparfaite. Ce n'est presque qu'une compilation des Catalogues des Foires de Francfort assés mal digerée. Il y a une

infinité de fautes, soit dans les noms des Auteurs, soit dans l'ex- Draudius. position des titres des Livres, soit dans les chiffres des années de l'édition, soit dans la marque des formes. Les Allemans eux-mêmes (1) y reconnoissent aussi ces mêmes défauts.

Telle est la destinée fâcheuse de ceux qui travaillent sur la foi d'autrui, & qui ne pouvant voir les Livres par eux-mêmes, sont obligés de s'en tenir aux Mémoires défectueux & à des Catalogues qui souvent ont été dressés à la hâte, ou par des ignorans. La diversité des Langues est encore une des causes de l'altération & de la corruption des titres, quand on ne les entend pas assés, & le peu de connoissance qu'on a des pays étrangers & de leurs Ecrivains, fait souvent que de plusieurs Auteurs differens on n'en fait qu'un; & que d'un seul on en fait plusieurs. Comme ces sortes de fautes sont moralement inévitables, aux faiseurs de Bibliothéques universelles, elles leur sont aussi beaucoup plus pardonnables qu'à ceux qui ayant dressé les Catalogues des Bibliothéques particulieres ont pû & dû s'instruire par eux-mêmes, & examiner les Livres dont ils disposoient librement.

Au reste la Bibliothéque de Draudius ne laisse point d'avoir son utilité en l'état même où elle est. Et l'on peut dire que cette utilité est encore plus grande pour ceux qui connoissent déja les Livres d'ailleurs, que n'est le fruit qu'on peut faire de plusieurs autres qui sont plus exactes.

On y a corrigé beaucoup de fautes, & on y a fait beaucoup d'augmentation dans les deux dernieres éditions qui s'en sont faites.

g Anonym. Bibliograph. Historico-Philol. pag. 166.

TRAJ. BOCCALINI; JAC. PHIL. TOMASINI; NICIUS ERYTHRÆUS, &c.

64 LE Boccalin est fort capricieux dans le jugement qu'il fait des Auteurs, comme écrit Gabriel Naudé dans son avis pour dresser une Bibilothéque. Et d'autres ont aussi remarqué qu'il n'a presque suivi que son imagination. Mais nous en parlerons plus amplement parmi les Politiques.

Et comme les deux autres n'ont presque parlé que des Ecrivains de leur pays dans leurs Eloges, nous les remettons au chapitre 4. avec ceux qui ont écrit des Hommes Illustres d'Italie.

Ragguagli di Parnasso in Venetia. in-4°. 2. vol. 1624. & 1630.

JACQUES GADDI, *de Florence* vers 1650.

65 IL a fait un gros Recueil des Ecrivains qu'il appelle *non-Ec-clesiastiques*, tant de Grecs & de Latins, que d'Italiens des premiers rangs. C'est un Ouvrage de Critique & d'Histoire divisé en cinq Théatres, le premier comprend les Philosophes, le second les Poëtes, le troisiéme les Historiens, le quatriéme les Orateurs, & le dernier les Critiques. Le premier Volume parut à Florence en 1648. in-folio. Le second qui s'étend depuis la lettre L jusqu'à l'S, fut imprimé à Lyon en de plus beaux caracteres, & sur de meilleur papier l'an 1649. Le titre de cet Ouvrage est magnifique & ne promet (1) rien moins que tout ce qui se peut dire de plus curieux & de plus utile pour toutes sortes de personnes, & sur toutes sortes de sujets. Mais les Savans & les bons connoisseurs n'en jugent pas si avantageusement. Voyés le Pere Labbe *Bibl. Bibl. pag.* 67.

Le Gaddi a fait encore divers Ouvrages contenant les éloges de toutes sortes d'Hommes Illustres qui se sont fait connoître par leurs écrits, mais ils n'ont point eu grande vogue dans le monde, & ils ont assés de peine à passer les Alpes.

1 ¶ Baillet se sert là d'une phrase fort équivoque & qui peut également signifier tout le contraire de ce qu'il a entendu.

JEAN-ANDRE' QUENSTEDT, Allemand de Quedlimbourg, *mort depuis peu.*

66 IL a fait un grand Traité en forme de Dialogue du pays & du lieu de la naissance des Hommes de Lettres, qui ont vécu depuis le commencement du monde jusqu'en l'an 1600. C'est une espéce d'Histoire Géographique, mais assés imparfaite, outre que le choix qu'il fait de certains Auteurs au préjudice de ceux qu'il omet n'est pas toujours fort judicieux.

Il devoit mieux apprendre la Géographie, & ne point faire passer des Italiens de Lombardie pour des Egyptiens, des François, pour des Grecs, &c. Il a passé les choses les plus importantes, & les plus nécessaires à son dessein, & outre cela, il a fait de grosses fautes

fautes & en grand nombre. Le P. Labbe (1) a remarqué dans cet Quenstedt.
Ouvrage un zéle trop aveugle pour son Lutheranisme, & une affectation ridicule dans son animosité contre les Catholiques, ayant souvent recours à des folies d'enfant pour marquer sa passion.

* *Dialogus de Patriis Illustrium doctrina & scriptis Virorum* in-4°. *Vvitteberg.* 1654. *

1 Labbe Bibl. Bibl. pag. 79.

PHILIPPE LABBE, JESUITE, mort en 1666 (1).

67 CE savant homme a fait plusieurs ouvrages qui appartiennent tant à la Critique universelle en général, qu'à celle des Auteurs Ecclésiastiques en particulier. Nous parlerons de ce dernier point dans le chapitre suivant. Ses principaux ouvrages qui regardent le sujet présent sont, 1. *La Bibliotheque des Bibliotheques*, 2. celle des *Médailles & des Monnoies*, *des Poids & Mesures*, 3. celles des *Antiquités & des Curiosités*, 4. *L'essai d'une nouvelle Bibliotheque de Manuscrits*, ou d'antiques Leçons Grecques & Latines, divisées en quatre parties; avec dix amples supplémens, qui comprennent divers Catalogues curieux de livres rares.

* Ces trois ouvrages ont été augmentés par Ant. Tessier, & imprimés *in*-4°. à Genéve en 1686. 2. vol. *

1. *La Bibliothéque des Bibliothéques*, est proprement un Recueil de la plupart des Catalogues & Bibliothéques qui avoient paru jusqu'à son tems, ou dont il avoit ouï parler, c'est-à-dire des Recueils d'Auteurs & d'Ecrits de toutes les Nations, de toutes les professions, de toutes les Societés Réguliéres & Séculiéres, & de toutes les matiéres. Le sieur de Witte Allemand (2) dit que cet ouvrage est un effet de la grande lecture, & de l'industrie du P. Labbe, & qu'il ne lui refuseroit pas les louanges qu'il mérite s'il eût eu plus de charité pour les Protestans.

,, Au reste ce Recueil de Bibliothéques & de Catalogues peut
,, être très-utile à tout le monde, dit Mr de Salo (3), mais prin-
,, cipalement à ceux qui veulent avoir une connoissance exacte des
,, bons livres, & qui veulent dresser des Bibliothéques. Cette science
,, est plus considérable (continuë le même Auteur) que ne peuvent

1 ¶ Le P. Labbe mourut le 25. Mars 1667. nost. sæc. pag. 24. âgé de 60. ans. §   3 Journal des Savans de l'an 1665. du 2.
2 Henn. Vvit. Præfat. Memor. Theol. Février.

Labbe. „ s'imaginer ceux qui n'ont que médiocrement étudié. Mais ceux qui veulent approfondir les matiéres dont ils entreprennent d'écrire, connoiffent mieux que les autres l'utilité qu'on en peut tirer.

2. Le second Recueil de ce Volume eft un autre Catalogue appellé *Bibliotheca Nummaria* dont la première contient une lifte de ceux qui ont écrit des Médailles, & la feconde de ceux qui ont traité finguliérement des Monnoies, des Poids & Mefures.

Ce qui me furprend un peu, c'eft qu'encore qu'on ait imprimé ce Recueil de Médailliftes, & de ceux qui ont écrit des Monnoies dans les éditions qu'on a faites en Angleterre & en Hollande du Traité des Monnoies, compofé par J. Selden, on ne dife nulle part que cet ouvrage eft du P. Labbe, & que Mr de la Rocque même femble auffi avoir bien voulu l'ignorer ou plutôt le diffimuler dans le Journal des Savans du 31. May 1683. comme fi on vouloit laiffer le Public dans la penfée que ce curieux Recueil eft de Selden. Injuftice qui auroit été très-fenfible au P. Labbe qui n'aimoit point à cacher fon nom dans fes ouvrages, & qui n'auroit pas fouffert impunément qu'un autre fe fût paré de fes plumes.

3. Le troifiéme Recueil eft un Catalogue de ceux qui ont écrit & commenté fur les anciennes Infcriptions, les Statuës, les Pierres gravées, les Obélifques, les Pyramides, les Anneaux, les Sceaux, les Mœurs & Façons de faire des Anciens, les Curiofités & Raretés des Cabinets, en un mot fur tout ce qui s'appelle Antiquités fous le nom de *Mantiffa Supellectilis*. Mais je croi qu'il n'eft pas inutile d'avertir le Public d'un défaut confidérable de plufieurs feuilles qui ont été perduës foit entre les mains de l'Auteur, foit entre celles de l'Imprimeur. Ce qui a produit un grand *Hiatus*, s'il m'eft permis d'ufer de ce terme, depuis le commencement de la lettre C jufqu'à la fin de la Lettre F, de forte que les Curieux ont perdu par ce malheur les *Charles*, les *Claudes*, les *Conrads*, les *Cutberts*, les *Curces*, (par exemple, Curtius Inghiramius auquel il nous renvoye inutilement en parlant d'Allatius à la page 368.) &c. les *Daniels*, les *Davids*, les *Denis*, les *Durands*, &c. les *Erafmes*, les *Erycius* ou *Errics*, les *Everards*, &c. les *Fauftes*, les *Ferrys* ou *Federics*, les *Ferdinands*, les *Fortuns* s'il y en avoit, comme *Licet*, & la plus grande partie des *François*. Ce qui eft une perte d'autant plus fenfible à ceux qui cherchent férieufement à s'inftruire des Antiquités qu'elle paroît irréparable, ce défaut fe trouvant dans toutes les éditions.

CRITIQUES HISTORIQUES. 19

4. Pour ce qui est du livre que le P. Labbe a fait sous le nom de Labbe. *Specimen novæ Bibliotheca Manuscriptorum librorum* [in-4°. *Paris.* 1653.] il faut avouer qu'il est utile & curieux, mais outre qu'il est fort imparfait, c'est qu'on le trouve un peu trop sec & décharné, & trop dénué des explications nécessaires à faire comprendre son dessein. Un Allemand qui ne s'est pas voulu nommer reconnoît que cet ouvrage est excellent, quoiqu'il ait trouvé comme les autres qu'il n'est pas achevé (1).

Le Catalogue des Oeuvres du P. Labbe, c'est-à-dire, tant des Livres qu'il a faits, & qu'il a commencés, que de ceux qu'il avoit envie de faire, parut en 1656. puis en 1662. avec une amplification de Titres qui approche assés de l'ostentation.

1 Bibliogr. Cur. Historico Philolog. p. 168.

LE P. FRANÇOIS VAVASSEUR Jesuite, mort l'an 1681.

68 LE P. Bouhours (1) dit que Vavasseur étoit un des plus judicieux Critiques de son tems, quoiqu'il ne fût pas de son sentiment touchant le jugement que la passion & l'aveuglement lui avoient fait faire de quelques livres. Grævius (2) l'appelle homme très-disert, de grand esprit & de beaucoup d'érudition. Et Konig (3) lui rend le même témoignage. M. de la Roque (4) dit qu'il avoit un discernement admirable des Auteurs anciens & modernes, un sens droit, un jugement solide, une exactitude inconcevable, un amour extraordinaire de la vérité, & une fort grande application au travail; & que le témoignage que le P. Petau rend de la bonté de sa Critique, & de la politesse de son esprit dans trois ou quatre de ses Lettres vaut un Eloge tout seul, mais que ses ouvrages font encore mieux connoître le mérite de l'Auteur.

Ses deux principaux Ouvrages de Critique sont, 1. le Livre du *Stile bouffon*, & celui de l'*Epigramme*.

Dans le premier qui a pour titre *de Ludicra dictione*, il attaque nos Poëtes Burlesques: & le Sieur Colomiez dit (5) qu'il est admirable en son genre; qu'on ne peut raisonner plus solidement ni plus

1 Entret. d'Eug. & Arist. 2. Dial. pag. 269.
2 Not. in Epist. famil. Ciceron. pag. 61.
3 Matth. Konig. Bibl. Vet. & Nov. pag. 32.
4 Journ. des Sav. du 22. Fév. 1683.
5 Paul Colom. Bibl. choif. page 1. 2.

Vavasseur. ingénieusement qu'il fait ; qu'il y fait paroître par tout les graces & les beautés ordinaires de son stile, & la finesse de sa Critique & du jugement qu'il nous donne des plus célébres Auteurs de l'Antiquité. Grævius (1) parle aussi fort avantageusement de ce Livre, & il dit qu'il est écrit avec beaucoup d'agrément & de délicatesse.

Son livre de l'*Epigramme* est aussi un ouvrage de Critique, mais il n'y a point assés bien soutenu sa réputation de Censeur judicieux au sentiment de quelques personnes qui ont crû y trouver trop de zéle contre un recueil (2) d'Epigrammes choisies, & de Sentences fait par un Anonyme, qui s'est acquis depuis une grande réputation dans le monde, comme si le P. Vavasseur n'eût fait cet ouvrage, que pour réfuter celui-ci. Nous parlerons dans la suite d'une autre censure qu'il a faite contre quelqu'un de ses Confreres. Mais on ne doit point dissimuler ici qu'il a été soupçonné d'être l'Auteur de la Critique qui a paru sous quelques noms (3) supposés contre quelques écrits en Vers & en Prose d'un célébre Prélat du Royaume (4). Nous aurons occasion d'en parler ailleurs.

Le Catalogue des Ouvrages de ce Pere est à la tête du Recueil de ses Poësies & de ses Remarques sur la Langue Latine, imprimé en 1683.

Vavassoris opera omnia in-fol. *Amstelodami* 1709.

1 Græv. Not. in Hesiod. &c.

2 ¶ Il est, comme nous l'avons déja remarqué, de Pierre Nicole qui le fit imprimer *in-12.* à Paris 1659. sous le titre de *Delectus Epigrammatum.*

3 ¶ Le P. Vavasseur écrivit sous le nom de *Paulus Romanus* l'Epitre adressée l'an 1646. le 20. Aoust à *Candidus Hesychius*, le sujet de laquelle est : Si Antoine Godeau Evêque de Grasse étoit un homme bien propre à écrire l'éloge de l'Abbé de Saint Cyran ? *Antonius Godellus Episcopus Grassensis an elogii Aureliani scriptor idoneus ?* Le même Vavasseur sous le nom de *Candidus Hesychius* fit réponse le 3. Mars 1647. à *Paulus Romanus* par une autre Epitre où il examine si Antoine Godeau Evêque de Grasse étoit Poëte ? *Anton. Godellus Episc. Grassensis utrum Poëta ?* Ces deux piéces se trouvent dans l'édition d'Amsterdam *in-fol.* de toutes les œuvres du P. Vavasseur. Ses Remarques sur les Réfléxions du P. Rapin touchant la Poëtique & la Réponse du P. Rapin à ces Remarques, sont à la fin de la même édition.

4 M. *Godeau.* V. Déclarations & Arrêts en faveur du Clergé n. 9. pag. 32. & suiv.

M. COLOMIEZ de la Rochelle (Paul) aujourd'hui vivant (1)

69 C'Est faire justice à cet Auteur que de le reconnoître pour un des plus intelligens qui soient aujourd'hui dans la connoissance des livres. Il paroît même que son principal talent con-

1 ¶ Mort le 13 Janvier 1692.

CRITIQUES HISTORIQUES.

siste dans le discernement des bons livres d'avec les mauvais, & de tout ce qu'il y a de rare & de curieux dans la belle Litérature, & comme la plupart de ses livres ne sont que de Critique, la reconnoissance m'oblige d'avouer que je me suis très-utilement servi de de plusieurs de ses ouvrages, dont les principaux sont,

1. *La France Orientale* [in-4°. à la Haye 1665.] dont nous parlerons parmi les Bibliothéquaires ou Recueils d'Hommes illustres de ce Royaume.

2. *Ses Opuscules*, qui comprennent premiérement le Cabinet des Lettres en Latin, ensuite le Recueil François des Particularités, & après la Clef des Lettres Françoises & Latines de Scaliger, & de celles de Casaubon & de Saumaise, sans parler des petites notes qu'il a faites sur Quintilien.

3. Quelques Remarques sur les *Scaligeranes* sans nom d'Auteur.

4. Les *Mélanges Historiques* qui sont aussi Anonymes imprimés à Orange en 1675. [*in-*12.]

5. Sa *Bibliothéque choisie* imprimée à la Rochelle en 1682. [in-12.] mais ce n'en est que le premier Volume.

Il a encore fait quelques autres libelles dont nous ferons mention ailleurs, où nous verrons qu'ils ne lui ont attiré la mauvaise humeur des Calvinistes ses confreres, que pour avoir écrit avec un peu trop de sincérité & de bonne foi(1).

Mr Gallois reconnoît en lui beaucoup de curiosité & d'érudition concernant l'Histoire des Lettres & la connoissance des Auteurs (2).

Omnia Colomesii Opera edita à Joanne Alberto Fabricio in-4°. Hamburgi 1709.

1 Esprit de Mr Arnaud, tom 2. page 297.

2 Journ. des Sav. du 17. Aoust 1676. &c.

LE P. RAPIN (René) Jesuite *aujourd'hui vivant* (1).

70 IL a fait un beau corps de Critique composé de huit Traités; dont il y en a quatre de *Comparaisons* des Grands Hommes de l'Antiquité qui ont le plus excellé dans les belles Lettres; & quatre de *Réflexions* sur l'Eloquence, la Poëtique, l'Histoire & la Philosophie avec le jugement qu'on doit faire des Auteurs qui

¶ Mort le 27. Octobre 1687. âgé de 66. ans.¶

Rapin. se sont signalés dans ces quatre parties des belles Lettres.

Toutes ces parties qui avoient été auparavant imprimées separément furent réunies ensemble l'Eté dernier 1684. quoiqu'elles eussent toutes été composées les unes après les autres sans aucun raport particulier entre elles.

L'Auteur nous donne avis que cet Ouvrage peut servir de régle à ceux qui se mêlent d'écrire & de parler sur toutes les matiéres principales qui regardent les belles Lettres. Son dessein a été de rétablir le goût des bonnes choses qu'il prétend avoir été un peu gâté par un esprit d'érudition trop profonde qui regna dans le siécle précédent, & de faire voir que ce bon goût n'est autre que celui qu'on doit avoir pour la plus pure & la plus saine Antiquité. Il propose aux Savans des modelles de toutes les sciences à imiter dans le tome des *Comparaisons*, & des régles à suivre dans celui des *Réfléxions*. C'est-à-dire qu'il renferme en ce dessein comme un abregé de tout ce qu'il y a d'exquis dans les belles Lettres.

Quoique d'autres avant lui ayent déja fait les mêmes Comparaisons, & qu'ils ayent mis les mêmes Personnages en Parallele, si on en excepte les deux Historiens : néanmoins on peut assurer que par tout ailleurs, il ne se trouve point un si grand détail de ces huit Savans qu'il compare entre eux, ni rien qui puisse donner une plus grande idée de leur mérite, ni une plus parfaite connoissance de tout ce qui a du rapport à leur caractére.

La premiére comparaison est de Démosthene & de Ciceron où il traite ce qu'il y a de plus essentiel dans l'Eloquence.

La seconde est d'Homere & de Virgile, & quoiqu'il n'y ait rien laissé échapper du génie & du caractére de ces deux Auteurs, dans lesquels il n'y a rien à perdre, on peut dire néanmoins que c'est un véritable Traité du Poëme Epique.

La troisiéme est de Thucydide & de Tite-Live. C'est proprement un abregé de l'Histoire du Péloponèse & de l'Histoire Romaine. Ce Traité est une vraie étude du Sublime dont ces deux Auteurs ont été de grands Maîtres.

La quatriéme est de Platon & d'Aristote, où après le Parallele de leurs Actions & de leurs dogmes, il fait une Histoire Critique & curieuse des avantures de la doctrine de l'un & de l'autre Philosophe.

Le premier Traité des Réfléxions a trois parties qui sont des Réfléxions judicieuses sur l'Eloquence, 1. en général, 2. sur celle du Barreau, 3. sur celle de la Chaire, avec toutes les Régles que cha-

CRITIQUES HISTORIQUES. 23

cune de ces trois sortes d'Eloquence demande par son caractére, dans un assés grand détail. *Rapin.*

Le second renferme tout ce qui se peut dire de la Poëtique, & il contient en particulier un jugement des Poëtes Grecs, Latins, Italiens & Espagnols qui ont paru depuis trois mille ans, & presque dans tous les genres de Poësies.

Le troisiéme est une instruction assés circonstanciée de l'Histoire par des exemples pris des Historiens anciens & modernes, & par des régles pour ceux qui veulent y travailler ; avec un jugement des Historiens Grecs, Latins, Italiens & Espagnols.

Le quatriéme est une explication des commencemens, du progrès & de la décadence de l'ancienne Philosophie, du caractére des anciens Philosophes. Son dessein a été de purifier la Philosophie en général de tous les défauts & de toutes les foiblesses, dont la plupart des Philosophes vrais ou faux l'avoient remplie, pour tâcher d'en faire une occupation agréable & honnête. Il y propose un abregé des quatre parties de l'ancienne Philosophie, il y touche même les sentimens de Descartes & de Gassendi, & enfin il fait une observation sur l'usage qu'on doit faire de la Philosophie pour la Religion.

C'est ainsi que le P. Rapin parle de ces huit Traités, & on ne peut pas faire un jugement plus modeste que celui que nous venons de voir sur lui-même (1). Monsieur Gallois (2) loue ces Ouvrages en plus d'un endroit, & dit qu'ils sont écrits avec beaucoup de pureté & d'élégance, & que ses Réfléxions sont savantes & solides.

Quelques beaux que soient ces Traités, ils n'ont point trouvé dans l'esprit de leurs Lecteurs une disposition qui leur fût toujours également favorable, & ils ont ressenti les effets de la diversité des goûts de notre siécle. Quelques (3) Critiques Anonymes ont écrit contre les Réfléxions sur l'Eloquence particuliérement pour ce qui regarde le jugement des Orateurs du Barreau & de la Chaire, & contre celle qu'il a faites sur la Poëtique & les Poëtes. Mais ceux qui ont voulu attaquer les Réfléxions sur la Philosophie & sur les Philosophes se sont contentés de faire les Aristarques pour

---

1 Rap. Dessein de son Ouvr. servant de Préface universelle.
2 Journal des Savans du 22. Juin 1671. Et Journal du 10. Janvier 1676. &c.
3 ¶ Gueret entre autres, dans sa Guerre des Auteurs, à commencer dès la page 140. a déclamé fort au long contre les Réfléxions du P. Rapin sur l'Eloquence. Le P. Vavasseur a critiqué les Réfléxions sur la Poëtique. On peut voir aussi les pages 106. 107. & 337. du 1. tome du Menagiana de 1715. ¶

Rapin, ne point tomber eux-mêmes entre les mains des autres Censeurs, s'ils se fussent amusés à écrire.

Nous parlerons encore de cet Auteur parmi les Poëtes.

* *Les Oeuvres du P. Rapin 3. Volumes in 12. Amsterdam 1709.*

M. HUET (Pierre Daniel) *Abbé d'Aunay*, aujourd'hui vivant.

71 SON principal Ouvrage de Critique est celui qu'il a fait *de la Traduction* en deux Livres, dont le premier traite de la manière de traduire qu'il juge la meilleure, & le second, est un jugement des plus célébres Traducteurs. Monsieur de Segrais (1) témoigne qu'il ne peut rien ajoûter à ce Traité tant pour la beauté de son stile & pour la force de ses raisons, que pour sa doctrine qui est incompréhensible en un homme aussi jeune qu'étoit alors Monsieur Huet.

Les Etrangers en ont parlé aussi avec beaucoup d'éloges (2).

Ce Traité est fait en forme de Dialogues, dont les Personnages sont très-judicieusement choisis. Ce sont trois amis d'une profession fort différente, mais étroitement unis ensemble par la conformité des études & des humeurs, & qui se sont fort distingués des autres dans la République des Lettres, autant par leur savoir, que par leur probité, & surtout par la modération avec laquelle ils jugeoient tous trois des affaires du tems. Le premier est Casaubon Huguenot sans emportement, le second est le P. Fronton le Duc (3) Jesuite sans zéle déréglé, & le troisiéme est Monsieur le Président de Thou Magistrat sans préjugé servile. Les caractéres de chaque Personnage y sont admirablement bien observés. C'est Casaubon qui tient le Bureau, & qui instruit les autres, parce que la matiere lui convenoit mieux qu'aux autres par rapport à ses services & à l'étude de la Critique & de la Philologie dont il faisoit profession, & qu'en effet il avoit dessein de traiter ce sujet. Mais il lui auroit été fort difficile de mieux faire que Monsieur Huet.

La dissertation qu'il a faite des *Romans* en notre Langue est encore un fruit de sa bonne Critique, elle est pleine d'érudition, & elle soutient bien la réputation de son Auteur.

Enfin les trois Livres qu'il a faits de l'Histoire d'*Origène*, & surtout

---

1 R. de Segrais Préface de Virgil. num. 22;.

2 Præf. Varior. Auct. ad us. Delph.

3 ¶ Il s'appelloit Fronton du Duc.

CRITIQUES HISTORIQUES. 25

le discernement qu'il apporte dans le jugement de ses Ouvrages ont Huet) encore beaucoup contribué à lui maintenir le rang qu'il possede parmi les premiers Critiques de ce siécle.

On peut remarquer aussi que Monsieur Huet est devenu comme l'Aristarque & le Juge de plusieurs autres ouvrages qui ont paru de nos jours, & particuliérement de toutes ces Editions, & ces Remarques critiques, qui se sont faites sur les Auteurs classiques à l'usage de Monseigneur. Aussi n'y a-t-il aucun des Auteurs de ces Editions de ces Remarques qui n'ait eu soin d'en avertir le Public dans sa Préface avec des sentimens de reconnoissance.

* *D. Huetius de interpretatione Lib.* II. *& de claris interpretibus* in-4°. *Parisiis* 1661. *

Le Sr. WITTE ou Witten (Henning) *Allemand*, que je crois encore vivant.

72 IL a donné au Public [in-8°. à Francfort en 1674.] cinq volumes de Mémoires ou de Monumens des hommes illustres du dix-septiéme Siécle, c'est-à-dire, un de Théologiens; deux tant de Philosophes que d'Orateurs, de Poëtes, & d'autres Gens de belles Lettres; un de Médecins; & un de Jurisconsultes. Ils sont divisés par Decades & comprennent les Vies ou Eloges, ou les Oraisons Funébres des Hommes célébres de notre siécle avec la liste de leurs Ouvrages. C'est un Recueil de piéces qu'on peut appeller Originales qui ont été faites pour la plupart par les amis de ces Savans, ou par d'autres Personnes qui ont été de leur connoissance, & qui ont eu des habitudes & des liaisons étroites avec eux. C'est ce qui rend cet Ouvrage estimable. On y souhaiteroit un peu plus de choix, parce que toutes ces piéces ne sont pas également bonnes. Et comme l'Auteur est un Allemand, il ne s'est presque attaché qu'à ramasser ce qui regarde ceux de son pays. Il n'y en a qu'un fort petit nombre de François & d'Anglois & autant que je puis m'en souvenir, il n'y en a point d'Espagne ni d'Italie.

LE Sr. GHILINI (Jerôme) *Italien.*
LE Sr. CRASSO (Laurent) auſſi *Italien.*

73   L E premier publia à Veniſe l'an 1647. in-4°. *Le Théatre des Gens de Lettres* en deux Tomes (1).

Le ſecond donna auſſi *les Eloges des Hommes de Lettres* qui parurent dans la même Ville en deux Volumes in-4°. l'an 1666.

Ces deux Ouvrages ſont écrits en Italien, & ils ſont eſtimés pour l'exactitude & la diligence que ces Auteurs ont apportée à recueillir les principales actions, & les écrits des Auteurs dont ils parlent.

1 ¶ Ces deux tomes ſont toujours reliés en un volume qui n'eſt pas fort gros. Girolamo Ghilini & Lorenzo Craſſo ſont deux Ecrivains peu judicieux, grands & fades louangeurs, le premier ſur tout.§

LE Sr. HALLERVORD (Jean) de *Koniſberg* en Pruſſe, que je croi encore vivant.

74   IL publia en 1676. un Catalogue de Livres ſous le nom de *Bibliothéque curieuſe*. Ce qu'il y a de plus curieux dans ce Recueil ce n'eſt pas à mon avis ce qu'il a copié dans les autres Catalogues, en quoi je ne voi pas quelle peut avoir été ſa fin ni ſon motif: mais ſeulement un petit nombre d'Auteurs modernes dont il rapporte les écrits quand il les connoît, auſſi bien que leur âge & leurs emplois. Ainſi j'ai cru que l'Auteur du Journal l'a voulu railler & le louer par ironie, quand il a produit entre les choſes les plus curieuſes de ce Catalogue une Lettre d'Alexandre le Grand traduite par Cornelius Nepos, un Traité de Chimie compoſé par la Reine Cleopatre, &c. Il auroit encore pû ajouter autre choſe de ce Catalogue qui ne nous donneroit pas une idée fort avantageuſe de la Critique de cet Auteur.

Nous avons vû ci-devant que cet ouvrage n'avoit été fait que pour ſervir de ſupplément à la Bibliothéque de Geſner, & comment pour ſatisfaire à la vûë bizarre de l'Imprimeur ſon frere, il lui a donné le titre ſpécieux qu'elle porte. Au reſte l'Auteur à qui nous devons encore un petit ſupplément aux Hiſtoriens Latins de Voſſius, auroit pû rendre celui-ci beaucoup plus ample & beaucoup plus exact, & on a lieu d'eſperer encore autre choſe de ſa curioſité & de ſa diligence.

LE Sr. KONIGH (George Mathias) Professeur d'*Altdorf* que je croi encore vivant.

75 IL donna [in-folio] en 1678. sa (1) *Bibliothéque ancienne & nouvelle* de toutes sortes d'Auteurs. Ce qu'il y a de singulier, c'est qu'il a soin de marquer le tems auquel ont vécu les Auteurs, & particuliérement l'année de leur mort quand il la sait. Il y a même ajouté quelquefois le jugement qu'on en a fait, & les témoignages qu'on leur a rendus, en quoi il seroit à souhaitter qu'il y eût plus d'uniformité & moins de partialité, non seulement dans l'énumeration de certains Auteurs moins connus au préjudice de plusieurs autres plus importans & plus célébres qu'il a omis, mais encore dans le choix qu'il fait de ceux de leurs ouvrages qu'il propose par préférence aux autres qu'il ne nomme pas.

1 ¶ Daniel George Mörhof tome 1. de son Polyhistor l. 1. c. 18. n. 15. dit que cette Bibliothéque de Konig n'est qu'une compilation peu exacte tirée de divers Catalogues, qu'on y rapporte quelquefois de fausses particularités touchant les Auteurs, à quelques-uns desquels on attribuë des Livres qu'ils n'ont ni faits, ni songé à faire. §.

LE Sr. LIPEN (Martin) *Allemand* encore vivant.

76 Nous avons déja de lui quatre Volumes de sa *Bibliothéque réelle*, deux des matiéres de belles Lettres & de Philosophie, un de Médecine, & un de l'un & l'autre Droit. [en 1676. 79. 82. in-folio à Francfort.] On nous fait bien-tôt esperer celles de Théologie en deux Volumes (1). On ne peut pas douter que cette disposition par les matiéres ne soit la plus utile, mais on pourroit peut-être encore ajouter quelque chose à l'ordre & à l'exactitude qu'il a gardée. Il s'y rencontre aussi un bon nombre de fautes autant dans le nom des Auteurs que dans les titres des matiéres, mais il faut considerer que dans ces sortes de travaux les fautes sont presqu'inévitables, sur tout à l'égard des Livres étrangers quand on n'a pû les voir & les examiner par soi-même.

Le Volume qui contient les Traités de Médecine n'est presque qu'une compilation de Vander Linden.

Voyés le Journal des Savans du 8. Avril 1680. *pag.* 105.

1 ¶ Ils ont paru l'an 1685. à Francfort *in-fol.* comme les quatre précédens. §.

LES CATALOGUES DES LIVRES DE'FENDUS
dans les Pays d'Inquisition, sous le nom
d'*Index Expurg. & Libb. prohib.*

77 Quelque curiosité que les Inquisiteurs les plus exacts & les plus diligens des siécles passés témoignassent pour faire dresser des Catalogues de Livres, qu'ils vouloient noter & défendre, la confusion & le peu d'exactitude les rendoient fort inutiles à ceux qui auroient voulu en faire quelque usage. Philippes II. Roi d'Espagne fut le premier qui trouva une forme plus convenable au sentiment du Pere Paul (1) ordonnant en l'an 1558. d'imprimer le Catalogue des Livres défendus par l'Inquisition d'Espagne.

A son exemple le Pape Paul IV. commanda que la Congrégation du Saint Office à Rome fit dresser & imprimer un Catalogue semblable. Ce qui fut executé en 1559. Le Pape Pie IV. songeoit à publier & à autoriser cet *Index Romain*, lorsqu'on proposa au Concile le Trente l'importance qu'il y avoit d'arrêter le cours des méchans ivres qu'on faisoit tous les jours pour corrompre la foi & les mœurs es Fideles. C'est ce qui engagea le Pape à renvoyer l'affaire de l'*Index* à ce Concile. Les Peres de l'Assemblée nommerent des Commissaires pour l'examiner, ce qui fut executé avec assés de diligence: ais sur le rapport de ces Examinateurs, le Concile remit cette afire entre les mains du S. Pere, à cause que la multitude des Livres mandoit une discussion trop longue & trop difficile. On ne laissa int de le publier sous le nom du Concile de Trente qui n'y a urtant eu point d'autre part que celle que nous venons de marier.

Après cet *Index* du Concile qui a été imprimé en plusieurs lieux une infinité de fois, on vit paroître celui de Philippes II. ou du uc d'Albe qui est beaucoup plus ample, & qui fut imprimé pour la emiére fois à Anvers en 1571. in-4°. avec la Préface d'Arias Monnus. Et il est bon de remarquer que les Hérétiques le firent imprier à Strasbourg en 1609. in-8°. dans de mauvaises intentions. Ils ajouterent une Préface de François (2) *Dujon* qui est tout à fait

1 Frà Paolo Hist. del Conc. di Trento , 5. 6.
2 F. Junii Præfat. pag. 5. Joan. Pappi Præfat. pag. 451.
Sallo d'Hedouville Journal des Savans.
Launoy Epistol. part. 5. epistol. ad Bernier.

malicieuse, & une autre Dissertation de *Pappus* qui n'a guéres moins de malignité.

Celui de Clement VIII. parut en 1596. avec des augmentations, il s'en fit plusieurs éditions dans la suite avec des additions, & c'est celui qu'on appelle *le Romain*.

Celui du Cardinal Quiroga Archevêque de Tolede Inquisiteur général d'Espagne, fut imprimé pour la premiere fois en 1583. & les Hérétiques en ont pris des Extraits qu'ils ont fait imprimer à Strasbourg, à Saumur, à Oppemburg à dessein d'en tirer quelque avantage contre l'Eglise Catholique.

Celui du Cardinal Sandoval Archevêque de Tolede Inquisiteur général parut à Madrid en 1612. in-fol. & il fut réimprimé ensuite avec diverses augmentations. Un Hérétique nommé Turretin le fit imprimer à Genève en 1619. dans le même esprit qu'avoient fait du Jon & Pappus.

Il en parut un autre en 1628. appellé l'*Index Espagnol* qui n'est proprement que celui de Sandoval revû & augmenté.

Celui de Mascarenhas Evêque en Algarve Inquisiteur général en Portugal qui commence depuis Luther & Erasme fut composé par Balth. Alvarez Jesuite.

Ceux des Maîtres du Sacré Palais, de François de la Madelaine Chef-de-fer, de J. Marie Brasichelle &c. ont paru de tems en tems avec des Recueils & des Decrets de l'Inquisition.

On peut aussi mettre ici celui que le Sieur James Protestant Bibliothécaire d'Oxford publia en 1627. pour tâcher de nous faire de la peine (1).

Mais le plus considérable de tous les *Indices* est celui d'Antoine de *Sotomayor* qui a été fait pour les Etats soumis au Roi d'Espagne, & on peut dire qu'il surpasse autant celui de Sandoval comme celui-ci étoit au dessus de tous les autres au jugement même de Thomas James. Car outre plusieurs augmentations laborieuses, des *Supplémens* & quelques corrections des *Indices* précédens, il comprend encore l'*Index d'Alexandre VII*. l'*Index du Concile de Trente* publié par Clement VIII. l'*Index ou Recueil des Decrets* donnés depuis le commencement avec une *Appendice* qui va jusqu'en 1667.

Ce gros Recueil fut imprimé à Genève par les Hérétiques en 1667. sur l'exemplaire de Madrid.

Au reste ces sortes d'ouvrages ont extrémement déplû aux Héré-

3 Th. James Præfat. indicis lib. prohib. edit. 1627.

Index de l'Inquisition.

tiques qui n'ont pû souffrir que des Censeurs, ausquels ils prétendent n'être pas soumis examinassent leurs ouvrages. Nonobstant leurs murmures, il faut avouer que cet établissement est très-sage & très-utile même, quand il est executé conformément aux intentions de ceux qui en ont été les premiers Auteurs.

Cependant je ne sai comment il est arrivé jusqu'ici que ces sortes d'*Indices* ayent apporté si peu d'utilité & de secours à ceux qui en ont voulu faire quelque usage, quoi qu'il n'y ait pas de composition plus pénible, & qui demande tant de jugement & de lumiéres.

Ils sont ordinairement divisés en trois classes dont la premiere contient les *Hérétiques*, c'est-à-dire les têtes condamnées avec leurs ouvrages.

La seconde contient les *Catholiques*, c'est-à-dire ceux d'entre eux dont les ouvrages sont censurés.

La troisiéme contient les *Anonymes*.

Mais il est arrivé souvent de la confusion dans les deux premières classes. On voit des Auteurs dans la première qui appartiennent à la seconde, & de la seconde qui sont de la première. Ainsi comme par ce désordre on y remarque d'un côté des Hérétiques absous & mis au rang des Catholiques, & d'un autre des Catholiques condamnés en leurs personnes, & déclarés hérétiques : il faut beaucoup de discernement pour lire ces sortes d'*Indices*, & pour pouvoir s'y fier avec sûreté. Autrement on prendra Adolphe Metkerque (1), Levinus Lemnius, & plusieurs autres hérétiques de notorieté publique pour des Catholiques; & au contraire on détestera la personne & la mémoire du pieux Wessel ou Basile de Gansfort, de Jean Aventin, de Marcel Palingene, de Bruccioli, de Marcilius de Padoue, d'Erasme même, du Pere Paul Servite, du bon homme Thomas

---

1 ¶ Adolphe Metkerque, qu'on écrit plus ordinairement *Mékerque*, né Catholique à Bruges, depuis, pendant les guerres de Flandre, varia, & donna des marques publiques de cette variation en divers endroits des Annotations qu'il fit imprimer l'an 1680 à Anvers & à Leyde sur les Actes de la Paix concluë à Cologne en 1579. mais le 6. Octobre 1591. mourant à Londres où il s'étoit retiré quelques années auparavant il déclara par écrit qu'il n'y avoit pas de véritable Religion hors de la Catholique, conseillant à sa fille de retourner en son païs, pour y vivre & mourir en ce sentiment ; ce qu'elle executa. Touchant Levinus Lemnius, ceux qui en ont parlé ne m'en ont appris autre chose sinon que c'étoit un Médecin Zélandois qui après la mort de sa femme se fit Prêtre, & fut Chanoine de l'Eglise de Ziriczée sa patrie où il mourut le 1. Juillet 1568. J'ai lû ses quatre livres *de occultis naturæ miraculis*, où les sept ou huit endroits que l'Index du Cardinal Quiroga y a notés, trouveront aisément grace devant un Tribunal plus équitable, & ce qui me le persuade, c'est que Valére Andié qui a eu soin d'avertir que les sentimens d'Adolphe Mékerque n'avoient pas toujours été orthodoxes, n'auroit pas manqué de faire une pareille remarque sur les écrits de Levinus Lemnius s'il y avoit eu lieu de la faire. ¶

CRITIQUES HISTORIQUES

Anglus ou White, & d'un assés bon nombre d'autres Catholiques, comme de gens atteints & convaincus d'Hérésie, quoi qu'ils ayent toujours vécu & qu'ils soient morts dans le sein de l'EgliseCatholique.

Index de l'Inquisition.

Dans la troisiéme classe ils ont mis comme inconnus & Anonymes divers Auteurs qu'on connoît fort bien, mais cet inconvenient n'est pas de fort grande importance en comparaison de celui que produit tous les jours parmi les Catholiques de France cette liberté que ces Messieurs les Censeurs se sont donnée de censurer les meilleurs livres de nos plus illustres Ecrivains sous pretexte qu'ils ne sont pas conformes aux prétentions *Ultramontaines*, ou aux Statuts de l'Inquisition qui sont deux choses inconnuës en France.

C'est ainsi que ces Messieurs ont prétendu pouvoir flétrir la gloire de ces grands noms de Messieurs de Thou, du Puy, de Marca, de Launoy, Boileau, Quesnel, Gerbais & plusieurs autres que l'on connoît assés, & dont les Ecrits ne sont pas moins honorables pour l'Eglise Romaine qu'ils sont utiles & avantageux pour tous les véritables Catholiques.

Ils en ont quelquefois condamnés d'autres sûr leurs simples préjugés sans s'être donnés le loisir de les examiner. Il est vrai qu'ils prétendent avoir le droit de juger sans examen tous les ouvrages qui paroissent sous le nom des personnes suspectes, & qu'ils en ont ainsi usé durant les contestations qui ont agité l'Eglise de France depuis quarante ou cinquante ans. Mais qui leur a donné celui d'envelopper dans leurs censures & leurs condamnations un grand nombre de savans Prelats, qui loin d'avoir jamais été suspects d'aucune nouveauté se sont même portés avec éclat & avec zéle contre les personnes qui en ont été accusées? Et qui a donné à une Congregation d'institution humaine le pouvoir de restraindre ou de méprifer l'autorité divine des Evêques, & sûr tout lorsque ce sont des Prélats très-Orthodoxes, lorsqu'il s'agit d'une de leurs principales fonctions qui est de juger ce qui est utile ou dangereux pour les Fidéles, & lorsqu'ils ne dépendent point de cette jurisdiction étrangère qui est contraire aux libertés de leurs Eglises, & qui n'a jamais été receuë dans ce Royaume.

Ils n'ont pas eu plus de considération pour ceux de nos Ecrivains des siécles précédens qu'ils n'ont pas trouvés entiérement conformes à la nouveauté de leurs prétentions, & aux interests de leur Cour. Ils ont condamné le songe du Verger de Philippes de Maizieres(1)

---

1 ¶ Il n'est pas sûr que Philippes de Maisiéres soit Auteur du songe du Verger ; Philippe en effet ayant quitté la Cour du Roi de France Charles cinquiéme se retira
aux

son Abrégé de Raoul de Presles ; les ouvrages de Nicolas de Clémangis; l'ouvrage de François Duarein des sacrés Ministeres ou Offices ; le Constantin, c'est-à-dire, le livre des Loix & Ordonnances de cet Empereur par François Baudouin ; les commentaires du célébre Docteur Claude Despense sur l'Epître à Tite, & ses livres de la continence; & plusieurs autres dont l'on pouroit faire un juste *Index*, & qui n'ont point d'autres hérésies ni d'autres erreurs que de parler pour l'observation des Canons & des libertés de l'Eglise Gallicane, pour la distinction des deux Puissances, pour la Souveraineté de nos Rois, pour la Reforme de la Discipline Ecclésiastique & la correction des abus qui pouvoient s'être glissés parmi les Romains aussi-bien que parmi nous.

Mais on ne doit pas attribuer la conduite de ces Censeurs à aucune partialité contre la France, puisqu'on trouve dans leurs *Indices* les noms & les ouvrages de divers Italiens, Allemans & Anglois Catholiques pour le même sujet.

D'autres Critiques ont prétendu aussi trouver des vestiges de l'animosité de quelques Particuliers dans ces *Indices* qu'ils ont cachée sous le manteau de l'interet public de l'Eglise, & croyent en pouvoir donner des preuves par les exemples des Peres Theophile Raynaud Jesuite, du Pere Valerien le Grand Capucin, & de quelques-uns de ces Auteurs qu'on accuse de nouveauté dans ces derniers tems.

On y rencontre aussi parmi les livres défendus, non seulement plusieurs Ouvrages Orthodoxes qui durant plus de deux ou trois siécles auparavant avoient été entre les mains de tous les Savans de l'Eglise Catholique & Romaine sans aucune contradiction de la

aux Célestins de Paris, qu'il fit ses héritiers après avoir vécu 25. ans dans leur maison, & leur laissa de plus tous ses ouvrages, parmi lesquels celui-ci, qui auroit été le plus considérable, ne s'étant point trouvé, on croit avoir lieu de conclure qu'il n'est pas de Philippe de Maisféres. Antoine du Verdier pag. 956. de sa Bibliotheque lui attribuë un autre songe intitu'é *le songe du vieil pelerin*, divisé en 144. chapitres, dont il dit avoir vu le manuscrit en parchemin, rapportant une longue remarque écrite à la fin du livre, par laquelle il paroît qu'*un trés-sage & très-Catholique Chevalier Chancelier de Chypre nommé Messire Philippe de Maisféres l'avoit composé l'an 1397.* d'où il s'ensuivroit que cet ouvrage, quel qu'il soit, car nous ne savons pas de quoi il traite, du Verdier n'en disant rien, seroit posterieur de dix-sept ans à Charles cinquième mort l'an 1380. par ordre duquel on veut qu'en 1374. le Songe du Verger ait été fait. Savaron pag. 16. de son Traité *que les Lettres sont l'ornement des Rois*, & après lui Naudé pag. 360. de son Addition à l'Histoire de Louis XI. attribuent ce Songe à Charles de Louviers Intendant & Conseiller de ce Prince. Ils se sont fondés pour cela sur la foi des manuscrits. Savaron du moins en cite un en marge. Du Verdier, que j'ai cité plus haut, a ridiculement, pag. 1188. de sa Bibliothéque, crut que *Le Vergier* étoit le nom de l'Auteur du Songe.

part de tant de Papes qui avoient tenu le Siége durant ces siécles; *Index de l'Inquisition.*
mais encore un assés bon nombre d'entre les Modernes, après avoir
été légitimement imprimés en Italie & même à Rome avec l'approbation des Inquisiteurs & autorisés par des Brefs Apostoliques, telles
qu'ont été, par exemple, les Notes d'Erasme sur le Nouveau Testament, lesquelles Leon X. approuva par un Bref donné à Rome le
10. de Septembre de l'an 1518. après que ce Pape en eût fait lui-
même la lecture & les eût trouvées fort bonnes.

On a encore remarqué que ces Censeurs ne s'accordent pas toujours entre eux; que ceux d'Italie sous le nom du Concile de Trente
défendent en certains endroits, ce que permettent ceux des Pays-
bas dont l'*Index* fut fait par ordre de Philippe II. & par les conseils
& le Ministere du Duc d'Albe (1). Et ce qui est remarquable c'est
qu'il s'est trouvé des Inquisiteurs même qui ont trouvé à redire à la
censure de ces sortes d'*Indices*, & qui pour avoir osé prendre cette
liberté envers leurs Confreres ont été mis eux-mêmes dans l'*Index*
par d'autres Inquisiteurs (2).

---

1 Jo. Pappi Præfat. in collation. censuræ in Gloss. juris canon. editæ jussu Pii V. cum iisdem Gloss. à Greg. XIII. approbatis.
2 Thomas James ubi supra.

JOURNAL DES SAVANS,
Par Messieurs Sallo, Gallois, & de la Roque.

78 LA premiére vûë qu'on eut dans l'institution de cet Oüvrage fut de procurer au Public, c'est-à-dire aux Gens de
Lettres, un divertissement qui ne leur fut pas moins utile qu'agréable, en quoi on a parfaitement bien réussi. Mais (1) comme le
stile n'en pouvoit pas être uniforme, parce que plusieurs personnes
y contribuoient; & comme cette inégalité qui vient tant de la diversité des sujets que des Génies de ceux qui les traitent auroit pû
être désagréable, on engagea le Sieur d'Hedouville à prendre soin
d'ajuster les materiaux qui venoient de differentes mains, en sorte
qu'ils pussent avoir quelque proportion & quelque régularité.

Ainsi sans rien changer au jugement de chacun, il se contenta

---

1 Préface du premier Vol. des Journaux.
2 ¶ *On veut*, dit Baillet dans ses Auteurs déguisés, *que le sieur d'Hédouville que les Etrangers font passer pour le premier Auteur des Journaux des Savans n'ait été autre que le Serviteur de M. Sallo Conseiller au Parlement en la quatriéme des Enquêtes.* Denys Sallo mourut l'an 1669. dans sa 43 année, & Jean Gallois dans sa 75. le 19. Avril 1707. ¶

d'en changer quelquefois l'expreſſion, & ſans épouſer aucun parti il preſentoit au Public les jugemens des ouvrages avec autant de franchiſe & de liberté qu'en prenoient à ſon égard ceux qui lui communiquoient leurs Mémoires; parce qu'il tâchoit de n'avoir point de Préjugés, point de paſſion, ni de partialités.

Mais (1) comme on s'étoit plaint dès la premiére année de la trop grande liberté qu'on s'y donnoit de juger de toutes ſortes de livres, prétendant que c'étoit une eſpéce de tyrannie & de véxation dans la République des Lettres, & que c'étoit entreprendre ſur la liberté publique que de s'attribuer ainſi le droit de juger des ouvrages de tout le monde: on crut qu'on pouroit avoir quelque égard à ces plaintes, c'eſt pourquoi Monſieur Gallois ſuccedant à Monſieur Sallo changea cette conduite.

Entre les principaux Cenſeurs des Journaux qui ont donné lieu à ces plaintes, on peut compter quelques Savans dont le chagrin a éclaté un peu hautement, & entre autres quatre Perſonnes de réputation; ſavoir Tanneguy le Févre, Charles Patin, Gilles Ménage, & Jean Claude le Miniſtre de Charenton. On a pû remarquer dans les Journaux même celui de Meſſieurs le Févre, Patin & Claude; mais Monſieur Ménage a fait paroître le ſien dans ſa Préface ſur les œuvres de Malherbe, où il dit ,, que les Gazettes de ce nouvel Ariſtarque ,, ne ſont pour uſer des termes de Monſieur Saraſin que *Billevezées Hebdomadaires*, Et il ajoute que la dignité de Conſeiller ne l'auroit pas empêché de ſe vanger des railleries que le ſieur d'Hedouville avoit faites ſur ſes *Amenités de Droit* par d'autres railleries & plus fines & plus ingenieuſes, s'eſtimant bien fondé en droit par une autorité (tirée de l'Evangile (2) des Payens) qui dit ,, *Senatori maledicere non ,, licet, remaledicere jus faſque eſt* (3).

Le Journal a reſſenti dans la ſuite les effets de la bizarrerie du ,, Public (4), qui ne trouvant plus ce ſel & cette petite pointe qui ,, rendoit autrefois cet ouvrage ſi agréable par la liberté qu'on s'y ,, donnoit de juger de toutes ſortes d'ouvrages en témoigna du mé- ,, contentement. Il ne ſe ſouvenoit plus que dès la premiere année ,, il avoit formé des plaintes contre Monſieur Sallo, leſquelles ,, avoient porté les Auteurs des Journaux ſuivans à ne plus uſer ,, de Critique, mais à s'attacher uniquement à donner des Extraits

---

1 Préface des Journ. de l'an 1666.

2 ¶ Cet Evangile des Païens conſiſte dans ce mot de Veſpaſien: *Non oportere maledici Senatoribus, remaledici civile, faſque eſſe.* Suet. in Veſpaſ. n. 9.

3 Préface de Menage de ſes Obſerv. ſur Malherbe.

4 Journal du 7. Juin 1677.

,, exacts des livres au lieu de les censurer, en quoi on prétend que Journal.
,, les esprits solides trouvent mieux leur compte.

,, Aussi n'est-ce pas d'eux que sont venuës ces secondes plaintes,
,, dit Mr de la Roque, mais seulement de certains esprits qui n'ayant
,, pas assés de pénétration, ou le goût assés fin pour entrer
,, dans ce qu'on donne de plus beau & de plus curieux sur chaque
,, livre dans le Journal, voudroient qu'on s'amusât à les divertir
,, par des paroles qui cachent souvent bien de l'aigreur, & qui édi-
,, fient toujours beaucoup moins un Lecteur qu'elles ne l'instruisent.

Je veux que ces raisons ayent satisfait les esprits raisonnables, & que ceux que l'Auteur appelle solides étant capables de juger des livres par eux-mêmes, & de remarquer par leur discernement les perfections & les défauts des ouvrages des autres s'accommodent mieux en effet de ces Extraits que de la censure qu'on en feroit.

Mais puis qu'on a voulu rendre le Journal utile à tout le monde indifferemment jusqu'aux Artisans, & que pour cet effet on fit même l'année derniere un changement ou plutôt une explication au titre qui rebutoit les ignorans, & sembloit faire connoître qu'il n'étoit que pour les *Savans*: on ne feroit peut-être point trop mal d'avoir quelque égard aux esprits médiocres & aux foibles qui sont toujours le plus grand nombre. Car n'étant pas capables de se soutenir par eux-mêmes dans la lecture des livres, leurs interêts pouroient porter l'Auteur du Journal à faire pour la conduite des esprits ce que les Pasteurs prudens & éclairés font pour celle des ames dans l'Eglise de Jesus-Christ, en leur faisant faire le discernement de ce qu'il y a d'utile d'avec ce qu'il y a de nuisible dans les livres. Et parce que par une foiblesse d'esprit qui est une suite de la corruption du cœur, la plupart des Hommes ne se conduisent presque plus aujour-d'hui que par le préjugé dans la lecture des livres, il y auroit sans doute de la charité & de la prudence à les prévenir utilement par des jugemens équitables qui nous vinssent d'une Critique saine & judicieuse.

(1) Il y a, ce semble, plus d'injustice du côté de ceux qui voudroient qu'on ne parlât dans le Journal que des livres qu'ils aiment.
,, Les Mathématiciens, dit Mr de la Rocque se plaignent qu'on les
,, néglige pour donner trop aux expériences; les Physiciens ne
,, peuvent souffrir les livres d'Histoire; les Antiquaires n'aiment
,, que la découverte de quelque Original ou de quelque Manuscrit

---

1 Ibid. du même jour 7. Juin 1677.

Journal. „ célébre. Enfin on ne veut que des livres de sa Profession ou de „ son goût. Mais pour fermer la bouche aux Mécontens, il suffit de leur faire remarquer que le Journal est fait pour tout le monde & pour plus d'un pays, & qu'ainsi il y auroit de l'injustice à favoriser les uns plus que les autres.

Il ne se peut rien de plus équitable que cette méthode de l'Auteur du Journal; mais si les raisons qu'auroient les Particuliers de ne souhaiter que ce qu'ils demandent, & de ne trouver dans le Journal que ce qu'ils y cherchent, ne laissent pas encore de subsister après cette réponse; il semble qu'il n'y auroit presque pas d'autre expédient pour les satisfaire, que d'établir séparément des Journaux differens sur chacune des Sciences & des Professions qui partagent les Hommes.

Au reste le dessein de ce célébre Journal qui fut conçu à Paris, & qui s'y est executé assés heureusement, a été merveilleusement goûté dans tout le Royaume, & il a été reçu avec applaudissement des Nations étrangéres, dont les unes ont mis cet Ouvrage en Latin, en Italien & en Allemand; les autres excitées par cet exemple ont conçu de pareils projets de Journaux (1).

Nitzchius l'a traduit en Latin & publié à Leipsick avec assés d'élégance & de fidelité hormis en certains endroits qui dépendent du génie particulier de notre Langue que les Etrangers ont de la peine à pénétrer d'ailleurs. Il a fait perdre la beauté & la proportion à certaines figures sur tout à celles dont on a voulu marquer la grandeur telle que le Microscope la represente (2).

On a traduit aussi le Journal en Italien, mais les Traducteurs se sont donné la liberté d'y ajouter ce qui se passe de nouveau & de curieux dans le commerce des Lettres en ces pays-là (3).

Entre les Journaux qui se font à l'imitation de celui de France dans les pays étrangers, les plus célébres sont ceux d'Angleterre, d'Italie, & d'Allemagne. Celui d'Angleterre qui s'appelle *Transactions Philosophicales* étoit dressé ces années dernieres par Mr *Hoock*, mais il ne regarde que la Physique & les Mathématiques, au lieu que celui de France regarde toutes les sortes de Sciences; aussi bien que celui d'Italie à son imitation, étant dressé sur ce modéle par Mr l'Abbé *Nazari* qui en a eu soin jusqu'à present. Celui d'Allemagne est fait par plusieurs Personnes judicieuses qui font profession de suivre celui de France, de ne point mettre de jugement, de louer peu, & de ne

1 Journal du 30. Mars 1665.
2 Journal du 15. Octobre 1668.
3 Idem du même jour.

CRITIQUES HISTORIQUES.

blamer jamais. Il est fort estimé de Mr Bayle & des autre Critiques. Il s'imprime à Leipsick d'où il a même pris son nom, & c'est le Sr. *Menkenius* qui l'a entrepris depuis l'an 1681. (1) & qui est puissamment secouru dans ce travail par Mr *Carpzonius* qui fait honneur à son pays & à ses amis.

Enfin les Hollandois songeant autant à leur interêt particulier qu'à la commodité du Public ont réimprimé en petite forme celui de France dont ils nous ont déja donné neuf ou dix Volumes fort propres & fort commodes, mais Mr de la Rocque (2) se plaint qu'il y a des falsifications dans cette impression.

On peut encore rapporter à ce que nous avons dit du Journal, un Livre fait depuis peu par le sieur de *Beughem* Hollandois imprimé à Amsterdam en 1683. Ce Livre a pour titre *La France Savante*. Et sans doute, une montre si magnifique devoit nous produire quelque chose de grand & de curieux; cependant ce n'est qu'une table assés grossiére non pas des matiéres singulieres, mais simplement des titres du Journal des Savans. Il est vrai qu'elle est faite en trois façons, c'est-à-dire, qu'il a rangé les mêmes titres dans trois classes différentes. Dans la premiére il a laissé les titres selon l'ordre des tems comme ils sont déja dans le Journal; dans la seconde il a mis les mêmes titres selon l'ordre alphabétique des noms des Auteurs; & dans la troisiéme il les a remis à peu près selon l'ordre général des matiéres. Il auroit pû abreger son travail de près de deux tiers par la réduction des deux derniéres classes en deux petites tables du premier *Index* des titres, sans s'obliger à répeter trois fois une même chose. Du reste la disposition de cet Ouvrage ne demandoit pas une grande industrie, & il n'y avoit nulle nécessité de nous séduire par un titre si spécieux.

1 Journal de l'an 1682.   2 Journal du 26. Juillet 1683.

LES NOUVELLES DE LA RE'PUBLIQUE DES LETTRES *depuis l'an* 1684. par Monsieur Bayle, & du MERCURE SAVANT.

L'Auteur de ce curieux ouvrage proteste qu'il ne veut pas profiter de la liberté que les Libraires d'Hollande se donnent de publier tout ce que les raisons de Religion & d'Etat ne permettent point ailleurs. Il témoigne qu'il ne prétend point établir un *Bureau d'Adresse de médisance*, ni employer les Mémoires qui n'auroient pour but que de flétrir la réputation des Gens. Il a jugé cette licence indigne d'un honnête homme, & rien ne l'a tant choqué dans le MERCURE SAVANT que l'affectation qui y regne de maltraiter des Personnes très-illustres. Il semble, dit-il, que cet Auteur n'ait songé à ce travail, que pour satisfaire ses passions particuliéres.

Mais pour lui il tâche de s'éloigner de cette méthode, & de prendre un raisonnable milieu entre la servitude des flateries, & la hardiesse des censures. Il promet que s'il juge quelquefois d'un ouvrage, ce sera sans prévention, & sans aucune malignité, de sorte que ceux qui seroient interessés à ce jugement ne puissent point s'en irriter. Il déclare qu'il ne prétend pas établir aucun préjugé ou pour ou contre les Auteurs. S'il approuve ou s'il refute quelque chose il dit que c'est sans conséquence, & qu'il n'a pour but que de fournir de nouvelles occasions aux Savans de perfectionner l'instruction publique.

Quoiqu'il soit Huguenot, il n'affecte pas de parler des livres qui concernent sa Religion, & quand il en parle il a soin de ne point faire paroître de partialité. Ainsi il fait le métier de Rapporteur plutôt que celui de Juge, & il assure qu'il fait des extraits aussi fidéles des livres qui sont contre les Protestans que de ceux qui sont pour eux, & qu'il ne veut s'arrêter sur les livres de controverses qu'autant qu'il le faut pour montrer qu'il se veut étendre indifféremment sur toutes sortes de choses.

Pour complaire à deux sortes de lecteurs de différent goût dont les uns se plaignent que le Journal de Paris leur donne trop en abregé l'idée d'un livre, & les autres au contraire qu'il ne leur parle pas d'un assés grand nombre d'ouvrages à chaque fois, il divise chacune de ses relations en deux parties. Le premier est pour ceux qui veulent qu'on leur rende raifon d'un livre un peu amplement, & la feconde pour ceux qui ne demandent qu'une idée fuperficielle de beaucoup de livres (1).

Mais avec toutes ces précautions il n'a point laiffé d'avoir la même fortune que les Auteurs du Journal François de Paris. Car il a été foupçonné de quelque partialité dans fes premiéres Nouvelles, & on lui a fait connoître qu'on auroit mieux aimé qu'il fe fût renfermé dans les bornes d'un Hiftorien défintereffé, & qu'il eût épargné fes réfléxions. C'eft pourquoi il a voulu fe montrer auffi complaifant pour le Public que ces Meffieurs, & l'on remarque qu'il a profité de cet avis depuis le mois d'Aouft de 1684. Il s'eft réfervé davantage fur les louanges dans la fuite, & il femble avoir ufé de fon fel avec plus de ménage pour tâcher de s'accommoder au goût des uns fans dégoûter les autres (2).

1 Préf. du 1. Tom. des Nouv. de la Ré-publ. des Lettres.   2. Préf. du 2. Tom.

CHAPITRE II.

Des Critiques & Recueils d'Auteurs Ecclésiaftiques.

79 NOus aurions pû mettre *Eusèbe de Céfarée* à la tête de ces Critiques, parce qu'en effet il eft le premier qui ait eu foin de recueillir & d'éxaminer même les ouvrages des Auteurs Eccléfiaftiques & les Monumens de l'Eglife Primitive. Mais parce que cela fait partie de fon Hiftoire nous réfervons à en parler dans notre Recueil des Hiftoriens.

Nous garderons la même conduite à l'égard de *Baronius*, de *Monfieur Godeau*, de *Monfieur de Thou*, & des autres Hiftoriens qui ont inféré dans leurs ouvrages les jugemens ou les éloges qu'ils ont fait des Ecrivains illuftres.

SAINT JEROME Pere & Docteur de l'Eglise,
mort en 420.

80   IL a composé un Livre des *Ecrivains illustres de l'Eglise* qui ont paru depuis la mort du Fils de Dieu jusqu'à la quatorziéme année de l'Empire de Théodose le vieux. Il s'est proposé pour modéles divers Auteurs Grecs & Latins qui ont embrassé ce genre d'écrire parmi les Anciens, mais il a eu la pensée de suivre particuliérement Ciceron dans son *Brutus* ou son Dialogue des Orateurs ; & Suetone dans ses deux livres des *Grammairiens* & des *Rhéteurs*.

Il témoigne lui-même (1) qu'il a entrepris ce travail pour fermer la bouche aux Philosophes & aux prétendus Savans d'entre les Païens qui publioient faussement qu'il n'y avoit que des ignorans & des idiots qui embrassoient le Christianisme, & que notre Religion ne produisoit ni Philosophes, ni Orateurs, ni autres Ecrivains habiles.

Ce petit livre a reçû les Eloges de tous les siécles, & son dessein a été trouvé si utile & si honorable à l'Eglise que plusieurs après lui, même jusqu'à nos jours ont tâché d'acquerir de la gloire & de rendre quelque service au Public en marchant sur ses traces dans le même genre d'écrire. Dom Nicolas Antoine dit (2) que cet ouvrage a toujours été considéré parmi les Chrétiens comme un oracle qu'on a eu grand soin de consulter jusqu'à present.

Néanmoins tout le monde ne l'a pas toujours crû infaillible & sans tache. Le Pere Possevin Jesuite (3) nous l'a fait assés connoître quand il a prétendu suppléer aux défauts de cet ouvrage par son Apparat sacré, & voici ces grands défauts dont il le reprend.

1. De ce qu'il ne fait point mention de Denys l'Aréopagite.
2. De ce qu'il dissimule l'hérésie d'Eusèbe de Césarée.
3. De ce qu'il ne parle pas des Livres Canoniques conformément au Canon du Concile de Trente, mais d'une maniére capable de donner atteinte à l'autorité des livres qui n'étoient pas encore universellement reçûs de son tems, & que le Concile de Trente a déclarés Canoniques.

---

1 Hieronym. Præf. de Script. Eccl.   p. 30.
3 Nicol. Anton. Bibl. Hispan. Præfat.   3 Possev. Prolegom. Apparat. sacri.

CRITIQUES HISTORIQUES. 41
4. De ce qu'il n'a point voulu porter son jugement sur les ouvrages s. Jerôme de Saint Ambroise.
5. De ce qu'il ne parle pas d'Origène comme d'un hérétique.
6. De ce qu'il met quelques hérétiques au rang des Orthodoxes.

Mais la plus vrai-semblable des raisons de Possevin est sans doute celle d'avoir voulu augmenter cet ouvrage de Saint Jerôme & de ses continuateurs, puisqu'il n'est point difficile d'ailleurs de justifier un des plus habiles & des plus judicieux Auteurs d'entre les Docteurs de l'Eglise de ces prétendus défauts ausquels Possevin s'est crû obligé de remédier.

Il faut avouer néanmoins que cette reserve pour Saint Ambroise a fait soupçonner Saint Jerôme de quelque partialité dans cet ouvrage, & que tout saint & tout éclairé qu'il étoit, il paroît n'avoir pas eu pour Saint Ambroise toute l'estime qu'un si grand homme méritoit, lorsqu'il dit (1) „ *Qu'il ne veut point dire son sentiment de ses* „ *Ecrits sous prétexte qu'il étoit vivant, & que de quelque maniére qu'il* „ *en parlât, il auroit peur ou qu'on ne l'accusât de flaterie, ou qu'on ne* „ *s'offensât de la vérité.* Car on ne voit pas bien, dit Monsieur Her-
„ mant (2), comment on auroit pû accuser Saint Jerôme qui demeu-
„ roit alors en Palestine de vouloir flater Saint Ambroise : & dans
„ la haute réputation que ce Saint Prélat avoit acquise pour lors,
„ c'est-à-dire en l'an 392. il étoit difficile de croire que les plus gran-
„ des louanges que saint Jerôme eût pû lui donner eussent paru
„ excessives.
„ Aussi ne paroit-il pas que Saint Jerôme ait usé de cette reserve
„ à l'égard des autres personnes vivantes dont il parle dans son livre
„ des illustres Ecrivains ; & que la crainte de passer pour flateur l'ait
„ empêché ni de louer Evagre d'Antioche dont il soutenoit le parti
„ contre l'Orient (c'est-à-dire contre les Partisans de Saint Flavien
„ son Coévêque) ; ni Gélase de Césarée Métropolitain de la Palestine
„ où il étoit ; ni Sophrone de Jerusalem son ami particulier ; ni mê-
„ me les ouvrages de Maxime le Cynique ennemi déclaré de Saint
„ Grégoire de Nazianze, (que Saint Jerôme honoroit d'ailleurs
„ comme ayant été son Maître.)

On voit aussi (3) qu'en d'autres rencontres, il censure les sentimens de Saint Ambroise, & qu'il semble en vouloir diminuer le prix.

1 Hieronym. de Vir. Illust. ch. 20. pag. 129.
2 God. Herm. Vie de S. Ambr. lib. 2. 3 Idem ibid.
Tome II.

S. Jérôme. Mais ces maniéres défobligeantes ne l'ont point empêché de lui faire juſtice ailleurs, de parler avec éloge de ſes Traités de la Virginité, & de ſe ſervir plus d'une fois de ſon autorité comme d'un ſaint & d'un grand Docteur.

POUR ce qui eſt de la traduction Grecque que nous avons de cet ouvrage de Saint Jerôme, Voſſius le Pere (1) croit avec les autres que c'eſt *Sophronius* de Jeruſalem contemporain de Saint Jerôme qui en eſt l'Auteur : Iſaac ſon fils au contraire (2) a prétendu détromper le Public en voulant nous perſuader que cette piéce publiée par Eraſme ſous le nom de Sophrone en l'année 1529. (3) eſt une piéce ſuppoſée; que la traduction eſt très-peu fidelle ; & qu'outre cela elle n'eſt point ancienne; qu'en un mot il faut ou qu'Eraſme lui-même en ſoit l'Auteur, ou que ce ſoit quelqu'autre Impoſteur qui auroit pû abuſer de la crédulité d'Eraſme. Mais Monſieur Huet (4) dit que c'eſt une pure imagination de Monſieur Voſſius; que Sophronius en eſt le véritable Auteur; que de plus la traduction eſt fidelle & exacte, & qu'enfin il s'en trouve des endroits dans Suidas (5) qui ſe liſent mot pour mot tels qu'on les voit dans la traduction Grecque.

1 Ger. Jo. Voſſ. lib. 2. de Hiſt. Græc. cap. 23. pag. 278.
2 Iſ. Voſſ. not. ad Epiſtol. S. Ignat. page 217.
3 ¶ Ce fut en 1516. ſavoir l'année de l'édition du S. Jerôme d'Eraſme chés Froben. ℔
4 P. Dan. Huet de clar. Interpret. lib. 2. page 132.
5 ¶ Sans pourtant que Suidas faſſe aucune mention en cet endroit ni de Sophronius ni de S. Jérôme. ℔

---

1. GENNADE *de Marſeille vivant en* 496.
        Avec
2. S. ISIDORE *de Seville mort en* 636.
3. S. ILDEFONSE *de Tolede mort en* 667.
4. SIGEBERT *de Gemblours mort en* 1113.
5. HONORE' *d'Autun vivant en* 1120.
6. HENRY DE GAND *Archidiacre de Tournay mort en* 1293.

81 Quoique Gennade ait apporté aſſés de diligence dans ſon livre des Hommes illuſtres, on remarque néanmoins qu'il a eu moins de ſoin de rechercher & de rapporter les Ecrivains des

pays étrangers que ceux du sien, & que la plupart de ses Auteurs sont Gaulois s'en trouvant assés peu des autres Provinces de l'Empire.

Le Cardinal Bellarmin (1) dit que c'est principalement cet ouvrage qui a rendu Gennade suspect de Semipélagianisme. Et c'est en effet ce qu'il est aisé de voir par les éloges qu'il donne au Moine Cassien & à l'Evêque Fauste; & par la manière dont il tâche de rabaisser le mérite de Saint Prosper : on y découvre aussi un air de malignité secrete dans le tour qu'il donne à ce qu'il rapporte de Saint Augustin, car on le voit biaiser dans les louanges qu'il lui donne quoiqu'il n'ait pû s'empêcher de rendre un témoignage authentique ,, *de l'intégrité* ,, *de sa Foi & de la sagesse qui lui a fait représenter dans tous ses Ecrits* ,, *l'Eglise de Dieu sans tache & sans ride.*

2. & 3. On a remarqué dans *Saint Isidore* & dans *Saint Idelfonse* le même panchant pour leur pays que nous avons vû dans Gennade pour le sien, & ils ne se sont attachés qu'à nous donner presque que des Espagnols, encore n'y ont-ils pas apporté toute l'éxactitude possible.

4. Quant à *Sigebert*, Vossius a remarqué qu'il néglige souvent la suite des tems dans l'ordre qu'il donne à ses Écrivains (2). Bellarmin (3) veut aussi qu'il ne soit pas assés libre dans ses jugemens, & qu'il ait fait paroître trop de passion contre les Papes pour les Empereurs, mais cela regarde plutôt sa Chronique que ses Hommes illustres. Sigebert a fait d'ailleurs diverses fautes aussi-bien que les précédens par le défaut d'éxactitude. Quelques-uns l'accusent aussi de quelque vanité, d'avoir pris grand soin de faire le dénombrement de tous ses Ecrits au bout de son Catalogue, mais si c'est un grand vice, il est devenu fort commun dans notre siécle, & Sigebert ne l'a point fait sans exemple.

5. *Honoré d'Autun* n'a fait presque que copier Saint Jerôme, Gennadius, Saint Isidore, & Saint Idelfonse. On pourroit l'accuser d'y avoir apporté assés peu de discernement, & particulièrement à l'égard de Gennadius avec lequel il semble faire le Semipélagien en louant & en blâmant ceux à qui Gennadius a donné des louanges ou du blâme. Mais on peut dire pour son excuse que son dessein a été de faire l'abregé fidele de ces Auteurs & de les continuer jusques à son tems comme il a fait.

6 Pour *Henri de Gand*, il paroît avoir voulu faire une continuation

---

1 Bellarmin. de script. Ecclef. ad annum 490.

2 Vossius de hist. Latin. lib. 2. cap.

3 Bellarmin. de Scriptorib. Ecclef.

Gennade, &c. de l'ouvrage de Sigebert de Gemblours, en recueillant ce qu'il a pû trouver d'Ecrivains qui ont vécu depuis le tems de ce Moine jusqu'au sien.

Tous ces Catalogues ont été imprimés ensemble après celui de Saint Jerôme, premiérement par les soins de Suffred Petri de Liewardin à Cologne in-8°. en 1580. & ensuite à Anvers en 1639. in-fol°. avec les augmentations d'Aubert le Mire, qui a ajoûté des Notes assés peu importantes, & prises de Baronius, ou de Bellarmin pour la plupart.

L'ABBE' TRITTHEME (Jean) mort en 1516. (1)

82 Son Catalogue des Ecrivains Ecclésiastiques se terminoit d'abord à l'année 1494. mais il a reçû depuis ce tems-là divers accroissemens. Platus (2) l'appelle un Ecrivain éxact & diligent, & on ne conteste pas ce dernier point qui consiste dans l'application au travail puisque Trittheme étoit fort laborieux ; mais on ne tombe pas d'accord du premier qui demande du discernement, & plus de discussion que Trittheme n'en (3) a apporté à tout ce qu'il a fait.

Gaspar Scioppius (4) dit que quoique sa propre foiblesse & la foi d'autrui lui ayent fait faire bien des fautes, elles sont très-excusables en ce qu'il a toujours agi avec candeur & sincérité ; qu'ainsi on a tort de l'accuser de fourbe & de mauvaise foi, comme s'il avoit forgé des Auteurs & des livres chimériques dans sa tête, sous prétexte qu'on ne trouve point ces livres ni ces Auteurs.

Mais il faut savoir que depuis ce tems-là, il y a bien eu des Bibliothéques surtout en Allemagne lesquelles ont été pillées & brûlées dans la destruction des Monastéres faite par les armées des Protestans, ou par les soulévemens des Paysans. Ainsi les livres que Trittheme a vû dans plusieurs lieux d'Allemagne qu'il a visités pour cet effet, peuvent avoir été ensevelis dans les flammes ou dans les ruines de leurs Monastéres

1 ¶ Gerard Jean Vossius sur la foi de Bellarmin dont les supputations ne sont point éxactes a mis la mort de Trittheme en 1519. Mais il vaut bien mieux avec le diligent Auteur de sa Vie Jean Busée Jésuite s'en rapporter à l'inscription sépulcrale qu'on voit dans le Monastére des Bénédictins de Wirtzbourg où cet Abbé est enterré, laquelle porte qu'il mourut le 13. Décembre 1516. âgé de près de 55. ans. Voyés de Sponde dans sa continuation des Annales de Baronius A. 1495. n. XI. ¶

2 Hieronym. Plat. lib. 2. de bono stat. Religiosi cap. 9.

3 ¶ N'étoit capable d'en apporter. ¶

4 Gasp. Sciop. de orig. domus Austriac.

CRITIQUES HISTORIQUES. 45

Cependant Browerus Jesuite Allemand dit (1) que ce seroit avoir trop de simplicité & de crédulité, que de donner les mains à tout ce que Trittheme écrit dans ses Recueils d'Hommes illustres, & de se laisser aller aux apparences de tant de titres spécieux ; que le bon homme promettoit ce dont il ne pouvoit pas disposer, & entreprenoit ce qui étoit au-dessus de ses forces ; qu'il aimoit la belle montre ; qu'il prenoit plaisir non seulement à multiplier le nombre des livres des Auteurs, mais encore à les grossir & à nous representer comme de gros Volumes, ce qui souvent n'étoit que petit livret ou feuille volante ; qu'il comptoit les moindres petites Poësies parmi les livres les plus considérables ; qu'il a changé les véritables titres des ouvrages des Auteurs ; & qu'enfin il avoit vû ou éxaminé fort peu des livres dont il nous a donné la liste.

Le P. Possevin (2) reconnoît aussi que c'est un Auteur d'un assés petit jugement, quoiqu'il avouë sincérement qu'il lui est fort redevable en son particulier, & qu'il a enrichi son Apparat sacré du fruit de ses veilles.

Il n'y a donc point grand fonds à faire sur la Critique de Trittheme, parce que les jugemens qu'il fait quelquefois de la doctrine & de la capacité de ses Auteurs ne sont proprement que des éloges dont la plupart sont faits au hazard.

Outre le grand nombre de fautes qu'il a faites dans la Chronologie & dans l'Histoire, quelques-uns l'ont encore accusé de parler mal de la Théologie Scholastique, comme s'il s'étoit étudié à la rendre méprisable, & de ne point témoigner assés de respect pour la Cour de Rome dont il reprend les déréglemens avec trop de liberté, comme l'écrit encore Possevin, qui ajoute que cela ne venoit ni d'aucune mauvaise inclination, ni d'aucune passion aveugle qui fût en Trittheme.

On peut encore rapporter aux Auteurs Ecclésiastiques les Catalogues qu'il a faits des Hommes illustres de l'Ordre des Bénédictins & de celui des Carmes, & même celui qu'il a composé des Ecrivains célébres d'Allemagne.

Et pour ce qui est du Catalogue qu'il a fait de ses propres ouvrages on le peut voir dans une longue Lettre qui est à la tête de sa Polygraphie, & qui est de Jean Duraclusius son disciple.

* *Joh. Trithemii de scriptoribus Ecclesiasticis*, cum 2. *appendicibus Vverlini* in-4º *Col.* 1546. *

1 Christoph. Brower vit. Fortunat. Pictav. pag. 18.   2 Aut. Possev. Appara. sacr. pag. 945.

1. GUILLELMUS EISINGREIN *Catholique*, vivant encore en 1565. &

2. MATTHIAS FLACK ESCLAVON dit *en Latin* M. *Flaccius Illyricus*, Luthérien mort en 1575. (1)

83 Ils ont fait tous deux un livre sous un même titre de *Catalogue des témoins de la vérité*, mais avec des intentions bien différentes, chacun à dessein de rendre service à ceux de sa Communion.

L'un & l'autre ouvrage est une liste des Ecrivains Ecclésiastiques qui ont combattu & refuté les Hérésies de leurs tems & celles de notre siécle par avance. Par les Hérésies de notre siécle Eisingrein entend les Protestans, c'est-à-dire toutes ces sociétés revoltées qui ont fait schisme d'avec le saint Siége : & au contraire Illyricus entend les Catholiques qui sont demeurés inviolablement attachés à Jesus-Christ dans le sein de l'Eglise Romaine sous l'autorité du Pape.

Eisingrein suit l'ordre des tems comme a fait Trittheme: Mais il employe la plus grande partie de son ouvrage en éloges, comme a remarqué Possevin dans son Apparat(2), où il parle de cet ouvrage avec beaucoup d'étenduë, en donnant avis au Public que les Hérétiques de leur côté ont eu un dessein tout semblable, c'est-à-dire, contraire à celui d'Eisingrein sous le même titre, & rempli de mensonges. Il ajoute qu'on s'en doit d'autant plus donner de garde qu'il est sans nom d'Auteur, & qu'il pourroit séduire ceux qui le prendroient d'abord pour celui d'Eisingrein ou de quelque autre Catholique.

---

1 ¶ Mathias Flaccius Illyricus devoit être nommé le premier ; le *Catalogus testium veritatis* d'Eisingrein n'ayant paru qu'en 1565. à Dilinghen, 9. ans après la premiére édition de celui de Flaccius, & trois après la seconde. Le nom de Flaccius ne fut mis, ce qui est remarquable, ni dans la premiére édition, qui est de Bâle 1556. ni dans la seconde qui est de Strasbourg 1562. Simon Goulard, dont il est surprenant que Baillet n'ait point ici parlé, fit en 1597. réimprimer à Lyon en deux volumes in-4°. & depuis en 1608. à Genève en un volume *in-folio* le *Catalogus testium veritatis* fort augmenté, lui donnant une nouvelle forme, comme si ç'avoit été un ouvrage de sa façon. L'occasion vouloit encore que Baillet parlât de Jean Conrad Diétéric, qui trouvant plus à propos de ne rien changer dans l'ouvrage de Flaccius en procura deux nouvelles éditions *in-4°* toutes deux de Francfort, l'une en 1666. où il ne se nomma point, l'autre en 1672. où il se nomma. Voyés J. A. Fabrice dans sa *Decas decadum* & Bayle au mot *Illyricus*, lettre E. ¶

2 Possey. Apparat. pag. 701.

CRITIQUES HISTORIQUES.

Eisingrein & Illyricus.

En effet si quelques-uns se plaignent qu'Eisingrein n'a point apporté assés de jugement & de capacité dans son ouvrage, on a encore beaucoup plus de sujet de se plaindre de Flaccius Illyricus qui est cet Anonyme dont Possevin a voulu parler sans le connoître, puisqu'outre qu'il est tombé dans les mêmes défauts, il y a semé partout des marques d'une passion aveugle, & un air envenimé contre l'Eglise sans se soucier si ce qu'il écrivoit faisoit à sa cause ou non.

* *Catalogus testium veritatis ab anno 1563. perductus ad annum 1666. curâ Adolphi Gotefridi Volusii*, in-4° *Moguntiæ* 1666. *

Franç. (1) SIXTE DE SIENNE *Dominicain* mort en 1569.

84. IL a fait un ouvrage de Critique sous le nom de *Bibliothéque sainte*, & le P. Simon (2) dit qu'il est fort utile pour se perfectionner dans l'étude des livres sacrés.

Son dessein principal a été de faire connoître les Auteurs de ces livres, les anciennes Versions, & les Commentaires. Et quoiqu'il n'ait pas sû parfaitement la Critique de l'Ecriture, on peut dire qu'il y a peu d'ouvrages sur cette matiere où il y ait tant d'érudition & de bon sens, & il explique même souvent sa pensée avec beaucoup de liberté.

Ce sont ces bonnes qualités qui l'ont fait considérer comme le Prince des Doctes par Stapleton (3) & qui ont fait dire à Monsieur de Thou qu'il y avoit du choix dans son érudition (4). Henri Saville l'appelle un Censeur très-habile & très-judicieux des Ecrits des Anciens (5) & Richard de Montaigu dit (6) que c'étoit un homme d'une lecture prodigieuse & d'une industrie tout-à-fait extraordinaire.

Néanmoins quelque savante & quelque utile que soit cette Bibliothéque sainte de Sixte de Sienne, l'Inquisition Romaine

---

1 ¶ Moreri voyant au titre de la Bibliothéque sainte de Sixte de Sienne, BIBLIOTHECA SANCTA A F. SIXTO SENENSI, &c. & croyant que cet F. qui signifie FRERE signifioit FRANÇOIS, a donné dans son Dictionnaire le nom de François à Sixte de Sienne ; simplicité que Baillet a fidellement copiée. §

2 Rich. Simon Hist. Critic. du V. Testam. chap. 17. liv. 3. pages 514. 515.

3 G. Crow. elench. in sacr. Script. litt. S.

4 J. Aug. Thuan. hist. in elog.

5 H. Savill. not. ad Chrysost. oper. edit. Eton.

6 Rich. Montacut. Exercitatione Ecclesiast. Analect. Exerc. 5. §. 4.

Sixte de Sienne, n'a point laissé d'y trouver beaucoup de choses qui n'étoient pas à son goût, & qui lui paroissoient un peu trop hardies, & Possevin de son côté (1) y a remarqué un très-grand nombre de fautes, mais on peut dire qu'il a besoin lui-même de Critique & de Censeur en plusieurs endroits du Recueil qu'il nous en a donné au second Tome de son Apparat sacré.

Il faut pourtant tomber d'accord qu'il y a dans Sixte de Sienne des fautes contre la bonne Critique, & on a lieu de s'étonner qu'un homme d'aussi bon goût (2) & aussi judicieux que lui, ait donné dans les rêveries impertinentes & dans les impostures grossiéres de son confrere Annius de Viterbe.

Dans la premiére partie de son ouvrage qui est en huit livres il traite de l'autorité des livres Canoniques & ensuite des Auteurs de chaque livre en particulier avec assés d'érudition. Mais comme il n'y est pas toujours éxact, un Critique moderne prétend que c'est pour avoir suivi ordinairement le sentiment des Peres & des autres Auteurs qui avoient écrit avant lui sur cette matiére.

Dans la seconde partie il multiplie trop les livres sacrés sous prétexte de quelques noms qui se trouvent dans l'Ecriture & il y a même plusieurs endroits où sa Critique n'est pas fort heureuse.

Tout ce qu'il rapporte aussi touchant les livres de la Cabale n'est appuyé sur aucun fondement, & les Juifs avoient imposé en cela à Pic de la Mirande dont l'autorité jetta les autres ensuite dans l'erreur.

Sixte de Sienne paroît plus exact dans cette partie de son ouvrage où il a fait l'analyse des Peres & de plusieurs autres Auteurs qui ont écrit sur la Bible (3).

* *Sixti Senen, si Bibliotheca sancta* in-fol°. Colon. 1586. — *ejusdem aucta per Joh. Hayum* in-fol°. Lugd. 1591. *

1 Possevin Apparat. sacr. tom. 2, pag. 412. & sequentib. ad 417.

2 ¶ Sixte de Sienne, Juif converti, savoit bien l'Hébreu, médiocrement le Latin, moins que médiocrement le Grec, n'avoit nul goût pour les Humanités, & a très-mal jugé de la plupart des Auteurs dont il a parlé. §

3 R. Simon iterum ut supra.

ANTOINE

ANTOINE POSSEVIN Jesuite de *Mantouë*, mort en 1611.

85 IL a fait premiérement une *Bibliothèque choisie* en dix-huit livres pour servir de guide dans les Etudes, & pour fournir les moyens de pouvoir travailler utilement au salut de tout le monde. Il y parle de toutes sortes d'Auteurs & il en fait même assés souvent la Critique.

Après il a fait l'*Apparat sacré* qui est en trois Volumes de l'Edition de Venise [in-fol. 1603.] & en deux de celle de Cologne. C'est un gros Recueil de toutes sortes d'Auteurs Ecclésiastiques rangés dans un ordre Alphabétique.

Vossius dit que ce dernier ouvrage de Possevin est très-docte & très-laborieux (1), & en un autre endroit il dit que l'Auteur est un homme de beaucoup de lecture & d'une érudition qui s'étend sur diverses choses (2).

Cependant si nous en croyons le même Vossius (3), Possevin ne doit passer presque que pour un Copiste qui s'est tellement assujetti à transcrire les autres Bibliothéquaires, & les faiseurs de Catalogues, qu'il auroit fait scrupule même de ne pas copier aussi leurs fautes.

Ainsi selon la remarque même de plusieurs autres Critiques, cet ouvrage n'est proprement qu'une compilation de ceux de saint Jerôme & de ses continuateurs, de Trittheme, d'Eisingrein, de Gessner, de Sixte de Sienne, & de Suffred Petri amassée avec assés peu de choix & de discernement.

Mr Naudé (4) écrit qu'il y a apporté trop de facilité & de négligence, & qu'il ne peut plaire qu'aux Génies les plus médiocres. Keckerman prétend (5) qu'il n'a aucune méthode dans ce qu'il écrit, que tout ce qu'il a fait n'est que lambeaux & rhapsodies mal tissuës, & entassées avec beaucoup de désordre & de confusion, de sorte qu'il est très-difficile d'en faire aucun usage, à moins que d'y apporter beaucoup de jugement & de discrétion de son côté.

Valere André (6) a remarqué aussi comme beaucoup d'autres, qu'il s'est souvent trompé soit dans les noms, soit dans les surnoms

---

1 Voss. de Hist. Lat. lib. 3. pag. 747.
2 Idem Ibid. lib. 3. pag. 799.
3 Idem ibid. lib. 2. cap. 26. pag. 274.
4 Gabr. Naud. Bibliogr. Politic p. 114.
5 Barth. Kerkerm. de nat. & propriet. hist. pag. 155.
6 Val. And. Dessel. Bibl. Belg. Præf.

Possevin. des Auteurs & particuliérement des Etrangers. Et un Allemand anonyme dit que comme il s'eſt mêlé d'y ajouter quelquefois le jugement qu'il fait des Auteurs (1), il eſt fâcheux qu'il ne ſoit point aſſés libre, ni aſſés déſintereſſé; qu'il eſt plein des Préjugés ordinaires à ceux de ſon pays & de ſa profeſſion, & que quand il marche ſeul & ſans guide, ſa Critique n'eſt pas fort ſûre.

On peut ajouter qu'il parle mal (2) Latin & qu'il ne ſe ſoucie pas beaucoup d'éviter les ſoléciſmes; qu'il fait ſouvent de longues digreſſions qui ne regardent pas ſon ſujet, comme des Hiſtoires de Peuples, de Lieux, &c.

Mais au reſte il faut que tout le monde reconnoiſſe que ſa Bibliothéque & ſon Apparat ſont d'un très-grand travail & qu'on en pouroit tirer beaucoup d'utilité, ſi quelque homme capable & judicieux vouloit ſe donner la peine de les revoir, & d'y faire les corrections & les additions néceſſaires.

Ce Pere a fait encore un autre livre de Critique. C'eſt le jugement de quatre Ecrivains fameux, qui ſont le ſieur de la Nouë, Jean Bodin, le ſieur de Mornay du Pleſſis-Marly, & Machiavel. Mais cet Ecrit n'eſt pas encore entiérement exemt de défauts.

* *Ant. Poſſevini Bibliotheca ſelecta* in-fol. *Colon. Agrippinæ* 1607. — *Ejuſdem Apparatus Sacer de Scriptoribus Eccl.* in-fol. 2. vol. *ibidem* 1608. — *Ejuſdem Judicium de aliquot Scriptis Nuæ Militis Galli. J. Bodini, Ph. Mornæi & Nic. Machiavelli* in-8°. *Lugd.* 1593.

1 Bibliograph. Cur. Hiſtorico-Philolog. pag. 166.
2 ¶ Il confond l'oncle avec le neveu, Antoine Poſſevin le Jéſuite avec Antoine Poſſevin le Médecin. Celui-ci s'eſt effectivement laiſſé ſouvent échaper des barbariſmes & des ſoléciſmes, ſur leſquels Scioppius dans ſon traité *de ſtylo hiſtorico* l'a fortement relevé.§

LE CARDINAL BELLARMIN (Robert)
Jeſuite *du Mont-Tulcien*, mort en 1621.

86 IL s'eſt acquis beaucoup de réputation par ſon livre des Ecrivains Eccléſiaſtiques qui l'a fait reconnoître pour un homme de grande lecture & de bon diſcernement. G. Calixte Proteſtant célébre (1) diſoit que c'étoit-là le meilleur de tous ſes ouvrages.

On l'accuſe néanmoins de quelque partialité; d'avoir blâmé des

1 Henn. Witten. Præfat. ad Theolog. Memor. pag. 12.
¶ Calixte ne donnoit pas une grande opinion des ouvrages de Bellarmin, en diſant que le meilleur étoit le livre des Ecrivains Eccléſiaſtiques.§

Auteurs sur le seul titre des Livres qui parlent des differens des Papes Bellarmin, avec les Princes séculiers ; d'avoir condamné quelques traductions des bons Auteurs sous pretexte qu'elles ont été faites par des Héretiques, quoi qu'ils n'y ayent pas commis d'infidelité.

Il faut avouer aussi qu'il se trompe quelquefois dans la Critique & dans la Chronologie, mais ces deux derniers défauts sont excusables; quand on considére le grand nombre des belles observations qu'il a faites. Il auroit été à souhaiter qu'il eut vû les bonnes éditions des Auteurs, il en auroit tiré plus de soulagement & de secours.

Les meilleures éditions de son livre sont celle de Cramoisy [in-4°.] en 1617. & les suivantes qui ont été faites sur celle-là, & celle de l'an 1658. [in-8°.] à Paris procurée par le P. Labbe.

Nous parlerons de Bellarmin avec plus d'étenduë parmi les Auteurs de Controverse dans la suite de ce Recueil, & parmi ceux qui ont traité de l'autorité de l'Eglise & du Pape.

FABIEN JUSTINIEN *Génois*, de l'Oratoire, mort en 1627.

87 OUtre son *Indice universel* dont nous avons parlé auparavant, il a fait encore un Catalogue des Auteurs qui ont travaillé sur l'Ecriture Sainte, soit sur toute la Bible en général ou quelques-uns de ses livres en particulier; soit sur quelques chapitres des livres, ou même sur quelques versets à part expliqués singuliérement & commentés par des Traités exprès.

Tout cela est disposé selon l'ordre même de la Bible, & imprimé in-fol. en 1612. à Rome. Le Livre est assés rare, il y a beaucoup de travail & d'industrie, & il est encore plus utile qu'il n'est curieux.

On peut mettre encore au rang des Critiques de Livres Ecclésiastiques un autre Ouvrage du même Auteur in-8°. imprimé à Rome, à Paris, & ailleurs. Il traite *de l'Ecriture sainte, de l'usage qu'on en doit faire, de ses Interpretes & Commentaires, des Prédicateurs* &c. montrant les Livres qui sont propres premiérement pour l'étude de l'Ecriture Sainte; secondement pour apprendre à bien prêcher, ensuite le choix des bons livres pour la Théologie Spéculative, Pratique & Positive.

On pouroit aussi rapporter ici un Catalogue *des Interprétes* Catho-

---

Voyés Raph. Soprani, & Michel Giustiniani dans leurs Biblioth. des Liguriens.   Ferd. Ughelli dans son Italie sacrée, &c.

liques de l'Ecriture Sainte fait par *André Schott* Jesuite d'Anvers, [in-4°. à Cologne 1618.] mais nous avons autre chose de plus important à dire de lui dans la suite de ce Recueil.

JEAN GERHARD de Quedlimbourg *Allemand*, mort en 1637.

88 NOus avons son *Patrologue*, qui est un ouvrage posthume de la Vie & des Ecrits des Auteurs de l'Eglise Primitive. Le P. Labbe (1) ne le traite pas plus favorablement que les autres Censeurs hérétiques des Peres comme sont Cock, Perkins, Rivet &c. Mais on peut dire que ce Gerhard qui passe pour un grand Saint parmi les Luthériens n'est pas un grand Critique ; qu'il n'a pas le discernement fort fin ni le goût fort délicat. Et pour rendre sa disgrace complète, il est tombé entre les mains des misérables Imprimeurs qui ont extrémement multiplié ses fautes, c'est une des raisons qu'apporte Olearius dans son *Buffet* (2) pour tâcher d'excuser Gerhard, mais il n'y a point de réponse à l'accusation du crime de Plagiaire dont le charge le P. Labbe dans un autre de ses ouvrages (3). Car effectivement il paroît que le Patrologue a pillé Bellarmin presque tout entier dans le livre des Ecrivains Ecclésiastiques.

Néanmoins on peut dire pour sa justification qu'il n'avoit pas dessein de rendre public cet ouvrage qu'il n'avoit compilé que pour son usage particulier, & pour soulager sa mémoire au besoin, comme nous l'apprenons de son fils (4), qui par un excès d'affection & de pieté pour son Pere lui a rendu ce mauvais office en le mettant en lumiere.

* *Patrologus* in-8°. *Jenæ* 1633. — & 1654. — *Hamburgi* 1663. & *Lipsiæ* 1668. *

1 Phil. Labb. de Script. Ecclef. ad Bellarm.
2 Olear. Abac. Patr. Paralip. ad Gerard. in Præfat.
¶ Il faloit dire : *Olearius dans son Abacus.*
3 Labb. Biblioth. pag. 91.
4 Gerard Jun. Præfat. Patrolog.

AUBERT LE MIRE de *Bruxelles*, mort en 1640.

89 IL a fait une augmentation aux Catalogues des sept Auteurs qu'il a publiés avec des notes distinguées de cette augmentation. Ces Auteurs sont S. Jerôme, Gennade, S. Isidore, S. Ildefonse, Sigebert, Honoré d'Autun & Henri de Gand.

Le P. Labbe semble ne pas faire beaucoup d'estime de ce double travail de le Mire (1) prétendant qu'il n'est riche que des dépouilles de Bellarmin, aux observations duquel il n'a presque rien ajouté, si ce n'est peut-être quelques fautes. Il pouroit encore ajouter qu'il a été souvent le Copiste de Baronius.

Et en effet on peut dire que le Mire doit la meilleure partie de sa grande réputation à la beauté des matiéres curieuses qu'il a embrassées, plutôt qu'à la forme qu'il y a donnée, & quelque prévention qu'on ait pour son mérite, les personnes éclairées jugent qu'à la verité il étoit diligent, curieux, & assés laborieux, mais d'ailleurs peu exact & quelquefois même assés peu judicieux.

AUBERT VANDEN-EEDE publia en 1649. in folio un autre Recueil d'Auteurs Ecclésiastiques qui est un ouvrage posthume de notre le Mire, commençant depuis l'année 1494. où Trittheme avoit fini ses Ecrivains illustres de l'Eglise. C'est un travail de beaucoup de recherche, mais d'ailleurs assés imparfait, en ce qu'ayant entrepris de rapporter les Ecrits des Auteurs, il se contente d'en nommer quelques-uns, sans se donner la peine de nous faire connoître les autres. Il s'y trouve encore des fautes en assés grand nombre, soit en ce qu'il rapporte de leurs actions, soit en ce qu'il marque de leurs ouvrages. Les Auteurs y sont placés à peu près selon l'ordre du tems auquel ils sont morts.

* *Auberti Miræi*, *Bibliotheca Ecclesiastica* in-fol. *Antuerp.* 1639.
Auberti Vanden-Eede, *Bibliotheca A. Miræi pars secunda Opus posthumum* in-fol. *Antuerp.* 1649.*

a *Phil. Labb. de Script. Eccles.* pag. 194. & encore en plus d'un autre endroit.

ANDRE' RIVET *Poiltevin de S. Maixant*,
Miniftre en Hollande, mort en 1650. (1)

50   SA *Critique facrée* des fix premiers fiécles de l'Eglife a eu
aſſés de cours dans le monde, & a été imprimée plufieurs
fois. Le P. Labbe qui le traitte par tout comme un fcélérat prétend
que ce n'eſt qu'une compilation de ce qu'il a trouvé dans Poſſevin,
& Bellarmin, dans les autres Catholiques, & dans les Livres Critiques des Proteſtans, comme font la Cenſure des Peres faite par
Rob. Cock, la Mouelle Théologique d'Abr. Scultet (2).

Le même Auteur foûtient ailleurs que Rivet n'avoit jamais lû les
Peres que par les yeux d'autrui (3): mais Voſſius qui l'appelle fon
Collegue dans les Ecoles de leur Théologie lui rend un autre témoignage en deux ou trois endroits (4) difant qu'il étoit très-verfé dans
la lecture des Peres.

Quoi qu'il en foit de l'habileté de Rivet, il faut tomber d'accord
que la paſſion & le Préjugé l'ont fouvent aveuglé & l'ont jetté dans
l'erreur; & que dans les endroits même où il femble avoir raifon,
fon jugement ne paroît pas toujours fort fain ni entiérement libre.

* *And. Riveti, Critici facri fpecimen de fcriptis Patrum*, in-8°.
Dordrecti 1619.*

1 ¶Il mourut à Breda le famedi 7. Janvier   3 Idem Diff. de Script. Ecclef. ad Bellar.
1651. agé de 78. ans & demi.§   4 Voff. de Hift. Lat. id. in Thef. Theol.
2 Phil. Labb. Bibl. Bibl. pag. 6.   & alibi.

ANTONIN DIANA *de Palerme en Sicile*, Clerc Regulier,
Examinateur des Evêques, Confulteur du Saint Office pour le
Royaume de Sicile, mort à Rome vers 1660.

91   IL a fait un Recueil d'Auteurs de Théologie Morale & de
Cafuiftes qu'il a choifis pour les meilleurs à deffein de les pro-
pofer à l'Eglife comme la Régle & les Maiftres de notre conduite.
Mais il faut que cet Auteur ait eu la Critique bien mauvaife, puifque la Congrégation de l'*Indice* s'eſt trouvée obligée de condamner
cet ouvrage en l'année 1646. nonobſtant le grand crédit qu'il avoit à
Rome, où on l'a vû comme le Cenfeur des Evêques par la qualité de
leur Examinateur qu'il y poſſedoit. On peut voir Dom Nicolas

Antoine dans le premier Tome de la Bibliothéque d'Eſpagne imprimée à Rome, pag. 595. Nous aurons encore lieu de parler ailleurs de Diana.

* *Antonini Dianæ*, *Opera omnia* in-fol. *Antuerp.* 9. vol. 1667.

LOUIS JACOB de S. Charles Carme *de Châlons ſur Saone*, mort à Paris l'an 1670.

92 IL s'eſt trouvé juſqu'à preſent peu de gens qui ſe ſoient tant exercé en ce genre d'écrire que ce bon Pere. Il avoit conçû des Projets qui n'auroient peut-être pas été au deſſus de ſes forces s'il eut plû à Dieu de le laiſſer vivre. Car il étoit également laborieux & curieux, & il ne lui manquoit preſque que cette partie du jugement qui fait la délicateſſe du goût & la fineſſe du diſcernement, ayant d'ailleurs une adreſſe & une intrigue toute particuliére pour découvrir & connoître ſuperficiellement les livres & les Nouvelles curieuſes de la République des Lettres.

De tous les Catalogues qu'il a faits, il n'y en a qu'un qui appartienne à notre ſujet, c'eſt-à-dire qui ſoit d'Auteurs purement Eccléſiaſtiques. C'eſt la *Bibliothèque Pontificale* contenant deux livres. Dans le premier deſquels il rapporte tous les Papes depuis S. Pierre juſqu'à Urbain VIII. & les Antipapes même qui ſe ſont ſignalés par leurs écrits. Dans le ſecond il rapporte les Auteurs qui ont écrit ſoit en général ſoit en particulier les Vies & les Eloges des Papes ou d'autres Traités concernant ce ſujet.

A la fin de cet Ouvrage il a ajouté un Catalogue des Hérétiques qui ont écrit contre la perſonne ou contre l'autorité des Papes. Il a fait diverſes fautes tant à l'égard des livres qu'à l'égard des Auteurs, mais il n'eſt guéres excuſable d'avoir fait paſſer pluſieurs Catholiques pour des Hérétiques, & d'avoir donné quelques livres anonymes à des Hérétiques leſquels néanmoins appartiennent à des Catholiques.

On auroit pû encore mettre ici ſa *Bibliothèque Cardinale* & ſa *Bibliothèque Carmelite* comme traitant des matiéres Eccléſiaſtiques, mais je ne les ai point vûës, & je ne penſe pas qu'elles ayent jamais vû le jour non plus que beaucoup d'autres de ſes deſſeins.

* *Lud. Jacob à S. Carolo Bibliotheca Pontificia de Rom. Pontificibus; qui de, pro & contra eos ſcripſerunt* in-4°. *Lugd.* 1643. 47. — Traité des Bibliothéques de toute l'Europe & principalement de France in-8°. Paris 1644. —*Bibliographia Pariſina & Gallica ab anno* 1643. *ad an.* 1653. in-4°. 1644. & ſuivantes.*

LE PERE THEOPHILE RAYNAUD Jesuite de *Sospelle*, au *Comtat de Nice*, demeurant à Lion mort en 1663.

93 Quoi qu'il fit profession particuliére d'être Théologien, nous avons crû néanmoins pouvoir lui donner ici son rang, parce que la Critique & l'inclination qu'il avoit à censurer les autres étoient les principales qualités qui l'ont fait distinguer des Ecrivains de son siécle.

On a ramassé dans l'onziéme Volume de ses Ouvrages la meilleure partie de ses Traités de Critique, dont le principal est celui des *Questions sur les bons & les mauvais livres, & de la justice ou de l'injustice qu'il y a de les censurer & de les condamner*. [in-4°. à Lion 1653.] Mais Mr Gallois dit qu'en parlant du devoir des Censeurs avec trop de liberté, il attira sur lui-même la censure de Rome (1).

Le même Auteur ajoute que comme le P. Raynaud étoit piquant & satirique, il ne réussissoit jamais mieux que lors qu'il faloit critiquer & reprendre; qu'il avoit l'esprit hardi & décisif comme il paroît par tous ses ouvrages, l'imagination vive & une mémoire prodigieuse; que ces avantages de la nature joints à un travail infatigable avec lequel il s'étoit appliqué à l'étude, l'avoient rendu un des plus savans hommes de son siécle. Mais que ce Pere étoit trop mordant & trop satirique, que son style est trop obscur à cause de ses affectations, quoi qu'il fut net d'ailleurs.

On auroit pû parler encore en cet endroit d'un grand nombre de Traités de Critique qu'il a fait contre divers Savans: mais parce que ces sortes de censures regardent souvent moins les livres & les Auteurs que les Maximes & les Pratiques qui s'observent dans l'Eglise, nous en traiterons plus amplement, soit au tome des Théologiens dans la suite de ce Recueil, soit dans un Traité à part concernant les Auteurs déguisés sous des noms étrangers.

1 Journal des Savans du 14. Mars 1667.

L'ANONYME.

PORT ROYAL.

94. L'ANONYME, qui nous a donné le Recueil des Auteurs Eccléfiaftiques defquels on a pris les Leçons de l'Office du S. Sacrement fous le titre de *Table Hiftorique & Chronologique*, &c. paffe dans le monde favant pour un des plus excellens Critiques du fiécle.

Cet ouvrage eft plein de recherches fort exactes, & contient des obfervations nouvelles où fans cenfurer les opinions des autres Critiques qui avoient écrit auparavant fur le même fujet, on ne laiffe pas de faire voir qu'ils s'étoient trompés.

PHILIPPE LABBE *de Bourges*, mort en 1666.

95. DE tous les ouvrages que ce Pere a faits fur la Critique Eccléfiaftique, il n'y en a point de plus confidérable que la *Differtation Philologique & Hiftorique* qu'il a publiée en deux tomes [in-8°. Paris 1660.] fur les Ecrivains Eccléfiaftiques aufquels avoit travaillé Bellarmin.

Comme le Pere Sirmond, le Port Royal, & les autres Critiques du fiécle avoient fait depuis la mort de ce Cardinal beaucoup de nouvelles découvertes dans le difcernement des fauffes piéces d'avec les véritables ouvrages des Anciens, le Pere Labbe a profité heureufement de leurs lumiéres, & en y joignant la grande connoiffance qu'il avoit de la Librairie ancienne & moderne, il s'eft acquis la réputation d'habile Critique qu'il a fort bien foutenuë par fes autres Ecrits, comme nous l'avons déja vû au Chapitre précédent.

Dans ce bel ouvrage il fait profeffion d'y refuter non feulement Bellarmin, mais encore les Hérétiques modernes, quoique d'une maniére fort differente. Car il traite Bellarmin avec toute forte d'honneur & d'humanité comme fon devoir l'y obligeoit, & on ne s'apperçoit prefque pas qu'il lui en veuille : mais il n'a ni douceur ni miféricorde pour les Hérétiques qu'il charge d'injures, & qu'il déchire impitoyablement dans toutes les occafions qu'il a de parler d'eux.

Il en veut particuliérement à Cocus, Perkinfus, Aubertin, Gerhard, Rivet, Blondel, & Defmarets qu'il appelle indifferem-

Tome II. H

ment (1) *Harpies, impudens, Borborites, impurs en toutes maniéres, fous & phrénétiques, fripons, chiens furieux, enragés, amateurs de toutes les ordures, extravagans, banqueroutiers, lutins & démons, infames.* Il appelle Rivet en particulier *Mango, bipedum nequiſſimus,* outre les maniéres précédentes auſquelles il a grande part. Il appelle Perkinſus *projectæ audaciæ nebulo*; & Deſmareſts *Acheronticus capularis & Sandapilarius*, & ailleurs encore *Onochronus nebulo*.

Mais Olearius (2) dans ſon Buffet dit que les Proteſtans ont de quoi ſe conſoler des mauvais traittemens du Pere Labbe, quand ils conſidérent qu'il n'épargne pas non plus les Catholiques Romains. Ce qui n'eſt pas entiérement faux, ſur tout à l'égard de quelques Ecrivains à qui il donne ſouvent des fautes, pour les recompenſer des lumieres qu'il a receuës d'eux, particuliérement dans la Table Chronologique & Hiſtorique dont il ſemble avoir entrepris la cenſure dans les additions de cet ouvrage.

A ces emportemens près, dit Witten (3), il faut tomber d'accord que le Pere Labbe eſt un homme d'une grande lecture & de beaucoup d'induſtrie.

On peut rapporter auſſi à la Critique des Auteurs Eccléſiaſtiques ſa *Bibliothéque Anti-janſénienne* [in-4°. Paris 1654.] qui eſt une eſpece de Catalogue qu'il a fait des livres écrits contre les Janſeniſtes, c'eſt-à-dire contre l'*Auguſtin* de l'Evêque d'Ipre, contre le livre de la *Fréquente Communion*, & contre les défenſeurs de l'un & de l'autre ouvrage. Quoi qu'il n'ait pas recueilli tout ce qui s'étoit fait juſques alors (en 1654.) on ne doit pourtant pas l'accuſer de trop de négligence, puiſqu'il a trouvé les moyens de faire entrer parmi les Ecrivains qui ont attaqué & refuté les Janſeniſtes S. *François de Sales, Eſtius, le Cardinal de la Rochefoucault, le Cardinal de Retz*, & plus de cent noms illuſtres de Perſonnes qui font la plus groſſe & la plus belle partie de ce petit Recueil.

1 Labbe de Script Eccl. tome 1. pag. 3; 45, 137, 139, 178, 237, 244, 349, 382, 383, 387, 442, 630, 732. & tom. 2. p. 16, 395, 961, 968.

2 Abac. Patr. J Gottfried. Olear. præfat.
3 Henn. de Witten Præfat ad Memor. Theol. pag. 24.

Mr LE CARDINAL BONA (Jean) *Piémontois de l'Ordre de Cisteaux*, mort en 1674.

96. IL a fait voir qu'il étoit assés judicieux Critique dans le jugement des Auteurs Liturgiques qu'il a mis à la tête de ses livres de la Psalmodie. Le Pere Labbe (1) dit que ce Traité est plein d'observations ingénieuses, & de ce sel qui fait le bon goût de la Critique. Mr Sallo dit qu'il écrit avec beaucoup de diligence & d'exactitude, & qu'il y a des choses assés curieuses dans sa Critique.
* *De Psallentis Ecclesiæ harmonia*, in-4°. *Roma* 1653. — in-4°. *Paris* 1663. — *Ejusdem Opera omnia* in-fol. *Antuerpia.**

1 Labb. Bibl. Bibl. pag. 84.   2 Journ. des Sav. du 19. Janvier 1665.

GUILLAUME CROWÆUS Prêtre Anglois Protestant, qui se pendit de désespoir il y a six ou sept ans.

97. IL a fait un Recueil Alphabétique de tous les Auteurs qu'il a pû trouver qui ont écrit sur l'Ecriture Sainte [in-8°. Londres 1672.] Il ne s'est encore rien veu en ce genre de plus exact ni de plus commode. Il marque la communion ou la secte de chaque Ecrivain, celle des Catholiques par un P, qui veut dire chés eux un Papiste, celle des Lutheriens par une L, celle des Calvinistes par un C, & celle des Sociniens par une S. Il met la profession & les emplois de chacun, de petits éloges, & quelquefois des jugemens des Auteurs, & il ajoute à la marge l'année de leur naissance & de leur mort.

Il a mis à la tête un Catalogue des principales Editions de la Bible & de ses parties à part en toutes sortes de Langues. Pour rendre ce livre encore plus utile, il seroit à propos de l'augmenter de plusieurs autres Commentateurs anciens & modernes même en langues vulgaires qui ont échappé à la diligence de Crowæus.

LE P. SIMON (Richard) Prêtre de l'Oratoire. (1)

98 CEt Auteur a publié depuis sept ou huit ans un livre à Paris sous le titre d'*Hiſtoire Critique de l'Ancien Teſtament* [en 1678. *in*-4°.] qui fut ſupprimée incontinent, mais qui peu de tems après fut réimprimée en Hollande premiérement en François [*in*-4° 1680.] & enſuite en Latin.

L'Auteur de la Préface de cette édition d'Hollande dit que cet ouvrage généralement parlant eſt très-curieux & d'une érudition conſommée, & qu'il renferme une infinité de remarques très-rares & très-belles ſur l'Hiſtoire de l'Ecriture. Il ajoute qu'il y a pourtant des choſes qui peuvent paroître dangereuſes contre l'autorité de l'Ecriture ſainte, & par conſéquent contre la vérité & la certitude de la Religion qu'elle nous enſeigne, & que c'eſt ce qui a cauſé la ſuppreſſion de la première édition.

Un Auteur illuſtre mais qui n'a point voulu être nommé, ayant entrepris de faire la cenſure de cet ouvrage (2) reconnoît d'abord que le P. Simon a mérité les louanges de toutes les perſonnes équitables, ſoit pour le choix judicieux des matiéres, ſoit pour le bel ordre dans lequel elles y ſont rangées, ſoit enfin pour la maniére aiſée dont il s'explique.

Ce Cenſeur ajoute que le P. Simon a bien étudié ſon ſujet, qu'il a fait un plan juſte de ſon ouvrage, & qu'en ayant préparé les matiéres de longue main, il n'y laiſſe preſque rien à déſirer. Il dit que l'Auteur y épuiſe en quelque ſorte la curioſité du Lecteur le plus appliqué, qu'il la prévient même & qu'il la ſoulage. Que ſon livre eſt l'Abregé de pluſieurs volumes ou plutôt d'une Bibliothéque entiére. Qu'on y trouve même de quoi en faire une avec choix & avec jugement, par celui qu'il donne des Auteurs & des Editions ou des Bibles en toutes ſortes de Langues, ou de ſes Interprétes, & de ſes Critiques de toutes ſortes de Religions. Enfin qu'on s'y inſtruit agréablement de pluſieurs découvertes également curieuſes & nouvelles.

Tout y eſt en ſa place, au jugement du même Cenſeur, c'eſt-à-dire que le plan de cet ouvrage n'eſt pas ſeulement curieux, mais

---

1 ¶ Il naquit à Diépe le 13. Mai 1638. & y mourut le 11. Avril 1712. âgé de 74. ans.

2 Mr Spanheim Lettre à un ami ſur l'Hiſt. Crit. &c. pag. 7. 8. 9.

régulier. On ne le perd point de vûë, on le fuit à pas comptés & dans l'ordre jufte des matiéres dont on fouhaite s'éclaircir par degrés. Ce bon ordre même y paroît plus un effet du bon fens & de la juftefle de l'efprit du P. Simon, qu'une méthode apprife au College & puifée dans les Régles de la Logique. Il ne fort point de fon fujet. On n'y trouve point de digreffions inutiles ou ennuyeufes. Il enfeigne & divertit le Lecteur fans le fatiguer. Il n'y a point d'érudition hors de fon lieu, ou prife de trop loin, ou qui ne paroifle propre & familiére à l'auteur.

Il n'y a même rien de confus, ou de chagrin, ou de pointilleux dans fa Critique, au moins pour la plus grande partie. Il y a de la franchife, de l'honnêteté & de la bonne foi. Il n'y paroît pas entêté de tous les Préjugés que donne la diverfité de Religion. Les caractéres qu'il y donne des Auteurs y font juftes pour la plupart. Il les traite tous avec une indifférence affés égale, il a tâché de ne faire paroître ni inclination pour les uns ni aucun emportement contre les autres. *Tros Rutulusve fuat nullo difcrimine habetur*, & il rend juftice à chacun autant qu'il croit qu'on la mérite.

La maniére dont il s'explique ne pouvoit être ni plus nette ni plus débaraffée. Il eft clair jufques dans les matiéres les plus épineufes de la Grammaire. Il juge des Auteurs fans les citer en leur langue, & en fe contentant de rapporter leur fens & leur efprit. De forte que non feulement il évite les citations entaffées les unes fur les autres, & qui le plus fouvent fe font fans choix & fans jugement; écueil affés ordinaire des Critiques du fecond ordre; mais il épargne au Lecteur l'ennui & l'embarras où elles ont coutume de le jetter. Son ftile n'eft point chargé de redites, il n'eft d'ailleurs ni pompeux ni affecté, mais pur & naturel, comme la nature & l'importance du fujet le demande. Il n'en dit ni trop ni trop peu, ce qui eft très-rare furtout dans les ouvrages de Critique.

Tout cela veut dire en un mot que le P. Simon a du bon fens, du difcernement, de l'érudition, & outre cela, de la candeur, de la pénétration, & de la juftefle.

Voilà le jugement que le Cenfeur Anonyme a fait du livre de notre Auteur, n'ayant eu que cinq jours de tems pour le lire, pour l'éxaminer, & pour y faire fes obfervations, éloigné de fon pays & de celui de fon Auteur, & diftrait par diverfes occupations contraires au loifir que demande une éxacte Critique d'une Critique auffi importante qu'eft celle du P. Simon.

Mais fi la multitude des affaires étrangéres n'a point empêché ce

Simon. Censeur de remarquer les principaux avantages de ce livre, elle lui a donné assés de loisir pour en appercevoir les taches, & pour y remarquer une partie des défauts qui en ont attiré la suppression dans sa naissance, comme d'un livre d'autant plus dangereux qu'il a été composé en langue vulgaire, c'est-à-dire pour être mis entre les mains de tout le monde & des femmes même.

On a crû, dit-il, que ce dessein étoit trop hardi pour un particulier, & que l'éxécution en étoit trop libre pour un Religieux. Il éléve trop les Protestans, & semble avoir pris une attache particuliére à exagerer les défauts des Ecrivains Catholiques. Il défére trop peu aux anciennes Versions, soit des Septante, soit de la Vulgate qui ont été comme canonisées, l'une par l'Eglise Grecque, l'autre par la Latine : & même de les avoir crûës encore plus défectueuses que le Texte Hebreu.

Il établit des régles sur lesquelles il prétend qu'on peut donner de meilleures Versions & non moins authentiques que la Vulgate. Il entreprend de réformer le texte de la Bible, & veut y trouver de nouveaux sens.

Il prétend prouver que Moïse, Josué, Jeremie & quelques autres Ecrivains sacrés ne sont pas les Auteurs des livres de la Bible qui portent leurs noms, ou au moins de la meilleure partie de ces Ecrits divins.

Il a voulu assujettir toute l'Ecriture aux régles de sa Critique, & d'une Critique qu'il semble n'avoir pas voulu rendre sujette aux régles & à l'autorité de l'Eglise. Il exerce une Critique trop hardie sur les anciens Peres de l'Eglise(1).

En voulant tenir un milieu pour éviter les deux extrémités où s'engagent ceux qui déférent trop au texte original ou aux anciennes Versions, il tombe dans la plus grande de toutes, qui est de détruire toute la certitude & toute l'évidence de l'Ecriture sainte, & de n'en donner aucun principe que celui qui est fondé sur les régles de sa Critique (2). Enfin il pose quelquefois des principes qu'il détruit ou qu'il affoiblit ailleurs (3).

Ces objections n'ont point été sans reparties de la part du P. Simon, dont on publia en Hollande une Réponse à la Lettre du Censeur, où il prétend se justifier par le plan qu'il donne de son ouvrage & l'explication qu'il y fait de ses desseins.

Monsieur Vossius a voulu faire aussi une espéce de Critique de ce

---

1. Id. ibid. ut suprà.
2. Ibid. pag. 12.
3. Ibid. pag. 14.

livre, mais elle est un peu interessée, & peu importante ne s'étant *Simon.*
attaché qu'à sa justification sur le point de la Version des Septante.
Il le loue (1) de la diligence ou plutôt de la patience qu'il a euë pour
lire & éxaminer les livres des Rabins, & de ce qu'il a eu plus d'égard
à l'autorité des Anciens, qu'à celle des interprétes modernes, mais il
l'accuse d'avoir été trop bon, & trop crédule, pour s'être imaginé
qu'il y avoit quelque chose de fort solide dans les explications des
Rabins & dans leurs Traditions non écrites, jusqu'à les préférer
même assés souvent à la version des Septante.

Néanmoins le P. Simon n'a point éu grand égard à cette accusation, & il ne l'avoit pas jugée assés considérable pour y faire une réponse, mais d'autres considérations lui ont fait changer de sentiment depuis ce tems-là.

1 Isa. Vossii Responsio ad objectiones nuperæ Criticæ sacræ pag. 3 post tractatum de Sibyllinis oraculis.

BENITEZ DE ESPINOZA *Espagnol*, *Juif*, qui depuis s'est fait connoitre sous le nom de BENOIT SPINOSA *Déiste Hollandois* mort vers 1677. (1)

99 Quoique son misérable livre soit une véritable Critique de l'Ecriture sainte, nous avons crû pouvoir le remettre parmi les Ecrivains qui ont traité de la Religion, ou pour la défendre ou pour la combattre.

* *Tractatus Theologico-Politicus* in-4°. *Hamburgi*, id est, *Amstelodami* 1670. Ce livre a été traduit en François sous les trois titres suivans. — La Clef du Sanctuaire in-12. à Leyde 1678. — Cérémonies superstitieuses des Juifs in-12. Amsterdam 1678. — Réfléxions curieuses d'un esprit désinteressé in-12. Cologne 1678.*

1 ¶ Il mourut à la Haie le 21. Février 1677. à l'âge d'un peu plus de 44. ans. ¶

CHRISTOPHLE DE SANDE ou Sandius *Arrien de Konigsb.* mort à *Amsterdam* l'an 1680. âgé de 36. ans.

100 IL est l'Auteur de la Bibliothéque des Anti-Trinitaires qui parut en 1684 in-8° à Freistadt. C'est un Catalogue des Ecrivains Sociniens & des ouvrages qu'ils ont composés. L'ordre qu'il y a gardé est celui de l'âge & non pas l'Alphabetique. Il y rapporte fort éxactement les ouvrages de chacun, les différentes éditions &

Sande ou Sandius. traductions qui s'en font faites, & souvent l'occasion qui les a fait écrire. Quelquefois il en rapporte des fragmens, & il touche plusieurs particularités de la vie de l'Auteur. Mais il a mis au rang des Auteurs Sociniens, quelques personnes qui ne l'étoient pas, ou du moins qui n'en avoient donné aucune marque. Comme l'ouvrage est posthume, d'autres personnes que Sandius y ont mis la main, & y ont fait quelque addition.

Nouv. de la Rep. des Lettres de Juin 1684. pag. 396.

BIBLIOTHEQUAIRES DES RABINS.
Le Rabin *Schabtai fils de Joseph*.

101 ON mit au jour en ces dernières années son livre sous le titre de *Labia Dormientium* in-4°. qui est une Bibliothèque ou Catalogue de tous les livres des Rabins, qui animés par l'exemple des Chrétiens, s'appliquent à acquerir la connoissance de toutes sortes de choses par celle des différents livres qui en traitent.

Il a cité les Ecrivains des Bibliothéques même des plus célébres Rabins qu'il a soigneusement visitées dans ses voyages. Les Synagogues de Pologne & d'Allemagne ont reçu cet ouvrage avec beaucoup d'applaudissement & d'approbation, aussi est-il beaucoup plus étendu que ceux de Buxtorf, Hottinger, &c.

Le stile de la Préface est fort élégant & il y explique dix usages différens ausquels il croit que son livre est propre.

* *Schabtai. Labia Dormientium* in-4°. *Amstelodami* 1683.

1 M. de la Roque Journ. du 12. Juillet 1683.

BIBLIOTHEQUES DES RABINS *faites par les Chrétiens*.

102 LEs plus estimés d'entre ces sortes de Recueils sont ceux du vieux *Buxtorf* mort en 1629. dont la Bibliothéque est par ordre Alphabétique [*in*-8°. à Bâle 1640.] : de Monsieur *Plantevit de la Pause* mort en 1651. qui de Ministre Huguenot devint Evêque de Lodéve, & de qui la Bibliothéque est *in-fol.* & comprend les Manuscrits aussi-bien que les Imprimés [à Tolose 1644. *in*-4°. & non *in-fol.*] : de J. Henri *Hottinger* Suisse noyé en 1667. dont la

la Bibliothéque Orientale d'Auteurs & de livres Hébraïques, Syriaques, Arabiques, Egyptiaques, Ethiopiques, &c. fut imprimée en 1658. in-4°. à Heidelberg.

Mais il est bon de remarquer que ce dernier n'est pas fort éxact dans cet ouvrage non plus que dans tout ce qu'il a fait, & que quoique ses livres ayent eu quelque cours à cause des matiéres curieuses qu'il s'est proposé d'y traiter, néanmoins il n'est point dans la réputation d'un bon Ecrivain, ni parmi ceux de sa Communion, ni parmi ceux de son Pays, comme je l'ai appris de Monsieur Morel célébre Antiquaire de Berne.

Et le P. Labbe avoit déja remarqué (1) que le Catalogue que cet Hottinger a fait des Auteurs Ecclésiastiques n'est qu'une méchante rapsodie de Cocus & de Rivet qu'il a augmentée d'un grand nombre de fautes grossiéres. Ce Catalogue est la seconde des cinq Dissertations qu'il a publiées sous le nom de *Pentade*.

Le dernier de ceux qui ont recueilli les livres Hébraïques est peut-être le *Bartolocci*(2). Sa Bibliothéque devoit être en plusieurs Volumes in-4°. mais je n'en ai vû que le premier qui contient les premiéres lettres de l'Alphabet.

---

1 Labbe Bibl. Bibl. pag. 92.
2 ¶ La Bibliothéque Rabbinique de l'Abbé Jules. Bartolocci de l'Ordre de Citeaux parut à Rome en trois gros volumes *in-fol.* Le 1. en 1672. le 2. en 1678. & le 3. en 1683. §

CHAPITRE III.

Bibliothéques d'Auteurs Ecclésiastiques Réguliers.

LES BENEDICTINS.

103 Nous n'avons encore rien d'achevé sur les Ecrivains de cet Ordre. Il n'y a rien de plus imparfait & de moins éxact que ce qu'en ont écrit *Tritthème* mort en 1516. dont on doit néanmoins estimer la diligence ; *Arnold de Vvion* né en 1554. dont on doit aimer la probité ; *Gabriel Bucelin* dont la vanité paroît presque par tout son livre, & dont le titre fanfaron est capable de dégouter un Lecteur indifférent, outre qu'il ne prétend parler que des services rendus à l'Empire Allemand par les deux Maisons Aniciennes, c'est-à-dire, celle de Saint Benoît, & celle d'Autriche qu'il

Bénédictins. dérive toutes deux d'une même source.

C'est ce qui a fait concevoir aux Peres Bénédictins de Saint Germain des Prez, le dessein de faire une Bibliothéque générale des Ecrivains de leur Ordre qui soit éxacte & compléte, & il est autant de l'interêt de l'Eglise que de celui des Lettres de voir bien-tôt l'éxécution d'une entreprise si utile.

Il faut avouer qu'on trouve beaucoup de choses concernant les Ecrits des Bénédictins qui sont répanduës dans le corps de leurs Histoires ; mais nous n'en parlerons que dans le Recueil des Historiens Ecclésiastiques des Religions. Ce que nous observerons aussi à l'égard des autres Réguliers.

* *Joan. Tritthemii de Viris ill. Ord. S. Benedicti*, in-4°. *Coloniæ* 1571. — *Arnoldi Vvion Lignum vitæ* in-4°. 2. vol. *Venet.* 1595. — *Gabriëlis Bucelini Aquila Benedictina, cujus, ordinatissimâ pennarum serie, Monachorum Ordinis S. Benedicti de Imperio Universo amplissima & immortalia merita adumbrantur.* in-4°. *Venetiis* 1651. — *Ejusdem Menologium Benedictinorum* in-fol°. & *Rhætia Sacra & Profana* in-4°. *Ulmæ* 1666. *

DE L'ORDRE DE CISTEAUX.
Charles de Visch *Flamand* vivant encore vers l'an 1660.

104. SA Bibliothéque est le meilleur Recueil que nous ayons des Ecrivains de cet Ordre, quoiqu'elle soit écrite en assés mauvais stile ; & par son moyen ceux de l'Ordre de Cisteaux ont l'avantage en ce point sur les Bénédictins & sur toutes les autres Communautés Réguliéres, hors les Jesuites, les Freres Mineurs, & les Dominicains.

Dom Nicolas Antoine en juge aussi de même (1), & il ajoute qu'il faut néanmoins user de discernement & de précaution en le lisant pour ne point se laisser surprendre à certains endroits qu'il n'a pas assés examinés.

On pouroit encore rapporter ici le *Phœnix ressuscité* de Chrysostome *Henriquez* Espagnol mort à Louvain l'an 1632. en deux livres ; mais il ne regarde proprement que les anciens Ecrivains Anglois dans le premier, & les Espagnols modernes dans le second.

1 Nic. Ant. Præfat. Biblioth. Hispan. pag. 43.

CRITIQUES HISTORIQUES. 76

Pour ce qui eſt des autres Catalogues & Recueils des Auteurs de Ciſteaux, cet Ordre, on peut dire qu'ils ſont fondus dans l'ouvrage de Wiſch.

* *Bibliotheca Scriptorum Ordinis Ciſtercienſis à D. Carolo de Viſch.* in-4°. *Duaci* 1648. — *Colon.* 1656.

Phœnix Redivivus Ordinis Ciſtercienſis Chryſoſtomi Henriquez lib. 11. in-4°. *Bruxellæ.* 1626 *

DES CHANOINES REGULIERS.
Gabriel PENNOT de la Congrégation de Latran.

105 IL eſt presque le ſeul qui ait traité des Ecrivains de ſon Ordre, car quoiqu'on nous ait dit de *Buſch*, de *Mauburn*, de *Noirval* & de deux ou trois autres qu'on prétend en avoir fait des Catalogues, je ne connois perſonne qui diſe les avoir lû, & tous ceux qui en parlent ne le font que ſur la foi d'autrui, ou ſe contentent de nous dire qu'ils ſont demeurés Manuſcrits.

L'ouvrage de Pennot eſt une hiſtoire *Tripartite* de ſon Ordre que le P. Labbe (1) appelle très-ſavante, & que le (2) *Vittorio de Roſſis* (3) ſemble auſſi eſtimer. Elle ne donne pas néanmoins de grands ſecours pour bien connoître les Auteurs & les livres de cet Ordre. On dit qu'il en a fait depuis un Catalogue à part, mais la réputation où l'ont mis ſes autres ouvrages dans l'eſprit de pluſieurs perſonnes ne nous donne pas lieu d'eſpérer que ce ſoit quelque choſe de fort éxact & de fort judicieux.

C'eſt pourquoi toutes nos eſpérances retombent ſur le Pere du Molinet Bibliothéquaire de Sainte Géneviéve, & le Public a tout ſujet de s'aſſurer qu'il n'échappera rien à ſa diligence.

* *Ordinis Clericorum Canonicorum hiſtoria, &c.* in-fol. *Romæ* 1624. — *Coloniæ* 1645. *

1 Biblioth. Bibl. pag. 44.
2 ¶Corrigés: *& que Nicius Erythræus.*
3 Jan. Nic. Erythr. Pinacoth. 2. pag. 269.

HERMITES AUGUSTINIENS.
De HERRERA & ELSSIUS morts tous deux en 1654.

106   Personne ne nous a encore donné aucun ouvrage sur ce sujet qui soit convenable au mérite de cet Ordre, non pas même Thomas de HERRERA Espagnol homme diligent d'ailleurs, mais qui dans son *Alphabet Augustinien* [à Madrid 1654.] traite les Ecrivains de son Ordre d'une manière si seiche & si stérile selon le judicieux Nicolas Antoine (1) qu'on n'en devient guères plus instruit après la lecture qu'on en a faite.

Et pour ce qui est de *l'Encomiasticon Augustinien* de Philippe *Elssius* de Bruxelles, on peut dire avec le P. Labbe (1) que c'est l'ouvrage d'un homme aveuglé par l'affection déréglée de son Ordre, qui lui a fait ramasser à droite & à gauche ce qu'il dit des Ecrivains de son Institut & de leurs Ecrits sans beaucoup de jugement. Et jugeant que tout lui étoit bon, il s'est contenté de copier les Catalogues des autres sans choix & sans discernement. C'est ce qui l'a fait tomber plus qu'aucun autre dans le vice ordinaire à ces sortes d'Ecrivains, qui est d'inférer parmi leurs Confreres ceux qui n'en ont jamais été.

* *Philippi Elssii Encomiasticon Augustinianum* in-fol. *Bruxellis* 1634. *

1 Nic. Ant. Bibl. Hisp. Præf. pag. 42.
2 Dolendum est bonas chartas amplissimis clarissimi ordinis præconiis destinatas tam male perdi, resque sacras Philautia & simplicitate quorumdam sciolorum & perexigui nec sat subacti judicii virorum æquissimo eruditorum ludibrio exponi. Labb. de Elssio tom. 2. p. 826.
Idem Bibl. Bibl. pag. 142.
Et longè fusius tomo 2 Dissertation. Ecclesiasticar. in addendis ad Bellarmin. pag. 823. 824. 825. 826.

DES CARMES.
Le Pere ALEGRE DE CASANATE d'*Arragon*, mort en 1658.

107   On est obligé de dire la même chose des Carmes que des Augustins à l'égard des Recueils de leurs Auteurs & de leurs livres. Le plus considérable de tous semble être *le Paradis de la gloire du Carmel* de Marc-Antoine *Alegre de* CASANATE [*in-fol.* à Lyon 1639.]

Mais au jugement de Louis Perez de Castro (1), du P. Labbe, &

1 Apud Nic. Ant. Bibl. Hisp. Præf. pag. 43.

CRITIQUES HISTORIQUES. 69

de tout ce qu'il y a de gens de bon goût (1) il n'eſt pas plus judicieux à l'égard de ſes Ecrivains qu'envers les autres Perſonnes de ſon Ordre, étant infecté comme pluſieurs autres de cet amour propre de Communauté qui corrompt les meilleures intentions des bons Religieux en général, & qui tient en particulier la plupart des Ecrivains Carmes occupés & remplis de la gloire qu'ils trouvent dans la ſucceſſion Généalogique du Prophete Elie.

Carmes

Le P. d'Alegre eſt encore tombé dans cet excès que nous avons marqué parlant d'Elſſius, en faiſant entrer des Ecrivains étrangers parmi ceux de ſon Ordre pour groſſir ſon hiſtoire d'un plus grand nombre d'hommes illuſtres. Enfin le P. Labbe dit que quoi qu'il nous ait promis de l'or dans ſon titre il ne nous donne que du charbon dans tout le corps de ſon ouvrage.

ἀντὶ θησαυροῦ ἄνθρακες

L'Abbé *Tritthème* avoit fait long-tems auparavant une *Bibliothéque Carmelite* [in-4° à Florence 1593.] c'eſt-à-dire le Catalogue des Ecrivains Carmes, & il y a apporté plus de bonne foi, peut-être parce qu'il n'étoit point Carme.

La Bibliothéque que P. Lucius Carme de Bruxelles a recueillie ſur ce ſujet [*in-*4° à Florence 1593.] n'eſt preſque qu'une copie de l'ouvrage d'Arnold *Boſtius*.

Pluſieurs autres Carmes ont auſſi entrepris de ſemblables projets mais avec aſſés peu de ſuccès. On ſe promettoit beaucoup de la diligence, & de la curioſité du P. L. Jacob de Saint Charles de Châllon Carme demeurant à Paris. Et en effet il avoit dreſſé le plan d'une Bibliothéque entiére de l'Ordre des Carmes, mais cet ouvrage eſt demeuré enſeveli avec lui auſſi-bien que pluſieurs autres de cette nature (2).

---

1 Labb. Bibl. Bibl. pag. 110. Item longè fuſius tomo 2. Differtation. de Scriptorib. Eccleſiaſt. ad Bellarm. pag. 826. 827. 828.

2 ¶ Le feu P. André de S. Nicolas Ex-Provincial des Carmes de la Province de Narbonne, fit en 1701. imprimer à Beſançon, où il réſidoit alors, le plan du Catalogue que ſon Général lui avoit ordonné de recueillir de tous les ouvrages des Religieux de ſon Ordre. Et comme depuis la publication de ce plan, qu'il étoit très-capable d'exécuter, il a vécu douze ans entiers, n'étant mort qu'en 1713. il y a lieu de croire que s'il ne lui eſt point ſurvenu d'autres occupations, il aura laiſſé ce travail, ſinon fini, pour le moins fort avancé. ¶

DES CHARTREUX.

108 Ils ont quelque chose d'un peu meilleur que les Carmes en ce genre d'écrire, surtout en ce que nous ont donné *Dorland* & *Petræus* sur leurs Ecrivains. Ils parlent avec plus de modestie, & c'est ce qui les rend plus aimables. Mais après tout ils ne satisfont pas encore ceux qui recherchent l'éxactitude.

* *Theod. Petræi Biblioth. Carthusiana* in-8°. *Colon.* 1609. — *Petri Dorlandi, Chronicon Carthusiense, studio Theodori Petræi* in-8°. *Colon.* 1608. *

DE PRÉMONTRÉ.

109 Ce qu'en a donné Aubert *le Mire* est trop court & trop succinct.

La Bibliothéque de Prémontré qui est un gros *in-folio* publié par *Jean le Page* ne regarde nullement ce que nous cherchons ici, car il n'y est point parlé des Ecrivains de cet Ordre.

Dans les Pays-Bas on estime assés les Recueils qu'ont faits Jean-Chrysostome *Vander Steerre*, Denys *Mudzaert*, & Pierre de *Vvaghenaer*. Je n'ai vû que le dernier de ces trois. Il est concis mais il paroît assés éxact, il parle de Vander Steerre & de Mudzaert en des termes assés avantageux.

* *Joan. Chrisostom. Vander Steerre Hagiologium Præmonstratense, Chroniconque Eccl. S. Mariæ Antuerp.* in-8°. *Plantini* 1627. — *Dion. Mudzaert historia Ecclesiastica Belgica* in-fol. 2. *vol. Antuerp.* 1624. — *Petri de Vvachenare vita S. Norberti & aliorum* in - 8°. *Duaci* 1637. *

DES DOMINICAINS.
I. LEANDER ALBERTI *de Boulogne*, mort peu à près l'an 1550. (1)

110 Dès l'an 1517. ce Dominicain publia un ouvrage considérable [*in-fol.* à Bologne] contenant les Hommes illustres de son Ordre en six livres qui fut assés bien reçû, & qui est encore estimé aujourd'hui.

¶ *Leander Alberti* fait une bigarrure désagréable de Latin & d'Italien. Il falloit ou *Leander Albertus*, ou *Leandro Alberto*, ou *Léandre Alberti.* §

CRITIQUES HISTORIQUES.

Outre cela il a inseré beaucoup de choses touchant les Ecrivains illustres dans sa description de l'Italie, c'est dommage qu'il a gâté ce bel ouvrage par les impertinences & les impostures de son Confrere Annius de Viterbe. Vossius parle de cet Alberti en plus d'un endroit avec estime.

2 ANTOINE DE SIENE. Portugais Dominicain, dit *de la Conception*, mort en 1586.

IL a fait une Bibliothéque des Hommes illustres de son Ordre, [*in*-8°. à Paris 1585.] mais le P. Possevin (1) dit qu'elle est toute pleine de fautes dont une partie appartient à l'Auteur, & l'autre est de l'Imprimeur : & Dom Nicolas Antoine (2) reconnoît aussi en lui un grand défaut d'éxactitude aussi-bien que dans ce qu'a fait pareillement Alfonse *Fernandez* Dominicain Espagnol sur les mêmes Ecrivains.

* *Index Ant. Senensis Præcipuorum ferè Auctorum Dominicanorum, qui ascetica scripserunt* in-4°. Paris. 1647.

1 Possev. Appar. sacr. pag. 93.   2 Nic. Ant. Bibl. Hisp. pag. 43, Præfat.

3. AMBROISE D'ALTAMURA.

ON a publié dans ces derniéres années sa Bibliothéque Dominicaine, & comme c'est le plus récent & le plus ample, c'est aussi sans doute le meilleur des Recueils que nous ayons des Auteurs de cet Ordre. Il paroît avoir pris Alegambe pour modéle, mais il n'approche pas encore de son bel ordre & de sa netteté, outre qu'il n'est pas achevé, & qu'il ne passe pas l'an 1600. Il ne satisfait pas même d'ailleurs entiérement le Public qui attend autre chose d'un savant Jacobin (1) d'une des Maisons de Paris qu'on dit y travailler avec assiduité.

Après cela il est inutile de parler de Seraphin *Razzi* & de quatre ou cinq autres qui ont recueilli les Hommes illustres de cet Ordre d'une maniére trop succinte & trop stérile.

* *Ambrosii de Altamura Bibliotheca Dominicana* in-fol. *Roma* 1677.*

1 ¶ Le P. Quétif. ¶

DE L'ORDRE DE S. FRANCOIS.

Luc WADDING *Hibernois Cordelier* demeurant à Rome, mort vers 1655. ou environ.

111 Henri *Vvillot* avoit acquis quelque réputation par son livre des Ecrivains de l'Ordre de Saint François imprimé à Liége en 1598. in-8°.

Mais il fut entièrement effacé par *Luc de Vvadding* dont la Bibliothéque fut imprimée à Rome en 1650. [*in-fol.*] séparément d'avec ses huit Volumes des Annales de son Ordre où il est encore obligé de parler souvent de ses Ecrivains. Cet ouvrage a été fort bien reçû du Public à cause de la persuasion où l'on étoit tant de son habileté que de sa probité singuliére.

Néanmoins comme il est échappé des choses à sa diligence, & qu'il n'a point pû tout voir, le P. François *Harold* a entrepris de continuer & corriger sa Bibliothéque comme il a fait la continuation & l'abregé de ses Annales. Nicolas Antoine (1) appelle *Harold* diligent & disert, cependant on voit encore parmi tant d'Ecrivains quelques Auteurs qui n'ont point été Cordeliers ni d'aucun des autres Ordres de Saint François.

1 Nic. Anton. Præfat. Bibl. Hisp. pag. 33. & 42.

DES JESUITES.

Pierre de RIBADENEYRA mort en 1611.
Philippe ALEGAMBE mort en 1652.
Nathanael SOTWEL. aujourd'hui vivant.

112 CE sont les trois Auteurs de ce bel ouvrage que nous avons sous le nom de Bibliothéque des Ecrivains de la Société, imprimé à Rome depuis quelques années avec de grandes augmentations. Ce grand Recueil a surpassé de beaucoup tous ceux de cette nature, & on le doit considérer comme un des plus achevés en ce genre.

Dom Nicolas Antoine (1) dit que les Jesuites ont fait voir par ce travail combien ils sont curieux, & combien ils ont d'industrie pour

1 Nicol. Anton. Bibl. Hisp, Præfat. pag. 33.

CRITIQUES HISTORIQUES.

les choses qui les regardent; & qu'ayant bâti sur les fondemens qu'a- Jesuites. voit jettés Ribadeneyra Jesuite Espagnol dès le commencement de ce siécle dans son Catalogue, ils ont élevé ce grand édifice dont la beauté consiste particuliérement dans la justesse & la proportion de ses parties, & dont toute la gloire est dûë à Alegambe Jesuite d'Anvers.

Ce même Auteur ajoute que le Bibliothéquaire des Jesuites est si sûr & si juste qu'il ne faut point apprehender de se tromper avec lui, parce que non seulement il est sans confusion, & qu'il ne prend jamais un Auteur pour un autre, mais encore en ce qu'il n'attribuë point aux Jesuites des livres qu'ils n'ont point faits, & qu'il est exact & fidéle à representer ceux qui viennent véritablement de la Societé (1). En quoi on peut dire qu'il a été parfaitement secondé par le P. Sotwel qui s'est attaché fort scrupuleusement à sa méthode.

Ce n'est donc pas une médiocre louange pour ces trois diligens Auteurs d'avoir été presque les seuls qui ayent évité avec tant de soin un vice dans lequel, comme nous l'avons déja remarqué, on a vû tomber la plupart des autres Réguliers qui ont écrit des Hommes illustres de leur ordre, & qui croyant faire honneur à leurs Communautés en grossissant indifféremment & sans choix le nombre de leurs Savans & de leurs Saints, ont mis au rang de leurs Confreres quantité d'Auteurs qui n'en furent jamais: au lieu qu'on n'en voit presque pas un dans la Bibliothéque de la Societé qui n'ait été Jesuite.

Ils ont poussé les choses jusqu'à un tel point d'éxactitude & de scrupule, que quand un de leurs Ecrivains est sorti de leur Compagnie, ils ont pris le parti ou de n'en point parler du tout, comme on le voit à l'égard de *Papyre Masson*, de *Gaspar Scioppius* (2), de *Marc-Antoine de Dominis*, de *Chrestien Francken*, &c. ou du moins de n'en parler que jusqu'au tems de leur sortie, & de ne rapporter que les ouvrages qu'ils ont faits dans la Societé, comme on voit en *François de Macedo* Portugais qui de Jesuite se fit Cordelier, *Claude Dausquey* Flamand qui quitta la Societé pour prendre l'aumusse à Tournai, & quelques autres qu'il est inutile de citer.

Certes c'est un avantage qui ne se trouve dans aucun autre ouvrage de cette nature. Parce que la plupart de ceux qui ont dressé des Bibliothéques & des Catalogues d'Auteurs & de livres étoient ordinairement éloignés des tems ausquels ont vécû ceux dont ils rap-

1 Idem ibid. sed pag. 42. Nouv. de la R. des L. de Juil. 1684 p. 497. 2 ¶ Faux quant à Scioppius. Voyés Bayle au mot *Scioppius*, lettre N. §.

Tome II.

Jesuites. portent les Ecrits & les actions, & par conséquent beaucoup plus exposés à l'erreur : au lieu que *Ribadeneyra* qui vivoit dans le commencement de la Societé, ou qui du moins en a vû mourir les premiers Ecrivains ; *Alegambe* qui vivoit dans le milieu, c'est-à-dire durant le progrès, & *Sotwel* sur la fin, c'est-à-dire de notre tems, n'ont parlé que des Auteurs contemporains, & dont ils pouvoient avoir une pleine connoissance par le grand rapport qu'il y a de toutes les Maisons d'une même Societé Réguliére entre elles.

L'Auteur des Nouvelles de la République des Lettres témoigne aussi qu'ils ont fort bien observé le goût de notre siécle, c'est-à-dire de toutes les personnes de bon sens : que ce goût consiste à voir regner l'éxactitude Chronologique dans tout ce qui a du rapport à l'Histoire ; que c'est ce qui a fait donner l'approbation aux Eloges qu'ils ont faits de leurs Ecrivains ; qu'ils marquent par tout le tems & le lieu de la naissance de leurs Auteurs, l'âge où ils se sont faits Jesuites, leurs emplois, leurs principales actions selon la suite des tems ; & que cet ordre a je ne sai quoi qui revient extrémement à l'esprit.

Mais comme les corps les mieux faits ne sont pas toujours exempts de taches & de défauts quand leur beauté ne consiste que dans la taille & la proportion des parties : on ne sera pas surpris d'apprendre que cette belle Bibliothéque a rencontré ses Censeurs comme les autres.

Les uns ont crû y trouver un peu de cet amour de Societé qu'ils disent avoir porté ces trois Auteurs à ne representer presque jamais leurs Ecrivains que par le bel endroit ; & ajoutent qu'en effet on n'apperçoit dans tout ce gros Volume que des Eloges ; & que parmi une si grande multitude d'Auteurs & de livres on ne voit pas qu'Alegambe & Sotwel y en reconnoissent un seul qui soit mauvais, si ce n'est peut-être ceux qui ont été mis à l'Inquisition ou à l'*Index*. Mais Sotwel nous avertit que la Societé ne les reconnoît pas en ce cas-là pour les siens. Il n'en est pas de même de ceux qui ont été condamnés par les Universités & par les Cours Souveraines.

Les autres ont encore remarqué qu'il n'y a presque pas un Ecrivain dans toute cette Bibliothéque qu'on ne nous dépeigne comme un Saint. Mais quoique ce point ne soit peut-être pas directement de mon sujet, je puis dire pour la justification de ces Auteurs que les personnes raisonnables seront satisfaites de la protestation publique qu'ils ont mise à la tête & à la fin de cet ouvrage, tant de l'Edition d'Anvers que de celle de Rome. Dans cette protestation ils avertissent

CRITIQUES HISTORIQUES.

le Lecteur qu'ils ne prétendent pas être garants de ce qu'ils avancent sur la sainteté & les vertus qu'ils ont attribuées à leurs Confreres non plus que sur les autres Eloges qu'ils leur ont donnés (1) : Et que véritablement ils en ont fait passer quelques-uns pour des Saints qu'ils ont reconnu depuis être tombés dans l'Apostasie (2).

Mais il nous est plus difficile de bien répondre à deux autres points d'accusation dont on charge nos Auteurs, & particuliérement Alegambe que Sotwel n'a fait que suivre en cette occasion.

Le premier est qu'Alegambe s'est quelquefois laissé séduire par des Mémoires faux & trop ingénieux qui lui ont été envoyés par des personnes mal intentionnées, comme sont ceux sur la foi desquels il traite d'Hérétiques (3) deux Avocats Généraux du premier mérite, savoir Monsieur Marion & Monsieur Servin, & quelques autres Magistrats qui ont été non seulement la gloire & l'ornement du Parlement & de la France, mais encore des défenseurs très-zélés de la Religion Catholique & Romaine.

Le second est qu'Alegambe a été trop indiscret de révéler certaines choses qu'il étoit très-important à la Société de tenir cachées & assoupies. Comme, par exemple, (4) lorsqu'il assure & qu'il démontre même par la voye de l'anagramme & par d'autres preuves que le fameux *Amphithéatre d'honneur* fait contre l'autorité Royale par un nommé *Bonarscius* est d'un célébre Jésuite, contre l'assurance que le P. Coton avoit donnée du contraire au Roi Henri le Grand (5) ; que les livres des prétendus *Daniel à Jesu Nic. Smith*, *Herm. Lœmelius*, &c. faits contre l'Episcopat & la Hiérarchie en général, & contre le Clergé de France & la Sorbonne en particulier, ont été composés par des Peres de la Société, quoique les principaux d'entre les Jesuites de France qui gouvernoient les Maisons de Paris (6) ayant été appellés pour cet effet devant le Cardinal, les Prélats & quelques autres Personnes de marque eussent protesté même par écrit signé de leur main, que les Jesuites n'étoient pas les Auteurs de ces libelles (7).

Sotwel a été plus sage & plus discret qu'Alegambe en ce point. Car on ne lit pas dans son Edition ceux des ouvrages qui ont causé

---

1 Auctoris Prot. ad cap. & ad Calc. Bibl. Soc. Jes.
2 Vid. Diction. Christoph. Ferreira, &c.
3 Vid. Dict. Ludovic. Richeom. & in Indicib. titul. Soc. J. defens.
4 Aleg. Bibl. Soc. J. Voc. Carol, Scrib. &c.

5 Voyés ci-après parmi les Ecriv. de Politiq. dans la suite de ce Recueil.
6 Les PP. L. de la Salle, Est. Binet, Jul. Hayneuve, C. Maillan.
7 Aleg. Bibl. S. J. Voc. Ed. Kn. & Jo. Fl. &c. ita Petr. Aurel. Prolegom. & in Elench. pag. 10. 11. &c.

76 **CRITIQUES HISTORIQUES.**

Jesuites. le plus de scandale, comme sont les Ecrits du faux *Smith* & du faux *Of-Jesu*, non plus que ceux même qui sont venus depuis, tels que sont les livres de *Guimenius*, de *Vernant*, de l'*Apologiste des Casuistes*. Et il a eu soin même de nous avertir par avance que son silence à l'égard de ces sortes de livres devoit passer pour un désaveu & une secrette condamnation qu'en fait la Societé (1). Mais on ne peut nier d'ailleurs que Sotwel n'y ait laissé les fautes d'Alegambe en beaucoup d'autres endroits, outre que son édition est moins éxacte & moins belle que celle d'Alegambe qui fut faite à Anvers en 1643. [*in - folio.*]

Au reste comme la Compagnie des Jesuites a été jusqu'à present la plus savante de toutes les Societés Régulières, c'est-à-dire pour le moins la plus abondante en toutes sortes d'Ecrivains (hors sur la Medecine) quoiqu'elle soit presque venuë des dernières dans le monde: on doit juger par-là de l'avantage qu'on peut tirer de cette riche Bibliothéque qui est assés bien écrite, sans affectation de style particulier, & sans ornemens trop recherchés; & qui pour faciliter encore l'usage qu'on en voudra faire, est disposée dans une très-belle méthode, & embellie d'un très grand nombre de Tables très-laborieuses & très-utiles.

* *Phil. Alegambe Bibliotheca Scriptorum Societatis J.* in-fol *Antuerp.* 1643.— *Nath. Sotvvelli, continuatio Bibl. Ribadeneirae & Allegambii usque ad annum* 1675. in-fol. *Romae* 1675. *

1 Nath. Sotw. Præfat. ad edit. Rom. Bibl. Soc. J.

CHAPITRE IV.

Des Bibliothéquaires & Ecrivains d'Hommes Illustres disposés selon les Pays différens.

CEUX D'ITALIE.

113 NOus n'avons pas encore de Catalogue général de tous les Ecrivains d'Italie comme nous en avons d'Espagne, des Isles Britanniques, des Pays-bas, de l'Allemagne, &c.

CRITIQUES HISTORIQUES.

Et il y a apparence, dit un Auteur moderne que la grandeur du Italiens; deſſein aura épouvanté juſqu'à préſent ceux qui auroient voulu y ſonger.

Ceux qui ont eu des vûës générales ſur toute l'Italie en écrivant ſur ces matiéres, & qui ont eu aſſés de réputation ſont,

Le Sieur *Doni Florentin* (Anton. Franc.) qui donna en Italien vers le milieu du ſiécle paſſé une eſpéce de Bibliothéque (1) Italique en pluſieurs Volumes in-12. c'eſt-à-dire un Catalogue de toutes ſortes d'Ecrivains Italiens & de livres ou traductions faites en cette Langue.

Le P. Angelico APROSIO (2) de *Vintimiglia* Ermite de Saint Auguſtin, qui a compoſé l'Athènes Italique vers le milieu de notre ſiécle, outre ſa Bibliothéque Angélique ou Aproſienne qu'il a écrite en langue vulgaire. On peut voir le Soprani & le Juſtiniani ſur ſon ſujet.

On a auſſi conſideré avec aſſés d'eſtime le livre de J. *Matthieu* (3) *Toſcan* appellé *Peplus Italiæ* où il traite des illuſtres Ecrivains qui ont paru dans l'Italie depuis la fin du treiziéme ſiécle.

1 ¶ La Bibliothèque d'Anton-Franceſco Doni, de laquelle il y a deux éditions l'une in-8°. l'autre in-12. ne fait qu'un petit volume diviſé en deux parties dont la premiére contient les titres de quelques livres imprimés ſans marquer le lieu ni la date de l'impreſſion : La ſeconde contient les titres de quelques manuſcrits, & de courts extraits de quelques-uns de ces manuſcrits. A la ſuite de la partie qui contient les livres imprimés, on trouve en une vingtaine de feuillets ce Catalogue dont Baillet parle, c'eſt-à-dire, une ſimple *nomenclature* de toutes ſortes d'Ecrivains Italiens, & de livres, ou traductions en cette langue. Le Doni mourut à Veniſe, au mois de Septembre de l'année 1574. ¶

2 ¶ L'Aproſio étoit un grand prometteur. J'ignore ce qu'il a donné. On peut voir cependant Bayle au mot Aproſio. ¶

3 ¶ Le *Peplus Italiæ*. de Matthieu Toſcan eſt un très-mince in-8°. dont l'Auteur eſt ſujet à ſe mécompter ſoit dans l'hiſtoire de ceux dont il parle, ſoit dans les jugemens qu'il en fait. ¶

JAC. PHILIPP. TOMASINI.
Evêque en Iſtrie au milieu de ce ſiécle.

114   CEt Auteur a publié ſous ſon nom deux Volumes d'Eloges d'Hommes illuſtres dont la plupart ſont Italiens avec le Catalogue de leurs ouvrages in-4°. 1639.

Il faut qu'on les ait beaucoup eſtimés puiſqu'ils lui ont mérité un Evêché dans l'Iſtrie : mais parce qu'il eſt accuſé d'avoir volé ces Eloges à Rhodius, nous en parlerons avec plus d'étendüe dans notre Traité des Plagiaires.

Italiens. Cet homme a fait d'ailleurs divers ouvrages qui regardent notre sujet comme est entre les autres le *Parnasse Euganée* ou *Padouan*, [*in*-4°. à Padouë, 1647.] c'est-à-dire le Recueil des Hommes de Lettres qui se sont distingués dans ce siécle, avec une liste de ceux qui ont composés des Eloges.

Mais le P. Labbe (1) a remarqué que ce livre est très-défectueux & rempli de fautes grossiéres, & qu'il seroit assés difficile d'y trouver trois ou quatre noms qui soient entiers, c'est-à-dire qui ne soient corrompus ou pris l'un pour l'autre.

1 Labb. Bibl. Bibl. pag. 71.

JEAN VINCENT LE ROUX(1)

Qui s'appella dans son Pays *Giovan Vittorio de Rossis* & tantôt *Gio Vicenzo* ou *Vincentius Rubeus*, mais qui ne s'est fait connoître dans le monde Savant que sous le nom Grec de Janus *Nicius Erythræus* & qui vivoit encore l'an 1650 (2).

115. IL a fait trois *Armoires* de Portraits d'Hommes illustres qui font des Eloges historiques, mais il n'y spécifie leurs ouvrages que fort rarement, ils sont assés bien écrits, & Reinesius (3) dit qu'il y a voulu faire voir jusqu'où pouvoient aller ses forces à l'égard du Latin. Un Anonyme Allemand (4) reconnoît qu'il y a dans ces Eloges beaucoup de choses singuliéres & curieuses, mais qu'il a fait aussi des réfléxions qui ne sont pas au goût de tout le monde & qu'il a des sentimens un peu particuliers.

On peut dire que la médiocrité de son jugement paroît non seulement dans la louange & le blâme qu'il donne quelquefois assés mal à propos à quelques ouvrages des Auteurs dont il parle; mais encore par l'honneur qu'il fait à des (5) misérables de les mettre au rang des

1 ¶ Menage qui a remarqué les diverses méprises de Baillet touchant le nom de *Giovan Vittorio de' Rossi* s'est mépris lui-même lorsque page 33. du tom 1. de son Anti-Baillet il a dit que *Joannes Victorius Erythræus* étoit le nom Latin de cet Auteur, car il est certain que c'est *Janus Nicius Erythræus*, comme page 36. Ménage lui-même en convient. Ce nom à le bien prendre n'est ni tout Latin ni tout Grec. Des trois mots qui le composent, le premier, savoir *Janus* est regardé comme Latin ; les deux autres *Nicius Erythræus* viennent de l'Adjectif inusité Νίκιος dont le substantif est Νίκη & d'Ἐρυθραῖος.

2 ¶ Il mourut l'an 1647. âgé de 70. ans.

3 Reinesius epist. 67. ad Rupert. apud Konig. pag. 574.

4 Bibliograp. cur. Historico Philolog. pag. 164.

5 ¶ C'est ce qui a donné lieu à cette Epigramme :

Qui doctos rudibus, fatuos sapientibus æquat,
Clarorum-ne refert iconas ille virum?
Fallor an ipse locum claros sibi Nicius inter
Qua dedit indignis has ratione petat?

CRITIQUES HISTORIQUES. 75

personnes du plus grand mérite, quoiqu'ils soient devenus infames Italiens
par leur friponneries, & par les débauches les plus brutales, sans
s'être signalés par le moindre Ecrit qui ait pû leur donner quelque réputation.

* *Jani Nicii Erythræi Pinacotheca Imaginum illustrium doctrinâ III.
partes* in-8° *Colonia Aggrip.* 1643. 1645. *

DES VILLES PRINCIPALES
d'Italie.

DE ROME.

116 PRosper Mandosio Romain, Chevalier de Saint Estienne publia en 1683. la *Bibliothéque Romaine* comprenant cinq
Centuries ou 500. Hommes qui ont paru dans Rome par leurs Ecrits,
dont il a ramassé jusqu'au moins importans. Il y a ajouté quantité d'E-
pitaphes & d'Inscriptions (1).

Mais le stile de cet ouvrage est simple & la méthode en est assés
irréguliére, il n'y suit même aucun ordre comme il l'avouë lui- même, soit pour les noms, soit pour les tems, soit pour les matiéres
sur lesquelles ces Auteurs ont écrit (2).

On pouroit ici rapporter un livre *de Leo* ALLATIUS appellé
Abeilles Urbaines, qui est un Recueil d'Ecrivains qui parurent à Rome
depuis 1630. jusqu'en 1632. [*in-8°.*] avec la Liste des ouvrages qu'ils
avoient mis au jour jusqu'alors. Il n'y a rien d'extraordinaire, mais
tout Recueil est toujours bon quand il est fait judicieusement, éxactement, & par un Homme intelligent comme il étoit.

1 ¶ Le titre est *Prosperi Mandosii Bibliotheca Romana. Rome* 1682. in-4. §   2 Mr de la Rocque Journal du 24. Janv.
1684.

DE NAPLES.

117 LEs Ecrivains de la ville & du Royaume de Naples ont reçû beaucoup de lustre depuis le travail de deux Hommes
savoir *Nicolo Toppi*, & *Leonard Nicodeme* qui a fait une addition au
Toppi dont la Bibliothéque Néapolitaine fut imprimée à Naples en
1678. les additions de Nicodème parurent l'an 1683. Les deux ouvrages sont en Italien.[*in-fol.*]

DE FLORENCE.

118 Nous n'avons guères que le *Poccianti* qui ait fait parler de lui par le Catalogue des Ecrivains de sa ville, le *Ferrini* (1) qui étoit Servite comme lui y fit une addition de près de deux cens Ecrivains. Et c'est un Recueil fort accompli de ceux qu'on connoît, & qui va jusqu'en 1589. [*in* 4°. à Florence 1593.]

1 ¶ Luc Ferrini. §

DE GENES & DE LA LIGURIE.

119 Dans le siécle passé Hubert *Fogliete* ou Foillette fit les Eloges des Illustres Liguriens, [*in*-4° à Rome 1573.] & Jacques *Bracelli* fit en particulier un petit recueil de ceux de Génes (1).

Mais en 1667. on vit paroître deux ouvrages beaucoup plus considérables sur cette matiére écrits tous deux en Italien. Le premier est celui de Raphaël *Soprani*, & le second est celui de Michel *Justiniani* dont on ne vit alors que le premier Volume.

* *Jacobi Bracelli de claris Genuensibus libellus* in-4°. *Roma* 1583. —*Raphaël Soprani, le Vite del' Pittori Scoltori ed Architetti Genovesi* &c. in-4°. *in Genova* 1674.—*Idem de scriptis Ligurum.*—*Mich. Justiniani, gli Scrittori Liguri* in-4°. *in Roma* 1667. *

1 ¶ Jacobus Bracelleus que Léandre Albert appelle en Italien Giacomo Bracellio, & Hubertus Folieta, ou en Italien Uberto Foglietta, n'ont pas été contemporains. Le premier est mort l'an 1460. le second l'an 1581. Le premier n'a écrit ses Eloges qu'en Latin, le second a écrit les siens en Latin & en Italien. §

DE PADOUE.

120 ANtoine RICCOBON publia en 1598. [in-4°.] des Commentaires de l'Université de Padouë en six Livres. Il parle assés amplement des Docteurs qui s'y sont rendus célèbres par par leurs Ecrits & par leur Doctrine, mais ses vûës n'étoient pas universelles.

Ange PORTENARE donna en Italien l'an 1623. son Livre de la *Félicité de Padouë* in-fol. dont le septiéme Livre comprend les Illustres Ecrivains distingués par des classes selon les Professions différentes, mais cela n'est ni assés ample ni assés exact.

DE VERONE.

121 ONuphre PANVIN a fait un petit traité curieux des Hommes Illustres de Veronne tant de la plume que de l'épée. [in-4°. à Veronne 1621.] Andr. CHIOCCUS en a donné les Médecins, [in-4°. à Verone 1623.] & Jules DEL-POZZO (1) en a donné les Jurisconsultes in-fol. [à Verone 1553.] François TINTO (2) a donné une liste de toutes sortes d'Ecrivains de Verone dans son Livre de la Noblesse de cette Ville, mais il n'en rapporte que les noms mis par classes.

1 * Le P. Labbe le nomme *Julius à Puteo.* 2 * Ant. Teissier le nomme *Franciscus Titius Veronensis.* *

DE FERRARE.

AUgustin SUPERBE Cordelier de Ferrare a donné ceux de Ferrare en Italien in-4°. l'an 1620.

BOULOGNE.

122 BArtel. GALEOTTI fit un Traité des Illustres Ecrivains de Boulogne imprimé à Ferrare en 1590. [in-4°.] & J. N. PASCHAL ALIDOSI composa un Recueil des Docteurs de cette Université qui avoient paru en Théologie, en Philosophie, en Médecine & dans les Arts Liberaux, depuis l'an 1600. jusqu'en 1623.

Tome II. L

CRITIQUES HISTORIQUES.

Il en fit un autre à part en Italien contenant les Docteurs en l'un & l'autre Droit jusqu'en 1619 (1).

Et en 1641. un célébre Médecin qui a pris le nom de *Jean Ant.* BUMALDUS, nous donna un Catalogue des Ouvrages des Ecrivains de Boulogne en fort petit volume sous le titre extraordinaire de *Minervalia Bonon. civium. anademata.*

1 ¶ Ménage pag. 21. du tom. 2. de son Anti-Baillet a remarqué ici deux fautes, l'une en ce que Baillet semble en disant que le second livre est en Italien, donner à entendre que le premier est en Latin; l'autre que ce même second livre est suivi d'une Appendice qui contient les Docteurs en Droit de Boulogne jusqu'en 1623.§

VENISE.

¶23 Divers Auteurs ont parlé des Ecrivains de la Ville & de la République de Venise dans l'Histoire du Pays. Mais je ne sai pas si quelqu'un a entrepris d'en faire un Recueil exprès & séparément.

Il est vrai qu'un Ermite de saint Augustin nommé Jacques ALBERIC de Bergame publia à Boulogne en 1605. in-4°. un Catalogue des Ecrivains illustres de Venise en Italien, mais il est trop court & n'est pas assés bien fourni.

Le Traité que Jean-Baptiste EGNATIUS a fait des Hommes illustres de la Ville de Venise n'est pas ce que nous cherchons.

Un ANONYME a publié depuis quelques années en Italien les éloges des illustres Ecrivains qui ont été du corps de l'Académie des *Inconnus* établie à Venise, où l'on rapporte aussi leurs ouvrages; mais parmi ceux de la Ville, il s'y en trouve encore des autres endroits d'Italie comme ayant été de cette Académie (1). Le sieur Rhodius loue cet ouvrage dans son Traité des Auteurs supposés publié par les soins de M. Placcius.

1 ¶ Le Livre est imprimé in-4°. à Venise sous le titre de *Le glorie de gli Incogniti*, l'an 1647. & contient les portraits des illustres non seulement Venitiens & autres Italiens, mais aussi des étrangers qui ont été de cette Académie, au rang desquels se trouve André Thoreau de Dijon Professeur en Humanités premiérement à Véroñe, & depuis à Boulogne, nommé en Latin *Andreas Taurellus*, & non pas *Turellus* comme l'a mal appellé Konigh dans sa Bibliothèque.§

DU MILANEZ & DU PIEDMONT.

124 Nous n'avons rien aussi de fort considérable sur les Ecrivains du Milanez. Ce qu'a fait ERICIUS PUTEANUS des Rhétoriciens des Ecoles de Milan [in-8°. à Milan 1603.] est peu de chose, & Jean-Baptiste SILVATICUS n'a parlé que des illustres Médecins de la Ville. [in-4°. à Milan 1607.]

Mais on a assés estimé le Catalogue Italien des Ecrivains de Piedmont & de Savoye, composé par François Augustin DELLA CHIESA ou *de l'Eglise* Evêque de Saluces, & publié in-4°. à Turin en 1614.

D'OMBRIE & SPOLETTE, DE PEROUSE.

Louis JACOBILLI donna la Bibliothéque d'Ombrie en 1658. in-4°. à Foligni, & le Pere Augustin OLDOINO Jésuite donna les Hommes illustres de Perouse il y a sept ou huit ans sous le nom d'*Athenée Auguste*.

* Ant. Oldoini *Athenæum Romanum* in-4°. *Perusini* 1690. — *Ejusdem Athenæum Augustinum* in-4°. *ibidem* 1677. — *Ejusdem Athenæum Liguricum* in-4°. *ibidem*.*

CEUX D'ESPAGNE.

ALPH. GARSIAS MATAMORE, vivant en 1540. (1)

125 Il a composé un Traité Latin des *Académies & des Hommes Doctes* d'Espagne pour servir d'Apologie contre ceux qui révoquoient en doute l'érudition des Espagnols (2).

Il l'a fait sur le modéle du Livre de Ciceron appelé *Brutus*, où il

---

1 ¶ On croit qu'il a vécu au de là de 1550. §

2 ¶ Sa *Narratio Apologetica de Viris Hispaniæ doctis* fut imprimée in-8. l'an 1553. à Alcala. Le traité des Académies est un ouvrage particulier intitulé *de Academiis & claris Hispaniæ Scriptoribus Liber singularis* que le P. Labbe pag. 4. de sa *Bibl. Bibliothecar.* dit avoir été inséré au tome 3. *rerum Hispanicar.* à Francfort 1603. & aussi imprimé séparément sans qu'il marque où, ni quand, ce qui me fait craindre qu'il ne se soit équivoqué en prenant pour deux livres différens celui de l'édition d'Alcala & celui de l'édition de Francfort. §

L ij

parle des Anciens Orateurs Romains. Son ftile eft le même que dans fes autres ouvrages, c'eft-à-dire qu'il affecte de le rendre pur & fleuri comme témoigne Dom Nicol. Antoine (1), lequel ajoute en un autre endroit (2) que Matamore étoit homme de jugement & de favoir, & qu'il étoit judicieux Critique.

Nous parlerons encore ailleurs de ce Matamore.

1 Nic. Ant. Bibl. Hifp. tom. 1. 20.   2 Id. ibid. pag. 98.

A. S. PEREGRINUS, c'eft-à-dire, ANDRE' SCHOTT, célébre Jéfuite d'*Anvers*, mort en 1629. (1)

126 C'Eft à lui que le Public doit la *Bibliothéque Efpagnole* contenant trois tomes en un feul volume in-4°. imprimée à Francfort en 1608. Il eft vrai que le premier tome n'appartient pas tout-à-fait à notre fujet, mais le fecond comprend les Ecrivains difpofés dans des claffes différentes felon les Profeffions & les Religions, & le troifiéme les donne rangés felon les pays & Provinces d'Efpagne.

Dom Nic. Antoine (2) dit que quoique cet ouvrage foit le fruit des veilles d'un favant homme, qu'il foit conduit & exécuté avec beaucoup d'induftrie, & qu'il foit exprimé en ftile élégant & poli; il eft néanmois affés difficile d'en tirer autant d'utilité que le titre du Livre & l'habileté de l'Auteur fembloient nous en promettre; & qu'en un mot il n'eft pas fuffifant pour nous donner une connoiffance raifonnable de l'Hiftoire des Lettres & des Savans d'Efpagne.

Son deffein a été de diftinguer fes Savans par bande felon les Profeffions Régulieres, Eccléfiaftiques, Civiles & Laïques. Il omet non feulement divers ordres Religieux, & quelques Etats féculiers qui ont eu d'habiles Ecrivains comme les autres qu'il rapporte, mais il en paffe même plufieurs dans la lifte de ceux qu'il avoit entrepris de rapporter, s'étant contenté de parler des principaux & d'une maniére même qui paroît affés féche & affés fuperficielle. Il touche leurs livres fort légerement fans en reprefenter fidellement les titres, & fans marquer même ni le lieu ni l'année des éditions, ce qui néanmoins eft le plus important dans ces fortes de Recueils.

1 ¶ Ceux qui mettent la mort d'André Schott en 1636. & le font vivre 84. ans, fe trompent. Il mourut le 23. Janvier 1629. agé de 76. ans 4. mois 11. jours, étant né le 12. Septembre 1552.
2 Nic. Ant. Bibl. Hifp. Præf. p. 37. 38.

CRITIQUES HISTORIQUES.

Dans la derniére partie il paroît fort inégal, & il fait des éloges de certains Auteurs beaucoup plus amples, que des autres, qui d'ailleurs ont plus de mérite & plus de réputation même, en quoi l'on dit qu'il a fait voir son peu d'équité, & qu'il a donné des marques de quelque passion secrete. Mais au reste il s'est comporté par tout en vrai Savant, & il faut croire qu'il a eu ses raisons pour ne point parler des Ecrits faits en langue vulgaire.

VAL. ANDR. TAXANDER (DESSELIUS) cest-à-dire, *de Deßchel en Brabant dans le quartier qu'on appelle l'Avocatie ou Voeghdye*, mort vers l'an 1645.

127 C'Est lui, ou le Jésuite Schott sous son nom, qui a publié le *Catalogue des célébres Ecrivains* d'Espagne imprimé à Maïence en 1607. [in-4°.]
Mais ce n'est presque qu'une exposition toute nuë des noms d'Auteurs & de titres de livres, les uns & les autres fort peu corrects : outre que l'Auteur étant étranger & dans un pays éloigné de l'Espagne, il n'a point pû être aussi éxact dans ses recherches qu'auroit été un homme du Pays comme le prétend Nic. Antoine (1).

En effet on peut juger du peu d'exactitude de ce Catalogue sur ce que l'Auteur témoigne l'avoir tiré presque entiérement de ceux de Francfort & de quelques autres Libraires, & c'est peut-être pour cette raison qu'il ne parle pas des Livres écrits en langue vulgaire.

L'Auteur que nous venons d'alleguer dit (2) que le Pere Schott avoit exposé ce Catalogue au jour & au jugement du Public comme une épreuve pour sonder les Esprits & voir si la Bibliothéque d'Espagne dont nous avons parlé seroit bien receuë, ou si les Savans contribueroient quelque chose en lui envoyant des Mémoires pour grossir & pour embellir son Ouvrage qui fut imprimé l'année d'après ce Catalogue.

---

1 Nic. Ant. Præf. Bibl. Hisp. pag. 36.   2 Id. ibid.

DOM NICOLAS ANTONIO Chanoine de Séville, Chevalier de l'Ordre de S. Jacques, &c. aujourd'hui vivant, s'il n'est mort depuis peu.

128   IL a fait imprimer à Rome depuis quelques années un Recueil très-confidérable d'Auteurs Espagnols sous le nom de Bibliothéque d'Espagne en deux volumes in-folio commençant depuis l'an 1500. jusqu'à present. Je ne fais point de difficulté de préférer ce bel ouvrage à tout ce qui a paru jusqu'ici en ce genre d'écrire, même à l'Alegambe de la Societé pour quelques points. Et je n'y trouve presque point d'autre défaut que celui de ne nous avoir pas encore donné le reste, qui est une seconde partie qu'il nous a promise des Ecrivains illustres d'Espagne qui ont paru depuis le commencement, c'est-à-dire depuis la réduction de l'Espagne sous l'Empire Romain jusqu'en l'an 1500 (1).

On voit paroître par tout cet ouvrage le bon ordre, l'exactitude & le jugement de son Auteur, & on peut assurer que depuis long-tems personne n'a rendu à l'Espagne un service plus signalé que ce savant & laborieux Ecrivain.

Sa Critique est fort saine & fort solide en plusieurs endroits, sur tout quand il s'agit des traditions fabuleuses des premiers Catéchistes qui ont planté la foi en Espagne, & de ces faux historiens que l'imposture nous a produits pour la séduction des Espagnols, & dont notre savant Auteur nous a promis une Critique particuliére.

On pourroit néanmoins le soupçonner d'avoir été un peu trop indulgent pour quelques opinions communes & vulgaires, qui sont abandonnées des Critiques qui ont le meilleur goût.

Cet ouvrage est bien écrit, son Latin est pur, son stile n'est point rampant, mais il est un peu obscur & embarassé dans certains endroits qui sont assés rares, ce qu'il faut attribuer sans doute à la longueur des Phrases qu'il entrelasse quelquefois les unes dans les autres.

Sa Préface qui est un Traité divisé en deux parties est une piéce fort belle & fort judicieuse. Ses Tables ne sont ni moins utiles ni moins pénibles que celles de l'Alegambe, quoi qu'il y en ait plusieurs dont celui-ci ne lui avoit point donné l'exemple.

1 ¶ Elle y a été ajoutée en 2. tomes l'an 1696. imprimés à Rome in-fol. par les soins & aux frais du Cardinal d'Aguirre Dom Joseph Saenz. ¶

CEUX DE FRANCE.

1 François Grudé Sr. DE LA CROIX-DU-MAINE, *Manseau*, mort sur la fin de l'autre siécle.
2 Antoine DU VERDIER Sr. de Vauprivas, natif de *Montbrison en Forez*, mort vers le même tems.

129   Es deux Auteurs travailloient tous deux sur un même dessein dans le même tems, mais sans communication, & fort éloignés l'un de l'autre. En effet la Bibliothéque de l'un suivit de bien près celle de l'autre pour la publication, celle de la Croix-du-Maine ayant vû le jour vers la fin de 1584. & celle de du Verdier vers le commencement de l'an 1585. [toutes deux in-folio.]

Celle du sieur de la Croix-du-Maine devient assés rare, & Mr Colomiez a raison de dire (1) qu'elle est plus (2) utile que celle de du Verdier, parce que celui-ci ne nous indique que le nom des Auteurs; & celui de leurs ouvrages dont il donne des endroits & des fragmens assés ennuyeux & fort inutiles: au lieu que la Croix-du-Maine nous apprend assés souvent diverses particularités de la vie & de la mort de ceux dont il fait mention.

Du Verdier rapporte indifféremment les ouvrages Latins & François qui sont venus à sa connoissance; mais la Croix-du-Maine ne parle que des livres écrits en François parce qu'il avoit dessein de faire une autre Bibliothéque de livres Latins faits par les Auteurs François.

Claude du Verdier fils du sieur de Vauprivas accuse son Pere (3) d'avoir fait bien des fautes & dans la *Bibliothéque Françoise*, & dans

---

1 P. Colom. Biblioth. Chois. pag. 73. 74.
2 ¶ Elle seroit plus utile en cela, si les particularités qu'elle nous indique des Auteurs n'éroient fausses la plupart. Elle a de plus un très-grand défaut, qui est d'omettre souvent la date des éditions. La Bibliothéque de du Verdier est incommode par le grand nombre d'extraits dont il l'a remplie qui empêche de trouver sous la main, comme on le souhaiteroit, le nom des Auteurs & le titre de leurs ouvrages. Au lieu de transcrire mot à mot comme il a fait les vies des Poëtes Provençaux de Jean de Notre-Dame, & celles des anciens Poëtes François de Fauchet ne valoit-il pas mieux renvoyer aux sources ? On ne se plaindroit pas des remarques dont il a grossi son volume, si elles ressembloient toutes à celles qu'il a données sur Guillaume Postel, Pierre Paschal, Philippe de Maisiére, Thomas du Clevier, &c : mais ces sortes d'additions y sont clair-semées. Une chose qui lui donne l'avantage sur la Croix-du-Maine, c'est d'avoir à la fin de chaque Lettre de l'Alphabet, rapporté les titres des Livres anonymes qu'il a connus.
3 Cl. Verder. Cension. Auct. pag. 17b.

88 CRITIQUES HISTORIQUES.

François. le supplément de Gesner. Il dit qu'il y a du travail dans la Bibliothéque, mais fort peu d'adresse & d'industrie, & qu'il l'auroit empêché de publier ce livre, si le respect le lui eût permis. Mais il apporte une sotte raison de ce dessein qu'il auroit eu, quand il dit que c'est parce que son Pere avoit découvert la vanité qu'ont euë nos François de s'être amusé à faire des livres, prétendant qu'il n'y a qu'un seul livre au monde qui soit bon.

Il est assés inutile de parler ici de la jalousie mutuelle que nos deux Bibliothéquaires conçûrent l'un contre l'autre, sur ce qu'ayant appris le dessein l'un de l'autre, celui-ci s'étoit imaginé que celui-là pouroit bien avoir surpris quelques-uns de ses Mémoires courants en cahiers manuscrits dans le monde; parce que la chose étant sans fondement fut par conséquent sans suite. Nous en dirons peut-être davantage parmi les Plagiaires (1).

Mais il est bon de ne pas oublier ce que du Verdier prétend, que la Croix-du-Maine met beaucoup d'Auteurs dans sa Bibliothéque qui n'ont jamais écrit, & qu'il s'est laissé piper par des trompeurs qui lui ont fourni de faux titres, étant ravi même de trouver cette occasion de grossir son ouvrage. C'est pourquoi comme deux Auteurs prétendus lui avoient envoyé les Catalogues de leurs ouvrages faits à plaisir, & dont il avoit reconnu la fourbe & la supposition, il dit qu'il les leur renvoya en les remerciant, & leur donnant avis que c'étoit au sieur de la Croix-du-Maine qu'ils devoient s'adresser puisque tout lui étoit bon (2).

Au reste l'imperfection de ces deux Bibliothéques Françoises ne fait qu'augmenter le désir que tous les Gens de Lettres, & particuliérement les Etrangers auroient de voir une Bibliothéque accomplie de nos Ecrivains dont la multitude est capable d'épouvanter, & d'empêcher les plus entreprenans & les plus laborieux d'y songer, sur tout après avoir vû échouer les généreuses résolutions des Peres Jacob Carme, & Labbe Jésuite.

1. Præfat. & tit. François, & Antoine. 2. Ant. du Verdier Biblioth. Fr. pag. 1034.

CRITIQUES HISTORIQUES.

CL. FAUCHET Premier Président en la Cour des Monnoyes (1).

130. IL nous a donné un Catalogue de nos anciens Poëtes François, mais quelque curiosité qu'il y ait à le lire, il ne paroît pas encore assés recherché ni assés exact.

Guillaume COLLETET avoit entrepris les vies de tous nos Poëtes François avec beaucoup d'appareil & de travail même, mais sa mort nous a envié cet ouvrage (2). A la place duquel on peut substituer ici son Art Poëtique pour la Poësie Françoise, dans lequel il fait la Critique des Poëtes François, mais comme un homme qui a fort peu de ce sel critique qui donne le bon goût à ces sortes d'ouvrages.

1 ¶ Il mourut, suiv. le P. le Long en 1603.
2 ¶ Le R. P. le Long pag. 885. de sa Bibliothèque Historique de France nous apprend que le sieur Florentin de Laune Libraire de Paris a entre ses mains le manuscrit de Colletet, où sont contenuës les vies de cent trente Poëtes François, à compter depuis Hélinand jusqu'à Colletet qui les a recueillies avec soin, & n'y a pas omis la sienne. On ne peut à la vûë de cette liste souffrir qu'on tarde tant à nous donner un ouvrage dont la matière seule excite la curiosité publique. Pour moi, après avoir bien cherché les raisons de cette lenteur, je me determine à croire que le livre, puisqu'il existe, paroîtroit il y a long-tems, si quelque défaut incurable n'en empèchoit l'impression.

GAUCHER DE STE. MARTHE, de *Loudun*, dit en Latin, *Scævola Sammarthanus*, mort en 1623. Président, Lieutenant général (1) de Poictiers, & Trésorier de France en cette Généralité.

131. IL a fait en Langue Latine les Eloges de quelques Ecrivains François qui ont vêcu depuis l'an 1500. jusqu'en 1615. ou environ, & les a divisés en cinq livres.

Mr Faucon du Riz Premier Président au Parlement de Normandie dit que son stile est pur, doux, coulant & fleuri ; qu'il plaît par tout sans jamais rassasier, bien loin de fatiguer son Lecteur, qu'il a sû joindre une diligence singulière & une exactitude entière avec

2 ¶ Baillet dans ses corrections ayant reconnu que ce n'étoit pas Scévole de Ste Marthe, mais Louis son frére qui avoit été Lieutenant-général à Poitiers, il s'ensuit que de son aveu le titre de cet article devoît être ainsi conçu :
GAUCHER DE STE MARTHE de Loudun, dit en Latin *Scævola Sammarthanus*, mort en 1623. Président & Trésorier de France en la Généralité de Poitiers.

François. un jugement solide & délicat ; qu'il a été affés adroit pour allier la gravité avec la douceur ; qu'il a quelque chose qui plaît avec la vérité & la feverité ; qu'il est également éloigné de la flaterie & de la malignité ; & qu'il garde par tout une candeur d'ame & une ingénuité merveilleuse (1).

Et véritablement on peut dire que quoique Mr de Ste Marthe semble ne s'être engagé à autre chose dans son titre qu'à louer simplement ceux de nos Ecrivains qu'il lui a plû de choisir entre les autres , il ne laisse pas d'exercer une Critique fort judicieuse & fort sincere sur ce qu'il croit être digne de censure, & il fait voir que l'amour de la vérité & de la justice l'emporte au dessus de celui du Pays. Qualité d'esprit également rare & estimable.

Mais comme son dessein n'étoit que de faire proprement l'éloge des grands Hommes d'un seul siécle, il a parlé d'eux, (dit Mr Gallois (2) plutôt avec l'éloquence d'un Orateur, qu'avec l'exactitude d'un véritable Historien. C'est pourquoi il ne parle presque pas de leurs Ecrits, & quand il le fait c'est toujours d'une manière fort générale.

L'Anonyme Allemand (3) que j'ai déja cité quelquefois dit que c'est un ouvrage d'élite, des mieux pris & des mieux executés du monde, & qu'il ne connoît rien qui puisse lui être comparé en ce genre d'écrire.

1 Falco Rizius præmiss. ad Elog. Sammarth.
2 Journal des Sav. du 9. Août 1666.
3 Bibliograh. Historico Philolog. pag. 164.

Mr. DUCHESNE (1) l'aîné (André) *de Tours*, mort l'an 1 6 4 0.

132 IL donna en notre langue la Bibliothéque des Historiens de France l'an 1618. qu'il augmenta depuis & corrigea en beaucoup d'endroits. Et ce second Recueil parut en 1627. [in-8°.] on dit que le Pere Jacob de S. Charles y a fait depuis de grandes additions qui passent de beaucoup l'ouvrage de Duchesne pour la quantité des Auteurs. Le même Duchesne a fait encore imprimer une suite ou une liste Latine de tous les Auteurs qui ont écrit de

1 ¶ Françoisdu Chesne n'étant pas frére puisné d'André, mais son fils, il faloit dire ou Mr du Chesne le Père, ou simplement Mr du Chesne (André). Ménage pag. 104. du tom. 1. de l'Anti-Baillet.

l'Histoire & des affaires de France tant Ecclésiastiques que Séculieres François. depuis le commencement de la Monarchie jusqu'à notre siécle avec le même ordre dans lequel il avoit envie de donner les Originaux au Public.

Mr. DU SAUSSAY (André) Evêque de Toul nommé en 1648, sacré en 1656. & mort depuis neuf ou dix ans.

133 IL a fait un assés gros mais assés mauvais Recueil des Ecrivains Myſtiques des Gaules qui ont vécu au premier siécle de l'Eglise, avec un Traité Polémique touchant l'Apoſtolat de S. Denis l'Aréopagite. [in-4°. à Paris 1639.]

Il faut avouer que cet Auteur avoit beaucoup de lecture, mais il avoit encore plus de simplicité, avec assés peu de jugement & de génie même.

La plupart de ses Ecrits ne sont que des compilations indigeſtes où il ne paroît ni choix ni discernement. En un mot c'est un Critique de mauvais goût.

Mr. PELLISSON FONTANIER (Paul) Maître des Requeſtes, *aujourd'hui vivant* (1).

134 COmme son Livre de l'Academie Françoise [in8°. à Paris 1653.] est une juste histoire, nous la rapporterons parmi les Historiens de France dans la suite de ce Recueil.

Mais comme en même tems c'est un ouvrage de la plus délicate & de la plus saine Critique, nous ne pouvons nous empêcher de rapporter ici le jugement qu'en font deux Ecrivains considérables. Le premier est le sieur Sprat Anglois (2) qui reconnoît que le ſtile en est mâle, châtié & éloigné de toute affectation. Le second est le Pere Bouhours Jésuite(3) qui avouë que le bon sens & la politesse y regnent par tout, & que l'Auteur y a joint ensemble la facilité & l'exactitude.

1 ¶Mort le 7. Février 1693. âgé de 69. ans.   1. sect. 19.
2 Hiſt. de la Soc. Royale de Lond. part.   Entret. d'Ariſt. & Eug. Entr. 2. pag. 135.

MESSIEURS DE L'ACADEMIE FRANCOISE
établie par le Cardinal de Richelieu, l'an 1634. approuvée par les Lettres Patentes de Louis XIII. l'an 1635. vérifiées en Parlement l'an 1637.

135 COmme je ne prétens pas qu'on doive tirer aucune conféquence de l'ordre que je donne ici à mes Critiques, je ne croi pas qu'on me doive faire un crime de n'avoir pas mis Meſſieurs de l'Academie à la tête de ceux qui ont fait & qui font encore le jugement de nos Ecrivains François, puiſque je ne donne dans ce Recueil aucun rang à la dignité ni au merite, & que je n'obſerve pas mêmes toujours celui des tems avec aſſés de ſcrupule.

Ainſi j'ai crû pouvoir faire mention de l'illuſtre Aſſemblée de ces Meſſieurs immédiatement après avoir rapporté la Critique de leur Hiſtoire, afin qu'on n'ait point à me reprocher que dans un Recueil que je fais exprès de Critiques & d'Examinateurs des Livres & des autres productions d'eſprit, je n'ai pas eu ſoin d'avertir, au moins ceux qui l'ignoreroient, que ces Meſſieurs ont été établis pour veiller à la pureté & à l'embeliſſement de la Langue Françoiſe, & pour être en quelque façon les Juges naturels, & Cenſeurs univerſels de tous les livres qui s'écrivent en notre langue.

Pour s'acquitter donc de leurs fonctions conformément à leur inſtitution, ils ont déja fait l'examen de pluſieurs livres & de beaucoup d'autres piéces qu'on a jugées n'être pas indignes de cette peine. Mais de toutes ces opérations de Critique, je n'en connois encore qu'une qui ait paſſé par la preſſe. Elle a pour titre, *Sentimens de l'Académie ſur le Cid tragi-comedie de Corneille.* [in-8°.]

Mr. Pelliſſon (1) prétend qu'on trouve dans ce livre un jugement fort ſolide, beaucoup de ſavoir, & beaucoup d'eſprit ſans aucune affectation de l'un ni de l'autre ; & depuis le commencement juſqu'à la fin, une liberté & une modération tout enſemble qui ne ſe peut aſſés louer. Le ſtile, ſelon le même Auteur, en eſt mâle & vigoureux, & l'élégance que l'on y trouve n'a rien de gêné ni de contraint, les termes y ſont choiſis mais ſans ſcrupule & ſans enflure.

Le Pere Bouhours (2) dit que c'eſt un ouvrage achevé en ſon genre ; que le nom que porte ce livre, & que les mains par leſquelles

1 Hiſt. de l'Acad. pag. 140. 141. 2 Entret. 2. d'Ariſt. & Eugen. pag. 163.

il a passé avant que de voir le jour, le doivent faire estimer de tout François le monde. Enfin l'Auteur déguisé sous le nom de Cleante (1) douze ans avant que d'être incorporé dans cette Compagnie, avoit écrit (2) que ce livre a l'esprit de plusieurs esprits, & que c'est l'ouvrage des Maîtres de notre langue.

Or les Auteurs de ce petit livre furent Messieurs de Bourzeys, Chapelain, & Desmarets pour l'examen du gros de l'ouvrage, c'est-à-dire du Cid de Corneille, & Messieurs de Cerisy, Gombaud, Baro, & de l'Etoile pour la Critique des vers.

Le jugement que je viens de rapporter sur cet ouvrage de l'Academie peut nous servir de regle pour savoir ce qu'on doit penser des autres censures qu'elle a faites, & qu'elle fera dans la suite tant qu'elle sera unie en corps. Car s'il est vrai que l'Eglise même ne prétend pas communiquer son infaillibilité à aucun de ses membres en particulier, je pense à plus forte raison qu'on ne voudroit pas nous obliger de croire que chaque membre particulier de l'Academie Françoise eût le privilege d'être immanquable dans sa Critique, sous pretexte qu'on veut bien l'accorder à cette illustre Assemblée, quand elle est unie & composée de ses parties. Et si j'étois assés infidele pour dissimuler dans la suite de ce Recueil les jugemens que les Critiques ont faits sur les ouvrages particuliers de quelqu'uns de Messieurs de l'Academie, on ne manqueroit peut-être pas de prendre cette conduite pour l'effet de quelque mauvaise honte, & de quelque respect faux & superstitieux.

1 * M. Barbier Daucourt. 2 Sentimens de Cleante, tome 1. Letr. 9. pag. 188.

Mr. SOREL (Charles) sieur de l'Isle (1) mort en

136   CEt Auteur a fait deux principaux ouvrages dans lesquels il prétendoit examiner les Ecrivains François.

Le premier est, *la Bibliotheque Françoise* [in-12. à Paris 1667.]
„ où le titre nous avertit que se trouve l'Examen & le choix des
„ meilleurs & des principaux livres François, qui traitent de la
„ pureté des mots & des Discours; de l'Eloquence; de la Philosophie;

1 ¶ Il a été joué sous le nom de *Charrofelles*, anagrame de Charles Sorel, dans le Roman Bourgeois de Furetière ; ce qu'il a sagement dissimulé lorsque pag. 99. de sa Bibliothéque Françoise il a parlé de ce Roman. On croit aussi que c'est lui que Moliere, dont il médisoit, a eu en vûë; lorsque dans son Ecole des Femmes, Act. 1.

sc. 1. pour se moquer d'Arnophe qui se faisoit appeller Monsieur de la Souche, il lui fait dire par Chrysade,

Je sais un Paysan qu'on appelloit Gros-Pierre
Qui n'ayant pour tout bien qu'un seul quartier
    de terre
Y fit tout à l'entour faire un fossé bourbeux
Et de monsieur de l'Isle en prit le nom pompeux. ¶

François.
„ de la Dévotion & de la conduite des Mœurs ; des Livres de Haran-
„ gues, de Lettres, d'œuvres mêlées, d'Hiſtoires, de Romans,
„ de Poëſies, de Traductions, & des Livres qui ont ſervi au progrès
„ de notre Langue. Avec un Traité particulier fait pour ſervir de
guide dans les Auteurs de l'Hiſtoire de France.

Son deſſein étoit de dreſſer dans ce livre une Bibliothéque qui ne fut compoſée que de livres François, & qui néanmoins pût être ſuffiſante pour parvenir à l'Encyclopédie, enſorte qu'à l'avenir on fut en état de ſe paſſer d'apprendre le Grec & le Latin, ſuppoſant qu'on n'auroit plus beſoin de Livres écrits en ces Langues pour devenir ſavant.

Mais cette vaine imagination n'a été ſuivie d'aucun effet, & au lieu de faire le choix qu'il avoit promis des meilleurs livres François dans toutes les Sciences, il a rapporté tous ceux que la mémoire lui a fournis ſans diſcernement.

Quelque incapable qu'il fut de porter un jugement ſain & ſolide des ouvrages des autres, il n'a point laiſſé d'entreprendre lui-même la cenſure & l'examen de ſes propres ouvrages dans un Traité à part, qui eſt ſans doute la partie de la Critique la plus difficile & la plus ſuſpecte.

Le ſecond ouvrage de Critique que nous a donné Mr Sorel eſt celui de la *connoiſſance des bons Livres* [in-12. à Paris en 1671.] avec d'autres Traités ſur les Livres de Poëſie, Romans & Comedies, de la pureté de notre langue, de l'Hiſtoire de notre pays. Mais cet ouvrage n'a point augmenté l'eſtime que le Public a conçuë de ſon habileté. Ce ne ſont que des diſcours vagues, dans leſquels il ſemble battre l'air ſans ſavoir à quoi s'en tenir. De ſorte qu'on peut ſe contenter de louer ſes deſſeins & ſes efforts, & s'en tenir-là (1)

1 Journ. des Sav. de l'an 1665.

M. COLOMIEZ (Paul) *de la Rochelle*, (1) aujourd'hui vivant en Angleterre.

137   Nous avons de lui un Recueil d'Ecrivains François sous le titre de *France Orientale* [in-4°. à la Haye 1665.] Mais un Critique de nos jours (2) juge que quoique cet Auteur semble avoir entrepris dans ce Recueil de faire la vie des François qui ont excellé dans les Langues Orientales, il paroit néanmoins qu'il s'est plutôt proposé de ramasser de divers livres les témoignages avantageux, & les éloges des François qui ont sû ces langues, que de rapporter les particularités de leur vie.

Il parle aussi-bien de ceux qui n'ont pas écrit que de ceux qui sont Auteurs en ces Langues, mais il y en a pourtant qui sont échappés à sa diligence.

Au reste on peut dire que ce sont d'excellens materiaux ramassés avec beaucoup de soin qui pouront être d'un très-grand usage à ceux qui entreprendront la Bibliothéque universelle des Ecrivains de France.

2 ¶ Voyés l'Art. 69.   1 Journal des Savans du 9. Aoust 1666.

M. DU BOULAY (César Egasse) *de Tours* (1) Recteur, puis Greffier de l'Université mort en 1678.

138   IL a fait l'Histoire de l'Université de Paris en six gros (2) Volumes in-folio [imprimés depuis 1665. jusqu'en 1673.] dont nous pourons parler ailleurs avec plus d'étenduë.

Il suffit de dire ici que les raisons qu'on a euës de censurer ce grand ouvrage semblent diminuer peu à peu, & qu'elles pouront bien disparoître à la fin pour donner lieu au Public de reprendre le goût qu'on lui avoit voulu ôter d'un travail qui est mêlé de

1 ¶ Du Boulay étoit du Village de Saint Ellier dans le bas Maine. Voyés Ménage chap. 35. de son Anti-Baillet où il marque curieusement, & fort au long ce qui a donné lieu à Baillet de croire que du Boulay étoit de Tours. J'observerai ici par occasion qu'au lieu de Saint Ellier, qui n'est autre que Saint Hilaire, Ménage pour désigner l'origine de la corruption, auroit peut-être mieux fait d'écrire Saint Hélier.

2 ¶ Il étoit de ceux qui font de gros livres faute d'être capables d'en faire de petits qui soient bons.

François. bien & de mal à la vérité, mais qui est d'ailleurs très-utile pour avoir la connoissance des actions & des Ecrits des Savans de France, & même de ceux des Pays étrangers qui ont paru dans cette premiére Université du Royaume.

Et de fait on commence de dire aujourd'hui que c'est un bon livre généralement parlant, qu'il est rempli de quantité de piéces importantes qu'il seroit difficile de trouver ailleurs si bien ramassées.

* *Censura Facultatis Theologicæ Parisiensis in hanc Historiam* in-fol. *Paris.* 1667. — M. du Boulay y a répondu dans la même année sous le titre de *Nota ad Censuram* in-4°. *.

M. DE LAUNOY (Jean) de *Coûtances* Docteur eu Théologie mort en 1678.

139 IL a fait l'Histoire du Collége de Navarre à Paris, où il rapporte éxactement tous les Docteurs & les Ecrivains de cette Maison avec leurs ouvrages [*in*-4°. en 2. vol. à Paris 1677.]

C'étoit-là celui de ses livres qu'il aimoit le plus, soit qu'il prit plaisir dans ce témoignage glorieux qu'il avoit rendu au Public de la reconnoissance qu'il avoit pour cette Maison de la Faculté qu'il consideroit comme sa mere; soit qu'il ne fût pas entiérement insensible à la complaisance de voir tous ses propres ouvrages étalés dans son livre.

Car il y a inseré le Catalogue de tous ses écrits qu'il avoit bien voulu faire lui-même, tant afin de le rendre plus éxact, que pour expliquer avec plus de facilité les titres & les matiéres-mêmes de ses plus petits livres, & de toutes ses Lettres en particulier, jugeant sagement que tout autre que lui se seroit aisément rebuté de leur grand nombre & de l'amplification si étenduë de leurs titres.

M. DES-PREAUX (Boileau) *Parisien* aujourd'hui vivant (1).

140 J'Espere parler de lui plus à propos parmi les Poëtes. Ainsi je ne le represente ici que comme un Critique, mais des plus difficiles & en même tems des plus fins & du meilleur goût d'entre ceux qui font aujourd'hui ce métier.

Ceux qui le conversent disent qu'on l'entend souvent décharger

---

1 ¶ Nicolas Boileau Des-Preaux est mort le 13 Mars 1711. ¶

son chagrin contre toutes sortes de livres, & particuliérement contre François ceux qui se sont faits en ces derniers tems, & qui se font encore tous les jours. Ils se plaignent même de ce qu'il paroît ne reconnoître de bons livres que ceux qui sortent de la plume d'un très-petit nombre d'Auteurs d'élite, qu'il semble quelquefois réduire à l'unité, prétendant que les autres qui se mélent d'écrire ne font bien ou mal qu'autant qu'ils approchent ou qu'ils s'éloignent de ces modéles: mais qu'au reste on peut appeller Monsieur Despreaux *l'Homme du bon sens* par excellence.

Un illustre Ecrivain des Pays étrangers (1) dit qu'il a le sens droit & juste; un autre (2) témoigne qu'il a l'odorat très-subtil & le goût fort délicat; d'autres enfin disent qu'on trouve dans la censure qu'il a faite de nos Poëtes François la liberté & la naïveté des Anciens aussi-bien que leur goût (3).

De sorte que nous avons de quoi féliciter notre Nation de savoir par son moyen le discernement qu'on peut faire de ceux qu'on doit estimer d'avec ceux qu'on peut négliger.

Ainsi j'espére qu'on ne s'étonnera pas de me voir apporter dans la suite de ce Recueil des témoignages peu favorables à un si grand nombre de Poëtes François qui méritent néanmoins autant & plus d'éloges que plusieurs Poëtes Italiens & Espagnols que je serai obligé de louer sur la foi de leurs Panegyristes, parce qu'ils n'ont pas encore eu l'avantage de passer par l'éxamen d'un Critique aussi peu interessé, & aussi peu indulgent que Monsieur Despreaux l'a paru dans sa Critique.

1 Mr Spanh. in Jul. Cæsar. præfat.   3 Nouvell. de la Rep. des Lettr.
2 Anonyme Allemand, Bibliogr.

LE P. BOUHOURS (Dominique) *aujourd'hui vivant* (1).

141   CE Pere tient aujourd'hui un des premiers rangs parmi les Critiques, & il s'en trouve assés peu qui puissent ou qui osent lui tenir tête pour la connoissance des stiles & des *locutions*. Mais parce qu'il n'a point porté sa Critique au-delà des régles de notre langue, & que d'ailleurs ce n'est presque que par occasion qu'il a donné son jugement sur quelques livres écrits en François, nous

1 ¶ Mort le 27. Mai 1702. agé de 75. ans. §.

François. avons crû qu'il seroit plus à propos d'en parler parmi les Auteurs qui ont écrit de la Grammaire Françoise.

CEUX DES PROVINCES ET VILLES DE FRANCE.

142 Nous n'avons rien de fort exquis dans tous les Recueils qui se font faits d'Hommes doctes des Provinces. Mais il en faut toujours louer la diligence, & reconnoître que ce sont des mémoires qui peuvent servir à d'autres.

1. Ceux de Dauphiné ont été recueillis par *Mr Guy Allard* Président à Grenoble in-12. [en 1646.]

2. Ceux de Guienne & Gascogne par Gabriel de *Lurbe* [in-8°. 1691.]

3. Les Poëtes (1) de Provence par Jean de *Nôtre-Dame* [in-12. à Lyon 1575.]

4. Les Savans de Châllon sur Sône par le P. *Jacob* Carme [in-4°. 1651.]

5. Le P. *Labbe* nous apprend qu'il avoit recueilli ceux de Berri [in-12.]

6. Mr *Catherinot* a dit quelque chose de ceux de Bourges dans ses Annales Typographiques de cette ville [in-4°.]

7. *Ferry de Locre* a fait le Catalogue de ceux d'Artois [in-4° 1616.]

8. Mr *Loysel* a inseré ceux de Beauvoisis dans ses Mémoires, mais en petit nombre [in-4°. 1597.]

9. Le P. *Reynaud* en a ramassé quelques-uns du Lyonnois.

10. Le sieur de *Guichenon* a fait ceux de Bresse, Beugey &c. [dans l'*in-folio* imprimé à Lyon 1650.] Mais ce qu'il a appellé *Bibliothéque Sebusienne* n'est qu'un recueil des piéces pour l'Histoire de ce pays.

11. On attend de Mr *Graverol* (François) Avocat de la Ville de Nismes, la Bibliothéque du Languedoc qui avec la vie & le Catalogue des livres de tous les doctes de cette Province contiendra plusieurs singularités, & des observations importantes pour l'Histoire & la Chronologie, comme nous le promet l'Auteur du Journal du 19. Mars 1685.

12. Les autres Historiens des villes & des Provinces n'ont pas séparé du corps de leurs ouvrages ce qu'ils ont recueilli de leurs Illustres Ecrivains.

---

1 ¶ Il falloit dire : *les anciens Poëtes de Provence qui ont écrit en langue Provençale.* ¶

DE CEUX D'ALLEMAGNE.

Jean Trittheme Abbé de Spanheim, puis de Saint Jacques de Wirtzburg.

143 L'Abbé Trittheme a fait un Recueil des Hommes illustres d'Allemagne, mais c'est peu de chose.
* Il se trouve dans la premiere partie de ses œuvres historiques *in-folio* chés Wechel en 1601.*

MELCHIOR ADAM de Silesie vivant en 1620. (1)

144 Il a publié en quatre Volumes les vies des plus célébres Ecrivains d'Allemagne divisés en autant de classes selon les Professions, 1. de la Philosophie & des Belles Lettres, [*in*-8°. Francfort 1663.] 2. de la Médecine, 3. de la Jurisprudence, [*in*-8°. Heidelberg 1620.] 4. de la Théologie avec deux décades dès plus fameux Calvinistes étrangers. [*in*-8°. Francfort 1653. Ils y ont été tous réimprimés en un seul volume *in-folio* en 1705.]

Il est constant qu'il y a apporté beaucoup de soin & d'industrie, mais il est accusé par ses confreres les Protestans, comme nous voyons dans les écrits des sieurs de Witte (2) & Konigh (3), d'avoir été trop interessé & trop passionné, & d'avoir même insulté à la mémoire & au mérite de ceux qui avoient rendu les plus grands services à la Religion nouvelle.

Il y a apparence que ce mécontentement ne vient que du côté des Luthériens, parce que Melchior Adam ne leur paroît pas en effet si favorable qu'aux Calvinistes, dont il suivoit vrai-semblablement les Dogmes.

Quoiqu'il en soit de leur mécontentement, il faut avouer que c'est un ouvrage de grand travail, parce qu'il s'est donné la peine de tirer ce qu'il dit de leur vie & de leurs écrits, des propres ouvrages des Auteurs-mêmes, au moins pour la plus grande partie. Et il se trouve

---

1 ¶ Mort l'an 1622.
2 Henning. Witte præf. Theol. Memor. pag. 17. & 18.
3 G. M. Konig. Biblioth. pag. 8. col. 2.

Allemans. même des Catholiques parmi ſes Philoſophes , ſes Juriſconſultes , & ſes Médecins ausquels il rend aſſés bonne juſtice.

CALLIDIUS *de Goude* , Chanoine dans ſon pays , puis Vicaire à *Bruſſelles* , mort en 1595.

145   Cornel. Looſſ. *Callidius* en promettant les Ecrivains de la baſſe Allemagne ne donne preſque que des Villes , outre qu'au ſentiment de Valere André (1) il eſt trop paſſionné & trop indiſcret.

* *Cornelius Looſſæus. Catalogus illuſtrium utriuſque Germaniæ Scriptorum* , in-8°. *Moguntiæ* 1582.

1 V. A. Deſſel. præfat. ad Bibl. Belgic.

GILLES (1) PERIANDER de *Bruſſelles*.

146   IL donna en 1567. [*in*-8°.] à Francfort les éloges & les jugemens des plus ſavans Hommes d'Allemagne qui avoient paru , mais ce qu'il en dit eſt d'aſſés petite conſéquence.

Et de notre tems le ſieur *Henn. de Vvite* a donné cinq volumes de Mémoires d'Hommes illuſtres dans les Lettres qui ont paru depuis 1600. juſqu'en 1670. où l'on ne voit preſque que des Allemans , mais nous en avons parlé dans le premier chapitre. [Six volumes *in*-8°. Francfort 1674. 1676. & 1677.]

1 ¶ Il faloit dire ou *Ægidius Periander* ou Gille Périandre. Il s'appelloit en ſa langue maternelle Ringman , & parce que Ring en Grec ſignifie περὶ & Man ἀνὴρ tournant ſon nom à la Grecque il s'appellâ Periander. Nous avons de lui en Vers Elégiaques la Vie de Tiel Uleſpiégle imprimée in-8°. avec des figures à Francfort 1567. C'étoit un très-méchant Verſificateur.

CEUX DE FRISE.

SUFFRIDUS PETRI de *Lievvarden* , mort en 1597.

147   IL a fait ſeize Decades & demie des Ecrivains de ſon pays , [Cologne *in* 8°. 1595.] dans leſquelles pour vouloir paroître trop bon compatriote , il s'eſt montré fort mauvais critique au

CRITIQUES HISTORIQUES. 101

jugement de Pontanus (1), de Vossius (2), & de tout ce qu'il y a de Frisiens judicieux Savans.

Il n'a point eu honte de vouloir nous imposer, & de nous tirer de la fécondité de son cerveau, tous ces impertinens masques d'Ecrivains Frisons qu'il a forgés à plaisir, tels que sont les *Solcons*, les *Sivards*, les *Hamcoms*, les *Fortenams*, les *Abgilles*, les *Occons*, &c. Il y a beaucoup plus de jugement & d'érudition dans UBBO EMMIUS, comme nous le verrons parmi nos Historiens.

1 Isaac Pontan. Origin. Franc. pag. 51.   2 Voss. Hist. Lat. lib. 2. cap. 32. pag. 302. 349. 350.

CEUX DES PAYS-BAS.

PANCRACE DE CASTRICOME d'*Alcmar*, Syndic de *Groningue*, mort en 1619.

148 IL a fait un Catalogue d'Auteurs Latins seulement des Provinces d'Hollande, Zelande, & Utrecht, [*in-*8°. à la Haye 1601.] mais ce n'en est qu'une liste fort maigre, & Valere André (1) se plaint de ce qu'il s'est contenté de n'en donner presque que les noms. Son livre parut en 1601.

Le *Callidius* dont nous avons parlé ci-dessus a voulu aussi traiter proprement des Ecrivains des Pays-Bas.

1 Val. And. Dessel. præfat. Bibl. Belgic.

AUBERT LE MIRE, de *Bruxelles*, Doyen d'*Anvers*, mort en 1639. (1)

149 IL est plus éxact & parle mieux que les autres dans ses *Eloges Belgiques*, mais il fait paroître un amour tendre & un peu aveugle pour son pays & pour ses compatriotes. Aussi peut-on dire pour l'excuser qu'il n'a eu dessein que de faire des *Eloges* simplement, sans éxaminer le mérite de ses Ecrivains.

* *Auberti Miræi Elogia Belgica sive Illustrium Belgicæ Scriptorum Icones & Elogia*, in-4°. Antuerpiæ 1609.

1 ¶ Il a depuis reconnu qu'il falloit, à vrai parler, du même le Mire n. 89. & mettre 1640. comme il l'avoit mis ci-de.

VALERE ANDRÉ, de *Deſſel* en Brabant, mort en 1645.

150 Son ouvrage, dont la ſeconde & la meilleure édition parut en 1643. [à Louvain *in*-4°.] eſt le plus beau corps de *Bibliothéque* que nous ayons pour les Ecrivains de toutes les dix-ſept Provinces des Pays-Bas. Il eſt aſſés juſte & aſſés judicieux, & quoiqu'on y remarque quelques omiſſions aſſés importantes, il paroît néanmoins qu'il y a apporté toute la diligence & toute l'éxactitude dont il a été capable. Il ſe trompe quelquefois non ſeulement ſur les livres, mais encore ſur les Auteurs, & particuliérement à l'égard de ceux qui ſont déguiſés. Mais cela ne doit point empêcher qu'on ne le conſidére comme un des meilleurs Bibliothéquaires que nous ayons.

François Swert prétend qu'il l'a volé, & qu'il s'eſt enrichi de ſes dépouilles, mais c'eſt une conteſtation dont nous parlerons ailleurs. Il a encore fait divers Traités concernant l'Univerſité de Louvain, & la Bibliothéque publique de cette Ville.

FRANÇOIS SWERT, d'*Anvers*.

151 Son *Athènes Belgique* fut imprimée en 1628. à Anvers [*in-folio*,] avec une deſcription ſuccinte des Bibliothéques, des Univerſités, & des autres Ecoles des dix-ſept Provinces des Pays-Bas.

Il y a beaucoup de bonnes choſes, quoiqu'il ne ſoit pas comparable à Valere André. Celui-ci s'eſt plaint que Swert l'avoit volé dans la première édition de ſa Bibliothéque qui s'étoit faite en 1623. cinq ans auparavant que Swert eût publié ſon Athènes. Mais nous avons vû ci-deſſus que Swert au lieu de ſe juſtifier, uſa de la voie de recrimination, & c'eſt une queſtion qu'il faut réſerver pour nos Plagiaires.

JEAN MEURSIUS *de Loosdun près de la Haye*, mort en 1641. ou en 1639. (1) selon d'autres.

152 Son *Athènes Hollandoise* qui parut en 1625 [*in*-4° à la Haye], n'est autre chose qu'une Histoire de la Ville & de l'Université de Leyde, avec celle des Hommes illustres qui ont honoré & servi utilement l'une & l'autre par leur esprit, leur érudition & leurs Ecrits.

L'ouvrage répond assés bien à la réputation de l'Auteur qui passoit pour un des plus habiles Critiques des Pays-Bas, & qui étoit tout-à-fait singulier pour la recherche & l'éxamen des Auteurs Grecs, nous ayant donné diverses Dissertations Critiques qu'il a faites sur les Ecrivains Grecs qui ont porté les noms de *Philostrate*, d'*Aristoxène*, de *Nicomaque*, d'*Alype*, d'*Antigone*, de *Ptolemée*, de *Pythagore* & de quelques autres, [in-4°. *ex Officina Elzevirii* 1616.]

1 ¶ Ce fut l'an 1639. La lettre de Meursius le fils à Vossius le père, datée du 16. Octobre de cette année-là, ne permet pas d'en douter. §

ANTOINE SANDER. *de Gand* né à *Anvers*, Chanoine de (1) *Tournay* vers 1650.

153 IL a fait trois livres des Ecrivains de Flandres. Trois des Ecrivains particuliers de Gand. Deux de ceux de Bruges qui ont été imprimés ensemble [*in*-4°. à Anvers 1614.] Sans parler d'un grand nombre d'Eloges inserés dans sa *Flandre illustrée* en trois Volumes in-fol. [1641. 1644.] de sa Dissertation sur les doctes *Antoines*, [*in*- 4°. à Douay 1637.] & d'autres ouvrages de Critique qui font connoître qu'il étoit diligent & curieux.

1 ¶ Le P. Labbe pag. 13. de sa *Bibliotheca Bibliothecarum* dit qu'Antoine Sander étoit Chanoine de Tournai *Canonicus Tornacensis.* Il devoit dire *Iprensis* conformément à Valére André mieux informé de la vérité, & conformément à Sander lui-même qui à la tête de tous ses ouvrages retient la qualité de *Canonicus Iprensis.* §

PHILIPPES BRASSEUR de *Mons en Haynaut*.

154   IL a donné deux ouvrages fur les Ecrivains de Haynaut. Le premier imprimé à Mons en 1637. in-8°. fous le titre d'*Aftres des illuftres Ecrivains de Haynaut*. Le fecond fous celui de *Bibliothéque* de Haynaut en 1639. in-4°. mais il ne paroit pas que ces deux Ecrits ayent eu grand cours.

FERRY DE LOCRES *Ferreolus Locrius* Curé dans Arras. (1)

155   IL a donné les Ecrivains de l'Artois [*in*-4°. 1616.] mais nous l'avons mis parmi ceux de France.

1 ¶ De la Paroiffe de Saint Nicolas d'Arras : mort l'an 1614. §

CEUX DES PAYS SEPTENTRIONAUX.

DE POLOGNE.

156   SImon *Starovolski* ne contribua pas peu à la gloire de fon Pays en donnant fa Centurie des Ecrivains illuftres Polonois, & les illuftres Orateurs de Sarmatie, c'eft-à-dire du même Pays & du voifinage. Le premier ouvrage parut en 1625. & 1627. à Francfort, à Venife & ailleurs, & l'autre fut imprimé à Florence en 1628. [tous *in*-4°.]

DE DANEMARCK.

157   LE Sieur *Albert Bartholin* a fait un Recueil de tous les Auteurs Danois.[*in*-8°. *Hafniæ* 1666.] & particuliérement de ceux qui ont écrit en Latin qui font venus à fa connoiffance. Mais il ne rapporte que les noms des Auteurs avec le titre des livres, fans nous rien apprendre davantage.

CEUX DES ISLES BRITANNIQUES.

JEAN BALE ou BALEUS de Carme devenu Calviniste, mort en 1563.

158. IL composa le Catalogue des Ecrivains illustres de la Grande Bretagne qu'Oporin imprima en 1557. in-folio.

Vossius dit (1) que cet Auteur n'est pas toujours de bonne foi, & qu'il nous impose souvent, surtout quand il s'agit des Ecrivains anciens, soit qu'il ait été trompé le premier en suivant de mauvais guides comme le faux Berose & d'autres Auteurs de cette trempe; soit qu'il ait bien voulu lui-même tromper les autres, & manquer de foi au Public après y avoir manqué à l'égard de l'Eglise Catholique en général & de son Convent en particulier. Valere André (2) reconnoît pourtant des perles dans ce fumier.

1 Voss. hist. Lat. lib. 1. cap. 32. pag. 370. ad fin. & lib. 2. cap. 16. pag. 223. 2 Valer. Andr. Biblioth. Belgic. Præfat.

JEAN PITSE Anglois Catholique, Doyen de *Liverdun en Lorraine*, vivant en 1610.

159. SEs Ecrivains illustres d'Angleterre furent imprimés à Paris en 1619. in-4°. Mais il n'est pas beaucoup plus fidelle que Jean Bale, parce qu'il le copie souvent.

Il connoît assés mal les livres. Il attribuë à un Auteur ce qui appartient à un autre, il confond plusieurs ouvrages en un, & d'un seul il en fait quelquefois plusieurs. Et quoique dans la suite de son ouvrage il ait été plus éxact; néanmoins il fait diminuer quelque chose du prix de son travail en deshonorant l'ouvrage & la mémoire de *Bale* sous prétexte de son Apostasie & de ses infidélités. On peut voir Vossius (1), & Burton (2) sur ce sujet.

1 J. Ger. Voss. hist. Lat. en deux ou trois endroits. 2 Burton hist. ling. Græc. pag. 52.

D'Angleterre.

GEORGIUS LILIUS ou GEORGE DE LESLE *Anglois*, fils de Guillaume, sous Edouard VI. Catholique.

160. Il a fait quelques Eloges d'Anglois qui parurent dans les commencemens du siécle passé, mais il n'y en a qu'un fort petit nombre. Ils furent imprimés à Bâle à la fin des Hommes illustres de Paul Jove du tems duquel il vivoit.

THOMAS DEMPSTER Escossois *mort Catholique en 1625*.

161. Il nous a donné une Histoire Ecclésiastique d'Ecosse en dix-neuf livres [*in*-4°. à Boulogne 1627.] où il parle beaucoup des Gens de Lettres de cette contrée. Mais quoiqu'il fût habile d'ailleurs, il n'en avoit ni le sens plus droit, ni le jugement plus solide, ni la conscience meilleure.

Il eût voulu que tous les Savans fussent Ecossois, il a forgé des titres de livres qui n'ont jamais été mis au monde pour relever la gloire de sa patrie, & il a commis diverses autres fourbes qui l'ont décrié parmi les Gens de Lettres. Ce sont à peu près les plaintes que font de lui Usserius (1), Waræus (2), le P. Labbe (3), Sandius (4), Nicolas Antoine (5), &c.

1 Jac. Usser. de Britann. Eccl. Primord. cap. 13. pag. 463.
2 Jac. Uvaræus rer. Hibernic.
3 Ph. Labbe Biblioth. Bibl. pag. 159.
4 Christoph. Sand. animadv. in Voss. p. 175.
5 Nicol. Anton. Biblioth. Hisp. Præf. pag. 34.

CHAPITRE V.

Des Professions des Arts & des Sciences.

DES GRAMMAIRIENS.

162. L'Ouvrage de *Suetone* (1) nous seroit d'un plus grand usage, si nous avions les Ecrits de ces Grammairiens il-

1 ¶ Suetone vivoit encore vers l'an de J. C. 130. ¶

CRITIQUES HISTORIQUES. 107

luftres dont il parle. Néanmoins comme c'eſt une piéce de l'Antiqui- *Grammairiens.*
té, on la doit reſpecter, & la réputation de ſon Auteur doit la faire
eſtimer, quoiqu'on puiſſe dire qu'un homme qui ſe méleroit d'écrire
aujourd'hui ſur une matiére ſemblable, & qui ne feroit pas mieux,
auroit bien de la peine à ſe ſauver de la cenſure des Critiques de ce
ſiécle. L'*Eſtazo* ou Achille *Statius* y a fait un Commentaire, & Caſaubon des Notes.

Depuis Suetone, il ſemble qu'on ait négligé de recueillir à part les
Ecrits & les Actions même des Grammairiens, & peut-être que c'eſt
à cauſe que leur nom & leur Profeſſion eſt tombée dans un eſpéce
de mépris depuis qu'on a vû la plupart des Grammairiens dégénerer
en Pedants. Et parce que les Savans qui ont été depuis dans cette
Profeſſion avec honneur & réputation ont évité avec ſoin ce titre de
Grammairiens, s'étant contentés de celui de Philologues ou de Critiques pour n'être point confondus avec cette eſpéce de gens qu'on
peut appeller *Grammairiens ſauvages*, il a été ſans doute fort difficile de faire des Recueils ou des Catalogues de Grammairiens illuſtres.

Car il ne faut pas compter parmi les excellentes piéces la liſte que
Jean Nortwegue en a voulu donner en 1621.

Et quoique ce qu'en dit *Gaſpar Scioppius* (1) dans ſa conſultation
ſur la maniére de tenir les Ecoles & d'étudier ſoit bon, cela ne ſatisfait pas encore, & ce n'eſt pas ce que nous cherchons.

On dit que ce qu'en a fait *Pierre Ange Spera* (2) eſt plus conſidéra-
ble dans les cinq livres qu'il a compoſé ſur la Nobleſſe & l'excellence
des Profeſſeurs de Grammaire & des Humanités en l'une & en l'autre Langue, où il rapporte leurs Eloges & la liſte de leurs ouvrages.
Cela fut imprimé in-4°. à Naples en 1641. Voyés la Bibliothéque Na-
politaine du Toppi.

---

1 ¶ Gaſpar Scioppius mort l'an 1649. agé de 73. ans. L'époque de ſa mort eſt démontrée dans Bayle au mot Scioppius, lettre N. La preuve de ſon age ſe tire d'une Epitre de Scioppius-même rapportée page 434. de la 2. partie du livre intitulé *Monumenta pietatis & literaria* in-4°. à Francfort 1701. où il dit que le 27. Décembre 1639. il avoit 63. ans 7. mois, par où il paroit qu'il étoit né le 27. Mai 1575. §

2 ¶ Pierre Ange Spera Prêtre, né à Pomarice dans la Baſilicate au Royaume de Naples, Auteur d'un Centon Virgilien ſur la Paſſion en 4. livres in-4°. à Veniſe 1667. §

DES ORATEURS ET RHETORICIENS.

163 Les meilleurs Critiques qui nous restent sur les anciens Orateurs sont sans doute le *Brutus*, ou le Dialogue des illustres Orateurs par *Ciceron* (1), & le Dialogue des causes de la corruption de l'Eloquence par un Inconnu. Mais parce qu'ils traitent autant de l'art de parler que de la Critique des Orateurs, nous les remettrons parmi nos Rhétoriciens.

On trouve encore les jugemens de quelques Orateurs dans le dixiéme livre des Institutions de *Quintilien* & dans celui du Sublime de Longin.

Mais pour ce qui est du livre de la vie & des ouvrages des dix Orateurs de la Gréce qu'on lit sous le nom de *Plutarque* (2), nous n'en parlerons pas, à cause qu'il n'est pas reconnu par les Savans pour le fruit légitime & naturel de ce célébre Auteur. Ce qui nous reste de *Suetone* sur les illustres Rhétoriciens ne suffit pas pour nous faire connoître de quelle importance pouroit être la perte que nous avons faite du Recueil qu'il en avoit composé.

Entre les Modernes on estime assés le Recueil qu'*André Schot* savant Jesuite a fait des anciens Rhétoriciens qui sont cités dans les Déclamations & controverses de Seneque le Pere qui en étoit un. Il y a fait glisser néanmoins quelques Poëtes & quelques Historiens.

Mais l'ouvrage que *Vossius* (3) a fait des Rhétoriciens n'est point une piéce achevée ni limée, non plus que celui de ses Poëtes & ses autres Ecrits posthumes.

Et le P. *Caussin* (4) Jesuite a fait dans le premier livre de l'Eloquence sacrée & profane une Critique des anciens Orateurs Grecs & Latins, laquelle est d'autant moins à méprifer qu'elle paroît toute prise des anciens Critiques.

Enfin on peut rapporter ici le Traité que Monsieur le Cardinal *Borromée* (5) neveu de Saint Charles & grand amateur des Lettres a composé sur les *sacrés Orateurs*, c'est-à-dire, les Prédicateurs, & particuliérement ceux qui ont paru de son tems, dont il fait un jugement

---

1 ¶ Ciceron mort 43. ans avant la Naissance de J. C.

2 ¶ Plutarque parmi les opuscules duquel se trouvent ces Vies mourut, comme on croit, vers l'an de J. C. 120.

3 ¶ Gerard Jean Vossius, mort l'an 1649.

4 ¶ Nicolas Caussin, mort l'an 1651.

5 ¶ Le Card. Fédéric Borromée Mort l'an 1632.

assés sain & assés équitable, quoiqu'il semble en avoir entrepris les Eloges, & avoir voulu lui-même traiter cette matiére en Orateur.

DES POETES.

164 ARISTOTE & HORACE ont été d'excellens Critiques, mais parce que leur Art Poëtique consiste plus en Preceptes qu'en jugemens, nous n'en parlerons que lors que nous rapporterons ceux qui ont traité de cet Art.

PIERRE CRINITUS, mort vers l'an 1605. (1)

165 IL a donné les Vies des Poëtes Latins en cinq livres. [in-4°. à Lion chés Gryffe 1554.] Paul Jove (2) dit qu'ils sont écrits avec érudition, & qu'il y a bien du travail. Mais selon Vossius (3) il n'y a rien que de médiocre dans tout cet ouvrage, & pour dire plus, il n'y a rien qui ne soit même au dessous du caractere de la médiocrité.

1 ¶ Petrus Crinitus, dont le nom Italien étoit Pierro Riccio, ayant daté du 1. Novembre 1505. la préface de ses vies des Poëtes Latins est mort apparemment l'an 1506.
2 Paul Jov. Elog. 55.
3 Voss. hist. Lat. lib. 3. cap. 12. p. 673.

THOMAS FANUCCI *vivant vers la fin du quinziéme siecle & le commencement du seiziéme.*

166 IL a fait un Traité de la comparaison des Poëtes entre eux. Floridus Sabinus l'appelle une Corneille qui n'a que du babil & il dit qu'il n'y a point de langues de Femmes de quelque vieille que ce puisse être qui approchent de son caquet.

Fr. Florid. Sabini lect. subcesiv. 3. 4. & Nov. pag. 296.
Et ex eo J. G. M. Konig. Bibl. Vet.

Poëtes.

LILIO GREGORIO GIRALDI de Ferrare, *mort* en 1552.

167 IL a composé avec beaucoup d'exactitude & de bon sens l'Histoire des anciens Poëtes Grecs & Latins en dix Dialogues, & celle des Poëtes modernes ou de son tems en deux autres Entretiens. Vossius (1) dit que généralement parlant c'est un ouvrage de beaucoup d'esprit & de beaucoup de jugement;& qui fait voir un si grand fonds d'érudition & tant d'industrie, qu'il ne faut pas esperer qu'aucun de ceux qui entreprendront de traiter cette matiére puissent réussir aprés lui, ou du moins comme lui.

Il ajoute qu'on pouroit encore faire d'autres recherches plus singulieres de chaque Poëte en particulier, & qu'on pouroit faire aussi des réfléxions plus exactes sur les endroits qu'il a touchés, mais que c'est proprement la grandeur & l'étenduë de son vaste dessein qui doit épouvanter tous ceux qui auroient pû songer à une pareille entreprise; & qu'après une moisson si ample, les plus sages doivent se contenter de ramasser ce qui pouroit être échappé à sa diligence.

Borrichius (2) dit qu'on a trouvé autant de liberté que de vérité dans la censure qu'il fait des Poëtes de son siécle, comme celle qu'il fait des Anciens est remplie de doctrine & fort judicieuse. Cependant Joseph Scaliger (3) a voulu nous persuader qu'il n'y a rien de si pitoyable & de si misérable que les jugemens qu'il porte des Poëtes, quoi qu'il y reconnoisse beaucoup de lecture & de savoir.

Lilii Gregor. Giraldi Opera omnia in-fol. 2. vol. Lugd. Bat. 1697.

1 Voss. lib. 2. de Poët pag. 82.   3 Jos. Scalig. confut. Fab. Burdon &c.
2 Ol. Borrich. de Poët. pag. 99.

JULES CESAR SCALIGER, mort en 1559. ou 1558. (1).

168 IL est loué de tout le monde, & particulierement de Vossius (2) comme un Critique fort judicieux. Nous avons les jugemens qu'il a faits des Poëtes dans deux des livres de sa Poëtique qui sont le *Critique* & l'*Hypercritique*.

1 ¶ Ce fut très-certainement l'an 1558.   2 Voss. Hist. Lat. & de Poët. Lat.
le 21. Octobre. ¶

Alstedius (1) dit qu'il a formé la Critique qu'il a faite des Auteurs Poëtes. sur la maniere d'Aristote aussi bien (2) que son fils. Lipse (3), Maussac (4) & les autres Savans y reconnoissent beaucoup de pénétration d'esprit & de solidité de jugement, & ils l'ont même preferé à Erasme en cette partie de la Critique qui dépend du génie & du jugement. En quoi ils n'ont peut-être pas mauvaise raison, quoi qu'il ne soit pas incroyable, comme le prétend Scioppius (5), que ces adorateurs du nom des Scaligers ayent pû accorder quelque chose à la vanité de ceux de cette maison, qui ne croyoient pas que personne pût approcher de leur élévation.

Néanmoins Joseph Scaliger (6) prétend que son Pere n'étoit pas fort intelligent dans la Poësie Grecque, & qu'ainsi il n'y a point grand fonds à faire sur les jugemens qu'il donne des Poëtes Grecs.

1 J. H. Alsted Encyclop. tom. 4. de Crit.
2 ¶ On ne sait ce que cela veut dire. §
3 In Epistol. & alibi passim.
4 J. Ph. Maussac. edit. Comm. Jul. Scalig. ad Aristotel. de animal.
5 Casp. Sciopp. de arte Critic. pag. 7.
6 Scaligeran. posterior. pag. 163. au mot *Musæus*.

GERARD JEAN VOSSIUS *mort en* 1649.

169 NOus avons de lui deux livres des Poëtes Grecs & Latins, [in-4°. Amsterdam 1654.] mais écrits d'une maniére assés séche. Mr Colomiez a remarqué aussi bien que plusieurs autres (1) que cet ouvrage est fort imparfait, & il prétend qu'il ne fait pas (2) grand honneur à son Auteur.

Mais du moins y trouve-t-on des vestiges de l'exactitude & des autres qualités de ce grand homme, & cette sécheresse qui rend l'ouvrage si défait & si maigre, pouroit bien être un effet de sa modestie & de son bon sens, en ce qu'il n'a point voulu l'enrichir ni le grossir aux dépens du Giraldi, ayant tâché de ne dire presque que ce qui lui étoit échappé (3).

1 P. Colomiez Biblioth. Chois. pag. 89.
2 ¶ En disant que Colomiés a prétendu que cet ouvrage ne faisoit pas grand honneur à son Auteur, il faloit ajouter qu'il n'a prétendu cela que parce que c'étoit un ouvrage postume où l'Auteur prévenu par la mort n'avoit pas eu le tëms de mettre la derniére main, & qu'on devoit par conséquent suprimer. §
3 Voss. ips. alicub. oper. lib. 2. de Poët. pag. 81.

TANNEGUY LE FEBVRE Regent de Saumur. (1)

170 IL a fait les Vies de quelques anciens Poëtes Grecs en notre langue. [in-12. à Saumur en 1665.] L'Auteur du Journal (2) prétend qu'elles sont écrites d'une maniere très-agréable, & qu'elles ont été d'autant mieux reçuës qu'il n'y avoit rien sur ce sujet écrit dans notre langue. Mais comme les goûts sont differents dans le monde, ce même stile qui est agréable pour les uns, paroît fort dégoutant aux autres qui l'ont trouvé trop bas & dans une affectation qui à leur avis, tient un peu de la Pédanterie. (3). D'ailleurs il pouvoit en dire plus qu'il n'a fait.

Cependant il y a beaucoup d'érudition dans ce Recueil, & c'est dommage qu'il ne nous a point averti du grand secours qu'il a tiré de l'ouvrage de Lilio Gregorio Giraldi.

1 ¶ Il faloit dire Professeur en Humanités à Saumur. Il mourut l'an 1672. §
2 Journ. des Sav. du 12. Janvier. 1665.
3 ¶ Tannegui le Fèvre a bien voulu quelquefois faire le badin, mais jamais le pédant. Son dessein, dans cet Abrégé des Vies des Poëtes Grecs, a été d'instruire tout ensemble & de divertir le jeune Comte de Limoges à qui l'ouvrage est adressé. Il n'a pu ayant puisé immédiatement dans les mêmes sources que Gyraldus, ne pas se rencontrer avec lui, & par la même raison n'a pas cru devoir le citer §

LAURENZO CRASSO Italien.

171 IL a composé en sa langue maternelle un Volume in-folio [imprimé à Naples en 1678.] de Poëtes Grecs où il y a beaucoup de recherches, mais il paroît que sa curiosité est allée un peu trop loin. Il y a inséré beaucoup de choses qui approchent de la bagatelle, & dans les endroits où il entreprend d'expliquer les difficultés, il satisfait assés rarement les Lecteurs. En un mot il n'a rien de fort exquis au jugement des Critiques les plus éclairés (1).

1 ¶ Un de ses plus grands défauts est d'avoir entrepris les Vies des Poëtes Grecs sans savoir le Grec. C'est ce qui a donné lieu aux trois Epigrammes suivantes, l'une Grecque, l'autre Latine, la troisième Françoise. §

Ἀρχαίων θεογράφαι περὶ Κράσσος ἀοιδῶν.

Ἀλλὰ μόλις τύτυς οἶδε κατ' ὀνόματα.

De Græcis librum qui scribere vatibus ausus.
Græce, quis credat? nescit hic legere.

Ci git le Seigneur Laurent Crasse,
Dont l'ignorance fut très-crasse.

Nous avons parlé dans le premier chapitre d'un autre ouvrage de Poëtes; Critique ou d'Eloges d'Hommes Illustres qu'il nous a donné.

LE P. PHILIPPES BRIET d'*Abbeville* Jésuite, mort en 1668.

172 NOus avons six livres qu'il a faits des *Poëtes Latins*. Ils sont courts & sa maniére d'écrire est claire; mais comme ce travail n'a pas dû lui couter beaucoup, aussi n'y trouve-t'on presque rien de nouveau.

* *Acutè dicta Poëtarum veterum Latinorum, Philippi Brietii* in-12. *Paris.* 1664.*

FRANCOIS VAVASSEUR du Diocése d'*Autun*, Jésuite, mort en 1681.

173 POur ce qui est de sa Critique sur le stile *Burlesque* (1) des Poëtes, & sur les Recueils d'*Epigrammes*, nous en avons suffisamment parlé au premier chapitre.

Il court encore un autre livre de Critique qu'on lui attribuë, & qui contient des *Remarques* ou des censures sur un autre livre Anonyme (2) qui porte le titre de *Reflexions sur la Poëtique & sur les Poëtes anciens*, où il prétend convaincre cet Auteur de diverses contradictions, de quelques fautes de jugement, de témérité, de légéreté & d'inconstance dans sa Critique; il dit encore que sous pretexte de vouloir rendre justice aux deux premiers Poëtes de l'Antiquité, il condamne tous les autres qui se sont signalés depuis deux mille ans, les Anciens parce qu'il ne les entend pas, & les Modernes, parce qu'il n'en connoît pas le mérite & le prix. Enfin ces *Remarques* ne sont qu'une censure continuelle des *Reflexions*. Mais si on considére la liaison que devoient avoir deux Personnes de même Institut, on ne peut pas nier que l'Auteur des Remarques n'ait fait paroître un peu de chagrin & d'aigreur contre l'Auteur des Reflexions.

1 ¶ Il faloit dire simplement *sur le style burlesque*.   2 ¶ Que tout le monde sait être du P. Rapin. §

LE P. RAPIN *de Tours* Jésuite aujourd'hui vivant. (1)

174. Nous renvoyons le Lecteur au premier chapitre de ce Recueil, où nous avons parlé avantageusement tant de la comparaison d'Homere & de Virgile que des jugemens qu'il a porté sur les Poëtes anciens & modernes en deux Traités de Critiques séparés, mais qui depuis ont été réunis dans la derniere édition de 1684. in-4°.

C'est à cette édition des Reflexions sur la Poëtique, ou à la précedente que les Personnes équitables doivent s'en tenir.

Mais parce que certaines gens ne cessent de nous alleguer les objections qu'on nous fait sur la premiere fortune de ces Reflexions, & que l'envie de censurer leur fait prendre plaisir à confondre la premiere édition de cet ouvrage avec les dernieres, il faut tâcher de leur fermer la bouche & de les satisfaire par les propres paroles du P. Rapin(2), & leur apprendre à distinguer ce qu'il a rejetté de ce qu'il a retenu dans cet ouvrage. ,, Il s'étoit glissé, dit ce Pere,
,, tant de fautes, & même si grossiéres dans la premiere impres-
,, sion de ces Reflexions qui se fit en mon absence, & tant de
,, gens que je dois considerer, s'étoient choqués de la liberté que
,, je m'étois donnée de parler peu favorablement des Poëtes nou-
,, veaux & de notre langue, qu'on me fera plaisir de n'avoir aucun
,, égard à la premiere édition, & de ne s'arrêter qu'à celle-cy (c'est
,, à dire à la seconde & aux suivantes) qui est non seulement plus
,, exacte, mais aussi plus circonspecte. Peut-être ai-je eu trop de
,, zéle pour les Poëtes anciens, & que je n'ai pas eu assés de com-
,, plaisance pour le goût de certaines gens, qui n'admirent leur sié-
,, cle que parce qu'ils ne trouvent rien de comparable à eux-mê-
,, mes. Pour me défaire de ce zéle qui m'avoit pris à contre tems,
,, j'ai eu soin de retrancher de cette édition ce qui avoit déplû dans
,, la premiere. Car dès qu'on pense à être utile au Public, il ne
,, faut choquer personne. Mais je ne me suis pas défait des sen-
,, timens que j'avois sur la Poëtique, qui sont comme les princi-
,, pes sur lesquels roule cet ouvrage, & qu'on peut hardiment avan-
,, cer dans un siécle aussi sensé qu'est le nôtre.

* Dans les Oeuvres du P. Rapin en 3. vol. in-8°. en 1709. *

1 ¶ Mort l'an 1687. ¶
2 R. Rap. avertissem. sur la seconde édition des Reflex. sur la Poëtique.

OLAUS BORRICHIUS, *aujourd'hui vivant.* (1)

175 IL a fait depuis peu des disputes sur les Poëtes Grecs & Latins, & il rapporte en abregé le jugement qu'on en a fait, & les meilleures éditions que nous avons des Anciens. [in-4°. à Francfort 1683.

1 ¶ Depuis mort l'an 1691.

LE P. FRIZON Jésuite, (*Leonard*) *aujourd'hui vivant.*

176 IL fait quelque Critique sur les Poëtes dans ses trois livres du Poëme [in-12. à Bordeaux 1682.] mais c'est sans aigreur, & on peut dire même que c'est plutôt en Orateur qu'en vrai Critique.

Journal des Sav. du 3. Aoust 1682.

CRITIQUES DES POETES FRANCOIS.

177 NOus avons rapporté parmi les Recueils des Ecrivains de France, ceux qui ont fait ou des Catalogues, ou des Jugemens des Poëtes François, & entre autres ceux de Notre-Dame où Nostradamus, de Fauchet, de Colletet & de Mr Despreaux.

DES HISTORIENS.

178 DENYS D'HALICARNASSE a fait un jugement des plus célébres Historiens qu'on peut se proposer comme des Modeles pour bien écrire. Ces Historiens sont Herodote, Thucydide, Xenophon, Philiste & Theopompe. Il a fait encore deux petits traités sur le caractere & les proprietés de Thucydide, mais nous n'en avons que quelques fragmens fort imparfaits, & nous avons rapporté au commencement de ce Recueil ce que les Savans en ont pensé.

JEAN JOVIEN PONTAN *de Naples*,
mort en 1505. (1)

179 IL porte son jugement des Historiens dans son Dialogue appellé *Actius* & il compare même quelquefois les Poëtes avec les Historiens comme Saluste avec Virgile, &c. Mais nous en parlerons plus au long parmi les Ecrivains de l'Art historique aussi-bien que de *Bodin*, de *Patrice*, de *Beni*, & de plusieurs autres Auteurs qui ont inseré des jugemens sur les Historiens dans leurs livres de la méthode, de la dignité & de l'utilité de l'Histoire.

1 ¶ Jean Jovien Pontan mourut l'an 1503. au mois d'Aout le même mois & la même année que le Pape Alexandre VI. de la fille duquel nommée Lucrèce Borgia on veut qu'il ait fait cet épitaphe des plus satiriques :
Hoc tumulo dormit Lucretia nomine, sed re
Thaïs, Alexandri filia, sponsa, nurus.
Mais il faut ou qu'on la lui attribuë faussement, ou s'il l'a véritablement faite, que c'ait été en se jouant, puisqu'il est mort vingt ans avant Lucrèce qui n'étoit pas même fort agée lors qu'elle mourut, Paul Jove ayant dit d'elle dans la vie d'Alfonse I. Duc de Ferrare qu'*integra adhuc ætate defuncta est*. L'Epitaphe que j'ai rapportée se trouve dans les Poësies de Pontan. *lib. Tumulor.* 2.

Le Sr. DE LA POPELINIERE *Gentil-homme de Guienne*,
dont le nom étoit *Lancelot Voisin*, vivant du tems
de la Ligue. (1)

180 IL a composé une espece de Critique des Historiens appellée l'*Histoire des Histoires* [in-8°. à Paris 1599.] qui est aujourd'hui fort rare quoi qu'elle ne soit pas extraordinairement bonne; parce qu'il n'a presque fait autre chose que copier Gesner, Simler, & les autres Catalogues qu'il a pû rencontrer.

Vossius (2) témoigne n'en faire pas grand cas, quoi qu'il le cite plus d'une fois parmi ses Historiens Latins : Et Mr Naudé dit (3) que c'est plutôt un simple Catalogue d'Historiens qu'une méthode ou une instruction pour l'histoire ou pour le choix des Historiens.

Néanmoins la Popeliniere paroît avoir eu meilleure opinion de lui-même que les autres ne l'avoient euë. Il avoit entrepris cette

1 ¶ Il étoit Huguenot & est mort Catholique à Paris le 9. Janvier 1608.
2 Voss. Lat. lib. 1. cap. 7. pag. 26. &
3 Naud. Bibliogr. polit. pag. 114.

Critique pour faire voir qu'il ſavoit les regles de l'Hiſtoire. Mais il n'a pas néanmoins toujours été fort heureux dans la pratique des maximes qu'il donne aux autres.

FREDERIC TILEMANN *de Saxe*, mort en 1598.

181 IL a compoſé un diſcours Philologique touchant le choix qu'on doit faire des Hiſtoriens, où il a fait paroître un jugement conſommé au ſentiment de Zeillers, (1) en quoi il n'eſt point d'accord avec Keckerman (2) qui y trouve non ſeulement des fautes de jugement, mais encore un grand défaut de méthode.

1 Matt. Zeill. de Hiſt. part. 2. pag. 152.   2 Barth. Kerckerm. de Hiſt. pag. 134.

G. J. VOSSIUS, mort en 1649.

182 LE double ouvrage de Voſſius ſur les Hiſtoriens tant *Grecs* que *Latins* eſt d'un travail immenſe, ſur tout les dernieres éditions qu'il a augmentées de beaucoup. [in-4°. 1651. à la Haye 2. vol. & dans l'édition d'Amſterdam in-fol. 6. vol. 1701.] Mais ce qu'il y a de conſiderable, c'eſt que cette grande lecture qui y paroît également par tout ne lui fait rien perdre de ce caractere judicieux, & de ce bon ſens qui doit regner dans tous les bons Livres.

Jonſius dit (1) que c'eſt une choſe inconcevable de voir combien il a diſſipé de ténébres dans l'Hiſtoire Grecque & Romaine, & combien il nous a appris de choſes nouvelles qu'il nous a déterrées par ſon induſtrie, & par ſon application infatigable à l'étude.

Mais quelque précaution qu'il ait apportée pour ne rien dire que d'exact & de certain, il n'a point laiſſé de ſe tromper en quelques endroits comme il l'a bien prévû lui-même (2), en faiſant réflexion ſur la miſere de la condition humaine, & ſur la difficulté qu'il y a d'éclaircir les verités hiſtoriques qui dépendent d'une infinité de faits. Auſſi s'étoit-il toujours bien promis de corriger l'un & l'autre ouvrage de plus en plus, & juſqu'à la fin de ſa vie.

Entre les Obſervations qu'on a faites ſur les *Hiſtoriens Latins*,

1 Jonſ. Hiſt. Philoſop. lib. 3. cap. 10.   2 Voſſ. hiſt. lat. præfat. pag. 313. 314.

Historiens. on a remarqué qu'il donne pour indubitables des choses douteuses, & des probabilités très foibles pour des convictions; que de deux Auteurs il n'en fait quelquefois qu'un; & que souvent d'un seul il en fait deux, principalement quand il tombe sur des noms corrompus, comme il lui est arrivé en *Beaglerius* & *Bellcloco* pour marquer l'Historien de S. Louis, Geoffroi de Beaulieu ; en *Helinandus* & *Elimandus* qui est le nom d'un Moine de Froimond. D'un seul Thierry de Treves (1) il fait quatre Auteurs differens ; & on y voit quelquefois un même Auteur à divers endroits sous divers noms. Sandius qui l'a examiné de plus près que les autres trouve aussi (2) que d'un seul ouvrage il en fait quelquefois deux; que d'un autre côté, il attribuë quelquefois une même Histoire à deux Auteurs differens, & qu'il donne à l'un ce qui appartient à l'autre. Il fait Historiens des gens qui n'ont jamais songé à écrire l'Histoire; il en fait de Latins qui ont écrit en un autre Langue; il fait Ecrivains des gens qui n'ont jamais pris la plume; il parle d'Auteurs qui n'ont jamais été au monde; il se trompe souvent touchant le tems auquel ont vécu les Auteurs; il met parmi les Anonymes des gens dont on connoît fort bien les noms; enfin ce Censeur dit qu'il n'a pas assés examiné ce qu'il a rapporté faussement des emplois & de la dignité des Auteurs, en plusieurs endroits.

Tous ces défauts n'empêcheront pas le Public de considerer cet ouvrage comme une des pieces les plus utiles & les plus importantes que nous ayons encore vû jusqu'à present en ce genre d'écrire. Et s'il eut plû à Dieu de le laisser vivre encore quelque tems, il auroit remis cet ouvrage sous la presse avec des augmentations & des corrections qui l'auroient grossi de beaucoup. Il témoigne lui-même qu'il avoit fait encore depuis beaucoup de nouvelles découvertes principalement sur les divers Auteurs des vies des Saints qui avoient passés jusqu'alors pour des Anonymes & des Inconnus, dont il assuroit (3) avoir déja découvert une grande partie.

Pour ce qui est du Volume des *Historiens Grecs*, il n'est pas moins laborieux que l'autre, quoi qu'il soit moins gros; & comme il lui a falu faire des recherches aussi pénibles pour le moins, il n'y a peut-être pas fait beaucoup moins de fautes à proportion. Jonsius (4) en a remarqué plus de cinquante pour sa part, il ajoute même

---

1 ¶ Voyés Sandius dans ses Remarques sur Vossius pag. 161. 169. 74. 215. 299. touchant Geoffroi de Beaulieu, Helinand, & Thierri de Trèves.

2 Sand. not. anim. in Voss. prolegom.
3 Voss. Hist. Lat. ad calcem libri ultimi.
4 Jons. Hist. philos. lib. 1. cap. 9. 47. & alibi passim.

qu'il y a apparence ou que Voffius n'a point été fort habile dans le Grec; ou qu'il faut qu'il y ait une infinité de chofes ajoutées par d'autres dans cet ouvrage.

Au refte ces livres de Voffius tant pour les Hiftoriens Latins que pour les Grecs ont eu tant de réputation parmi les Gens de Lettres, que plufieurs Savans ont voulu pareillement y acquerir de la gloire, les uns en fe faifant fes Continuateurs ou fes *Augmentateurs*, pour ainfi dire, comme font Bern. de *Mallinckrot* & Thomas *Reinefius* pour les Grecs, [in-4°. *Altenburgi* 1640.] J. *Hallervord* & quelques autres encore pour les Latins, [in-8°. 1672.] les autres en fe faifant fes Correcteurs ou Critiques & en quelque façon fes Scholiaftes comme le docte Chriftofle *Sandius*, [in-8°. à Hambourg 1709.] mort en 1680. & d'autres enfin s'étant rendus comme fes Copiftes tels que font Martin *Zeillers*, Balthafar *Boniface* & d'autres.

CHARLES SIGONIUS de *Modéne*, mort en 1585. (1) ou 1584.
&
BALTHASAR BONIFACE de *Rovigo*, *Archid. de Trevis*, mort après 1640. (2)

183 ON dit que *Sigonius* eft l'Auteur de ce jugement que nous avons de l'édition de Venife en 1627. [*in*-4°.] fur les Auteurs qui ont écrit l'Hiftoire Romaine depuis la fondation de la Ville jufqu'à Charlemagne. Il y a affés d'apparence que ce que l'on y trouve à redire ne vient peut-être que de ce que c'eft une piéce pofthume, que ce favant homme avoit laiffée imparfaite dans fon cabinet, & qu'il n'avoit faite apparemment que pour fon ufage particulier.

Balthafar *Boniface* fit imprimer fon ouvrage avec celui de Sigonius à caufe du rapport & de la conformité du fujet. Car il n'a point paffé le tems de Charlemagne non plus que Sigonius dans fes Extraits des Ecrivains de l'Hiftoire Romaine. Les Critiques font paffer Boniface pour un fimple Copifte, il eft pourtant loué comme un fort habile homme par les favans de fon tems, c'eft dommage qu'il ait eu fi peu de reconnoiffance pour les Auteurs qui avoient traité cette matiére

---

1 ¶ Lipfe dans une lettre du 17. Décembre 1584. datée de Leyde mande à Martinus Lydius la mort de Sigonius. Cette lettre eft la 79. de la 1. Centurie.
2 ¶ Il vivoit encore en 1650. & peut-être en 1656.

Hiftoriens. avant lui comme Bodin & les autres, & qu'ayant fait de leurs écrits cette compilation qui porte fon nom, il ne leur ait pas même fait l'honneur de les nommer le plus fouvent. Le P. Labbe (1) met Voffius au rang de ceux dont Boniface a profité, ce qui eft affés difficile à moins qu'il n'ait eu quelque copie Manufcrite de fon ouvrage des Hiftoriens Latins par le moyen du fieur Dominique Molin illuftre Venitien & bon ami de Voffius. Car l'ouvrage de Boniface parut dès l'année qu'on vit au jour la premiére édition des Hiftoriens Latins de Voffius. [l'an 1627. in-4°. à Venife]

1 Bibl. Bibl. pag. 18.

PAUL BOLDUANUS *de Stolpe en Pomeranie.*

184 IL publia à Leipfick en 1620. une Bibliothéque Hiftorique, c'eft-à-dire un Recueil ds toutes fortes d'Hiftoriens & de Géographes, qui ont paru jufqu'en la même année. Mais il n'a rien de fort extraordinaire non plus que fes deux autres Bibliothéques, dont la premiére eft des Auteurs Ecclefiaftiques, c'eft-à-dire des Théologiens de toutes fortes de fiécles & de toutes fortes de pays: Et la feconde eft des Philofophes & des Philologues, c'eft-à-dire de toutes fortes d'Arts & de Sciences qui ont vécu jufqu'en 1614.

* *Pauli Bolduani Bibliotheca Theologica* in-4°. *Ienæ* 1614. — *Ejufdem Bibliotheca Philofophica* in-4°. *Ienæ* 1616. — *Ejufdem Bibliotheca Hiftorica* in-4°. *Lipfiæ* 1620.*

M. DE GOMBERVILLE (Marin le Roy) *de l'Académie.* (1).

185 IL a fait un Traité des vertus & des vices de l'Hiftoire [*in-12*] Paris 1620. dont il fera plus à propos de parler parmi ceux qui ont traité de l'Art Hiftorique. Je me contenterai de remarquer ici que Monfieur de Gomberville fait un peu trop le difficile, qu'il ne trouve prefque rien à fon goût parmi les anciens Hiftoriens & les modernes, & qu'il auroit pû témoigner un peu moins de véhémence & moins de chaleur contre des Hiftoriens de la premiére réputation.

1 ¶ Mort l'an 1674. §

M. DE

CRITIQUES HISTORIQUES.

M. DE LA MOTHE LE VAYER (François) *de l'Académie* & *Précepteur de Monsieur.* (1)

186 IL a fait les Jugemens des anciens & principaux Historiens Grecs & Latins, dont il nous reste quelques ouvrages. [*in-*4°. à Paris 1646.] Il paroit assés par ce livre que cet Auteur étoit homme de jugement & de bon sens, mais je croi qu'il s'est trouvé fort soulagé du travail des autres qui avoient écrit avant lui sur le même sujet, & qu'il en a été quitte pour un petit nombre de Réfléxions que son génie & ses lectures lui ont pû fournir. Les Critiques disent qu'il est aisé de remarquer dans cet écrit le caractére sceptique (2) de l'Auteur, en ce qu'il semble s'être attaché à détruire souvent ce qu'il avoit établi auparavant.

1 ¶ Mort l'an 1672.
2 ¶ Ceux qui disent cela ont tort. La Mothe le Vayer raisonne par principe & conséquemment dans cet ouvrage. ¶

187 L'ANONYME, Auteur du livre qui a pour titre *la Science de l'Histoire avec le jugement des principaux Historiens*, imprimé in-12. en 1668. (1) nous donne lieu par sa modestie de dire avec liberté ce que le respect ou la prudence ou quelque autre considération humaine nous auroit peut-être empêché de faire s'il avoit voulu se faire connoître, & nous dire son nom.

Quel que soit donc cet Auteur, il nous permettra de dire, que quoique son dessein ait été fort louable, l'éxécution ne lui a pas assés bien répondu. Il ne paroît pas avoir eu une connoissance assés éxacte des Auteurs dont il veut parler, comme (2) quand il dit que Diodore de Sicile est Auteur des Vies des excellens Capitaines de la Gréce (3); lors qu'il confond les Ecrivains, ou leurs ouvrages en les prenant quelquefois l'un pour l'autre; qu'il en corrompt aussi les noms; & que mettant indifféremment des disjonctives pour des copulatives, il fait connoître ses incertitudes en plusieurs endroits qu'il est inutile de rapporter, parce que ce sont plutôt les fautes des autres Auteurs qu'il a suivies que les siennes, n'y ayant point d'autre part que celle de les avoir copiées.

Il n'est pas plus scrupuleux à l'égard des points d'Histoire qu'envers

1 ¶ Sorel ne seroit-il pas l'Auteur de ce livre. ¶
2 Scienc. de l'hist. pag. 14.
3. Ibid. pag. 26.

Tome II.

Hiftoriens les Hiftoriens comme on voit (1) par exemple au fujet d'Attila qu'il dit avoir été tué à la bataille de Châlons contre Aëtius & Merouée (2).

Il eft méme affés difficile d'avoir bonne opinion de fon difcernement ; à moins qu'on ne veuille dire que la bonté de fon naturel l'a porté à louer indifféremment les bons & les médiocres Hiftoriens, & à relever un peu trop haut le mérite le plus commun Enfin fi on éxaminoit le ftile de ce livre, je penfe qu'on ne le trouveroit pas dans la pureté de notre Langue.

1 Ibid. pag. 55. & alibi paffim.   2 ¶ Il faut écrire & prononcer *Mérouée*. ¶

MARTIN ZEILLERS Allemand.

188 Il a donné deux Volumes d'Hiftoriens, Géographes & Chronologiftes qu'il a ramaffés de divers Recueils, & particuliérement de celui de Voffius qu'il a prefque copié tout entier; mais il n'a point corrigé les fautes de ceux dont il s'eft fervi. Cet ouvrage fut imprimé en 1652. in-12. à Ulme.

LE P. RAPIN.

189 Outre la comparaifon de Thucydide & Tite-Live, il nous a encore donné un Traité de l'Inftruction pour l'Hiftoire avec les jugemens de la plupart des Hiftoriens de marque. Voyés notre premier Chapitre, article 174.

CHRISTOFLE DE SANDE, Sandius *demeurant en Hollande, mort en 1680.*

190 Ses Remarques fur les Hiftoriens Latins de Voffius font voir fon érudition, fon éxactitude, fon jugement, & fon honnêteté. On a trouvé après fa mort une augmentation de ces Remarques parmi fes papiers. Il a encore fait connoître par d'autres ouvrages combien de fervices il auroit pû rendre à l'Eglife, s'il n'eût eu le malheur de vivre hors de fon fein.

* Ces remarques font dans un livre qui a pour titre. *Supplementa*

CRITIQUES HISTORIQUES.

& observationes ad Vossium de Hist. Græcis & Lat. D. Alb. Fabricii in-8°. *Hamburgi* 1709.*

MARTIN HANCKIUS Professeur & Bibliothecaire de *Vratislavv*, (1) que je croi encore vivant. (2)

191 IL fit imprimer en 1669. un Recueil des Ecrivains de l'Histoire & des Antiquités Romaines [*in*-4°. à Leipsick.] Il divise ordinairement ce qu'il a à dire de chaque Auteur en trois articles, dans le premier desquels il met un abregé de leur vie, dans le second il met ceux de leurs Ecrits qu'il connoît & qui appartiennent à son dessein, & dans le troisiéme il rapporte les témoignages qu'on a rendu aux Auteurs ou les jugemens qu'on en a faits. Il a gardé la même méthode dans celui des Historiens de l'Empire de Constantinople imprimé en 1677. [*in*-4°.] C'est un ouvrage où il y a du travail & des recherches fort utiles, il y a même ajouté diverses Tables assés curieuses : mais il y a un peu trop de confusion à cause des diverses additions qu'il n'a point eu le loisir d'inferer dans le corps de l'ouvrage.

1 ¶ Baillet dans ses corrections a reconnu qu'il falloit dire *Breslau*.
¶ 2 Mort l'an 1709.

DES PHILOSOPHES.

DIOGENE LAERCE *sous Antonin le Pieux.*

192 IL a composé dix livres de la Vie & des Ecrits des Philosophes, qui selon Barthius (1) sont d'une grande utilité pour les Gens de Lettres, & sans qui nous ignorerions une infinité d'excellentes choses concernant les anciens Philosophes & leurs dogmes.

Ce sont des rhapsodies qui à dire le vrai, ne sont pas fort éxactes, mais qui ne laissent pas de donner beaucoup de plaisir à lire, & qui valent mieux que les gros livres les plus méthodiques & les plus suivis (2). Il faut avouer que Keckerman (3) ne lui est pas fort favorable

1 Gasp. Barth. comm. ad Claudian. pag. 102.
2 G. M. Konig. Bibl. V. & Nov. pag. 249.
3 Barth. Keckerm. de nat. & proprie; histor.

Philosophes dans le jugement qu'il en fait, disant que cet Auteur a écrit d'une maniére froide & languissante, & il se contente d'ajouter que tout ce qu'il rapporte n'est pourtant pas toujours inutile. Eloge que Vossius a trouvé d'autant moins raisonnable, qu'il est lui même rempli d'estime pour l'ouvrage de Laërce (1), le considérant comme quelque chose de très précieux & en même tems de très-utile.

Casaubon & Quenstedt après lui disent (2) qu'il a usé d'industrie & de diligence dans les recherches qu'il a faites de l'Antiquité, mais qu'il a souvent manqué ou de mémoire, ou de loisir, ou même de jugement quand il a été question de digerer & de mettre en ordre les Recueils qu'il en avoit faits. Le même Casaubon (3) ajoute que la liste qu'il fait des livres des Philosophes est souvent confuse & en desordre.

Et Jonsius a remarqué (4) que Laërce voyant citer quelque passage de ces Anciens, aussitôt il en prenoit la matiére ou la citation du chapitre, pour le titre d'un livre entier; que c'est sur de simples citations de passages qu'il a multiplié si mal à propos le nombre des livres d'Aristote & de plusieurs autres Philosophes qui n'ont point songé aux ouvrages qu'il leur attribuë. Outre cela il donne souvent à un Auteur des livres & des sentimens qui appartiennent à un autre, selon l'observation du jeune du Verdier (5) & il met le trouble & la confusion par tout.

Enfin Scaliger (6) dit que toutes (7) ces lettres que Diogène Laërce attribuë aux Philosophes sont autant de piéces supposées, & que ce sont des Grecs posterieurs qui les ont forgées.

Quoiqu'il en soit, l'ouvrage de cet Auteur ne laisse pas d'avoir toujours son prix, & il n'est pas indigne des soins que divers Savans ont pris de le revoir, de le corriger, & de l'expliquer par leurs remarques & leurs commentaires.

Le dernier & le plus considérable de ces Critiques est sans doute Mr

---

1 Voss. de Hist. Græc. lib. 2. pag. 223. 224.
2 J. And. Quenstedt de Patr. Vir. illust. pag. 500.
3 Is. Casaubon, Diatrib. de scriptis Dionis Chrysost.
4 J. Jons. hist. Philos. lib. 1. cap. 2. pag. 17.
5 Cl. Verd. Cension. in omn. Auct. pag. 79.
6 Jos. Scalig. lib. 4. Epistol. 306.
7 ¶ Joseph Scaliger dans son Epitre 306. ne dit pas, comme l'a fort bien remarqué Ménage chap. 24. de son Anti-Baillet, que toutes les lettres généralement que Laërce attribuë aux Philosophes sont supposées, mais seulement toutes celles que Laërce attribuë à Démocrite, à Solon, & à Pittacus. Ménage remarque encore très-bien que c'est Héraclite que Scaliger devoit dire & non pas Démocrite, dont il n'y a nulle lettre dans Diogène Laërce, au lieu qu'il s'y en trouve une d'Héraclite. ¶

CRITIQUES HISTORIQUES. 125 Philosophes.

Ménage qui paroît néanmoins n'être pas encore entiérement satisfait de ce fruit de ses veilles, & qui témoignoit il y a quelque tems être en disposition de le retoucher pour une nouvelle édition. Et de fait, Jonsius prétend (1) que nonobstant les soins & les observations de Monsieur Ménage, il ne laisse pas d'y avoir encore des endroits corrompus, désunis, transposés, & mutilés, dans les livres de Diogène Laërce.

* L'édition de Ménage a été imprimée deux fois, la premiére *in-folio* par Jean Pearson à Londres en 1664. La seconde par les soins de Marc Meimbomius *in*-4°. 2. volumes à Amsterdam en 1688. avec les portraits. Cette derniére est la plus ample & la plus estimée. *

1 Jonf. lib. 3. hist. Phil. pag. 278.
¶ Jonsius étant mort dès 1659. avant que l'impression de son livre fût achevée n'a pu y parler de l'édition du Diogène Laërce de Ménage, laquelle pour la première fois n'a paru que cinq ans après. Voyés le 22. chap. de l'Anti-Baillet. ¶

EUNAPIUS DE SARDE *Sophiste sous l'Empereur Valens.*

193 Il a composé un livre de la vie des Philosophes & des Sophistes sur les ouvrages desquels il donne quelquefois son jugement [*in*-8°. Grec & Latin chés Commelin 1596.]

Son stile est obscur à cause qu'il est fort concis comme étoit alors le génie du siécle, auquel la phrase Asiatique n'étoit plus à la mode, même dans le Pays d'Eunapius où elle avoit été le plus long tems en vigueur. Sa maniére d'écrire ne laisse pourtant pas d'être nette, c'est-à-dire fleurie & ornée de diverses couleurs comme c'étoit la coutume des Sophistes de ce tems-là.

Adrien de Jonghe (1) dit que tout son discours n'a point d'ombre, mais qu'il est vivement coloré, & qu'il exprime & représente les choses d'une maniére si touchante & si animée que vous diriés les voir des yeux-mêmes. Il ajoute qu'il est un peu trop coupé ; mais qu'il a affecté d'employer diverses petites fleurettes savantes tirées des Poëtes & des Philosophes, & qu'il les a semées partout son discours pour le relever. Et c'est aussi la remarque de Possevin qui n'a fait que copier de Jonghe ou Junius en ce point. (2) Vossius (3) écrit que son ouvrage est beau, poli, & écrit avec délicatesse. Le sieur Konigh (4) en dit autant & dans les mêmes termes.

1 Hadr. Junius in Eunap. edition. præfat.
2 Ant. Possev. lib. 12. Biblioth. select.
3 Vos. lib 2. de Hist. Græc. cap. 18.
4 Konig. Biblioth. Vet. & Nov. pag. 285.

Philosophes. Eunapius semble témoigner un peu trop d'empressement pour paroître honnête homme parmi les Gentils, il dit dans la vie de *Jamblique* (1) qu'il ne veut point employer aucune narration fabuleuse; dans celle de *Libanius* il proteste contre la calomnie & la médisance; dans celle de *Jamblique* & d'*Edesius*, il affecte un air de je ne sai quelle piété : cependant il ne laisse pas d'être médisant, outrageant & grand calomniateur dans celle d'*Edesius* contre les Martyrs des Chrétiens & au sujet de leurs cendres. Ce sont des réflexions qu'on peut voir dans Jonsius (2). Et c'est la raison qui a fait dire à Barthius (3) qu'Eunapius n'est qu'un misérable & un furieux qui n'a entrepris la vie des Philosophes que pour relever l'idolatrie, & rabaisser le Christianisme, & qui déchire par une méchanceté excessive les gens du Clergé & les Solitaires.

1 ¶ Il falloit écrire *iamblique* comme on écrit *iambe* & *iambique*. Ecrire *Jamblique*, la vie de *Jamblique*, est une très-mauvaise orthographe qui donne lieu à une très-mauvaise prononciation. §

2 Jonf. Hist. Philosoph. lib. 3. cap. 17. pag. 298.
3 G. Barth. in Rutil. Num. lib. 1. v. 440.

GUALTHER ou GAUTIER BURLEY Anglois, vivant en 1337.

394 C'Etoit un Philosophe de grande réputation dans ces siécles ausquels le goût des bonnes choses étoit ou perdu ou dépravé. Il écrivit un Livre de *la Vie* & des *Mœurs des Philosophes*, [qui a paru sous le nom d'Antoine *à Sala* en l'année 1603. à Casal *in*-4°.]

Mais si on veut connoître jusqu'où alloit sa rare capacité, tant pour la Critique que pour l'Histoire & la Chronologie, j'en rapporterai ici quelques éxemples que j'ai pris dans Vossius (1). Premiérement il croit que le Poëte Horace qui étoit de Venouse & qui vivoit sous Auguste étoit le même que cet Horatius Pulvillus qui parut à Rome dans les commencemens de la République après la destitution des Tarquins ; Secondement il prétend que Livius Andronicus Poëte tragique qui vivoit du tems de la seconde guerre Punique étoit le même que Tite-Live de Padouë l'Historien qui vivoit sous Auguste & Tibere ; 3. Que le Pline de Verone & le Pline de Novocomo n'étoient qu'un même homme; 4. Que les trois livres qui ont pour titre *de la Vieille*, & qui ne sont qu'un tissu d'impertinences & de sottises font véritablement d'Ovide ; 5. Il met parmi les Poëtes, Caton, Sallufte, & Quintilien ; 6. Il extravague en une infinité d'endroits fans fe fouvenir de fon titre, qui nous promettoit la vie & les mœurs des Philofophes.

Mais quand il parle des Grecs c'eft encore une chofe tout autrement pitoyable, & quoiqu'on ne puiffe point excufer la témérité avec laquelle il a entrepris de traiter un fujet dont il ne favoit pas même l'Alphabet, fon aveuglement étoit d'autant plus digne de compaffion qu'il lui avoit été impoffible de fe tirer des ténébres de ce fiécle malheureux auquel il vivoit, quoiqu'il eût du génie d'ailleurs, & qu'il brillât même beaucoup parmi ceux de fon tems.

1 Voff. Hift. Lat. lib. 2. cap. 65. pag. 515. 516.

JEAN-BAPTISTE CRISPE de Gallipoli. (1)

IL fit un ouvrage de Critique imprimé à Rome en 1594, [in-folio] fur le difcernement & la précaution qu'il faut apporter dans la lecture des Philofophes. Poffevin (2) dit que cet ouvrage eft très-bon, & qu'il n'y a point d'Ecole dans toute la Chrétienté où ce livre ne doive être lû & mis en pratique pour le bien du Public, & pour celui des particuliers. Il ajoute que l'Auteur eft un homme d'un jugement fort délicat & très-exquis. Et quant aux précautions & aux maximes qu'il apporte, elles font tirées du fonds de la véritable Philofophie, c'eft-à-dire de l'Ecriture Sainte, des Conciles, des faints Peres & des Théologiens, de forte que felon lui, il ne fe peut rien produire de plus utile que ces Régles pour découvrir d'un côté les erreurs des Philofophes, & de l'autre la vérité qu'on cherche dans la Philofophie.

1 ¶ Mort au commencement du 17. fiécle. ¶ 2 Poffevin Bibl. felect. tract. 1. cap. 11. pag. 29. Item cap. 13. pag. 32.

JEAN JACQUES FRIS de *Zurich*, mort vers le commencement de ce siécle.
ISRAEL DE SPACH de *Strasbourg*, mort en 1610.
PAUL BOLDUAN de *Stolpe en Pomeranie* vers 1620.

196   Ls ont fait divers Recueils ou Bibliothéques de Philosophes, mais sous ce titre ils ont compris & ramassé divers autres Auteurs & particuliérement ceux qui ont écrit des belles Lettres, c'est-à-dire tous ceux presque qui regardent indifféremment les Arts & les Sciences hors la Théologie & l'Histoire. C'est ce qui les fait regarder comme des Auteurs qui ont apporté plus de diligence que d'éxactitude & de discernement dans leurs compilations.

Joan. Jacobi Frisji Bibliotheca Auctorum Chronologica ad ann. 1140. in-4°. *Tiguri* 1592. Elle est confonduë dans l'Epitome de Gesner augmenté par Simler en 1583. *in-folio.*

Israël Spachii Nomenclator Scriptorum Philosophorum in-8°. *Argentina* 1598 — *Ejusdem Nomenclator Medicorum* in-8°. *Argentorati* 1597.

Paul Bolduan. *Voyés l'article* 184.

GER. JEAN VOSSIUS mort en 1649.

197   L a fait un Traité Historique & Critique *de la Philosophie*, & un *des Sectes de Philosophes* [*in* 4°. à la Haye 1658.] Mais comme ces livres sont posthumes, il ne faut pas s'étonner qu'ils soient si imparfaits & si défectueux. Jonsius (1) y a remarqué un très-grand nombre de fautes, quoique l'ouvrage ne soit pas bien gros. Mais la quantité des bonnes choses qui s'y trouvent fait que nous avons toujours plus d'obligation à ceux qui nous ont donné les cahiers de ce grand homme tout brutes & imparfaits qu'ils sont que s'ils les avoient anéantis ou laissé dans les ténébres.

a *Hist. Philos. passim.*

CRITIQUES HISTORIQUES.

GEORGE d'HORN ou HORNIUS *du Palatinat*, Médecin à Leiden, mort après l'an 1670.

198 IL donna en 1655. fon hiftoire Philofophique [en huit livres *in*-4°. à la Haye] lorsqu'il n'avoit encore que vingt ans. Et comme il paroît effectivement que c'eft l'ouvrage d'un jeune homme, l'Auteur s'eft fervi de cette bonne raifon pour porter le Public à l'excufer s'il n'a point épuifé une matiére fi abondante & fi heureufe, & en même tems s'il n'y a point apporté autant d'éxactitude que la chofe le demandoit par elle-même, & qu'on auroit pû attendre d'un âge plus avancé. On peut voir fa Préface & ce qu'en dit Jonfius (1).

1 Lib. 3. cap. 20. pag. 315. de fon hift. Phil.

JEAN JONSIUS *d'Holface*, mort depuis peu (1).

199 IL nous a donné *l'Hiftoire des Philofophes* en quatre livres [*in*-4°. à Francfort 1659.] qui lui ont acquis la réputation d'Ecrivain éxact & favant, & de Critique fort judicieux. Et quoique fa maniére d'écrire foit un peu féche & un peu obfcure même, il faut tomber d'accord qu'il a furpaffé de beaucoup par fa diligence & par fon induftrie tous ceux qui avoient voulu traiter la même matiére avant lui. C'eft auffi le fentiment de Dom Nicolas Antoine (2).

1 § L'an 1659.   2 Biblioth. Hifp. præf. pag. 33.

DES POLITIQUES.

GABRIEL NAUDÉ, mort en 1653.

200 NOus avons de lui une *Bigliographie Politique* [*in*-8°. Paris 1642.] qu'il a compofée pour l'utilité de ceux qui veulent étudier la maniére de gouverner les autres dans l'Etat,

Politiques. ou de se gouverner soi-même avec les autres ou sous les autres dans la vie civile. Il y éxamine les Auteurs qui en ont écrit exprès & de profession, soit en Philosophes, soit en Historiens; & il faut avouer que c'est un livre curieux, quoiqu'il y ait des fautes, & que l'Auteur ait reconnu lui-même qu'il n'avoit point été assés éxact (1).

Les Etrangers & particuliérement les Allemans se plaignent de lui, ils l'accusent de n'avoir pas rendu toute la justice qui étoit dûë à leurs Ecrivains sous prétexte de la diversité de Religion ; d'avoir suivi ses inclinations & ses interêts particuliers, & d'avoir témoigné trop d'aversion & trop de chagrin à l'égard de la Nation Allemande; d'avoir passé sous silence une partie de ceux de leurs Ecrivains qu'ils prétendent avoir le mieux traité de la Politique, & de n'avoir parlé des autres qu'avec beaucoup de froideur & de malignité (2) comme entre autres de Clapmar, de Gruter, de Forster, de Scipion Gentil (3), &c.

1 Naud. Epistol. ad Herm. Coring. præf. in editione Bibliographiæ Francof. anno 1643.
2 Konig. Bibl. Vet. & Nov. pag. 567. & 568.

3 ¶ Scipion Gentil étoit né en Italie, & d'une famille Italienne, quoiqu'il ait passé sa vie en Allemagne, où il mourut à Altorf l'an 1616. §

GASPAR SCIOPIUS de *Franconie*, mort vers 1663. ou 1664. (1)

201 Son livre des *Instructions de la Politique* regarde plutôt les maximes de cette connoissance que la Critique des Auteurs qui en ont écrit. Ainsi il sera plus à propos de le remettre parmi les Ecrivains de la Politique. Nous en userons de même à l'égard du livre de Christophe Adam *Rupert*, de celui de Christophe *Coler* & des autres, qui ont écrit de la maniére d'étudier la Politique, & des livres qui en ont traité.

1 ¶ Voyés ci-devant l'article 162.

DE CEUX DES MATHEMATIQUES.

202 Entre ceux qui ont recueilli les Mathématiciens, les plus connus sont Hugues *Sempilius* Jesuite Ecossois, mort en 1654. & le Pere Joseph *Blancanus* Jesuite de Boulogne,

CRITIQUES HISTORIQUES.

mort en 1624. mais tous deux d'une maniére qui ne satisfait pas asses les curieux. *Mathématiciens.*

* *Hugo Sempilius, libro de Mathematicis disciplinis* in-4°. *Antuerp*, 1635. *agit de illustribus Mathematicis.*

Clarorum Mathematicorum brevis Chronologia Josephi Blancani in-4°. *Bononiæ* 1615. *

VOSSIUS a fait quelque chose de plus important dans son Traité Historique & Critique des sciences de Mathématiques auquel il a joint une Chronologie de toutes sortes de Mathématiciens, c'est-à-dire, d'Arithm. de Géometr. d'Opt. d'Astron. de Music. de Géogr. de Chronol. & de Méchan. [*in-*4°. à Amsterdam 1650]. Sa Méthode est de ne blâmer personne, & de louer volontiers les ouvrages méme les plus médiocres. Mais il faut avouer qu'on peut faire encore quelque chose de plus ample & de plus éxact.

DE CEUX DE MEDECINE.

J. ANTONIDES VANDER-LINDEN *d'Enchuysen en Hollande*, mort en 1664.

203 IL a fait un gros recueil des Ecrits de Médecine selon l'ordre Alphabétique des Auteurs. Il est sans contredit (1) le plus habile d'entre tous ceux qui se sont mêlés de faire de ces sortes de Bibliothéques pour la Médecine, & *Lipenius* avoue de bonne foi qu'il a pris de celle de ce Médecin Hollandois la meilleure partie de ce qu'il a compilé dans son ouvrage sur le même sujet.

Mais le sieur de Witte (2) prétend que Vander-Linden y a fait beaucoup de fautes, soit par trop de précipitation, soit pour n'avoir pas assés eu de secours; & il ajoute que l'Imprimeur y en a ajouté beaucoup des siennes & des plus grossiéres ; mais que Voglerus (3) a découvert les unes & les autres dans son livre de l'Introduction universelle.

La seconde édition qui se fit en 1651. est beaucoup plus ample & plus correcte que celle de 1637. mais la derniére qui parut en 1662. est encore d'un tiers plus fournie que la seconde, [la derniére édition *in-*4°. à Spire en 1688. est la meilleure], si ce n'est qu'on ne prenne

---

1 Journal des Sav. du 8. Avril 1680. pag. 105.
2 Henn. de Witte Theol. Memor præfat.
3 Vogl. Introd. univ. cap. 6. pag. 44.

Médecins, pour une augmentation ou une continuation de celle-ci le Recueil que le fieur de *Beughem* a fait imprimer depuis deux ou trois ans de tous les Ecrits de Médecine qui ont été mis au jour depuis l'an 1650. jufqu'à préfent.

On parle encore avec eftime d'un grand catalogue compofé par un Allemand nommé Barthelemi MOSER fous le titre de *Tréfor Bibliatrique* ou *double Bibliothéque Onomaftique & Claffique*. Dans la première partie il comprend les noms, les actions & les livres des Médecins : dans la feconde il a renfermé les matières des Ecrits de Médecine rangées par claffes felon les titres des Arts & des fujets qui y font traités. L'ouvrage a été imprimé in-folio à Dilling (1).

Nous avons encore divers autres Recueils hiftoriques d'illuftres Médecins, mais dont la Critique ne fait pas grand bruit. On en peut voir une lifte dans le P. Labbe, page 175.

1 Voyés le P. Labbe Bibl. Bibl. pag. 19.

DE CEUX DE JURISPRUDENCE.

204. Plufieurs Auteurs ont entrepris de recueillir les actions & les Ecrits des Jurifconfultes, & peu s'en font acquittés avec l'éxactitude néceffaire à un deffein de cette importance. Entre ceux qui ont fait le moins mal, on compte particuliérement *Guy* PANCIROL *de Rhége*, mort en 1599. qui nous a donné quatre livres des illuftres Interprétes des Loix, [*in*-4°. à Venife 1637. & 1655.] & qui s'eft fait connoître encore d'ailleurs parmi les Savans. Ces livres des Jurifconfultes ont été fouvent imprimés.

Michel Neander loue l'ouvrage de *Bernardin* RUTILIUS *de Vicenze* contenant les vies des anciens Jurifconfultes qui ont paru depuis environ 2000. ans. Mais ce n'eft que pour la difficulté du travail & des recherches qu'il lui a fallu faire pour rappeller la mémoire de tant de perfonnes que le tems avoit prefque effacée. Car pour ce qui eft de l'éxactitude de la Critique & de la connoiffance de l'Hiftoire, on feroit fort bien de la chercher ailleurs. L'ouvrage de Rutilius fut imprimé en 1537. [*in*-4°.] pour la première fois à Bâle. [La feconde en 1557. auffi à Bâle.]

JEAN FICHARD Avocat de Francford, mort en 1581. voulut auffi fe fignaler dans ce genre d'écrire auquel il a apporté affés d'in-

CRITIQUES HISTORIQUES.   133   Jurifconfultes.
duſtrie & de diligence. Car premiérement il a fait une addition des
vies des Jurifconſultes Modernes à celles des Anciens que Rutilius
avoit recueillies. Depuis ce tems-là il en a compoſé encore un autre
Recueil à part, & il eſt un des principaux Auteurs de ce double Catalogue de tout ce qu'on a pû ramaſſer de ceux qui ont écrit ſur l'un
& l'autre Droit, & qui ayant été augmenté par J. *Vvolfgang de*
Freymon fut imprimé in-4°. à Francford en 1579. Edition beaucoup
plus ample & un peu plus éxacte que celle qui avoit été faite à Bâle
chés Oporin avec celle de Rutilius. Les autres Auteurs du
Catalogue ſont *Jean-Baptiſte Zilette*, *Jean Nevizan* & *Louis*
Gomez.

Franc. FLORIDUS (1) SABINUS qui vivoit au milieu du ſiécle
paſſé, & qui avoit acquis de la réputation par ſon Apologie
pour la Langue Latine, fit auſſi un livre des interprétes du Droit Civil, [*in-folio* à Bâle en 1640.] Mais il n'y fait preſque autre choſe que rapporter les fautes des Interprétes du Droit Civil que
Laurent Valla avoit remarquées & refutées. Néanmoins il y cenſure & refute en même tems les réponſes qu'Udalric Zaſius & André
Alciat avoient prétendu y faire.

Le *Biinomicon* de Jean BERTRAND (2) Préſident de Tou-
louſe, mort en 1594. eſt écrit d'une maniére trop ſéche, il nous
apprend trop peu de choſes des actions & des Ecrits des Juriſconſultes, & il n'a parlé que des Anciens dont il ne nous reſte
preſque plus rien.

* *Joannis Bertrandi Biinomicon de Juriſperitis libri duo* in-4°. *To-*
loſæ 1617.

1 ¶ Mort l'an 1547.
2 ¶ Baillet dans ſa Table générale pour les 4. premiers volumes, au mot *Floridus Sabinus* renvoie à *Sabinus*, comme au vrai nom de famille de cet Auteur, n'ayant pas vu que c'eſt *Floridus*, & que *Sabinus*
marque le Payis d'où il étoit, ſavoir *Donadeo* bourg de la Terre Sabine dans l'Etat Eccléſiaſtique.
2 ¶ Bertrand a fait une infinité de fautes. Ménage en a remarqué pluſieurs dans ſes Aménités de Droit.

R iij

CHAPITRE VI.

DE QUELQUES CATALOGUES DE LIVRES
tant de Libraires que des Bibliotheques particuliéres.

205   Il y a deux fortes de Catalogues de livres faits par les Libraires. Les premiers qui ne comprennent que les éditions qui font forties de la Boutique de l'Imprimeur qui donne le Catalogue comme ont fait *Manuce*, *les Eſtiennes*, *Plantin*, *Morel*, *Cramoiſy*, &c. les feconds font ceux qui contiennent indifféremment toutes fortes de livres à vendre dans la Boutique d'un Libraire comme font aujourd'hui la plupart des Catalogues des Libraires de Paris, de Lyon & des Pays étrangers.

  Ceux de cette derniére efpéce font pour l'ordinaire affés mal-faits, & de fi petite utilité qu'ils font fouvent groffis ou de livres qu'ils n'ont jamais eus ou qu'ils n'ont plus ; au lieu qu'on ne peut nier que les premiers ne foient fort utiles pour connoître & diftinguer les éditions de chaque Imprimeur.

  Mais nous avons eu foin de parler des principaux de ces Catalogues, quand nous les avons rapportés à la fin de ce que nous avons dit fur chaque Imprimeur.

DES FOIRES DE FRANCFORD.

206   Les Catalogues des Foires de Francford que nous avons en plufieurs Volumes in-4°. font curieux à la vérité: mais ils ont été décriés parmi nous depuis long-tems, parce qu'on prétend qu'on y a ufé de fourbe en forgeant des titres imaginaires de livres chimeriques & qui n'ont jamais été imprimés ; ou en empruntant de ceux qu'on ne fauroit trouver, comme a juftement remarqué le fieur Cramoify dans la Préface du Catalogue des éditions tant de fon grand-Pere que des fiennes.

  Il faut encore remarquer au fujet des Catalogues des Foires de Francford qu'ils font fouvent remplis de fautes groffiéres dans les noms des Auteurs & dans l'énonciation des titres, auffi-bien que dans la marque des chiffres qui doivent servir à nous apprendre les années des éditions. *Manuscrits.*

Cependant c'est sur la foi de ces Catalogues que les Allemans ont dressé pour la plupart leurs Recueils & leurs Bibliothéques comme on voit entre autres dans ce que nous ont donné Jean Clessius, George Draudius, Paul Bolduanus, &c.

CATALOGUES DE MANUSCRITS.

ANTOINE POSSEVIN Jesuite *de Mantoüe*, mort en 1611.

207 Possevin nous en a donné un assés grand nombre de Grecs à la fin de son Apparat sacré, mais ils sont en assés mauvais état, & assés mal digerés, outre que la plupart sont imparfaits & peu exacts. Ces Catalogues de Manuscrits Grecs, sont des Bibliothéques du *Vatican*, de *Sforze*, de *Vaucelle*, de *Turrien*, de *Bessarion*, des *Médicis*, tant à Saint Laurent qu'à Saint Marc, d'*Urbin* & de *Pesaro*, de *Messine*, de *Patmos*, de sept qui étoient à *Constantinople*; de l'Empereur à *Vienne*, du Duc de Baviere à *Munich*, d'*Ausbourg*, d'*Heidelberg*; de *Fontaine-bleau*; de l'*Escurial*; de *Sirlet* ou de *Colomna*, de *Cesene*, de *Cremone*, de *Rhege*; de *Saint Gal* en Suisse; de *Varmie*; & d'*Heilsberg* en Prusse, &c.

THOMAS JAMES *Bibliothéquaire d'Oxford*, vers 1625.

208 Il nous a donné le Catalogue des Manuscrits des Bibliothéques d'*Oxford* & de *Cambridge* en Angleterre sous le nom d'*Eclogues* en deux façons, qui comprennent chacune un livre. Dans le premier on voit la liste des livres dans la confusion & sans ordre. Dans le second on voit le Catalogue des mêmes livres distingués & disposés selon les quatre Facultés, ayant outre cela gardé l'ordre Alphabétique, tant dans les noms des Auteurs que dans les ouvrages mêmes. Cela fut imprimé à Londres en l'an 1600. in-4°.

Il est constant que c'est un des plus exacts d'entre les Catalogues de cette nature, quelque chose qu'en ait voulu dire Possevin, qui s'est appliqué particuliérement à en faire la censure dans un cahier exprès imprimé à la fin de l'Apparat sacré. Mais on ne peut pas excuser James de cette passion & de cet emportement qu'il témoigne con-

Manuscrits.

tre l'Eglife Catholique dans fa Préface, & dans un petit Recueil qu'il a fait de livres écrits contre les abus qui s'étoient gliffés dans la Difcipline Eccléfiaftique & contre la corruption des mœurs dont on a demandé de tems en tems la Reforme dans l'Eglife.

Le même Jamés avoit encore fait par deux fois le Catalogue de la Bibliothéque *Bodlejane*, la premiere fois en 1605. l'autre en 1620. avec une addition de près de trois mille Auteurs en 1635. Mais tout cela fut abforbé & anéanti par celui que fit Mr Hyde il y a quelques années, [in-folio à Oxford 1674.] & dont nous parlerons enfuite

JAC. PHIL. TOMASINI Ev. d'Emonia en Iftrie.

209 Nous avons de lui les Catalogues des Manufcrits qui étoient de fon tems dans les Bibliothéques de la Ville de *Padoue* tant publiques que particulieres imprimés à Udine en 1639 in-4°. avec de petits éclairciffemens fur plufieurs de ces Auteurs qui étoient peu connus auparavant. Le même Auteur fit depuis, ceux des Manufcrits des Bibliothéques publiques & particuliéres de la ville de *Venife* où il a obfervé la même méthode que dans les autres, & cela fut imprimé en 1650. [in-4°.] dans la même Ville & dans la même forme.

DAVID HOESCHELIUS Bibliothequaire d'Aufbourg, mort en 1617.

210 Il fit à la follicitation & par le fecours de Welfer le Catalogue des Manufcrits Grecs de la célébre Bibliothéque d'*Ausbourg*, qui fut imprimé pour la feconde fois & avec de grandes additions dans la même Ville en 1595. in-4°. puis en 1605. Mr Colomiez (1) dit que nous n'avons pas de Catalogue de Manufcrits plus docte ni mieux digeré que l'eft celui de cette Bibliothéque, & qu'effectivement David Hoefchelius étoit des plus propres du monde pour gouverner une Bibliothéque. Nous en parlerons ailleurs parmi nos Critiques de Grammaire & nos Scholiaftes.

Biblioth. Choif. pag. 194. 195.

CRITIQUES HISTORIQUES.

AUBERT LE MIRE Doyen de l'*Eglise d'Anvers*, mort en 1640.

211 Nous avons de lui un Catalogue des Manuscrits de toutes sortes d'Auteurs, mais particuliérement des Historiens qui se gardoient dans les Bibliothéques des Pays-bas, & sur tout dans celle d'Anvers. Il fut imprimé en 1606. [à Anvers in-8°. & à Bruxelles in-8°. en 1622.]

De la BIBLIOTHEQUE DE MUNICH, des Ducs de Baviere.

212 Le Catalogue des Manuscrits Grecs de la Bibliothéque du Duc de Baviere à Munich fut imprimé à Ingolstat en 1602. sans porter le nom de son Auteur. C'étoit un homme intelligent dans la connoissance des livres, & qui a eu soin d'avertir à la tête de ce Catalogue que les Manuscrits de cette Bibliothéque sont à l'usage & au service de ceux qui voudront travailler utilement pour le Public, mais pourvu qu'ils soient Catholiques.

DE LA CHINE.

213 On imprima à Amsterdam en 1605. le Catalogue des livres qu'on avoit transporté pour la premiere fois du Royaume de la Chine avec leur Encre & leur grand Papier. Ceux qui croyent s'y connoître prétendent que c'est quelque chose de fort curieux.

DE CONSTANTINOPLE.

214 Outre ce que nous avons rapporté des Catalogues des Manuscrits de sept Bibliothéques de Constantinople, savoir 1. de celle des Patriarches, 2. de Cantacuzène, 3. de Varin, 4. d'un Grammairien inconnu, 5. de Marmorette, 6. de Suzi, 7. & d'Eugenique rapportés par Possevin; on en a encore un de cette

Manuscrits. Ville que l'on doit aux soins du sieur du Verdier de Vauprivas, & qui est imprimé à la fin de sa Bibliothéque Françoise avec le supplément de Gesner, mais il ne paroît pas fait avec assés d'exactitude.

Il y a aussi un Catalogue de Manuscrits venus de Constantinople qui est estimé. C'est celui que George *Douza* ou *Vander-Does* fit des livres qu'il acquit & qu'il transporta avec lui du voyage qu'il fit en cette Ville, & il fut imprimé à la Haye en 1598. [in-4°.]

DE LEYDE.

215 MR. Golius ayant rapporté de son voyage d'Orient un grand nombre de rares Manuscrits composés particuliérement en Arabe, & les ayant donnés à la Bibliothéque publique de l'Université de Leyde, il en fit un Catalogue fort exact distingué par classes. On le fit imprimer à Paris en 1630. in-4°. par Vitré. Le P. Labbe l'insera depuis dans son *Essay d'une nouvelle Bibliothéque de Manuscrits*.

Outre cela nous avons encore les Catalogues curieux des Manuscrits en Langues Orientales, de livres Hébreux, Arabes, Persans, Turcs &c. legués à la Bibliothéque publique de Leyde par *Scaliger*, & par *Vvarner*, & ils ont été imprimés en cette Ville in-4°. avec le catalogue des livres imprimés de cette célébre Bibliothéque dressé par les soins du docte Mr *Spanheim* (Frederic) le jeune qui en étoit le Bibliothéquaire en ces dernieres années.

Enfin on peut encore ajouter aux catalogues des Manuscrits Orientaux de la Bibliothéque de Leyde, le Recueil ou la *Bibliothéque Arabique* que donna Thomas *Erpen* Professeur en cette langue dans l'Université de cette Ville, qu'il publia à la fin de sa Grammaire Arabique, & qui fut augmentée dans les éditions suivantes d'un Recueil de nouveaux livres qu'y ajouta *Gisbert Voët*. Et le catalogue des livres Orientaux de la Bibliothéque particuliere d'Erpen fut imprimé [in-4°. à Amsterdam 1656.] avec les pieces faites sur sa mort par Scriver, & son Oraison funebre composée par Vossius en 1625.

Pour ce qui est des autres Manuscrits de cette Bibliothéque, le catalogue en fut publié & mis au jour conjointement avec celui des Imprimés en 1595. in-4°. à Leyde même, avec une Epître de *Bertius* touchant l'ordre de ces livres, & l'usage qu'on en doit faire.

DES PAYS-BAS en general par Antoine *Sander* Gantois, Chanoine de Tournay.

216 IL faut joindre à ce que nous avons dit ci-devant d'Aubert le Mire, le grand nombre des Catalogues qu'a fait *Sander* de tous les Manuscrits, Latins pour la plupart, qui se trouvoient de son tems dans les Bibliothéques, soit publiques soit particulieres des Villes, des Univerſités, des Monaſteres, des Egliſes Collegiales, des Communautés, & des Perſonnes curieuſes des Pays-bas. Il en a fait deux tomes in-4°. avec beaucoup de travail & de diligence; le premier tome fut imprimé à l'Iſle en 1641. & le ſecond en 1642. dans la même Ville.

DE L'ESCURIAL par le P. Alex. *Barvoët* Jéſuite; & de *Scipion TETTI Neapolitain*.

217 C'Eſt le Pere *Barvoët* qui eſt l'Auteur du Catalogue des Manuſcrits Grecs des principaux Ecrivains qui ſont dans la Bibliothéque du Roi Catholique à l'Eſcurial. [in-8°. à Anvers 1648.] Ce Catalogue étoit aſſés rare, n'ayant été imprimé qu'au bout des Prolégomenes que le P. Cordier Jéſuite mit devant ſa traduction des dix-neuf Homelies de S. Cyrille d'Alexandrie ſur Jeremie. Mais le P. Labbe l'ayant eu de l'honnêteté de Meſſieurs Dupuy, le copia de ſa propre main, & le fit imprimer en tout ſon entier dans l'eſſay d'une nouvelle Bibliothéque de Manuſcrits, [in-4°. en 1653.] avec celui de *Scipion Tetti* (1) Neapolitain, qui n'eſt ni moins rare ni moins curieux, & qui ayant été dreſſé plus de 80. ans auparavant de diverſes Bibliothéques de Rome & d'Italie, n'avoit point encore vû le jour juſqu'alors, c'eſt-à-dire juſqu'en 1653.

* *Scipionis Tettii Bibliotheca Scholaſtica* in-8°. *Londini* 1618.*

1 ¶ Voyés touchant ce Tetti le Mélange curieux de Colomiés pag. 843. du Recueil de ſes œuvres in quarto à Hambourg 1709.

Manufcrits.

DE VIENNE en Autriche par Mr Lambeck (*Pierre*) *de Hambourg,* Bibliothéquaire de l'Empereur, mort vers l'an 1681. (1)

218 Quoique le Catalogue des Manuscrits de la Bibliothéque de l'Empereur à Vienne soit divisé en huit volumes in-folio en [1665. 1669. 1670. 1672. 1673. 1679.] il n'est pourtant pas encore achevé, & c'est la mort de l'Auteur qui nous a envié un ouvrage si curieux & si important. Mr Lambecius avoit entrepris dans ce grand ouvrage l'explication des Manuscrits de cette Bibliothéque, & c'est ce qu'il a fait d'une maniere critique & historique ; ayant eu dessein d'y faire entrer tout ce qu'il avoit d'érudition & d'industrie, en quoi il s'est fort distingué de tous les faiseurs de Catalogues dont nous venons de parler.

On ne peut pas disconvenir qu'il n'y ait quantité de choses très-particulieres & très-curieuses dans ce Commentaire si diffus & si splendide. Mais l'Auteur auroit pû renfermer la substance de tous ces grands discours de tant de volumes dans une espace beaucoup plus étroit, s'il eut voulu avoir plus d'égard aux finances & au loisir des particuliers, qu'à la magnificence & à la Majesté de son Prince.

1 ¶ Il est mort l'an 1680. agé de 52. ans.

DU ROY Très-Chrétien au Louvre.

219 Nous avons parlé au premier chapitre, du Recueil fait par le P. Labbe sous le nom d'*Essai d'une nouvelle Bibliothéque de Manuscrits*, [in-4°. Paris 1653.] où il y a entre autres un Catalogue de ceux de la Bibliothéque du Roi : mais c'est quelque chose de si petite conséquence, que depuis principalement que cette riche Bibliothéque a changé de Gouverneur & de Garde, on a crû que la Majesté de Louis le Grand & l'utilité de ses Sujets exigeoient autre chose que ce que nous en avons. C'est pourquoi on a conçu depuis quelques mois le dessein de faire faire non seulement un nouveau Catalogue des Manuscrits de cette Bibliothéque, mais encore de faire travailler à un examen exact & à une severe critique de chaque piece particuliere, & d'y faire ajouter de petits sommaires très-precis, avec des recits historiques, mais fort courts, de la fortune & de l'état de chaque Manuscrit. Comme il ne s'est encore

CRITIQUES HISTORIQUES.

rien vû en ce genre qui approche ni de la grandeur ni de l'excellence de cette haute entreprise, on a jugé aisément que l'ouvrage est au-delà des forces d'un seul homme quelque laborieux & quelque entreprenant qu'il puisse être. C'est pourquoi on a jetté les yeux sur douze où treize personnes habiles & judicieuses qu'on a partagées en trois bandes. Les premiers de ces Examinateurs s'appliquent aux Manuscrits Hebraïques & à ceux des autres Langues Orientales, les seconds s'occupent aux Manuscrits Grecs, & les derniers aux Latins.

CATALOGUES DE LIVRES IMPRIME'S
de quelques Bibliotheques particulieres.

DU VATICAN par *Ange Roccha mort en* 1620.

220 CE qu'il a fait sur la Bibliotheque Apostolique suivant la nouvelle disposition que les livres avoient reçuë dans le magnifique édifice que Sixte V. avoit fait bâtir, est quelque chose de plus qu'un simple Catalogue. C'est un ample commentaire qui n'est pas toujours renfermé dans les bornes de son sujet, & c'est ce qui le rend moins exact. Il ne se contente pas d'apporter les noms, les qualités & les principaux écrits des Auteurs: mais il fait encore leurs éloges, & il parle de diverses choses qui regardent les Arts & les Sciences. Cet ouvrage parut à Rome en 1591. in-4°.

De Rocc. Vid. Cornel. Curt. elog. Eremit. Aug. pag. 248.

Lud. Jacob. Carm. des Biblioth. part. 1. pag. 83.
Jan. Nic. Erythr. Pinacoth. Vir. Illust.

D'INGOLSTADT en Baviere.

221 LE Catalogue des Livres de la Bibilothéque d'Ingolstadt étoit assés estimé dans un tems principalement auquel les bons Catalogues étoient plus rares qu'aujourd'hui. Il est disposé dans un ordre alphabétique, & ne laisse pas d'être divisé selon les quatre Facultés qui y sont encore partagées en vingt-cinq classes. On en est redevable à l'industrie de Christophle *Freg* ou *Ferg*, Medecin & Bi-

Catalogues. bliothequaire du lieu après Jean *Crasellius*, & il fit imprimer ce Catalogue en 1599. & 1600. in-folio dans la même Ville.

Mr DE CORDES (Jean) Chanoine de Limoges, mort en 1642. ou 1643. (1)

222   Vitré imprima le Catalogue de sa Bibliothéque en 1643. in 4°. Ce Livre est devenu aujourd'hui assés rare & précieux même, parce qu'on sait que sa Bibliothéque étoit une des plus belles de Paris, & que comme il étoit fort bon connoisseur en matiere de Livres il l'avoit choisie & formée lui-même avec tant d'ardeur & de passion, qu'il s'étoit souvent retranché de son ordinaire même pour acheter des Livres, comme nous l'apprennent Messieurs Naudé (2) & Colomiés. (3)

Après la mort de Mr de Cordes le Cardinal Mazarin acheta sa Bibliothéque, & il en eut de très-bons Manuscrits, qui depuis ce tems-là ont été transportés dans la Bibliothéque du Roi. On n'a point laissé de rechercher dans la suite le Catalogue de la Bibliothéque Cordesienne avec beaucoup d'avidité, parce qu'en effet il comprend un grand nombre de Livres excellens & fort bien choisis. C'est dommage qu'il n'y a un peu plus d'ordre & de méthode pour le soulagement de ceux qui tâchent d'en faire quelque usage.

1 ¶ Il mourut l'an 1642. agé de 72. ans.
2 Gab. Naudé Epist. præfix. edit. catal. Cordes. sive in Elog. Jo. Cordesii.
3 Paul Colom. Biblioth. chois. p. 116. où il rapporte aussi les ouvrages que Mr de Cordes a publiés.

DES MEDICIS DE FLORENCE.

223   UN Allemand d'Helmstad nommé *Henri Ernstius* homme de réputation a fait le Catalogue des Livres de la Bibliothéque du grand Duc, mais de celle qui est dans la Maison Religieuse de S. Laurent à Florence; & il le fit imprimer à Amsterdam en 1641. in-8°. Le P. Labbe lisant le recueil de Vander-Linden de la derniere édition, dont nous avons parlé auparavant, y a remarqué entre autres fautes une bévuë assés grossiere, ayant mis Ernstius parmi ses Ecrivains, & ayant pris ce Catalogue de Bibliothéque de *Medicis* pour un catalogue de Livres de *Medecine*.

Labb. Bibl. Bibl. pag. 55.

DE M. TRICHET DU FRESNE (Raphaël) de Bourdeaux, mort vers l'an 1661.

224 LE Catalogue de sa Bibliothéque fut imprimé à Paris en 1662. in-4°. Mr Colomiés (1) lui donne la gloire d'avoir connu les Livres parfaitement, & il dit que ceux que nous voyons dans ce Catalogue, avoient été *finement* choisis par lui, c'est-à-dire qu'il s'étoit borné à ce choix. Et le P. Labbe ne se contente pas de dire (2) qu'il y a des Livres très-rares & très-exquis : mais il ajoute, que l'abondance qu'il avoit de ces Livres étoit encore plus rare, pour le dire ainsi, ne se trouvant point ailleurs comme chés lui. Néanmoins la confusion avec laquelle ce Catalogue a été dressé en rend l'usage plus difficile, & il faut se resoudre à perdre beaucoup de tems avant que de trouver ce qu'on y cherche. Et ce qu'il y a encore de plus incommode, c'est le nombre infini des fautes d'impression non seulement dans le nom des Auteurs, & dans l'énonciation des Titres, mais particulierement dans les chiffres des années de l'édition des Livres.

1 P. Colom. Biblioth. choif. pag. 143.   2 Ph. Labb. bibl. bibl. pag. 146.

DU CHEVALIER BODLEI (*Thomas*) ou de l'Université d'Oxford par Mr *Th. Hyde*.

225 NOus avons déja dit un mot des deux Catalogues que Thomas *Jamés* fit des Livres, que le Chevalier Thomas Bodlei donna à l'Université d'Oxford pour en faire une Bibliothéque publique. Mais cet ouvrage de Jamés est devenu comme anéanti par le beau corps de Bibliothéque dont Mr *Hyde* régala le Public il y a neuf ou dix ans. [c'est-à-dire en 1674. à Oxford] C'est un grand & pompeux Catalogue in-folio de tous les Livres imprimés de cette célébre Bibliothéque, qu'on nous a voulu faire passer pour la plus ample & la plus précieuse de l'Europe. Mais la beauté & l'étenduë de ce Catalogue nous ont un peu désabusé de cette pensée, & nous ont fait connoître la verité de ce que nous en ont rapporté les Etrangers, qui nous assurent qu'on la fait plus grande & plus riche qu'elle n'est veritablement. (1)

1 Anonim. Bibliograph. Car. Hiftor. philolog. pag. 167.

Catalogues. Et en effet s'il en faut juger par ce Catalogue, on y trouve souvent de petits libelles & de simples feuilles volantes, dont les titres sont repetés même en plusieurs endroits,& qui font croire au Lecteur qui ne les connoît pas, que ce sont de justes volumes; ce qui arrive d'autant plus facilement, qu'on y a changé quelquefois le titre d'un même Livre. Mais on ne doit point blâmer cette méthode, puisqu'elle tend à faire connoître quantité de Traités particuliers, qui sans cet artifice seroient en danger de demeurer dans l'obscurité & dans l'oubli.

On ne peut pas nier qu'il n'y ait quelques fautes & quelque confusion dans les titres & dans les Auteurs, soit qu'on y en voye plusieurs fondus en un seul, ou un seul divisé en plusieurs mal-à-propos. Mais il faut encore louer l'Auteur de ce que dans un si grand ouvrage il s'y en trouve si peu par rapport à la plupart des autres Catalogues.

Les Ecrivains y sont rangés par l'ordre alphabétique des surnoms ; ce qui est beaucoup plus commode que ces Bibliothéques disposées selon les noms propres. Mais on croit que si Mr *Hyde* eut pris le parti de ranger son catalogue par l'ordre des matieres, & s'il eût remis tous les noms de ses Auteurs à la fin dans une table alphabétique des Surnoms comme il a fait, il auroit augmenté de beaucoup le merite de son ouvrage, parce qu'on cherche un Livre autant & plus souvent par le titre de la matiere & du sujet qu'il traite, que par le nom de son Auteur. Et il auroit satisfait tout le monde par cette double disposition de sa Bibliothéque.

Il y a encore une autre singularité qui ne se remarque gueres dans les Catalogues imprimés, qui est d'y voir la place de chaque Livre, comme elle se trouve dans les tablettes de cette Bibliothéque à Oxford; de sorte qu'on peut connoître le rang & les places de chaque Livre sans y aller.

DE M. DE THOU.

226 IL y a trois raisons principales qui doivent nous faire concevoir une idée avantageuse du Catalogue de la célébre Bibliothéque de Mr de Thou. La premiere est la gloire immortelle que ce Heros s'est acquise parmi les gens du monde savant, soit par son histoire, soit particulierement par les soins qu'il a pris de se former

CRITIQUES HISTORIQUES. 145

mer une Bibliothéque des plus accomplies & des mieux choisies de son siécle. La seconde est l'abondance jointe à l'excellence de toutes sortes de Livres tant manuscrits qu'imprimés, qu'il y avoit renfermés. La troisiéme est le merite particulier des personnes qui ont travaillé à ce catalogue. Car il est bon de savoir qu'il fut mis d'abord dans un ordre Alphabétique par Messieurs *du Puy*, dont le nom vivra tant que vivront les Lettres; qu'ensuite il fut réduit en diverses classes selon les Sciences & les Arts par Mr *Bouillaud* (1) homme célébre par ses doctes écrits; mais que c'est à Mr *Quesnel* (2) à qui le Public est redevable de son accomplissement & de la Table des Auteurs qui s'y trouve, aussi bien que de la Preface qu'il a mise à la tête, & qui nous apprend ces particularités.

Ce Catalogue fut imprimé en deux volumes in-8°. l'an 1679. Sa situation & sa méthode ont assés de rapport avec celle de Draudius. Et quoiqu'il soit hors d'apparence qu'on se soit proposé pour modele de ce Catalogue, on ne laisse pas d'y remarquer presque les mêmes vûës qui consistent à nous donner d'abord des Titres universels des matieres, sous lesquels on range les Livres & les Traités qui peuvent s'y rapporter, & ensuite une Liste ou Table des Auteurs par leurs surnoms avec cette difference néanmoins que la disposition des classes dans ce Catalogue est beaucoup plus reguliere & plus judicieuse que dans la Bibliothéque de Draudius.

C'est ce qui lui a donné l'avantage au dessus de tous les autres ouvrages de cette espece. Car comme la fin d'un Catalogue doit être non seulement de marquer les livres, de les bien énoncer, & d'en specifier l'édition & la forme, mais encore de les faire trouver sans difficulté & sur le champ à ceux qui les y cherchent: on a eu grande raison d'y faire une Table Alphabétique des Auteurs pour ne se point priver de la commodité que l'on trouve dans les Catalogues des Bibliothéques *Bodlejane* & *Barberine*, & dans ceux de *Gesner*, *Possevin*, *Konig* & de plusieurs autres; & de composer en même tems un juste Systeme des Arts & des Sciences réduites par classes pour nous instruire de la méthode que nous pouvons tenir dans le choix & dans la lecture des livres qui sont de la même espece, & qui traitent un même sujet. Et c'est ce qui n'avoit été tenté jusqu'ici que d'une maniere fort grossiere & fort imparfaite dans les Catalogues des plus belles Biblio-

---

1 ¶ Ismaël Bouillaud mort le 25. Novembre 1694. dans sa quatre-vingt-neuviéme année.

2 ¶ Joseph Quesnel cousin du fameux pére Paquier Quesnel de l'Oratoire.

Catalogues. théques, telles qu'étoient celles de Mrs *de Cordes*, *Heinsius*, *du Fresne*, *de Ribaudon*, *Bluet*, *Corbin*, *&c.*

Mais quelque industrie qu'on ait apportée dans le bel ordre du Catalogue de la Bibliothéque de Mr de Thou, on peut dire, sans rien diminuer de l'estime qu'on doit avoir pour ses Auteurs, qu'il ne fournit pas encore entierement les moyens de remedier à l'inconvenient ordinaire, & qui consiste dans la difficulté de trouver par ces voyes generales les matieres singulieres dont on a besoin, ce qui néanmoins devroit être la principale utilité qu'on pouroit retirer de ces sortes d'ouvrages. C'est pourquoi il semble que la veritable maniere de faire un Catalogue, est de commencer d'abord par un Systeme general des Arts & des Sciences, qui soient partagées en diverses classes, dans lesquelles on puisse ranger les matiéres universelles ou *génériques* qui font le sujet des livres, & où l'on tâche d'observer autant qu'il est possible l'ordre des tems, ou des lieux, ou des choses mêmes, selon la méthode qui nous est prescrite par ceux qui ont le mieux écrit de la maniere de bien étudier & de bien lire les livres. C'est ce qui a été fort bien pratiqué par Mr Quesnel & par ceux qui ont travaillé avant lui au Catalogue de la Bibliothéque de Mr de Thou, & par le P. *Garnier* dans son *Systeme de la Bibliothéque du College de Clermont*. On peut hardiment s'en tenir là sans qu'il soit fort necessaire d'aller étudier pour cet effet les maximes ennuyeuses que nous ont voulu prescrire sur ce sujet Possevin dans sa *Bibliothéque choisie*, le P. Blanchot Minime dans son *Idée*, le P. Clement Jésuite dans son *Instruction*, Jean-Baptiste de Cardone dans son *Conseil* au Roi d'Espagne, & Mr Naudé lui-même dans son *Avis*.

Après ce Systeme general que j'appelerois volontiers le *Catalogue des Tablettes d'une Bibliothéque* comme étant le véritable plan de sa disposition locale, il semble qu'on devroit faire un *Index* exact de toutes les matieres & Traités particuliers disposés dans un ordre Alphabétique, qui est le plus simple & le plus naturel en forme de Dictionnaire, afin de pouvoir non seulement connoître divers sujets, qui étant traités singulierement & à fond, ne laissent pas de demeurer inconnus, & comme ensevelis parmi les autres, & particulierement dans les gros Volumes & dans les livres de Recueil; mais encore pour fixer & retenir une infinité de piéces volantes & fugitives, qui ne peuvent presque point avoir de stabilité que dans ces sortes d'*Indices*. Et lorsque les titres singuliers & *specifiques* de ce Dictionnaire seroient un peu amples, je n'y connoîtrois point d'autre finesse que de les diviser suivant les espeses différentes dans lesquelles on partage

CRITIQUES HISTORIQUES.

ordinairement les matieres dont il s'y agit, & d'obferver par tout l'ordre des tems & des lieux, ou fimplement celui des chofes quand ce font des matieres dont les Auteurs & les fujets ne peuvent pas commodement s'aſſujettir aux loix de la Chronologie & de la Géographie.

Catalogues.

C'eſt, ce me femble, cette forte de Dictionnaire raiſonné qu'on devroit appeller proprement le véritable Catalogue d'une Bibliothéque, comme étant incomparablement plus utile & plus neceſſaire pour l'uſage des livres, & pour l'étude de tout le monde, que ne font ni ceux qu'on fait par les Auteurs ni ceux qu'on fait feulement par les claſſes des matieres univerſelles.

Enfin on pouroit terminer ce Catalogue par une Table univerſelle de tous les Auteurs difpofés felon l'ordre alphabétique en fuivant celui des furnoms pour les modernes. Mais je voudrois fpecifier fous chaque nom d'Auteur tous les Ecrits qu'il auroit faits, & marquer exactement la place que tous ces Ecrits tiendroient dans le Catalogue ou le Dictionnaire des matieres fingulieres, dans lequel on trouveroit infailliblement d'ailleurs tous les livres Anonymes en leur place naturelle. Ce qui ne fe peut pratiquer dans ces fortes de Catalogues qui ne fe font que par les noms & par la fuite des Auteurs. Mais comme il eſt difficile de bien expliquer ici tous les avantages qu'on pouroit retirer de cette triple méthode de dreſſer un ſeul Catalogue, & comme quelques perfonnes affectionnées d'entre celles qui ont des habitudes chés Monſieur l'Avocat General de Lamoignon fe font imaginé en avoir vû une partie aſſés nettement développée dans la Préface du Catalogue de fa Bibliothéque, on s'eſt trouvé engagé à faire imprimer cette Préface quoique Latine à la fin de ce Volume (1), non pas tant pour témoigner la foumiſſion qui eſt duë à l'autorité de ces Perfonnes qui l'ont fouhaitée, que pour demander fur ce point les lumieres & les avis de ceux qui liront ce Recueil, lequel n'a été d'ailleurs entrepris que pour faire partie de ce Catalogue.

---

1. * On la trouvera dans le premier Volume de la prefente Edition.

DE QUELQUES CATALOGUES DE REPUTATION
faits en ces derniéres années.

227 Depuis la publication du Catalogue de la Bibliothéque de Monsieur de Thou, il n'en a point paru de plus important que celui de la Bibliothéque *Barberine*, & celui de la Bibliothéque de Monsieur *Heinsius*.

Le premier qui fut mis au jour en 1681. après la mort (1) du Cardinal François Barberin Doyen du sacré Collége est en deux Volumes ou en trois Tomes in-fol. Il nous fait assés juger que la réputation qu'avoit cette Bibliothéque n'étoit point mal acquise, & qu'elle étoit même encore plus riche qu'on ne la croyoit. Il est disposé selon l'ordre alphabetique des Auteurs aussi-bien que celui de la Bibliothéque Bodlejane d'Oxford, mais il ne paroit pas si éxact, & il y a tant de fautes, soit dans les noms des Auteurs, soit dans l'énonciation des Titres, & particuliérement de livres qui ne sont ni en Latin ni en Italien, qu'on en pouroit faire un juste recueil. D'ailleurs les Titres des Matiéres y sont souvent mélés avec ceux des Auteurs, ce qui cause quelque confusion, & qui fait quelquefois prendre la personne dont il est traité dans un livre pour celle qui a composé le livre même.

Le second ne parut aussi qu'après la mort (2) de Nicolas Heinsius fils de Daniel l'an 1682. & n'a été dressé que dans la vûë de faire mieux vendre cette Bibliothéque à l'imitation de ceux de Messieurs des Cordes, Trichet du Fresne, de Thou, & de la plupart des particuliers qui ont laissé ces précieux meubles de livres à des héritiers ou ignorans, ou indigens, ou peu curieux de la gloire & de la réputation de leurs Peres & de leurs familles. Il paroit par ce Catalogue que la Bibliothéque de Monsieur Heinsius étoit fort nombreuse, & que néanmoins les livres n'en étoient pas moins bien choisis. Mais après tout il est plus curieux qu'utile, parce qu'il n'y a ni Table des Auteurs ni Table des matiéres ; & que la division superficielle qu'on lui a voulu donner selon les Arts & les Sciences ne nous apporte pas grand secours.

1 ¶ Arrivée le 10. Décembre 1679.   2 ¶ Arrivée l'an 1683.

CATALOGUE des Livres d'Eſtampes de Monſieur de Marolles(1).

228 CE n'eſt peut-être pas ſortir tout-à-fait de notre ſujet que d'ajouter ici un mot du Catalogue curieux que Monſieur l'Abbé de Villeloin fit imprimer en 1666. [*in-*8°.] des livres d'Eſtampes & de figures en Tailles-douces qui ſe trouvoient dans ſon Cabinet. Le Recueil qu'il en avoit fait étoit le plus parfait qu'il y eût encore eu juſqu'alors, étant compoſé de ſix-vingt mille Tailles-douces. Il eſt fort utile aux curieux qui y trouvent un nombre fort complet de tous les ouvrages des bons Maîtres, & ils peuvent en tirer des lumiéres pour dreſſer des Cabinets d'Eſtampes. L'Auteur y a fait auſſi des Remarques touchant les Peintres & les Graveurs, & quelques avertiſſemens ſur la maniére de conſerver les Eſtampes. Ce Cabinet ayant été depuis incorporé à celui du Roy, Monſieur de Marolles conçût le deſſein d'en dreſſer un autre auquel il travailla juſqu'à la mort. [Il a été donné *in-*12 en 1672.]

A la fin de ce Catalogue on y en voit un autre de ſa façon contenant la liſte des ouvrages qu'il avoit commencés, & qu'il eſperoit donner au jour.

1 ¶ Mort l'an 1681. agé de 81. ans. ⁊

DES CRITIQUES, qui ont écrit *de la maniére de dreſſer une Bibliothéque,* ou qui ont fait des *Traités Philologiques & Hiſtoriques des plus célébres Bibliothéques.*

229 COmme ces ſortes d'Ecrits n'ont preſque point encore eu de Cenſeurs, nous ne nous y arrêterons pas, & nous nous contenterons d'en rapporter les ſimples titres, afin que comme la plûpart de ces Auteurs ſe ſont preſque ſuivis & copiés les uns les autres pour l'ordinaire, celui qui voudra traiter la même matiére après eux puiſſe apprendre ici une partie de ceux d'entre eux qui en ont écrit avec plus de réputation, & avoir le plaiſir de les conſulter & de les confronter enſemble.

1. *Jean-Baptiſte* de CARDONE (1) Evêque de Tortoſe publia en

1 Mort en 1590.

1587. quatre Traités Historiques & Critiques in-4°. à Tarragone. On dit qu'ils sont rares. Le premier est un avis au Roy Philippes II. pour bien dresser sa Bibliothéque de l'Escurial. Le second est un Traité de la Bibliothéque du Vatican pris des cahiers Manuscrits d'Onufre Panvini. Le troisiéme concerne les ouvrages des Hérétiques, & le quatriéme traite des Diptyques. (1)

2. *Juste* LIPSE (2) a fait un Traité singulier des Bibliothéques imprimé à Anvers en 1603. [*in*-4°.] & plus d'une fois encore depuis ce tems-là. Le nom seul de l'Auteur de ce petit livre lui tient lieu d'éloges & d'approbation.

3 P. BERTIUS (3) étant encore en Hollande fit une Epitre ou Traité de l'ordre & de l'usage d'une Bibliothéque à l'occasion de celle de Leyde, & cela fut imprimé en 1595. in-4°. avec le Catalogue de cette Bibliothéque.

4. *Erycius* PUTEANUS *de Venloo* (4), Professeur à *Milan* puis à *Louvain*, que quelques-uns de nos Ecrivains appellent *Henry du Puy* selon nos maniéres, composa un traité de l'usage d'une Bibliothéque & du fruit qu'on doit retirer des livres, & en particulier de la Bibliothéque Ambrosienne, dans le tems qu'il demeuroit à Milan. Cela fut imprimé en 1606. dans la même ville in-8°. Et depuis qu'il fut de retour dans son pays il fit un autre traité sous le titre d'*Auspices de la Bibliothéque publique de Louvain* imprimé en 1639. in-4°. Il est vrai que ce Puteanus passoit pour un *babillard*, & pour un grand faiseur de petits Livres, mais il étoit d'ailleurs fort habile homme.

5. *Daniel* HEINSIUS de *Gand* (5), Professeur & Bibliothéquaire à *Leyde* a fait un discours à Messieurs de l'Université de Leyde, pour les remercier de la Charge de Bibliothéquaire dont ils l'avoient honoré, où il parle du bon état d'une Bibliothéque, & des devoirs d'un Bibliothéquaire ; mais après tout ce n'est presque que du Latin, & il y a peu de chose qui fasse à notre sujet. Ce discours est parmi ses Oraisons, & à la fin du Catalogue de la Bibliothéque de Leyde de l'an 1640.

6. Le P. *Pierre* BLANCHOT Minime (6) publia à Paris en 1631. l'idée d'une Bibliothéque universelle en trois grandes feuilles en forme de cartes, mais cela n'eut point grand cours. Voyés le P. Labbe *Bibl. Bibl.*

1 Voyés D. Nic. Antoine dans sa Biblioth. Espagnole.
2 Mort en 1606.
3 Mort Catholique à Paris en 1629.
4 ¶ Mort en 1646.
5 Mort en 1655.
6 ¶ Mort en 1637.

CRITIQUES HISTORIQUES. 151

7 *Joſſe dë* DUDINCK (1) Chanoine de Reyſſ, & Curé de Vin ſur Catalogues. le Rhin, publia ſon *Palais d'Apollon & de Pallas* en 1643. in-8°. à Cologne, ce n'eſt proprement qu'un deſſein & une idée aſſés ſuperficielle des principales Bibliothéques du monde tant anciennes que modernes. Voyés Valere André *Bibl. Belg.*

8. Le P. *Claude* CLEMENT Jeſuite *Franc-Comtois* (2) nous a donné quatre Livres de la maniére de dreſſer une Bibliothéque générale & particuliére, avec une deſcription de la Bibliothéque de l'Eſcurial, & une exhortation à l'étude & à la lecture des Livres. Il publia cet ouvrage à Lyon en 1635. in-4°. il y a quelque érudition, mais il y a trop de babil & trop de ce que nous appellons *fatras*, & s'il avoit eu plus de jugement, il auroit renfermé tout ce qu'il y a de bon dans cet ouvrage en un fort petit livre.

9. *Gabriel* NAUDE' (3) Prieur de Lartige & Bibliothéquaire du Cardinal Mazarin, & qui paſſoit dans l'Italie & dans la France pour grand connoiſſeur de Livres, publia en notre Langue ſon *Avis* pour dreſſer une Bibliothéque en 1627. [*in-8°.*] pour la première fois, puis en 1644. [*in-8°.*] avec l'augmentation du P. Jacob Carme. Mais ſon Avis n'eſt plus ſi néceſſaire depuis qu'on a eu d'autres lumiéres ſur ce ſujet.

Le P. *Louis* JACOB *de Saint Charles* Carme *de Challon* (4) donna auſſi en notre langue ſon Traité des plus belles Bibliothéques publiques & particuliéres, qui avoient été & qui étoient de ſon tems dans le monde. [*in-8°.* Paris 1644.] Dans ce gros traité il paroît avoir eu un peu trop de diligence, & trop peu de diſcernement ſur des choſes qui ſont incertaines & ſur d'autres qu'il tire par les cheveux pour les faire venir à ſon ſujet. Outre que comme il avoit le naturel bon, il croyoit un peu trop facilement ce qu'on lui diſoit & ce qu'on lui écrivoit, & ſe repoſoit avec un peu trop d'aſſurance & de crédulité ſur la bonne foi d'autrui. C'eſt ce qui lui a fait multiplier ſi fort le nombre des belles Bibliothéques, & qui l'a porté à nous faire paſſer pour très-amples & très-bien choiſies celles qui à peine auroient mérité place parmi les cabinets les plus médiocres. Cet ouvrage fut imprimé en 1644. [*in-8°.*]

11. *Herman* CONRINGIUS (5) *Friſien* Médecin d'*Helmſtad* fit un Traité en forme d'Epître ſur tout ce qui regarde la compoſition d'une Bibliothéque par rapport à celle du Duc de Brunſwick, qui eſt dans le

1 Vers 1650.
2 Mort en 1642.
3 Mort en 1653.
4 Mort à Paris.
5 Né en 1605. ¶ Mort en 1681.

152   CRITIQUES HISTORIQUES.

Catalogues. château de Wolfenbutel. Il le fit imprimer à Helmstad en 1661. in-4°.

12. *Jean* LOMEJER (1) a fait un Traité historique & critique des plus célébres Bibliothéques, anciennes & modernes, ayant fait remonter les choses jusqu'à leur première origine. On ne disconvient pas qu'il n'ait beaucoup pris des autres, & qu'il ne dise aussi des choses inutiles & incertaines : mais au reste c'est le plus considérable de ceux que nous avons vû sur ce sujet. Son livre fut imprimé à Zutphen l'an 1669. in-12.

13. Le P. GARNIER (2) Jesuite *de Paris* a fait imprimer depuis six ans ou environ in 4°. [en 1678.] le Systéme de la Bibliothéque du Collége de Clermont, à qui les Jesuites ont donné depuis le nom de *Louis le Grand*. Nous en avons déja dit beaucoup de bien un peu au dessus, & nous ajoutons ici que comme sa méthode est très-belle, son Systéme peut servir de plan à tout le monde, pour donner une bonne situation aux livres d'une Bibliothéque telle qu'elle puisse être. Quelques-uns prétendent qu'il n'a fait que prêter (3) son nom à l'Auteur véritable de ce Systéme.

14. Enfin le sieur le GALLOIS (différent de Monsieur l'Abbé de Cores) publia in-12. en notre langue un traité historique des Bibliothéques l'an 1680. Il y rapporte un petit nombre de choses nouvelles, mais le reste est copié avec assés de fidélité des autres Auteurs de ci-dessus, & particuliérement de Lomejer, dont il a même retenu les fautes avec un peu trop de scrupule. Du moins peut-on assurer qu'il a deviné fort éxactement l'ordre des chapitres & la méthode du livre de Lomejer, qu'il s'est rencontré avec lui en une infinité d'endroits par un hazard qui approche fort d'un rendés-vous, & que les mémoires que ses amis lui ont fournis pour faire sa compilation ont une conformité avec ce livre qui est un peu suspecte.

Mais comme il dit lui-même, il nous importeroit peu de savoir d'où il a pris ce qu'il entasse dans son livre, s'il pouvoit nous instruire utilement, & il a raison de dire (4) que ceux qui ont voulu lui faire croire qu'il y avoit réussi ont été trop indulgens à son égard.

1 Mort depuis peu d'années.
2 Mort à Boulogne la grasse en 1681.
¶ 3 L'Auteur des Réflexions pag. 193.
demande d'où Baillet a tiré cette particularité. §
4 Le Gall. avis au Lecteur, &c.

CHAP.

CRITIQUES HISTORIQUES.

CHAPITRE VII.
DES PRINCIPAUX CRITIQUES

Qui n'ont point écrit exprès ou par profession sur le jugement des ouvrages des Auteurs, mais qui se sont contentés d'en faire l'éxamen par occasion dans leurs écrits, ou qui étant consultés sur les Livres n'ont donné leurs avis & n'ont prononcé leurs sentences que de vive voix.

Jean Louis VIVE'S de Valence en Espagne, mort en 1541.

230 Il n'est pas toujours fort judicieux dans sa Critique, & il suit assés souvent sa passion & ses préjugés dans les jugemens qu'il fait des Auteurs, comme le témoigne Henri Estienne dans sa Préface sur Aulu-Gelle.

* *Lud. Vivès de corruptis Artibus lib. VII. & de trahendis disciplinis lib. V.* in-8°. *Col. Agrip.* 1612.*

MELCH. CANO Dominicain Evêque des Canaries, mort en 1560.

231 C'Est un des plus judicieux & des plus hardis Critiques de son siécle. Il sembloit être né pour fronder tous les contes de vieilles & les erreurs populaires qui s'étoient glissées dans les livres & particuliérement dans les Histoires. Mais nous en parlerons parmi les Théologiens. Il suffit de dire que Vossius estimoit fort sa Critique (1), & que le Pere Combefis l'appelloit le Maître des Censeurs (2), quoique sa liberté fît un peu mal au cœur à Baronius.

* *Melch. Cani opera omnia* in-8°. *Paris.* 1662.*

1 Hist. Lat. passim.
2. In recens. Auctor Biblioth. concionat. pag. 12.

Tome II.

FRANÇOIS DE LA TORRE,

Espagnol appellé TORRENSIS *dans les Ecrits qu'il fit étant séculier, &* TURRIANUS *dans ceux qu'il fit étant Jesuite,* mort en 1584.

232 TUrrien étoit un homme de grande Lecture & d'assés bon sens. Il étoit accusé de citer quantité de fausses piéces pour défendre ses opinions, & dans la pensée où on étoit qu'il avoit forgé des Manuscrits dans sa tête, on le faisoit passer pour un homme de mauvaise foi, sous prétexte que personne n'avoit alors ni lû ni vû même ces Manuscrits, qu'il disoit avoir trouvés dans les Bibliothéques d'Italie & d'Espagne.

Néanmoins le tems qui découvre toutes choses semble avoir pleinement justifié Turrien. Car les Catalogues des Manuscrits de l'Escurial, & de ceux de Scipion Tetti Neapolitain, ayant été mis au jour long tems après la mort de Turrien, on y a trouvé ceux qu'il a cités & qu'on croyoit imaginaires; & Monsieur Colomiez même en a marqué trois ou quatre de cette nature qui sont des plus rares (1).

Après tout l'érudition & la probité de Turrien ne l'empêcheront pas de passer dans la Postérité savante pour un Critique de fort mauvais goût, qui étoit entêté & disposé à tout sacrifier pour la défense de ses préjugés. Il a été décrié par bien des gens, mais personne ne l'a tant humilié que le Ministre Blondel, quand il l'a entrepris avec le faux Isidore sur les Décrétales prétenduës des premiers Papes. Nous en parlerons parmi les Canonistes.

1 Mélanges histor. edit. d'Orange.
¶ Le chiffre 1. renvoie aux Mélanges historiques de Colomiés où il n'est absolument rien dit de Blondel par rapport à Turrien. ¶

JEAN DORAT le Poëte (1) dit *Auratus*, de *Limoges*, *mort en* 1588. âgé de 80. *ans*.

233 IL avoit la réputation d'un rare Critique, d'un Censeur sévére & équitable des ouvrages d'autrui; & d'un homme

1 ¶ Comme il n'y a point eu de Jean Dorat qui ait écrit en Prose, il n'étoit pas besoin d'ajouter par maniére de distinction *le Poëte.* ¶

qui pénétroit jusqu'au fond les Auteurs les plus obscurs de l'Antiquité. C'est le témoignage que lui rend Monsieur Bullart (1) & long-tems avant lui Joseph Scaliger (2), qui ajoute que Dorat étoit grand Grec. Mais cet habile homme s'est contenté de donner des leçons de Critique de vive voix.

1 IS. Bullart. Acad. tom. 2. liv. 5. pag. 360.   2 Jos. Scalig. in Scaligeran. pag. 2.

PHILIPPES DES PORTES Abbé de Thiron, Poëte François sous Henri IV. (1)

234 Monsieur le Cardinal du Perron dit que Monsieur de Thiron jugeoit merveilleusement bien des stiles, & que c'etoit un grand homme en cette partie de la Critique, dont il n'a pourtant rien écrit.

1 ¶ Mort l'an 1606. §.   2 Perronian. pag. 306.

JOSEPH SCALIGER ou de l'Escale, mort en 1609.

235 Scaliger le jeune vouloit passer pour le Prince des Critiques aussi-bien que du reste des gens de Lettres, & il avoit assurément tout ce qu'il lui falloit pour soutenir ses prétentions. Car il avoit joint beaucoup de hardiesse & de présomption à une profonde érudition, à un génie vaste & puissant. La plupart de ses Préfaces sont pleines de cette Critique sur les ouvrages des Auteurs qu'il a corrigés ou expliqués ; C'est ce qui nous engagera à parler de lui plus amplement parmi les Critiques de Grammaire ou de Philologie, & parmi les Chronologistes.

Pour ce qui est de cette Critique continuelle qu'il débitoit de vive voix dans la conversation, le Public a obligation à Messieurs de Vassan (1) neveux de Messieurs Pithou qui avoient demeuré chés

1 ¶ Il entend Jean & Nicolas de Vassan fils d'un Mr de Vassan sieur de Remi-Mesnil, mari de Perrette Pithou, sœur de Pierre, de François &c. Pithou morte sur la fin de 1604 à Genève où dès 1572. elle s'étoit retirée. Ces frères Vassans étant allés faire leurs études à Leyde y voyoient assidument Joseph Scaliger, & recueilloient avec soin ce qu'ils lui entendoient dire de curieux. A leur retour en France, où ils se firent Catholiques, ils communiquérent leurs Recueils à Messieurs du Puy. Ceux-ci à Mr Sarran qui en laissa une copie à son fils Isaac, des mains duquel ils passèrent à celles de Daillé le fils qui pour s'en rendre l'usage plus commode, en rangea les articles selon l'ordre de l'alphabet. Il en fit autant du Perroniana. Ensuite de quoi Isaac

lui, d'en avoir recueilli des fragmens qu'on a imprimé plus d'une fois sous le nom de *Scaligeranes*. Mais je ne fai si ces bons Difciples ont crû par cette conduite rendre grand fervice à la mémoire de leur Maitre. Si cela eft, l'événement n'a pas tout à fait bien répondu à leurs intentions, & on ne peut rendre de plus mauvais offices à un homme de réputation, que de découvrir fes foibleffes, comme elles paroiffent à nud dans ce Recueil de fes propos & de fes paroles remarquables, quoiqu'on foit obligé de reconnoître qu'il fe trouve des perles parmi tant de fumier. C'eft auffi la remarque du P. Vavaffeur, de Monfieur Colomiez, & des autres Critiques (1).

Monfieur de Balzac dit qu'en matière de vers fes opinions étoient plus faines que celles de Jules Céfar fon pere; qu'elles étoient pourtant bien hardies & quelquefois même témeraires, & qui plus eft fouvent malicieufes (2).

Alftedius dit qu'il étoit imitateur des maniéres d'Ariftote dans fa Critique envers les Auteurs, & c'eft ce que nous avons auffi remarqué de fon Pere (3).

Il arrivoit affés fouvent que fa Critique ne s'accordoit pas dans les jugemens des Auteurs avec celle de Lipfe, de Cafaubon & des autres: mais il n'étoit guéres plus infaillible qu'eux, & s'il les convainquoit quelquefois d'erreur, il en recevoit auffi le change, & quelquefois même que la Critique des uns & des autres fe trouvoit fauffe en même tems & fur un même fujet.

Voffius qui étoit alors à Paris ayant eu commnnication tant du Scaligerana que du Perroniana, procura l'édition de l'un & de l'autre chés Adrien Vlac Libraire à la Haïe. Près d'un fiécle auparavant, favoir environ l'an 1575. & depuis, jufqu'en 1592. François Vertunien de Poitiers, Médecin de Mrs Chateigners de la Rochepozai, dans la maifon desquels demeuroit en ce tems-là Jofeph Scaliger, ayant occafion de le pratiquer, écrivoit pour fon utilité particuliére les chofes pleines d'érudition qu'il lui entendoit dire. Les cayers qu'il en laiffa font demeurés plufieurs années après fa mort enfevelis dans quelque cabinet obfcur, d'où ils ont enfin été tirés par un homme de Lettres, Avocat à Poitiers, nommé Mr de Sigognes. C'eft lui qui ayant acheté ce Recueil, le fit imprimer fous le titre de *Scaligerana prima*, lui confervant par-là le rang de fon ancienneté. Enforte que le précédent *Scaligerana* quoique publié deux ou trois ans auparavant n'a été depuis appellé par rapport à celui-ci que *Scaligerana fecunda*.

1 Franc. Vavaff. ap. Colomefium Biblioth. felect. pag. 102.
2 Balz. dans fon Socrate, pag. 162. & fuiv. à la fin, édition de 1651.
3 Alfted. Encyclopæd. tom. 4. lib. de Crit.

LIPSE, CASAUBON, &c.

236. NOus aurions pû parler ici de la Critique & des jugemens portés sur les ouvrages des Auteurs par *Lipse, Casaubon, Grotius, Saumaise,* & particuliérement (1) par G. *Barthius,* ou même par la plupart de ces Philologues Scholiastes & Correcteurs de livres, qui ont paru depuis la fin du quinziéme siécle jusqu'à notre tems. Mais nous leur avons destiné la seconde partie de notre Recueil de Critiques ci-après.

1 ¶ Ce *particuliérement* ne doit être entendu ni par rapport à la doctrine, ni par rapport au discernement, Barthius n'étant comparable ni en l'un ni en l'autre à aucun des quatre Critiques précédens. ʃ

BARONIUS & BELLARMIN
Cardinaux, le premier mort en 1607. le second mort en 1621. (1)

237. QUelque sujet qu'on ait de se plaindre de quelques jugemens peu équitables que ces deux grands Cardinaux ont porté sur la plupart des ouvrages qui ne favorisoient pas leurs interêts, il n'y a pourtant pas de Gens raisonnables du moins parmi les Catholiques, qui leur ait refusé la gloire d'avoir été d'habiles & judicieux Critiques dans tout le reste. Quoique le nombre de leurs fautes ne soit pas trop petit dans les endroits mêmes où la censure des Auteurs qu'ils font est sans passion & sans préjugés, il y aura toujours lieu de s'étonner qu'ils n'en ayent pas fait davantage dans des ouvrages dont l'entreprise etoit fort au-dessus de la portée des Ecrivains médiocres. Nous parlerons plus au long du premier parmi nos Historiens Ecclésiastiques, & du second parmi les Controversistes, & parmi les Ecrivains de la Puissance du Pape & des Princes Séculiers, outre ce que nous avons déja dit de lui au second chapitre de nos Critiques sur les Auteurs Ecclésiastiques.

1 ¶ Ménage auroit bien fait de rayer dans l'*Errata* de son Anti-Baillet les trois lignes suivantes de la page 164. du tom. 1. Les voici : Mr *Baillet dit à la page* 284. *du* 2. *tom. partie* 2. *que Bellarmin mourut en* 1622. *Il mourut en* 1621. On voit que Ménage fait ici trois fautes, l'une en citant Tom. 2. partie 2. au lieu de Tom. 1. partie 1. l'autre en prétendant que Baillet qui a mis la mort de Bellarmin en 1621. l'avoir mise en 1622. la troisiéme en ce qu'il ne s'est pas apperçû que l'anacronisme touchant Bellarmin en étoit uniquement à l'art. 739. quoique dès 1636. Baillet eût reconnu l'erreur ʃ

ANT. AUGUSTIN Archevêque de Tarragone mort en 1586.
FERDINAND DE MENDOZE, mort peu après 1600.

238   Le premier est universellement reconnu pour un des plus pénétrans & des plus judicieux Critiques que l'Espagne ait jamais portés, & il avoit parfaitement bien cultivé cette excellente partie de son esprit par toute sorte de belle Litterature. On voit par ce qu'il a fait dans ses divers jugemens sur les Ecrits des Anciens ce qu'il auroit pû faire, s'il avoit attendu à vivre dans notre siécle, auquel il s'est fait un si grand nombre de belles découvertes.

   Le second auroit été fort loin dans la Critique, s'il ne lui fût arrivé une disgrace (1) qui le retira du commerce des livres & de la Société des Gens de Lettres. Cela paroît (2) assés par les trois livres des Commentaires qu'il publia sur le Concile d'Elvire étant encore assés jeune. Nous en parlerons ailleurs. Il suffit d'avoir marqué ici son discernement dans la distinction des piéces fausses ou suspectes d'avec celles qui ont quelques caractéres de vérité, & qui paroissent indubitables.

1 ¶ Une démence causée par un excès d'application à l'étude.
2 ¶ Il veut dire que ces trois livres de Commentaires font assés voir que Ferdinand de Mendoze auroit été loin dans la Critique, mais à cause de cette démence dont l'idée précéde immédiatement, il semble que ces mots : *cela paroît assés* signifient que *cette démence paroit assés par* &c. Equivoque désagréable qu'il auroit été bon d'éviter.§,

M. le CARDINAL DU PERRON mort en 1618.

,, 239   Je puis juger des stiles, parce que j'ay employé vingt-cinq
,,   ans entiers à feuilleter tous les bons Auteurs Latins, Grecs
,, & Italiens; j'ai été quinze ans entiers que j'avois toujours dans ma
,, poche un *Orator* de Ciceron. C'est le jugement que ce Cardinal porte de lui-même (1), & si on y veut ajouter celui qu'en font les autres, on peut les copier sur celui que nous venons de rapporter des Cardinaux Baronius & Bellarmin.

1 Perronianor. pag. 306. & 307. au mot *Stylus*.

CRITIQUES HISTORIQUES: 159

M. Tomasini dit qu'il avoit un discernement très-exquis des esprits, & qu'il savoit admirablement juger du prix des ouvrages des autres (1). Et il semble que Messieurs du Puy (2) ayent eu aussi le dessein de vouloir persuader la même chose au Public en mettant au jour ses Propos familiers ou les Restes de ses conversations sous le nom de *Perronianes* dans lesquels il paroit combien sa Critique étoit saine quand il parloit à cœur ouvert & dans toute sa liberté. Car on sait qu'étant avec ses amis particuliers en des lieux & en des occasions où ni ses interêts ni ceux de la Cour Romaine ne l'obligeoient pas à se contrefaire, il disoit volontiers ses sentimens dans la pensée qu'ils n'auroient aucune conséquence.

1 Jac. Phil. Thomasin. in Tit. Liv. pag. 85.
2 ¶ Le soin que j'ai dit qu'Isaac Vossius prit de faire imprimer à la Haie le *Perronianum* n'empêcha pas Daillé le fils de le faire imprimer en France. Ménage au chap. 80. de son Anti-Baillet, dit que ce fut en 1669. à Rouen, tems auquel Messieurs du Puy ne vivoient plus, l'ainé P.erre étant mort en 1651. & le cadet Jaques en 1656. ⑤

M. LE PRESIDENT DE THOU mort en 1617.

240   LE caractére de la Critique de Monsieur de Thou est cette liberté Françoise qui regne par toute son Histoire, qui l'a fait si fort distinguer d'avec la plupart des Ecrivains de son siécle, qui lui a fait éviter avec tant de sagesse les deux extrémités où se sont jettés d'un côté quelques zelés Catholiques, & de l'autre la plupart des Protestans, & qui lui a donné en particulier l'avantage sur les trois célébres Cardinaux dont nous venons de parler, en ce qu'étant tout-à-fait exemt des préjugés & des interêts qui les occupoient, ni la crainte ni l'esperance, ni aucune autre passion n'a été capable de corrompre sa plume & son esprit. On ne prétend pas néanmoins que tous les jugemens qu'il a rendus en faveur de tant d'Ecrivains médiocres soient toujours fort justes & irrévocables. Ce sont des éloges que l'on trouve répandus dans son Histoire à la fin de chaque année. Ils font une des plus curieuses parties de cette Histoire. On les mit à part, & on les imprima à Francfort in-4°. en 1636. puis en 1656. à Helmstad en deux Volumes comprenant cinq parties dont la seconde seulement est le Recueil de ces hommes illustres en science. Et l'an 1684. Monsieur *Teissier* mit ces Eloges des Savans en François avec des additions (1) où l'on voit quelques circonstances de leurs

1 ¶ de beaucoup de fautes, ainsi que dans la seconde édition. ⑤

vies, quelques jugemens de leurs livres & les Catalogues de leurs ouvrages. Mais comme cela fait partie de l'Histoire de Monsieur de Thou, nous nous réservons d'en parler quand nous en serons aux Historiens.

  * Depuis la mort de Monsieur Baillet, on a donné une nouvelle édition du Teissier en 4. vol. *in*-12. à Leyde 1715. *

---

    1. HERIBERT ROSWEYDE *Jesuite mort en* 1629.
    2. Jean BOLLANDUS *Jesuite, mort en* 1665.
    3. Godefroy HENSCHENIUS *Jesuite, mort à la fin de* 1682, *ou au commencement de* 1683. (1)
    4. Daniel PAPEBROCHIUS ou de PAPEMBROCK *Jesuite aujourd'hui vivant* (2)
    5 Et ses Consorts les PP. CARDON, BARTIUS, &c.

241   Eur travail est proprement une Critique perpétuelle sur les Vies & les Actes des Saints dans le discernement desquels on voit regner le bon sens, le bon goût, & la bonne foi. Ils s'appliquent avec une persévérance éxemplaire à éxaminer toutes les piéces, à distinguer les fausses & les supposées d'avec les véritables, soit par les maniéres, soit par les stiles, soit par les circonstances des tems & des lieux, soit par les autres caractéres de la vérité, qu'ils savent reconnoître par la pénétration de leur esprit, & la solidité de leur jugement.

    Néanmoins quelque précaution qu'ils ayent pû apporter, ils n'ont pas encore été entiérement à l'épreuve de la surprise, ce qui ne diminuë pourtant rien de la gloire d'une entreprise aussi héroïque que l'est celle-là, puisque c'est une chose tout-à-fait extraordinaire qu'il échappe si peu de chose à leur éxactitude & à leur diligence dans un travail si inouï, & qui dôit peut-être durer plus d'un siécle, à compter depuis que Rosweyde en donna le premier plan à Bollandus il y a soixante ans. Nous en dirons davantage parmi ceux des Historiens Ecclésiastiques qui ont travaillé à la Vie des Saints en particulier.

    * *Heriberti Rosvveydi Vita Patrum mendis repurgata & notis illustrata*, in-fol. *Antuerp.* 1618.
    Joannis Bollandi & Gotofridi Henschenii Acta SS. mensis Januarii.

1.¶ C'est au commencement de 1683. §.   Journal des Sav. en plus d'un endroit.
2.§. mort le 29. Juin 1714. §.   Nouv. de la Rép. des Lett. de Juill. 1624.
                                                   2. *vol.*

4. vol. in-fol. *Antuerpiæ* 1643. — *Eorumdem menf. Februarii* in-fol. 5. vol. ibid. 1658.

Gotofridi Henfchenii & Daniel. Papembrochii, Acta SS. Martii in-fol. 3. vol. ibidem 1668. — *Aprilis* in-fol. 3. vol. ibidem 1676. — *Maii*, in-fol. 7. vol. 1680. 1685. 1688.*

Le P. SIRMOND (Jacques) *Jefuite de Riom*, *mort en* 1652. (1) *en fa* 93. *année*.

242 COmme la place naturelle de ce grand homme fera dans la feconde Partie de nos Critiques parmi ceux qui ont déterré, corrigé, expliqué, & publié les anciens Auteurs, nous nous contenterons de dire ici qu'il paffoit en fon tems pour le modéle des bons critiques, & qu'outre la bonté de fon efprit, la folidité de fon jugement, la droiture & la fincerité de fon ame, il avoit encore une longue expérience de la portée des Auteurs & du mérite des livres qu'il avoit acquife par une lecture opiniâtrée de plus de foixante & dix ans.

Le mauvais fort du P. Labbe veut qu'on attribuë au P. Sirmond une bonne partie des Differtations Critiques qu'il a publiées en deux volumes fur les Ecrivains Eccléfiaftiques, pour corriger & augmenter le livre de Bellarmin fur la même matiére. Ce foupçon n'a peut-être pas d'autre fondement que l'excellence de la Critique qu'on y remarque en plufieurs endroits, quoique d'ailleurs le P. Labbe témoigne par reconnoiffance & plus d'une fois même dans cet ouvrage qu'il avoit reçû du P. Sirmond une bonne partie des lumiéres qu'il avoit pour le difcernement des ouvrages naturels & légitimes des Auteurs d'avec les autres.

Mais quand le P. Sirmond n'auroit point de part au livre que nous avons fous le nom du P. Labbe, il nous refte affés d'autres fruits de fa Critique dans un fi grand nombre d'ouvrages qu'il a ou compofés de fa tête ou enrichis de fes Notes. Il y donne prefque en toutes rencontres des marques d'une liberté qui étoit plus que d'un Régulier & d'une franchife qui fautoit aux yeux même des Hérétiques, & il

---

1 ¶ Le P. Jaques Sirmond né le 12. Octobre 1559. mourut le 7. Octobre 1651. en fa 92. année. Ainfi Ménage fe trompe doublement lorsque pag. 264. du Tom. 1. de fon Anti-Baillet il met la mort du P. Sirmond en 1652. & qu'il reprend Baillet, qui la met ici & ailleurs en 1652. de l'avoir mife en 1651. Ce qu'il y a de fingulier c'eft que Baillet lui même croyant avoir mis cette mort en 1651. veut dans fes corrections qu'on réforme ce calcul, & qu'on mette 1652. ¶

répand par tout ce sel qui formoit en lui ce bon goût qu'il n'a jamais perdu , si ce n'est (1) peut-être dans ses Antirrhetiques (2) où l'on fait voir diverses fautes contre la bonne Critique.

Jacobi Sirmondi opera omnia in-fol. 4 vol. *apud Cramoisy* 1642. *

1 ¶ Tel n'est pas le sentiment d'Henri de Valois dans son Oraison funébre du P. Sirmond. §
2 Petr. Aurel. oper. Anæretic. pag. 323.
& seqq.
4. Elogium Joannis Launoii Londini in-4°. 1685.

GABRIEL NAUDE' *de Paris* , Médecin & Bibliothécaire du Cardinal Mazarin , mort en 1653.

243 Nous avons déja entretenu le Lecteur de deux de ses ouvrages critiques , sçavoir de la Bibliographie Politique , & de son Avis pour dresser une Bibliothéque , mais il en a fait encore d'autres. Car sans parler de l'Apologie pour les grands hommes accusés de Magie , nous pouvons encore ici rapporter le *Mascurat* qu'on lui attribuë , & qui est un jugement des Ecrits divers qui se sont faits sur le Cardinal Mazarin [*in-*4°. 1649]. Comme l'occasion de censurer y est très-belle , on ne s'étonne pas qu'il y ait réussi, mais on y auroit pourtant souhaité encore autre chose.

*La 2. Edition beaucoup plus ample , contenant 717. pages , fut supprimée. *

LE PORT ROYAL.

244 IL semble que l'ame ou le caractére particulier de cette Société ait été la Critique même. Car quoiqu'elle ait peut être été formée par le hazard ou par quelque occasion qui n'a point été recherchée : néanmoins quelques-uns attribuent ce choix de tant d'Ecrivains d'élite au discernement des Esprits dans lequel on dit qu'excelloit le célébre Abbé de S. Cyran , & aux qualités extraordinaires de celui que l'on regarde comme le Maître commun de tous ces Auteurs. Ils sont réputés avoir été formés sur les régles du jugement & du bon sens qu'il leur a prescrites en leur communiquant cette délicatesse de goût qui les a fait distinguer si fort dans l'Eglise & dans le monde.

Néanmoins la réputation de ces nouveaux Critiques leur a été nui-

CRITIQUES HISTORIQUES. 163

sible en plus d'une maniére, car pour ne parler que de celle qui regarde notre sujet: on peut dire que la fourbe & l'imposture ont pensé gâter ce grand corps de Critique en voulant le grossir. Car le désir d'acquerir de la gloire ayant saisi d'une part quelques petits Ecrivains, & la passion d'amasser de l'argent s'étant emparée de l'ame de quelques Libraires de l'autre: on a vû multiplier ces prétendus Livres de Port Royal avec une confusion qu'il est d'autant plus difficile de déméler, que ces Ecrivains étant d'intelligence & de concert avec leurs Libraires ont eu la malice de se rendre Anonymes pour débiter leurs drogues sous ce nom spécieux, abusant ainsi de la simplicité des uns & punissant la curiosité des autres. Mais quoique le nombre des Ecrits véritables de Port Royal ne soit peut-être pas si grand que le monde se l'est imaginé, il y a néanmoins assés peu d'ouvrages importans des Anciens & des Modernes en quelque art & en quelque science que ce puisse être, sur lesquels ils n'ayent éxercé leur Critique, à commencer depuis les premiers Grammairiens jusqu'aux derniers Théologiens, & jusqu'aux Auteurs même de l'Ecriture. De sorte qu'il ne seroit peut-être pas impossible de faire de tous leurs livres une espéce d'Enciclopédie de censures qui pouroit passer pour une Critique universelle.

M. DE MARCA (Pierre) Arch. de Paris, *mort en 1662.*

245 LE rang que cet illustre Auteur tenoit parmi les Critiques étoit pour le moins aussi considérable dans la République des Lettres que celui qu'il avoit parmi les Prélats l'étoit dans l'Eglise & dans l'Etat. Le P. Combefis (1) temoigne que ce qui le faisoit passer dans l'esprit de quelques-uns pour le Prince des Savans de son siécle, étoit particuliérement cette grande pénétration d'esprit & cette partie merveilleuse du jugement qui lui faisoit faire le discernement des Auteurs & de leurs Ecrits. Le P. Labbe (2) nous donne une idée de sa fine Critique qui n'est pas moins avantageuse, & nous trouvons dans divers Ecrits d'Auteurs Anonymes (3) des témoignages de la sureté de ses conjectures, & de cette liberté de dire ses sentimens qui lui auroit encore fait porter sa critique plus loin s'il n'eût été

---

1 Combef. recension. auctor. Concionat. pag. 15.
2 Labb. Epist. dedic. de Script. Eccl. Dissert. idem tom. xi. Concil. Gen. ad

Conc. Claromont.
3 Pernic. conseq. Regl. Imp. & autres Anonymes.

X ij

retenu par les confidérations que chacun fait. Mais nous parlerons plus amplement de ce grand homme parmi ceux qui ont écrit de la Puiſſance Eccléſiaſtique & Séculiére.

GASPAR SCIOPPIUS de *Françonie*, mort vers 1663. ou 1664. (1)

246 LA plupart de ſes Ecrits ſont remplis d'une Critique ſi hardie, ſi inſolente, & ſi mordante, qu'il en a même acquis la réputation de *Cynique*, & c'eſt ce qui lui a ſouvent déréglé le jugement, quoiqu'il fût fort capable d'ailleurs. Mais nous parlerons de lui parmi les Critiques Grammairiens, qu'on appelle aujourd'hui Philologues.
⁎ Voyés l'article 201. pour l'édition. ⁎

1 ¶ Voyez l'article 162.

M. VALOIS l'aîné (Henry) mort en 1676.

247 IL étoit certainement un des plus excellens Critiques de notre ſiécle, la fineſſe de ſon goût ſe fait ſentir dans tous ſes Ecrits, comme nous le verrons dans notre ſeconde Partie parmi les Correcteurs & les faiſeurs de Notes.

M. DE LAUNOY (Jean) mort en 1678. le 10. de Mars.

248 IL ne s'eſt peut-être point trouvé de Critiques parmi les Catholiques, qui ait uſé avec tant d'avantage & tant de ſuccès de cette liberté qui eſt ſi néceſſaire à tous ceux qui veulent juger ſainement des Ecrits des autres. Cette liberté a produit en lui une hardieſſe qu'un autre n'auroit peut-être pas oſé prendre impunément, & cette hardieſſe a fait naître enfin une confiance un peu trop grande en ſa propre autorité, qui lui a fait quelquefois donner des jugemens précipités ſur des Ecrits ou des Piéces qu'il n'avoit peut-être pas toujours éxaminées avec ſa pénétration & ſon éxactitude ordinaire. Mais au reſte on ne ſauroit aſſés louer ce grand homme de la généroſité avec laquelle il a contribué à délivrer la Poſitive du joug auquel elle paroiſſoit aſſujettie par la Scholaſtique. C'eſt ce que nous verrons

CRITIQUES HISTORIQUES.

plus à propos en un autre endroit de notre Recueil, parce que nous ne traitons ici que de son discernement pour les livres & pour les piéces qu'on prétend faire passer pour authentiques, par le moyen duquel il a rendu des services immortels aux Prélats de l'Eglise de Jesus-Christ aussi-bien qu'aux gens de Lettres.

* Le Catalogue de ses ouvrages se trouve dans son Histoire du Collége de Navarre *in*-4°. 1677. *

LE P. LE COINTE (Charles) de l'Oratoire mort en 1681. le 16. Janvier.

249. CE Pere pouroit fort bien tenir ici une des premiéres places à cause de l'éxamen qu'il a fait de tous les Auteurs, & des Actes historiques qu'il a été obligé de voir pour son Histoire, & pour cette Critique judicieuse qui regne presque par tout ce grand ouvrage : mais nous le réservons pour notre Recueil des Historiens de la France.

* *Annales Ecclesiastici Francorum* 8. *vol.* in-fol. *è Typ. Regia* 1665. 1666. 1668. 1670. 1683. *

M. PATRU (Olivier) mort en 1681.

250. IL étoit particuliérement consulté sur les maniéres de bien parler & de bien écrire, & sur la Critique des ouvrages composés en notre Langue. Le P. Bouhours témoigne (1) qu'on tenoit Mr Patru dans le monde savant, pour un merveilleux Critique, qui avoit le sens le plus droit & le goût le plus sûr qui fût jamais; que les meilleurs Ecrivains en notre langue estimoient peu l'approbation publique, s'ils n'avoient la sienne auparavant. On vouloit nous persuader qu'il nous préparoit quelque Traité de cette excellente Critique tant sur les Esprits que sur les Ecrits, dans lequel il prétendoit donner des régles certaines pour pouvoir juger sainement des pensées & des paroles des Hommes. Mais nous n'avons rien vû de ce beau dessein, & nous aurions de la peine à nous consoler de cette perte, si le P. *Bouhours* étant entré dans des vûës encore plus élevées & plus étenduës, ne nous faisoit espérer de voir au premier jour quelque chose

1 Dans l'Ep. dedic. de ses Rem. sur la L. Franc.

de fort achevé fur ce fujet, après quoi nous n'aurons plus rien à défirer. Il ne nous refte donc rien de la Critique de Mr Patru, que ce qui s'en eft confervé dans la mémoire de ceux qui le hantoient : mais pour ce qui regarde fes Plaidoyés & fes autres compofitions, nous les rapporterons parmi nos Orateurs.

LE P. GARNIER (Jean) Jéfuite, mort en 1681.

251 CE Pere s'eft auffi adonné à cette forte de Critique avec affés de fuccès, & particulierement à l'égard des Ecrits des Peres du quatriéme & du cinquiéme fiécle, & dont les ouvrages ont du rapport avec l'affaire du Neftorianifme & du Pelagianifme : mais ce qu'on eftime le plus eft la feconde des cinq Differtations Critiques qu'il a faites fur Theodoret, par laquelle il nous apprend les ouvrages qui font veritablement de ce Pere, en quel tems ils ont été compofés, quelle en a été l'occafion, quels en ont été les motifs, enfin il marque le fujet de fes Lettres & le caractere des Perfonnes à qui il les addreffoit (1).

Mais nous aurions autant & peut-être plus de fujet de rapporter ici le P. *Combefis*, le P. *Quefnel*, Mr *Baluze*, Mr *Cotelier*, & les autres habiles Critiques de nos jours, que nous refervons pour la feconde Partie, parce qu'ils fe font principalement occupés à l'examen des Auteurs pour les corriger & les donner au jour; & nous nous contenterons de remarquer en cet endroit, qu'il n'y a point d'Ecole où cette favante Critique dont il s'agit ici, foit plus floriffante & mieux exercée que dans celle des *Benedictins* de la Congregation de S. Maur, où il femble que le rétabliffement de la difcipline ait procuré celui des Etudes les plus folides & les plus utiles au Public. Car effectivement on peut dire que le P. *Menard* a commencé; & qu'il a été fuivi heureufement par les PP. *Dachery*, *Gerberon*, *Mabillon*, *Delfau*, *Blancpain*, *Garet*, *Friche*, & plufieurs autres qui aiment mieux nous faire goûter les fruits de leur Critique, que de fe faire connoître pour en acquerir de la réputation, & qui nous donnent tout lieu d'efperer qu'en fe fuccedant les uns aux autres, nous pourons avoir dans la fuite du tems une Critique fucceffive & continuelle des Peres & des autres Auteurs qui ont écrit, fur tout dans l'Eglife d'Occident, jufqu'au tems de S. Bernard.

1 Voyés le Journal des Savans du 15. May 1668.

Le P. *LUPUS* Ermite Auguſtinien, d'*Ypres* mort en 1681.
Mr de SCHEELSTRATE (Emman.) Chanoine d'*Anvers*,
ſous-Bibliothequaire du Vatican, aujourd'hui vivant. (1)

252 CE dernier a embraſſé dans ſes *Antiquités Eccleſiaſtiques*, & dans ſon *Egliſe d'Afrique* [in-4°. à Anvers 1678.] un genre d'écrire qui eſt fort au goût des Critiques d'aujourd'hui, il y fait paroître auſſi beaucoup de lecture, & on y trouve même ce caractere d'honnêteté qui eſt ſi fort à la mode preſentement parmi les Ecrivains de probité. C'eſt dommage que quelques-uns n'y trouvent pas toute l'exactitude neceſſaire à un Auteur de ſon merite, ni tout le diſcernement poſſible pour ſavoir diſtinguer ce qui eſt certain, & pour ne ſe point laiſſer impoſer par le préjugé.

Nous ſommes obligés de dire preſque la même choſe de la Critique du feu P. *Chrétien Vvolff* ſi connu ſous le nom de *Lupus*, parce que quelque profonde que ſoit ſon érudition, il eſt difficile de s'en tenir toujours aux jugemens qu'il porte des Ecrits des autres, à cauſe qu'ils ne paroiſſent ni libres ni dès-intereſſés à ceux qui ſavent quels étoient ſes engagemens : mais nous parlerons ailleurs & du P. Lupus & de Mr Scheelſtrate avec plus d'étenduë.

1 ¶ Mort le 5. Avril 1691. agé de 46. ans.

Mr HERMANT (*Godefroy*) Chanoine de Beauvais,
aujourd'hui vivant. (1)

253 L'Examen que cet Auteur a fait des ouvrages des principaux Peres de l'Egliſe Grecque & Latine, de divers Actes, Titres, & autres Pieces de l'Antiquité Eccleſiaſtique, ſur tout des quatre & cinquiéme ſiécles, de diverſes Lettres & des Hiſtoriens mêmes de ce tems-là a fait remarquer beaucoup de fineſſe dans ſon diſcernement, beaucoup de délicateſſe dans ſon goût, beaucoup de ſolidité dans ſon jugement, & beaucoup de ſureté dans ſes déciſions. Cette excellente Critique eſt ramaſſée ſous le titre d'*Eclairciſſemens* & de *Remarques*, qu'il a eu ſoin d'ajouter à la fin de chaque Vie des Peres de l'Egliſe qu'il a compoſée, ſi on en excepte celle de S. Chryſoſtome, dont la Critique eſt répanduë par tout le corps de

2 ¶ Mort le 11 Juillet 1690. dans ſa ſoixante-quatorziéme année.

l'ouvrage. L'exactitude est gardée dans tous ses Écrits avec toute la rigueur que la verité la plus pure peut exiger de la capacité de l'homme: mais il suffit de l'avoir consideré ici comme un Critique, jusqu'à ce que nous en parlions ailleurs comme d'un Historien Ecclesiastique.

* Godefroy Hermant. La Vie de S. Athanase in-4°. Paris. 1672. — de S. Basile le Grand — de Gregoire de Nazianze in-4°. 2. vol. Paris. 1674. — de S. Ambroise in-4°. Paris. 1678. — de S. Chrysostome in-4°. Paris. 1664.

254 (1) ENfin s'il m'étoit permis de prévenir le Public dans ses jugemens, j'oserois avancer qu'on ne pouroit point assés feliciter l'Eglise & la Republique des Lettres d'un present qu'elles doivent bien-tôt recevoir de la main d'un Auteur illustre par sa naissance & par son érudition singuliere, mais encore plus par sa rare modestie. Le present doit porter le nom de l'Histoire Ecclesiastique des six premieres siécles de l'Eglise en plusieurs Volumes: mais c'est proprement le chef-d'œuvre de la Critique Ecclesiastique, où les moindres choses même sont pesées pour ainsi dire au poids du Sanctuaire, & examinées avec une severité inexorable. Et quand il aura plû à Dieu de faire publier ce grand ouvrage, les vrais savans & les sectateurs de la verité auront enfin le contentement de voir l'erreur & l'imposture entierement bannies par le secours d'une Critique dont l'exactitude n'a peut-être point encore eu d'exemple.

* Mémoires pour servir à l'Histoire Ecclesiastique des six premiers siécles 16. vol. in-4°. finissant en 1513. les premiers vol. imprimés à Paris en 1693. & le dernier en 1712. On continuë d'imprimer la suite."

1 ¶ Sebastien le Nain connu sous le nom de Mr de Tillemont, né le 30. Novembre 1637. mort le 10. Janvier 1698. ¶

DE QUELQUES SAVANS HERETIQUES,
qui se sont exercés dans la Critique, & qui ont voulu l'employer contre l'Eglise Catholique.

255 LEs principaux de ceux dont nous n'avons pas fait mention dans les Chapitres precedens, sont Jean Rainold Anglois mort en 1607. David Blondel François mort en 1655. Thomas Gataker Anglois mort en 1654. Jacques Usserius Hibernois Archevêque d'Armagh mort en 1655. & Jean Daillé François mort en 1670.

1 RAINOLD est merveilleusement estimé de ceux du Pays & des autres

autres Protestans. Son principal ouvrage de Critique est, ce me semble, la censure qu'il a faite des Livres de l'Ecriture Sainte, que les Hérétiques d'aujourd'hui appellent Apocryphes.

2 BLONDEL n'avoit peut-être pas son pareil parmi ceux de sa Communion pour la Critique, & s'il y a fait des fautes, c'est plutôt l'interêt de sa fortune qui l'a fait manquer, que le préjugé ou l'ignorance. Tous ses ouvrages sont pleins de cette belle Critique. Celui de la *Primauté en l'Eglise*, celui du *Sentiment de S. Jerome sur la Prêtrise*, celui de la formule *Regnante Christo*: mais particulierement celui de la fable de la *Papesse*, & celui de la censure du faux *Isidore* & de *Turrien*, au sujet duquel le Pere Sirmond appelloit Mr Blondel *Un Enfonceur de portes ouvertes*, à cause de la chaleur & des efforts avec lesquels il a poursuivi ces deux Auteurs, dont la défaite n'étoit ni difficile ni fort considerable, après que tant de Critiques Catholiques avoient déja découvert les impostures d'Isidore, & que le procedé de Turrien avoit été sifflé & censuré par les plus judicieux d'entre nos Ecrivains avant lui.

3 Nous aurons occasion de parler de GATAKER dans la seconde partie des Critiques.

4 Et pour USSERIUS, chacun tombe d'accord que c'étoit une merveille d'érudition, & qu'il étoit allé fort loin par le moyen de la Critique. Néanmoins quelques Protestans veulent qu'il n'ait pas toujours eu le discernement également fin. Ce qui les a porté à diminuer ainsi quelque chose de la gloire de ce grand homme, est peut-être la bonne foi & la sincerité avec laquelle il a reconnu la verité de certaines pieces de l'Antiquité Ecclésiastique, qui ne favorisoient pas leur Communion, jugeant qu'il ne témoignoit pas assés d'entêtement pour un bon Protestant, & le soupçonnant d'avoir quelques intelligences secrettes avec des Catholiques François qui l'attiroient insensiblement à la Communion Romaine. Nous parlerons de lui plus amplement parmi les Historiens Ecclésiastiques.

5 Enfin Mr DAILLE' qui a été consideré comme un des plus grands Docteurs de Charenton, se picquoit aussi de fine Critique, & en faisoit profession particuliere avec quantité de Savans d'entre les Catholiques qui étoient ses amis. Ses principaux ouvrages de Critique sont les Livres des *Pseudepigraphes*, c'est-à-dire sur les Constitutions Apostoliques; son jugement des Ecrits attribués à S. Denys, à S. Ignace, &c. son Traité de l'Emploi des Peres. Mais il n'a pas toujours été fort heureux dans sa Critique, & il a été battu plus d'une fois par les Protestans mêmes comme personne ne l'ignore.

CHAPITRE VIII.

PARAGRAPHE I.
CRITIQUES DES ETUDES.

DES GENS D'ETUDE ET DE LEUR ETAT,
par
1. Jo. PIERIUS VALERIANUS de Bellune, mort en 1550. (1)
2. Cornel. TOLLIUS *Hollandois*, vers le milieu de ce siécle.
3. Theophil. SPIZELIUS *Allemand* d'Ausbourg, encore vivant, né en 1639.

256   PIERIUS a fait un Traité en forme de Dialogue sur les malheurs des Savans, & il a été continué par *Tollius*. Vossius (2) appelle cet ouvrage de Pierius un Livre fort curieux & bien fait. Mais il semble qu'il n'ait travaillé que pour nous rebuter, ou du moins pour nous apprendre qu'il ne faut point esperer faire fortune quand on prend le parti de devenir savant par l'étude. Et pour multiplier le nombre de ces malheureux qu'on appelle Gens de Lettres, il a mis parmi leurs calamités divers accidens naturels qui ne sont nullement des malheurs. (3)

Ainsi il seroit à souhaiter que ce Recueil eût été fait avec plus de choix & de jugement, & qu'on n'y eût inseré que des exemples illustres qui pussent servir de leçon pour ceux qui s'imaginent pouvoir faire un usage prophane des belles Lettres, c'est-à-dire, ne s'en

---

1 ¶ Son amour pour les Muses lui fit changer son nom *Joannes Petrus* en celui de *Joannes Pierius*. De Pietro ou Piero de' Valerii si l'on en croit Majoragius, Orat. 10. il s'appella *Pierius Valerianus*. Il étoit de l'ancienne famille des Bolzani de Bellano dans la Marche Trevisane. Voyés la note sur l'Article 697.¶

2 Voss. Hist. Lat. lib. 3. pag. 623.

3 ¶ Pierius s'étant borné à parler des malheurs arrivés aux Savans Italiens de sa connoissance dans l'espace d'environ 40. ans, paroit avoir fort bien rempli ce dessein dans ses deux livres *de Literatorum infelicitate*, où il rapporte touchant les gens de Lettres de ce tems-là des particularités qu'on chercheroit inutilement ailleurs. Les traités de Spizelius sont froids & fades en comparaison.¶

point servir pour en devenir plus honnêtes gens, & pour tâcher de se rendre utiles à l'Eglise ou à l'Etat dans le poste que la Providence leur donne à garder dans le passage de cette vie.

* *Joann. Pierius Valerianus de infelicitate Literatorum* in-12. *Amstelodami.* 1647. — *Cornel. Tollii Appendix ad Pierium Valerianum* in-12. *ibidem* 1647. — *Petri Alcionii Medices legatus de exilio.* — *Jo. P. Valerianus & Cornelius Tollius de infelicitate Litteratorum, & — Josephus Barberius de miseria Poëtarum Græcorum* in-12. *Lipsiæ* 1707.*

Mr SPIZELIUS semble avoir eu des vûes plus pures & plus Chrétiennes dans la maniere dont il nous a voulu représenter les miseres qui arrivent aux Savans par leur faute. Il en a composé deux livres assés gros, l'un sous le titre de *Felicissimus Literatus*, [in-8°. 2. vol. à Ausbourg 1685.] & l'autre sous celui d'*Infelix Literatus.* [in-8°. 2. vol. *ibidem* 1680.] Dans le premier, il prétend faire voir les vices des Gens de Lettres & les malheurs qui leur arrivent. 1. Par leur impieté & leur Athéïsme. 2. Par leur orgueil. 3. Par leur amour propre & leur vanité. 4. Par leur envie & leurs basses jalousies. 5. Par leurs querelles & leurs differends. 6. Par leur médisance. 7. Par leur ambition & le desir de la gloire. 8. Par leur avarice. 9. Par leurs curiosités pernicieuses. Dans le second, il veut encore nous montrer un Labyrinthe de malheurs d'où les Gens de Lettres ne sauroient se tirer, quand ils étudient par de méchans motifs & plutôt pour eux-mêmes que pour Dieu & le Prochain. Il prétend distinguer ce qu'il y a de réel d'avec ce qu'il y a de faux & d'apparent dans le bonheur & dans les miseres passageres des Gens d'Etude, & il rentre souvent dans le dessein de son premier livre, & se repete même en divers endroits, soit dans le raisonnement, soit dans les exemples. On peut dire que quoi que ces deux ouvrages ne soient pas encore dans toute la perfection & la méthode que l'Auteur poura leur donner dans une seconde édition, ils ne laissent pas d'être fort édifiants, & ils font connoître la droiture du cœur & les bonnes intentions de Mr Spizelius nonobstant les préjugés où il paroît engagé par le Lutheranisme.

Paragraphe II.

DE L'EXAMEN DES ESPRITS.

JEAN HUARTE de S. Jean *Espagnol* vivant en 1580.

257   Possevin (1) semble ne pas estimer beaucoup le livre que cet Auteur a fait de l'*Examen des Esprits*, & il en fait la censure dans son premier livre de la nature des Esprits, où effectivement il nous fait voir des Paradoxes qui ne paroissent pas soutenables, cependant il n'a point laissé d'en faire une nouvelle édition à Cologne en l'année 1610. [in-12.]

Et Dom Nic. Antoine (2) dit que toutes les nations en font une estime toute particuliere, parce qu'il y a beaucoup de curiosité & d'érudition dans tout ce qu'il écrit de la difference des Esprits qu'il y traitte, & dans la maniere dont il examine tout ce qui convient aux Arts & aux Sciences.

Æschacius Major qui l'a traduit d'Espagnol en Latin, [sous le titre *De Scrutinum Ingeniorum*. in 8°. Hallæ 1662.] prétend (3) que c'étoit l'esprit le plus subtil de son siécle, qu'il merite un rang considerable parmi les Ecrivains de la premiere trempe, & qu'il marche de pair avec les plus sages de l'Antiquité, parce qu'à son avis il a fait revenir au monde la subtilité & le goût des Anciens qui s'étoit perdu depuis tant de siécles, & qu'il a remis en usage cette premiere liberté qu'on avoit de philosopher, & de dire son sentiment sur toutes choses, sans apprehender les Inquisiteurs ni les mouchards. Cet ouvrage a été mis aussi en notre Langue.

---

1 Possevin. Bibl. Select. lib. 1. de Nat. Ingenior. cap. 13. 14. 15. 16. 18. &c.
2 Nic. Anton. Bibl. Hispan. tom. 1. pag. 543.
3 Æschac. Maj. præfat. ad Huart. apud eumd. Nic. Ant. ibidem.

CRITIQUES HISTORIQUES.

Mr RICHER (Edme) Docteur de Sorbonne, mort en 1633. (1)

258 Nous avons de lui un livre sous le nom d'*Obstetrix animorum* [in-4°.] pour former les Esprits, & les rendre capables des sciences. Cet ouvrage n'est pas indigne de lui, & on y trouve des marques de sa sagesse & de la solidité de son Esprit.

On auroit pû parler ici du livre de la *Recherche de la Verité*, où le Pere Malbranche (2) traite de la Nature de l'Esprit de l'homme & de l'usage qu'il en doit faire pour éviter l'erreur dans les sciences. Mais il paroît plus à propos de le remettre parmi les Philosophes.

---

1 ¶ René Richard à la fin de sa vie du P. Joseph a fait voir par des preuves tirées des actes publics qu'Edme Richer étoit mort le 29. Novembre 1631. agé de prés de 73. ans.¶

2 ¶ Le P. Nicolas Malebranche né le 6. Aoust 1638. est mort l'an 1715 ¶

PARAGRAPHE III.

CEUX QUI ONT ECRIT DE LA MANIERE DE BIEN ETUDIER.

1. *Rodolph.* AGRICOLA mort en 1485.
2. *Didier* ERASME mort en 1536.
3. *J. Louis* VIVE'S mort en 1541.
4. *Vite* AMERBACHE mort en 1557.
5. *Philippes* MELANCHTHON mort en 1560.

259 Les Traités d'Agricola, d'Erasme & de Melanchthon furent imprimés ensemble à Bâle en 1531. in-8°. Celui d'Agricola le fut séparément à Lyon en 1539. in-4°. Celui d'Erasme parut depuis en diverses formes, imprimé en divers endroits, tantôt seul, tantôt avec d'autres Opuscules. Celui de Melanchthon fut aussi réimprimé plus d'une fois en Allemagne. Ce qui fait voir le goût qu'on avoit pour ces sortes d'ouvrages dans un siécle où l'amour de l'étude étoit plus ardent que dans le nôtre. Le Traité d'Amerbachius fut imprimé en 1539. in-8°. mais il ne fit point tant de bruit que ceux des autres.

Celui des Critiques qui paroît s'être le plus exercé sur ces matieres est *Vivés*, lequel ontre son Traité de la *maniere d'étudier*, a composé encore cinq livres pour montrer le véritable moyen de *bien enseigner les Lettres & les Sciences*, & vingt autres livres *de la Corruption & de la Décadence des Arts & des belles connoissances*, mais nous en parlerons dans la seconde partie de nos Critiques.

Ces Auteurs & ceux dont nous parlerons dans la suite ont pour l'ordinaire des vûës assés bonnes, mais il seroit besoin d'une longue & difficile discussion si on vouloit separer dans ces Ecrits ce qui est bon pour la pratique d'avec ce qui est simplement speculatif. Cela dépend assés souvent de l'état où sont les personnes, les lieux, les tems, & les choses qu'on doit apprendre : de sorte que ce qui convient à l'une de ces circonstances ne peut presque pas toujours subsister dans une autre, parce que, par exemple, les manieres Allemandes, Hollandoises &c. ne sont pas les manieres Françoises, Italiennes, &c. quoi qu'il se trouve dans la plupart beaucoup de choses qui y peuvent être d'un usage commun parmi tout le monde, parce que la raison & le bon sens n'ont point de climat particulier qui leur soit affecté.

Jean STERCK, (1) dit *Fortius* de *Rhingelberg*, mort en 1536.

250   IL a fait un Traité de la maniere de bien apprendre & de bien étudier, dans lequel il fait paroître du jugement & beaucoup de ce zele qu'il avoit pour l'étude, comme témoigne Melch. Adam (2). Les maximes & les avis qu'il y donne sont formés sur sa propre experience, parce qu'il s'étoit avancé de lui-même dans les Etudes ausquelles il ne s'étoit appliqué que fort tard & dans une grande maturité de jugement qui lui donna lieu de découvrir pour son usage des voies plus courtes & plus faciles dont il a crû pouvoir faire part aux autres (3). Il s'étudioit particulierement au beau Latin, & disoit qu'il en aimoit mieux un bon mot qu'un écu d'or.

* *Joach. Fortius Ringelbergius de Ratione Studii*, lib. I. *singularum Artium & Sciéntiarum Institutiones* in-8°. *Lug. Bat.* 1622.

1 ¶ Il s'appelloit Joachim. On auroit peine à prouver qu'il mourut en 1536. Le plus sûr étoit de mettre vers 1536, comme Melchior Adam a mis *circiter*. On ne trouve dans les livres de Joachim Fortius aucune date qui passe 1530.
2 Melch. Adam Vit. Philosof. Germ. p. 82. 83. 84.
3 Voss. de scient. Mathem.

GER. JEAN VOSSIUS, mort en 1649.

261 ON peut rapporter ici son Traité de la Philologie [in-4°. à Amsterdam 1660.] qui est un ouvrage fort curieux, & qui est une veritable introduction à l'étude de toutes sortes de belles Lettres. Mais il semble qu'il s'est contenté d'en donner une idée generale, & d'avoir voulu traiter ce sujet d'une maniere plutôt Historique que Didascalique, pour me servir de ce terme.

On lui attribuë encore un autre *Opuscule* sur la maniere d'étudier qu'on dit être dans le recueil des Traités de diverses personnes de l'Edition d'Utrecht en 1658. [in-12.] & qui avoit déja été imprimé en 1651. [in-12.]

---

262 LE RECUEIL des Traités de divers Auteurs sur *la maniere d'étudier* imprimé à Amsterdam [& à la Haye] en 1645. in-12. est un des plus utiles d'entre ceux qui ont paru jusqu'à present. Néanmoins les Critiques sont assés partagés sur le prix de chacun de ces Traités, & ils conviennent qu'il y en a peu où il n'y ait quelque chose à ajouter & quelque chose à retrancher. Entre ceux qui donnent des regles pour l'étude en general on y trouve.

1. Une Lettre de *Grotius* (1) (mort en 1646.)
2. Un Traité d'Arnold *Clapmar* (mort en 1604.) comprenant les Exercices d'un Ecolier, avec une addition prise de Jean *Sturmius* (mort en 1589.)
3. Une Dissertation de Gabriel *Naudé* (mort en 1653.) sur l'étude des belles Lettres, après la Bibliographie Politique.
4. Un Traité de Jean *Focanus*, de la maniere d'étudier.
5. Celui d'*Erasme* dont nous avons parlé ci-dessus.
6. De la méthode des Etudes par Gaspard *Barlaus* (2) mort en 1647.)
7. Un Traité des Etudes & des Livres par Leonard *Aretin* (mort en 1443.)
8 Les Consultations de Gaspard *Scioppius* (3) (mort vers 1663.) sur la conduite des Ecoles & la maniere d'étudier.

---

1 ¶ Hugue Groot mourut le 28. Aout 1645.
2 ¶ Gaspard Barlæus mourut le 14. Janvier 1648.
3 ¶ Scioppius mourut l'an 1649.

9 Un Traité de Jean *Caselius* (1) (mort en 1633.) sur l'Etude des Humanités & de la belle Literature.

10. Une Dissertation de Thomas *Campanella* (mort en 1639.) sur ses Etudes particulieres & sur ses propres Livres.

Les autres Traités de ce Recueil regardent l'étude des sciences en particulier, comme celui de Louis *Crocius* sur l'étude de la Theologie; de Jean *Loecenius* sur l'étude du Droit; de Christofle *Colerus* (2) sur l'étude de la Politique avec une addition de *Caselius*, & la Bibliographie de *Naudé*; de Martin *Hortensius* sur l'étude des Mathematiques; d'Albert *Bannius* sur celle de la Musique; de Jean *Heurnius* (3) sur celle de la Medecine; de Sebastien *Fox de Morzillo* sur l'étude de la Philosophie, de P. Ang. *Bargæus* (4) sur celle de l'Histoire; de *Scioppius* sur la maniere d'étudier les Langues Hebraïque & Chaldaïque.

Mais il y a lieu de s'étonner que parmi une très-grande multitude de traités singuliers qui ont été composés depuis deux siecles sur la meilleure maniere d'étudier en general, & sur l'étude particuliere de chaque Art & de chaque Science, on a fait dans ce Recueil le choix de certains Auteurs plutôt que de plusieurs autres qui valent mieux. Cette partialité & ce mauvais discernement pouront bien donner envie à quelqu'un de faire un autre Recueil de ces sortes de traités, tant pour les Etudes & les Exercices en general que pour la maniere d'apprendre chaque art & chaque science en particulier, & on espere que le Public ne sera point mal satisfait ni du choix des Auteurs, ni de l'ordre qu'on donnera à la disposition de leurs Traités.

1 ¶ Caselius mourut le 9. Avril 1613. agé de 80. ans.
2 ¶ Colerus mourut l'an 1604.
3 ¶ Heurnius mourut l'an 1601.
4 ¶ Petr. Angelius Bargæus mourut l'an 1596.

Mr VARET (1), mort; & Mr NICOLE (2) vivant.

263   LE premier a donné un Traité de la premiere *Education* [in-12. Paris 1666.] qu'on doit procurer aux enfans depuis qu'ils sont sortis du sein de la nourrice jusqu'à ce qu'ils passent tout serieusement à l'étude des belles Lettres. On y trouve des ma-

1 ¶ Mr Varet Grand-Vicaire de Louis-Henri de Gondrin Archevêque de Sens, mourut en 1685.
2 ¶ Pierre Nicole mourut le 16. Novembre 1695. agé de 70. ans.

CRITIQUES HISTORIQUES. 177

ximes pour apprendre à parler aux Enfans, pour leur enseigner à lire & à écrire; pour leur former la memoire & le jugement, pour leur ouvrir l'esprit, & enfin pour regler leurs mœurs, & leur apprendre à vivre. Le Livre est écrit avec beaucoup de bon sens & de sagesse; & il peut être d'un grand usage aux Gouvernantes & aux premiers Precepteurs.

Le second a fait deux Traités sur ce sujet; le premier est de la *Maniere d'étudier* en general, où il donne des Regles qui paroissent nouvelles, mais qui sont excellentes pour perfectionner dans les Enfans les facultés qu'on employe à l'Etude. Quoique l'Auteur n'ait eu en vûë que l'éducation & les études des Enfans de la premiere qualité, il peut néanmoins être très-utile indifferemment à tous ceux que Dieu a fait naître dans toutes sortes d'états & de conditions, & sur tout à ceux qui n'étant point assujettis aux Constitutions des Colleges, & qui faisant leurs études en particulier peuvent prendre des routes nouvelles, sans incommoder ni scandaliser personne. L'autre Traité de Mr Nicole est de la *Maniere d'étudier Chrétiennement*, & ce titre nous fait assés connoître qu'il a été fait pour tout le monde de quelque âge & de quelque condition qu'on puisse être. Les Maximes en sont si saines & si importantes, qu'il n'y a point de vieillard qui doive avoir honte de recommencer ses études suivant ces Principes, quand même il auroit blanchi sur les Livres, s'il a étudié par d'autres motifs. Ces deux Traités sont au second tome des Essais de Morale qui portoit auparavant le titre de l'*Education du Prince*.

Le P. BERNARD LAMY Prêtre de l'Oratoire. (1)

263
bis ON vit paroître à Lyon l'année derniere des *Entretiens sur les Sciences*, [in-12. 1683. à Paris.] (2) dans lesquels on a voulu aprendre la méthode d'étudier, & l'usage que l'on doit faire des Sciences pour se faire l'esprit juste & le cœur droit. Ce dessein paroît d'autant plus utile que l'on est ordinairement mal conduit dans ses études, & qu'on a vû jusqu'à present peu de méthodes d'étudier qui soient propres pour mener l'esprit dans les routes de la verité, & pour empêcher les surprises & les égaremens. Il paroît que l'Auteur a voulu desabuser les hommes de la recherche des sciences vaines & frivoles. Ce sont des fondemens solides qu'il jette pour élever,

1 ¶ Mort le 29. Janvier 1715. §. 2 La 2. Edit. à Lyon 1694. est augmentée d'un tiers.
Tome II.   Z

dit-il, un édifice auſſi haut qu'on le voudra faire. Il y ouvre des chemins pour penetrer dans les ſciences auſſi avant qu'on y ſoit jamais allé; il témoigne néanmoins (1) que ſon but n'eſt que de regler les premieres études, & celles qui ſont abſolument neceſſaires. Mais ce qu'il y a de particulier, c'eſt qu'il y forme un Savant par rapport à la Religion, & qu'il lui apprend à regarder Dieu dans ſes études, & à n'étudier que pour le connoître & le ſervir dans toutes ſortes d'états & de conditions. (2)

1 Lettre à Mr l'Abbé d.... Lettre à Mr l'Evêque de Grenoble.   2 Mr Rouffié Doct. approb. du 10. Avril 1683.

PARAGRAPHE IV.

DE QUELQUES SYSTEMES DE SCIENCES
pour ſervir de plan aux Etudes.

264. Pour ce qui eſt des Origines de S. *Iſidore* de Seville (1), voyés-les dans la ſeconde partie de nos Critiques.

§ Il mourut l'an 636. §

CORNEL. VALERIUS d'*Oudervvate*, mort en 1578.

265 Il nous a décrit une Encyclopédie entiére des Arts, & Valére André dit qu'il l'a développée avec beaucoup de netteté: que ſa méthode eſt particuliére, mais tout-à-fait naturelle. Il prétendoit qu'il falloit emprunter les lumiéres de la Philoſophie pour pouvoir bien enſeigner les Sciences, & il en vouloit particuliérement à tous ces Pédans qui profanent & ſouillent la beauté & la pureté des Sciences par la barbarie & l'impureté de leurs expreſſions & par leurs maniéres de Sophiſtes.

1 Valer. Andr. Bibl. Belgic. pag. 166.

JEAN THOM. FREIGIUS de Fribourg, mort en 1583.

266   ON a de lui le *Pédagogue* [*in*-8°. à Bâle 1582.] ou un Systéme abrégé pour montrer la maniére la plus courte & la plus aisée d'enseigner les Sciences & les Arts, & comme il étoit *Ramiste*, il a suivi la méthode de son Maître. Il est d'ailleurs trop concis & trop maigre. Il a encore fait d'autres ouvrages concernant l'étude des Humanités, de la Philosophie & du Droit.

   2 Melch. Adam Vit. Jurisconsultorum Germ. pag. 254. [*in*-8° & pag. 115. *in-fol.*]

THOMAS GARZONI de *Bagnacavallo dans la Romagne*, mort en 1589. Chan. Régul. de la Congr. de Latran.

267   IL a composé en Italien un ouvrage sous le titre de *la Place universelle de toutes les Professions du monde* [in-4°. à Venise 1589.] Fabien Justinien (1) dit que ce travail mériteroit beaucoup de loüanges si l'Auteur avoit eu plus de discernement, & s'il avoit fait paroître un choix plus judicieux des Ecrivains qu'il n'a fait ; s'il s'étoit plus attaché à l'essentiel des choses, & à la vérité de l'Histoire ; s'il n'avoit point affecté tant de subtilités malhonnêtes ; & enfin s'il n'avoit point été si prodigue d'Eloges pour certains Hérétiques.

   2 Fab. Justin. Præfat. Ind. univers. & Alphab. Item ex eo Ph. Labbe Bibl. Bibl. p. 161.

BARTHELEMY KECKERMAN de *Dantzic*, mort en 1609. (1)

268   IL est Auteur d'un Systéme des Sciences dans lequel il a suivi une méthode que la Logique lui a fournie. Cela fut reçû assés différemment dans le monde, & à dire le vrai il n'a pas eu beaucoup de suite. Aussi n'avoit-il nullement prétendu détourner la jeunesse de la méthode d'Aristote & de Platon comme le témoigne Melchior Adam. (2)

* *Vide in Tom. primum omnium ejus operum* in-fol. *Genevæ* 2. *vol.* 1614. *

1 ¶ A l'age de 38. ans §.   2 Vir. Philos. German. pag. 500.

Jean HENRY ALSTEDIUS *Profeſſ. d'Herborn au Comté de Naſſau*, mort en 1638.

269 ON a de lui une méthode de former les Etudes appellée autrement *Le Conſeiller Académique & Scholaſtique* imprimé à Strasbourg en 1610. in-4°. & en 1627. & un grand ouvrage ſous le nom d'*Encyclopédie* diviſé en quatre Volumes in-fol [Herb. Naſſ. 1620.] c'eſt-à-dire, un cercle de toutes les ſciences.

Un Allemand Anonyme (1) dit qu'il renferme à la vérité beaucoup de bonnes choſes, mais qu'il n'eſt pas aſſés éxact en pluſieurs endroits, que néanmoins il n'a point laiſſé d'être reçû du Public avec de grands applaudiſſemens quand il parut pour la premiére fois; & qu'il n'eſt pas inutile à ceux qui étant d'ailleurs deſtitués des autres ſecours, & n'ayant pas les Auteurs, veulent acquérir quelque connoiſſance des termes de chaque Profeſſion & de chaque ſcience. Au reſte on ne ſauroit trop louer ſa patience & ſon travail, le diſcernement & le choix des bons Auteurs qu'il a fait pour en tirer ſes Abregés. Car ce ne ſont pas de ſimples lambeaux & des rhapſodies mal couſuës, mais il donne les principes des Sciences & des Arts avec beaucoup d'ordre, il tâche même d'être uniforme par tout quoiqu'il y ait des piéces meilleures les unes que les autres, & qu'il s'en trouve même qui ne valent rien comme ſon Hiſtoire, ſa Chronologie, &c. Voſſius le reconnoît (2) pour un homme d'une lecture très-vaſte & fort diverſifiée. Mais il faut avouer auſſi qu'il s'eſt ſouvent trop embaraſſé pour avoir voulu ſe rendre trop clair, qu'il eſt trop chargé de diviſions & de ſou-diviſions, & qu'il affecte une méthode trop gênée.

Mais quoique nous diſions de ſes défauts, un Auteur moderne (3) ne laiſſe pas de juger qu'il eſt preſque le ſeul d'entre tous les faiſeurs d'Encyclopédies & de Syſtêmes de ſciences, qui mérite d'être lû, & de tenir ſon rang dans une Bibliothéque choiſie.

1 Bibliograp. curioſ. Hiſt. Philolog. pag. 19. 20.
2 Voſſ. de Scient. Mathem. in Arithmet.
3 Le P. Lami de l'Orat. dans les Entretiens ſur les Sciences.

M. LE CHANCELIER BACON (François) Baron de Verulam, mort en 1626.

270   CE grand homme est un de ceux qui ont le plus contribué dans notre siécle à l'avancement des sciences par ses deux principaux ouvrages dont le premier est de l'*accroissement & de la perfection de tous les Arts & detoutes les Sciences.* Dans cet ouvrage il nous montre l'état présent où se trouve chacune de ces sciences, & il fait voir ce qui nous reste à découvrir pour les rendre parfaites. Mais il nous fait connoître en même tems (1) qu'il ne faut pas espérer qu'on avance beaucoup dans cette découverte si on ne se sert d'autres moyens que ceux dont on s'est servi jusqu'à présent. Et c'est dans cette vûë qu'il a composé son second ouvrage auquel il a donné le titre de *Nouvel organe des Sciences* dont nous parlerons avec plus d'étenduë parmi les Philosophes modernes. Nous y verrons aussi ce qu'ont fait sur ce même sujet Thomas *Campanelle* & quelques autres grands Génies de ces derniers siécles suscités pour nous découvrir les défauts, & les erreurs ausquelles est sujette la méthode dont on s'est servi depuis plus de deux mille ans pour enseigner les sciences ; & pour nous tracer en même tems de nouvelles routes qu'ils prétendent être infiniment plus courtes, plus faciles, & plus sûres, & d'une utilité tout autrement sensible.

* *D. Franc. Baconis vita & opera omnia* in-fol. *Francofurti* 1665.

1. Journ. des Savans du 8. Mars 1666.

JUGEMENS
DES PRINCIPAUX
CRITIQUES.
SECONDE PARTIE.

CONTENANT *principalement*, les Auteurs qui ont écrit de la PHILOLOGIE sous les Titres extraordinaires & bizarres de Diverses Leçons ; Leçons Antiques ; Leçons Nouvelles ; Leçons suspectes ; Lectures memorables ; Melanges nommés par les uns Symmictes & par les autres Miscellane'es ; Cinnes ; Schediasmes ou Cahiers ; Adversaires ou Recueils ; Collectane'es ; Philocalies ; Observations ou Remarques ; Animadversions ou Corrections ; Scolies ou Notes ; Commentaires ; Expositions ; Soupçons ; Conjectures ; Conjectane'es ; Lieux communs ; Eclogues, ou Electes, ou Extraits, ou Florides ; Parergues ; Vrai-semblables ; Novantiques ; Saturnales ; Semestres ; Nuits ; Veilles ; Journe'es ; Heures subsecives ou succisives ; Præcidane'es, Succidane'es ; Centurionats. En un mot ceux qui ont écrit des Belles Lettres, qui ont travaillé sur les Anciens Auteurs pour les éxaminer, les corriger, les expliquer, & les mettre au jour. Ceux qui ont embrassé cette literature universelle qui s'étend sur toutes sortes de sciences & d'Auteurs, & qui faisoit anciennement la principale & la plus belle partie de la Grammaire, avant que les mauvais Grammairiens l'eussent deshonorée, & qu'ils l'eussent obligée à changer son nom en celui de PHILOLOGIE, qui veut dire une espéce de science composée de Grammaire, de Rhétorique, de Poëtique, d'Antiquités, d'Histoire, de Philosophie & quelquefois même de Mathematiques, de Médecine, de Jurisprudence, & de Théologie même : Mais qui regardant essentiellement les mots de chaque science, n'en traite les choses que rarement & par accident.

ERATOSTHENE

CRITIQUES GRAMMAIRIENS.

ERATOSTHENE Bibliothéquaire d'*Alexandrie* vivant du tems de Ptolemée (1) Philadelphe *mort en l'Olympiade* 146.

271 IL avoit embrassé toutes sortes de connoissances sans vouloir en approfondir aucune, comme font ceux qui ne s'appliquent particuliérement qu'à une seule, & qui veulent y exceller. C'est ce qui lui fit donner le surnom de *Beta*, parce que ne pouvant aspirer au premier rang dans aucune science particuliére, il étoit du moins parvenu au second dans toutes en général, comme nous l'apprenons de Strabon (2).

Le peu qui nous est resté de ses ouvrages fut imprimé à Oxford en 1672. in-8°. & nous ne l'avons mis ici qu'à cause de l'honneur qu'il a eu de porter le premier le beau nom de PHILOLOGUE (3) selon Suetone (4) ou celui de CRITIQUE (5) selon Clement Alexandrin. (6).

---

1 ¶ On dit en Grec Πτολεμαῖος, en Latin *Ptolemaeus*, mais en François l'usage veut qu'on dise *Ptolemée*.

2 Strab. Geograph. lib. 1.

¶ Les Auteurs qu'on a coutume de citer touchant le nom de *Beta* donné à Eratosthéne, sont ou Marcien d'Héraclée, ou Hésychius Illustrius, ou Suidas, mais non pas Strabon qui n'en dit rien. Ce qui peut avoir trompé Baillet, c'est que Casaubon en dit un mot sur un endroit du 1. Livre de Strabon, où il est parlé d'Eratosthéne. §

3 Voss. hist. Græc. lib. 1. cap. 17. pag. 108. 109. 110.

4 Sueton. de illustrib. Grammaticis, in Atteio Philologo.

5 ¶ Le vrai sens de Clement Alexandrin est qu'Apollodore de Cumes a été le premier qui a introduit le nom de Critique πρῶτος τῆς Κριτικῆς εἰσηγήσατο τὸ νομα & qui fut surnommé le Grammairien, ἢ Γραμματικὸς προσηγορεύθη.

A quoi il ajoute que d'autres pourtant disent que ce fut Eratosthéne le Cyrénien, qui ayant fait deux livres βιβλία δύο qu'il intitula γραμματικὰ fut appellé le Grammairien, nom dont on l'appelle encore ὡς νῦν ὀνομάζουσιν Lucien en effet à la fin de ses Macrobes parlant d'Eratosthéne dit qu'on pouvoit non seulement l'appeller Grammairien, mais aussi Poëte, Philosophe, & Géométre. §

6 Clem. Alex. lib. 1. Stromat.

VARRON (*M. Terentius Varro*) sous Jules César, mort l'an de la Ville 725. & le 28. devant l'Epoque Chrétienne, la première année de la 188. Olympiade.

272   SI nous avions les ouvrages de ce grand homme, il n'y auroit presque point de parties de notre Recueil où il ne dût avoir sa place. Mais comme le principal des fragmens qui nous restent de lui regarde la langue Latine, nous nous réservons à parler de lui plus amplement parmi ceux qui ont écrit de la Grammaire Latine.

Nous nous contenterons de remarquer ici que sa principale occupation étoit l'étude de la Critique & de la Philologie, comme le témoigne Ciceron son ami particulier (1).

L'étenduë de sa doctrine sur toutes sortes de connoissances a passé en proverbe comme l'Eloquence de Ciceron & le raisonnement d'Aristote. De sorte que dans ces deux derniers siécles ausquels on a fait revivre les sciences avec tant d'éclat, quand il s'est rencontré un homme universellement & profondément savant, on n'a point crû pouvoir rélever son mérite avec des éloges plus magnifiques qu'en l'honorant du nom de cet illustre Romain & en l'appellant ou le *Varron du siécle*, ou le *Varron du pays*.

C'est ainsi que Louis Richer de Rovigo, dit vulgairement *Rhodigin*, a été appellé par Jules Scaliger; J. Parrhasius par Matthieu Toscan; Erasme par Paul Jove; Grégoire Giraldi par Monsieur Colomiez; H. Goltzius par Carrion; Goropius de Beka par le Mire; Pierre Chaccon ou Ciacconius par Schott & Quenstedt; Antoine de Lebrixa ou Nebrissensis par Honcale; Conr. Gesner par Theod. de Beze; André Sampere par Palmireno; Monsieur Brisson par Scioppius; Blaise de Vigenere par Flor. de Remond; Passerat par Monsieur Parent; Lipse par Raoul Bouteroüe; Joseph Scaliger par Meursius; Vossius par Konigh; Saumaise par Gronovius; Mr Ménage par Mr Maimbourg; & plusieurs autres savans.

* *M. Terentii Varronis opera omnia cum Joseph. Scaligeri, Adriani Turnebi, aliorumq: notis* in-8°. *Dordrechti* 1619. — *Ejusdem de lingua Latina &c. ex editione Gasp. Scioppii* in 8°. *Ingolstadti* 1605. *

1 Dans Scioppius de Arte Critic. pag. 5. &c.
¶ Il devoit donc nous renvoyer directement à ces mots de Cicéron qui commencent par *sunt, inquam ista Varro &c.* à l'entrée du 1. livre des Questions Académiques, sans nous donner la peine d'aller chercher dans Scioppius la citation de ce passage. ¶

ASCONIUS PEDIANUS (1) *le jeune* fous Neron & Vefpafien.

273 Nous avons un refte de fes Notes ou de fes Commentaires fur diverfes Oraifons de Ciceron. On peut dire qu'il a fervi de modéle à la plupart des Critiques & des Scholiaftes Latins qui l'ont fuivi, & à ceux qui fe font mélés d'expliquer les Auteurs. C'eft le fentiment d'un Ecrivain moderne qui prétend qu'Afconius eft en effet le plus éxact de tous les Anciens (2).

Auffi eft-il vrai que Pline lui donne un des premiers rangs parmi les bons Ecrivains dont il s'eft fervi (3); que Quintilien lui attribuë la gloire de bien favoir la langue Latine, & qu'il fait valoir fon autorité en ce point (4). Et il eft hors d'apparence que l'un & l'autre ayent voulu parler du vieux Afconius, qui avoit connu Virgile particuliérement, & qui mourut du tems d'Augufte, quoique ce foit le fentiment de plufieurs.

Hotman (5) dit que les Commentaires que le jeune Afconius a faits fur les Oraifons de Ciceron font favans; qu'il ne s'eft point amufé à des vétilleries, comme ont fait dans ces deux derniers fiécles la plupart des Pédans & des petits Grammairiens, qui ne fe font attachés qu'à chercher des tropes, des figures, & des rafinemens ridicules, ausquels ni Ciceron ni les autres Auteurs anciens n'ont peut-être jamais fongé. Mais qu'il a expliqué les endroits obfcurs avec beaucoup de netteté; que fes Commentaires font courts, faciles, folides; & qu'il a traité & éclairci ce qui regarde les affaires

---

1 ¶ L'opinion de ceux qui ne reçoivent qu'un Afconius Pedianus me paroit la plus faine. Les Anciens n'en ont connu qu'un. La Chronique foit d'Eufébe, foit de Saint Jérome lui donne 85. ans de vie. L'erreur de cette Chronique eft d'avoir par un motachronifme de 16. ans étendu cette vie jufqu'à la 7. année de l'Empire de Domitien. Le calcul fuivant fera plus jufte, & fauvera toutes les difficultés. Suppofons qu'Afconius eût 10. ans lorfque Virgile mourut, qu'il en eût 35. dans le tems de la mort d'Augufte. Joignons-y en comptant largement les années, 42. ans pour la durée de l'Empire tant de Tibére que de Caligule & de Claude. Mettons enfin à la 8. année de l'Empire de Néron le tems de la mort d'Afconius, les 85. ans de la vie de cet Auteur fe trouveront complets, & l'on fera en état de répondre à toutes les objections. ¶

2 Bibliograph. cur. Philolog. hift. pag. 27. & 30.

3 Lib. 1 Hift. natur. init.

¶ Il eft faux que Pline au commencement du 1. Livre de fon Hift. naturelle cite Afconius, & lui donne un des premiers rangs parmi les bons Ecrivains dont il s'eft fervi. Il ne le cite qu'au 48. chap. du 7. livre, & cela tout fimplement. ¶

4 Lib. 1. & 3. Inftitut. Orator.

¶ Il eft encore faux que Quintilien au 3. livre de fes Inftitutions, cite Afconius. Il ne le cite qu'au 7. chap. du 1. liv. ¶

5 Franc. Hotm. préfat. ad Lect. in Afcon.

de ces tems-là avec tant d'éxactitude & de diligence, que l'Hiſtoire de la République Romaine en ſeroit encore toute eſtropiée & toute confuſe, ſi nous n'avions ces précieux reſtes de ſes Commentaires.

Monſieur Godeau (1) dit qu'il fut excellent pour la Grammaire, & que ce fut particuliérement par ces Interprétations ſur Ciceron qu'il acquit cette merveilleuſe eſtime qu'il a toujours conſervée juſqu'à préſent; mais il le confond avec l'ancien Aſconius Pedianus, auſſi-bien que Scaliger (2) & pluſieurs autres Critiques modernes.

Aſconius Pedianus in aliquot M. T. Ciceronis Orationes in-8°. Lugduni apud Tornaceum 1551. — Idem cum notis variorum in-12. Lugd. Bat. 1644.

1 Hiſt. Eccl. fin du premier ſiécle.
2 ¶ Joſeph Scaliger ayant d'abord cru dans la 1. édition de ſon Eusébe qu'il y avoit eu deux Aſconius, s'en eſt dédit, & n'en a reconnu qu'un dans la 2. §

SCHOLIASTES GRECS ANONYMES
des Poëtes Grecs, *dont nous ne connoiſſons pas les tems*.

274 ON prétend 1°. que le meilleur de tous les Scholiaſtes Grecs après l'Euſtathe ſur Homere, eſt l'Interpréte Anonyme de l'Expédition des Argonautes d'*Apollonius de Rhodes*, & qu'il n'y en a point où l'on trouve tant de ſubtilité & d'érudition qu'il y en a dans ſon Commentaire.

2°. Que le Scholiaſte d'*Ariſtophane* n'eſt pas uniforme, & qu'il n'eſt pas également bon par tout, & que comme il y a des endroits ſavans, il paroît que les autres y ont été inſerés par quelques Grammairiens ignorans.

3°. Que ce que nous avons de Scholies Grecques ſur les Tragédies d'*Eurypide* (1), *Sophocle* & *Eſchile* ne ſont que des rhapſodies de

1 ¶ Il faloit écrire *Euripide* & *Eſchyle*. Ce qui ſuit contient autant de fautes que de mots. Premiérement les Scholies de ces trois Poëtes Tragiques n'ont jamais été imprimées enſemble. Secondement le mérite en étant différent, il étoit à propos de rapporter d'une maniére diſtincte le jugement qu'en ont fait d'habiles Critiques. Entre autres Victorius qui juge les meilleures celles d'Eſchyle; enſuite celles de Sophocle. Selon lui les moindres ſont celles d'Euripide. Troiſiémement Paul Eſtienne Calviniſte déclaré n'a jamais rien imprimé à Venis̃e, ſon Imprimerie étoit à Genève, où il demeuroit, il n'a jamais non plus imprimé ni Eſchyle, ni ſes Scholies, mais ſeulement celles d'Euripide avec Euripide en 1602. & celles de Sophocle avec Sophocle en 1603. éditions, l'une & l'autre, les plus amples, mais non pas les plus belles, qui juſque-là euſſent paru de ces Poëtes accompagnés de leurs Scholies.

divers Auteurs conçûës avec aſſés peu de jugement; qu'il y a des morceaux qui ne ſauroient preſque ſe payer, & d'autres qui ne valent quoique ce ſoit. Paul Eſtienne les publia à Veniſe pour la premiére fois, & quelques-uns eſtiment que cette édition eſt la meilleure de toutes.

4°. Que le vieux Scholiaſte que nous avons ſur *Héſiode* eſt rare, mais que néanmoins on n'en fait pas beaucoup d'eſtime.

5°. Qu'il faut dire la même choſe du Scholiaſte de *Théocrite*.

6°. Mais que celui qui a travaillé ſur *Pindare* eſt le plus mépriſable(1) & le pire de tous, & qu'il ne s'y trouve preſque rien qui mérite la peine d'être lû.

Apollonii Rhodii Argonauticorum lib. 8. cum notis J. Hoelzlini in-8°. *Lugd. Bat.* 1641.

Ces quatre Scholiaſtes Grecs Anonymes ont été ſavament remaniés, & très-bien rétablis depuis la mort de Baillet.

L'Eſchyle a été traduit & commenté par Thomas Stanley imprimé à Londres *in-folio* en 1663. — L'Euripide par Jean Barnès *in-folio* à Camdbrige en 1694. — Pindare par les ſoins de Nicolas le Sueur *in-folio* à Oxfort en 1697. — L'Ariſtophane par Kuſter à Oxfort en 1708. & à Amſterdam *in-folio* 1710.

Baillet avoit oublié que le ſavant Heinſius nous avoit donné l'Héſiode avec des corrections & des obſervations *in-*4°. en la Boutique de Plantin en 1603. — Le Théocrite *in-*4°. chés Commelin en 1604. tous deux également eſtimés. — Le Sophocle d'Henri Eſtienne Grec & Latin *in-*4°. imprimé à Geneve en 1603. eſt le plus recherché.*

1 Bibliograph. curioſ. Philolog. Hiſt. pag. 31. item 50. 51. 52. 53.
* C'eſt de quoi, avec raiſon, ne demeurent pas d'accord Jean Albert Fabrice, ni Jean Gottlieb Krauſe réviſeur de cette Bibliographie tant citée par Baillet.

SCHOLIASTE DE THUCYDIDE.

175 L'Ancien Scholiaſte Grec de Thucydide eſt ſavant, mais il n'eſt pas entier. (1)

Thucydides de Bello Peloponneſiaco Grecè & Latinè ex verſione Laurent. Vallæ, recognita ab Henrico Stephano. in-fol. *Pariſ.* 1588. — Item *cum emendata verſione per Henr. Steph. & Æmilium Portum.* in-fol. *Francofurti.* 1594.*

1 Biblograph. cur. pag. 83.

SCHOLIASTES DE PLATON ET D'ARISTOTE.

276. Nous les avons remis parmi les Philosophes, parce qu'ils ont assés peu de rapport à la Critique & à la Grammaire.
* Le Pere Labbe nous a donné en 1657. une Brochure in-4°. qui contient, les Interpretes & les Scholiastes d'Aristote & de Platon, sous le titre,

Aristotelis & Platonis Græcorum Interpretum Typis hactenùs Editorum Breves Conspectus. Parif. 1657.*

LES SCHOLIASTES LATINS SUR HORACE,
& quelques autres Poëtes, *Acron* d'Helene (1), *Porphyrion*, *Scaurus Modeste*, & le *Scholiaste Anonyme*.

277. Tout ce que nous avons sous le nom de ces anciens Interpretes est fort incertain, & qui plus est fort défectueux. A dire le vrai, il n'y a qu'*Acron* seul de qui il nous reste quelque chose, & ce que nous en avons même ne nous donne pas une fort grande idée de la solidité de son jugement ni de son habileté.
On pouroit faire le même jugement de l'ancien Scholiaste dont il

---

₰ 1 ¶ Sosipater Charisius cite assés souvent Helenius Acron commentateur des Adelphes de Térence, ne lui attribuant nul autre ouvrage, & l'appelant quelquefois simplement ou Acron ou Helenius. Croire avec Baillet qu'*Helenius* marque la patrie de ce Grammairien, parce qu'il se trouve dans l'ancienne Géographie plusieurs lieux du nom d'*Heléne*, me paroit une conjecture un peu hazardée, n'étant pas ordinaire de placer le nom du payïs avant le nom de famille. Parrhasius, Epitre 5. nie que l'Acron de Sosipater puisse être l'Acron le Scholiaste d'Horace. Sa raison est que Sosipater étant plus ancien constamment que Servius, l'Acron que Sosipater cite, est à plus forte raison plus ancien que ce même Servius; or il fait voir que l'Acron prétendu Scholiaste d'Horace cite Servius, d'où il conclut que l'Acron de Sosipater est different. La conclusion seroit juste, si le principe, savoir que Sosipater est plus ancien que Servius, étoit certain. Saumaise étoit dans un sentiment opposé. Voyés au mot *Charisius* la table de la Bibliothèque Latine de Jean Albert Fabrice. Tout ce qu'on a publié sur Horace d'anciennes notes sous les noms de Caius Æmilius, de Jule Modeste, de Terentius Scaurus, d'Acron, de Porphirion, du Scholiaste anonyme, de Cruquius, est extrêmement suspect. J'en dis autant des Gloses soit de Probus, soit de Cornutus sur Perse, lesquelles de même que les précedentes sur Horace, varient beaucoup suivant les éditions. Le vieux Commentateur de Juvenal, quoi que très-utile, est corrompu à un point qu'il en devient souvent in-intelligible. Ces sortes de fragmens qui nous restent demandent un Lecteur judicieux qui sache en faire son profit, & démêler, comme on dit, les perles dans le funier ₰

Bibliograph. cur. Histor. Philolog. pag. 17.
Casaub. Scalig. Voss. & alii Critici passim.

CRITIQUES GRAMMAIRIENS.

nous reste quelques Commentaires sur *Juvenal* & sur *Perse* & que quelques-uns appellent *Cornutus*.

DE QUELQUES CELEBRES PHILOLOGUES
au premier & au second siécle.

278 De *Pline* l'ancien. Voyés parmi nos Geographes.
   De *Plutarque*. Voyés parmi les Philosophes & les Historiens de Vies d'Hommes illustres.
   De *Lucien* de Samosate. Voyés parmi les Satires en Prose.
   D'*Artemidore*, qui vécut sous Antonin le pieux. Voyés parmi les Ecrivains des Songes & des visions.
   D'*Appulée* (1) de Madaure. Voyés parmi les Philosophes.

1 ¶ On peut en Latin écrire indifferemment *Apuleius* & *Appuleius*, mais en François l'usage est pour *Apulée*.

AULU-GELLE ou AULE-GELLE ou selon quelques-uns AGELLE (*Jusqu'à ce que la question soit decidée*, 1) *sous Antonin le Pieux, d'autres le font beaucoup plus jeune.*

279   Nous avons ses *Nuits Attiques* qu'il a composées en Latin & divisées en plusieurs Livres.
   Saint Augustin (2) dit que c'étoit un bel esprit qui avoit de la délicatesse, & qu'il étoit même fort éloquent, (par rapport au tems auquel il avoit vécu.)
   Erasme témoigne aussi (3) que les Savans admiroient sa phrase en ce qu'elle est fort naturelle, & que ses expressions ont une naiveté toute particuliere. Mais il ajoute que son sujet (4) ne lui convient pas, que l'affectation de sa phrase ne plaît pas à tout le monde, non plus que la superfluité de ce grand amas de paroles, qui au jugement de notre Censeur renferme assés peu de chose dont on puisse tirer quelque utilité.

1 ¶ Il y a deja du tems qu'elle est décidée pour Aulu-Gelle.
2 S. August. de Civit. Dei lib. 9. cap. 4.
3 Erasm. in Ciceronian. Dial. pag. 148.
4 ¶ Il faloit, pour rendre cela intelligible, insinuer qu'Erasme parle du style Cicéronien, & qu'il entend que le sujet de la plupart des Chapitres des Nuits Attiques ne consistant qu'en des recherches de Critique & de Grammaire n'étoit pas bien propre à étaler la beauté de ce style.

Vossius dit qu'il a formé son stile sur celui des Anciens (1) Et Scaliger juge aussi que son stile est antique (2): mais que d'ailleurs c'est un très-excellent Auteur ; qu'il a une infinité de fragmens, & que c'est en cela que consiste principalement sa bonté & son prix ; qu'entre autres le Chapitre qui traite des douze Tables est une excellente piéce ; que c'est dommage qu'il y ait dans tout son livre un si grand nombre de mots barbares, & que d'ailleurs nous ne l'ayons pas tout entier, car son huitiéme livre est entiérement perdu.

Le jeune du Verdier dit qu'il a affecté des maniéres d'élegance extrémement rudes, en quoi il convient assés avec les autres (3), mais il s'amuse ensuite à le maltraiter sous pretexte (4) qu'il a fait des fautes.

Cependant Lipse (5) & Quenstedt (6) l'appellent un Ecrivain fort correct & fort châtié ; Dempster (7) ajoute qu'il est le plus utile des Grammairiens.

Valla dit (8) qu'on doit le considerer comme le Censeur public des Lettres, & comme un Juge dont l'autorité & la jurisdiction s'étend sur presque tous les Auteurs. Et il n'a peut-être eu cette pensée que parce qu'Aulu-Gelle est le seul des Anciens Philosophes dont les Notes de Critique sur les Auteurs se soient conservées jusqu'à nous comme le témoigne Scioppius. (9)

En effet le P. Vavasseur remarque (10) qu'il a eu un soin si particulier de recueillir une infinité des plus beaux endroits tirés des Grammairiens, des Poëtes, des Rhétoriciens, des Philosophes, des Médecins, & des Jurisconsultes, & qu'il nous a conservé tant de paroles remarquables, tant de belles pensées, tant de faits, & de monumens de l'Antiquité, qu'il peut lui seul nous tenir lieu de plusieurs Auteurs ensemble.

Car Aulu-Gelle témoigne lui-même (11) que son dessein n'a point été d'amasser indifferemment tout ce qu'il auroit pû trouver pour grossir son Recueil, & faire une vaine montre de son abondance, mais qu'il a voulu user de discernement, & choisir ce qui lui paroissoit de meilleur dans les Anciens pour reveiller les bonnes inclinations & les études des hommes. Qu'il a eu dessein de les assister

---

1 Ger. J. Voss. præfat. lib. de Vitiis serm.
2 Poster. Scaligeran. pag. 93.
3 Claud. Verder. Cension. Auct. p. 15. 16.
4 ¶ Sous quel autre prétexte les Critiques maltraitent-ils les Auteurs? ⸫
5 Lips. 4. Epistolic. Quæst. 19.
6 Quenst. de patr. Vir. Ill. pag. 366.
7 Dempst. in Indic. Auct. præfix. Antiq. Rom. Rosini.
8 Vall. præf. lib. 1. & lib. 6. cap. 23.
9 G. Sciopp. de arte Critic. pag. 6.
10 Fr. Vavass. de Ludicr. diction. p. 290.
11 Aul. Gell. Noct. Attic. lib. 10.

dans

CRITIQUES GRAMMAIRIENS 193

dans le desir qu'ils ont d'apprendre les bonnes choses, en joignant Aulu-Gelle l'agréable & le plaisant avec l'utile & le solide. En un mot, qu'il a voulu tâcher de retirer ceux qui sont embarassés dans le tracas des affaires du monde, de la bassesse & de la grossiéreté, qui se trouvent ordinairement dans leurs entretiens & dans leur commerce.

Le P. Vavasseur ajoute que Scioppius a grand tort de dire qu'Aulu-Gelle sembloit être né dans l'âge de fer de la Latinité, c'est-à-dire, qu'il ne mérite que le rang des derniers Ecrivains. Car quoique cet Auteur ait recherché avec trop d'affectation les façons de parler des Poëtes Comiques, & qu'il y prenne une complaisance tout-à-fait ennuyeuse & insupportable à son Lecteur, néanmoins il mérite le rang au-dessus des médiocres Auteurs, non seulement à cause de sa diligence & de son exactitude ; mais encore pour l'élégance, la variété, l'agrément & la curiosité avec laquelle il traite les choses.

Cependant si on veut écouter Vivès (1), Aulu-Gelle n'est rien moins que tout ce qu'en disent d'avantageux les Auteurs que nous venons d'alleguer. Il le veut faire passer pour le plus méchant Ecrivain du monde. Il prétend que ce n'est qu'un Fripier fort mal-adroit, qui ne sait pas même ajuster ses morceaux, ni recoudre ses piéces ; que ce n'est qu'un ramasseur indiscret, qui laisse tout dans la confusion sans rien mettre en ordre ; que ce n'est qu'un fanfaron qui n'a que de l'ostentation sans experience & sans capacité ; que ce n'est qu'un babillard qui étourdit le monde sans avoir aucun fond de doctrine; qu'il est insipide & dégoûtant dans ses pensées, & encore plus dans ses expressions ; & enfin que la plupart des choses qu'il rapporte touchant la signification des mots, sont non seulement frivoles & fausses, mais qu'elles marquent même beaucoup d'ignorance.

Voila le jugement que Vivès fait de notre Auteur. Il n'y a personne de bon sens qui n'y reconnoisse beaucoup d'animosité & d'emportement, & entre les autres Scaliger (2) & Henri Estienne (3), disent qu'il avoit mauvaise intention en parlant de la sorte, & que ç'a été plutôt l'envie de médire, que l'amour de la Verité qui l'a jetté dans ces extremités.

Néanmoins ces deux Auteurs ne s'accordent pas dans le point principal : car Scaliger qui d'ailleurs en a dit le bien que nous avons vû auparavant, prétend ici que le jugement de Vivès est équitable & bien fondé, quoique venant d'un esprit mal-affectionné ; au lieu qu'Henri Estienne a été si bien persuadé du contraire, qu'il a même

---

1 J. Lud. Vivès in præf. Henr. Steph. ad Gellium.
2 Scalig. poster. voce Vivès.
3 H. Steph. proleg. in edition. A. Gel

entrepris de défendre Aulu-Gelle dans un Traité qu'il en a fait exprès.

* L'Edition de Venise chés Alde 1515. — Celle d'Henri Eftienne in-8°. 1685. — Celle de la Haye in-8°. 1666. font les plus eftimées.*

ATHENE'E *de Naucratie* (1), fous MARC AURELE, ou même fous PERTINAX & SEVERE (2).

280 IL a compofé en Grec un bel ouvrage fous le nom de *Banquet des Philofophes* ou *Dipnofophiftes*, qui eft un ramas (3) de beaucoup de chofes differentes qui regarde la Critique des Auteurs anciens & les belles Lettres, auffi bien que les Nuits Attiques d'*Aulu-Gelle*.

Les quinze Livres que nous en avons (4) font remplis d'une infinité de recherches curieufes & agréables, fi on en excepte celles du treiziéme livre (5) qui font trop libres, comme a fagement remarqué Mr l'Abbé de la Rocque.

Voffius (6) témoigne auffi que ces livres font pleins de genie & de doctrine, mais il ajoute que ce que nous avons (7) n'eft qu'un Extrait du veritable ouvrage d'Athénée que nous n'avons pas. Cafaubon (8) y reconnoît une érudition fi profonde & en même tems fi étenduë fur toutes fortes de matiéres, qu'il dit qu'on le peut confiderer comme le Varron des Grecs & comme leur Pline.

En effet Athénée rapporte dans cet ouvrage des Vers de plus de trois cens Poëtes, & des témoignages de plus de fept cens Auteurs.

Le P. Vavaffeur (9) dit que quoi qu'il y ait beaucoup de curiofité & d'enjoumens dans ces fortes de feftins, quoi qu'on y trouve des pointes, des fubtilités, & fouvent même le mot pour rire felon le génie de ce fiécle, parmi une infinité de chofes favantes & férieufes,

---

1 ¶ Le mot d'ufage étoit *Naucratis*.

2 ¶ Athenée a vécu au-dela même de Sévére, puifqu'il a furvecu Oppien qu'on fait avoir dedié fon poëme de la pêche à l'Empereur Caracalla.¶

3 Godeau Hift. Eccl. fin du 2. fiécle.

4 Journ. des Sav. du 20. Mai 1680.

5 ¶ Il y traite des Courtifanes. L'hiftoire en eft curieufe, & l'Abbé Ménage avoit commencé à écrire leurs vies en Grec, extraites la plufpart d'Athenée. J'en ai vu le manufcrit.¶

6 Voff. de Hiftor. Græc. lib. 2.

7 ¶ Voffius ne dit pas cela; mais feulement que de l'ouvrage qu'Athénée nous a laiffé un Abbréviateur a fait des extraits qui exiftent encore. J'avouë que des quinze livres du véritable ouvrage d'Athénée nous n'en avons à peu près que treze d'entiers. Les deux premiers, & les deux premiéres pages du troifième nous manquent; ce que nous avons eu en la place eft un fupplément tiré des extraits dont il s'agit. Cela fe trouve marqué dans toutes les éditions d'Athénée, au commencement du troifième livre à l'endroit où ce fupplément finit.¶

8 Cafaubon. præfat. in Athenæi edit.

9 Vavaff. de Ludic. diction. p. 267. 168.

CRITIQUES GRAMMAIRIENS.

néanmoins il n'y a rien de bouffon (1), ni de ridicule.

Vossius (2) estime que l'édition de Bâle vaut beaucoup mieux que celle d'Alde de Venise, mais la plus commode est celle que Casaubon nous a procurée avec ses doctes Commentaires, [dans l'édition de Lion 1612. 1621. avec la traduction Latine & les notes de Dalechamps en 2. volumes in-fol.] Et Mr de Marolles a jugé cet ouvrage si utile pour ceux de notre Pays, qu'il l'a voulu traduire en notre Langue. [in-4°. Paris. 1680.]

1 ¶ On ne peut disconvenir qu'entre les choses qu'Athénée rapporte, il n'y en ait de très-boufonnes & de très-ridicules, mais le sens du P. Vavasseur est que la diction n'y est nulle part ni ridicule, ni boufonne.¶

2 Voss. de scient. Mathemat. pag. 111.

JULIUS POLLUX, *Compatriote & Contemporain d'Athénée sous l'Empereur Commode.*

281   Nous ne parlerons de lui que parmi les Grammairiens Techniques ou *Lexicographes*, quoi que son *Onomasticon* ne soit pas moins un Ouvrage de Critique que les Dipnosophistes d'Athénée, les Nuits Attiques d'Aulu-Gelle, les Saturnales de Macrobe, & l'Ouvrage du (1) *Stephanus*, dont il ne nous reste plus qu'un Extrait Géographique des Villes, fait en forme de Dictionnaire par Hermolaüs, & les ouvrages de plusieurs autres Grammairiens.

Il est bon de se souvenir que les Grammairiens n'étoient autrefois nullement distingués de nos Critiques, parce que ,, leur pro-
,, fession étoit (2) d'examiner les Auteurs à fond, de les expliquer,
,, d'en remarquer les vices & les beautés, & de distinguer les faux
,, d'avec les véritables, & dans ceux-ci ce qui est sorti de leurs mains
,, d'avec ce que les Copistes ou les Imitateurs y ont fait couler.
,, Car nous n'en avons presque pas qui n'ayent été alterés ou par
,, malice ou par ignorance.

* Jean *Westeins* nous en a imprimé la plus ample & la plus magnifique de toutes les Editions en 1706. 2. vol. in-fol.*

1 ¶ Il faloit dire *de Stephanus*.¶   2 Godeau Hist. Eccl. fin du siécle 2.

C. JULIUS SOLINUS, dit *le Grammairien* (1) ou *Polyhiſtor*, ſous Alexandre Sevére ou même ſous Aurelien, ou même ſous Dioclétien, ſelon d'autres.

282 IL a fait un *Recueil de choſes remarquables* ou un Mélange hiſtorique & philologique, à qui il a donné dans la ſuite le Titre de *Polyhiſtor*, & qu'il a tiré de divers Auteurs, mais particuliérement de Pline, dont il eſt preſque le Copiſte perpetuel, quoi qu'il s'éloigne quelquefois néanmoins de ſon ſentiment. Et parce qu'il ne lui fait pas même l'honneur de le nommer pour lui témoigner la reconnoiſſance qu'il lui devoit, c'eſt pour cela qu'on l'a appellé le *Singe de Pline*, qui ne vaut pas beaucoup mieux que le Titre de Plagiaire. Mr de Saumaiſe prétend que ſon ſtile eſt affecté, & que ſon Latin n'eſt point naturel. (2)

Voſſius (3) dit qu'il ne témoigne pas avoir eu beaucoup de jugement dans le choix de ſes matiéres. C'eſt peut-être pour ce même ſujet que Scaliger (4) l'appelle un Ecrivain fort leger & fort indiſcret.

Toutefois on n'a point laiſſé de le conſiderer dans les ſiécles ſuivans, & de le citer comme un Auteur grave. C'eſt ce qu'ont fait plus d'une fois les Grammairiens, comme Servius, Macrobe, & Priſcien, & les Peres de l'Egliſe auſſi, comme ſaint Jerôme, ſaint Ambroiſe, & ſaint Auguſtin.

Monſieur de Saumaiſe ſemble avoir relevé la mémoire & le merite de cet Auteur par deux Volumes de ſavans commentaires qu'il a faits ſur ſon ouvrage (5). [en 1629. à Paris 2. vol. in-fol.]

1 ¶ Solin pouvoit être Grammairien de profeſſion, cependant il n'a été qualifié tel que par les Copiſtes à la tête des exemplaires manuſcrits. Ces mêmes Copiſtes l'ont auſſi appelé *Polyhiſtor* transférant par ignorance à l'Auteur le titre qu'il avoit donné à ſon livre. Hors de là Solin n'eſt qualifié nulle part ni *Polyhiſtor*, ni même le *Grammairien*.¶

2 Salmaſius in Prolegomen. ad Solinum.
3 Voſſ. Hiſt. Lat. lib. 3. parte 2. p. 720. 721.
4 Scalig. Animadverſ. ad Euſeb. Chron. pag. 262.
5 Salmaſ. *ubi ſuprà*.

CRITIQUES GRAMMAIRIENS.

CENSORIN sous GORDIEN vers l'an 238.

283 SI cet Auteur s'étoit acquis la reputation de bon Critique & de très-savant Grammairien, comme l'appelle Priscien (1), c'est plutôt pour son livre des Accents & ses autres Traités que nous avons perdus, que pour celui du *jour Natal* qui appartient plutôt à la Chronologie ou aux Antiquités, quoi-qu'il soit assés mêlé.

Vossius (2) l'appelle un petit livre tout d'or, & dans un autre ouvrage (3), il dit qu'il est très-savant & très-utile aux Chronologistes, parce qu'il sait fort-bien allier les Epoques principales dans ce qui regarde les affaires des Gentils.

* Lindebrogius l'a donné avec ses notes à la Haye *in*-8° 1642. Il se trouve dans le second Tome du Recueil des Auteurs qui ont écrit *de vitæ Termino*, de Beverovicius *in*-4°. 3. vol. 1636. à la Haye. *

1 Priscian. lib. 1. de Gramm.
2 Voss. de scient. Mathem. cap. 34.
3 Idem Hist. Lat. lib. 2. cap. 3. pag. 179.

MACROBE *Aurel. Ambr. Theod. sous Théodose & ses enfans.*

284 SEs *Saturnales* traitent de toutes sortes de sujets. C'est un mélange de Critique & d'Antiquités fort agréable, & plein d'érudition, selon Monsieur Godeau (1). Cælius Rhodiginus (2) l'appelle un Auteur très-excellent, & qui a un très-grand fond de science.

Erasme (3) dit que c'est la *Corneille d'Esope*, qui s'est enrichie du travail des autres, qu'il ne parle presque point en sa langue, parce qu'il ne change pas ordinairement les endroits des Auteurs qu'il prend, & qu'il laisse dans leur stile; & que quand il parle de lui-même, vous diriés un Grec qui bégaye & qui tâche d'écorcher du Latin.

Christofle de Mile (1) a remarqué que cet Auteur a une attache

1 God. Hist. Eccl. fin du 4. siécle.
2 L. Cæl. Rhod. antiq. lection. & ex eo Matth. Konig. Bibl. vet. & nov. Pag. 492.
3 Erasm. in Ciceron. Dial. pag. 148.

4 Van Milen lib. 5. de Literatura, pag. 364.
¶ On croiroit que cet Auteur étoit natif d'un lieu nommé *Mile*; ce n'est point cela. Christophorus Mylæus que le P. Meneftrier

singuliére pour Platon, qu'il a pris un soin tout particulier de recueillir ce que les Auteurs avoient observé sur Virgile; que ses Saturnales sont savantes, mais que le stile n'en est pas bon, parce qu'il avoit écrit dans un siécle auquel la pureté de la langue Latine s'étoit déja changée ou perduë, comme le reconnoît Macrobe lui-même.

Enfin le P. Vavasseur (2) trouve qu'il a copié Plutarque mot pour mot en une infinité d'endroits, & qu'il a pris beaucoup de choses d'Aulu-Gelle, mais qu'il ajoute aussi du sien beaucoup de singularités agréables qui font voir son érudition & la connoissance qu'il avoit de l'Antiquité

* *Macrobii in somnium Scipionis, & Saturnalia*, 1500. *Venetiis* in-folio — *Ejusdem eadem* in-8°. 1628. — *Ejusdem cum notis variorum* in-8°. *Amstelod.* 1670. *

page 181. de son introduction à la lecture de son Histoire de Lyon, appelle Christophle Myleu est un Suisse dont, entre autres ouvrages, nous en avons un qui a pour titre *Consilium de scribenda universitatis rerum Historia*, divisé en 5. livres, le premier desquels est intitulé *de Natura*, le 2. *de Prudentia*, le 3. *de Principatu*. le 4. *de Sapientia*; le 5. *de Literatura*, ce que je remarque exprès, afin que, sur la maniére dont cite Baillet, on ne s'imagine pas que Christophorus Mylæus ait fait un Traité *de Literatura* divisé en 5. livres.

2. Vavass. de Ludicr. Diction. pag. 272.

DONAT le Grammairien (Ælius) sous *Théodose l'ancien.*

285 ON nous a donné sous ce nom spécieux des Commentaires sur *Virgile*, & d'autres encore sur *Térence*.

Fabricius (1) qui a publié les premiers a crû qu'ils étoient du vrai Donat ce fameux Grammairien, sous qui saint Jerôme avoit étudié. Konig (2) est aussi de ce sentiment, mais les plus fins Critiques n'en jugent pas de même. Et Vossius entre les autres (3) témoigne que ce prétendu Donat ne mérite presque pas même la gloire qui est dûë aux Compilateurs raisonnables, parce que ce n'est qu'un méchant ramasseur qui n'est pas fort adroit à recoudre ses lambeaux & ses rhapsodies.

Barthius (4) dit que comme les Commentaires que nous avons

1 Fabr. edit. Virg. præfat.

¶ Il faloit, pour le distinguer de tant de Fabrices, dire *Georgius Fabricius*, ou George Fabrice.

2 G. Matth. Konig. Bibl. vet. & nov. pag. 256.

3 Voss. lib. 6. Institut. Orator. cap. 2. p. 432.

4 Barth. in 11. Thebaïdos Statii, pag. 1386.

CRITIQUES GRAMMAIRIENS.   199.

sur Virgile sous le nom de *Servius* ne sont qu'une compilation des anciens & vrais Critiques & des plus habiles Philologues, de même cet autre appareil de Commentaires est une rhapsodie de plus d'un Paraphraste, à la tête de laquelle on a mis le nom de Donat pour lui donner de l'autorité & de la vogue. Il ajoute qu'il ne faut pas douter qu'il n'y ait quelque chose de ces Commentaires que le vrai Donat avoit écrit pour son fils Donatien ; mais qu'au reste ces Commentaires sont de si petite conséquence qu'on se consoleroit aisément de leur perte, si à leur place on avoit le livre que Donat a fait des Villes, des Riviéres, & des Dieux dont il est fait mention dans Virgile, avec son Exposition historique & critique sur l'Enéide. Il croit que ce seroit peut-être le moyen de le remettre dans cette première réputation qu'il avoit d'être, dans l'esprit de plusieurs, l'Ecrivain le plus digne & le plus admirable qui eût paru depuis les Apôtres.

L'Auteur Anonyme de la Bibliographie que nous citons quelquefois, prétend aussi-bien que Barthius (1) qu'il y a dans ces Commentaires quelque chose de Donat, & qui marque même assés qu'il avoit beaucoup d'esprit & une grande érudition, mais qu'on y a inséré quantité de bagatelles & de niaiseries.

Pour ce qui est de l'autre Commentaire qui porte le nom de Donat & qui est sur les Comédies de *Terence*, il est attribué par Vossius (2) en divers endroits de sa Poëtique à un nommé *Evanthius* qui mourut vers la première année de l'Empereur Gratien & que d'autres appellent encore *Eugraphius* (3), lequel ne manquoit pas d'érudition à ce que dit l'Anonyme (4). Mais Vossius témoigne ne faire pas grande estime ni de l'Auteur, ni de l'ouvrage:& le jeune du Verdier (5) y a trouvé aussi des choses dignes de sa censure. Cependant cet Evanthius étoit le premier Grammairien de son tems selon Saint Jérôme (6).

Nous verrons dans la suite de ce Recueil ce qui nous reste de Grammaire sous le nom d'Ælius Donatus.

* Servius a publié un Commentaire sur le Traité du Barbarisme de *Donat* à Venise 1522. — Le Commentaire de Donat sur Terence a été imprimé à Strasbourg 1496. *in-folio.* — Ses Commentaires sur

---

1 Bibliogr. cur. Hist. Philolog. pag. 27.
2 Voss. lib. 2. Inst. Poëtic cap. 5. pag. 19.
3 ¶ Eugraphius moins estimé de beaucoup qu'Evanthius, lui étoit postérieur de 600. ans.
4 Bibl. Anonym. *ut suprà*.
5 Cl. Verd. Cension. Auct. pag. 21.
6 S. Hieron. Chron.

l'Enéide de Virgile à Venise *in-fol.* 1529. — *Diomedis Gram. opus, cum opusculis, Phoca' Prisciani, Capri, Agratii, Donati, Servii & Sergii, recensente Joan. Rivio* in-folio *Venetiis* 1511.*

SERVIUS (*Maur. Honorat.*) vivant vers le tems d'Arcade & d'Honoré.

286   Nous avons vû en parlant de Donat, de quelle maniére Barthius (1) a crû que les Commentaires sur *Virgile*, qui portent son nom peuvent être véritablement de lui. L'opinion commune d'aujourd'hui (2) est que ce sont des Extraits en forme d'Abregé tirés de l'ouvrage du véritable Servius, qui s'est perdu par une fatalité qui lui est commune avec tous les Anciens & les plus célébres Auteurs dont on a fait des Abregés: & qu'on a du moins cette obligation à Pierre de Daniel (3) de nous avoir donné quelque chose de Servius, encore qu'il ait crû nous donner plus que de simples Extraits.

Quoiqu'il en soit, il faut avouer que ces restes sont encore assés précieux, & Scioppius (4) dit que c'est un magazin très-bien fourni de beaucoup de bonnes choses.

Le Bibliographe Anonyme (5) dit que cet Auteur, quel qu'il soit, a véritablement du savoir, mais qu'il a moins de jugement que le Donat que nous avons: en quoi il n'est point d'accord avec tout le monde.

Enfin le jeune du Verdier (6) a remarqué que cet Auteur (7) se trompe quelquefois non seulement dans l'explication des mots, mais encore dans celle de la fable, & dans le recit de certains faits, comme de ce qu'on y a fait dire à Ciceron, quand on a supposé qu'il avoit vû les Eclogues de Virgile.

Servii (Mauri Honorati) Commentarius in omnem Virgilium in-fol. *Paris. Rob. Steph.* 1532.

1 Barth. in Papin. Stat. Thebaïd. pag. 386.
2 Journ des Sav. du 7. Février 1667.
3 ¶ Il faut dire *Pierre Daniel.*
4 G. Sc opp. se Art. Critic. pag. 13.
5 Bibliogr. cur. Hist. Philolog. p. 27.

6 Cl. Verder. Cension. Auct. pag. 17. Item pag. 22.
7 ¶ C'est du Verdier lui-même qui se trompe. Le fait prétendu touchant Cicéron & Virgile, se trouve dans la Vie de ce Poëte attribuée à Tibére Claude Donat, & non pas dans Servius.

JEAN STOBE'E vers le cinquiéme siécle.

287 Nous n'avons pas son Recueil tout entier, & parmi ces fragmens même qui sont indubitablement de ce Stobée, il se trouve bien des choses ajoutées par ceux qui sont venus après lui.

Barthius prétend qu'il est le plus utile de tous les Ecrivains après les Auteurs sacrés; & l'Anonyme Allemand qui a fait la Bibliographie dit que si Stobée est en grande considération parmi les Savans, ce n'est point tant à cause de son esprit ou de son érudition, que parce qu'il nous a conservé un vrai trésor de rares monumens des anciens Poëtes & des Philosophes, & qu'il a fourni à ceux qui ont écrit après lui beaucoup d'excellentes matiéres, quoique la plupart ayent eu l'ingratitude de ne le pas reconnoître & de ne le pas même nommer.

Mais nous parlerons de lui plus amplement parmi les Ecrivains de Morale.

* *Joannis Stobæi Eclogæ, loci communes sententiarum Gr. Lat.* in-fol. *Francofurti apud Vvechel* 1581 — *Ejusdem opera omnia* in-fol. *Genevæ* 1609. *Ejusdem Ecloga Phys. & Ethica, Canteri* in-fol. *Antuerp.* 1575. — *Excerpta & Florilegium, per Hug. Grotium* in-4°. *Paris.* 1623. *Gr. Lat.* *

---

288 **F**ULGENCE PLANCIADE ou PLACIADE, Voyés parmi les Grammairiens Artistes.

CAPELLA (Martian Min. (Felix.) au 5. ou 6. siecle. (1)

289 Il a donné comme Petrone le nom de Satire à son ouvrage *des Nopces de la Philologie*, parce qu'il est écrit comme le sien en Vers & en Prose, & que l'utile y est mélé avec l'agréable. Ayant eu dessein, dit Monsieur Huet (2), de traiter de tous les Arts qu'on appelle Liberaux, il a pris pour cela un détour, en leur donnant le masque des Personnes, & feignant que Mercure qui

---

1 ¶ Vers 490.   2 Huet Origin. des Rom. pag. 65. 66. 67.

les a à sa suite, épouse la Philologie, c'est-à-dire, l'amour des belles Lettres, & qu'il lui donne pour présent de Nopces ce qu'ils ont de plus beau & de plus précieux. Desorte que c'est une Allégorie continuelle en forme de Fable. Le même Auteur ajoute que l'artifice de cette allégorie n'est pas fort fin; que le style est la barbarie même: qu'il est si hardi & immodéré en ses figures qu'on ne les pardonneroit pas au Poëte le plus déterminé, & qu'il est couvert d'une obscurité si épaisse, qu'à peine est-il intelligible. Mais qu'au reste il est savant & plein d'une érudition peu commune; que s'il n'étoit point Africain, il meriteroit de l'être à cause de son style, tant sa manière d'écrire est dure & forcée. C'est aussi le sentiment de Vossius (1) & de Scaliger (2), tant pour le style que pour le fonds de l'érudition.

Celui qui le donna au jour pour la premiére fois en 1499. prétendoit en avoir corrigé plus de deux mille fautes, ce Critique s'appelloit François Vital. Mais si nous avons aujourd'hui cet Auteur assés correct, on peut dire que la plus grande gloire en est dûë à Grotius, qui n'ayant encore que quatorze ans en rétablit une infinité d'endroits corrompus avec une industrie & un succès tout-à-fait admirable, & tel que les Savans les plus avancés en âge n'oseroient presque pas prétendre pour eux-mêmes.

* *Martianus Capella de Nuptiis Philologiæ & Mercurii* in-fol. *Venetiis* 1499. — Les corrections de Grotius ont été imprimées à Anvers *in*-8°. en 1599.*

1 Voss. Hist. Lat. lib. 3. part. 2. p. 713.   2 Jos. Scalig. not. in Ciris.

S. ISIDORE de *Seville*, mort en 636.

290   ON peut rapporter à la Philologie son ouvrage des *Origines* ou des *Etymologies*, qu'il composa à la priére de Braulion de Sarragosse, lequel voyant que notre Saint étoit mort sans y avoir pû mettre la derniére main, & qu'il ne l'avoit distingué que par Titres, lui donna la forme que nous voyons aujourd'hui, & le divisa en vingt Livres.

Ce même Braulion (1) dit que cet ouvrage comprend tout ce qu'on peut souhaiter & tout ce que la Philosophie

1 Braul. Cæsaraug. prænotat. in libros Orig. Isid.

peut produire pour toute forte de connoiffances, & qu'il y avoit ramaffé comme en abregé, tout ce qu'on doit favoir de divers Arts & de chaque Science. Ce qui ne peut être vrai tout au plus que par rapport au tems de Braulion.

Nonius (1) témoigne que cet ouvrage de faint Ifidore eft favant, & qu'il a fait connoître qu'il n'étoit inférieur à perfonne, & qu'il avoit peu d'égaux dans la connoiffance des belles Lettres. Rofin (2) juge que c'eft un Grammairien fort néceffaire parce qu'il renferme quantité de chofes qu'on ne trouve point ailleurs. Et Scaliger (3) dit que c'eft pour cette raifon que les Savans lui ont des obligations particuliéres, parce qu'ayant lû beaucoup de bons livres, que nous n'avons pas aujourd'hui, il en a extrait d'excellens endroits avec difcernement, defquels on peut tirer de grandes utilités. C'eft auffi le fentiment de Voffius (4).

L'Anonyme (5) tombe d'accord que ce qu'il rapporte des autres Auteurs eft excellent, mais néanmoins qu'il ne faut pas trop s'en tenir à l'autorité des Extraits tirés des anciens Grammairiens ; & que ce qu'il dit de lui même n'eft pas de grande importance. Paul de Merle ou Merula (6) & le jeune du Verdier (7) font encore plus hardis dans leurs cenfures & ils prétendent que notre Auteur eft vain & frivole, & quelquefois même ridicule dans fes Etymologies.

S. Ifidori Hifpalenfis, opera omnia curante Jacobo du Breuil in-fol. Parif. 1601. — Thefaurus utriufque Linguæ, continens Philoxeni, Ifidori, &c. Gloffaria per Bonaventuram Vulcanium in-fol. Lugd. Bat. 1600.

1 Ludov. Nonius in Hifpan. cap. 16.
2 Joan. Rofin. Antiquit. Roman.
¶ C'eft Dempfter dans la Table alphabétique des Auteurs qu'il cite fur les Antiquités Romaines de Rofin.
3 Prior. Scaligeran. pag. 95.
4 Voff. fenior de Philolog. pag. 36.
5 Bibliograph. Hift. Philolog. cur. p. 26.
6 P. Merul. tom. 2. Cofmogr. l. 3. c. 34.
7 Cl. Verder. Cenf. in Auct. page 26.

DIDYME.

291 MOnfieur le Fevre (1) dit que ce prétendu Didyme fur Homére, dont Schrevelius donna les Notes & les explications avec le texte du Poëte à Amfterdam en 1656. in-4° en deux volumes, eft un Auteur Chimérique & fuppofé.

1 Tann. le Fev. des Poët. Gr. pag. 7.

Néanmoins (1) Borrichius ne laisse pas de dire que ces Notes sont exquises pour la plupart, quoiqu'elles soient d'ailleurs un peu courtes (2).

* l'Iliade a été imprimée à Cambridge *in*-4°. 1689. sur cette édition. *

1 ¶ Ce *néanmoins* ne fait pas un raisonnement bien suivi, le nom vrai ou faux d'un Auteur ne tirant pas à conséquence pour le mérite essentiel d'un ouvrage. ¶
2 Ol Borrich. de Poët. num. 20. pag. 9.

JEAN SARISBERY Anglois, Evêque de Chartres, vivant en 1164.

292 Son ouvrage appellé le *Polycratique* ou de la Vanité des Gens de Cour, peut être mis au rang des Piéces de Philologie à cause de la diversité & de l'agréable mélange des choses qu'il renferme. Du moins ne peut-on pas nier (1) que ce soit une véritable Critique. Lipse fait les éloges de cet ouvrage (2) & il dit que c'est un tissu de lambeaux d'or. Erycius Puteanus (3) dit qu'il mérite autant qu'aucun autre d'être lû; que quoiqu'il s'y rencontre quelques taches & quelques défauts, il les faut plutôt attribuer à son siécle qu'à sa personne, & qu'ils ne diminuent rien de la *docte Majesté* de cet Ecrit, qu'il seroit à propos que les mœurs corrompuës de notre siécle rencontrassent un pareil Censeur. Mais je ne sai si ce Critique n'a point confondu Jean de Hantwille avec notre Sarisberi, qu'il semble avoir crû l'auteur de l'*Archithréne* aussi bien que du *Polycratique*, & dont nous parlerons parmi les Poëtes.

Sarisberi avoit une grande literature, & on prétend même qu'il rétablit dans son pays avant que de venir en France les deux langues Grecque & Latine qu'il possedoit parfaitement, & qu'il leur rendit leur ancienne pureté.

Rosin (4) dit qu'il s'étoit élevé beaucoup au-dessus de la Barbarie de son siécle, & qu'il avoit cultivé son bel esprit par l'exercice de toutes sortes de disciplines, dans lesquelles il s'étoit rendu incomparable & l'unique de son tems. Barthius (5) & Dempster (6) en jugent pres-

1 ¶ On le peut fort bien nier, suivant la signification que nous donnons au mot *Critique*. L'idée de cet Art n'étoit pas bien connuë dans ce tems-là. Aussi le Polycratique de Jean de Sarisberi est-il un ouvrage plutôt de Morale que de Critique. ¶
2 Lipf. not. ad Tacit.
3 Eryc. Putean. Centur. 2. Epist. 84. ad Poëlhemb.
4 J. Rosin. Antiquit. Rom.
5 Gasp. Barth. adversar. lib. 13. cap. 12.
6 Thom. Dempst. Paralipom. ad Rof.

que de même, & ils difent qu'il avoit joint à une grande vivacité & pénétration d'efprit, une grande folidité de jugement, beaucoup de fageffe, une érudition finguliére, une lecture univerfelle, & de l'éloquence même autant que le fiécle corrompu le pouvoit fouffrir.

De nugis Curialium & veſtigiis Philoſophorum libris VIII. in-8°. à la Haye 1639. joint à ſon Metalogicus ſive de Logica, Philoſophia, &c.

EUSTATHE Archevêque de Theſſalonique vivant vers l'an 1180.

293 CE favant homme voyant que la plupart des Commentateurs d'*Homére* periſſoient par la longueur des tems, recueillit tout ce qu'il en pût recouvrer, & en ayant pris le meilleur, il en fit un corps de Commentaires, & y ajouta quelques-unes de ſes remarques, [à Rome en 4. volumes *in fol.* 1550.]

L'Auteur Anonyme de la Bibliographie, dit que bien qu'ils ſoient diffus ils ne laiſſent pas d'être très-doctement écrits (1), & qu'ils ſont remplis de diſſertations Hiſtoriques & Philoſophiques, avec des Sentences très-ſubtiles accompagnées d'une fine Critique.

Nicetas Choniates (2) le loue ſouvent & l'appelle preſque par tout un homme très-éloquent & d'un très-grand mérite. Et Voſſius dit (3) qu'il s'eſt rendu auſſi célébre par la ſageſſe & la prudence toute finguliére dont il a uſé dans la conduite de ſon ouvrage que par l'étenduë de ſa doctrine. Car comme remarque Majoran (4) il a ſi bien pris ſes méſures & il a apporté tant de précaution dans tout ce qu'il a écrit, que non ſeulement les perſonnes les plus avancées en âge, mais les jeunes gens même peuvent en toute aſſurance y acquerir une connoiſſance entiére des vertus & des vices, ſans appréhender d'y prendre des opinions dangereuſes, & d'y recevoir de mauvais éxemples qui les puiſſent porter au dérégleṁent. Parce que comme c'étoit un Interpréte très-habile, un Philoſophe très-ſubtil & en même tems un Théologien très-ſcrupuleux; il ne s'eſt pas contenté d'expliquer les ſens les plus difficiles & les plus cachés, mais il a encore eu un ſoin tout particulier d'éviter & de retrancher tout ce qui avoit l'air mal-honnête & d'y découvrir les plus grands ſecrets de la ſageſſe & les plus beaux ſentimens de la piété. Mais ſur toutes choſes

1 Bibliogr. cur. hiſt. Philolog. pag. 30. & 48.
2 Nicet. Acom. Chon. hiſt.
3 Voſſ. de hiſt. Græc. pag. 491.
4 Nic. Majoran. præfat. in Homer. & in Euſtath.

il s'est appliqué à développer la Philosophie cachée sous ces artifices ordinaires aux Poëtes.

C'est ce qui lui a donné occasion de parler presque de toutes choses, de distinguer la Fable d'avec l'Histoire, en reprenant l'une & l'autre jusques dans leur origine & les retirant de l'oubli & de l'obscurité où l'Antiquité les avoit jettées & confonduës l'une avec l'autre. Et pour montrer aussi qu'il savoit s'acquitter des obligations d'un vrai Critique & d'un bon Grammairien, il a voulu éxaminer & expliquer la force & l'énergie de chaque mot d'Homére avec tant d'éxactitude & de netteté, qu'il semble avoir épuisé la matiére, & avoir ainsi ôté aux autres qui sont venus après lui tout moyen d'acquerir quelque gloire en travaillant sur ce Poëte.

Eustathe a fait encore un Commentaire sur la description de la Terre faite par *Denys* qu'on appelle pour cet effet le *Periegete*. [imprimé à Paris 1577.] Quelques-uns même lui attribuent aussi le Roman d'*Ismenie & d'Ismene*, mais sans apparence, & d'ailleurs comme ce point de Critique n'est pas du sujet présent, nous pourons en dire un mot parmi les principaux Auteurs des Romans.

* Le sieur Gaulmin a donné son *Ismenie & Ismenes* avec des Notes *in*-8°. à Paris 1618. — Eustathe a donné encore, *de Dialectis quæ apud Homerum reperiuntur* Gr. Lat. in-fol. *Venetiis* 1525.*

1 ¶ Puisque le Grec porte χαθ' Ὑσμινιαν χ Ὑσμινην, il ne faloit point suivre l'exemple ni de Gaulmin qui a dit *Ismenia*, & *Ismene* dans sa version Latine, ni Colletet qui dans sa Françoise a dit *Ismene* & *Ismenie*. La terminaison & l'orthographe veuloient qu'on rendît ces noms par *Hysminias* & par *Hysmenie*. C'est à quoi n'a pas manqué l'éxact Mr Huët dans son Traité de l'Origine des Romans. ⸮

ISAAC TZETZES *sur Lycophron* & JEAN TZETZES son frere *sur Hesiode*, vivans vers l'an 1180.

294 IL n'y a rien dans l'Antiquité Grecque qui soit plus obscur & plus difficile que le Poëme de Lycophron appelé l'*Alexandre* (1) ou la *Cassandre*, & ce n'est pas une petite gloire à Isaac (2) Tzetzès d'y avoir réüssi, comme il a fait, par ses doctes Com-

1 ¶ Il auroit mieux valu, pour éviter l'équivoque, dire l'*Alexandra* ⸮
2 ¶ Quoique le commentaire sur Lycophron ait été publié sous le nom d'Isaac Tzetzès, à qui Jean son frére a là-dessus, tout au commencement de sa Préface sur Hésiode, rendu un témoignage avantageux, la verité pourtant est que l'ouvrage appartenoit à Jean, qui en ayant gratifié d'abord Isaac, a depuis, soit pour ingratitude, soit par légéreté, trouvé à propos de le revendiquer. On en peut voir toutes les preuves curieusement ramassées par Jean Albert Fabrice pag. 419. & 410. du L. 3. c. 16. de sa Bibliothèque Grecque. ⸮

CRITIQUES GRAMMAIRIENS.   207

mentaires, dans lesquels il a renfermé une infinité de choses utiles pour entendre l'Histoire & la Fable, & qui peuvent servir même à l'intelligence de divers endroits obscurs & difficiles qui se rencontrent dans les autres Auteurs.

On y trouve aussi des éclaircissemens importans sur la Langue Grecque & sur diverses maximes des Philosophes, comme remarque Arnold Arlen (1), qui ajoute que notre Isaac s'est servi des conseils & des lumieres de son frere *Jean* Tzetzès.

Ce dernier étoit aussi bon Grammairien & aussi judicieux Critique que lui, & il nous a donné de son côté des Scholies sur *Hesiode* outre son Histoire en Vers Politiques, On dit même qu'il avoit fait encore un Commentaire sur *Homere*, lequel apparemment (2) n'a point encore vû le jour.

Ce Jean Tzetzès rend un témoignage avantageux à son frere, disant qu'il a écrit sur Lycophron avec beaucoup d'élegance & de diligence. (3)

* Le Lycophron de *Isaac Tzetzès* a été donné à Oxford par Jean Pottier Gr. Lat. in-fol. deux éditions, l'une en 1699. & l'autre en 1702. où il n'a pas oublié les notes de Canterus, étant les plus savantes sur cet Auteur. — Du même Tzetzès son Livre historique en 13. Chiliades en vers & quelques Lettres, donné par Lacisius a été imprimé à Bâle in-fol. Gr. Lat. 1546. — Il se trouve aussi un Poëme des Allegories que F. Morel a donné Gr. Lat. in-8°. avec des notes. — Jean Tzetzès a aussi commenté l'Hesiode, que Heinsius nous a redonné dans son édition en 1603. à Anvers in-4°.

1 Arn. Arl. Peraxyl. Epist. ad Lycophr.   ment.
2 ¶ Il pouvoit supprimer cet *apparem*-   3 Gerbel. præfat. in hist. ejusd. Joann.

※※※※※※※※※※※※※※※※※※※

DES CRITIQUES ou PHILOLOGUES MODERNES qui ont paru depuis le rétablissement des Belles Lettres.

PETRARQUE (Franc.) *mort en* 1374.

295   IL merite bien dêtre à la tête d'une si noble Compagnie, puisqu'il est consideré comme le Restaurateur des belles Lettres, qui avoient été miserablement ensevelies sous les ruines

208 CRITIQUES GRAMMAIRIENS.

Petrarque. de l'Empire par les Gots & par les autres Barbares qui étoient venus fondre dans la Grece, l'Italie, les Gaules, l'Espagne & l'Afrique.

Il n'y a personne de ceux qui ont eu occasion de parler de lui qui n'ait voulu lui en témoigner sa reconnoissance par quelque éloge, & qui n'ait parlé avec admiration du grand genie qu'il avoit pour les belles Lettres, la Philosophie, la Poësie & l'Eloquence. Mais j'ai crû qu'il étoit assés inutile d'en faire ici la liste, & de rapporter une si grande foule de glorieux témoignages qui ne sont suspects à personne. Et je me suis arrêté simplement à tirer d'une si grande multitude un petit nombre de sentimens qui m'ont paru plus particuliers.

Bocace qui avoit été son disciple (1) ou du moins son ami (2), témoigne qu'il avoit un esprit tout celeste & une éloquence admirable; qu'il avoit une connoissance très-présente de toute sorte d'Histoires & de Fables, & qu'il possedoit tous les tresors de la Philosophie: en un mot qu'il y avoit dans son style & dans ses pensées tant de délicatesse & de force, tant de beauté & d'énergie, qu'il étoit visible qu'il y avoit quelque chose de plus qu'humain dans l'artifice qu'il y apportoit. Le Pere Foresti de Bergame (3) & la plûpart des Ecrivains des quatorze & quinziéme siécles ont suivi Bocace dans ce sentiment.

Gobelin qui a fait la vie du Pape Pie II. (4), dit que ses ouvrages Latins ne valent pas ceux qu'il a faits en Italien; & le Biondo (5) ajoute (6) que quelque effort qu'il ait pû faire, il n'a jamais pû atteindre au point de l'Eloquence de Ciceron.

Erasme (7) dit que dès son tems cette passion qu'on avoit si fort témoignée jusqu'alors pour ses Ecrits commençoit déja à se ralentir beaucoup, & qu'à peine se trouvoit-il alors des gens qui le lussent; que néanmoins il avoit l'esprit extrêmement vif, & le genie tout à

---

1 ¶ Bocace parlant de Pétrarque & lui écrivant l'appeloit souvent son Maître: mais Pétrarque Lettre 4. du li 1. *Rerum senilium* reçoit cela comme un excès d'honnèteté. ¶

2 Jo. Boccat. præfat. lib 1. de Geneal. Deor. idem cap. 19. lib. 14. Deneal Deor.

3 Jac. Philipp. Bergam. supplem. Chron. ad an. 1341.

4 Jo. Gobel. lib. 2. de gest. Pii II. pag. 50. edit. Francofurt.

¶ La vie de Pie II. en 12. livres publiée sous le nom de Jean Gobelin son Secretaire, est le propre ouvrage de Pie lui-même. Campanus & Platine l'attestent dans la vie de ce Pape, & le jugement honorable que Campanus dans la premiére de ses Epîtres, adressée au Cardinal de Pavie, rend *de Commentariis Pii II.* ne permet pas d'en douter. ¶

5 ¶ Il faloit dire *Blondus* parce que cet Auteur, quoi qu'Italien, n'a écrit qu'en Latin Cette remarque doit être appliquée aux endroits où il dit le Vittorio de' Rossi (car je n'ose dire comme lui *de Rossi*) pour *Nicius Erithraus*, le Giraldi, pour *Gyraldus*. ¶

6 Fl. Blond. in Ital. ubr de Romandiol.

7 Erasm. Ciceronian. Dial. pag. 155.

fait

CRITIQUES GRAMMAIRIENS.

fait extraordinaire, avec une grande connoissance de toute sortes *Petrarques* de choses, & une éloquence plus que médiocre; mais qu'il n'avoit pas néanmoins une connoissance fort parfaite de la Langue Latine, & que toute sa diction se sentoit encore de la dureté des siécles précedens.

Cependant Scaliger (1) dit qu'il parle fort clairement & en un beau Latin, qu'il est difficile en Italien à cause de beaucoup de termes pris de la langue Provençale que les Italiens n'entendent pas.

Squarzafiché (2) qui a fait sa Vie, écrit qu'il a le style grand & abondant, qu'il use de beaucoup de douceur, & en même tems d'une liberté honnête & genereuse dans sa maniere d'écrire; qu'il paroît qu'il ne haïssoit pas les agrémens & les jeux d'esprit dans les rencontres, mais qu'il est pressé par tout, comme s'il avoit eu plus d'inclination pour suivre le style & les manieres de Seneque que celles de Ciceron.

Tomasin (3) dit qu'il n'est rien de plus agréable & en même tems de plus naturel que son discours, qu'il est disert dans ce qu'il a écrit en Latin & en Grec (4); mais qu'il est plus doux & plus coulant dans ce qu'il a fait en Italien; qu'en quelque maniere qu'il ait écrit il charme toujours son Lecteur autant par le caractere d'honnêteté & de vertu qu'il a toujours gardé, que par les attraits de son discours. Que sa Prose est pleine de nerfs, & que sa Poësie est très-bien fournie, nette, bien travaillée & très-convenable à toutes sortes d'esprits.

Paul Jove (5) témoigne que Petrarque ayant trouvé les Principes de la langue Italienne assés bien établis par Dante Aligheri (6) ou d'Audiguier son Maître, il entra dans le chemin qu'il avoit tracé avec une ardeur merveilleuse : & sur les regles que Dante avoit prescrites, il s'éforça de porter cette langue à sa perfection. Ce qu'il executa avec beaucoup d'industrie & de succès, en amolissant toutes ses duretés, & en y introduisant une certaine harmonie, c'est-à-dire une cadence mesurée & accompagnée d'une douceur continuelle & uniforme dans le discours.

Cet Auteur ajoute que ce fut comme un prodige, de voir cette

---

1 Jos. Scalig. in Scaligeran. posterior. pag. 184.

2 Hieron. Squarzaf. vit Petr.
¶ Il devoit, du moins, s'il vouloit italianiser ce nom dire *Squarciafico*, & ne pas faire déchirer à ce bon homme autre chose que des figues.

3 Jac. Phil. Tomas. in Petrarc. rediv. cap. 8.

4 ¶ Ni Pétrarque n'étoit capable d'écrire en Grec, ni Tomasin d'en juger.

5 P. Jov. elog. 5.

6 ¶ Il faloit dire Alighieri & supprimer d'*Audiguier* qui est ridicule.

Petrarque. langue presque tout d'un coup dans sa maturité, par le moyen d'un seul homme qui lui avoit, pour ainsi dire donné la naissance, & de l'avoir si bien établie dans le Periode & le comble de sa pureté, de sa politesse & de sa force, qu'on l'a toujours consideré comme le premier & le dernier Auteur de cette langue, & qu'on s'est moqué de la témérité de ceux qui y ont voulu retoucher ou qui ont voulu raffiner sur ses desseins.

Le Vittorio de Rossis (1) lui donne *Bocace* pour le compagnon de cette gloire immortelle. Il dit que ces deux excellens hommes ayant reçu du Ciel des talens tout extraordinaires, ils les employérent utilement à former, à polir & à perfectionner tout à la fois la langue de leur pays; qu'ils l'enrichirent de quantité d'expressions élegantes, & qu'ils l'embellirent de tant d'ornemens qu'on n'a pas crû pouvoir y rien ajouter depuis leur tems. Il ajoute que quoiqu'ils fussent nés dans la Barbarie, & qu'ils eussent dû ce semble contracter l'impureté de l'ancien langage, néanmoins ils s'étoient élevés au dessus de cette necessité. Et il prétend qu'ils n'avoient rien eu tant à cœur que de purifier leurs écrits de l'ordure de ces vieux mots, & de leur communiquer cette pureté & cette beauté qui leur a acquis la réputation de Chefs & de premiers Maîtres de la langue, & qui les a rendus les Modeles achevés de ceux qui dans la suite ont tâché d'écrire en cette langue avec quelque politesse & quelque délicatesse.

Il faut reconnoître néanmoins avec le même Auteur qu'il s'est glissé dans leurs discours quelques mots qui ont paru depuis ce tems-là un peu anciens & trop hors d'usage; mais en la maniere qu'ils y sont employés, ils ont un agrément merveilleux, & ils sont placés si à propos, qu'ils se font assés entendre d'eux-mêmes, sans qu'il soit besoin d'interprete ni de Commentaire. En effet si nous l'en croyons, il n'y a point de Villes en Italie, de celles même où l'on parle le plus mal, dans lesquelles on ne lise avec soin, on n'entende sans Maître, & on n'apprenne avec empressement les Ecrits de ces deux hommes.

C'est pourquoi ceux qui sont venus après eux, & qui ont le plus éclaté dans l'Italie pour la beauté du langage comme le Cardinal Bembe, J. de la Case, Guichardin &c. ont eu raison de croire qu'ils ne passeroient pour des Ecrivains polis qu'autant qu'ils tâcheroient d'approcher de ces deux Originaux.

1 Jan. Nic. Erythr. Pinacoth. part. 3. pag. 219. 220.

CRITIQUES GRAMMAIRIENS.

Nonobstant tout ce que nous venons de dire de Petrarque, il s'est trouvé dans notre siécle un Critique qui a écrit contre lui, sous pretexte d'y faire des Remarques. C'est un Modenois nommé Alexandre Tasson (1) si connu d'ailleurs par son plaisant Poëme du *Seau dérobé*. Ce Censeur prétend avoir trouvé dans Petrarque une infinité de choses vicieuses, un grand nombre de fautes de toute espece, & beaucoup d'absurdités; & il semble même vouloir le rendre aussi ridicule & aussi méprisable, qu'il avoit été consideré & honoré jusqu'alors. (2)

Nous parlerons encore de Petrarque parmi les Poëtes & les Epistolaires.

* On entreroit dans un trop long détail si on donnoit ici un Catalogue de toutes les differentes éditions de chaque Traité qu'a donné Petrarque, il suffit de dire que l'édition la plus complete de toutes ses Oeuvres a été imprimée à Bâle en 4. vol. in-fol. 1581.*

1 ¶ Il faloit dire Alessandro Tassoni ¶ & Erythr. in Tassono.
2 Konig. in Biblioth. N. & V. pag. 792.

BOCACE de Certaldo (Jean) mort en 1375.

LE Biondo (1) dit qu'il excelloit beaucoup plus dans l'éloquence de la langue Italienne que dans celle de la Latine. En quoi Messieurs de Port-Royal ont remarqué qu'il semble avoir surmonté tous les autres, & s'être surpassé lui-même, selon le sentiment du Cardinal Bembe, ayant écrit avec d'autant plus d'élegance & de pureté, qu'il étoit déja plus éloigné de la naissance & de l'enfance de cette nouvelle langue. Et au jugement de Salviati, sa Prose paroît bien plus exacte & plus naturelle que ses Vers.

Ces Messieurs (2) ajoutent qu'il faut prendre garde néanmoins qu'il y a des endroits dans cet Auteur qui font bien voir qu'il a été moins scrupuleux à violer les regles de la pureté des mœurs que nous avons reçûës de Dieu même, qu'à choquer celles de la pureté du langage, qui ne sont nées que du caprice ou de la volonté des hommes.

Erasme (3) dit qu'il est fort au dessous de Petrarque pour la force du discours & la proprieté des mots & des expressions; ce qui sans

1 Flav. Blond. in Ital. illustrat. ubi de Hetruria.
2 Pref. de la Gramm. Italienn. pag. 5.16.
3 Erasm. Ciceronian. Dial. pag. 155.

Bocace. doute doit s'entendre du Latin. Car au sentiment de Paul Jove (1), il l'a même surpassé dans la Prose Italienne, dont toute la beauté lui est dûë selon quelques-uns (2), quoiqu'il soit d'ailleurs beaucoup inferieur à Petrarque pour la Poësie.

Jean de la Case (3) écrit que sa diction est douce, abondante, polie, pleine d'ornemens, coulante, agreable & facetieuse ; qu'il represente les choses au vif, de sorte qu'on s'imagine y être present, les voir & les sentir.

Les plus confiderables de ses ouvrages sont celui de la Genealogie des Dieux dont nous parlerons ailleurs, & celui qu'on appelle le *Dodecameron* (4) c'est-à-dire, les Entretiens de douze jours entre des Dames & trois jeunes Gentils-hommes,

Ce dernier ouvrage (5), dit Mr Bullart, fut reçû avec applaudissement de toute l'Italie, & si estimé de Petrarque même qu'il en traduisit une partie en Latin (6). Il fut recherché avec d'autant plus d'empressement, qu'on travailla ardemment à le supprimer tant à cause que son discours est trop libre & trop satirique contre les Moines, que parce qu'il est trop galant & trop libertin. De sorte que quoique Petrarque en loüe le style & les agrémens, il a crû pourtant devoir tâcher d'en excuser la deshonnêteté sur la jeunesse de l'Auteur. Surquoi on peut voir Papyre Masson dans la vie de Bocace. (7)

Enfin soit qu'il y ait eu d'abord un peu de préoccupation dans l'estime qu'on a euë pour cet Auteur, soit qu'on soit devenu plus dégoûté de cette licence dans la suite des tems, il étoit déja beaucoup déchu dans le siécle précedent, si on en croit Paul Jove (8), & il avoit dès lors toutes les peines du monde à conserver les restes de sa premiere réputation.

* *Giovanni Boccacio*, *Amorosa Fiammetta* in-8°. Firenze 1594.

1 P. Jov. elog. 6.
2 Is. Bullart. Acad. des Sciences lib. 4. pag. 163. num. 1.
3 Joh. de la Casa Vit. Cardin. Bembi pag. 141. collect. Angl. Battes. in-4. Londini.
4 ¶ *Dodécaméron* pour *Décaméron*, méprise plaisante, touchant laquelle on peut voir le 1. tome du nouveau *Menagiana* pag. 130. ¶
5 Bull. ut supra loco sign.
6 ¶ Cela veut dire que des cent Nouvelles il en traduisit une, savoir la derniére qui contient l'Histoire de la patience de Griselidis. ¶

7 Papyr. Masson. vit. Boccatii pag. 199.
8 P. Jovius loco citato, &c.
¶ Il a très-mal compris Paul Jove qui marque nettement que c'étoient les œuvres Latines de Bocace, lesquelles, quoi que travaillées avec beaucoup de soin commençoient à tomber dans l'oubli, au lieu que les cent Nouvelles, qu'il n'avoit composées que par maniére de divertissement, se maintenoient plus que jamais, luës avec avidité, traduites en toutes langues, & généralement applaudies. ¶

— *Del mismo Decamerone* in-8°. *Fiorenz.* 1517. — *Del mismo Decamerone* in-8°. *Fiorenz.* 1527. Quoique l'édition de 1527. soit la plus rare & la plus estimée, cependant dans celle de 1517. il s'y trouve deux Nouvelles à la fin qui ne sont pas dans l'autre. — *Del mismo Filocopo Riveduto da Francesco Sansovino* in-8°. *Vinegia* 1612. — *Ejusdem Genealogia* in-fol. *Venet.* 1511. — *Del mismo Vita di Dante* in-8°. *Roma* 1544. — *De Mulieribus claris* in-fol. *Bernæ Helvet.* 1539.

Tous les Ouvrages de Bocace ont été traduits en Latin & en François dont le détail seroit ici trop long.*

LEONARD ARETIN ou d'*Arezzo*, mort en 1440. (1)

297 Philelphe (2) témoigne dans ses Livres des Festins qu'il avoit l'esprit bon, aisé, & qu'il avoit outre cela beaucoup de force & de fécondité, & il l'appelle un fort savant homme dans quelqu'autre endroit de ses Lettres.

Poggius (3) dit qu'il étoit fort éloquent, & il ajoute que Valla l'estimoit le plus habile de son siécle, donnant le second rang à Guarin de Verone, & le troisiéme à lui. Le Pape Pie II. (4) jugeoit qu'après Lactance personne n'avoit approché plus près de Ciceron que cet Aretin. Et Jacques Philippes de Bergame (5) le croit préferable à tous les savans de ces tems-là, & l'appelle Philosophe, Historien, & Orateur très-disert & d'une habileté éprouvée. Trittheme encherit encore par dessus ces éloges (6), en quoi il a été suivi de plusieurs autres.

Erasme (7) reconnoît qu'il avoit beaucoup de facilité & de netteté dans sa diction, & qu'il approchoit même assés de Ciceron: mais que son discours n'avoit point de nerfs ni plusieurs de ces autres qualités qui peuvent le rendre achevé; qu'il y a même des endroits où son Latin n'est pas dans la pureté, mais que d'ailleurs c'étoit un homme d'érudition & de probité. Et il ajoute dans un autre endroit que L. Valla lui est préferable de beaucoup, quoiqu'il fut encore plus éloigné de Ciceron que notre Aretin. (8)

1 ¶ L'Auteur a depuis reconnu que c'étoit en 1443. qu'étoit mort Léonard Arétin.§
2 Franc. Philelph. lib. 1. Convivior. item in Epistol.
3 Pogg. Flor. 2. in Phileph. invectiv. & 1. in Vall. invectiv.
Item apud. Voss. hist. Lat. lib. 3. cap. 5.

pag. 556.
4 Æn. Silv. Epist 51.
5 Jac. Phil. Berg. suppl. Chron. ad ann. 1416.
6 J Tritthem. de Script. Eccles.
7 Erasm. Ciceronian. Dial. pag. 156.
8 Item Erasm. ibid. pag. 219.

Dd iij

Floridus Sabinus (1) dit qu'il y a bien des considerations qui doivent le rendre recommandable à la posterité; qu'il étoit assés bien versé dans toutes les parties de la Philosophie; que ce qu'il a fait sur l'Histoire n'est pas tout à fait à mépriser; & que c'étoit un Ecrivain aisé & qui étoit assés le maître de sa plume. Mais il ajoûte néanmoins qu'il lui manquoit encore beaucoup de choses necessaires pour perfectionner un habile homme; qu'on ne doit pas être surpris de ce qu'il n'écrivoit pas toujours en bon Latin, parce que comme ceux qui inventent un Art ne sont pas ceux qui le perfectionnent, l'un & l'autre demandant plus d'un homme & plus d'un siécle, de même il étoit difficile qu'un homme qui avoit entrepris de rétablir la Latinité, la pût mettre dans sa perfection.

Paul Jove (2) prétend que sa principale gloire & qui lui est particuliere, est d'avoir remis sur pied les Lettres Grecques, & de les avoir, pour ainsi dire, délivrées de la tyrannie des Barbares, chés qui elles avoient été foulées & étouffées depuis tant de tems, faisant voir en cela qu'il étoit digne disciple de Chrysoloras. (3)

Cependant Camerarius (4) fait assés connoître qu'il n'étoit pas si habile en cette langue, & nous parlerons des défauts qu'il trouve dans ses Versions au Recueil des Traducteurs.

Nous verrons aussi ce qu'on a jugé de son Histoire de Florence parmi les Historiens d'Italie.

* Ce Leonard Aretin a fait plusieurs Traités sur Aristote; savoir, sa Politique, imprimée à Paris in-fol. 1526. — Son Oeconomie à Venise in-fol. 1550. — L'Ethique sur les mœurs, aussi in-fol. à Venise en 1550. — Son Histoire de Florence en Italien in-fol. à Venise 1560.*

9 Fr. Flor. Sab. Apolog. adverf. Calumniat. L.L. & Voss. ex eo hist. Latin. lib. 5. cap. 5 pag. 556.

2 Paul Jov. Elog. 9.

3 ¶ On pourroit en juger par le livre qu'il a écrit en Grec de la République de Florence: Libellum, dit Raphaël Volaterran, ut Viri Latini non admodum inelegantem. Feu Mr Philibert de la Mare Conseiller au Parlement de Dijon, mort l'an 1687. en avoit le manuscrit avec la traduction latine qu'en avoit faite Mr Jean-Baptiste Lantin Conseiller au même Parlement, mort l'an 1695. homme d'un grand mérite dans les lettres.

4 Joach. Camerar. Epist. præfix. tralat. Xenoph. per Aretin.

298 **CYRIAQUE** (1) d'*Ancone* vers l'an 1445. Voyés parmi les Ecrivains des Antiquités.

¶ Voyés chap. 7. du tom. 1. §. 5. Si Baillet, suivant sa méthode de recueillir les jugemens, eût extrait des Lettres de Poge les endroits où il est parlé de Cyriaque, il nous eut appris que dans la vingt-cinquiéme c'étoit un homme docte & vertueux, mais que dans la vingt-septiéme c'étoit un ignorant qui ne savoit ni Grec, ni Latin, du reste le plus sot, & le plus malhonnête homme du monde. ¶

ANDRONIQUE (1) de *Thessalonique* vivant en 1450.

299 IL étoit celui d'après Theodore de Gaze pour la connoissance de la Langue Grecque (2), & si on s'en rapporte au jugement de quelques uns, il le passoit même en ce point, quoiqu'il lui fut fort inferieur dans l'intelligence de la Langue Latine. (3)

1 ¶ Il s'appeloit Andronic Callifte, étoit parent de Théodore Gaze, & mourut un peu après lui en 1478. ou 79. ¶
2 ¶ Quelle phrase pour dire : *Il étoit le premier après Théodore Gaze pour la connoissance de la Langue Grecque*. C'est aussi une faute de dire Théodore *de* Gaze comme s'il avoit été natif de cette Ville. ¶
3 Voss. de hist. Lat. lib. 3. cap. 8. p. 630.

ÆNEAS SYLVIUS, connu dans l'Eglise sous le nom de *Pie II* mort l'an 1464.

300 IL s'étoit fort appliqué à toutes sortes de belles Lettres avant que d'entrer en dignité. Philelphe (1) dont il avoit été disciple le louë de la beauté & de la vivacité de son esprit, de la douceur de ses mœurs, & des graces qu'il faisoit paroître dans ses discours & dans ses Ecrits. Floridus Sabinus (2) l'appelle un Orateur (3) vehement, adroit & poli, & il ajoute qu'il n'étoit pas un trop méchant Poëte. Nous en dirons davantage ailleurs.

1 Philelph. apud Voss. hist. Lat. lib. 3. cap. 7. pag. 594.
2 Flor. Sab. Apolog. in Calumniat. L.L. ibid.
3 ¶ Voici les paroles de Floridus : *Orator argutus, vehemens, candidus, Poëta itidem non vulgaris*. Baillet rend *argutus* par *adroit*, je le lui passe, mais non pas *poli* pour *candidus*. Par *Orator candidus*, j'entens un Orateur dont le style est clair, naturel, qui n'a rien de recherché ni d'affecté. Ces mots *Poëta itidem non vulgaris*, précédés d'une louange, donnent à entendre que s'il étoit bon Orateur, il n'étoit pas non plus un Poëte du commun. Dire cela c'est un éloge : mais dire *qu'il n'étoit pas un trop méchant Poëte*, c'est une espéce d'injure. ¶

* *Æneæ Sylvii Epistolæ* in-fol. *Mediolani* 1481. — *&* in-4°. *Norimb.* 1496. — *Ejusd. Comm. rerum memorabilium sui temporis* in-fol. *Francof.* 1614.—*Ejusd. Opera omnia Basileæ Henric Petri*.in-fol. 1551.*

LE POGGE (1) de *Florence* (Jean François).
mort en 1459.

301 **P**Lusieurs Auteurs (2) l'ont fait passer pour un homme fort éloquent & très-savant en Grec & en Latin. Erasme (3)

1 ¶ On doit par la raison que j'ai dite en parlant de *Blondus*, supprimer l'article avant *Poge*, cet Auteur n'ayant écrit qu'en Latin. Poge étoit son nom de batême. Bracciolini son nom de famille. Le Landini qui l'avoit vu & connu y est exprès dans son Apologie de Dante & de Florence, où faisant l'énumération des hommes de cette Ville distingués par leur érudition & par leur éloquence, il nomme avec éloge Poggio Bracciolini. Ménage c. 12. de son Anti-Baillet concluoit fort bien de-là que Poggio étoit un nom de batême, ce qui l'a empêché de persister dans ce sentiment, c'est qu'il a, dit-il, trouvé que Jaques & Baptiste deux fils de Poge étoient appelés l'un en Latin *Baptista Poggius*, l'autre en Italien *Giacopo Poggio*; en quoi il n'a pas pris garde que Poge leur pére, quoique son nom de famille fût *Bracciolini*, n'étoit communément appelé que Poge Florentin, ou Poge tout court, signant lui-même toujours *Poggi* ou *Poggio*, sans y joindre *Bracciolini*, en sorte que le nom de famille négligé ceda la place au nom de batême, qui passant du pére aux enfans, devint en leur personne le nom de famille. C'est ainsi que dans le même tems *Guarin* de Vérone, si connu par son nom Latin *Guarinus Veronensis*, s'é ant établi à Ferrare, où il professa les belles Lettres avec réputation, y transmit son nom de batême *Guarin* à ses descendans qui, comme on sait, en ont fait l'illustre nom des Guarini de Ferrare. Les curieux ont recherché avec plaisir ces anecdotes. Et comme ils ont découvert que le nom de famille de Léonard Arétin étoit Bruni; celui de Barthelemi Platine, Sacchi; d'Antoine de Palerme, Bologna Beccadello; de Cælius Rhodiginus, Ricchieri; de Baptiste Mantuan, Spagnolo; ils ont de même observé que celui de Poge étoit Bracciolini. Vossius deux cens ans après en a fait la re-

marque dans ses Historiens Latins, parlant de Poge. Quelques-uns soit par une faute d'impression, soit par équivoque, ont dit *Poggius Brandolinus*, mais le nom *Brandolinus* appartient à une autre famille de Florence; témoin cet Aurelius Brandolinus Moine Augustin, renommé par ses écrits, & postérieur de peu d'années à Poge; outre que, par rapport à l'intention que j'ai euë de prouver que Poge étoit un nom de batême, il importeroit peu qu'on lût *Brandolinus* ou *Bracciolinus*, l'un des deux ne pouvant être le nom de famille, que *Poggius* ne soit le nom de batême. Ce qui est si vrai que Machiavel ayant à parler du troisiéme fils de Poge, nommé Jaques, qui trempa dans la conjuration des Pazzi, au lieu de le nommer, comme d'autres Historiens, Giacopo Poggio le nomme toujours *Giacopo di Messer Poggio*, ce qui signifie *Jaques fils de Messire Poge*. Et pour finir par où j'ai commencé, c'est-à-dire pour faire voir que c'est une erreur de prétendre que Jean François a été le nom de batême de Poge, je pose en fait qu'on ne peut établir cela sur aucun témoignage digne de foi. Jean François est le nom de batême, non pas de Poge Florentin, mais de son cinquiéme fils, né l'an 1447. & mort l'an 1522. Auteur d'un Traité *de potestate Papæ & Concilii*. Je tiens au reste que ce n'est pas *Pogge* qu'on doit écrire en François mais Poge, ce nom se prononçant comme *loge*. Nos Ancieus ont toujours écrit & prononcé *Poge Florentin*. La Croix du Maine dans sa Bibliothéque pag. 276. Du Verdier dans la sienne pag. 1079. Florimond de Ræmond l. 4. de la Naissance de l'Hérésie c. 3. n. 5. Pâquier lettre 12. du l. 8. n'écrivent pas autrement. ¶

2 Jac. Phil. Bergam. suppl. Chron. Jo. Tritthem. de Script. Eccl.

3 Erasm. Ciceronian. Dial. pag. 158.

dit

CRITIQUES GRAMMAIRIENS.

dit que c'étoit un genre d'éloquence aſſés particulier, & qui conſiſtoit dans une certaine vigueur qui lui étoit propre; qu'il avoit aſſés de naturel, mais qu'il avoit peu d'art & peu d'érudition & d'étude, & que ſi on en croit Valla, le flux de ſon diſcours entraine quelquefois beaucoup d'impureté avec lui.

Bebelius (1) dit que Poge étoit l'Orateur de ſon tems qui avoit le plus de vehemence & le plus de talent, même pour bien ou mal faire (2) ſelon que la raiſon ou la paſſion le gouvernoient; qu'il paroît beaucoup de doctrine dans ſes Opuſcules, que ſa maniere d'écrire & de parler marque beaucoup d'abondance, & qu'elle a une douceur & des agrémens qui ne ſe trouvent pas dans les autres Ecrivains de ſon tems, & enfin que ſon éloquence eſt ſi aiſée & ſi heureuſe, qu'il paroît qu'elle lui venoit plutôt de la nature, que de l'étude & de l'application. Le même Bebelius ajoute qu'on ne doit faire aucune difficulté de le préferer à Valla, particulierement pour cette abondance, cette douceur & cette facilité naturelle, qui faiſoit que ſon éloquence n'étoit ni gênée ni affectée.

Paul Jove (3) témoigne qu'il étoit mordant & violent, & qu'il a fait paroître beaucoup d'aigreur dans ſes invectives contre Valla, Philelphe & quelques autres. Mais que ſa médiſance a été aſſés bien punie par la perte de ſa reputation : qu'au reſte ſes ouvrages ſont mêlés d'expreſſions facétieuſes & de mots pour rire, & qu'on lui eſt particuliérement obligé d'avoir deterré & mis au jour les livres de Ciceron *De Finibus* & de *Legibus*, & le *Quintilien* qu'il ſauva de la boutique d'un Charcutier (4). Il trouva auſſi une partie de l'*Aſconius Pedianus*, & preſque tout le *Valerius Flaccus* (5) entier ſur les Argonautes.

Son livre des Facéties eſt une piéce infame (6), & nous pourons en parler ailleurs, auſſi bien que de ſon hiſtoire de Florence.

---

1 Henr. Bebel. Epiſt. ad Dur, an 1513.
¶ Cette Epitre de Bebelius à Léonard Dur eſt inſerée parmi les œuvres de Poge au devant du livre *de miſeriæ humanæ conditionis*. ¶

2 ¶ Quelle idée ſe doit-on former d'un Orateur qui a tant de *talent pour bien ou mal faire*? Ne diroit-on pas que c'eſt un Orateur qui a l'art de faire tantôt de bons, tantôt de mauvais diſcours? Celui de Bebelius eſt enſemble très-clair & très ſimple. Poge étoit dit-il, *Orator omnium ſuo tempore tam ad bene quam male dicendum acerrimus*, l'Orateur de ſon tems le plus fort ſoit dans le panégyrique, ſoit dans l'invective. ¶

3 P Jov. Elog. 4.
Voyés auſſi Voſſ. lib. 3. de Hiſt. Lat.

4 ¶ Tous ceux qui ſur la foi de Paul Jove ont cru que Poge avoit trouvé le Quintilien dans la boutique d'un charcutier ſe ſont trompés. Poge lui-même dans une lettre dont on peut voir l'extrait au chap. 12. de l'Anti-Baillet de Ménage rapporte que ce fut au fond d'une tour du Monaſtère de S. Gal.

5 ¶ Des huit livres des Argonautiques, Poge ne trouva que les trois premiers & une partie du quatrième. Lui-même dans l'Oraiſon funèbre *Nicolai Nicoli* dit avoir tiré outre le Quintilien entier, *Ciceronis orationes, Silium Italicum, Nonium Marcellum, Lucretiï partem multosque prœterea è Germanorum, Gallorumque ergaſtulis*.

6 ¶ De tous les ouvrages de Poge, ce livre prétendu infame eſt le ſeul que de tout tems on ait recherché. ¶

Tome II.

* Toutes ses œuvres sont imprimées à Bâle en 1538. in-fol. — Ses Facéties à Milan en 1477. in-4°. cette édition des Contes est la plus ample de toutes celles qui ont paru, la Traduction Françoise n'en contient que la moitié, les plus gaillardes y sont obmises.*

GUARINI ou GUERIN de *Verone*, mort en 1460.

302   Hilelphe (1) lui attribue beaucoup d'éloquence, & Poge écrivant contre Philelphe (2) l'appelle un très-savant homme qui avoit beaucoup d'honnêteté, & qui avoit rendu de grands services aux Italiens par ses études & le fruit de ses veilles. Nous avons vû en parlant d'Aretin que Valla l'avoit préféré à Poge de Florence.

1 Franc. Philelph. epist. ad Fl. Blond. ann. 1450.

2 Pogg. invect. secund. in Philelph. Voss. hist. Lat. lib. 3. cap. 7. pag. 581.

NICOLAS PERROT (1) Archevêque de *Siponte*, vers l'an 1460.

303   F L. Sabinus dit que sa place naturelle doit être parmi les Critiques qui ont expliqué les anciens Auteurs (2). Et véritablement on a de lui deux Commentaires sur deux célébres Poëtes, le premier est sur les Odes d'*Horace*, & un nommé Ant. le Brun (3) dans Allatius prétend qu'il y approche d'Horace même pour l'élégance.

Le second qui est sur Martial est encore plus célébre, & beaucoup plus connu par le nom de *Corne d'abondance*.

Le même Sabinus (4) dit que quelque agrément & quelque délicatesse qu'il y ait dans ses Lettres, cet ouvrage sur Martial a fait encore beaucoup mieux connoître l'excellence & le mérite de son Auteur Paul Jove dit (5) qu'étant devenu Archevêque il eut honte

1 ¶ Nicolas Pérot, & non pas *Perrot* Archevêque de Manfrédonia où a été transféré le Siége de Siponto mourut l'an 1480. ¶

2 Fr. Fl. Sab. Apol. L. L. pag. 111.

3 Ant. Brunus epist. ad Francisc. Lauredan. apud Allat. in Apibus Urb. pag. 247.

¶ Cet Antonio Bruno ne sait ce qu'il dit, & il n'y a ni sens ni construction dans l'endroit de sa lettre rapportée par Allatius. Nous n'avons autre chose de Nicolas Pérot sur Horace qu'un petit traité de la diverse mesure des Vers dont ce Poëte a usé dans ses Odes. ¶

4 Sabin. ut supra pag. 111.

¶ Il faloit dire *Floridus* On ne cite point les Auteurs par le nom de leur payis, à moins qu'ils ne soient plus connus par ce nom-là que par celui de leur famille, comme Politien Caldérin, Volaterran, Glaréan, Sléidan. ¶

5 Paul Jov. Elog. 18.

CRITIQUES GRAMMAIRIENS.   219

de le publier, croyant que ce qui auroit pû donner quelque réputation à un Grammairien (1), ne pouvoir produire que du deshonneur à un Ecclésiastique, & faire que du tort à sa Dignité.

C'est peut-être ce qui donna lieu à Calepin de le prendre pour lui avec impunité, & de l'inserer presque tout entier dans le corps de son Dictionnaire, aspirant à une gloire que Perrot avoit méprisée, & dont il ne put jouir que jusqu'à ce qu'il (2) eût été convaincu de ce vol.

L'Anonyme qui a fait la Bibliographie (3) dit que cet ouvrage de la *Corne d'abondance* renferme assés d'érudition, mais qu'il est encore fort imparfait.

Perot trouvera aussi sa place parmi nos Traducteurs.

* *Nicolai Perotti, Cornucopia seu Commentaria Linguæ Latinæ* in-folio *Basil.* 1521. & 1536, *Venet.* 1513. — *Castigationes in Bedam & de Metris Horatii, ac Boetii* in-folio *Venet.* 1522. — *Regulæ Linguæ Latinæ* in-8°. *Lugduni apud Gryff.* 1541. — *Regulæ Grammaticales* in-4°. *Venet.**

1 ¶ Ce n'étoit pas seulement par cette raison que Pérot se défendoit de publier son Commentaire ; c'étoit encore à cause des obscénités qu'il y expliquoit. ¶

2 ¶ C'est-à-dire, car ceci a besoin d'explication, jusqu'à ce que Calépin qui avoit mêlé beaucoup de dictions peu latines parmi celles qu'il avoit tirées de Pérot, eût donné lieu de reconnoître, par la comparaison que l'on fit des deux ouvrages, combien celui de Pérot étoit préférable. ¶

3 Bibliogr. Cur. Hist. Philolog. pag. 28.

LAUR. VALLA ou de (1) VALLE, Senateur (2) *Romain* & Chanoine (3), *mort en* 1465. *ou plutôt en* 1457. (4) *selon d'autres.*

304 IL passoit pour le Chef des Grammairiens de son siécle. Budé (5) le comparoit à cet Hercule de la Fable qu'on fait passer pour le Liberateur du Genre humain, parce qu'il n'y a point eu de Préjugé ni d'Adversaire capable de l'épouvanter, & de l'empêcher

1 ¶ Il falloit dire *della Valle*. Le fameux Pietro della Valle étoit de cette famille.

2 ¶ La qualité de *Patritius Romanus* que prenoit Laurent Valle, signifioit Gentilhomme Romain, ou comme celle de *Patritius Venetus* que prenoit Pierre Bembe signifioit noble Vénitien.

3 ¶ Il faloit à *Chanoine* ajouter *de Saint Jean de Latran.*

4 ¶ Nonobstant la date de 1465. marquée dans l'Epitaphe qu'on rapporte de Laurent Valle, il est sûr que ce fut en 1457. qu'il mourut. En voici, outre le témoignage de Paul Jove, une preuve certaine, c'est que par une lettre de Jovien Pontan imprimée à la suite de ses livres *de rebus cælestibus*, & adressée à Pierre Salvateur Valla, il paroit que Laurent Valle mourut avant Alfonse Roi de Naples mort le 28. Juin 1458. d'où il est aisé de tirer la conséquence. ¶

5 Guill. Budæus *de Asse* lib. 5.

Laur. Valle. de terrasser les monstres qui ravageoient le pays Latin depuis tant de tems.

Le même Auteur (1) dit dans un autre endroit qu'il savoit parfaitement le prix des ouvrages Latins, parce qu'il étoit très-habile en cette langue, qu'il étoit un excellent Critique qui jugeoit des ouvrages des autres avec beaucoup d'équité & sans ambition. Ce qui ne laissa pas de lui attirer l'envie de la plupart des Gens de Lettres, & de le faire recuser presque d'un commun consentement par les ignorans & les demi-savans comme un Juge inique & passionné contre eux.

Fl. Sabinus (2) dit qu'il ne connoissoit personne qu'on pût raisonnablement lui préférer en ce point, & que personne n'avoit fait paroître plus de courage & plus d'industrie pour détruire la Barbarie qui s'étoit emparée de la Latinité. Il ajoute que s'il s'est trouvé quelqu'un qui l'ait surpassé dans l'élégance du style, personne d'ailleurs n'est arrivé à la gloire qu'il a acquise en rendant des services si considérables à la langue Latine, dont il est appellé le Restaurateur par les uns, & le Défenseur par les autres (3). C'est ce qui a fait dire à Vossius (4) que la République des Lettres ne lui avoit pas moins d'obligation que celle des Romains en avoit à Camille.

Longolius ou de Longueil (5) dit qu'il avoit étudié à fond la langue Latine, & qu'il étoit un merveilleux ouvrier de l'élégance & de la propriété du discours.

Erasme (6) écrit que Valla avec tous ses défauts ne laissoit pas d'être fort louable & fort aimable même, pour avoir essuyé tant de travaux & de sueurs à découvrir & refuter les folies & les impertinences des Ecrivains barbares, pour avoir déterré & purifié les Lettres ensevelies dans l'ordure, pour avoir rendu à l'Italie l'ancien éclat de l'éloquence Latine, & enfin pour avoir obligé les Savans mêmes à parler & à écrire plus correctement, & avec plus de circonspection qu'ils ne faisoient auparavant.

Le même Auteur (7) le préfére en tout à Léonard Arétin quoiqu'il approchât moins de Ciceron : & il dit ailleurs qu'il tenoit plus de la composition & de la subtilité de Quintilien, que de la facilité

---

1 G. Budæus in Annot. in Pandect. prior.
2 Fr. Fl. Sabin. Apolog. adverf. calumn. L. L. & ex eo Voss. Hist. Lat. lib. 3. cap. 7. pag. 580.
3 Th. Magirus Eponymol. Petr. Scriver. not. in Martial.
4 Voss. de Natur. Rhetoric. cap. 5. pag. 48.
6 Christ. Longol. Epist.
¶ Longueil n'a parlé nulle part de Laurent Valle.
6 Erasm. lib. 7. Epistol. 3. ann. 1490.
7 Idem in Ciceron. Dialog. pag. 219. & p. 157. ibid.

CRITIQUES GRAMMAIRIENS.   221

& de l'air naturel de Cicéron. Que c'est pour cette raison que son style *Laur. Valle.* est plus étudié, plus poli, & plus pur même que ni celui de l'Arétin, ni celui de Poge. Volaterran (1) dit aussi que Valla étoit l'admirateur & l'imitateur de Quintilien.

Mais s'il avoit de bonnes qualités, il avoit aussi ses défauts. Jovien Pontanus (2) dit que ce qu'il a fait sur la Grammaire, la Rhétorique, & la Dialectique semble avoir été plutôt écrit pour semer des disputes & des contestations que pour donner des régles de ces Arts, & qu'il paroissoit ne s'être point tant soucié d'enseigner la vérité & la propriété des choses qu'il s'étoit proposées, que de médire des Gens de bien, & de déchirer même la réputation des Anciens : Et Erasme témoigne que cette humeur médisante lui a fait perdre beaucoup de son autorité (3).

Paul Jove (4) a remarqué qu'il avoit l'esprit extrémement libre, pour ne pas dire libertin ; que c'est ce qui l'avoit rendu mordant, acariâtre, & querelleux : desorte qu'il ne pouvoit se tenir de critiquer, mais toujours avec aigreur & d'un air picquant, les ouvrages des autres, faisant des procès à tout le monde, mais particuliérement aux ignorans, qu'il se croyoit obligé de harceler sans cesse, pour l'honneur des Lettres.

Nous avons encore ses livres d'Invectives & de Recriminations qu'il a faits pour sa défense contre diverses personnes. On ne peut pas nier qu'il n'y ait de l'esprit & de l'érudition, mais il y a semé par tout un sel si acre & si picquant, & des pointes si perçantes, qu'on prétend qu'il s'est défait par ce moyen de ses plus redoutables ennemis, & qu'il a détruit entre autres Facius de Gènes (5), Antoine de Palerme ou Panhormite (6), Poge de Florence (7), & Ant. de Raude (8).

Enfin Vossius écrit (9) qu'il ne cessoit d'attaquer & de mordre ceux du premier mérite parmi les Anciens, comme Aristote, Ciceron, Priscien, & les autres, excepté Quintilien ; & qu'il avoit eu même l'impudence & l'impiété de dire qu'il ne manquoit point de

---

1 Raph. Volaterr. Comment.
2 Joh. Jov. Pontan. lib. 1. de Sermone 18.
3 Erasm. Epist. 3. lib. 7. ann. 1490.
4 P. Jov. Elog. 13.
5 ¶ Barthelemi Facius étoit de la Spezzia.
6 ¶ Il suffisoit de dire de Palerme. *Panhormite* est barbare.
7 ¶ L'usage est de dire *Poge Florentin.*
8 ¶ *Antonius Raudensis* Antoine de Rho. Rho est le nom d'un bourg à 12. milles de Milan. Le Cordelier nommé Antoine contre qui Laurent Valle a écrit étoit de ce bourg, mais si l'on veut être entendu quand on parle de cet Antoine : il faut le nommer ou tout au long *Antonius Raudensis*, ou seulement *Raudensis*. C'étoit un Théologien qui vouloit se mèler de Grammaire. ¶
9 Voss. de nat. Rhetor. cap. 6. pag. 48.

traits pour tirer contre JESUS-CHRIST. C'est ce qui lui fut reproché par Jovien Pontanus (1) & par Poge de Florence (2).

Nous parlerons du livre de ses Elégances parmi les Grammairiens Techniques, & de l'Histoire qu'il a écrite parmi les Historiens d'Espagne.

*Herodoti Historia ex versione Laur. Vallæ, in-fol. Venet. 1494. — Ejusdem H. Steph. & recogn. Frid. Sylburgii in-fol. Francof. 1608. — Homeri Illiad. recogn. Laur. Vallæ in-4°. Lugd. Gryff. 1544. — Thucydidis Hist. in-fol. apud Henr. Steph. 1588. — Æsopi fabulæ qui se trouvent dans le Recueil des Fabulistes imprimé in-8°. à Strasbourg 1601. — Laur. Vallæ lib. 6. Elegantiæ de ling. Latina in-fol. Venet. 1499 — Idem in-4°. apud R. Steph. 1541. — De dialectis Ling. Latin. lib. 3. in-8°. Colines. 1530. *

1 Joh. Jov. Pontan. ut supra, lib. 1. de Serm.

¶ Jovien Pontan a eu grand tort de rapporter d'après Poge une vieille calomnie qu'il sçavoit bien que Laurent Valle avoit réfutée. Celui-ci dans le 4. livre de son Aristote contre Poge nie & déteste les termes que son Adversaire lui reproche, il semble seulement convenir avoir dit qu'en conférant le texte Grec du Nouveau Testament avec le Latin de la Vulgate, il avoit trouvé des traits à lancer contre l'Interprete. Poge empoisonnant cela lui a imposé de s'être vanté d'avoir en main des traits à lancer contre J. C. Qui ne voit la forfanterie ?

2 Joh. Fr. Pogg. 2. Invect in Vall. fol. 87. edit. 1513. Item apud Voss. ut supra.

DOMICE (1) CALDERIN, de Verone, vers (2) l'an 1477.

305   IL entreprit d'expliquer par des Commentaires des anciens Auteurs assés difficiles comme sont *Suétone, Stace, Martial, Juvenal*, les Epitres & l'Ibis d'*Ovide*.

Barthius (3) dit que si on a égard à son peu d'âge on les trouvera admirables, & quoiqu'ils ne soient pas tous également bons, ils sont néanmoins meilleurs pour la plupart qu'on ne se l'imagine aujourd'hui.

Paul Jove (4) prétend qu'il a éclairci les obscurités de ces Au-

1 ¶ Son nom étoit Dominique, mais voulant en avoir un qui sentit l'ancienne Rome, il se fit appeller *Domitius*, & *Calderinus* de Caldiero lieu de sa naissance, fameux par ses bains chauds, près de Vérone, d'où plusieurs parlant de Calderin l'appellent souvent Véronois.

2 ¶ Ce fut cette année-là qu'il mourut agé seulement de 30. ans. Nous avons ses Commentaires sur les Sylves de Stace, sur Martial, sur Juvenal, sur l'Ibis d'Ovide. Le reste ne paroit, je pense, que dans les Catalogues de Tritheme, & de Gesner.

3 Gasp. Bartius Comment. in lib. 5. Sylv. Pap. Statii pag. 483. & ex eo Konig. Biblioth. 5. V. & N. pag 256.

4 Paul. Jov. elog. 21.

CRITIQUES GRAMMAIRIENS.

teurs, & surtout des Poëtes avec une capacité merveilleuse, mais qu'il a inseré dans ses Commentaires des semences de contestations & de disputes, qui font voir l'animosité avec laquelle il cherchoit à picquer ses envieux & ses adversaires : néanmoins que cette aigreur n'étoit pas inutile à ses Ecoliers, quoiqu'elle fût excessive. Il ajouté que cette impétuosité se trouvant jointe à la force & l'assiduité avec laquelle il travailloit à l'étude l'emporta en l'autre monde à la fleur de son âge, lorsqu'il n'avoit guéres plus de trente ans.

* *Domitii Calderini Comment. in Martialem* in-4°. *Venet.* 1474.
— Ses Commentaires sur le Stace sont imprimés à Venise & à Rome 1475. Son Commentaire sur l'*Ibis* d'Ovide est imprimé à Milan 1495. *in-fol.* — à l'égard de ceux qu'il a fait sur Suétone, Virgile, Juvenal, ils se trouvent dans les éditions des mêmes Auteurs imprimés à Bâle. *

THEODORE GAZA, de Thessalonique, mort en 1478. (1)

306   Scaliger (2) avoit coutume de dire qu'entre tous ceux qui avoient fait revivre les belles Lettres dans l'Italie, il n'y en avoit que trois ausquels il portoit envie. Le premier étoit notre Gaza qu'il dit avoir été un grand homme, & un homme véritablement savant, quoiqu'il eut fait des fautes; le second étoit Politien, & le troisiéme Pic de la Mirandole.

Vossius (3) prétend qu'il est infiniment préférable à George de Trébizonde, contre le sentiment même de Politien (4), & ç'avoit déja été la pensée d'Erasme long-tems auparavant (5).

Ce dernier croit que ce qui a pû empêcher Gaza de parler parfaitement bien Latin, a été d'une part l'application continuelle à la Philosophie, & de l'autre ce naturel & cette habitude invéterée qu'il avoit pour son Grec, & dont il lui auroit été moralement

---

1 ¶ L'Epitaphe Grecque de Théodore Gaze Κεῖτο μέγας faite par Ange Politien à l'age de 11. ans , comme il l'a lui-même marqué, nous apprend que Gaze est mort, non pas en 1478. mais en 1475. tems auquel Politien avoit justement 21. ans , puisque l'on convient , ou que du moins on doit convenir qu'il n'en avoit que 40. lorsqu'il mourut le 15. Septembre 1594. ¶

2 Prim. Scaligeran. au mot *Littere* pag. 102, 103.
3 Voss. lib. 4. Institution. Oratoriar. lib. 4. cap. 30.
4 ¶ C'est au chap. 90. de ses *Miscellanea* que Politien a préféré George à Théodore. Parrhasius qui a trouvé ce jugement fort injuste, l'a dans son Epitre 60. examiné, & vertement réfuté. ¶
5 Erasm. Ciceron. Dial. pag. 160.

224 CRITIQUES GRAMMAIRIENS.

impossible de se défaire. Cependant Paul Jove (1) assure que non seulement il a passé de fort loin tous les Grecs dans la connoissance de leur Langue, dans l'érudition, & dans la solidité du jugement, mais qu'il s'est si bien perfectionné dans la langue Latine, qu'il n'étoit pas aisé de discerner en laquelle de ces deux langues il écrivoit le mieux.

Le même Auteur (2) a remarqué ailleurs qu'il avoit une attache particuliére pour les maniéres & les mots de Pline, & qu'il étoit fort curieux de les imiter.

Mais nous parlerons encore de Gaza parmi les Traducteurs, & les Grammairiens Artistes.

* Les 4. livres de l'Introduction à la Grammaire Grecque ont été imprimés à Venise chés Alde, & à Paris chés Wechel avec la traduction Latine en 1540. — Il a traduit en Latin Ælian de la Castrametation imprimé à Cologne avec le Traité des Oraisons de Denys Halicarnasse; l'histoire des animaux d'Aristote & autres opuscules en 1537. *

1 Paul. Jov. Elog. 26.   2 Idem tract. de Piscibus lib. 1. cap. 4.

FRANC. PHILELPHE, d'*Ancone* (1), gendre de Chrysoloras (2), mort en 1481.

307   Philelphe a écrit divers ouvrages, comme des Dialogues, des Oraisons, des Epîtres, d'autres piéces en Prose, & des Poësies. Mais les savans Critiques ne s'accordent pas entiérement dans les jugemens qu'ils en font.

Néanmoins la plupart conviennent (3) que c'étoit un homme sans jugement, grand amateur de ses productions, grand admirateur de son propre esprit, vain, enflé, & plein de lui-même; mais d'ailleurs assés sec & dénué de la plupart des qualités qui composent le savant & l'honnête homme.

1 ¶ Philelphe étoit de Tolentin à 28. milles d'Ancone.

2 ¶ Pour désabuser une infinité de gens qui croient sur la foi de Paul Jove que Philelphe étoit gendre d'Emmanuel Chrysoloras, il auroit été bon de remarquer en termes exprès que c'étoit Jean fils d'Emmanuel. Voici comme en parle Philelphe lui-même, Lettre 1. du 37. livre: *Nec inficier tamen vebis, ad Græcam locutionem plurimum conduxisse primam illam uxorem meam, quæ mihi vita ipsâ carior fuit, Theodoram Chrysolorinam, summi illius viri Manuelis Chrysoloræ Neptem, cujus modo mentionem feci. Nam & literaturam, & cæteras Græcorum disciplinas, splendidissimus Eques Auratus, socer meus Joannes Chrysoloras hujus pater me docuit.* ¶

3 Florid. Sabin. Apolog. adv. Calumn. L. L.

Ii

CRITIQUES GRAMMAIRIENS. 225

Il avoit pourtant du savoir, & beaucoup de hardiesse & de résolu- Philelphe. tion dans ses entreprises (1), comme le témoignent Floridus Sabinus & Vossius après lui. Paul Jove (2) dit qu'il avoit l'esprit ardent, divers, & ambitieux, qu'il ne vouloit point souffrir d'égal dans la gloire des Lettres : que pour cet effet il s'étoit mêlé d'écrire sur toutes sortes de sujets, & que véritablement il auroit passé les meilleurs Ecrivains de son siécle en l'une & l'autre Langue, s'il avoit eu assés de jugement pour donner des bornes à son impétuosité, & s'il ne se fût attaché qu'à l'utile & à l'honnête.

Erasme dit (3) qu'il avoit tâché d'imiter Cicéron, mais que ses efforts avoient été sans succès, & que n'ayant pû trouver aucun Savant à qui il pût plaire, il se renferma dans la complaisance qu'il avoit pour lui-même, & fut obligé de se contenter de sa propre estime, faute d'autres admirateurs. Qu'il ne s'est jamais plus écarté de Cicéron que dans les ouvrages où il en falloit le plus approcher, comme dans ses Oraisons qui sont encore beaucoup moins *Cicéroniennes* que ses Epîtres.

Le même Auteur reconnoît pourtant dans d'autres endroits (4), qu'il avoit de l'érudition, mais qu'il en avoit moins que d'amour propre.

Les plus estimés de ses ouvrages sont les deux livres des *Banquets* que Vivès loue comme des témoins de la grande connoissance que Philelphe avoit de l'Antiquité, de l'Histoire, & de la Philosophie (5).

* *Franc. Philelphi Satiræ* in-fol. *Mediolani* 1476. — *Epistolæ familiares lib.* XVI. in-fol. *Venet.* 1492. *Brixiæ* 1485. — *De Conviviis lib.* II in-8°. 1537. *Coloniæ* — *Educatio Puerorum* in-4°. *Basil.* 1544. — *Apophthegmata, Orationes, & de Legibus* in-4°. *Paris.* 1503. *

1 Voss. Hist. Lat. lib 3. cap. 7. pag. 591. 592.
2 Paul Jov. elog. 17.
3 Eras. Ciceronian. Dial. pag. 156.
4 Idem in Vit. S. Hieronymi præfix. ejus operibus.
5 Lud. Viv. apud Voss. Hist. Lat. ut supra.
¶ Vivès n'a loué les deux livres *conviviorum* de Philelphe que parce qu'en qualité de Professeur, bien jeune encore, il les expliquoit publiquement, semblable en cela aux Prédicateurs qui ne manquent jamais de mettre au-dessus ou tout au moins côte à côte des plus grands Saints celui dont ils font le panegyrique. L'ouvrage de Philelphe fut imprimé à Cologne in-8°. l'an 1537. Le témoignage de Vivès s'y voit étalé en 7. ou 8. lignes au bas du titre pour exciter la curiosité des dupes. C'est de-là que Gesner l'a copié, feuillet 257. de sa Bibliothéque. ¶

GEORG. MERULA, d'*Alexandrie de la Paille*, vers l'an 1482 (1).

308   Paul Jove (2) faisant l'éloge de Galeotte appelle ce Merula le plus éxact de tous les Grammairiens, & il dit en un autre endroit (3) qu'il étoit grand Censeur des ouvrages d'autrui, & particuliérement de ceux de Calderin, de Galeotte & de Politien.

Florid. Sabinus (4) témoigne qu'il étoit fort savant, & qu'il étoit extrémemrnt éxact en écrivant. Néanmoins Volaterran (5) assure qu'il ne se soucioit point tant des mots ni de l'éxactitude du style, que de la connoissance des choses.

Enfin pour mettre le contrepoids à ses bonnes qualités, Vossius (6) témoigne qu'il avoit beaucoup de malignité, & qu'il étoit fort médisant; qu'il en vouloit particuliérement à ceux de sa profession, qu'il ne savoit souffrir (7); & qu'entre autres il a traité son Maître Philelphe avec la derniére ingratitude & la plus grande insolence du monde.

Nous parlerons encore de lui parmi les Traducteurs.

* *Georgius Merula in aliquot Ciceronis Orationes* in fol. *Basil.* 1553. — *Observationes in Martialis Epigrammata* in-fol. *Parif.* 1601. — *Annotationes in Ovidii Epistolas* in-fol. *Francof.* 1601. — *Enarratio Vocum priscarum in libris de re rustica* in-8°. *Venet.* 1528. — *Enarrationes in Juvenalem, & adversus Domitii Commentarios in Martialem.* — *Ejusdem Annott. in Ciceronis Orationes lib.* 11. in-fol. *Venet.* 1478. *

1 ¶ George Merlo, en Latin *Merula*, mourut à Milan au mois de Mars 1494.
2 P. Jov. elog. 44. ubi de Galeott. Mario.
3 Idem Jov. elog. 37.
4 Fr. Fl. Sabin. Apol. adverf. calumn. L. L. apud Voff.
5 Raph. Volaterr. Commentar. lib 21.
6 Voff. Hist. Lat. lib. 3. cap. 8. p. 602.
7 ¶ pour *qu'il ne pouvoit*.

RODOLPH. AGRICOLA, *de Groningue*, mort en 1485.

309   C'Etoit un homme consommé dans les Sciences, selon l'étenduë qu'elles avoient dans son siécle. Vossius (1) dit

1 Voff. Hist. Lat. lib. 3. cap. 6. pag 567.

CRITIQUES GRAMMAIRIENS. 227

qu'il étoit très-savant dans les langues Latine, Grecque & Hé- Agricola. braïque, qu'il étoit grand Philosophe, qu'il avoit beaucoup d'éloquence, qu'il étoit habile dans les beaux Arts & particuliérement dans la Peinture & dans la Musique.

Erasme (1) dans ses Adages prétend qu'il n'y avoit point de disciplines & de connoissances dans lesquelles il ne pût contester le premier rang aux plus grands Maîtres; qu'il étoit parfait Grec parmi les Grecs, & parfait Latin parmi les Latins; qu'on l'auroit pris volontiers pour un autre Virgile dans les Vers; que c'étoit un autre Politien pour les graces & les beautés du discours, mais qu'il surpassoit celui-ci dans la majesté; & qu'il n'y avoit point de secrets, point de mystéres dans toute la Philosophie qu'il n'eut pénétrés à fond.

Il ajoute qu'Agricola n'étoit point curieux de gloire, qu'il ne se soucioit point de rien publier, quoiqu'il eût beaucoup composé; que néanmoins le peu qui en paroissoit de son tems ne laissoit pas de marquer assés la divinité de son esprit, quoiqu'il n'eût point eu de part à l'édition de ses ouvrages, & qu'il n'eût pas moins d'indifférence & de mépris pour eux après leur publication qu'il en avoit témoigné auparavant.

Le même Auteur écrit encore ailleurs (2) que cet Agricola avoit un génie tout-à-fait céleste, un fond de doctrine presque sans fonds, un stile au-dessus du vulgaire. Que ses Ecrits avoient beaucoup de solidité & de nerfs; qu'ils étoient beaucoup travaillés, & limés avec exactitude, mais qu'il sentoit un peu le Quintilien dans son élocution, & l'Isocrate dans la structure de ses discours. Que néanmoins il avoit quelque chose de plus sublime & de plus grand que l'un & l'autre de ces deux Maîtres de l'Antiquité Grecque & Latine; qu'il étoit plus étendu & plus clair que Quintilien. Qu'il étoit venu à bout de tout ce qu'il avoit entrepris; & qu'il ne doutoit nullement qu'il ne nous eût représenté une image parfaite de Cicéron, s'il eût été curieux de s'y appliquer.

Le Cardinal Bembe (3) qui avoit d'ailleurs le goût assés difficile, assure en écrivant à Erasme, que de tous les ouvrages qui avoient paru dans ce siécle-là, il n'y en avoit pas qui fussent plus dans son approbation que ceux d'Agricola.

Et Vivès (4) dit qu'il n'y avoit pas un Auteur de ce tems-là qui méritât plus que lui d'être lû de tout le monde, tant il y a de génie,

1 Erasm. in proverb. *Quid Cani & Balneo.*   4 Lud. Vivès Comment. in cap. 21. libri.
2 Idem in Dial. Ciceronian. pag. 179.   2. de Civit. Dei S. Aug.
3 Petr. Bemb. lib. 6. Epistol. ad Erasm.

Ff ij

Agricola. d'art, de jugement, de gravité, de douceur, d'éloquence & d'érudition dans ses ouvrages.

Paul Jove (1) en parle aussi d'une maniére si avantageuse qu'il semble dire qu'Agricola faisoit confusion aux Rabins pour l'Hébreu, aux Athéniens pour le Grec, & aux Romains pour le Latin; que ses préceptes sur la Dialectique & sur la Rhétorique étoient extrémement recherchés de son tems, & qu'ayant un esprit divin pour la Poësie, il avoit obscurci & désespéré, pour ainsi dire tous les Poëtes de ce tems.

Tant de rares qualités se trouvant en un seul homme né dans un coin du monde le plus reculé, d'où la Politesse des belles Lettres n'avoit pas encore entiérement chassé la Barbarie, semblent avoir un peu enflé le cœur à ceux de son pays, lesquels (2) ont crû qu'avec leur Agricola tout seul, ils pouvoient hardiment mépriser tout ce qu'il y avoit eu de beaux esprits dans la Gréce ancienne, & dans l'Italie, jusqu'à traiter injurieusement la premiére d'*insolente* & la seconde d'*effrontée*. Tant ils étoient éblouis du mérite d'Agricola, n'étant point accoutumés à recevoir souvent d'aussi rares présens du Ciel.

Quoiqu'il soit difficile de rien ajouter à tant de témoignages si glorieux à la mémoire d'Agricola, nous ne pouvons pas nous empêcher de dire que Scaliger (3) le consideroit comme un très-excellent Maître en l'art de parler, & même comme le Prince des autres Maîtres. Et Melchior Adam (4) voulant spécifier le style de sa Prose d'une autre maniére que n'avoit fait Erasme, dit (5) qu'il sembloit avoir représenté la mesure & la cadence de Lactance; la douceur & la rondeur de Pline; les lumiéres & le brillant de Sénéque; l'abondance & la variété de Cicéron; la subtilité & les pointes de Quintilien; la véhémence & les biais (6) de Saint Cyprien.

* *Rodolphus Agricola, de Inventione, Dialecticâ, aliaque ejusdem opuscula* in-4°. Colon. 1539. — *Comm. in Boëthii consolationem Philo-*

1 P. Jove. elog. 32.
2 Petr. Montan. Philof. & Poët. apud Melch. Adam. pag. 21. in vit. Philosoph. Germ. & apud G. Matth. Konig. Biblioth. V. & N. pag. 17. col. 2.
3 Prim. Scaligeran. pag. 23.
4 M. Ad. de Vit. Phil. Germ. Pag. 21. ut supra.
5 ¶ Ce n'est pas Melchior Adam qui dit cela, c'est un certain *Petrus Montanus* que cite Melchior Adam. ¶

6 ¶ Le Jésuite Anonyme qui a publié en 4. Lettres ses réflexions sur les Jugemens de Baillet s'est moqué de ces *biais de Saint Cyprien* avec raison. Tout le monde s'en moquera comme lui, & l'on demeurera d'accord que *les tours d'éloquence* exprimeroient mieux le Latin *obliquitatem*. Je crois en effet sans approuver ce mot, que l'Auteur, qui s'en est servi, a voulu par-là nous figurer l'adresse de S. Cyprien à gauchir, pour éviter les coups que dans une controverse son Adversaire lui portoit, ¶

sophiæ in-fol. *Basil.* 1570. — *De formando studio Epistola scripta anno* 1484. in-8°. *Heidelb.* 1621. — *Comment. ad Seneca declamationes aliquot* in-8°. *Basil.* 1529. *

GEORGE DE TREBIZONDE (1) ou TRAPEZONTIN
né en *Candie*, mort en 1486.

310 ON ne peut disconvenir que ce George n'ait eu du savoir, mais il étoit d'une humeur un peu bizarre & trop chagrine.

Erasme (2) témoigne qu'il avoit rendu de grands services à la République des Lettres, & qu'il avoit de la suffisance, mais qu'il étoit néanmoins fort inférieur à Théodore Gaza dont nous avons parlé auparavant. Cela est très-vrai, dit Vossius (3), & c'est même ce qui a fait le sujet de la brouillerie & de la division qui se mit entre ces deux Grecs.

Paul Jove écrit que le Trapezontin (4) avoit à la vérité beaucoup de génie, mais qu'il gâtoit ses bonnes qualités par une basse jalousie, qu'il témoignoit à l'égard de ceux qui faisoient profession des Lettres; que s'étant fait de la Secte des Péripatéticiens, il étoit devenu grand adorateur d'Aristote, & ne savoit souffrir qu'on louât Platon, dont il entreprit de combattre les dogmes par un livre qui fut puissamment réfuté par le Cardinal Bessarion.

Il eut aussi prise avec un célèbre Mathématicien nommé Jean Muller de Konigsberg, que nous appellons ordinairement *Regiomontanus* ou de *Réalmont*. Il se brouilla encore avec d'autres Savans, & le plus souvent fort mal-à-propos. Mais nous parlerons plus particuliérement de ces démêlés dans le Recueil des Traducteurs.

Pour ce qui est de son style, Erasme (5) dit qu'il avoit tâché de le rendre conforme à celui de Cicéron.

* *Georg. Trapezuntii Interpretatio in Ciceronis Orationem pro Ligario* in-fol. *Paris.* 1520 — *In aliquot Ciceronis Orationes* in-fol. *Basil.*

1 ¶ Il aima mieux, par rapport à son trisaïeul qui étoit de Trébizonde, être appellé *Trapezuntius* que *Cretensis*, à cause du proverbe qui fait passer *Cretensis* pour un Synonyme de *mendax*. A propos de quoi l'on peut voir pag. 84. de la Paléographie du P. de Montfaucon la plaisanterie d'un Antoine Damilas qui au bas d'un manuscrit copié de sa main avoué sans façon qu'il est de Crète, & qu'il jouit de tous les priviléges de l'Isle, excepté, ajoute-t-il, de celui de mentir, *absque eo quod mendax sim*. §

2 Erasm. Dial. Ciceronian. Pag. 160.
3 Voss. Hist. Lat. lib. 3. cap. 8. pag. 599. 600.
4 Paul Jove elog. 25.
5 Erasm. ut supra.

230 CRITIQUES GRAMMAIRIENS.

1552. — *Rhetoricorum lib.* v. in-fol. *Venet.* 1523. — *In Philippicas Ciceronis* in-fol. *Basil.* 1553. — *In Centiloquium Ptolemai* in-fol. *Basil.* 1550. — *Epistola ad Joan. Palæologum*, cum annott. *Jac. Pontani* in-4°. *Ingolst.* 1604. — *Cur Astrologorum judicia ut plurimum sint falsa* in-8°. *Paris.* 1549. — *Comparatio Aristotelis & Platonis* in-8°. *Venet.* 1523. — *Calumniator Platonis* IV. *lib. Venet.* in-4°. 1516.*

ALEXANDRE ab ALEXANDRO, *Néapolitain* (1), mort vers l'an 1490. (2) & M. TIRAQUEAU (André) *de Fontenai en Poitou*, mort l'an 1558.

Genialium dierum.

312 SEs six livres de *Journées divertissantes* sont un composé de diverses choses qui regardent la Philologie. Floridus Sabinus (3) estimoit qu'il étoit meilleur Ecrivain que Philelphe. Vossius (4) est aussi de ce sentiment, prétendant que cet ouvrage est une grande provision de quantité de bonnes piéces d'Antiquité & d'Histoire, & qu'il y a beaucoup de choses concernant la propriété des mots, mais qu'il est accusé ou de négligence ou d'ingratitude sur ce qu'il n'a point nommé les Auteurs de qui il a pris tout ce qu'il rapporte.

C'est ce qui l'a fait passer pour un plagiaire dans l'esprit de Guillaume Barclay, du Cardinal Bona, & de plusieurs autres personnes (5).

Mais le célébre Monsieur TIRAQUEAU, ayant fait des observations sur cet ouvrage [*in-fol.* à Paris 1532.], ne se contenta pas de corriger les fautes de cet Alexandre, & de lui communiquer un lustre qu'il n'avoit pû se donner à lui-même. Il prit encore la peine d'éxaminer tous les passages, de les vérifier, de les retirer de cette confusion, & de les rendre à leurs premiers Auteurs, en les citant avec éxactitude & avec honneur, en les montrant au doigt, pour

---

1 ¶ Lisés *Napolitain*.

2 ¶ Le premier chapître des Jours géniaux faisant connoître que Jovien Pontan, dont il y est parlé avec éloge, n'étoit plus alors en vie, & Jovien Pontan, comme Paul Jove le remarque, étant mort le même mois, & la même année que le Pape Alexandre VI. sçavoir au mois d'Aout de l'année 1503. il s'ensuit qu'Alexandre ab Alexandro que Baillet suppose mort en 1490. a vécu pour le moins 13. ans au-delà. Il y a même grande apparence qu'il n'est mort que vers l'an 1520. peu de tems avant la première édition de ses Jours géniaux. Voyés Bayle au mot *Alexander ab Alexandro*. Son nom Italien étoit *Alessandro de gli Alessandri*. ¶

3 Franc. Flor. Sabin. Apol. adverf. calumn. L. L.

4 Voss. Hist. Lat. lib. 3. cap. 8. pag. 609.

5 Addit. ad Biblioth. Neapol. Topp.

ainsi dire, & en faisant voir combien il reste peu de chose de ce qui appartient à notre Alexandre.

Ceux qui savent quel fond d'érudition & de lecture il faut avoir, & à quelles peines il faut se résoudre pour entreprendre un travail de cette nature, peuvent juger du mérite de Monsieur Tiraqueau, comme ont fait Vossius (1), Colerus (2), le P. Labbe (3), le sieur Nicodéme (4), l'Auteur Anonime de la Bibliographie (5), & plusieurs autres qui trouvent ces *Sémestres* ou ces Observations très savantes, très-curieuses, très-pénibles, & très-agréables en même tems.

Mais nous parlerons avec plus d'étenduë de cet habile homme dans le Recueil de nos Jurisconsultes. Au reste cet ouvrage en l'état qu'il a été composé par Alexandre ne laisse pas d'être estimé savant par l'Anonyme (6), & digne d'être consideré pour la diversité des choses qu'il contient, mais il ajoute néanmoins qu'il n'est pas assés éxact ni assés poli, de sorte qu'il n'est pas toujours sûr de s'en rapporter à lui.

* *Alexandri ab Alexandro Genialium dierum lib.* VI. *cum notis Variorum* in-8°. 2. vol. Amsterd. 1673. *

1 Voss. ibidem, ut supra.
2 Christ. Coler. de Hist.
3 Ph. Labb. Mantiss. supell. antiq. pag. 540.
4 Leon. Nicod. add. ad Bibl. Neap.
Topp. pag. 617.
2 Bibliogr. cur. hist. Philolog. pag. 106.
6 Idem ibid.

---

312 **AMBR. DE CAMALDOLI ou CAMALDULE,**
Voyés parmi les Traducteurs, article 815.

PIERRE de CALABRE *plus connu sous le nom de* **POMPONIUS LÆTUS** *vers l'an* 1490.

313 Comme nous devons parler de lui parmi ceux qui ont écrit des Antiquités Romaines, nous n'en rapporterons ici que ce qui regarde la Philologie & la Critique.

Cet homme avoit l'esprit assés particulier & l'humeur un peu grotesque. Il avoit renfermé tout son savoir dans les bornes de la République & de l'Empire Romain, de sorte qu'il ignoroit généralement tout ce qui n'y étoit point compris, c'est-à-dire, qu'il ne

Pomp. Lætus. ſavoit point de Grec, & qu'il ne voulut jamais apprendre cette langue, de peur de faire tort à ſon Latin.

Il ne ſavoit non plus ce que c'étoit que l'Ecriture Sainte ni les Ecrits des Peres, & n'avoit jamais vû aucun des Auteurs qui avoient écrit après la décadence de l'Empire, c'eſt-à-dire, après ſa diviſion (1).

Et comme il étoit fou & enivré de la gloire des Romains, il en devint ſi fort idolâtre, que non content de célébrer la fête de la fondation de la Ville avec cérémonies, & d'avoir dreſſé des Autels effectifs à Romulus, il eut l'impiété de mépriſer & de fouler aux pieds la Religion Chrétienne comme ſi elle n'eût été bonne que pour des Barbares.

Mais pour ne lui point refuſer le peu de gloire qui lui eſt dû, il faut avouer (2) avec Floridus Sabinus qu'il ne le cédoit à perſonne de ſon tems pour la pureté du ſtyle, & qu'il écrivoit élégamment ſelon Eraſme (3), qui dit que Pomponius ne prétendoit point paſſer plus loin.

C'eſt peut-être pour la même raiſon que Vivès dit qu'il avoit fort peu d'érudition. Jugement qui ne porte point préjudice à la connoiſſance qu'il avoit des Antiquités Romaines, comme nous dirons ailleurs.

Il ne faut pas oublier une choſe que Voſſius a remarquée de lui, & qui regarde encore plus particuliérement la Critique, c'eſt que les changemens qu'on a faits dans l'Edition de *Salluſte* contre la foi des Manuſcrits, doivent être attribués preſque tous à ce Pomponius (4).

* *Pomp. Lati, Compend. Auguſta Hiſtoria* in-fol. *Francofurti* 1588. *& cum aliis Hiſt. Aug. Henr. Steph.* in-8°. 4. *vol.* — *De Arte Grammatica, cum Epiſtol. familiar.* in-8°. *Argent.* 1515. *

1 Voſſ. de arte hiſt. pag. 33.
2 Flor. Sabin. in Apol. adv. calumn. L. L.
3 Eraſm. Ciceronian. Dial. pag. 161.
Idem. in vit. B. Hieron. præfix. edit.
4 Voſſ. hiſt. Lat. lib. 3. cap. 8. pag. 613. 614. 615.

CRITIQUES GRAMMAIRIENS. 233

¶ Quoique mon dessein, comme je l'ai déclaré, soit de me bor- Pomp. Lætus. ner à corriger les fautes de Baillet, je ne laisserai pourtant pas d'inserer ici par occasion une espèce de Dissertation touchant Pomponius Lætus, remplie de particularités litéraires qui ne déplairont pas aux Curieux. La voici.

Les particularités de la vie & de la personne de Pomponius Lætus fameux Humaniste étant peu connuës, j'ai eu la curiosité de les rechercher, & voici ce que j'en ai pu recueillir de plus certain. Il naquit l'an 1425. à Amendolava petite ville de la haute Calabre, bâtard, à ce qu'on a cru, d'un Prince de Salerne de la Maison de Sanseverin. Cette naissance quoiqu'illégitime auroit pu lui faire honneur, s'il avoit été homme à vouloir en tirer de l'avantage. Bien loin d'avoir cette pensée, il affectoit toujours de cacher son origine, & quand des gens qui n'ignoroient pas sa noblesse, lui en parloient, il leur répondoit en des termes qui marquoient assés son indifférence là-dessus. Elle étoit si grande qu'étant invité par ses parens à vouloir bien se rendre vers eux, & les aller reconnoître, il ne leur fit point d'autre réponse que celle-ci. *Pomponius Lætus cognatis & propinquis suis sal. Quod petitis fieri non potest, valete.*

Je crois bien pourtant que l'éclat de sa maison, comme l'insinuë Paul Jove, étant quelque tems auparavant un peu déchu par les guerres où elle se trouva envelopée, cela ne contribua pas peu à le détacher de ses proches, & à le fixer dans son inclination pour les belles lettres. Il les apprit à Rome sous Pierre Oddo de Montopoli, & ensuite sous Laurent Valle, le plus habile, sans difficulté, de tous les Italiens de son tems. Celui-ci étant mort le 1. d'Aoust 1457. & non pas 1465. comme plusieurs le croient, trompés par l'altération du chiffre de son épitaphe, Pomponius d'une commune voix fut jugé digne de lui succeder. Quelque huit ou neuf ans après aiant été accusé d'estre l'un des chefs d'une prétenduë conspiration de gens de lettres contre le Pape Paul II. il fut obligé de se retirer à Venise, d'où ramené à Rome par ordre du Pape il demeura en prison un an entier avec plusieurs Savans, du nombre desquels étoit Platine qui a fait une ample rélation de cette affaire dans la vie de Paul II. Son innocence de même que celle des autres aiant été reconnuë, il eut en 1467. la liberté de professer comme auparavant, & l'honneur d'occuper jusqu'à sa mort la première place dans le collége Romain pendant 28. ans, lesquels ajoutés aux

Une lettre de J. Jovien Pontan imprimée page 2597. du 3. tom. de ses œuvres à Bâle in-8°. 1556. fait voir que L. Valle mourut avant Alfonse Roi de Naples mort en 1458.

Pomp. Lætus. 42. qu'il avoit dans le tems de son élargissement, il se trouve que conformément au calcul de Sabellic il sera mort dans la 70. année de son âge, c'est-à-dire en 1495. je m'en tiens à cette supputation qui me paroit d'autant plus sûre que nul Auteur digne de foi n'a parlé de Pomponius comme d'un homme vivant au-delà de 1495. Je dis nul Auteur digne de foi, parce que je compte pour rien l'objection qu'on pourra me faire tirée des épitres de Pierre Martyr d'Anghiera imprimées premiérement à Alcala de Hénarès l'an 1530. & 140. ans après à Leyde, parmi lesquelles il y en a une à Pomponius de 1496. quatre de 1497. deux de 1499. & une du 10. Avril 1504. laquelle sert de réponse aux nouvelles qu'il suppose que celui-ci lui mandoit des François chassés de Naples, de Louis Marquis de Saluces qui tenoit encore Canose, & de l'élection du nouveau Pape Jule II. Ce Pierre Martyr est un imposteur. Il s'avisa pendant qu'il étoit en Espagne de réduire en lettres l'histoire des affaires de son tems, feignant de les écrire à mesure qu'elles arrivoient, & même de prévoir les suites, afin de faire croire qu'il étoit homme de grande pénétration. Comme il n'avoit pourtant pas assés d'habileté pour bien couvrir sa fourbe, il n'a pas toujours su dater ses lettres suivant l'ordre du tems, & les a quelquefois adressées à des gens qui n'étoient plus au monde. Telles sont celles que j'ai spécifiées, entre autres la derniére, prétenduë écrite le 10. Avril à Pomponius Lætus, mort certainement sous le Pape Alexandre VI. qui mourut comme tout le monde sait, le 18. Août 1503. Ce raisonnement suffit pour prouver la fausseté de la date de cette épitre, sans qu'il soit besoin d'alléguer l'épitaphe de Pomponius faite par Jovien Pontan mort le même mois & la même année qu'Alexandre VI. Une preuve que Pomponius ne vivoit plus, non seulement en 1504. mais même sur la fin de 1500. c'est qu'il mourut, comme le remarque Sabellic, peu de tems après lui avoir envoyé son Abrégé de l'Histoire Romaine depuis le jeune Gordien jusqu'à Justinien II. qu'il nomme mal Justin. Cet Abrégé *Cet Abrégé fut imprimé pour la premiére fois à Venise in-4°. l'an 1489. le 23. Avril per Bernardinum Venetum.* est dédié *Francisco Borgiæ Episcopo & Pontificalis Ærarii Præfecto*, à François de Borgia Évêque (il faloit dire Archevêque) de Cosence, & Trésorier de la Chambre Apostolique, lequel n'est autre que ce François de Borgia qui fut fait Cardinal le 28. Septembre de l'an 1500. & qui par conséquent n'eust pas manqué d'estre qualifié tel par Pomponius, si celui-ci eust assés vécu pour lui dédier alors son ouvrage. Une autre preuve qu'il étoit mort long-tems auparavant, c'est qu'on trouve son épitaphe dans les poësies de Domicus Palladius Soranus disciple de Sabellic imprimées à Venise l'an 1498. Toutes ces raisons me confirment dans l'époque ci-dessus posée. L'*Epicedion Pomponii Læti* de Justulus poëte Latin de Spolete qui vivoit au commencement du 16. siécle, ne m'a été d'aucun secours. La piéce est au moins de cent Vers, très froide & ne contient qu'un verbiage inutile. Passons au caractére de Pomponius. C'étoit l'homme de son tems le plus curieux de manuscrits, de médailles, & d'inscriptions. L'amour de l'antiquité le possedoit à un point, qu'il auroit voulu ce semble, avoir vécu du tems de Rome triomphante, & dans le siécle le plus pur de la langue Latine. La moindre découverte de quelque ancien monument l'attendrissoit. Il honoroit la mémoire de Romulus, & solennisoit le jour de la fondation de Rome. Sur quoi Volaterran, Vivès, & une infinité d'autres écrivains l'accusant d'idolatrie ont parlé de lui comme d'un Païen. Ils ont mal pris son intention. Ce qu'il en faisoit n'étoit que pour animer la jeunesse à l'étude des belles lettres. Il changeoit par la même raison le nom des Académiciens ses amis, les invitant à en choisir de nouveaux, ou à en ajouter aux leurs d'autres à la Grecque ou à la Romaine, & leur faisant connoitre par-là qu'en se consacrant aux sciences, il faloit, comme l'a fort bien expliqué le Castelvétro, devenir de nouveaux hommes. Du reste il étoit si peu capable des foles créances du Paganisme qu'il passoit dans sa jeunesse pour un homme sans religion. Paulus Cortesius l. 2. *de Cardinalatu fol.* 87. rapporte cette repartie de Pomponius à Domice Calderin. *Julius Pomponius Lætus, cum ei Domitius Calderinus homo inimicus dixisset : Num ex animi sententia crederet esse Deum ? Quidni, inquit esse credam, cum ei nihil te odiosius esse putem ?* Quoiqu'il en fût Sabellic dit avoir appris que Pomponius s'étoit converti sur ses vieux jours. Effectivement on n'a qu'à lire ses Césars. On y voit en divers endroits des marques de sa vénération pour le S. Siége, & pour les mystéres du Christianisme. C'est ce que Vivès auroit dû un peu démêler. Mais ce n'est pas la seule méprise où il soit tombé touchant Pomponius. Celle-ci mérite encore d'estre relevée. Il prétend que le véritable nom de cet Auteur étoit *Petrus Calaber*, & qu'au lieu de *Petrus* il se fit appeller *Pomponius*. Ce sont des contes. *Pierre* ne fut jamais son nom de batême, c'étoit *Jule*. Campanus son ami particulier le nommoit *Julius Pomponius*. Portan ne le nomme pas autrement. Le seul Gille Viits Jurisconsulte de Bruges, dont je parlerai encore ci-dessous, l'a nommé *Junius* par équivoque. Pomponius est appelé Julius Pomponius Sabinus dans le

Pomp. Lætus.

Pomp. Lætus. titre de son commentaire sur Virgile, & Julius Pomponius Fortunatus dans celui de ses notes sur le diziéme livre de Columelle. Par où l'on voit que le nom de *Pomponius* est substitué non pas à *Petrus* prétendu nom de batême, mais à *Sanseverinus* le vrai nom de famille de notre Auteur, & non pas *Bernardinus* ou *Ferrandinus*, comme d'autres l'ont prétendu. Il paroit véritablement par le 35. livre des lettres de Philelphe, lettre 18. qu'il y avoit un *Petrus Calaber*, mais Théologien & Prédicateur, & par conséquent très différent de notre Pomponius, qui bien qu'il fust de Calabre, n'a pourtant très assurément jamais pris le nom de *Calaber*, aiant, pour mieux se déguiser, préféré un autre nom de païs, & s'étant intitulé *Julius Pomponius Sabinus*. A propos dequoi il me vient en pensée qu'y aiant eu du tems de Pomponius un Savant nommé *Petrus Sabinus*, Poëte & Antiquaire, Vivès se sera peut-estre imaginé que c'étoit un seul & même Sabinus, tantôt cité sous le nom de *Petrus*, tantôt sous celui de *Pomponius* substitué à celui de *Petrus*, quoiqu'il soit aisé de prouver que Julius Pomponius Sabinus, & Petrus Sabinus sont deux, celui-ci beaucoup plus jeune aiant eu pour précepteur Sabellic disciple de Pomponius. Vivès est un peu sujet à ces équivoques. *Elisius Calentius & Joannes Ravisius Textor* sont appellés chés lui *Ægidius Calentius, & Petrus Textor*. Il est au reste très-certain que Pomponius Lætus, & Pomponius Sabinus ne font qu'un. Une preuve incontestable de cela, outre celle que fournit Vossius l. 3. c. 9. de ses Historiens Latins, c'est que Pomponius Sabinus allégue son *Itinerarium Scythicum* dans ses commentaires sur le 1. des Géorgiques, ce qui revient à ce que Sabellic nous apprend du voyage que fit Pomponius Lætus sur les bords du Tanaïs pour reconnoitre ce qui pouvoit y avoir échapé à Strabon. Hermolaüs Barbarus sur le 4. livre de Pline fait mention du même voyage. Il est vrai que ce commentaire sur Virgile étant peu de chose, Pomponius prit le parti de le désavouer comme un ouvrage peu capable de lui faire honneur. *Ideo*, dit-il dans sa lettre à Augustin Maffée, *si glossulas in Virgilium legeris sub titulo meo, oro ne fidem præstes, neque temerarius sum, neque audax, neque eam expositionem unquam tentavi. Ille quisquis est* (C'étoit un Grammairien de Crémone nommé Daniel Gaitanus, ou comme d'autres écrivent Caietanus) *qui falsum epigramma posuit, sentiet quid profuerit me tanto mendacio provocasse*. Mais c'est justement ce qui fait voir que les deux Pomponius ne sont qu'un, puisque Pomponius Lætus prend sur son compte un livre publié sous le nom de Julius Pomponius Sabinus. Je ne fais non plus aucune difficulté de croire, quoiqu'en dise Baptiste Pie sur l'épitre 9. du 5. livre de Sidonius Apollinaris, que le Julius Pomponius Fortunatus commentateur du 10. livre de Columelle ne soit notre Pomponius Lætus, son stile, & les citations des écrivains qui lui étoient familiers s'y reconnoissent. Curius Lancilotus Pasius l'appelle par tout ou Pomponius Fortunatus, ou simplement Pomponius. Il est appelé Pomponius Lætus Fortunatus dans une lettre de congratulation aux Sénateurs de Turin sur la harangue d'obédience que Pierre Carabin de leur compagnie, avoit faite le 29. Mai 1494. de la part du Duc de Savoie Charles I. au Pape Alexandre VI. *Convenerant ad hæc comitia*, dit Guillaume Varroni de Verceil Sénateur de Turin, auteur de cette lettre écrite le 31. *ut est moris, ex omnibus liberalium artium Professoribus peritissimi, inter quos Pomponius Lætus Fortunatus togatorum eruditissimus.* Elle est inférée dans le recueil des opuscules de ce Pierre Cara imprimés *in-4°.* à Turin l'an 1520. Pyrrhus Pérot, neveu de Nicolas Pérot Archevêque de Siponto dans l'épitre dédicatoire qu'il a mise au-devant du *Cornucopiæ* de son oncle, dit que Pomponius Fortunatus très-savant homme de ce tems-là, & Prince de l'Académie Romaine fut un de ceux qui invitérent Nicolas Pérot à revoir le texte des épigrammes de Martial. Ce que dit là Pyrrhus Pérot convient évidemment à Pomponius Lætus, qui chap. 44. des mélanges de Politien est qualifié de même *Academiæ Romanæ Princeps*. L'Académie Romaine en effet le reconnoissoit pour son Chef. Michel Fernus qui procura en 1495. l'édition des œuvres de Jean-Antoine Campanus, y adresse une lettre à Pomponius avec ces qualités. *Dictatori perpetuo, Imperatori nostro maximo Pomponio Læto*. Il n'étoit bruit que de ses écoliers appelés de son nom *Pomponiani*. Voici comme Jean Sulpice de Véroli au-devant du Vitruve qu'il dédia au Cardinal Raphaël Riario s'en est expliqué. *Tu etiam primus picturatæ scenæ faciem, quam Pomponiani Comœdiam agerent, nostro sæculo ostendisti*. Dans l'édition de Lucain donnée à Rome *in-fol.* l'an 1469. laquelle est la premiére de toutes, il y a une Vie de Lucain par notre Pomponius nommé alors *Infortunatus*, sans doute à cause des persécutions qu'il avoit essuyées de la part du Pape Paul. Le titre porte *Lucani Vita per Pomponium Infortunatum*. Il est remarquable que Pomponius Sabinus sur la 2. Eglogue de Virgile, au sujet du mot *allium* qu'il prétend devoir être écrit par une simple *l*, allégue l'autorité de Pomponius Fortunatus. *Per simplex l.* (dit-il) *scribendum est, ut est apud Pomponium*, car c'est Pomponius Fortunatus qui sur le 112. Vers de Columelle. *Alliaque infractis spicis,*

Pomp. Lætus. &c. a fait cette note *Alium per simplex* l *scribitur.* Ce qui est tiré de ces termes du vieux Scholiaste d'Horace sur la 3. des Epodes. *Alium dicendum est per unicum* l. *quia* a *corripitur. Sic etiam Virgilius produxit per epenthesim. Allia serpyllumque herbas contundit olentes.* Cependant dit Craquius sur cet endroit *unanimiter per* ll. *duplex scribunt, præter unicum Pomponium Etusium, ut refert Pomponius Fortunatus in Columellam.* J'avoue que je ne connois point ce Pomponius Etusius, dont je ne trouve nulle mention, au moins dans le Pomponius Fortunatus de mon édition, & je conclus seulement que le Pomponius Sabinus qui renvoie à Pomponius, renvoie à lui-même. Je ne suis pas le premier à qui la bonne foi de Pomponius a été suspecte. On ne doute plus il y a long-tems que le faux testament de Cuspidius Lætus ne soit de sa façon. Rabelais qui le prenant pour un prétieux reste de l'antiquité le fit réimprimer chés Gryphius à Lyon l'an 1532. y fut pris pour dupe, & plusieurs autres y ont été trompés après lui. Barnabé Brisson dans ses formules, & Antoine Augustin dans ses dialogues découvrirent la fausseté. Rabelais fit imprimer conjointement avec le testament de Cuspidius un contract de vente prétendu ancien, qui commence, *Pascasius Culita,* ou comme on devroit lire conformément à l'original, *Pascasius Caulita.* Brisson, quoique la piéce lui fust suspecte, n'a pas laissé de l'inférer dans ses formules. Elle est de Jovien Pontan qui en a fait le prélude de son dialogue intitulé Actius. Il entre en matiére par cette plaisanterie, & Cælius Rhodiginus qui, chap. 8. du livre 13. de ses diverses leçons, en cite un endroit, le cite naturellement comme de Pontan. Il est vrai que des imposteurs aiant retranché de cette piéce tout ce qui en faisoit manifestement reconnoitre l'Auteur, l'ont depuis produite pour ancienne, feignant l'avoir tirée d'un vieux manuscrit de la bibliothéque d'Alciat. Antoine Augustin qui l'avoit vûë dans les ouvrages de Pontan, ne l'accuse pas de l'avoir donnée pour vraie ; il dit seulement qu'on l'avoit publiée ailleurs comme telle, & il est surprenant que Vossius, dans le chap. ci-dessus allégué de ses Historiens Latins, emploie pour reprocher à Pontan sa mauvaise foi en ce genre, l'autorité d'Antoine Augustin. Il s'en sert avec plus de raison contre Pomponius Lætus qu'il est malaisé de justifier absolument sur ces sortes de suppositions. Sa passion pour l'antiquité les lui faisoit trouver innocentes, & ces noms à l'antique, Pomponius Sabinus, Pomponius Fortunatus, Pomponius Lætus, font juger que l'Auteur, qui les prenoit, n'auroit pas été fâché d'estre pris pour un ancien. Quel-

CRITIQUES GRAMMAIRIENS

ques modernes ont donné dans ce panneau. Pierre Pithou, & Jufte Lipfe l'ont pris pour un Grammairien du moyen âge, enforte qu'une des plus grandes raifons du premier pour attribuer à Tacite le Dialogue *de Oratoribus*, ç'a été que dans les notes de ce Pomponius fur l'Elégie *in obitum Mæcenatis* Tacite étoit cité comme Auteur de ce Dialogue. Lipfe au contraire, perfuadé que le même Dialogue étoit de Quintilien, pour décliner l'autorité de Pomponius que, comme Pithou, il croyoit un Grammairien du moyen âge, fe contenta de répondre que c'étoit un écrivain obfcur & fans réputation. Savaron fur Sidonius cite fouvent Pomponius Sabinus. Dempfter dans le catalogue des écrivains qu'il cite en fes additions aux Antiquités Romaines de Rofin, traite Pompeius (il vouloit dire Pomponius) Sabinus *de vetus Grammaticus*, & tout nouvellement le bon Mr Vaillant dans la table d'un de fes livres de médailles, a mis Pomponius Lætus au rang des anciens Auteurs. Mais fi c'eft juftement qu'il a été quelquefois accufé de fauffeté, il faut avouer qu'il l'a été quelquefois auffi très-injuftement. Alciat, par exemple, livre 4. *de verborum fignificatione*, a débité que le petit livre *de Sacerdotiis & Magiftratibus Romanorum*, attribué communément à Féneftella, étoit de Pomponius: ce qu'il difoit tenir de Janus Parrhafius, qui lui avoit même confeffé avoir eu quelque part à ce travail. Mais de deux chofes l'une, ou Parrhafius avoit dit un menfonge à Alciat, ou Alciat en a dit un, foit pour avoir l'honneur d'eftre cité, lorfqu'on voudroit prouver que le titre de Féneftella eft fuppofé, foit par la prévention où il étoit contre Pomponius & Parrhafius. Il accufoit celui-ci, qui avoit été fon maitre en Humanités, d'alléguer fouvent des Auteurs dont il n'avoit jamais vû les ouvrages; & l'autre d'avoir non feulement fabriqué le Féneftella, mais auffi le Bérofe, le Caton, le Fabius Pictor, & les autres Auteurs qu'Annius de Viterbe a commentés. Cette calomnie avancée gratis par Alciat dans une de fes lettres à François Calvus publiées avec d'autres l'an 1697. à Utrecht, ne doit nullement eftre admife. Il y a long-tems qu'on eft comme généralement perfuadé qu'Annius a forgé le texte, de même que la glofe, de ces Hiftoriens fabuleux. Pomponius qui auroit eu intereft à les établir, s'il en avoit été le pére, n'a jamais produit aucune de leurs fictions dans fes écrits, quelque occafion qu'il en ait euë, fur tout dans fes commentaires fur Virgile. Pour le livre tant de fois imprimé fous le nom de Féneftella, il feroit aujourd'hui honteux d'ignorer qu'il eft d'André Dominique Floccus Chanoine de Florence, & Sécretaire Apofto-

lique. Lilius Gyraldus en avoit un exemplaire manuscrit dont en son 4. dialogue de l'Hist. des Poëtes il rapporte le titre en ces termes : *Andrea Dominici Flocci Florentini ad Brandem Cardinalem Placentinum de Romanis Magistratibus*. Il ajoute qu'il y avoit au-devant une préface qui manquoit dans les imprimés. Le Docteur Viits de Bruges en fit l'an 1560. imprimer à Anvers chés Plantin un exemplaire tout semblable, excepté qu'il est intitulé *de Potestatibus Romanorum*, & que le nom du Cardinal Branda n'y paroit point. On juge pourtant bien que c'est-à-lui que s'adresse la préface, où suivant le cérémonial de ce temps-là on lui donne de la Paternité. Il est difficile de marquer l'année de la dédicace. Ce qu'il y a de certain est que le Cardinal à qui le livre a été dédié fut créé l'an 1411. quelque quatorze ans avant que Pomponius fut né, & mourut l'an 1443. que Pomponius n'étoit au plus que dans sa 19. année. Raphaël Volaterran met Floccus qu'il appelle Fiocus à l'Italienne, parmi les disciples d'Emmanuel Chrysoloras mort l'an 1417. & Blondus plus ancien que Raphaël fait dans sa description de l'Etrurie mention d'André Floccus & de deux autres illustres Florentins en ces termes. *Andreas Floccus Apostolicus Secretarius, Canonicusque Florentinus, vir optimus, eloquentiâ & edito de Magistratibus opere, ac Janectus Manectus, literarum Græcarum, Latinarumque peritiâ, & Baptista Albertus nobili & ad multas artes bonas versatili ingenio Patriam exornant*. Si le Docteur Viits avoit eu connoissance de ce passage, il n'auroit pas dans la préface de son édition mis Blondus au nombre de ceux qui ont attribué a Fénestella l'ouvrage de Floccus. Pour peu même qu'il eust prêté d'attention à l'endroit où il prétend que Blondus a fait cette faute l. 3. de sa Rome triomphante, il auroit aisément reconnu que cet Auteur ne fait là que rapporter mot à mot la Loi unique du Digeste au titre *de Quæstionibus* où Ulpien, de qui elle est tirée, cite Junius, Trébatius, & Fénestella. Il résulte de tout ceci que la réputation de Pomponius a été plus grande que sa doctrine. Faustus Andrelinus, qui lui adresse la 6. élégie de sa Livie, le traite de Poëte sublime, & peut-être que la plus grande partie de ses compositions qu'on dit qu'il perdit lorsque sa maison fut pillée dans une sédition arrivée à Rome sous Sixte IV. consistoit en poësies. Si elles n'étoient pas meilleures qu'une épigramme, & une élégie que j'ai vuës de sa façon ; l'épigramme, au-devant du petit livre en vers, intitulé *Cœna*, de Baptiste Fiera, en Latin *Fera*, de Mantouë ; l'élégie page 218. tournée, & 219. des monumens d'Italie de Schradérus la postérité n'y a pas beaucoup perdu. Sa prose tant vantée pour sa
pureté

CRITIQUES GRAMMAIRIENS.

pureté n'eſt pas néanmoins châtiée par tout, autant qu'on a voulu dire. On y trouve des expreſſions peu Latines, quoiqu'en petit nombre, d'autres Poëtiques, & la conſtruction n'y eſt pas toujours fort nette. Le livre qu'on lui attribuë des *Antiquités de Rome* eſt d'un ſtyle très-négligé, ce qui a fait dire à Beatus Rhenanus ou que ce n'eſt qu'une ébauche, ou qu'il n'eſt pas de Pomponius. Il paſſa pour un des meilleurs Grammairiens de ſon tems, juſques-là que bien des gens ſoupçonnérent Curius Lancilotus Paſius de Ferrare de lui avoir dérobé les huit livres qu'il publia intitulés *Grammaticæ inſtitutionis libri 8*. Il s'appliqua peu au Grec. C'eſt ce qu'a dit Sabellic, *Græca vix attigit*, ſur quoi d'autres enchériſſant ont pris droit de dire après Volaterran qu'il ignoroit abſolument cette langue. Eraſme enſuite s'abandonnant à ſes conjectures a écrit que Pomponius s'étoit abſtenu de toucher au Grec, de peur de gâter par quelque tour étranger la naïveté de ſon Latin. Vivès s'en eſt fié à Eraſme, un autre à Vivès, & nos Compilateurs modernes répétent la même choſe avec toute la ſécurité poſſible. C'étoit un bon & honnête homme que Pomponius, ſans entêtement, ſans vanité, ne rendant jamais médiſance pour médiſance, comptant pour rien les inſultes de Caldérin, & de quelques autres Savans ſes contemporains, ſi pauvre au reſte que s'il euſt perdu deux œufs, dit en riant ſon ami Platine l. 9. de ſon traité de Cuiſine, il n'auroit pas eu de quoi en racheter deux autres. Il étoit naturellement bègue, mais en chaire il ménageoit ſi bien ſa prononciation, dit Sabellic, & après lui Paul Jove, qu'il ne le paroiſſoit pas. *Cum vehementer naturâ balbutiret* (ce ſont les paroles de Corteſius F. 97. B. du livre 2. du Cardinalat) *quadragintaque prope annos docuiſſet Romæ, ſic linguæ vitium moderando fregit, ut non modo ejus eſſet expeditus incorrupta antiquitate ſermo, ſed quædam etiam ejus ineſſet canoræ locutioni venus*. Hermolaüs Barbarus, & Pomponius Lætus, quoique très-différens d'humeur, étoient amis intimes. Ils ſont introduits comme tels dans le Dialogue du Bembe *de Culice*. L'enjoûment de Pomponius égayoit la mélancolie d'Hermolaüs. *Quidnam etiam*, dit Paulus Corteſius feuillet 60. du livre cité, *amicitiam contrariorum genere ſervari volunt, ut ſi dicamus Hermolaum Barbarum, hominem quotidie natura meditantem, & ſuapte bilis affectione triſtem, libenter delectari Julii Pomponii familiaritate ſolitum, propterea quod is maxime eſſet faceta jucunditate lætus*. Ce paſſage eſt d'autant plus remarquable, qu'il donne lieu de conjecturer que Pomponius enclin naturellement à la joie, s'étoit par cette raiſon ſurnommé *Lætus*. Il fut marié & eut de Roſa

Pomp. Lætus.

Fraſmus in Vitâ Divi Hieronymi.
Vivès 2. de veritate fidei Chriſt.

Pomp. Lætus. Alesa sa femme deux filles dont les éloges & les portraits sont dans Jean Jaques Boiffard page 104. & 106. de ses *Icones variæ*. Comme il est le seul que je sache, qni ait parlé du Mariage de Pomponius, que son livre est rare, & que les deux filles de Pomponius, Fulvia Læta, & Melantho Læta méritent d'estre connuës, j'en représenterai ici les éloges copiés fidélement. Voici celui de Fulvia.

Fulvia Læta Romæ nata est Pomponio Læto patre, & matre Rosa Alesa, mediocriter exercitata in carmine Latino, sed in Poësi Italica, quam summo studio colebat, multo impensius. Musica delectabatur, arte testudinis cæteras sui temporis puellas superans. Ea felix fuit in ediscendis linguis, nam præter Latinam & Græcam, in quibus non vulgariter erat instituta, callebat & Hispanam, Græcam vulgarem, & Sclavonicam. Gallicam etiamsi intelligeret, & ea literas scriberet, quia tamen in ejus pronunciatione Italicum nescio quid resonaret, ea uti nolebat. Nupsit cuidam Sempronio seni & opulento, qui puellam pretio magis emit quam amore. Voici celui de Melantho.

Melantho Læta Fulviæ soror, formâ inferior, sed illam doctrinâ longè superans, maximè in studio Latinæ linguæ, & Græcæ. Poëticam non attigit. Sorori cedebat tam voce quam citharâ. Illi principio nomen erat Nigella, sed in Græcis provectior reddita Melanthus sibi nomen fecit. Nupserat Antonio Cassio, Poëtæ Appulo, à quo, propter simultates domesticas, & morositatem relicta est, quamvis illum importunum thalami desertorem & intolerabilem assereret. Revocata postea à marito, Roma noluit discedere. Hanc carmine iambico amarè Cassius insequitur, sub nomine Sapphus, illi multa iniquè objiciens, cavillationibus, & scommatibus iram exsatians, cum tamen multis in locis illius desiderio ardenter se teneri fateatur, ac facti divortii pœnitere.

Le reste des particularités de la vie, de la fortune, de la capacité & des mœurs de Pomponius se peut voir dans les Auteurs-ci-dessus allégués, & principalement dans l'Epitre de Sabellic à Marc Antoine Morosini.

CRITIQUES GRAMMAIRIENS.

HERMOLAUS BARBARUS, mort en 1494. (1) ou selon d'autres en 1493. Venitien élû Patriarche d'Aquilée.

314   Erasme (2) l'appelle un grand & divin Homme, mais il ajoûte qu'il étoit fort éloigné de Ciceron dans son style, quoiqu'il lui parût plus travaillé que celui de Quintilien, & que celui de Pline; & que sa trop grande passion pour la Philosophie avoit fait quelque tort à son éloquence.

Le Cardinal Bembe (3) écrivant à son neveu Daniel Barbaro (4), l'appelle un très-excellent homme en toutes sortes de connoissances & de disciplines.

Paul Jove (5) dit qu'il a rétabli les ouvrages de Pline l'ancien dans l'état où l'Auteur les avoit mis. Mais Vossius (6) se contente de dire que ses corrections sur cet Auteur sont exactes & très-laborieuses, qu'il étoit fort curieux de garder la proprieté des mots en l'une & en l'autre langue, sans faste, sans présomption, toujours prêt à écouter les autres, à reconnoître & à corriger ses fautes.

* *Hermolai Barbari Castigationes in Plinii historiam* in-fol. Romæ 1492. 1493. — *Aristotelis Interpret. lat.* in-fol. Venet. 1530.*

1 ¶ Il mourut certainement au mois de Juillet 1493. ayant encore sa virginité comme le marque Petrus Delphinus Général de l'Ordre des Camaldules, Epitre 70. & 72. du 3. liv.¶
2 Erasm. Ciceronian. pag. 158.
3 Petr. Bemb. lib. 6. Epistol. ad Dan. Barb.

4 ¶ Pour écrire juste il falloit mettre : *écrivant à Daniel Barbarus arriere-neveu d'Hermolaüs*. ¶
5 Paul. Jov. elog. 36.
6 Vossius de hist. Lat. lib. 3. cap. 8. pag. 622.

POLITIEN (Ang. Bass. (1) mort en 1494.

315   Erasme dit (2) qu'il étoit une des merveilles de ce monde, & qu'à quelque genre d'écrire qu'il appliquât son esprit, il ne produisoit que des miracles : mais qu'il ne s'étoit point

1 ¶ Il a voulu dire *Angelo Basso* ou *Angelus Bassus*, erreur originairement introduite par Vossius le pére en cet endroit de son 3. liv. *de Historicis Latinis*, où il dit *Angelus Bassus, qui notior altero nomine Politiani*. Ménage ch. 14. de son Anti-Baillet a cru que Scioppius avoit donné ce surnom de *Bassus* à Politien avant Vossius, mais c'est plutôt celui-ci que Scioppius a copié; la 1. édition du Traité de Vossius *de Historicis Latinis* étant de 1627. & celle des Paradoxes literaires de Scioppius n'ayant paru qu'un an après. Une Lettre d'Antonio Magliabechi citée par Ménage dans l'Anti-Baillet ci-dessus alléguée

Politien. étudié à prendre la phrase de Ciceron, & qu'il avoit diverses autres qualités excellentes qui le rendoient assés recommandable d'ailleurs.

Il ajoute en un autre endroit qu'il le préfere à Paul Cortès (3), quoique celui-ci approchât davantage de Ciceron : & qu'il aimeroit encore mieux ce que Politien auroit rêvé en songe ou dans le vin, que tout ce que Barthelemi Scala son Censeur auroit travaillé & poli avec la plus grande attention du monde.

Il étoit un de ces trois Restaurateurs des belles Lettres dans l'Italie, ausquels Scaliger disoit qu'il portoit envie (4), jugeant que c'étoit un excellent homme en toutes choses, excepté dans ses Epîtres.

Baccius Ugolin (5) dit que lui & Pic de la Mirandole étoient le miracle de leur siécle. Colvius (6) l'appelle le premier des Italiens; & Scaliger outre ce que nous venons d'en rapporter, écrivant sur Catulle prétend (7) qu'il ne cedoit à aucun de son tems, c'est-à-dire à personne d'entre tant de grands hommes qui éclatérent même plus d'un siécle après Politien.

Paul Jove (8) dit que c'étoit un esprit fin & adroit, mais picquant & envieux, grand mocqueur, ayant beaucoup de mépris pour tout ce que faisoient les autres, & ne pouvant souffrir qu'on trouvât rien à redire à tout ce qui venoit de lui, & qu'on lui montrât la moindre de ses fautes.

Le même Critique dans l'éloge qu'il fait de Nauger (9) dit que Politien & Hermolaüs Barbarus sembloient avoir du dégoût pour Ciceron, parce qu'étant remplis de toutes les sciences que l'homme

---

gué, & auparavant dans ses Origines Italiennes fait voir que le vrai surnom de Politien étoit non pas *Passo* mais *Cino*, comme en faisoit foi le testament de Jean Pic de la Mirande où Politien avoit signé *Angelus Cinus*. La difficulté qui reste c'est de savoir sur quoi Vossius pouvoit s'être imaginé que *Bassus* étoit le nom de famille de Politien. Pour moi je présume que l'origine de la méprise vient de ce qu'Angelus Colotius homme poli & savant, contemporain à peu près de Politien fut appelé *Angelus Colotius Bassus*, à la maniére des gens de lettres de ce tems-là, qui suivant la coutume établie à Rome dans l'Académie de Pomponius Lætus, & à Naples dans celle de Jovien Pontan, adoptoient d'anciens noms Romains. Angelus Colotius ayant été depuis souvent célébré tant en prose qu'en vers sous le nom d'*Angelus Bassus*, il se peut très-bien faire que Vossius, connoissant peu Angelus Colotius, ait pris Angelus Bassus pour Politien, savoir *Angelus* pour le nom de batème, & *Bassus* pour le nom de famille. Scioppius s'en est fié à Vossius, & de main en main la tradition s'est répandue.§

2 Erasm. Dial. Ciceronian. pag. 159. item pag. 219. & 221.

3 ¶ Il devoit dire ou en Latin *Paulus Cortesius* ou en Italien *Paolo Cortese*, autrement on jugera par la terminaison que ce *Cortès* étoit un Espagnol.§

4 Prim. Scaligeran. pag. 102. 103.

5 Bacc. Ugolin. apud Voss. de Poëtis Lat. pag. 79.

6 Colv. not. in 1. Floridor. Appullii.

7 Jos. Scalig. in Castigation. Catullian.

8 Paul. Jov. elog. Polit. 58.

9 Idem in elog. And. Naug. elog. 78.

CRITIQUES GRAMMAIRIENS. 245

pêut acquerir, ils se croyoient au dessus de cette servitude, qui Politien. porte les autres à vouloir imiter jusqu'au style des Anciens, plutôt que de s'en former un nouveau qui leur soit propre & qui soit capable de marquer & spécifier le caractere de leur esprit. Ces grands hommes jugeoient qu'il n'y a que de la bassesse à s'assujettir aux manieres d'écrire, de parler & de penser de ceux qui nous ont précedé, c'est-à-dire, au caprice de ceux qui souvent n'ont que l'avantage & le pas de l'ancienneté sur nous.

Le Cardinal Bembe (1) tombe d'accord que Politien étoit fort savant & fort ingenieux, mais il ajoute qu'il avoit peu de prudence & de conduite. Budé a remarqué de son côté (2) qu'il avoit fort peu de sincerité, & on en voit un exemple rapporté par Vossius(3), qui nous fait connoître que Politien n'auroit pas été fâché de passer pour l'Auteur du Traité sur Homere composé par Plutarque & dont nous aurons occasion de parler dans un Recueil separé des Plagiaires.

Au reste si nous en croyons Scioppius (4), Politien a été le premier des Critiques modernes qui ait examiné & corrigé les anciens Auteurs, & qui sans se contenter de les faire imprimer simplement comme on avoit fait jusqu'alors, ait donné au Public les observations qu'il y avoit faites dans son beau Recueil des *Mélanges* pour servir de Modele à tous les Critiques suivans qui ont embrassé ce genre d'étude. Il a eu la prévoyance même de leur en prescrire des regles dans la belle Préface qu'il a mise à la tête de cet ouvrage.

Mais ce que nous avons rapporté auparavant de Poge (5), Perot, Calderin, Merula & de quelques autres, fait assés voir que Scioppius s'est trompé, quoiqu'il n'ait pas grand tort de lui avoir voulu donner cette gloire, puisque non seulement personne n'y avoit encore si bien réussi que Politien, & qu'il avoit été véritablement le premier qui eût gardé & proposé aux autres une espece de Methode pour ce nouvel art. Surquoi on peut voir aussi le sieur Borremans. (6)

Il nous faudra parler encore de Politien dans le Recueil de nos Traducteurs, dans celui de nos Poëtes, dans celui de nos Epistolaires, & même dans celui de nos Historiens.

1 Petr. Bemb. lib. de Imitation. initio fere.
¶ Le sens du Latin est que Politien dans son Epitre à Paulus Cortesius avoit marqué peu de jugement & de raison en prenant le parti de blamer ceux qui s'attachoient à imiter le style de Ciceron, parce que de son côté il sentoit bien qu'il ne pouroit jamais y parvenir.
2 Guil. Bud. annot. in Pandect. pag. 282.

edit. Rob. Stephani.
3 Voss. histor. Latin. lib. 3. c. 8. p 629.
¶ L'exemple rapporté par Vossius est celui-là-même que Budé rapporte.
4 Gasp. Sciopp. de arte Critic. pag. 6.
5 ¶ Poge n'a jamais été compté parmi les Critiques.
6 Anton. Borrem. præfat in Var. Lect.

* *Angeli Politiani Opera* in-fol. *Florent.* 1499. — *Ejusd. Opera* in-fol. *Basileæ* 1553. Cette derniere édition est la plus ample. — *Ejusdem Opera* in-fol. *Brixiæ.* 1486.*

DONAT ACCIAIOLI ou ACCIEVOLI,
Originaire de Florence (1), mort vers l'an 1495.

316   Volaterran & Vossius après lui (2) disent qu'il n'y avoit rien de plus doux que son style, qui étoit comme une suite de la douceur admirable de son humeur, à laquelle il avoit joint une integrité de vie & une honnêteté singuliere qui charmoit tout le monde.

Nous en dirons davantage parmi les Traducteurs.

* *Donati Acciaioli Com. in Arist. Ethica* in-fol. *Venet.* 1576. — *Ejusdem Com. in Arist. Politica* in-fol. *Venet.* 1566.*

1 ¶ Il a cru que ces paroles ou de Paul Jove dans le 16. de ses Eloges des Savans: *antiquæ stirpis Florentinus*, ou de Vossius l. 3. de ses Historiens Latins chap. 8: *ab antiqua stirpe Florentinus*, lesquelles signifient : Florentin, ou né à Florence d'une ancienne famille, signifioient : *originaire de Florence*, ce qui est bien different. Donato Acciaioli naquit à Florence l'an 1428. & mourut à Milan dans sa cinquantième année 1478.§.
2 Voss. hist. Lat. lib. 3. cap. 8. pag. 624.

BARTHEL. SCALA ou della Scala Florentin,
mort en 1497.

317   Cet homme, dit Erasme (1), croyoit être Ciceronien pour le style, mais au jugement de Politien il n'étoit pas même Latin, & qui plus est il n'avoit pas le sens commun.

Scala de son côté tâchoit de rendre le change de l'estime à Politien, mais nous avons vû ci-dessus quelle difference Erasme a mise entre l'un & l'autre. (2)

* Il a eû une fille nommée Alexandre, fort versée dans les Langues Grecque & Latine, elle épousa Mich. Marulle Trachaniote, Grec, & très-savant.*

1 Erasm. in Dial. Ciceronian. pag. 161.   2 Idem ibid. pag. 223.

JEROME DONAT de *Venise* vers l'an 1499. (1)

318 REufner difoit (2) qu'on pouvoit le comparer avec les Grecs & les Latins anciens pour la majefté du difcours, & qu'il avoit fait même le fujet de l'étonnement de fon fiécle.

Pierius témoigne (3) qu'il excelloit dans les belles Lettres, l'Eloquence, la Poëfie, la Philofophie, la Théologie & les Mathématiques.

Mais comme nous n'avons prefque autre chofe de lui que fes Lettres (4) & la Traduction d'un ouvrage d'Alexandre d'Aphrodife, nous avons cru devoir le remettre ailleurs.

1 ¶ Il mourut à Rome l'an 1513 §
2 G. Matth. Konig. Biblioth. V. & N. pag. 256. 257.
3 Jo. Pier. Valer. de infelic. Literat.
4 ¶ Ces Lettres ne paffent pas le nombre de fix dont quatre font imprimées parmi celles de Politien §

---

319 JOCONDE de *Veronne* vers l'an 1500. (1) Voyés parmi les Antiquaires.

1 ¶ Il vivoit encore l'an 1513. fans être fort avancé dans l'age, comme on en peut juger par fon Epitre dédicatoire des Auteurs de re ruftica, au Pape Leon X. datée de Venife le 15. Mai de cette année-là. §

JEAN JOVIEN PONTANUS *Neapolitain* né en *Ombrie*, mort en 1503. ou felon d'autres en 1505. (1)

320 IL étoit un des plus grands hommes de Lettres de fon fiécle. Floridus Sabinus (2) qui étoit un de fes principaux admirateurs, dit qu'il avoit paffé de bien loin tous ceux qui avoient paru avec éclat depuis deux ou trois cens ans; qu'en confiderant fon heureufe abondance, fa facilité, l'elegance de fon ftyle, & la propriété de fes expreffions, on le prendroit volontiers pour un Ecrivain du fiécle d'Augufte.

Si ce Critique en eft crû, Pontanus avoit acquis lui feul, tant

1 ¶ Ce fut très-certainement l'an 1503. comme il a été remarqué plus haut dans la note fur le chap. 312. §
2 Florid. Sabin. Apol. adv. calumn. L.L.

Pontanus. par sa Prose que par ses Vers autant & plus de veritable gloire que tous les modernes generalement, & que la plupart des Anciens mêmes.

Il n'y a rien à son avis de plus agreable, de plus savant, ni de plus beau que ses Dialogues, & entre autres celui auquel il a donné le nom d'*Actius* où il parle de la mesure & du nombre des Vers de Virgile, des vertus & des proprietés de l'Histoire.

Depuis le treisiéme siécle, c'est-à-dire, depuis la renaissance des Lettres, il ne s'est point trouvé de Critique qui ait apporté plus d'exactitude & de netteté pour découvrir la force, les artifices, & toutes les beautés qui se trouvent dans les Ecrits des Anciens. Et tout autre que lui qui auroit eu moins de diligence & de capacité, n'auroit jamais pû réüssir comme il a fait en développant si particulierement tout ce qui se peut remarquer sur l'Eneide de Virgile, comme la majesté du Vers Heroïque, la cadence, la naïveté, ou l'air naturel, la douceur, la gravité, la force, la gaieté, l'éclat, la profondeur, & les autres beautés qu'il prétend y avoir découvertes.

Les Livres que Pontanus a faits sur l'*Obéissance*, la *Force*, la *Splendeur*, le *Prince*, la *Liberalité*, la *Prudence*, la *Magnanimité*, la *Cruauté*, &c. font connoître combien ses connoissances étoient universelles & combien il avoit de candeur & de facilité pour la composition. Le même Sabinus avouë qu'il ne s'étoit pas étudié à prendre le style & la phrase de Ciceron, parce qu'il avoit employé beaucoup de mots ausquels cet Orateur n'avoit jamais songé, & que c'est sans doute ce qui avoit attiré sur lui la censure de quelques médisans

C'est ainsi que Sabinus appelle ceux qui ont pris la liberté de remarquer quelques-uns des défauts de son Heros, parmi lesquels il comptoit sans doute Erasme (1), qui après avoir reconnu de bonne foi plusieurs excellentes qualités dans Pontanus, comme la douceur de son style, les agrémens de son discours, la dignité & la majesté de ses expressions, & quelques autres charmes, qui se font sentir dans la plupart de ses Ecrits, a crû avec raison que sa qualité de Critique lui donnoit la liberté d'en dire son sentiment. Il dit donc que ses Traités ou Lieux communs de la *Force*, de l'*Obéissance* & de la *Splendeur* ont quelque beauté, & qu'il y a de l'abondance dans ses pensées, mais que par la maniere dont il traite les choses, il est fort difficile de juger s'il étoit Chrétien ou non ; qu'il en use de même dans son Livre du *Prince*, où il semble avoir ménagé son

* Erasm. Dial. Ciceronian. p. 103. 104.

CRITIQUES GRAMMAIRIENS. 249

style pour tout le monde de quelque Religion qu'on puisse être. Il Pontanus. ajoute qu'il y a beaucoup de saletés & d'infamies dans ses Dialogues; qu'il a assés bien réussi dans les Traités des *Meteores* & d'*Uranie*. Mais il juge que dans ses autres ouvrages il n'a pas assés bien observé les convenances, & qu'on ne sent point dans sa lecture ces mouvemens que celle de Ciceron excite dans l'ame de ses Lecteurs ni ces aiguillons que celui-ci laisse dans les esprits long-tems après même qu'on l'a quitté.

Sabinus (1) semble n'avoir pas voulu reconnoître l'équité de cette censure d'Erasme, & il s'est mis en devoir de le refuter fort au long dans ses *Subsecives* qu'on peut consulter si on est curieux de voir les éloges de Pontanus dans toute leur étenduë. (2)

Fox de Morzillo (3) prétend que l'Italie n'avoit point porté un plus savant homme que lui depuis cent ans, & il dit ailleurs (4) qu'entre tous ceux qui ont fait profession de l'éloquence, il n'en connoissoit pas qui fussent plus Ciceroniens que *Lactance* & notre *Jovien*.

Alexandre *ab Alexandro* (5) témoigne que son talent principal consistoit particulierement dans la douceur du style, dans le choix & la pureté des mots, & dans cet air naturel que ses compositions semblent respirer. Felin Sandée (6) ne fait point difficulté de l'appeller le plus grand des Orateurs de son tems. Camerarius qui d'ailleurs étoit un Critique assés équitable, n'a point laissé de dire que c'étoit un très-savant & un très-sage Ecrivain. (7)

Enfin Volateran (8) Gesner (9) Giraldi (10) Crinitus (11) & plusieurs Auteurs savans se suivans les uns les autres, lui ont donné des louanges qui sont peut être un peu excessives. Car Vossius (12) a remarqué que quelques savans & judicieux Critiques reconnoissent de l'érudition dans Pontanus à la verité, mais qu'ils ne lui trouvent pas de jugement. Et Paul Jove (13) après avoir dit qu'il étoit aussi grossier & aussi rustique dans son exterieur & ses manieres d'agir, qu'il avoit de politesse & de douceur dans son style & ses discours, ajoute qu'il étoit mordant à l'excès dans ses Censures, &

1 Fl. Sab. lib. 3. subcesivar. cap. 6.
2 Voss. lib. de Poët. Lat. pag. 79.
3 Sebast. Foxius Morz. de imit. seu ration. styli lib. 2. fol. 43.
4 Idem. ibid. sed lib. 1. fol. 27.
5 Alex. ab Alex. Genial. dier. lib. 1. cap. 1. Et ex eo Voss. hist. Lat. lib. 3. cap. 8. pag. 608.
6 Fel. Sand. extrem. Epitom. de Regib. Sicil. & Apul.
7 Joach. Camerar. in progymnasm.
8 Raph. Volaterr. peralipom. pag. 457.
9 Conr. Gesner. Biblioth.
10 Lil. Gr. Gyrald Dial. de Poët. sæculi sui.
11 Petr. Crinit. de bon. discipl.
12 Voss. de Poët. Lat. ut suprà.
13 Paul. Jov. elog. 47.

Tome II. Ii

trop libre dans ses Ecrits, & particulierement dans ses Dialogues dont le plus libertin est son *Charon* sans doute. Et quoique nous ayons vû cy-dessus des Critiques qui l'ont voulu faire passer pour un très-grand Orateur, il dit néanmoins que selon le sentiment de plusieurs il réussissoit beaucoup mieux en Vers qu'en Prose, & c'est aussi la pensée de Jean Mathieu Toscan. (1)

* *Joan. Joviani Pontani Opera* 3. vol. *apud Aldum, Venet.* 1518. 1519. — *Ejusd. Opera* in-fol. *Venet.* 1501. *& Basil.* 1556. — *Ejusd. Poëmata* in-8°. *apud Aldum, Venet.* 1513.*

1 J. Math. Tosc. in Pepl. Ital.

PIERRE CRINITUS de *Florence* vers l'an 1505. (1)

321 Nous avons déja parlé de lui au sujet de son ouvrage sur les Poëtes, il reste à voir ce que les Critiques ont pensé du reste de ses Ecrits qui regardent la Philologie, & particulierement de ses Livres de l'*honnête Discipline.*

Paul Jove (2) dit qu'ils sont fort agréablement écrits, fort diversifiés & pleins de choses curieuses. Erasme même (3) y avoit trouvé de l'érudition, ce qui a surpris un peu le monde & qui a fait croire, ou qu'il ne les avoit pas lûs, ou qu'il avoit le goût mauvais.

Car le Giraldi, Muret, Vossius, & generalement tous ceux qui les ont suivis en ont jugé autrement. Le premier (4) dit de lui que tels sont les Vers, telle est la Prose; qu'il promet beaucoup & en beaucoup d'endroits, mais qu'il ne tient rien nulle part: que tout son discours peut bien remplir les oreilles mais non pas l'esprit; & *Nugæ canoræ.* qu'à dire le vrai, ce ne sont que des niaiseries qui ne resonnent que parce qu'elles sont creuses.

Muret dit (5) que dans ses Livres il nous veut débiter les choses les plus communes & les plus triviales pour des raretés & des mysteres; des faussetés pour des veritéz; & des choses nouvellement inventées pour des monumens de l'Antiquité. Tileman & quelques

---

1 ¶ L'Epitre dédicatoire de ses 5. livres des Poëtes Latins à Casimo Pazzi Evêque d'Arezzo, & depuis en 1508. Archevêque de Florence, est datée du 1. Novembre 1505. Il mourut peu de tems après. Son nom Italien étoit Pietro Riccio.

2 Paul. Jov. elog. 55.
3 Erasm. Dial. Ciceronian. pag. 162.
4 Lil. Greg. Gir. de Poët. sui sæc. Dial.
5 M. Ant. Muret. Var. lect. lib. 13. cap.
8. & post ill. Tilemann. item Zeiller. & alii.

CRITIQUES GRAMMAIRIENS. 251
autres ont dit la même chose que Muret.

Vossius (1) écrit qu'il n'y a rien dans ses ouvrages qui ne soit médiocre, & qu'il y a beaucoup de choses même d'un genre plus bas. L'Auteur de la Bibliographie dit (2) qu'il le faut lire avec beaucoup de jugement & de précaution. Il ajoute que les simples & les demi-savans se servoient autrefois beaucoup de ce Livre, qu'il étoit employé même souvent dans les Prédications, quoiqu'il ne dise jamais tant de badineries & de sottises que quand il parle des choses saintes & de ce qui concerne la Religion.

* Pierre Crinitus se nommoit *Riccius*, il a été appellé *Crinitus*, parce que son pere avoit la barbe fort épaisse, comme le dit Math. Konigius.

Petrus Crinitus de honesta Disciplina lib. xxv. in-fol. *Paris.* 1520. — *Idem* in-8°. *Lugd.* 1543. & 1593. — *De Poëtis Latinis* lib. v. *Poëmatum* lib. 11. *ibidem* 1543.

1 Voss. hist. Lat. lib. 3. cap. 12. pag. 673. 2 Bibliograph. cur. hist. Philolog. pag. 108.

RAPH. de VOLTERRE ou VOLATERRAN,
mort vers l'an 1606. (1)

322 IL ne manquoit pas d'érudition & d'industrie, mais il ne savoit pas assés bien le Grec.

Il composa une espece de mélange en trente-huit Livres qu'il appella les *Commentaires de la Ville*, parce qu'il les avoit faits à Rome, & les divisa en trois Tomes. Dans le premier il a eu intention de traiter de la Géographie ancienne; dans le second, de l'Anthropologie ou des Hommes Illustres; & dans le troisiéme, de la Philologie ou des Principes & des Rudimens des Arts & des Sciences.

Paul Jove (2) dit que ce qu'il rapporte des Princes & des autres personnes de qualité est fort imparfait & fort suspect, & que comme la crainte, l'interêt & les autres passions lui ont ôté la liberté de faire son devoir à l'égard de ceux de son tems, il a perdu toute créance pour le reste. Il ajoute que le troisiéme Tome ne vaut gueres mieux que les autres, qu'il a amassé les Arts & les Sciences en un tas confus. De sorte que cela est plus propre pour entretenir la pa-

1 ¶ Il mourut l'an 1521. agé de 71. ans. Son nom de famille étoit Maffeo ou Maffeï. Il y a Maffeï dans Léandre Albert, mais c'est une faute d'impression. 2 Paul Jov. elog. 118.

resse & l'ignorance du Lecteur, que pour donner des regles assurées d'aucune science. En un mot on n'y trouve point, dit-il, de ce sel qui fait le bon goût des choses. Son Latin est sans aucun ornement & sans graces, il y a apporté si peu d'ordre, & il est si embarassé qu'il semble s'être contenté d'avoir voulu marquer à son Lecteur ce qu'il est obligé de chercher ailleurs.

Floridus Sabinus (1) écrit que les savans Critiques ne reconnoissent en lui qu'une érudition médiocre; & qu'il avoit pillé de côté & d'autre de quoi pouvoir remplir ses grands volumes sans choix & sans discernement. Vossius en rapportant le sentiment de l'un & de l'autre (2), témoigne être aussi de même avis.

L'Anonyme Bibliographe (3) dit qu'il n'y a aucun fond à faire sur cet ouvrage, & qu'il est rempli de badineries & de bagatelles; qu'il s'y trouve pourtant beaucoup de choses concernant les affaires d'Italie arrivées de son tems, sur tout dans les familles particulieres, lesquelles meritent d'être sûës & qu'on ne trouve point ailleurs que dans ces Commentaires de notre Volaterran.

* *Opera omnia Raphael. Volaterrani*, in-fol. *Lug.* 1599. — *Argumenta in Aristotelis Ethica*, *Venetiis* 1579.*

1 Fr. Flor. Sab. Apol. adv. calumn. L.L.
2 Voss. hist. Lat. lib. 3. cap. 12. p. 672.
3 Bibliograph. cur. hist. Philolog.

JEAN ANDRE' LASCARIS, *Grec*, mort vers 1508. (1)

Monsieur Bullart (2) dit que ce savant homme n'aimoit point à traduire, quoiqu'il fût habile en Latin aussi bien qu'en Grec, & qu'il condamnoit même ce genre d'étude par une opinion qui lui étoit particuliere. Mais en récompense, dit-il, il a beaucoup travaillé à la correction des anciens Auteurs Grecs, pour les donner aux Latins dans leur beauté originale & dans leur veritable sens.

Nous parlerons encore de lui parmi les Grammairiens Grecs.

* *De variis Græcorum Litterarum formis ac causis apud antiquos*, in-8°. *Paris.* 1536. — A. J. *Lascaris ex Polybii Historias quædam excerpsit de Militia Romanorum*, *de Castrorum metatione & eadem La-*

1 ¶ André Jean Lascaris, car c'est ainsi qu'il rangeoit ses noms, mourut à Rome l'an 1535. au commencement du Pontificat de Paul III. comme le marque Gyraldus au 2. livre des Poëtes de son tems. ¶
2 Acad. des Sc. liv. 4. pag. 283.

tino sermone reddidit: ea cum ejusdem Epigrammatis Græcis & Latinis impressa sunt in-8°. *Basileæ.* 1537.

PHILIPPE BEROALDE le Pere (1), de *Boulogne* mort en 1510. (2); & *son fils du même nom Biblioth. du Vatican*.

324   Ic de la Mirandole ne fait point difficulté d'appeller Béroalde le Pere une Bibliothéque vivante, ce qu'Eunapius avoit dit autrefois de Longin (3). En effet il étoit des premiers hommes de son siécle pour les Lettres, il avoit une lecture presque infinie, mais il manquoit un peu de jugement.

Néanmoins (4) il n'a point mérité que Floridus Sabinus le maltraitât si fort que de l'appeller un grand diseur de Rien, & le plus babillard des Interprétes qui ayent expliqué les Auteurs.

Sa passion principale selon Paul Jove (5) étoit de donner le jour aux Auteurs les plus obscurs de l'Antiquité, & il faisoit tous ses efforts pour redonner la vie & l'usage à quantité de vieux mots bannis depuis long-tems de la langue Latine. C'est ce qui paroît principalement par ses Commentaires sur l'*Asne d'or* d'Apulée qu'il se rendit si familier qu'il en devint tout hérissé, & comme tout sauvage dans ses maniéres de parler & d'écrire. Ce qui choqua d'abord les oreilles délicates. Mais comme la nouveauté quelque grotesque qu'elle puisse

---

1 ¶ Il faloit dire *l'ancien* pour le distinguer de Philippe Béroalde le jeune, qui a été son neveu & non pas son fils, comme je le prouverai plus bas.

2 ¶ On ne peut douter que Philippe Béroalde l'ancien ne soit mort le 17. Juillet de l'année 1505. son disciple Jean de Pins, en Latin *Joannes Pinus*, qui étoit alors à Boulogne, l'ayant ainsi écrit dans un petit livre *in-*4°. que le 22. Septembre de la même année, 2 mois, & 5. jours après la mort de son Maitre, il y fit imprimer *de Vita Philippi Beroaldi Bononiensis*. Barthelemi Bianchino autre disciple du même Béroalde, & qui en a aussi écrit la vie, le fait naitre le 7. Novembre 1453. & mourir agé de 51. ans, 8. mois & 9. jours, ce qui revient juste à l'époque du 17. Juillet 1505. marquée par *Joannes Pinus*. Toutes les autres supputations doivent être réputées vicieuses, sans en excepter celle que le 31. Janvier 1718. par ordre de Monseigneur le Cardinal Origo, on me manda de Boulogne se trouver encore dans l'Epitaphe qui se voit en l'Eglise de S. Martin, où il est dit que Béroalde *obiit* M. D. IIII. Cette inscription ayant été posée par les héritiers de Vincent fils de Philippe, long-tems apparemment après la mort tant du pére que du fils, & par cette raison mal instruits de la vérité. J'avoue que parmi les Epitres Latines du Bembe, il s'en trouve une du 13 Janvier 1505. à Philippe Béroalde le jeune pour le consoler de la mort de Philippe Béroalde l'ancien, mais comme en parcourant ces épitres j'en ai reconnu plusieurs évidemment mal datées, je suis persuadé que celle-ci est du nombre, & qu'au lieu de 1505, il faut conformément à la date de l'Epitre suivante, lire 1506.

3 Joh. Pic. apud Jovium num. 51.

4 Fr. Florid. Sabin Apol. adv. calum. L.L. & ex eo Voss. hist. Lat.

5 Paul Jov. eleg. 51.

être ne laisse pas de plaire, il s'apprivoisa peu à peu, & on s'accoutuma insensiblement à la dureté & à l'impureté de ses expressions. Néanmoins les plus sensés ne voulurent pas s'y laisser corrompre, & ils ne pûrent lui pardonner son mauvais goût.

Scioppius dit cependant (1) qu'il ne manquoit pas d'esprit, & qu'il avoit de la subtilité & de la doctrine, comme il l'a fait voir dans ses Commentaires sur *Properce*, *Apulée* & les autres Auteurs qu'il a expliqués.

Beroalde eut un fils de même nom (2) que Paul Jove a pris pour son neveu, & qui fut Bibliothéquaire du Vatican. Le Giraldi témoigne qu'il étoit beaucoup meilleur Poëte que son Pere (3). Et Erasme après avoir dit que le Pere avoit rendu de bons services à la République des Lettres, ajoute que son fils mérite néanmoins beaucoup mieux que lui le rang parmi les Ciceroniens, quoiqu'il ait peu écrit, parce qu'il n'étoit pas si curieux de vieux mots & qu'il avoit le style moins obscur (4).

* *Commentaria in Catullum, Tibullum & Propertium* in-fol. *Paris.*

1 Gasp. Sciopp. de arte Critic. pag. 6.

2 ¶ Les copies qu'on a publiées de l'Epitaphe de Philippe Béroalde l'ancien, où on lit *Philippus & Vincentius filii heredes* ont fait croire qu'il avoit effectivement laissé un fils, nommé Philippe comme lui. Mais c'est une fausseté. On ne lit nullement *Philippus & Vincentius*, mais seulement *Vincentii filii heredes* dans l'Epitaphe qui m'a été envoyée fidélement transcrite sur celle qui se voit à Boulogne dans l'Eglise de S. Martin. Aussi une preuve décisive que le Béroalde surnommé *minor* ou *junior*, n'a ni été ni pu être fils du Béroalde, surnommé *major*, ou *senior*, c'est que la même année que celui-ci se maria, l'autre étoit déja Professeur. Cette preuve se tire de leur Collegue le fameux Urceus Codrus dans cet endroit de sa 4. lettre. *Philippus Beroaldus major, factus est novus maritus . . . Ego vocatus ad cœnam, illi, & affinibus gratulatus sum.* At *Philippus Beroaldus junior, quem maxime amat, profiteri publice incepit, qui exceptus est omnium plausu, imprimisque meis, nam & in nostro ludo sedit.* La Lettre est du 15. Avril 1498. L'ancien Béroalde, quelque deux ans après, a parlé du jeune en ces termes: *Hujusce autem castigationis in Cornelio Celso*; dit-il dans son Commentaire sur le 9. livre de l'Ane d'or, *me submonuit, & quasi commventem ex-pergefecit ille meus gentilis, & cognominis Philippus Beroaldus minor, adolescentulus apprime doctus & Græcam, Latinamque linguam bene callens, qui dum siciunter* φιλιππιζει. *Hoc est Philippum imitator & per nostra vestigia it, jam ex scholastico factus est Professor.* De son côté le jeune Béroalde parlant de l'ancien, l'appelle de même *gentilem suum*.

Hic ubi gentilisque meus Beroaldus iniquus
Explicat anfractus scriptorum

dit-il dans son Ode sur la mort de Thomas Phædrus. Le Bembe dans l'Epitre ci-devant alléguée n'use pas d'un autre mot. Erasme en emploie un semblable dans la sienne à Jodocus Gaverus du 1. Mars 1524. où après avoir fait mention de Philippe Béroalde l'ancien, il ajoute: *Hujus cognatum eodem nomine, & cognomine referentem illum, vidi Romæ, juvenem moribus candidissimis, stylo & eruditione non inferiorem illo majore, judicio multorum, ut & mihi visum est, etiam superiorem.* Ceci, je pense, suffira, pour faire voir que Paul Jove a eu raison de dire que Philippe Béroalde le jeune étoit neveu de l'ancien, & pour déraciner l'erreur qui depuis si long-tems régne dans les Dictionnaires Historiques, & ailleurs touchant ce fait. ¶

3 Lil. Greg. Gyr. de Poët. sui sæc Dial.

4 Erasm. Dial. Ciceronian. pag. 162.

1604. — *Comment. in Appuleii Aureum Asinum* in-8°. *Venet.* 1504.
— *Ejusdem variæ Orationes & Poëmata* in-4°. *Lugd.* 1492.

L. RICHIER de ROVIGO communément, RODIGIN,
Ludov. Cælius Rhodiginus, mort en 1520 (1).

325   Jules Scaliger & Barthelemi Latomus l'appellent le Varron de son siécle. Le premier qui avoit été son Ecolier, ajoute qu'il étoit le plus savant de tous ceux qui faisoient alors profession des belles Lettres. Nous avons de lui trente Livres de *Leçons Antiques* [imprimées *in-folio* à Bâle 1566. & à Francfort 1666.] qui lui ont acquis une réputation immortelle. C'est un ouvrage fort mêlé dans lequel il propose ce qu'il y a de plus caché dans l'une & l'autre langue, il explique les endroits obscurs qui se trouvent dans les meilleurs Auteurs de l'Antiquité, il corrige ce qui lui paroît corrompu, & développe quantité de points de l'Histoire la moins connuë, des mœurs, des coutumes & des autres pratiques des anciens Grecs & Romains, enfin il produit une infinité de beaux secrets du fond de la Philosophie & particuliérement de celle des Platoniciens.

C'est pourquoi Vossius, que le bon sens & une régence de près de cinquante ans avoient rendu grand homme d'expérience & bon juge en ce qui regarde les Humanités & les Antiquités, témoigne (3) qu'il ne sauroit assés s'étonner, ni voir même sans indignation, que les travaux de Rodigin soient aujourd'hui si fort négligés, & qu'on ait si peu de soin de les mettre entre les mains des jeunes gens. Il ajoute que c'est un ouvrage plus précieux que l'or même, qu'il y a non seulement beaucoup de plaisir à prendre, mais aussi beaucoup de profit à faire pour ceux qui aiment les belles Lettres & la Philologie, & qui s'appliquent sérieusement à l'Histoire & à la Philosophie. Il prétend que l'érudition de Rodigin étoit universelle, & que pour la véritable & la bonne literature il ne le cédoit à aucun de son siécle,

---

1 ¶ Ludovicus Cælius Rhodiginus mourut non pas l'an 1520. comme Baillet l'a cru sur la foi de Tomasini, mais l'an 1525. comme le marque Cælius Calcagninus dans une lettre du 6. Juillet de même année à Erasme, qui l'a inférée parmi les siennes. Paul Colomiés ayant observé qu'un neveu de Cælius Rhodiginus, éditeur des 30. livres d'Anciennes Leçons de son oncle, se nommoit Camillus Riche-rius, a conclu que Ricchieri étoit le nom de cette famille, & s'est avisé le premier de citer par cette raison Cælius Rhodiginus sous le nom de *Cælius Ricchierius à patria Rhodiginus*. C'est au 1. chap. de ses Κειμήλια *literaria*.

2 Jul. Cæs. Scaliger de re poëtic. cap. ult.

3 Voss. Hist. Lat. lib 3. pag. 814.

Rodigin. ayant acquis un fond solide sans s'en tenir à une teinture superficielle, comme faisoient plusieurs autres Philologues.

Ce qu'il y a encore de particulier à considérer dans Rodigin, & qui est assés rare dans un homme de Lettres, c'est qu'il avoit joint la pieté avec l'étude, comme le témoigne Erasme dans le Cicéronien (1).

Néanmoins cet Auteur ne le loue ailleurs (2) qu'avec une espéce de jalousie & de malignité, comme si ses *Leçons antiques* eussent été capables de porter quelque ombrage à ses *Adages*; & comme s'il eût apprehendé de passer pour plagiaire de cet ouvrage, à cause qu'il se trouve beaucoup de choses semblables dans l'un & dans l'autre Recueil, & que les *Adages* (3) n'ont paru qu'après les *Leçons antiques*.

Paul Jove a quelque chose de plus dur dans l'éloge qu'il en fait (4). Car il dit nettement que quoiqu'il se soit trouvé beaucoup d'admirateurs de Rodigin, & que son ouvrage semble faire une grosse montre de quelque grand trésor acquis par ses veilles, ce n'est pourtant qu'un amas confus de choses qui ont contracté dans son Recueil une mauvaise odeur & une moisissure pareille à celle des vieux grains qui se pourissent dans de méchans greniers. Il ajoute qu'il n'y a point de nerfs dans tout ce grand corps, point de proportion, point de style réglé; mais que tout y choque un Lecteur délicat qui n'aime pas l'affectation, & qui se rebute volontiers du grand travail des autres.

Le jeune du Verdier (5) l'a jugé aussi digne de sa censure, il l'accuse de remuer toutes choses, & de vouloir parler de tout, sans jamais rien résoudre; de se contenter de rapporter les témoignages des autres, sans en rien conclure; & de tenir presque toujours l'esprit du Lecteur suspendu sans lui laisser autre chose que de la confusion & de l'embarras.

Mais comme on s'arrête peu au jugement de cet homme, il n'y a que celui de Paul Jove qui puisse faire quelque tort à la réputation de Rodigin, parce qu'au lieu de demeurer dans les bornes de la modération, & de la vérité, comme avoit fait Erasme (6) en disant qu'il ne s'étoit point adonné à l'Eloquence, & qu'il n'aspiroit pas au rang des Cicéroniens; il décrit son style d'une maniére qui tend, ce

---

1 Erasm. Dial. Ciceronian. pag. 167.
2 Idem in præfat. Adagior.
3 ¶ Il faut distinguer les éditions. Celles qui ont paru des Adages d'Erasme avant l'an 1517. au nombre de 6. ont toutes précédé la premiére de l'ouvrage de Rhodigin ¶
4 Paul Jov. elog. 120.
5 Cl. Verder. Cension. Auct. pag. 162.
6 Erasm. Ciceronian. Dial. ut supra.

semble

CRITIQUES GRAMMAIRIENS.

semble, à faire perdre le goût de son ouvrage & à détourner tout le monde de sa lecture.

Tomasini a pris sa défense contre Paul Jove(1). Il fait voir que l'unique dessein de Rodigin n'a été simplement que de rapporter les témoignages de la sagesse des Anciens, & de mettre au jour les sens cachés, & difficiles des Auteurs, sans s'arrêter ni à la beauté du style, ni à l'arrangement des mots. Il dit que s'il y a quelques défauts dans la maniére d'écrire, il faut les attribuer au tems où vivoit (2) Rodigin, qui auroit peut-être écrit aussi poliment que Paul Jove, s'il avoit vécu comme lui en un tems où la langue Latine sembloit avoir recouvré son ancienne dignité.

Au reste on ne sauroit assés louer Rodigin de s'être fait un chemin à lui-même, & d'avoir eu assés d'industrie pour réduire l'Antiquité en méthode, & renfermer dans un juste Abregé tout ce qu'il y a de plus important & de plus rare dans les écrits des Anciens. On lui a l'obligation d'avoir fait revivre l'étude de la Philosophie, & d'avoir tenté le premier de remettre en vigueur cette ancienne pratique de commenter les Auteurs, laquelle avoit été interrompuë depuis tant de siécles, & dont Aulu-Gelle avoit parlé dans le dernier chapitre de son dernier livre, comme remarque encore cet Auteur, & le sieur Konig après lui (3).

Aussi Balthasar Boniface (4) juge-t-il que Rodigin avoit un talent & une habitude toute particuliére pour bien éxaminer les Auteurs, pour prendre leur esprit, & bien expliquer leur pensée.

---

1 Jac. Phil. Tomasini tom. 2 Elog. pag. 69.

2 ¶ Laurent Valle, Pomponius Lætus, George Mérula, Pontan, Politien, Callimachus, Sabellic, & plusieurs autres qui avoient précédé de peu d'années Cælius Rhodiginus n'ont pas écrit avec cette dureté qu'il semble avoir affectée. Il a même eu des Cicéroniens pour contemporains, tels que le Bembe dont on avoit deja divers ouvrages Latins fort bien écrits, Alcyonius, Longueil, &c. §

3 J. P. Tomasini ibid. pag. 62. Item G. M. Konig. Biblioth. Vet. & Nov. pag. 688.

4 Item Balth. Bonif. Except. de Hist. Rom. pag. 31. 32. in Plutarch.

JEAN REUCHLIN, dit CAPNION, *Allemand*, mort en 1521 (1).

326   C'Etoit un grand homme, & qui faisoit beaucoup d'honneur à l'Allemagne. Il avoit donné lieu à Argyropyle de dire que la Gréce s'étoit refugiée chés lui.

Erasme (2) dit que son discours est assés mal poli, & qu'il se sent un peu de l'impureté & de la barbarie dont il tâchoit de purger son siécle.

Nous parlerons de lui ailleurs avec plus d'étenduë.

*Il a travaillé sur la Grammaire Hébraïque. Nous avons *Lexicon Hebraicum & in Hebraicam Grammaticen Commentarius* 1537. *Basilia* in-fol. — Il s'est fort adonné à la Caballe, il a donné *de Arte Cabalistica*, qui se trouve dans le Recueil des Cabalistiques *in-fol.* *Basil.* 1550. avec son traité *de Verbo mirifico.**

1 ¶ Beze qui dans ses *Icones* met la mort de Reuchlin en 1518. se trompe manifestement. Sléidan & d'autres la mettent en 1522.¶

2 Erasm. Ciceronian. pag. 181.

CHRISTOFLE DE LONGUEIL ou LONGOLIUS, originaire de *Paris*, né à *Malines*, mort en 1522.

327   S Caliger dit que cet homme ne parloit pas de lui-même (1), & que toutes ses phrases & ses pensées étoient de Cicéron, mais ce qui regarde particuliérement notre sujet, ce sont ses Commentaires sur les onze premiers livres de *Pline* qu'il fit étant encore fort jeune. Ils sont écrits (2) dans un style assés peu uniforme.

Nous parlerons de lui fort amplement parmi les Orateurs, & nous en dirons quelque chose aussi parmi les Epistolaires.

* *Longolii Comment. in libros* XI. *Plinii* in-fol. *Paris.* — *Epistolar. lib.* IV. in-8°. *Colon.* 1605.

1 Scaligeran. Prim. pag. 103. au mot *Longolius*.

2 ¶ Baillet en parle comme s'il les avoit vus, cependant ils n'ont jamais été imprimés, & ce que Reginaldus Polus, copié depuis mot à mot par Melchior Adam, a écrit de ces observations sur Pline, faites par Longueil presque encore enfant, & publiées en France à son insçû, est une fable.¶

CÆLIUS CALCAGNINUS, de *Ferrare*, vers l'an 1522. (1)

328   DU tems de Paul Jove (2) on ne faisoit pas grande estime de sa prose, ses compositions étoient maigres & mal polies. Il n'avoit point la douceur des nombres, ni de justesse, & ne laissoit point de paroître affecté. Car comme il vouloit passer pour un homme de grande lecture, & comme il prétendoit faire le Docteur dans ses *Questions Epistoliques*, il se rendit ridicule aux uns, & mit les autres en colere & par son titre inepte, & par des matiéres si souvent rebattuës par ceux qui avoient écrit devant lui.

Erasme (3) ne laisse pas de le préferer à Rodigin autant pour l'érudition que pour l'éloquence ; il dit même qu'il a le style élégant & rempli d'ornemens, mais qu'il a un peu trop l'air de la Philosophie Scholastique. Ce qui l'avoit empêché de pouvoir tenir son rang parmi les personnes éloquentes, & beaucoup moins encore parmi les Ciceroniens.

* *Opera aliquot* in-fol. *Basil.* 1544. — *Encomium Pulicis* in 8^b. *Lugd.-Bat.* 1638. — *Ejusdem Carmina lib.* III. in-$8°$. *Venet.* 1553.*

1 ¶ Calcagnin mourut en 1540. ¶
2 Paul. Jov. élog. 129.
3 Erasm. Dial. Ciceronian. pag. 167.

ARIAS BARBOSA, *Espagnol*, mort vers 1522. (1)

329   C'Est lui qui introduisit en Espagne la connoissance du Grec & des Humanités sous Ferdinand & Isabelle ; étant puissamment secondé dans cette grande entreprise par Ant. Lebrixa ou de Nebrisse.

On a de lui un grand Commentaire sur le Poëme d'*Arator*, des Questions *quodlibétiques* sur divers sujets des Humanités, de la Grammaire, de la versification, qui étoient fort utiles pour ces tems grossiers, & qui lui ont attiré les éloges des plus savans du siécle, comme de ce *Lebrixa*, de *Resende*, de *Gyraldi*, d'*Honcala*,

1 ¶ Arias Barbosa étoit Portugais. Ce fut, dit André Schott pag. 471. de sa Bibliotheque Espagnole en 1495. qu'il vint à Salamanque, & s'il est vrai, comme ajoute le même Auteur, qu'il y ait enseigné pendant plus de 40. ans, il aura vécu tout au moins jusqu'en 1535. ¶

& ensuite de *Schott*. (1)

Notre Barbosa étoit inferieur à Lebrixa en érudition, & dans la lecture des Auteurs, mais il le surpassoit dans le Grec & la Poëtique.

* *Commentaria in Aratoris Cardinalis Historiam Apostolicam* in-fol. *Salam*. 1516.*

1 Nic. Anton. Biblioth. Hisp. tom. p. 132.

ANT. DE LEBRIXA, *Espagnol*, dit *Ælius Ant. Nebrissensis*, mort en 1522.

330   IL a fait divers ouvrages de Philologie & de Critique, qui étoient fort bons & necessaires même pour ces tems-là, mais qui sont devenus presque inutiles par l'affluence des autres Critiques qui sont venus après lui.

Nous parlerons encore de lui parmi les Grammairiens Artistes ou Techniques.

* *Dictionarium quadruplex, multis vocabulis auctum per Joh. Lopez, cumque syllabo corruptarum vocum Arabicarum quæ in lingua Hispanica usurpantur per Franc. Lopez* in-fol. *Antiquariæ* 1600. — *De Institutione Grammatica* lib. v. in-8°. *ibidem* 1601. — *Lexicon Latino Gallicum*, *Paris*. 1523. — *Lexicon Juris civilis* in-8°. *Ant*. 1527. — *Comm. in Auli Persii Satyras* in-8°. *Paris. apud Rob. Steph.**

MARIANGEL. ACCURSIUS d'*Amiterne* c'est-à-dire de *S. Victorin*, dans l'Abruzze au Royaume de Naples, vers l'an 1524. (1)

331   IL a fait des notes & des dissertations sur *Ausone*, *Claudien*, *Solin*, *Ovide*, & quelques autres.

Barthius (2) témoigne qu'il a le jugement assés bon, & qu'il y a même de l'esprit, quoique ce qu'il a fait ne soit pas en fort grande réputation.

Il faisoit encore des vers Latins & Italiens, & se mêloit de Musique & d'Optique.

* *Diatriba & Testudo* in-fol. *Romæ* 1524. — *In Ausonium Poëtam copiosi & eruditi Comment. impressi Romæ.**

1 § Voyés Bayle au mot Accurse (Ma-   2 G. Barth. in Thebaïd. Stat. pag. 399.
riangelo)§

PIERRE DE LA MOSELLE ou MOSELLAN, de *Tréves*, mort en 1524.

332   Erasme dit (1) qu'il étoit également habile dans le Grec & dans le Latin, qu'il avoit l'esprit sincére & sans bassesse, une industrie infatigable, le style vigoureux, fleuri, net & clair : & qu'il y avoit lieu de tout espérer de la beauté de son genie & de sa capacité, si la mort ne l'eût enlevé au Public. Melch. Adam (2) dit aussi des merveilles de son habileté.

Il a fait des Commentaires sur *Quintilien* & sur *A. Gelle*; il a travaillé sur la Grammaire & la Rhétorique, & il a fait quelques Traductions & quelques autres petits Traités.

Mais J. Oyselius (3) témoigne que ses commentaires & sur tout ceux qu'il a faits sur A. Gelle, ne sont que des badineries & un grand amas d'inutilités qui pourroient à peine tomber dans la pensée d'un des derniers Maîtres des petites Ecoles. Ce qui paroît sans doute un peu humiliant.

* *Tabb. de Schematibus & Tropis* in-8°. *Antuerp.* 1560. — *De tempore studiis impendendo* in-8°. *Heidelb.* 1621. — *Oratio de variarum linguarum cognitione* in-8°. *Ienæ* 1634. — *Annotationes in Aulu-Gellii Noctes Atticas* in-8°. *Coloniæ* 1533. — *In M. Fabii Quintiliani Rhetoricarum Institutionum lib.* VII. *annotationes* in-8°. *Basil.* 1527.*

---

1 Erasm. Dial. Ciceronian. pag. 171.   pag. 60.
2 Melch. Ad. Vit. Philosoph. Germ.   3 Jac. Oysel. præfat. in A. Gell. edit.

JOSSE DE BADE d'*Asck* ou *Aasche en Brabant*, dit *Badius Ascensius*, Professeur & Imprimeur de Paris, mort en 1526. (1)

333   Nous avons déja parlé de lui en un autre endroit comme d'un Imprimeur.

Il a fait des Notes sur divers Auteurs anciens dont on peut voir la liste dans Valere André (2), mais Floridus Sabinus n'en parle

---

1 ¶ Il vivoit encore en 1534. & l'on n'a   Voyés Bayle au mot *Badius*. ¶
de preuve de sa mort que sur la fin de 1535;   2 Val. And. Dessel. Bibl. Belgic.

pas fort avantageusement. Il va jusqu'à dire (1) que Badius est le Chef des ignorans, l'appui de la barbarie, & pour tout dire à la fois, l'interpréte d'Ant. *Mancinelli*. Or ce Mancinelli étoit un méchant Grammairien qui vivoit encore vers l'an 1494 (2), & dont Erasme parle aussi avec mépris. (3)

Néanmoins ce Critique ne laisse pas de préferer Badius à Apulée pour le style Ciceronien, ajoutant qu'il n'a point tout à fait mal réussi dans ses entreprises; qu'il avoit avec une facilité assés grande de l'habitude dans les Lettres. Il prétend qu'il auroit encore mieux fait s'il ne se fût point tant embarrassé dans les affaires domestiques, & si l'inquiétude de son ménage n'eût souvent troublé & interrompu le loisir & la tranquilité de ses études.

Ce jugement que fait Erasme d'un homme de médiocre mérite n'est pas si déraisonnable, ou du moins ne paroît-il pas si insupportable. Mais quand on voit que dans le même livre il ose bien comparer ce Badius au grand Budé, il est difficile de ne pas rire, & de ne pas crier,

Sic canibus catulos similes, sic matribus hædos.

C'est un effet du mauvais goût d'Erasme, ou plutôt l'envie qu'il portoit à Budé, qui le couvroit presque de son ombre. Surquoi on peut voir Malinkrot (4) & Aubert le Mire (5) qui ajoute que voila ce qui a irrité les Savans contre Erasme, & qui a porté entre autres Jules Cesar Scaliger & Etienne Dolet à écrire contre lui avec tant d'aigreur & d'invectives.

Une des plus méchantes piéces que la Critique de Badius nous ait produites est son commentaire sur *Aulu-Gelle*, comme le témoigne Oyselius. (6)

* *In Epistol. Ciceronis ad Familiares* 1519. *Mediolani.* — *In Philippicas Orationes ejusd.* in-4°. *Paris.* 1529. — *In Officia, Lælium sive de Amicitia, de Senectute & Paradoxa* 1514. *Lugd.* — *In A. Gellii Noctes Atticas ex annotationibus Ægidii Maserii* in fol. *Paris.* 1530.*

1 Fr. Flor. Sabinus lib. 2. Lection. subcesivarum cap. 22. item ex eo Konig. Bibl. V. & N. pag. 78.
2 ¶ Il faut qu'il ait vécu bien au-delà, puisqu'à la fin de son livre intitulé *Sermonum decas*, il fait mention d'une chose arrivée à Rome l'an 1503.§
3 Erasm. Dial. Ciceronian. pag. 162.
4 Bern. à Malinckr. de Typogr. cap.14. pag. 93.
5 Aub. Mir. Elog. Belgic. pag. 121.
6 Jac. Oyselius præfat. in edit. A. Gellii.

GEORG. VALLA de *Plaisance*, au Duché de Parme, vers 1528. (1)

334 IL a fait des Commentaires & des corrections sur divers livres de Ciceron & de quelques autres Auteurs, mais il ne passoit dans l'esprit de Paul Jove (2) que pour un grand ramasseur.

* *Opus de rebus expetendis & fugiendis* in-fol. 1501. — *Comm. in Ciceronis Topica ad Trebatium.* — *Comm. in Ciceronis partitiones Oratorias* 1541. Basil. — *Comm. in Ciceronis librum de fato & de universitate* in-fol. Venet. 1492. — *In quadripartitum Ptolomæi, in Partitiones & Tusculanas quæstiones Ciceronis, & in Plinii naturalis historia lib.* 2. in-fol. Venet. 1502. — *Libellus de Argumentis* 1598. Venet.*

1 ¶ George Valla étoit mort lors que son gros livre *de expetendis & fugiendis rebus* fut imprimé chés Alde in fol. l'an 1501.¶
2 P. Jov. Elog. 103.

GIANO PARRASIO, de *Cosensa*, né en 1470, ou bien JANUS PARRHASIUS, *Neapolitain*, mort vers 1530. (1)

335 BArthius (2) dit que cet homme étoit profondément savant. Henri Estienne (3) témoigne qu'il s'est signalé par-dessus presque tous les autres Critiques qui ont commenté les Poëtes, & que non seulement il avoit beaucoup d'érudition, un grand jugement, un bel esprit & une excellente mémoire; mais qu'il avoit limé ce qui étoit sorti de son cabinet avec plus d'exactitude que les autres n'avoient coutume de faire.

Il a travaillé sur *Cesar*, & *Valere-Maxime*, sur *Florus* & sur *Tite-Live*, il a donné des explications mélées sur differens Auteurs, & diverses questions de Critique en forme de Lettres, où on louë par tout sa doctrine & son jugement, comme il se voit dans le Toppi (4). Il a fait encore des Commentaires sur l'Art Poëtique d'*Horace*, sur les Epîtres d'*Ovide*, sur les Lettres de *Ciceron* à Atti-

1 ¶ Il naquit, dit-on, le 28. Novembre 1470. & mourut l'an 1533. en son année climatérique. Majoragius dit que le vrai nom de Janus Parrhasius étoit *Joannes Paulus de Parisiis*.¶
2 G. Barth. adverf. lib. 21. cap. 10. pag. 140.
3 H. Steph. Epist. ad Lud. Castelvetr.
4 Nic. Topp. Bibl. Neapol. pag. 112. col. 7.

que, fur les Paradoxes du même Auteur, & d'autres ouvrages felon le fieur Nicodéme (1), lefquels les Plagiaires ont publiés fous leurs noms.

Paul Jove (2) remarque entre les autres que fes Commentaires fur *Claudien* & fur l'*Ibis d'Ovide* font pleins d'une érudition profonde. Et Eftienne Clavier dit à peu près la même chofe du premier (3), fi ce n'eft qu'il a trouvé beaucoup de confufion parmi tant de fleurs exquifes qu'il a contribuées de fon fonds pour l'embellir.

* *Comm. in Horatii Artem Poëticam* in-fol. Bafil. 1580. — *Annott. in Ovidii Epiftolas* in-fol. Francof. 1601. — *Rhetoricæ Compendium* in 8° Bafil. 1539. — *Epiftola & Oratio, & Annott. in Ciceronis Orat. pro Milone* in-8°. Parif. 1567. — *Quæfita per Epiftolam* in-8°. Franc. 1622.

NB. Baillet a oublié de nous dire que Janus Parrhafius, avoit trouvé le Charifius Sofipater, & que c'étoit lui qui l'avoit donné au Public en 1532. à Naples, comme il eft marqué au titre du Livre.*

1. Leon Nicod. addit. ad Bibl. Neapol. pag. 87. 88. 89.
2. P. Jov. Elog. 127.
3 Steph. Claverius præfat. ad fuum Claudian.

JEAN LE TISSIER, dit RAVISIUS TEXTOR, de *Nevers*. (1) mort *vers* 1531. *ou* 1535. *ou plutard même.*

336   CEt Auteur ne pût point venir à bout de fe faire compter parmi les bons Ecrivains, & fes ouvrages ont trouvé pour ainfi dire leur fepulture dans la pouffiére de quelques petits Colléges ou des boutiques les moins frequentées.

On trouve de lui une *Corne d'abondance*, une *Profodie*, un Recueil d'*Epithétes*, des *Dialogues*, des *Epîtres*, des *Epigrammes*, mais fon principal ouvrage eft ce qu'il a nommé *Officina*, ou *Na-*

1 ¶ Baillet avoit d'abord mis *Noyon* au lieu de *Nevers*, mais ayant été averti affés-tôt pour fe corriger, il fe hâta d'éluder à l'aide d'un carton la critique de Ménage, qui n'a pas laiffé tom. 1. de l'Anti-Baillet pag. 115. de relever cette faute comme fi elle avoit fubfifté En quoi il a eu tort. Il devoit plûtôt le reprendre de n'avoir pas marqué jufte le tems de la mort de Textor, arrivée le 3. Décembre 1524. Ménage remarque au même endroit que les mots *Joannes Ravifius Textor* fignifient Jean Tixier Seigneur de Ravifi dans le Nivernois. A quoi j'ajoute que cette Seigneurie n'empêcha pas Jean Tixier de mourir à l'Hôpital, comme je me fouviens l'avoir lu dans quelqu'un de ces Paradoxes que Charles Etienne a imité d'Orçenfio Lando §.

tura

CRITIQUES GRAMMAIRIENS.

tura Historia, autrement *Théatre Poëtique & Historique*, où il a prétendu ranger par lieux communs tout ce que les anciens Auteurs ont dit de plus rare & de plus important sur les Arts & les Sciences, l'Histoire, les mots & les expressions des anciens.

Ce Recueil fut corrigé, augmenté & réduit en un ordre plus méthodique & plus exact par *Conrad Lycosthène*.

Mais pour bien connoitre le prix & le mérite de cet ouvrage de Ravisius Textor, il suffit de savoir ce que nous avons rapporté ci-dessus des Commentaires de Volaterran, dont Textor n'a été que le copiste, & Vossius (1) a eu raison de vouloir nous en inspirer du mépris, aussi bien que de tous les autres compilateurs de cette trempe, qui aiment mieux puiser dans les ruisseaux bourbeux & dans les égouts, que d'aller chercher les sources.

C'est pourquoi on a sujet de s'étonner que Mr l'Abbé Ghilini(2) Italien, ait eu pour lui une estime si particuliére, & qu'il ait témoigné ne lui avoir donné place parmi ses Hommes Illustres que pour l'excellence de ses connoissances : qu'il ait voulu le faire passer auprès de nous pour un homme très-entendu dans l'Histoire, & brave en Poësie, pour un bel esprit propre à tout, prétendànt qu'on admire son érudition, son éloquence & son style, qu'il appelle exquis.(3)

* *Joannis Ravisii Textoris Epistolæ* in-8°. *Lugduni apud Gryph.* 1560. — *Sylloge variorum Apophthegmatum* in-8°. *Herbip.* 1616. — *Epithetorum Opus, auctum à Jac. Grassero* in-8°. *Geneva.* 1664. — *Officina* in-4°. *Venet.* 1606. in-8°. *Basil.* 1663.*

---

1 Voss. Hist. Lat. lib. 3. cap. 12. pag. 672. 673.

2 Girolam. Ghilini Teatro d'Huom. Literat. tom. 2. pag. 152. 153.

3 ¶ En 1524. Pierre Danès dont le gout apparemment n'étoit pas encore bien raffiné ni l'érudition aussi exquise qu'elle le fut depuis, fit un peu avant la mort de Tixier un éloge magnifique de l'*Officina*, imprimé dans quelques-unes des anciennes éditions, mais retranché dans les suivantes, par les soins peut-être de Danès lui même, honteux d'avoir été si prodigue de ses louanges. ¶.

HERMAN BUSCHIUS de *Dulm*, vers l'an 1536. quelques-uns le font mort dès l'an 1535.

§ 337 Erasme dit que dans sa prose il témoigne beaucoup de force & de vivacité d'esprit, une lecture diverse & grande, un jugement pénétrant, & qu'il a assés de nerfs ; mais que dans sa composition il approche plus de Quintilien que de Ciceron. Il a fait des Notes sur les Satires de *Perse*, & il a travaillé aussi sur *Plaute*.

 * *In Satiram primam Persii Comment.* in-8°. *Paris.* 1644. — *Epigrammata* in-4°. *Colon.* 1498.*

 Erasm. Dial. Ciceronian. pag. 180.   Franc. Swert. &c.

THOMAS MORUS, Chancelier d'Angleterre, mort en 1535.

§ 338 Les plus estimés de ses ouvrages, pour le style & l'art de la composition, sont sans doute ceux qui regardent les belles Lettres, & ceux qu'il a écrits en sa jeunesse, parce qu'il n'étoit pas encore distrait par les affaires d'Etat, dont il fut occupé depuis, par sa belle Charge qui l'empêcha dans la suite de cultiver l'éloquence & les Lettres (1) comme auparavant, si ce n'est à des heures perduës & durant ses recréations.

 Erasme dit qu'il avoit l'esprit très-heureusement tourné, & qu'il eut été capable de toutes choses au monde, s'il eut toujours mené une vie privée.

 Sa maniére d'écrire ressemble assés à la construction d'Isocrate, & il a affecté ordinairement une subtilité Dialectique, plutôt que cette abondance merveilleuse du style coulant de Ciceron, quoiqu'il ne lui cédât nullement pour ce qui est de tous ces agrémens que les anciens Romains comprenoient sous le mot d'*Urbanité*. Et comme en sa jeunesse il s'étoit particuliérement addonné à la lecture des Poëtes, il en retint la teinture durant toute sa vie, de sorte que dans sa prose même il ne pouvoit s'empêcher de faire le Poëte.

 1 Erasm. Dial Ciceronian. pag 174. item in Epistol. var.

Monsieur le Docteur Burnet (1) prétend aussi que Morus jugeoit bien plus sainement des choses dans sa jeunesse qu'il ne fit dans sa vieillesse, & il en apporte pour exemple son *Utopie* & les Lettres qu'il écrivit à Erasme. Il soutient encore, qu'il n'avoit point de connoissance de l'antiquité, & que cela paroît aisément par ses Ecrits; qu'il avoit l'expression aisée; & qu'il avoit toujours comme un magasin de contes fort agréables qu'il faisoit entrer avec esprit dans ses ouvrages.

Il ajoute que c'est en ces choses que consiste la principale force de ses Ecrits, qui étoient du reste plus propres au Peuple qu'ils ne paroissoient faits pour les Gens de Lettres.

* *Th. Mori Epigrammata* in-8°. *Lond.* 1638. — *Ejusdem Epistolæ* in-8°. *Lond.* 1642. — *Utopiæ lib.* II. in-8°. *Oxon.* 1663. — *Opera Latina* in-fol. *Lovani.* 1566.*

1 Burnet, de la Reforme de l'Eglise Anglic. tom. 1. liv. 3. pag. 487.

ERASME de *Roterdam* (*Didier*) *mort en* 1536.

339. IL est assés difficile de trouver le juste milieu entre les éloges de ses admirateurs, & les accusations de ses envieux. Il vaut mieux le laisser chercher au Lecteur, & nous contenter de rapporter ici sincérement & indifféremment ce que les uns & les autres en ont pensé.

Tout le monde tombe d'accord qu'il avoit le genie très-vaste, beaucoup de lecture & de facilité d'écrire; qu'il étoit infatigable au travail, & qu'il seroit difficile de trouver quelqu'un qui eût plus contribué que lui au rétablissement & à l'embellissement des belles Lettres, dont il est nommé le Pere & le Restaurateur par Rhenanus. (1)

Paul Jove (2) l'appelle le Varron de son siécle, & le Ciceron de l'Allemagne. L'Anglois Anonyme qui publia ses Lettres à Londres en 1642. (3) dit qu'il étoit l'ennemi & le vainqueur de la barbarie, le Liberateur des Saints Peres, & le Maître de l'Eloquence.

Casaubon ou plutôt Mr Huet (4) l'appelle le Phenix de son siécle, ajoutant que personne n'a été doué de tant de belles qualités;

1 Beat. Rhenan. Epist. de Carol. V. Imperar. in vita Erasmi pag. 21. edit Batav.
2 Paul. Jov. elog.
3 Edit. Epist. Erasm. Melanchth. & alior. Londin. 1642. in-fol.
4 P. Dan. Huet. de Clar. Interpr. p. 173.

Erasme. que personne n'a possédé un plus grand nombre de Sciences; que personne n'a eu tant de genie ni pour l'abondance ni pour l'étenduë; que personne n'a eu une mémoire si vaste; que personne n'a écrit plus agréablement; enfin que personne n'a été si rempli de ce sel & de ces pointes d'esprit qui soutiennent les Livres & qui les font lire dans la posterité avec un appetit toujours nouveau, tandis que ceux qui en sont dépourvus tombent avec leurs Auteurs.

Scioppius dit (1) qu'Erasme avoit un esprit tout divin, & qu'il avoit sû joindre une industrie & un artifice admirable, avec un fond d'érudition tout-à-fait extraordinaire.

Le Pape Adrien VI. le consideroit comme le premier homme du siécle pour le bel esprit, & pour la connoissance des belles Lettres. (2)

Son Predecesseur Leon X. n'en faisoit pas moins de cas, comme il paroît par les témoignages publics qu'il en a voulu rendre à toute la Terre. (3)

Le Cardinal Sadolet (4) avoit pour lui une estime toute extraordinaire, comme il paroît par ses lettres; & le Cardinal Bembe ne l'estimoit pas moins (5), pour ne rien dire des autres Cardinaux, des Prelats, & des Princes séculiers qui étoient moins Hommes de Lettres que ceux-là.

Boissard (6) prétend qu'il y avoit en lui une chose qu'on ne pouvoit assés admirer, qui étoit la force de son genie, & une autre qu'on ne pouvoit assés estimer, qui étoit cette grande connoissance qu'il avoit de toutes sortes de disciplines.

Vossius (7) le consideroit comme la plus grande lumiere qui eût jamais paru dans son pays jusqu'à son tems dans les Sciences, & il lui donne Grotius pour second.

Vivés (8) s'est contenté de dire qu'il étoit un ingénieux censeur des Ecrits des Anciens. Ce qui n'est pas néanmoins un petit éloge quand on fait reflexion sur la difficulté qu'il y avoit alors de se bien acquiter de l'emploi de Critique.

Car vivant dans un siécle qui étoit encore fort grossier & où les ténébres de l'ignorance & de la barbarie n'étoient pas encore en-

---

1 G. Sciopp. de arte Critic pag. 6.
2 Adr. Flor. apud Valer. Andr. Bibl. Belg. pag. 178.
3 V. le Bref de Leon X. portant l'Approbation de ce qu'Erasme avoit écrit sur le Nouveau Testament.
4 Jac. Sadolet. lib. 4. Epist. 5. an. 1533.

5 Petr. Bemb. lib. 6. Epistol. script. an. 1535.
6 J. Boissard. in Icon. vir. ill.
7 G. J. Voss. de hist. Lat. ubi de Martian. Capella.
8 J. Lud. Vivés apud M. Ad. vit. Germ.

CRITIQUES GRAMMAIRIENS.

tiérement dissipées, non seulement il s'en garantit en se formant de lui-même, mais il entreprit encore d'en exterminer les restes avec un bonheur presque inoui. Et quoiqu'il n'ait pas porté les choses au comble de leur perfection, c'est toujours beaucoup qu'il ait montré le chemin aux autres; qu'il ait tenté le premier la critique des ouvrages des Peres de l'Eglise; & que dans la correction qu'il a faite d'une infinité de fautes de leurs exemplaires, il ait donné, comme dit Rhenanus (1), des preuves de la presence & de la pénétration merveilleuse de son esprit. De sorte que ses envieux mêmes ont été obligés d'avouer que depuis plusieurs siécles, il ne s'étoit point trouvé dans un seul homme plus de solidité de jugement, & plus de bon goût & de discernement, joint à une érudition consommée.

C'est ce qui a fait dire au même Auteur qu'on a l'obligation à Erasme d'avoir contribué en partie au rétablissement de la Théologie positive, que la Scholastique avoit ou bannie ou accablée, & d'avoir si bien fait par son industrie, qu'on s'est remis dans la lecture des Saints Peres, que la chicane de l'Ecole avoit fait mépriser dans les derniers tems. Il ajoute que (2) depuis mille ans on n'avoit vû personne qui se fût si fort exercé dans la lecture de toutes sortes d'Auteurs Ecclésiastiques & profanes.

Borremans dit (3) que les Hollandois trouvent en Erasme seul dequoi maintenir leur gloire, & qu'ils peuvent hardiment défier les autres Nations de leur produire son pareil; que comme son esprit & son jugement sont beaucoup au-dessus de la portée ordinaire des Hommes, il n'y a d'imitable en lui que sa diligence, son exactitude, & son application à l'étude; qu'il a pourtant eu ses défauts & que pour n'avoir pas pû se rabaisser & descendre jusqu'aux minuties, il lui est échappé des fautes ausquelles ses occupations serieuses ne lui ont pas permis de faire assés de reflexion.

Ses bonnes qualités aussi bien que ses mauvaises multiplièrent beaucoup le nombre de ses ennemis. Mais Mr Colomiés (4) dit qu'il en sût triompher avec tant d'adresse, qu'il ravit même quelques-uns d'entre eux en admiration; qu'il fut l'ornement de son siécle, & qu'il le seroit encore sans doute du nôtre, si nous lisions ses ouvrages avec moins de préoccupation.

Voila peut-être une partie de ce qu'on a pû dire à l'avantage d'E-

---

1 Rhen. Epist. ad Car. Cæs. pag. 52.
2 Idem in præfat. ad opera Erasm. quod idem est ad Carol. V.
3 Ant. Borrem. c. 4. Var. Lection. p.16.
4 P. Colom. mélang. hist. à la fin.

Erasme. rasme, & si on a remarqué quelques excès dans ces Eloges, il n'en paroîtra peut-être pas moins dans les accusations dont les autres l'ont chargé.

Le plus fameux d'entre les Déclamateurs qui se sont déchaînés contre lui est sans doute Jules Scaliger (1) qui le traite comme le plus misérable Ecrivain du Monde. Il dit, entre autres choses, que ses Ecrits n'ont que du babil, des paroles entassées sans choix, sans étude, sans prudence, sans esprit, & qui ne marquent pas même l e sens commun. Que c'est le corrupteur de la pure Latinité, le destructeur de l'Eloquence, le bourreau des Lettres, le deshonneur des Etudes, le poison de tous les siécles, le pere des mensonges. Que la Republique des Lettres non plus que celle du Christianisme ne peut point subsister avec honneur, tant que ses Ecrits seront au jour. En un mot, que c'est le nourrisson de la fureur, une vraye Furie, un vrai bourbier, un vrai Busiris, la vipere du genre humain, enfin un triple parricide.

Le pauvre Erasme s'étoit attiré ces douceurs pour avoir dit dans un de ses Dialogues qu'il y a de mauvais imitateurs des Anciens, & pour avoir confessé ingénument qu'en son enfance il n'avoit pas assés aimé Ciceron, à cause qu'il ne l'avoit pas assés bien connu d'abord. Scaliger crût n'en avoir pas dit encore assés dans une premiere invective, & il en fit une seconde suivant le cours de son impetuosité contre ce Dialogue, qui est celui qui porte le nom de *Ciceronien*.

Son fils Joseph (2) fut des premiers à condamner ces emportemens dans son pere. Il dit qu'il attaqua Erasme en Soldat & sans le connoître; qu'il avoit eu grand tort d'écrire contre ce grand Homme; mais qu'aprés avoir étudié il reconnut & le mérite d'Erasme, & la faute qu'il avoit faite, & qu'il se repentit d'avoir écrit contre lui.

Nous trouvons dans les piéces qui sont jointes à la vie d'Erasme, qu'au lieu de se vanger de Scaliger par d'autres Satires, il le méprisa avec beaucoup de modération, soit qu'il attribuât ces excès à la jeunesse & à l'ignorance de Scaliger, soit qu'il eût effectivement de la tendresse pour lui, comme on l'a publié, & qu'il se contenta de faire retirer les éxemplaires de ces invectives (3). De sorte que si on en croit ces piéces, elles furent entiérement supprimées dès ce tems-là. Ce qui ne s'est pourtant pas trouvé veritable, puisque Jo-

1 Jul. C. Scal. Orat. pro Cic. adv. Cal. Er.
2 Jos. Scal. poster. Scaligeran. pag. 73.
3 Vie d'Erasm. appendic. pag. 332.

CRITIQUES GRAMMAIRIENS 271

seph Scaliger (1) travailla long-tems après avec tant de peines & *Erasme.*
tant de frais, pour faire chercher & brûler les éxemplaires de ces
deux Ecrits diffamatoires qui faisoient tant de deshonneur à son
nom & à sa famille. Mais quelque somme que lui coûtât cette folie
de son Pere, il ne pût point encore venir à bout d'en effacer toutes
les traces, comme nous l'avons remarqué au premier Chapitre de
la premiére partie de nos Critiques, & nous avons encore aujourd'hui ces deux invectives contre Erasme imprimées avec le Dialogue
Ciceronien, & dont je crois que nous sommes redevables à Monsieur
de Maussac.

La querelle qu'Erasme eut avec tout le monde fut bien plus importante que celle que lui fit Scaliger. Il s'attira généralement les
censures des Catholiques & des Hérétiques pour ne s'être pas renfermé dans les bornes de sa profession, qui n'étoit que celle des
belles Lettres, pour l'avancement desquelles il paroissoit né (2),
comme remarque Aubert le Mire.

Mais par une témérité & une présomption ordinaire à l'esprit humain, il voulut faire le Théologien, & se crût capable de raisonner
sur les Dogmes de la Religion & sur la Discipline de l'Eglise. Il y
réussit mal au gré des Catholiques & des Hérétiques, & comme il
choqua egalement les uns & les autres, il en fut rejetté comme un
Hétérodoxe: personne ne le voulant reconnoître pour un homme de
sa Communion (3), selon le témoignage du Protestant Verheyden.
Ce qui parut surtout après avoir publié l'Ecrit qu'il fit pour concilier
les partis, comme s'il eût voulu se rendre l'arbitre & le médiateur
des différens des uns & des autres.

C'est pourquoi Bellarmin le met au rang des demi-Chrétiens (4),
Possevin (5) & Salmeron (6) prétendent qu'on ne doit point lui donner place parmi les Enfans de l'Eglise Romaine; & plusieurs autres
Catholiques l'ont accusé d'aimer les nouveautés.

D'un autre côté les Protestans le désavouent, & le mettent ou de
notre Communion, ou du nombre de ces gens qui biaisent & qui
ne savent quel parti prendre, comme on voit dans Alstedius (7). *Λοξός*
Duræus (8) écrivant contre Witaker, qui d'ailleurs étoit de sa Secte,

---

1 Poster. Scal. ut suprà.
2 Aub. Mir. Elog. Belgic. pag. 122. 113.
3 Jac. Verheyd. in elog. præstant. Theolog.
4 In Controv.
5 In apparat Sacr.
6 Ap. Joh. Gerhard. in Patrolog. p. 692.
7 Jo. Henr. Alsted. Encyclop. tom. 4. de histor.
8 Dur. apud Joh. Gerhard. in Patrolog. pag. 693.
¶ Baillet confond ici Duræus Jesuite avec Duræus Protestant.

assure qu'Erasme avoit tant d'horreur de Luther, qu'il disoit souvent qu'il auroit mieux aimé se voir déchirer en mille morceaux, que de se rendre le Sectateur de ses opinions.

Il s'est trouvé d'ailleurs des Gens parmi ceux de l'une & de l'autre Communion même, qui l'ont accusé d'avoir troublé & si fort affoibli les Passages de l'Écriture sainte, où il est parlé de la Divinité du Fils de Dieu, qu'il a donné lieu de croire qu'il panchoit un peu du côté des anciens Ariens ; & qu'on l'a considéré comme le Précurseur des Sociniens & des nouveaux Photiniens (1) ainsi que le rapporte Quenstedt. En effet Socin l'hérésiarque le comptoit parmi les siens, & écrivant à un autre semeur de nouvelle graine comme lui il lui dit (2) ,, qu'Erasme avoit éxaminé tous les mots qui s'entendent ,, du Christ avec tant de diligence & de scrupule, que ce n'est ,, point sans raison qu'il s'est rendu suspect d'Arianisme aux Tri- ,, nitaires, c'est-à-dire aux Catholiques ; & qu'il a en même tems ,, donné un juste sujet aux Anti-Trinitaires de le mettre au rang de ,, ceux qui se sont tacitement récriés contre le Mystére de la Tri- ,, nité. Néanmoins il faut reconnoître de bonne foi qu'on a fait Erasme un peu plus criminel qu'il ne paroît sur le point de la créance de l'Eglise, & qu'il n'est peut-être pas plus difficile de le disculper sur le fait du Socinianisme, qu'il l'a été autrefois de justifier Clement Alexandrin de l'Arianisme, & Saint Jean Chrysostome même du Pélagianisme.

Mais il n'est pas si aisé de pardonner à Erasme cette liberté excessive qu'il s'est donnée de dire ses sentimens sur la discipline de l'Eglise, & d'écrire contre les désordres & les abus qu'il prétendoit y avoir remarqués, comme s'il avoit voulu se rendre l'Aristarque commun du siécle.

Il avoit avoué lui-même à Rhenanus & à beaucoup d'autres de ses amis (3), qu'il avoit écrit inconsiderément beaucoup de choses dont on pouvoit abuser, & dont on pouvoit tirer de fort mauvaises conséquences, quelque innocente ou quelque indifférente qu'eût été l'intention qu'il avoit euë en les écrivant. Il leur protestoit souvent que s'il eût prévu les désordres que les Luthériens & les Sacramentaires excitoient dans l'Eglise, il auroit usé de précaution, & se seroit bien gardé de rien avancer, comme il a fait, qui leur pût donner prise sur lui. C'est-à-dire, qu'il n'auroit pas eu la témérité d'attaquer

---

1 Andr. Quenst. Dial. de Patriis Viror. Illustr. pag. 121. 122.
2 Faust. Socin. Epist. ad Franc. David. pag. 186. ap. Gerhard. Patrol. pag. 693.
3 B. Rhen. Ep. ad Carol. vit. Erasm. p. 59.

CRITIQUES GRAMMAIRIENS. 273

les Ecclésiastiques & les Religieux de l'Eglise Catholique, & qu'il ne se seroit pas mêlé de reprendre sans autorité les désordres qu'il croyoit voir dans la discipline en général, & dans la conduite des Particuliers.

Et dans sa défense contre la Lettre de Luther (1), il dit nettement qu'il avoit eu tort de s'être laissé emporter si fort au panchant de son naturel qui le portoit à la raillerie, soit dans ses Ecrits, soit dans ses Entretiens familiers, où il étoit le plus libre; & qu'il avoit remarqué lui-même qu'il en étoit arrivé des inconveniens, parce qu'il s'étoit trompé, ayant jugé de l'esprit des autres par l'innocence & la simplicité du sien.

Il répéte encore la même chose dans plusieurs de ses Lettres, & il en témoigne du déplaisir & du repentir dans une qu'il écrivit au Pape Adrien VI. (2).

Il avoit grande raison de condamner en lui-même cet esprit médisant & railleur, parce qu'effectivement il faisoit plus de tort à l'Eglise en faisant ainsi le rieur, qu'en se déclarant contre elle ; & en écrivant sérieusement contre ses membres. C'est pourquoi un Protestant (3) n'avoit peut-être pas trop mal rencontré de dire qu'Erasme avoit fait plus de mal au Pape par ses railleries & ses pointes facétieuses que Luther par sa colére & ses emportemens.

Ce n'est pas que cette humeur joyeuse ne dégénérât assés souvent en aigreur, & nous lisons (4) que Simon Gryné Protestant qui avoit l'adresse d'insinuer ses dogmes par la douceur & par une honnêteté apparente, avertissoit quelquefois Erasme que son style mordant & outrageux faisoit mépriser ses raisons.

La Faculté de Louvain ayant donné commission à un Dominicain nommé *Hentenius* de ramasser de tous les ouvrages d'Erasme les Propositions erronées & scandaleuses, pour les porter au Concile de Trente, il en fit un assés gros Recueil. Et prétendant y avoir trouvé un grand nombre d'erreurs sur les constitutions humaines, les cérémonies, les vœux, le célibat, le mariage, la puissance du Pape, le choix ou l'abstinence des viandes, les Fêtes, les jeûnes, la guerre, sans parler des calomnies qu'il y répand contre les personnes d'un rang considérable dans l'Eglise ; il dit qu'Erasme ne voulut jamais

---

1 Er. in purg. sua adv. Epist. non sobriam Lutheri.
2 Epist. ad Adrianum. VI. Libr. 23. Epistolar. 2. item Epistolar. lib. 1. ad Barbirium.
3 Jo. Jac. Grynæus ap. Melch. Ad. de Vit. Germ.
4 De Clavigny de Sainte Honor. usag. des Liv. susp. pag. 35.

Erasme. se reconnoître, mais qu'il alléguoit toujours divers prétextes apparens sous lesquels il cachoit une ruse & une malice capable de surprendre le Lecteur qui ne soupçonnoit point le mal de ses intentions.

Mais il est visible que ce rapport d'Hentenius étoit un peu outré, & qu'il le vouloit rendre hérétique malgré qu'il en eût, afin de le faire condamner par un zèle un peu précipité, comme on le peut voir sur ce qu'en a rapporté le Bibliothéquaire des Pays-Bas (1).

Il est vrai qu'il se trouve quelque *Index* de Livres défendus, où il est marqué au rang des Hérétiques, & tous ses ouvrages condamnés généralement sans distinction, & sans discernement, non pas, comme dit Possevin (2), qu'il n'y ait une infinité de bonnes choses dans plusieurs de ses Livres, mais c'est parce qu'il y a un certain air de vanité & de faste répandu par tout, & parce qu'il fait l'Auteur indépendant sans citer ses garands, & qu'il a donné lieu à quelques hérésies. On y a pourtant apporté quelque différence depuis, & les Inquisiteurs ayant défendu absolument & totalement 1°. ses *Colloques*, 2°. sa *Morie*, ou sa Folie, 3°. son traité de la *Langue*, 4°. son *Institution du Mariage Chrétien*, 5°. son traité de la Défense de l'usage des viandes, 6°. & sa Paraphrase sur saint Mathieu; ils ont bien voulu permettre la lecture des autres après qu'ils ont été corrigés avec une diligence un peu scrupuleuse. On trouve un Recueil de ces corrections laborieuses dans l'Apparat de Possevin, & un autre dans l'*Index* de Sotomayor (3).

Mais quelque chose qu'ayent pu dire tant de censeurs contre Erasme, cela ne doit pas nous empêcher de croire constamment qu'il a toujours vêcu & qu'il est mort dans le sein de l'Eglise Catholique, & que si on avoit suivi quelques uns de ses avis, on auroit peut-être vû rentrer une partie des Hérétiques dans la communion de l'Eglise Romaine. On peut voir sur ce sujet Monsieur Mercier à la fin de sa vie (4).

Il ne reste plus qu'à rapporter quelques-uns des jugemens qu'on a faits de son style, de ses manières & de quelques-unes de ses compositions en particulier. Rhenanus dit (5) qu'il avoit le style mesuré, facile & naturel, agréable, net, heureusement coulant, qu'il en étoit devenu le maître par une longue habitude que ses éxercices

---

1 Valer And. Dessel. Bibl. Belg. pag. 377.

2 Ant. Possevin. Apparat. Sacr. pag. 151. idem ibid. sed pag. 419. 420.

3 Poss. à pag. 421. ad pag. 458 usque.

Ind. Exp. Sotom.

4 Nic. Mercer. Vit. Erasm. num. 60. 61. 62. 63. 64.

5 Rhen. præf. ad oper. Erasm. sive Epist. ad Car. V.

CRITIQUES GRAMMAIRIENS.

continuels lui avoient acquife, & qu'il l'avoit toujours réglé par la folidité de fon jugement qui ne l'avoit jamais abandonné. Il ajoute néanmoins qu'Erafme n'étoit pas fi heureux dans l'imitation de la pureté de Ciceron, & du tour de fa phrafe, que l'avoient été depuis lui plufieurs autres Ecrivains de moindre mérite. Mais il récompenfoit, dit-il, ce défaut léger par une infinité d'autres avantages tout autrement confidérables que n'eft celui de reprefenter un langage, dont la pureté n'eft pas toujours de faifon dans les chofes d'apréfent, lesquelles n'y trouvent pas toujours leurs expreffions propres & naturelles. Si nous croyons Erafme lui-même dans le jugement qu'il donne en fa propre caufe, nous avouerons (1) ,, qu'il ne mérite pas d'être ,, mis au rang des Ciceroniens ni des grands Ecrivains, qu'il brouil-,, loit beaucoup de papier, ce font fes termes, & qu'il paffoit fa vie ,, à tranfcrire, corriger, & apoftiller les ouvrages des autres ; qu'il ,, ne produifoit & ne poliffoit rien du fien ; qu'il jettoit fur le papier ,, les chofes toutes cruës & toutes brutes comme elles fe préfentoient ,, d'abord à fon efprit ; qu'il fe précipitoit trop ; qu'il faifoit un jufte ,, volume fur un pied ; qu'il ne pouvoit pas gagner fur lui-même ni ,, obtenir de fon efprit de relire ce qu'il avoit écrit ; qu'il n'affectoit ,, pas le ftyle de Ciceron ; & qu'il ne fe picquoit pas de fuivre fes ma-,, niéres ; qu'il employoit les phrafes & les mots Eccléfiaftiques & né-,, gligés ; & qu'il ne faifoit point difficulté d'ufer fouvent d'expreffions ,, baffes.

Un jugement fi fincére ne lui fait point de deshonneur, & s'il nous marque une partie de fes défauts, il nous fait voir d'autre part qu'il étoit homme de bon fens. Il paroît par cette conduite que ce n'étoit point par l'ignorance où il fût du grand ftyle qu'il lui avoit préféré le médiocre, & qu'il avoit eu de bonnes raifons pour fatisfaire ceux qui l'auroient voulu obliger de n'employer que des conftructions & des expreffions Ciceroniennes. Et l'on voit qu'il n'avoit pû donner dans la fuperftition de ceux de fon tems, qui s'étant rendus les efclaves & les adorateurs de l'Antiquité profane, s'étoient fait une loi de ne rien dire & de ne rien écrire qui n'eût été dit & n'eût été écrit en la même manière par Ciceron ou quelque autre ancien; de ne rien mettre qui ne fût brillant & extraordinaire ; & de n'entaffer que fentence fur fentence, comme l'a encore remarqué Rhenanus (2).

En effet Erafme après avoir fait voir dans fon Dialogue fur le

1 Rhen. ut fuprà.   2 Rhen. ut fuprà pag. 52. Vit. Er.

Erasme. style Ciceronien (1) que le Cardinal Bembe & Christofle de Longueil s'étoient décriés eux-mêmes, & étoient tombés, pour le dire ainsi, dans le mépris de la Postérité pour avoir préféré cette servile éloquence au bon sens ; & après avoir loué dans le même ouvrage le Cardinal Sadolet d'avoir écrit sensément, c'est-à-dire conformément à l'état présent du Christianisme, & d'avoir préféré des termes Ecclésiastiques, mais naturels aux mots Ciceroniens, qui seroient forcés & hors de leurs places, sans avoir néanmoins négligé la pureté du discours, Erasme dis-je, auroit eu tort de ne point pratiquer lui-même les maximes dont il faisoit des leçons aux autres.

C'est pourtant ce que Paul Jove grand amateur du beau style semble n'avoir pas bien voulu goûter (2). Car il dit qu'Erasme en seroit devenu beaucoup plus admirable, & qu'il se seroit surpassé lui-même, s'il avoit voulu imiter sérieusement les Auteurs & les Maîtres de la langue Latine, plutôt que de suivre l'impétuosité de son génie & l'irrégularité de son caprice. Ce Critique prétend qu'il auroit voulu se faire comme Chef de Secte pour la maniére d'écrire, & se rendre l'Auteur d'un nouveau style par de nouvelles voies & indépendemment de la méthode des Anciens, & qu'il en avoit donné des preuves dans le Dialogue Ciceronien, où il avoit aussi témoigné ouvertement son envie & sa malignité contre les Auteurs. Il ajoute qu'il avoit tant de naturel & tant de fécondité qu'il ne pouvoit arrêter le cours de sa plume, & qu'il prenoit plaisir à fatiguer les Imprimeurs & à les accabler de son abondance.

Mais quoique le style d'Erasme ne soit point Ciceronien, il n'est pourtant pas si mauvais que sa modestie & la Critique de ses jaloux nous l'ont voulu persuader. Car il a sa pureté & sa netteté au sentiment des bons juges, rapporté par Melchior Adam (3), il est sans affectation & sans expressions guindées, il est mâle & plein de nerfs, mais il n'est ni brillant ni boufon (4), & fait plutôt connoître le fond des choses qui y sont traitées que l'esprit de l'Auteur.

Joseph Scaliger (5) prétend qu'Erasme faisoit trop grand cas du

---

1 Erasm. Dial. Ciceronian. pag. 177. 178.
Er. Dial. Cicer. ad finem.
2 B. Rhen. ut supra Ep. ad Car. Imp.
Paul Jov. elog. 95.
3 Melch. Adam. Vit. Germ. Philosoph. pag. 99. 100.

4 Il y a dans le Latin *orationem solidam masculamque potius quam splendidam aut scenicam*. Ce mot *scenicam* est mal rendu par boufon. *Oratio scenica* en cet endroit signifie *style pompeux, discours d'apparat*.

5 Jos. Scal. poster. Scaligeran. pag. 73.

CRITIQUES GRAMMAIRIENS.

Latin de Saint Jerôme, qui parloit mal à son avis, ajoutant qu'Erasme parloit mieux que lui. Le Giraldi (1) avouant qu'il étoit grand en tout, témoigne pourtant douter fort qu'il le fût au point que quelques-uns le publioient, qu'au reste il passoit pour bon Latin parmi les Allemans, & pour un vrai Allemand parmi les bons Latins.

Edouard Leigh nous a conservé une espéce de proverbe qui couroit autrefois parmi les Protestans d'Allemagne, & qui faisant un parallele de Melanchthon, de Luther; & d'Erasme (2), montroit en même tems l'estime qu'on faisoit des Ecrits de ce dernier dans tout ce pays. Ce Proverbe disoit (3) que Melanchthon avoit tout à la fois & le style du discours & la solidité des choses; que Luther avoit la solidité des choses & n'avoit pas le style du discours; & qu'Erasme avoit le style du discours, mais qu'il n'avoit pas la solidité des choses.

Il y a un autre point qui fait tort à cette universalité de doctrine que quelques-uns ont voulu attribuer à Erasme, & qui paroît avoir plus de fondement, c'est qu'on prétend qu'il n'avoit qu'une connoissance assés superficielle & assés imparfaite de la langue Grecque. Halesius dit (4) qu'il faut tomber d'accord qu'Erasme avoit beaucoup de subtilité, de sureté, & de facilité dans la Critique des Auteurs Latins, mais qu'il n'en étoit pas de même pour les Grecs. Le célébre Marianus Victorius qui nous a donné le Saint Jerôme alloit encore plus loin, & il disoit qu'Erasme ne savoit point du tout cette langue.

Mais Scaliger (5) témoigne qu'il n'étoit nullement de son sentiment, soutenant qu'il n'y avoit rien de plus savant qu'Erasme. C'est aussi la pensée de Monsieur Huet (6) qui loue extraordinairement les traductions qu'il a faites sur le Grec, comme nous le verrons ailleurs. On convient du moins qu'il n'étoit pas le premier de son siécle en cette langue, & qu'il le cédoit à Budé, comme il paroîtra par ce que nous en dirons parmi nos Grammairiens artistes où nous rapporterons le parallele des excellentes qualités de ces deux grands hommes.

A l'égard de ses Ecrits, on peut dire qu'il n'y en a point qui ne

---

1 Lil. Greg. Gyrald. de Poët. sui sæc.
2 Ed. Leigh. ap. Guil. Crouvæum Elenc. S. Scr. pag. 164.
3 Res & verba Melanchthon. Res sine verbis Lutherus. Verba sine Re Erasmus.
4 Halef. Not. ad Chrysostom. in Paul. ad Heb.
5 Mar. Vic. Reat. præf. ad Hier. op. Item poster. Scaligeran. pag. 74.
6 P. D. Huet. lib. 1. de opt. gen. int. pag. 22. & lib. 2. de clar. Int. pag. 174.

Erasme. porte le caractére de cet esprit subtil & pénétrant que Scaliger & les autres lui attribuent, & qu'ainsi le jeune du Verdier n'a point eu beaucoup de raison de prétendre qu'il n'y a fait paroître qu'un génie médiocre & peu heureux (1), quoiqu'il n'ait pas tout le tort de l'accuser de s'être un peu trop aimé, & d'avoir eu souvent trop bonne opinion de lui-même.

Les meilleurs de ses ouvrages, au jugement de Scaliger (2), sont les *Chiliades des Adages*, ses *Epîtres* & son *Nouveau Testament*.

Nous parlerons de ses Epîtres parmi nos Epistolaires, & de son Nouveau Testament parmi ceux qui ont écrit sur la Bible.

Adages. Pour ce qui est des *Chiliades*, le même Auteur dit en un autre endroit (3) que c'est un ouvrage très-excellent, mais qu'il est quelquefois trop long, affectant trop l'érudition ; & qu'il sent quelquefois l'Allemand.

Car il semble qu'il ait été plus curieux de grossir son Recueil par la quantité & la multitude des choses que par leur choix & leur bonté. Et ce Critique a remarqué qu'il répéte quelquefois une même chose jusqu'à quatre fois différentes ; que selon le génie de son pays, il s'est plû à ramasser, comme ont fait depuis Melanchthon, Gesner, & d'autres, qui ont mieux aimé faire des Recueils de ce que les Anciens avoient écrit de bon, que de produire quelque chose de nouveau de leur fonds ; ajoutant que c'est la maniére des Allemans d'en user de la sorte. Monsieur Colomiez (4) semble dire que sa qualité dominante dans les Adages est le grand savoir, au lieu que dans ses Epîtres c'est le rare génie. Mais Erasme témoigne lui-même (5) que Michel Bentius a gâté beaucoup de choses dans l'édition qu'il en a faite par une diligence excessive & trop scrupuleuse.

Dialogues & autres ouvrages de Grammaire. Colerus dit (6) que ses *Dialogues* sont savans, pleins de sel & de subtilités, & qu'ils sont écrits avec prudence & discrétion.

Mais pour ce qui regarde tous ces ouvrages qu'il fit en sa jeunesse & qui concernent la Grammaire pour la plupart, Erasme nous apprend lui-même ce qu'on en doit penser. Il dit (7) qu'il a fait les uns pour se divertir & pour éxercer son style ; qu'il a dicté les autres

---

1 Cl. Verder. Cension. Auct. pag. 159.
2 Poster. Scal. pag. 73.
3 Ejusd. prim. Scaliger. pag. 79. 80.
4 P. Colom. Mel. hist. à la fin.
5 Er. Epist. ad correct. Goclen. pag. 173.
post Vit.
6 Christoph. Coler. de stud. politic. pag. 108.
7. Eras. præfat. operum. suor. pag. 145. vitæ suæ.

CRITIQUES GRAMMARIENS.

en se promenant & sans préparation, ne songeant à rien moins qu'à Erasme.
les faire jamais imprimer; qu'il en a composé d'autres pour l'usage des Ecoliers qui ont l'esprit plus lent, & qui ont moins d'ouverture, comme sont les *Colloques* qui seroient néanmoins demeu- Colloques.
rés dans l'obscurité, si un certain Holonius en ayant trouvé une
copie ne l'eut chérement venduë à Froben, feignant que d'autres
Imprimeurs la lui demandoient avec empressement & à tel prix qu'il
voudroit.

 Il ajoute encore qu'il faut mettre en ce genre un livre imprimé
sous son nom avec le Titre impertinent de *Paraphrases des Ele-* Eleg. Paraphr.
gances. Mais que ceux qui l'avoient fait imprimer en avoient troublé toute l'œconomie en voulant lui donner un ordre alphabétique, & qu'ils y avoient mêlé beaucoup de niaiseries & d'autres choses, qui marquent une si grande ignorance, qu'il dit
qu'il auroit eu honte de les dicter même à des enfans qui commencent.

 Pour ce qui est du Livre de la *Maniére de composer des Lettres* (1) De conscrib. Epistolis.
imprimé d'abord à Lyon, & adressé à un nommé Desmarets (2)
ou de la Palu, il lui fut dérobé d'une maniére assés plaisante. Il l'avoit
dicté à un Anglois de ses Ecoliers en deux jours, mais d'une maniére
fort brute & fort imparfaite. Cet Ecolier en fit un extrait, & y
ajouta quelque chose du sien, avec une longue mais encore plus impertinente Epître, où il n'y avoit point un mot d'Erasme, ni rien
qui fît à son sujet: & pour donner du cours & de la vogue à ce livre,
il y mit le nom d'Erasme.

 Il dit qu'on lui avoit encore dérobé de la même maniére & dans
la même fin, quelques Exercices ou *Principes de Rhétorique*, mais Rhetor. Princip.
que ce n'étoit qu'une piéce d'Ecolier; & que voyant qu'on se mettoit
sur le pied de lui jouer de pareils tours dans la suite, il avoit résolu de
brûler tout ce qui ne méritoit pas de voir la lumiére.

 Mais ayant différé quelques jours de le faire, à cause de quelques
autres occupations qui l'en détournérent, il fut prévenu pour ses
péchés, & il eut le déplaisir de voir qu'on ajoutât au deshonneur que
lui faisoient, disoit-il, les ouvrages que sa vanité lui faisoit publier
par lui-même, la mortification de mettre au jour des sottises qu'il n'avoit dites ou écrites que sous la cheminée, & pour être étouffées
dans le lieu même de leur naissance.

 Il ne parle pas beaucoup plus favorablement de l'édition de ses

---

1 ¶ Voyés la 1295. Lettre de l'édit. de Leyde.   2 ¶ Petro Paludano. ¶

Erasme. *Lettres* qu'il auroit bien voulu supprimer pour en donner une plus
Epistolæ. raisonnable.

Præfationes. Entre tant de belles *Préfaces* qu'il a faites, Scaliger (1) donne le prix à celle qui est sur Seneque, & à celle qui est au commencement de ses Epîtres.

Colloquia. Quant à ses *Colloques*, nous avons vû par quel stratagéme ils ont été exposés au jour. Le même Scaliger dit en un autre endroit (2) qu'il y a bien des fautes dans le Latin, & il ne s'en faut pas étonner, puisqu'Erasme assure dans ses Lettres (3) qu'il fut en colere quand il vit qu'on lui avoit soustrait un ouvrage si peu travaillé. Il dit que tout ce qu'il put faire alors, fut d'y repasser légérement la main, & d'y ajouter quelque chose en faveur de l'Imprimeur son ami : qu'au reste s'il y fait le rieur, il ne le fait point par tout ; & que dans les endroits même où il le fait ce n'est pas inutilement (4). Et dans une Lettre qu'il écrit au Cardinal Wolsey, il témoigne (5) qu'il auroit souhaité que quelqu'un prît la peine d'en retrancher tout ce qui s'y trouve d'impie & de libertin, & la badinerie même, afin de pouvoir servir à la jeunesse.

En quoi il fut effectivement servi par Nicolas Cannius qui avoit été autrefois son Sécretaire ou son Copiste (6). Cet ouvrage s'est perdu. Mais Monsieur Mercier sous-Principal du Collége de Navarre ayant repris ce dessein, publia ces Colloques non seulement purifiés de tout ce qui avoit donné lieu à leur condamnation, mais encore éclaircis par des notes utiles aux enfans, & augmentés du jeu de Bâlon qu'il a composé pour l'usage des Colléges de Paris. De sorte qu'on ne peut pas nier qu'il ne soit également avantageux & agréable en cet état.

Moria. Il ne reste plus qu'à dire un mot de ce fameux livre dans lequel il fit le Panégyrique de la Folie, faisant allusion au nom de son bon ami
Thomas Morus. le Chancelier d'Angleterre à qui il fut dédié sous le nom de *Moria*. Paul Jove dit (7) qu'il le composa à l'imitation de Lucien en forme de Satire ; & qu'il le remplit d'un sel acre & picquant, réduisant presque toutes choses à la folie ; qu'il y a quantité de pointes d'esprit, & de tours ingénieux qui le rendent fort agréable ; mais que cela est d'autant plus indigne d'un Ecclésiastique Régulier comme il

---

1 Scaligeran. poster. pag. 73. 74.
2 Ibid suprà.
3 Erasm. lib. XXVII. Epistol.
4 In Purgat. suâ adversùs Epist. Luther. non sobr.

5 Er. lib. XXI. Epist. ad Card. Thom. Volf.
6. Valer. And. Dessel. Biblioth. Belgic. pag. 178.
7 Paul Jov. elog. 95.

étoit

étoit, qu'il sembloit même avoir voulu jouer les choses saintes, & Erasme; les Théologiens de son siécle dans cet ouvrage.

C'est pourquoi ce n'est pas sans raison que la lecture de ce livre a été défenduë jusqu'à présent, & comme a remarqué Valere André (1), Erasme en eut honte lui-même, & tâcha de s'excuser, sur ce que dans le tems qu'il le composa, l'Eglise étoit encore dans ce calme profond (2), durant lequel il avoit crû pouvoir se jouer avec un ami sans songer à aucune malice, & sans prévoir l'horrible tempête que Luther devoit exciter. D'ailleurs il ne pouvoit s'imaginer que les ennemis de l'Eglise pussent dans la suite employer contre elle-même ce qu'un de ses enfans avoit fait sans intention de nuire. Sur quoi on peut voir encore Hottinger dans la Préface de son Trésor Philologique (3).

Nonobstant ces considérations Monsieur Patin (4) a jugé à propos de faire réimprimer ce livre depuis quelques années, avec ses notes & des figures un peu grotesques. [A Bâle in-8°. 1676].

* Il est inutile de donner ici le détail de toutes les différentes Editions de chaque œuvre d'Erasme, l'Edition en XI. vol. in-fol. à la Haye 1702. les comprend toutes.*

1 Bibl. Belg. Val. And. Deff. ut suprà. Philol. præfix.
2 ¶ En 1508. 4 ¶ Charles Patin, fils de Gui. §
3 J. H. Hotting. Epist. dedic. Thesaur.

JEAN RUEL ou RUELLE (1) *Médecin* (2) *de Soissons, puis Chanoine de Notre-Dame de Paris*, mort en 1537.

340 Monsieur de Sainte Marthe (3) dit qu'il a beaucoup contribué par son industrie & son habileté à rendre plus exacts & plus corrects les anciens Auteurs, dont il procura les editions, & entre autres *Hippocrate, Galien, Euclide, Celse, & Pline*, & que dans cette entreprise, il n'épargna ni son bien ni ses soins, pour faire venir de tous côtés plusieurs Manuscrits de chaque Auteur, pour les confronter & tâcher par ce moyen de rendre à ces Auteurs leur premiére intégrité. Mais nous parlerons encore de lui parmi les Traducteurs.

1 ¶ Son nom François étoit Jean de la Ruelle.
2 ¶ Il faloit dire : Médecin, natif de Soissons, parce qu'il étoit de Soissons, & pratiquoit la Médecine à Paris. §
3 Sammarthan. Elogior. lib. 1. pag. 3.

⁎ De natura stirpium Lib. III. in-fol. *Parif.* 1536. — *Veterinariæ Medicinæ Lib.* II. *per varios Authores Græcos latinè redditos* in-fol. *Parif.* 1530. ⁎

JAC. CERATIN, mort vers 1539. (1)

341   Erafme (2) témoigne qu'il étoit fort habile dans les deux langues, qu'il avoit fuccédé à Pierre Mofellan, mais qu'il étoit plus favant lui feul que dix Mofellans enfemble, quoique celui-là ne manquât ni d'érudition ni d'efprit, & qu'il l'aimât particuliérement pour ces bonnes qualités.

⁎ *Jac. Ceratinus de fono Græcarum litterarum*, extat *cum Erafmo de pronuntiatione* in-8° *Colon.* 1529.—*Idem Parif.* in-8°. 1536. ⁎

1 ¶ Il mourut à Louvain le 20. Avril 1530.
2 Erafmus in Epiftol. ad Bilibald. Pirckeimer. vit. Er. edit. Batav. pag. 265.

LUC. J. SCOPPA Parthenopéen c'eft-à-dire *Neapolitain*, vers l'an 1540 (1).

342   ON a de lui deux Livres de Recueils de Critique & d'Obfervations fur les Auteurs que Gruter fit imprimer au premier Tome de fa *Lampe* ou Tréfor de Critique. Mais Barthius le traite comme un Scribe de fort petit mérite (2), en quoi il eft d'accord avec plufieurs autres Cenfeurs (2). Nous en dirons davantage de ce Scoppa parmi les Grammairiens artiftes.

1 ¶ Il mourut l'an 1543.
2 G. Barth. Comm. in Silv. Statii pag. 200. & 269.
3 G. M. Konig. Bibl. V. & N. pag. 741.

GUILL. BUDE' *Parifien*, Maître des Requêtes & Confeiller d'Etat, mort en 1540.

343   IL a écrit deux Livres de la *Philologie*, & quelques autres Opufcules de Critique, qu'on ne lit pas beaucoup, parce que, comme dit Louis le Roi (1), peu de gens font capables de

1 ␣ d. Reg. in Vit. Budæi pag. 227.

CRITIQUES GRAMMAIRIENS.

cette érudition, qui paroît d'autant plus inaccessible qu'elle est plus profonde; & que tout le monde n'étant pas accoutumé à ses maniéres de parler, on a de la peine à entrer dans sa pensée, à moins que d'être déja savant, quand on se met à cette lecture.

Mais nous avons quelque chose de plus important à dire de lui que nous reservons pour le Recueil des *Grammairiens*, des *Antiquaires sur les Monn.* & des *Jurisconsultes.*

*Guill. Budaus de Philologia in-fol. *Basil.* 1533. — On trouve un Recueil général de tout ce que Budé a donné, imprimé à Bâle 3. vol. *in-fol. en* 1556. & 1557.*

GERMAIN BRICE (1) ou BRIXIUS d'*Auxerre*, mort en 1540 (2).

344 IL étoit également habile dans l'une & l'autre langue, au jugement d'Erasme (3), on estime sa Prose, ses Vers, & ses Versions. Il avoit de l'abondance, de la netteté, & du brillant. Et quoique dans le tems auquel Erasme écrivoit, il ne fût pas encore tout-à-fait semblable en toutes choses à Ciceron, il dit qu'il y avoit grand sujet d'esperer de le voir un jour arriver à ce point de perfection. Nous parlerons encore de lui aux Traducteurs.

1 ¶ Naturellement on croiroit que *Germanus Brixius* seroit en François Germain Brice; cependant Rabelais son contemporain parlant de lui chap. 21. de son 4. livre, l'apelle *Germain de Brie.*

2 ¶ Il mourut l'an 1538. On lit du moins son Epitaphe pag. 150. des Epigrammes de Gilbert Ducher (*Gilbertus Ducherius*) imprimées cette année-là chés Sébastien Gryphe *in-*8°. ¶

3 Erasm. Dialog. Ciceronian. pag. 171.

JEAN LOUIS VIVE'S, *Espagnol de Valence*, mort en 1541.

345 VOssius le louë en plus d'un endroit (1) autant pour la solidité de son jugement que pour la vivacité de son esprit. Outre cela Joseph Scaliger lui attribuë encore beaucoup d'érudition (2), & Sixte de Sienne beaucoup d'éloquence & de pieté Chrétienne (3). Gaspar Barthius a presque renfermé tous ces éloges dans le jugement qu'il en a fait (4), & Dom Nicolas Antoine (5) dit

1 G. J. Voss. de Hist. Græc. lib. 2. & cap. 15. de Hist. Lat. &c.

2 In Scaligeran. & apud Nicol. Ant. Bibl. Hisp.

3 In Biblioth. Sanct. Sixt. Sen.

4 G. Bart. in advers.

5 Nic. Anton. tom. 1. Biblioth. Hisp. pag. 553.

Vivès. qu'il ne le cédoit à personne de son siécle, & qu'il s'étoit acquis une autorité merveilleuse par son jugement exquis, & par sa rare doctrine.

Aussi voyons-nous dans la Bibliothéque de Schott (1) & ailleurs que le Public parlant des Triumvirs de ce démi-siécle, c'est-à-dire, qui avoient paru depuis 1500. jusqu'en 1541. donnoit l'*esprit à Budé, la parole à Erasme*, & *le jugement à Vivès* (2).

Erasme lui-même disoit qu'il ne connoissoit personne de son tems qu'il pût raisonnablement lui comparer (3), & dans son Cicéronien il spécifie davantage le sentiment qu'il en avoit, disant que Vivès avoit une abondance merveilleuse qui le rendoit toujours prêt à parler, à composer, & à produire des pensées; que dans les commencemens il avoit le style un peu dur, mais que le tems & l'expérience avoient meuri & perfectionné son éloquence; qu'il avoit l'esprit propre à toutes choses, & qu'il s'étoit uniquement tourné à la déclamation; mais qu'il n'avoit pourtant pas encore pû acquérir cette douceur & ces agrémens du discours dont Ciceron nous donne des modéles. (4).

Matamore dit (5) que quelque éminent que fut Vivès, il auroit été dans une approbation encore plus universelle, s'il ne se fût point rendu obscur dans sa maniére d'écrire, affectant de forger des mots formés du Grec & du Latin, comme pour étendre la langue Latine, & la rendre plus abondante. Il ajoute qu'il avoit une certaine dureté naturelle, & une rudesse de style, qu'il sembloit avoir apportée au monde en naissant, & dont il ne pût jamais se défaire dans ses discours.

Les ouvrages qui l'ont fait passer pour un des plus habiles & des plus judicieux Critiques de son tems sont les vingt livres de *la corruption & de la décadence des Arts & des Sciences*, & les cinq touchant *la maniére d'enseigner les disciplines*.

Il dit qu'il a eu à combatre les anciens Auteurs & particuliérement ceux qui ont toujours été les mieux reçûs, & qui ont été dans une approbation générale & continuelle jusqu'à son tems, & qu'il ne prétend pas assujettir personne à son sentiment. Il a eu même assés de bonne foi pour se persuader, comme il le marque au même endroit,

---

1 A. S. Peregr. Bibl. Hisp. in-4°. tom. 3. pag. 604.
2 G. Matth. Konig. Biblioth. V. & N. pag. 850.
3 Ap. Guil. Crow. Elench. Script. in S. Script. pag. 222.
4 Erasm. in Dial. Ciceronian. pag. 185. 186.
5 Alph. Garf. Matam. de Academ. & Vir. Ill. Hisp. Rhet. de Facult. Rhet.

qu'il s'est trompé souvent, & qu'ayant entrepris de montrer que les Vivès.
Anciens qui étoient incomparablement plus capables que lui, étoient
souvent tombés dans l'erreur, il auroit mauvaise raison de se croire
infaillible (1). Et Possevin a rapporté cet endroit comme un témoignage du bon sens de Vivès & de la justice qu'il s'étoit renduë
à lui-même. Schott (2) prétend que ces livres de la Corruption des
Sciences sont le fruit de la bonté de son jugement, & qu'il a eu
besoin d'une résolution toute extraordinaire pour attaquer tout seul
l'armée des Barbares & des faux Sophistes qui occupoit la Philosophie Scholastique.

Les Luthériens furent assés simples de croire qu'il étoit porté pour leur Religion, à cause qu'il leur paroissoit si déchaîné
contre la Scholastique. Mais il n'en vouloit qu'à la préoccupation &
à l'entêtement de ceux qui prenoient les beaux noms de Philosophes
& de Théologiens pour honorer leur chicane & leur ignorance dans
les Universités (3).

Néanmoins Melchior Canus dit (4), qu'il ne pouvoit approuver
Vivès en ce qu'il avoit fait ses efforts pour détruire toute l'autorité
des Loix Romaines. Il ajoute qu'il s'est souvent laissé emporter trop
loin, en poursuivant les Auteurs de la corruption des Sciences;
qu'il ne s'est point contenté de reprendre les erreurs qui se sont
glissées dans les Modernes, mais qu'ayant voulu porter sa censure
jusques sur les Anciens, & renverser leurs maximes reçûës depuis
tant de siécles, il fut puni de sa témérité par le peu de succès qu'il
en eut, s'étant appliqué plus à l'appareil des mots, qu'à la force du
raisonnement & des preuves. Il faut, dit-il, tomber d'accord qu'il y
a beaucoup de choses dans ses livres de la Corruption des Sciences
qui sont très-véritables & très-excellentes, mais qu'il les a écrites
avec autant d'assurance & de présomption que s'il avoit été sur le
trépied, ou comme un homme descendu exprés du Ciel pour nous
les apprendre. Il ajoute que Vivès auroit rendu un service beaucoup
plus important à la République des Lettres, s'il eut eu du moins
autant d'industrie & d'habileté pour montrer la maniére de rétablir
les Arts & les Sciences, qu'il en avoit eu pour exprimer les occasions & les causes qui les avoient fait déchoir & périr presque entiérement, parce qu'il avoit témoigné beaucoup de force & de vigueur pour reprendre les erreurs & les défauts, mais beaucoup de

---

1 Jo. Ludo. Viv. præfat. libb. de Cor-
rupt. arti. & ex eo Possev. Apparat. p. 908.
2 Peregrin. Bibl. Hisp. tom. 3. ut suprà.

3 Nic. Ant. Bibl. hist. tom. 1. ut suprà.
4 Melch. Cano lib. 10. Loc. Theol. &
apud Nic. Ant.

Vivès. foiblesse & de langueur pour prescrire la maniére de les éviter, & de bien enseigner ces Arts & ces Sciences.

Melchior Canus n'est pas le seul des Censeurs de Vivès. Vossius trouve (1) qu'il est quelquefois trop sévére dans sa Critique. Scaliger disoit aussi (2) que quelquefois il juge mal d'un Auteur comme, par exemple, de Diodore de Sicile; & quelquefois bien, mais avec malignité & dans une mauvaise intention, comme d'Aulu-Gelle. Henri Estienne va plus loin (3), & il l'accuse de médisance & d'orgueil insupportable dans ses censures. Il dit que quoiqu'il soit fort versé dans les belles Lettres, il n'a point la pureté de la langue Latine, & qu'il écrit mal : mais que le vice principal de sa Critique est un caractére de fanfaron & d'envieux.

Possevin dit (4) qu'on lui a fait un crime d'avoir donné des éloges à Erasme, & à quelques autres Ecrivains accusés de libertinage & de nouveauté, mais ce point n'est pas si important que celui qui regarde ses Commentaires sur les Livres de *Saint Augustin* de la Cité de Dieu. Dom Nicolas Antoine écrit (5) que la liberté que Vivès s'est donnée dans ces Commentaires n'a point plû à tout le monde. Les Docteurs de Louvain (6) en ont censuré quelques endroits trop hardis & trop libres. Scaliger dit néanmoins (7) que si on a égard au tems auquel il a écrit ces Commentaires, ils doivent passer pour excellens, mais que par rapport à notre siécle ce n'est rien qui vaille. Et Monsieur Bullart (8) a prétendu que, quoiqu'en disent ceux qui le soupçonnent d'avoir altéré en quelques endroits les pensées de Saint Augustin, ils ne peuvent nier qu'il ne leur ait donné en beaucoup d'autres une lumière qui en découvre la sainteté & la profondeur.

Joan. Lud. Vives opera omnia 2. vol. in-fol. Basil. 1555.

1 Voss. de Hist. Græc. lib. 2. ubi de Diodor. Sic. & alibi.
2 Poster. Scaligeran. pag. 253.
3 Henr. Steph. præfat. in A. Gell. &c.
4 Ant. Possevin. Apparat. Sacr. pag. 851.
5 Nic. Ant. pag. 554. tom. 1. Bibl. Hisp.
6 Possevin. Appar. S. ut suprà.
7 Jos. Scal. in posteriorib. Scal. ut suprà.
8 Is. Bull. Acad. des Sc. tom. 2. Liv. 1. page 12.

SIMON GRYNE' ou GRYN, mort en 1541. selon quelques-uns, Professeur de Bâle.

346   Scaliger (1) loüe beaucoup ses belles Préfaces sur *Pollux* & sur les autres Auteurs, & dit qu'il a fort bien travaillé sur *Pline* l'ancien. (2) On dit qu'il avoit de l'honnêteté en écrivant, & qu'il n'aimoit point à choquer le monde comme faisoient plusieurs autres Protestans.

**Tractatus de utilitate legendi Historias, Livii operibus præfixus* in-8°. *Parif.* 1573. — *Epistolæ aliquot & Comm.* in-8°. *librum Topicorum Arist.* in-8°. *Basil.* 1556.*

1 Poster. Scaligeran. page 101.
2 ¶ L'endroit du Scaligerana secunda où il est dit que Simon *Grynæus* a fort bien travaillé sur Pline, est faux. Il n'y a point travaillé du tout. Aussi crois-je que Scaliger avoit dit cela, non pas de Simon Grinæus, mais de Sigismundus Gelenius, & que Jean ou Nicolas de Vassan pour abréger ayant écrit ce nom par les deux Lettres initiales S. G. les Copistes du Scaligerana ont deviné mal-à-propos Simon Grynæus, au lieu de Sigismundus Gelenius.

DIEGUE LOPEZ de ZUNIGA, Espagnol, dit en Latin *Jacobus Lopis Tunica*, vers 1542 (1).

347   IL s'est acquis quelque réputation par ses remarques de Critiques contre la version Latine ou la Paraphrase du Nouveau Testament faite par Erasme (2). Sepulveda & les autres Espagnols disent qu'il n'a été porté à ce travail que par l'amour de la vérité.

Il a encore fait des Remarques contre les Scholies qu'Erasme a faites sur les œuvres de *Saint Jerôme*; & d'autres sur le Commentaire de Jacques *le Févre* d'Etaples, Docteur de Sorbonne, sur les Epîtres de Saint Paul.

Toutes ces observations sont melées de bon & de mauvais, & il semble qu'André Schott en ait eu une estime un peu trop avantageuse (3). L'Itineraire qui est à la fin de sa Bibliothéque in-quarto, est de ce Zugniga qu'il appelle *Stunica*.

**Annott. contra errata Erasmi in versione Nov. Test. & Jac. Fabri Stapul. in versione epistolarum Pauli* in-fol. *Compluti* 1519.*

1 ¶ Il mourut à Naples l'an 1530.
2 Nic. Ant. Bibl. Hisp. tom. 1. page 228.
3 A. S. Peregr. Bibl. Hisp. &c.

JEAN-BAPTISTE PIE, *Italien*, mort en 1545. (1)

348 IL acquit, dit Paul Jove (2), la réputation d'un très-savant homme, ayant entrepris d'expliquer les Auteurs. Mais, comme il avoit choisi pour cet effet les plus obscurs d'entre eux par une sotte curiosité qu'il avoit d'imiter Béroalde son Maître, dont on avoit les Commentaires sur l'Asne d'or d'*Apulée* écrits dans cet esprit, il se rendit ridicule comme lui, & ses Commentaires sur *Saint Fulgence*, sur *Sidoine Apollinaire*, sur *Plaute*, sur *Lucrece*, & sur *Valerius Flaccus*, sont tombés dans le mépris pour cette affectation.

Car il tâchoit de faire revivre les mots les plus usés, & les termes les plus grotesques & les plus in-intelligibles étoient ceux qui lui attiroient le plus d'admiration de ses Disciples; tandis que les autres siffloient & le Maître & les Ecoliers.

Car son style & ses discours ressembloient assés au jargon grossier des vieux Osques & des anciens Aborigènes (3), dont on se servoit quelquefois pour rire dans les chansons de village, ou quand on vouloit joindre le caractére burlesque avec la brutalité.

Néanmoins notre Pie se corrigea dans la suite, après qu'on eut fait une Comédie de lui, & une Satire sur son style, avec une espéce d'estampe qu'on fit de sa personne, où il étoit représenté prononçant son jargon & ses vieux mots, & reprimandé en même tems par Priscien qui lui donnoit le fouet comme à un petit Ecolier. Ce qui lui fit tant de confusion qu'il s'appliqua depuis entiérement à Ciceron, & fit même des Commentaires pour l'expliquer.

* *Castigationes Ciceronis ad Hortensium Paris. apud Ascensium* 1551. — *Annotationes in Plautum, Venetiis* 1511. — *in Horatium, Basil,* 1580. — *Commentarii in Metam. Ovidii, Mediolani* 1500. — *In Sidonii Apollinaris poëmata, Basilea — Ex* 4°. *Argonaut. Apollonii lib. supplementum, Aldus excudit Venet.* 1519. — *in Lucretium, Lutetiæ apud Ascensium* 1514. — *Comment. in Mythologias Fulgentii &c. Bonon.* 1500.

1 ¶ Il mourut l'an 1540.
2 Paul Jov. Elog. 102. & ex eo, Konig. Bibl. V. & N. p 644. & 545.
3 ¶ Paul Jove après avoir dit que *Baptistæ Pii sermo, stylusque Oscorum, & Aboriginum linguam pingui, atque aspera novitate referebant*; ajoute *quam nonnulli lascivè ludentes discere perciperes, nisi contagiosi vitii periculo terreremur*.

Ce qui signifie qu'il y avoit des gens qui par un folatre badinage auroient volontiers appris à contrefaire le jargon de Baptiste Pie, s'ils n'avoient appréhendé de se gâter par contagion. L'adverbe *lascivè* qui, comme on voit, ne signifie là que *folatreme* a été dans la traduction de Baillet rendu par *brutalement*.

LAZARE

349 LAZARE DE BALF (1). Voyés-le parmi ceux qui ont écrit des Antiquités.

1 ¶ Il mourut l'an 1546.

LE CARDINAL BEMBE, mort en 1547.

350 Nous aurions pû mettre ici le jugement qu'on fait de ses *Afulanes*, c'eſt-à-dire, de ſes Entretiens de galanterie (1), mais pour ne point multiplier nos titres, nous l'avons remis parmi nos Epiſtolaires à l'occaſion de ſes Lettres.

Di Pietro Bembo Gli Aſolani, con gli Argomenti & le poſtille in margine da Thomaſſo Perchacchi, in-8°. *Venegia* 1575. — *Ejuſdem de Culice Virgilii, & Terentii Fabulis* in-4°. *Flor.* 1564.

1 ¶ Il faloit dire: *de ſes Entretiens galants & en même tems Philoſophiques de l'Amour, à la matiere de Platon intitulés GLI ASOLANI*, du nom d'un Château dans la marche Tréviſanne, nommé *Aſola*, où l'Auteur ſuppoſe que fut la ſcène.

FRANCISCUS FLORIDUS SABINUS, mort en 1547 (1).

351 Voſſius (2) témoigne que c'étoit un Ecrivain fort poli & fort délicat. Pignoria (3) dit que c'étoit un Critique de bon goût, de grand diſcernement, & d'une érudition plus qu'ordinaire. Leandre Alberti (4) lui attribuë une très-grande connoiſſance des deux Langues, de toutes les Humanités, & de la Philoſophie.

Ses principaux ouvrages de Critique, & qui ſont les plus eſtimés, ſont ſon *Apologie contre les Calomniateurs de la langue Latine*, & ſes *Heures* (5) *ſubſecives*.

*On trouve dans le 1. tome *Lamp. Crit. Gruteri* huit livres de l'Odyſſée traduits en Vers Latins par Fl. Sab. — *Ejuſdem Liber contra Steph. Doleti calum.* in-4°. *Romæ* 1541. — *In calum. Plauti & aliorum*.

1 ¶ Voyés Article 104.
2 Voſſ. de Hiſt. Lat. lib. 3. cap. xi. pag. 668.
3 Laur. Pignor. in libr. Symbolarum Epiſtolicar. Epiſtol. 44.
4 Leand. Alberr. in Ital. deſcript.
5 Le titre eſt *Lectiones ſuccisivæ*.

Linguæ Latinæ Scriptorum Apologia 1540. *Basil.* — *Lectionum succisivarum libri* III. in-8°. *Francofurti.* 1602.*

BEATUS RHENANUS, ou BEAT. BILDIUS DE RHENAC,
né *à Seleftad* ou *Schleftat*, en *Alface*, mort en 1547.

352   Scaliger témoigne (1) que non seulement l'Allemagne mais encore tout le monde savant a des obligations fort grandes à cet homme, pour avoir remis l'Antiquité sur les pieds (2), & rétabli plusieurs anciens Auteurs.

Lipse (3) dit qu'il étoit homme d'expérience, de grand sens & de pénétration, & qu'il étoit des premiers d'entre ceux de sa Nation; mais qu'il y a néanmoins beaucoup de choses dans ses jugemens que les bons Juges ne voudroient pas approuver. Monsieur Rigaut (4) le loue de sa fidélité, de son jugement, de son érudition, & de sa diligence.

Melchior Adam (5) dit que son discours est pur & abondant, que son style étoit artificieux dans les commencemens, & qu'il n'y paroissoit aucun vestige qui pût faire connoître qu'il eût imité les Anciens en quoi que ce fût, mais que dans la suite il le rendit plus correct & plus accompli, comme il paroît dans ses Ecrits postérieurs.

La bonté de sa Critique paroit dans ce qu'il a fait sur *Tertullien*, *Tacite*, *Pline*, *Tite-Live*, *Senéque*, & *Patercule*, auquel il a rendu l'ame, pour le dire ainsi. Ces travaux font voir qu'ayant toutes les qualités qui rendent un homme habile, il ne lui manquoit que les Manuscrits qu'on a vûs depuis lui, & les lumiéres nouvelles qu'on a eûës dans ce dernier siécle.

Mais pour faire justice à ces premiers Critiques, il faut juger de leurs ouvrages plutôt par rapport à leur tems, que selon le nôtre, & considérer le peu de secours qu'ils avoient. Il faut tomber d'accord qu'ils ont encore eu plus de besoin de diligence, de sincérité, de discernement, & d'industrie que nos derniers Critiques, pour tirer des ténébres les anciens Auteurs maltraités, & presque détruits par la longueur & l'ignorance des siécles précédens.

---

1 Prim. Scaligeran. pag. 129.
2 ¶ Il faloit dire, *pour avoir remis l'Antiquité sur pied.* ¶
3 Lips. not. ad lib. 3. hist. Tacit pag. 481.
4 Nic. Rigalt. not. ad Tertullian edit.
5 Melch. Ad. Vit. Germ. Philosoph. pag. 139.
¶ C'est Jean Sturmius dans Melchior Adam. ¶

CRITIQUES GRAMMAIRIENS.

Ainsi, quoique, par exemple, l'*Eusèbe* de Rhenanus ne vaille rien aujourd'hui, c'étoit un travail admirable pour son tems, supposant comme il le croyoit, qu'on n'en dût pas trouver le Grec original, parce qu'il lui avoit donné une suite raisonnable par le peu de secours des exemplaires Latins, & qu'il avoit fourni le reste ou par son jugement ou par sa lecture.

Scioppius assure même (1) que si Rhenanus revenoit au monde en ce siécle, il ne laisseroit pas de trouver encore sa place parmi les plus grands Critiques d'aujourd'hui, quoique cet Art ait reçû depuis lui des accroissemens merveilleux; tant on peut dire qu'il excelloit au dessus de tous ceux de son tems. Il ajoute que ceux de ses Censeurs qui avoient autrefois insulté à ses Manes en jeunes gens, lui ont rendu une satisfaction autentique par une espéce de pénitence publique qu'ils en ont faite.

Quelques-uns (2) ont eu suspecte la foi de Rhenanus, à cause de quelque liberté qu'il a prise de dire ses sentimens avec un peu trop de naïveté, & qu'il n'étoit pas de ces zelés, qui vouloient qu'on poursuivît les Sectaires avec le fer & le feu; mais il n'y a point d'apparence qu'il ait jamais abandonné la Religion de ses Peres.

* *Castigationes in Tacitum* in-8°. *Francof.* 1607. — *Annott. in T. Livium* in-fol. *Francof.* 1588. — *Nota in Velleium Paterculum Paris.* 1608. — *Comment. in utrumque Senecam* in-fol. *Paris.* 1607. — *Annott. & variæ lectiones ad Opera Tertulliani* in fol. *Paris.* 1635.*

1 G. Scioppius de art. Critic. pag. 7.
2 Sandæus & alii apud Gerhard. Patrolog. in Erasmo, pag. 693.

JOACH. VADIANUS, Suisse, *de S. Gal*, mort en 1551.

353   Monsieur Vossius le fils dit que les Remarques que cet homme a faites sur *Pomponius Mela* sentent la charuë & le village. Mais quelques-uns ont trouvé cette sentence un peu rigoureuse.

Rus & stivam olent.

* *Comment. in Pomponium Melam de situ Orbis* in-fol. *Basil.* 1557.*

Isaac. Voss. Præfat. in Mel. Geogr.

MARC. VERTRANIUS MAURUS.

354 IL a fait des notes sur *Tacite* & quelques ouvrages mêlés de Philologie & de l'ancien Droit Romain. Barthius dit que cet Auteur avoit l'esprit fort bon, qu'il avoit une érudition admirable pour le lieu & le tems auquel il vivoit, & qu'ayant du talent il devoit travailler plus qu'il n'a fait sur les Humanités.

* *Nota in Corn. Tacitum* in fol. *Parif.* 1608. — Il a encore corrigé & augmenté de Notes le *Varro, de Lingua Latina* in-8°. *Lugd. Gryph.* 1563. — *De Jure Liberorum lib. singularis* in-fol. *Venet.* 1584.*

G. Barth. in 11. lib. Thebaïd. Statii p. 1326. & ap. Kœnig. Biblioth. V. & N. p. 840.

SEBAST. FOX de MORZILLO, *Espagnol*, vers 1550. (1)

355 A L'âge de dix-neuf ans il publia des Commentaires sur les *Topiques de Cicéron*, qui sont imparfaits & brutes à la verité, & qui se sentent de sa jeunesse, mais qui marquent pourtant la bonté de son esprit. Il en fit aussi à vingt-quatre ans sur le *Timée de Platon*. (2)

Nous parlerons de lui plus amplement parmi les Philosophes.

* *Comment. in Platonis Timæum, Phædonem, & de Rep.* in-fol. *Basil.* 1556. — *De Natura Philosophia seu de Platonis & Aristotelis consensione libri* v. in-8°. *Parif.* 1560. — *De ratione Studii Philosophici* in-8°. *Lugd.-Bat.* 1621.*

1 ¶ On présume qu'il mourut en 1560. agé de 32. ans, parce qu'étant né l'an 1528. il mourut dans le tems qu'il venoit d'être nommé précepteur de l'Infant Dom Carlos qui étant né l'an 1545. étoit en 1560. dans sa dixième année. ¶

2 Nicol. Anton. Biblioth. Hisp. tom. 2. pag. 226.

LIL. GREGORIO GIRALDI, *de Ferrare*, mort en 1552.

356 S Caliger (1) disoit que tous ses ouvrages sont fort bons, & qu'il savoit parfaitement l'art d'amasser les passages & les lieux communs, & les placer avec jugement.

1 Posterior. Scaligeran. pag. 94.

Mais nous avons parlé de lui plus amplement dans notre premiére partie des Critiques.

  * *Lilii Greg. Giraldi Opera omnia* in-fol. *Lugd.-Bat.* 2. vol. 1697. Cette Edition est la plus ample qui ait paru.*

GUILLAUME PELISSIER, ou *Pellicier*, Evêque de *Maguelone* ou de *Montpellier*, mort vers 1552. ou plutôt l'an 1568. selon les jumeaux de sainte Marthe.

357   C'Etoit le premier homme de la France pour la connoissance de la Langue Latine, au jugement de Joseph Scaliger (1), qui prétend qu'il la possedoit en un point de perfection si éminent qu'il surpassoit aisément & sans exception tous les anciens Romains.

Monsieur de Sainte Marthe (2) dit que son siécle ne produisit rien de plus savant que lui, qu'il effaça non seulement les Italiens illustres, mais encore tout ce qu'il y avoit d'habiles Gens répandus dans tout l'Univers; & que les Italiens qui se croyoient les Maîtres des belles Lettres, en étoient ravis d'admiration.

Il donna des preuves de son grand savoir dans la correction qu'il fit de plusieurs Auteurs anciens de l'une & l'autre Langue, & dans les notes qu'il fit pour les expliquer & les éclaircir; mais il excella particuliérement dans le *Pline*, qu'il rétablit avec beaucoup de succès, & qui lui donna occasion de remuer toute la Nature, & d'y frayer des chemins pour pouvoir la pénétrer, & la faire connoitre à fond à ceux qui l'auroient voulu étudier. Ce qui lui coûta des sueurs incroyables.

Mais tous ces travaux n'ont pas encore vû le jour (4), & les uns croyent qu'ils sont tombés entre les mains des Corsaires, c'est-à-dire des Plagiaires; au lieu que d'autres estiment qu'ils sont péris avec leur Auteur. (5)

---

1 Prima Scaligeran. pag. 120.
2 Scævol. Sammarth. Elogior. lib. 1. p. 20. 21.
3 Paul. Jov. elog. pag. 301. ad finem.
4 ¶ Ils sont à la Bibliothèque des RR.
PP. Jésuites de la ruë S. Jaques ¶
5 Jac. Aug. Thuan. Hist. lib. 39. ad an. 1566. ubi de Guill. Rondeleto.
Sammarth. Gemel. tom. 3. Gall. Christ.

FERDIN. NUGNEZ de GUZMAN, de Valladolid, en Latin *FERDINANDUS NONNIUS PINCIANUS*, (1) mort en 1552.

358 Ipfe faifant reflexion fur la deftinée des bons Critiques, dit (2) qu'il ne peut s'empêcher de plaindre leur condition, voyant que leurs travaux apportent tant de fruits & d'avantages au Public, & en même tems fi peu de réputation & de récompenfe à leurs Auteurs.

Il ajoute qu'il s'en trouve peu dont le nom s'étende bien loin, ou qui dure long-tems.

Mais il témoigne entre autres qu'il n'y a rien qui lui donne tant d'indignation que le fort de notre *Pincien*, qui a eu toutes les peines du monde à fe tirer de la pouffiére & de l'obfcurité des ténébres, où il a été long tems retenu, & comme enfeveli au milieu de fon pays. Cependant perfonne à fon avis ne méritoit mieux que lui de vivre dans la gloire & dans l'eftime de tous les Savans, foit qu'on confidére la vivacité de fon efprit & la pénétration de fon jugement, foit qu'on regarde fa bonne foi & fa modeftie.

Il dit qu'il n'a vû perfonne qui ait exercé une Critique plus pure, & qui s'y foit comporté avec moins d'affectation, avec moins de fard & d'ambition. Il cite en témoignage de ce qu'il avance *Pline*, *Senéque*, & *Pomponius Mela*, mais particuliérement le premier dont il a rétabli une infinité d'endroits corrompus & les plus difficiles, avec un bonheur tout extraordinaire. Et dans un autre ouvrage il appelle ce Pincien (3) l'exemple & le modele de la veritable Critique, difant que c'eft à lui que Senéque doit la meilleure partie de fa fanté; qu'il a trouvé dans l'Efpagne quantité de bons livres, qu'il les a lûs avec foin, & qui plus eft qu'il en a fçû faire un bon ufage, ce qui eft affés rare. Il prétend qu'il n'a point été précipité ni étourdi dans ce qu'il a fait, mais qu'il a joint la prudence & la moderation avec la fublimité & la folidité. Enfin il ne fauroit fe laffer de le louer & de l'admirer dans divers autres endroits de fes Ecrits (4). Dom Nicolas Antoine lui donne le premier rang entre tous les Ecrivains d'Efpagne pour la Critique & pour l'Art de corriger & d'expliquer

---

1 ¶ Hernan Nuñez Pinciano. ¶
2 Juft. Lipf. lib. 2. Elector. cap. 8.
3 Idem in præfat. in Comment. ad Senec.
4 Idem in Not. ad Corn. Tacit. & alibi. Jac. Auguft. Thuan. hiftor. ad fin. anni 1552.

CRITIQUES GRAMMAIRIENS.

les anciens Auteurs, & il ne lui donne pour compagnon de cette gloire que Pierre Ciacconius. (1)

* *Ferdinandi Nonii Pintiani Obferv. in Plinii Hiftoriam Nat. cum retractationibus quorumdam locorum Geographiæ Pomp. Melæ* in-fol. *Salmanticæ* 1544. & in-8°. 1583.*

1 Nic. Anton. Biblioth. Hifpan. præfat. pag. 20.

JEAN RIVIUS, de *Vveftphalie* mort en 1553.

359 IL a fait diverfes corrections fur *Terence*, *Salufte*, & *Ciceron*; des lieux communs fur la Grammaire, la Dialectique & la Rhétorique en dix-huit livres, où il a fait voir fa diligence & fon abondance, felon Melch. Adam (1), qui ajoute qu'il ne laiffe pas d'avoir de la breveté, de l'ordre, & de la facilité. Ces ouvrages étoient des plus eftimés de ce tems, & quoiqu'on ait produit depuis quelque chofe de plus exact fur ces matiéres, Scioppius (2) ne laiffe pas de dire qu'il ne laifferoit pas de tenir encore dignement fon rang parmi les premiers Critiques de notre fiécle fi Dieu nous le renvoyoit de l'autre Monde.

* *Caftigationes in Terent. Comædias* VI. in-fol. *Neapol.* 1619. — *Comment. Caftigat. in Saluftium* in-fol. *Bafil.* 1564. — *Caftigat. in Ciceronis Brutum, five de claris Oratoribus*, *Bafil.* 1541. — *In Ciceronis perfectum Oratorem, ad Brutum, Ibidem.*

1 M. Ad. de Vit. Germ. Philofoph. p. 156.   2 G. Sciopp. de art. Critic pag. 7.

---

360 POLYDORE VIRGILE Italien d'*Urbin* demeurant en Angleterre, mort en 1555. (1) *de Invent. Rerum.* [*Libri* VIII. in-8°. *Bafil.* 1554.] Voyés-le parmi ceux qui ont écrit des Antiquités.

1 ¶ Paul Jove ayant achevé fes Eloges en 1546.dans lefquels il n'a donné place qu'aux Savans qu'il a crus morts auparavant, il s'enfuit qu'ayant fait l'éloge de Polydore Virgile, il l'a cru mort tout au moins dès 1545. Pour moi je le crois mort avant 1540. ¶

PIERRE NANNIUS d'*Alcmar*, mort en 1557.

361 ON a de lui dix livres de *Melanges* qui regardent la Critique, c'est à-dire la correction & l'explication des Auteurs: & outre cela sept *Dialogismes* des Heroïnes, qui sont son chef-d'œuvre au jugement des Flamans.

Nous parlerons encore de lui parmi les Traducteurs & les Orateurs.

* Συμμίκ]ων, *seu Miscellanerum Decas una* in-8°. *Francof.* 1603. — *Dialogismi Heroinarum Lovanii.* 1543. — *In Horatii Artem Poëticam, Antuerp.* 1608.*

Aub. Mir. elog. Belg. pag. 125.

JUL. CÆS. de l'ESCALE ou SCALIGER, Italien habitué en France à *Agen*, mort en 1559. (1) *avec le Parallele du Pere & du Fils*.

362 COlerus (2) ne fait point difficulté de dire qu'il n'y a point eu de plus grand Philosophe que lui depuis Aristote, point de plus grand Poëte depuis Virgile, ni de plus grand Medecin depuis Hippocrate. Lipse (3) a porté la flaterie encore plus loin, & après avoir dit que les quatre plus grands hommes qui ayent paru dans le monde sont selon lui *Homere, Hippocrate, Aristote* & *Jules Scaliger*, il ajoute que ce dernier s'étoit élevé au dessus de la condition humaine, & par ce moyen il le préfere aux trois autres.

C'est peut-être dans le même esprit que Vossius le pere. (4) lui donne une *Divinité humaine.* J'aimerois mieux qu'il eût dit *Humanité divine*, du moins le témoignage en auroit-il été moins disproportionné & plus honorable pour Scaliger, quoique l'un n'ait gueres plus de fondement que l'autre.

Monsieur Huet (5) s'est mieux contenu dans les bornes de la vrai-semblance, & il ne l'en loue pas moins dignement, quand il

---

1 ¶ Mort en 1558. le 21 Octobre, agé de 75 ans, né le 20. Avril 1484.§
2 Cristoph. Colerus de stud. Politic. post Naudeum. pag. 185.
3 Lipf. Centur. 2. Epistol. Miscellanear. Epist. 46.
4 C. J. Voss. ap. Konig. Biblioth. V. & N. pag. 729. & de Idololatr. seu Theolog. Gentil. lib. 3. cap. 80.
5 P. D. Huet de clar. Interpretib. p. 158.

dit

CRITIQUES GRAMMAIRIENS. 297

dit qu'il avoit renfermé dans la vaste étenduë de son esprit une Encyclopedie de presque toutes les sciences, quoiqu'il eût fait ses études fort legerement, & qu'il eût passé la plus grande & la plus belle partie de sa jeunesse dans les Troupes ou à la Campagne. Il ajoute qu'il paroissoit avoir été formé des mains de la Nature exprès, afin que nos derniers tems eussent de quoi se consoler de leurs disgraces, & de quoi faire envie à toute l'Antiquité.

Scaliger.

Monsieur Naudé (1) prétend que Jules Cæsar Scaliger est de la force d'Aristote en tout ce qu'il a écrit, & qu'entre autres la Poëtique, le Livre des Causes de la Langue Latine, & les Exercitations contre Cardan sont trois pieces inimitables à toute la Posterité. Et son fils Joseph (2) faisoit quelquefois des exclamations sur la beauté de ce dernier ouvrage, ajoutant que son Pere avoit écrit éxactement.

Le Catalogue de ses Livres est à la fin de sa vie (3.), & ses principaux ouvrages de Critique sont ses Commentaires & ses Remarques sur l'Histoire des *Animaux* d'Aristote; sur les Livres des *Plantes* qu'on attribuë à ce Philosophe; sur les Livres des *Plantes* écrits par Theophraste; sur Hippocrate des *Insomnies* (4); deux Oraisons sur l'art de bien dire, qui sont deux *Invectives* contre le Ciceronien d'Erasme; les quinze Livres (5) des Exercices & Disputes de la *Subtilité* contre Cardan; les treize Livres des *Causes de la Langue Latine*; les *Problêmes* sur Aulu-Gelle; quelques *Lettres*; sans parler du *Critique* & de l'*Hypercritique* de sa Poëtique. (6)

Il s'étoit fait le style entiérement sur celui de Pline, & il est tout à fait Philosophique, comme témoigne son fils (7), qui ajoute qu'il s'étend beaucoup sur des Etymologies qui sont souvent fausses, & que c'est aussi ce qui est arrivé à Varron.

Un Anonyme (8) prétend que Jules ne savoit pas les Mathemati-

---

1 Gab. Naud. Jug. des Ecr. sur Mazar. pag. 195.
2 Prim. Scaligeran. pag. 214.
3 In Collect. Guil. Batef. Viror. illustr: edit. Londin.
4 ¶ Bailleta reconnu dans ses corrections qu'au lieu *des Insomnies*, il devoit dire *des Songes*.
5 ¶ Là-même il a fait tout ce qu'il a pu pour excuser sa méprise d'avoir dit *les x v. liv. des Exercices contre Cardan*, au lieu qu'il devoit dire *le quinziéme livre des Exercitations exotériques* conformément au titre même du livre.
6 ¶ Pourquoi ne pas dire simplement sa *Poëtique*, cet ouvrage d'un bout à l'autre étant

tout rempli de remarques *grammaticales & philologiques*.¶
7 Prim. Scaligeran. ut suprà.
8 Bibliogr. cur. Histor. Philolog.
¶ Il pouvoit dire *Bodin* & citer le *Scaligerana prima* au mot *Bodinus*. Voyés aussi la Mothe le Vayer tome XI de ses œuvres, Lettre 110. & le 2. tome du nouveau Menagiana pag. 330.¶
* On croit que cet Anonyme est Jean Sperlinge qui a donné en 1656, un livre contre Scaliger sous le titre de *Meditationes in J. Cæs. Scaligeri exercitationes de subtilitate* in-8°. Witteb. 1656.*

Tome II. Pp

Scaliger. ques, & qu'ainſi il y a eu beaucoup de témérité en lui d'attaquer en ce point Cardan qui y étoit très-verſé, quoique la ſuperſtition de celui-ci lui fit faire un mauvais uſage de ces belles connoiſſances. Cela ne s'accorde pas tout-à-fait avec l'Encyclopedie que quelques-uns attribuent à notre Scaliger. Nous avons vû ailleurs, comme ſon propre fils a prétendu (1) qu'il ne ſavoit pas bien les Poëtes Grecs & qu'il ne s'y étoit pas appliqué.

Monſieur le Cardinal du Perron dit en general (2) qu'il a fait de grandes fautes, & qu'il a écrit bien des choſes frivoles & legeres. *Parallele des deux* Il ajoute qu'entre les premiers hommes de notre Nation, il faut *Scaligers.* mettre *Joſeph Scaliger*, quoiqu'il ne fut pas ſi excellent que ſon pere qui étoit, dit-il, un grand homme, bien qu'il eût étudié fort tard; & qu'il écrivoit merveilleuſement bien. Que Jules avoit plus d'eſprit que d'étude, & que c'étoit tout le contraire de ſon fils Joſeph qui avoit plus d'étude & de travail que d'eſprit : que Jules avoit le ſtyle très-beau entre celui de Ciceron & celui de Seneque, que ſon Livre contre Cardan a de belles obſervations & beaucoup de choſes fort legeres, qui ne laiſſent pas de paſſer, parce qu'elles ſont revêtuës de belles paroles; que Joſeph étoit excellent pour les Langues, mais non pas en Théologie.

Monſieur de Balzac (3) dit que les deux Scaligers ont été deux merveilles des derniers tems, & que ſans leur faire faveur, on peut les oppoſer à la plus ſavante Antiquité. Mais que ces deux Héros auſſi bien que les deux Couſins Achille & Ajax ont peu travaillé à retenir leur colere, & ſe ſont laiſſé aller à d'étranges emportemens. Que l'un & l'autre Heros a fait plus d'une fois l'Hercule furieux en des occaſions bien legeres. Que les injures que le Pere a dites à Eraſme font pitié & feroient rougir les plus miſerables d'entre les Crocheteurs & les Harangeres, & que le Fils a encore ſurpaſſé le Pere en ordures qu'il a vomies contre les uns & les autres.

Barthius (4) les taxe tous deux de malignité dans leurs jugemens. Il dit que ſuivant l'exacte obſervation qu'il avoit faite de ces deux grands Genies, ils auroient pû acquerir une meilleure réputation en faiſant tout autre choſe que de ruiner celle des autres mal-à-propos. Car quoiqu'ils ayent été les premiers de leur ſiécle autant pour l'eſprit que pour le jugement, ils n'ont point laiſſé de commettre des fautes & des excès qui les ont fait paſſer ſi non pour des igno-

---

1 V. la 2. part. des Critiques cy-deſſus.   3 Balzac Entretiens pag. 208.
2 Perronian. pag. 193. 194.   4 G. Barth. adverſar.

rans, du moins pour des esprits passionnés & suffisans.

Cette humeur médisante & dédaigneuse qu'ils témoignoient à l'égard de tout le monde étoit ou l'effet ou la suite d'une vanité insupportable, accompagnée de beaucoup d'amour propre & de présomption dans l'un & dans l'autre, & dont ils ont tous deux donné des marques en une infinité d'endroits de leurs Ecrits, & sur tout dans leurs Lettres.

Cette passion pensa dégénérer en folie par l'impatience qu'ils témoignerent toujours l'un & l'autre autant pour rétablir leur Altesse prétenduë dans la Seigneurie de Verone, que pour maintenir leur Principauté dans la Republique des Lettres.

Lipse qui étoit adorateur de l'un & de l'autre à l'exterieur, comme plusieurs autres, ne laisse (1) pas de dire son sentiment fort au long sur le Pere dans une de ses Lettres (2), & nous parlerons encore du Fils en particulier.

* *Poetices libri* VII. in-fol. *Heid.* 1607. — *De causis Ling. Latinæ lib.* XIII. in-8°. *Lugd. apud Gryphium* 1540. — *Exotericarum Exercitationum liber* XV. *de subtilitate ad Cardanum* in-4°. *Paris.* 1604. — *Com. & animadversiones in* VI. *lib. Theophrasti de causis Plantarum.* — *Comment. in Plantarum libros Aristoteli inscriptos* in-fol. 1566. *Lutetiæ apud Vascosan.* — *In Aristotelis Historiam Animalium Commentarii* in-fol. *Tolosæ* 1619. — *Ejusdem de Insomniis* in-fol. *Genevæ* 1561. — *Paganinus Gaudentius de Aperipato Jul. Cæs. Scaligeri* in-4°. *Pisis*, 1641.*

1 ¶ Cette façon de parler, *ne laisse pas*, semble donner à entendre que dans la Lettre où Lipse parle de Jule Scaliger fort au long il ne laisse pas, tout adorateur qu'il en étoit, d'en dire en quelques endroits des vérités peu honorables. Cependant la Lettre que Baillet cite de Lipse ne contient qu'un très-court mais très-grand éloge de Jule Scaliger, des rares qualités duquel il envoie à Douza un beau portrait fait par Scaliger lui-même. §

2 Lips. Epistol. 44. Centur. 2. Miscellan. ad Douzam.

GUILL. PHILANDER de *Châtillon-sur-Seine.* (1)

363   IL a fait paroitre son habileté dans la correction du texte de *Vitruve* & dans les savans Commentaires qu'il y a ajouté & qu'il augmenta d'un tiers dans la seconde édition qui se fit en 1552. par de Tournes à Lyon. Il en est loué par Vossius (2) & par Monsieur de Sainte Marthe (3). Cet ouvrage fut si fort estimé à Rome qu'il lui fit avoir la qualité de Citoyen Romain.

La préface de son Livre l'a fait passer pour un Gascon ou un Fanfaron, parce qu'après y avoir promis avec grande ostentation de donner quantité d'autres ouvrages de la plus profonde & de la plus rare doctrine du monde, il fatigua mal à propos le Public par l'attente vaine de tant de magnifiques promesses (4), & se contentant de la reputation que cet ouvrage lui avoit acquise, il passa le reste de ses jours dans la fainéantise. [Il a encore donné *Epitome Georg. Agricolæ de mensuris & ponderibus* in-8°. *Lugd.* 1585.]

1 ¶ Il mourut à Toulouse le 20. Février 1565. agé de 60. ans. Son nom de Famille étoit Filandrier; & de-là vient qu'il est nommé *Guillelmus Philanderius* dans la préface des commentaires de Nicolas Brissæus sur Terentianus Maurus. ¶

2 Voss. de Scient. Mathem. c. 49. §. 13. pag. 300.

3 Scæv. Sammarth. elog. lib. 2. pag. 43.

4 ¶ C'est dequoi Antoine du Verdier le disculpa à la fin de son Supplément à l'Abregé de la Bibliothèque de Gesner pag. 53. où il dit avoir vu à Toulouse les manuscrits de tous ces ouvrages que Philander promettoit. ¶

PHIL. MELANCHTHON, mort en 1560.

364   S Caliger dit (1) qu'il savoit un peu de tout, mais qu'il n'en avoit qu'une legere teinture, sans posseder aucune science à fonds.

Il étoit proprement un faiseur d'Extraits & un ramasseur de lieux communs, & rarement composoit-il quelque chose de sa tête.

Cependant on l'appeloit le Maître commun de toute l'Allemagne, & Henri Estienne dit qu'il étoit la gloire des Lettres & des Savans de son siécle.

Erasme (2) disoit qu'il n'y avoit rien de plus heureux que ce Genie, s'il eût voulu s'appliquer entierement aux Muses; mais que

1 Prim. Scaligeran. pag. 79. 80.   2 Erasm. Dial. Ciceronian. pag. 182.

s'étant contenté de la beauté & de la facilité de son naturel, il ne se soucia pas beaucoup de le cultiver par l'art & les exercices de l'étude, & qu'il sembloit être né pour écrire sur le champ & sans méditation.

Le Cardinal du Perron (1) le croyoit savant en Latin, mais il témoigne qu'il étoit sans force.

Nous parlerons encore de lui parmi les Chronologistes, les Philosophes & les Théologiens hérétiques.

* *Opera omnia Phil. Melanchthonis* in-fol. 4. vol. Witteb. 1562. 1563. 1564.*

1 Perronian. pag. 209.

ANDRÉ de LAGUNA *Espagnol*, mort en 1560.

365 IL étoit bon Critique, comme il l'a fait voir dans les corrections & les Commentaires qu'il a donnés sur *Dioscoride*, sur divers endroits d'*Hippocrate*, d'*Aristote*, de *Galien*, &c. & dans ses diverses Censures qu'il a faites des Versions des autres.

Voyés-le plus amplement parmi les Traducteurs & parmi les Medecins.

* L'on ne trouve qu'un in-16. sur Dioscoride imprimé par Rouille en 1554. comme aussi *Epitomen omnium rerum & sententiarum ex Galien. & Hippocrat.* in-8°. *Lugd.* — *Idem* in-fol. *Venetiis.* 1551. — Dans ses Opuscules imprimés à Strasbourg en 1542. il a traduit & commenté quelques Traités d'Aristote.*

Nicol. Anton. Bibl. Hisp. tom. 1. suo loco.

JEAN BRODEAU, *Brodæus*, Chanoine de *Tours*, mort en 1563.

366 MUret dit (1) qu'il étoit homme d'une lecture fort étenduë & fort diverse. Scaliger (2) témoigne que c'étoit un très-grand personnage & un très-savant homme, dont il estimoit beaucoup plus les Commentaires sur les *Epigrammes Grecques*

1 M. Ant. Muret. Var. Lect. lib. 10. cap. 6.   2 Prima Scaligeran. pag. 33.

Brodeau. que le grand nombre des Ecrits de certaines gens qui faiſoient plus de bruit que lui.

Lipſe lui donne (1) un eſprit vif & perçant, un jugement excellent, & une lecture vaſte & diffuſe, ajoutant qu'il eſt ſurpris ou plutôt indigné de voir qu'on ne parle point de ce grand homme plus qu'on ne fait, & que ſon merite quoique ſi extraordinaire ſoit ſi peu connu du Public.

Monſieur de Sainte Marthe (2) dit qu'il alloit de pair avec les premiers hommes d'Italie, mais qu'il avoit cet avantage au deſſus d'eux tous, d'avoir joint à toutes les belles connoiſſances des Grecs & des Latins celles des Mathematiques & des Langues Hebraïque & Chaldaïque. Et ſelon Grotius (3) Brodeau ſeroit encore aujourd'hui au rang des plus ſavans de ce ſiécle, quoiqu'il ait vécu en un tems où on acqueroit ce titre à meilleur marché.

Il a fait d'excellens Commentaires ſur divers Auteurs Grecs, & particulierement ſur les Epigrammes recueillies par *Maxime Planudes*. Le ſieur Sapin, cité par Mr Colomiez (4) dit que c'étoit un ouvrage très-difficile, immenſe, & d'autant plus inacceſſible, qu'étant compoſé de pieces & de ſentences de pluſieurs Auteurs differens, il y avoit une infinité d'endroits très-obſcurs & qui étoient impénétrables à tout autre qu'à Brodeau.

Le même Auteur ajoute qu'*Oppien* avoit été ſi maltraité par la longueur & la barbarie des tems; qu'il étoit ſi déchiré & devenu ſi obſcur, qu'il auroit été impoſſible à l'Auteur de ſe reconnoître & de ſe regarder même ſans horreur, ſi Brodeau ne lui fût venu au ſecours, & ne l'eût rétabli, corrigé, expliqué & embelli d'une maniere qui ne laiſſe preſque rien à deſirer, tant il y a apporté de diligence & d'habileté.

Il rendit le même ſervice au *Calabrois*, c'eſt-à-dire, à *Quinte* de *Smyrne*, & à *Coluthe* qui furent imprimés à Bâle en 1552. avec ſon Oppien. Gerbelius (5) témoigne qu'il eſt aiſé d'y reconnoître l'Auteur des Commentaires ſur les Epigrammes Grecques; qu'on y trouve le même fonds de ſcience, la même étenduë d'érudition, la même ſolidité de jugement, la même vivacité & pénétration d'eſprit, la même exactitude, la même induſtrie, & la même diligence.

Il a fait encore des notes ſur *Euripide* imprimées en 1561.

1 Juſt. Lipſ. not. ad Germ. Corn. Tacit.
2 Scæv. Sammarth. elog. lib. 2. pag. 38.
3 H. Grot. prolegomen. in Anthol. Græc.
4 Bapt. Sapin. præfat. ad not. Brod. in Euripid.
5 Gerbel. præfat. in Brod. not. ad Opp. Smyrn. & Coluth.

[à Paris in-fol.] & qui foutiennent fort bien fa réputation.

Enfin il nous a donné fes *diverfes Leçons* qui ne font pas moins eftimées que fes autres Ouvrages de Critique, furquoi on peut voir Monfieur Colomiez. (1)

* *Joan. Brodæi Annotationes in Oppianum Q. Calabrum & Columbum* in-8°. *Bafil.* 1552. — *Ejufd. Nota in Martialem* in-8°. *Bafil.* 1619. — *Ejufd. Annot. in Xenophontem Græcè & Lat.* in-fol. *Bafil.* 1559. — *Epigrammata Græca cum Annot. ejufdem & H. Steph.* in-fol. *Francof.* 1600. — *Mifcellaneorum libri* VI. *fcilicet pars prima* in-8°. *Francof.* 1604. — *Eorumdem libri* IV. *fequentes fcilicet pars fecunda* in-8°. *ibidem* 1608.*

1 Paul. Colom. Gall. Oriental. pag. 29 31. 268. &c.

HENRY LORIT GLAREAN, c'eft-à-dire, de *Glaris en Suiffe*, mort en 1563.

367 Voffius dit (1) que c'étoit un homme univerfellement favant, & il ajoute en un autre endroit (2) qu'il avoit une érudition vafte & fort diverfifiée, & qu'il étoit même un Critique beaucoup meilleur que plufieurs ne fe l'étoient imaginé.

Bifciola (3) lui donne auffi beaucoup de jugement, & Sigonius ne fait point difficulté de dire qu'il avoit toujours préféré ce Glarean à tout le monde (4). Surquoi on peut voir auffi Monfieur Hanckius. (5)

Au refte Glarean étoit encore fort jeune quand Erafme écrivant en 1516. (6) difoit de lui qu'il s'étoit rendu très-habile dans toutes les Mathematiques, dans la Philofophie de l'Ecole, dans la Theologie & dans l'Hiftoire; ajoutant qu'il n'y avoit point de fcience dans laquelle il ne fe fut très-heureufement exercé. Et quoiqu'il n'ait point eu la phrafe Ciceronienne dans fes Ecrits, je ne fai pourquoi le même Auteur dit dans un autre ouvrage (7), que Glarean avoit mieux aimé vieillir dans la Philofophie & les Mathematiques, que de s'attacher à prendre le ftyle de Ciceron, puifqu'il n'avoit

1 Ger. J. Voff. de fcient. Mathem. cap. 71. §. 13.
2 Idem ibid. cap. 22. §. 12. pag. 96.
3 Læl. Bifciol. tom. 2. horar. fubfec. var. lib. 2. cap. 7.
4 Car. Sigon. lib. 1. Emendation. cap. 15.
5 Mart. Hanck. Rer. Roman. Script.
6 Erafm. lib. 18. Epiftol. 35. ann. 1516.
7 Id. Erafm. Dial. Ciceronian. pag. 183.

gueres plus de quarante ans quand Erasme parloit ainsi, ayant vécu encore vingt-sept ans (1) depuis lui.

Nous en parlerons encore parmi les Geographes.

* Nous lui avons obligation de la Chronologie de Denys d'Halicarnasse dans l'édition de Francfort 1586. — Il a fait un Commentaire sur Tite-Live en 1588. & un sur Sallufte in-8°. à Francfort en 1607.*

1. ¶ Il faloit dire 35, puis qu'étant né l'an 1488. il est mort en 1563. ¶

CONR. GESNER de *Zurich*, mort en 1565.

368 C'Est un Auteur d'une grande lecture & d'une diligence toute extraordinaire, & qui a merité son rang parmi les bons Auteurs selon Scaliger (1) quoiqu'il n'ait presque fait que des extraits, & qu'il ait composé peu de choses de son fonds.

L'Empereur Ferdinand disoit que Gesner étoit la bonté même. En effet ses Ecrits, comme remarque Melchior Adam (2), ont un caractere de modestie & de pudeur, & comme il pratiquoit la continence, (qualité singuliere pour un homme de sa Communion), il avoit voulu pourvoir à la pureté des mœurs des autres, & particulierement de la jeunesse, en purgeant les anciens Poëtes de leurs ordures & de leurs infamies; mais nous n'avons que son *Martial* mutilé, qu'il publia après en avoir retranché ce qu'il y a de lascif.

Nous avons déja parlé de lui dans le premier Chapitre de la premiere partie de nos Critiques, & nous en parlerons encore parmi les Grammairiens & les Physiciens.

* *Martialis Epigrammata ex Repurgatione Corn. Gesneri* in-8°. *Tiguri* 1544.*

1 Prim. Scaligeran. pag. 80.   2 Melch. Ad. vit. Germ. Medic. pag. 159.

ADR. TOURNE-BEUF, dit TURNEBE d'*Andelys en Normandie*, mort en 1565.

369 IL s'eft fait autant d'admirateurs qu'il a eu de lecteurs, & il eft prefque le feul fur lequel l'envie n'ait point jetté les dents. Scaliger (1) dit qu'il étoit le plus grand homme & le plus favant de fon fiécle, Voffius en parle de même toutes les fois prefque que l'occafion fe prefente de le citer.

Rofin ou plutôt Dempfter (2) l'appelle la lumiere des Critiques. Lipfe l'appelle le plus excellent homme de ceux qui vivoient alors fous le Ciel (3), & ailleurs il dit qu'il étoit le Soleil de la France (4). Barthius témoigne qu'il étoit le véritable & le fidelle Treforier de toute l'Antiquité. (5)

Cafaubon va jufqu'à l'appeller Trifmegifte (6), c'eft-à-dire, qu'il le met au deffus des plus grands hommes. Camerarius (7) le nomme le Prince des beaux Arts & des belles Lettres, jugeant que Turnebe étoit également au deffus de la louange & de l'envie des hommes. Scioppius ne fe contente pas de n'en pas médire, mais il ajoute que notre fiécle même, quelque heureux qu'il foit, n'en a pas produit un plus favant. (8)

Leger du Chefne fon fucceffeur dans fa Chaire (9) dit qu'il étoit également grand Orateur, grand Poëte, & grand Philofophe : & que ce qu'il y avoit de fingulier, c'eft qu'il avoit apporté par tout autant d'exactitude & de fidelité, que s'il ne s'étoit appliqué qu'à une feule de ces Profeffions.

Lambin a fait un grand dénombrement des fervices fignalés qu'il a rendus aux Lettres, dans l'Epitre dédicatoire de fes Commentaires fur le cinquiéme Livre de Lucrece qu'il lui dédie, & il eft difficile d'y rien ajouter, à moins que d'y joindre la préface de l'édition des œuvres de Turnebe in-folio à Strafbourg. (10).

Il a fort peu écrit fi on confidere cette grande érudition qui le

---

1 Prim. Scaligeran. pag. 145.
2 Rof. in antiq. Rom. Dempft. in Elench. præfixo antiq. R.
3 Lipf lib. 5. Epiftol. 17.
4 Idem Elector. lib. 2. cap. 20.
5 G. Barth. adverfar. lib. 43. cap. 23.
6 If. Caufaub. Epift. 44. ad Commelin. ann. 1595.
7 Joach. Camerar. præfat. in libellos de Nat. Dæmon.
8 G. Sciopp. de Arte Critic. pag. 7. 8.
9 Leodegar. à Quercu orat. initio profeffion. habit.
10 D. Lamb. Ep. ded. ad com. lib. 5. Lucre. & præfat. edit. Laz. Zetzner.

Turnebe. rendoit le premier homme de ces tems-là, mais Mr de Sainte Marthe (1) dit qu'il acquit cette haute réputation plutôt à bien enseigner de vive voix qu'à bien écrire, quoique ce que nous avons de lui ne soit pas indigne de son nom. Il avoit beaucoup de netteté & d'elegance dans sa Prose, beaucoup de sublimité, de subtilité & de délicatesse dans ses Vers.

Casaubon dit (2) que ce qu'il a fait sur Ciceron de *Legibus* & de *Fato* est fort bon. Mais le principal de ses ouvrages est sans doute celui des *Adversaires* ou *cahiers* en trente Livres, quoiqu'on ne puisse pas dire qu'il soit achevé. Il y corrige & il y explique tant d'endroits difficiles de toutes sortes d'Auteurs Grecs & Latins & avec tant de capacité, qu'il est difficile de dire si c'est l'esprit ou si c'est la diligence de l'Auteur qu'on y doit le plus admirer, selon Mr de Sainte Marthe (3), & c'est ce qui a fait dire aux Allemans (4) que c'est un ouvrage digne de l'Eternité.

Neanmoins Scaliger qui savoit assés bien le prix de Turnebe, consideroit ces *Adversaires* comme un Embryon venu avant terme, & il avoit coutume (5) d'appeller cet ouvrage l'avorton de Turnebe, disant qu'il y reconnoissoit pourtant les traits de l'esprit du vrai Turnebe.

Le même Auteur témoignoit quelquefois (6) ne pouvoir souffrir l'ostentation de Pierre Victorius & des autres Italiens, & de Muret même, qui „ font, dit-il un Chapitre tout entier en leurs „ *diverses Leçons* d'une petite conjecture; & se mocquent de Tur„ nebe qui a plus de choses en un seul Chapitre qu'eux en tout un „ Livre. Et c'est en quoi consiste la difference du merite de Turnebe d'avec celui de la plupart de ces faiseurs de *diverses Leçons*, son caractere étant d'être solide sans vanité, & celui des autres se faisant souvent remarquer dans la montre de peu de choses.

Ce bon homme Victorius dont nous venons de parler, & qui passoit pour l'oracle de toute l'Italie & le chef des gens de Lettres de delà les Alpes, paroissoit si bien persuadé & si content même de son propre mérite, qu'il ne se soucioit pas beaucoup ce semble de connoître celui de Turnebe, craignant peut-être de se faire tort, & il a cru beaucoup faire pour un étranger & un barbare comme étoit Turnebe à son égard, en disant „ qu'il étoit homme docte sans

---

1 Scævol. Sammart. elog. lib. 2. p. 46.
2 Casaub. ad Hier. Commel. Epist. 44. ann. 1595.
3 Sammarth, elog. ut suprà.
4 G. M. Konig. ex aliis, Biblioth. V. & N. pag. 821.
5 Prima Scaligerana pag. 145.
6 Posteriora Scaligerana pag. 126.

„ doute & de beaucoup de lecture, mais qu'il auroit beaucoup mieux „ fait & pour sa réputation & pour l'utilité publique, de ne point tant „ faire le correcteur, & de modérer la passion & le zele qu'il avoit de „ réformer toutes choses dans les Auteurs (1).

Telles sont les Sentences de ces Messieurs. Cependant quand on voudra mesurer Victorius contre Turnebe, on trouvera avec Scaliger (2) que ce François renferme plus de choses en un seul de ses trente Livres que cet Italien n'en a dans tous ses trente-sept (3) ensemble.

* Il fut Professeur en langue Grecque à Paris au Collége Royal en 1559. où il enseigna non seulement la langue, mais encore la Philosophie Grecque.

* *Adriani Turnebi, adversaria,* III. *tomis cum observat & emendatt. J. Spondani* in-fol. *Argent.* 1599. — *Ejusdem opera omnia* III. *vol.* 1600. *ibidem* in-fol. — *Comment. in Horatium Paris.* 1605. — *In aliquot Ciceronis Orationes* 1594. — *In* III. *libros de Legibus* in-4°. *Basil.* 1552. — *Notæ & observat. ad Æschyli Tragœdias* in-fol. 1664. — *Emendat. in Varronis libros de lingua Latina ex adversariis excerptæ* in-8°. *Paris.* 1585.

1 Petr. Victor variar. Lect. lib. 36. c. 11.   3 ¶ Il y en a 38.
2 Post. Scaligeran. pag. 245.

---

370 ANNIBAL CARO, mort en 1566. Voyés les Traducteurs & les Poëtes.

FRANÇOIS ROBORTEL d'*Udine en Lombardie*, mort en 1567.

371 UN certain Luisinius (1) l'appelle un divin homme & un très-grand personnage dans les Lettres. Mais je pense qu'il est le seul de son sentiment.

Il est vrai que Sigonius (2) dit qu'il le trouve habile homme & qu'il l'admire dans l'étenduë de sa science, mais particuliérement dans la connoissance de la force des mots Grecs & des Antiquités Romaines. Mais c'est une ironie dont il se sert, parce qu'il n'a pas jugé Robortel digne d'être méprisé sérieusement.

Scaliger (3) l'appelle sans façon un ignorant & une bête, & il

1 Francisc. Luisinius lib. 3. Parergon, ' 32.
cap. 10.   3 Scaligeran. posterior. pag. 205.
2 Car. Sigonius lib. 1. emendation. cap.

ajoute que c'eſt un grand *ratiſſeur*. Fruterius le traite de fanfaron qui faiſoit oſtentation d'une érudition *fiévreuſe* & déréglée, & qui ne vouloit pas ſouffrir d'égaux dans la gloire des Lettres (1).

Monſieur de Thou (2) écrit qu'il avoit donné d'abord une grande opinion de ſon ſavoir, & qu'il avoit fait concevoir de lui d'aſſés belles eſpérances, mais qu'il n'y répondit pas, & qu'il trompa le Public. P. Nannius (3) nous le dépeint de ſon côté comme un Ecrivain paſſionné & emporté, mais il ne laiſſe pas de l'appeller un ſavant homme; & Réalin (4) le conſidére auſſi comme tel, ajoutant néanmoins que Robortel étant homme comme les autres, & ayant été embaraſſé dans diverſes autres affaires, on ne doit point s'étonner qu'il ait fait des fautes.

* Ses notes ſur Catule, Tibulle & Properce, ſont dans l'Edition *in-fol.* de Paris. 1604. — Son Commentaire ſur l'Art Poëtique d'Ariſtote & d'Horace, & ſon Traité de la Satire & de l'Epigramme ſont imprimés à Bâle en 1557. — *Diſput. in libros politicos Ariſtotelis* in-4°. *Venetiis* 1552. *

1 Luc. Fruter. lib. 2. Veriſimil. cap. 23.
2 J. Aug. Thuan. lib. 41. Hiſtor. ſuor. temp.
3 Petr. Nann. lib. 8. Miſcellan. cap. 1. & cap. 21.
4 Bernardin. Realin. annotation. var. cap. 15.
5 Martin. Hanckius Rerum Roman. Script. &c.

PAUL LEOPARD, de *Berg-Saint-Vinox*, en Flandres, mort en 1567.

372 ON a toujours admiré le profond ſavoir de cet homme, mais on a encore plus admiré la modeſtie avec laquelle il avoit ſoin de cacher ſon propre mérite.

C'eſt ainſi que tout le monde en parle, Scaliger (1), Nannius (2), Lipſe (3), Mr Colomiez (4), & pluſieurs autres qu'il eſt inutile de citer ſur un fait ſi commun & ſi ſûr (5).

Il a donné des preuves de cette grande érudition dans ſes vingt livres de *Mélanges Critiques* & de corrections d'Auteurs. Mr Colomiez (6) le met à la tête des plus excellens Critiques, comme un homme de beaucoup de lecture, très-judicieux, & très-heureux dans ſes conjectures.

1 Scaligeran. pag. 138. iterum pag. 172.
2 P. Nannius, item & Nanſius Praef. &c.
3 Lipſ. not. ad Hiſt. Tacit. & alibi paſſim.
4 Colomiez Biblioth. choiſie. pag. 93.
5 Valer And. Deſſei. Biblioth. Belgic.
6 Colomeſ. ut ſuprà pag. 47.

Mais il a donné des marques de cette modestie & du mépris qu'il faisoit de la vaine réputation que les autres recherchent dans la production des livres, lorsque son ouvrage ayant été plusieurs années chés un Imprimeur qui vint ensuite à manquer, & voyant que pendant ce tems-là il avoit paru beaucoup d'autres livres de cette nature, où les Auteurs, & entre autres Victorius, Brodeau, Junius, Hartungus, Robortel, & Nannius avoient touché quelque chose de ce qu'il expliquoit dans son ouvrage ; il vouloit absolument le supprimer, quoiqu'il ne cédât à aucun d'eux : & il falut employer toute l'autorité & toute l'addresse de ses amis pour l'empêcher.

* *Pauli Leopardi Emendationum & Miscellaneorum lib.* xx. in-4°. *Antuerp.* 1568. *

GUILLAUME FOURNIER, d'*Orleans*, Jurisconsulte.

373 Il a donné des Notes sur le *Cassiodore*, [à Paris *in-folio* 1589.], & d'autres ouvrages, concernant la Philologie. Scioppius dit (1) qu'il étoit un Critique fin & fort expérimenté en ce genre d'étude. Nous parlerons de lui parmi les Jurisconsultes.

1 Sciopp. de art. Critic. pag. 11.

LUC FRUITIER, ou FRUTERIUS, *Flamand*, *mort à Paris devant l'âge de* 25. *ans.* (1).

374 Lipse le consideroit (2) comme un des premiers esprits des Pays-Bas & de France même, jugeant qu'il avoit le jugement dans une aussi grande maturité, que les vieillards les plus experimentés. Il avoit d'ailleurs beaucoup de subtilité, & outre cela une connoissance parfaite de toutes sortes de Sciences ; si l'on en veut croire ceux de son pays.

Néanmoins ses ouvrages ne sont point achevés, & ils sont plutôt des témoins de ce qu'il étoit capable de faire que de ce qu'il a fait. Son style ne laisse pas d'être bien choisi, élégant avec érudition, & selon Aubert le Mire & Valere André (2 & 3) il respire toujours un certain air de noblesse & d'élévation avec beaucoup de sincérité.

1 ¶ L'an 1566. suivant Mr de Thou. l. 38.
2 Ap. Valer. And., Dessel. pag. 629.
3 Aub. Mir. Elogior. pag. 101. 103.

Entre les choses qu'on a de lui sûr la Critique, on estime particuliérement ses deux livres qu'il a appellés *Verisimilium*. [Lib. III. in-8°. à Francfort en 1605.] Ce fut Douza qui les publia, mais ce ne sont que des restes du véritable ouvrage de ce jeune homme, encore sont-ils fort imparfaits.

*Toutes ses Dissertations se trouvent dans l'ouvrage de Gruter, *Lampas Critic.* in-8°.*

GILLES BOURDIN, *Parisien*, Procureur Général du Parlement de Paris, *mort en* 1570.

375 SEs grandes occupations ne lui donnérent pas le loisir de beaucoup écrire, cependant il passoit pour un des plus profonds du siécle dans le Grec, & il en donna des preuves dans les Commentaires qu'il fit en Grec même sur l'*Aristophane*, s'étant rendu cette langue si familiére qu'il en expliquoit les Auteurs par elle-même, plutôt que par le Latin ou par le François.

On disoit de lui qu'il étoit plus savant en dormant que les plus habiles ne l'étoient en veillant; & qu'il rendoit ses Oracles en ronflant. En effet, l'étonnement de tout le monde étoit de voir ce grand Magistrat presque toujours assoupi & toujours dormant, ne laisser pas d'écouter & de répondre juste & doctement à tout ce qu'on lui proposoit, ou qu'on lui lisoit en cet état avec une présence & une vivacité d'esprit qui ne se rencontroit pas dans les plus vigilans & les plus attentifs.

Nous ne l'avons pas mis parmi les Jurisconsultes parce qu'il ne nous est resté de lui que très-peu de choses sur quelque partie du Droit François.

*Ses Commentaires sur l'Aristophane se trouvent dans l'Edition de Kuster *in-fol.* Amst. 1710.*

1 Scævol. Sammarth. Elog. lib. 2. pag. 50.

LOUIS DE CASTEL-VETRO, de *Modéne*, mort en 1571.

376 MOnsieur de Balzac dit (1) que Castel-vetro est un Grammairien-Philosophe qui cherche la vérité avec adresse,

J. L. Guez de Balzac, Lettre 7. du 5. Livre à Chappelain en 1640.

& se sert fortement de la raison. Mais néanmoins qu'il veut quelquefois la porter plus loin qu'il ne faut, ajoutant qu'il lui seroit aisé de le reprendre en certaines choses plus justement qu'il n'a repris Annibal *Caro*, soit dans son Enéïde, soit ailleurs.

Il prétend en un autre endroit (1) qu'il n'a commenté *Aristote* que pour le reprendre. Le P. Rapin (2) témoigne que Picolomini & Castel-vetro ont commenté la Poëtique d'Aristote en Critiques fort habiles & mieux que les autres qui ont entrepris le même travail. Que Picolomini traite Aristote plus honnêtement que Castel-vetro, lequel est un esprit naturellement chagrin, qui par une humeur contrariante se fait une loi de trouver toujours à redire au texte d'Aristote qu'il embarasse d'ordinaire en l'expliquant. Qu'après tout c'est le plus habile des Commentateurs de la Poëtique d'Aristote, & celui dans lequel il y a plus à apprendre.

* *Poëtica d'Aristotele vulgarizata & sposta* in-4°. *Vindeb.* 1570. & *Bas.* 1576.—*Correttione d'alcune Cose del Dialogo delle lingue di B. Varchi* in-4°. *Basil.* 1572. *Le Rime del Petrarca* III. part. per *medismo* in-4°. *Basil,* 1582.*

1 Le même, Lettre 26. du 3. liv. des Ep. choisies. à Godeau de l'an 1644.

2 Le P. Rapin avertiss. des Réfléx. sur la Poëtique.

DENYS LAMBIN, de *Montreuil*, mort en 1572.

377 SCaliger (1) le mettoit au rang des bons Auteurs, disant qu'il parloit bien Latin, & Romain, qui plus est ; & qu'il écrivoit parfaitement bien.

Il témoigne ailleurs (2) que son *Horace* est un très-excellent ouvrage. Monsieur de Sainte-Marthe (3) dit que ses Commentaires sur *Lucréce*, *Plaute*, & *Horace* même peuvent nous tenir lieu de diverses leçons.

Mais il n'a point été si universellement approuvé dans ce qu'il a fait sur *Cicéron*, dit le même Auteur, parce qu'il s'y est comporté avec trop de hardiesse, au jugement de plusieurs, quoiqu'il y ait apporté une éxactitude & une diligence souveraine.

Il étoit d'ailleurs si versé & si rompu dans la lecture de cet Orateur, qu'on ne peut presque point rendre plus Cicéronien le style dans lequel il a traduit les harangues & repliques que Démosthène

1 Prima Scaligeran. pag. 96.
2 Altera Scaligeran. pag. 135.
3 Scævol. Sammarthan. Elog. lib 2. pag. 56.

& Eschine ont faites l'un contre l'autre.

L'Auteur Anonyme de la Bibliographie (1) juge auffi qu'il y a de l'excès dans les libertés qu'il prend dans les corrections de Ciceron, & que cela va jusqu'à l'audace. C'est ce qui a porté Franc. Modius (2) à le rabaisser si fort, comme s'il eut voulu par ce moyen relever le mérite de Jean *Guillelme* qui travailla depuis sur le même sujet.

L'Anonyme témoigne ailleurs que Lambin a usé de la même témérité dans les corrections qu'il a faites de *Martial*. (3)

* *Commentaria in Horatium* in-fol. *Parif.* 1605. — *In Plautum* in-fol. *Parif.* 1588. — *In Lucretium* in-4°. *Parif.* 1660. — *In Ciceronem* in fol. 2. vol. *Lugd. apud. Gryphum* 1585. — *In Corn. Nepotem* in-4°, *Parif.* 1569.

1 Bibliogr. cur. Hift. Philolog. pag. 43. 3 Bibliograph. ut suprà pag. 63.
2 Franc. Modius Novantiq Epift. 131.

JEAN LE MERCIER, d'*Usez*, mort en 1573.

378   IL passoit pour le plus grand Grammairien Critique de son siécle, mais il excelloit particuliérement dans la langue Hébraïque, & avoit un talent tout particulier pour commenter la Lettre de l'Ecriture sainte

Il avoit outre cela de la piété selon Scaliger (1) & il auroit été à souhaiter qu'elle eût été assés solide & assés forte pour le retenir dans le sein de l'Eglise Catholique.

Nous en parlerons encore parmi les Grammairiens Artistes & parmi les Interprétes de l'Ecriture.

* Baillet a oublié que Jean Mercier a été Professeur en langue Hébraïque au Collége Royal à Paris ayant succédé en 1546. à François Vatable. Il est mort en 1570. & non pas en 1573. Il a donné des Commentaires sur la Génése, sur Job, sur Salomon, sur les cinq Prophetes imprimés *in-fol.* à Genève en 1573. & en 1598.

Observationes ad Horapollinis Hieroglyphica in-4°. *August. Vind.* 1595. — *Ejusdem, & Ant. Cevallerii & B. Cornelii Bertrami thesaurus linguæ sanctæ* in-fol. *Lugd.* 1595.

1 Prima Scaligerana pag. 105.

CHARLES

CHARLES DE LANGHE ou LANGIUS, de *Gand*, mort en 1573.

379   Lipse l'appelloit le plus savant des Belges (1). Aubert le Mire dit qu'il étoit le plus grand Critique de son siécle (2). Et Valere André de son côté estime qu'il étoit la fleur choisie des Critiques (3).

Scioppius dit qu'il s'étoit particuliérement rendu recommandable par sa fidélité & son intégrité, que son Commentaire sur les Offices de *Ciceron* est très-savant & très-utile à la Postérité. Il ajoute (4) que ses diverses Leçons sur *Plaute* sont excellentes, & qu'il y a beaucoup de Critiques qui sont redevables de leur réputation à cet ouvrage de Langius, quoique la plupart soient assés ingrats pour ne le pas avouer.

On ne sait ce que sont evenuës les Scholies que cet habile homme avoit faites ou commencé de faire sur *Seneque*, *Solin*, *Pline*, *Théophraste*, *Dioscoride*, &c. Aubert le Mire dit que c'est la mort ou sa modestie qui nous les a dérobées, car quoique Langius voulût tout savoir, il n'étoit pourtant pas d'humeur à faire connoître ce qu'il savoit.

  * *Caroli Langii Notæ in Ciceronem* in-4°. *Hanov.* 1615. — *Variæ lectiones in Plautum* in-8°. *Francofurti* 1625.*

1 Lipf. Not. ad Tacit. &c.
2 Aub. Mir. Elog. Belgic. pag. 133.
3 Val. Andr. Deff. Biblioth. Belg. pag. 12.
4 G. Sciopp. de Arte Critic. pag. 11. 12.

JOACH. CAMERARIUS, de *Papenberg* (1), né en 1500. mort en 1574.

380   Turnèbe l'appelle la gloire de l'Europe & l'ornement de l'Allemagne (2). Henri Estienne dit qu'il étoit la lumiére & l'appui des belles Lettres dans son pays (3). Lipse assure (4) qu'il n'a point eu son semblable dans toute l'Allemagne. Taubman (5) va

1 ¶ Lifés *Bamberg*.
2 Adr. Turneb. adversar. & apud Crow. Elcrch.
3 H. Steph. Præfat. in Macrob.
4 Lipf. Not. ad Tacit. & in Elect. & apud Crow. & Sciop.
5 Fred. Taubman. apud Quenstedt. pag. 173. cap. Crow.

Camerarius. jusqu'à l'appeller le Prince de l'une & l'autre Langue. Et Casaubon priant pour le bonheur de l'Allemagne & de la France, souhaitoit à celle-ci plusieurs Scaligers, & à celle-là plusieurs Camerarius (1).

En effet c'étoit un grand personnage, que Vossius (2) témoigne être encore beaucoup au-dessus de tous les éloges qu'il a reçûs de tous les gens de bien & de tous les Savans. Il assure que ç'a toujours été une marque ou d'ignorance grossiére ou de méchanceté noire de ne le louer que médiocrement; que pour lui il tâche d'exprimer la grande idée qu'il en a en l'appellant le Phénix d'Allemagne.

Il dit qu'il étoit très-habile non seulement dans les belles Lettres, dans la Philosophie, dans l'Histoire & les Antiquités, mais encore dans toutes les parties des Mathématiques, ayant écrit sur presque toutes sortes de matiéres; ayant corrigé & commenté toutes sortes de Poëtes & d'Orateurs, & traduit divers Auteurs Grecs.

Scaliger fait ses éloges en plus d'un endroit & dit qu'il interprete fort bien les Auteurs (3), Paul Jove, J. Douza, J. Gruter, Christ. Colerus ne démentent pas tous ces avantageux témoignages, & ce dernier (4) veut nous persuader qu'il étoit encore un grand Politique, comme il étoit grand en toute autre chose. Il l'appelle encore la prunelle de l'Allemagne, témoignant qu'il régloit & tempéroit cette grande abondance où il étoit de toutes sortes de choses & de mots, par sa gravité & par son jugement.

Scioppius dit (5) que les services qu'il a rendus à la République des Lettres sont innombrables, & qu'ils sont tous très-considérables; que la malignité de ses envieux n'a servi qu'à relever encore davantage l'éclat de sa gloire, ajoutant que c'est avec beaucoup d'inclination & de sincérité qu'il donne sa voix & son consentement aux témoignages qu'en ont rendu les Turnèbes, les Lipses, les Casaubons, les Gruters & les autres grands Hommes dont nous venons de citer une partie.

Il est vrai que Béze n'est pas si excessif que les autres dans son jugement. Car quoiqu'il ne le fasse inférieur à personne du monde, soit pour l'éxactitude en toutes choses, soit pour la connoissance de la langue Grecque : il semble reconnoître qu'il avoit quelqu'un

1 Casaub. in Elench. G. Crow. in S. Scrip. ag. 191.
2 Voss. de Scient. Mathem. cap. 65. § 14. pag 377.
3 Prim. Scaligeran. pag. 41. Item posterior. Scaligeran. pag. 8. & pag. 41.
4 Christ. Coler. de stud. Politic. pag. 208.
5 G. Sciop. de art. Critic. pag. 7.

CRITIQUES GRAMMAIRIENS.

au-deſſus de lui pour l'éloquence & la pureté de la langue Latine (1).

Tous les ouvrages de Camerarius ſont preſque univerſellement eſtimés, & la plupart ſont devenus aſſés rares, parce que les connoiſſeurs s'en ſaiſiſſent auſſi-tôt qu'ils les rencontrent. Ses petites Notes ſur *Homére* [in-4°. à Hanove 1537.] outre les autres, ne ſe trouvent qu'avec la derniére difficulté, comme le témoigne le Bibliographe Anonyme (2).

* Camerarius a donné tant d'ouvrages, que le Catalogue que Joſias Simler en rapporte, ſeroit ici trop ennuyeux, c'eſt pourquoi nous renvoyons à la Bibliothéque de Geſner, où ils ſont très-exactement énoncés.*

---

1 Theod. Bez. ap. Quenſt. de patr. Vir. ill. pag. 173.

¶ Beze ne dit pas cela. *Le ſentiment général des hommes doctes*, dit-il, *eſt que l'Alemagne n'en a point eu de plus habile en Grec, qu'elle n'en a eu que très-peu en Latin de plus elegans, ni aucun de plus éxact.* On voit que Beze n'élève & ne rabaiſſe Camerarius que par rapport aux autres Savans d'Alemagne, & que cette exactitude qu'il lui attribuë, n'eſt pas, comme dit Baillet, en toutes choſes, mais uniquement pour la diction Latine. C'eſt du moins le ſens à quoi naturellement conduit l'expreſſion ſuivante de Beze *in Iconibus. Eo provectus eſt eruditionis, ut communi doctorum omnium conſenſu, peritiorem linguæ Græcæ neminem, in Latina vero linguæ diſertiores perpaucos, exactiorem autem nullum ſcriptorem habueris Germania.* ¶

2 Bibliograph. cur. Hiſt. Philolog. pag. 49.

PAUL MANUCE, Venitien, originaire de *Rome* (1), & y demeurant, mort en 1574.

381 JErôme Magius (2) prétend qu'il étoit encore au-deſſus de ce qu'on pouvoit dire à ſa louange. Biſciola dit (3) qu'il étoit le Prince de la Latinité de ſon ſiécle ; qu'il étoit très-expérimenté dans les Antiquités Romaines, & qu'il entendoit parfaitement toutes les fineſſes & les délicateſſes de la langue Latine. George Fabricius (4) dit la même choſe, & il ajoute que perſonne ne doit ſe vanter de ſavoir en ce genre ce que Paul Manuce ignoroit.

Monſieur de Thou (5) écrit qu'outre cette connoiſſance éxacte de la Langue & de l'Antiquité, il avoit encore beaucoup d'induſtrie, & peut-être qu'il ſongeoit à ſon Imprimerie, comme nous l'avons remarqué ailleurs.

---

1 ¶ On a fait voir dans la note ſur le chap. 1. que c'étoit Alde qui de ſon autorité privée, quoique né à Baſſano, s'étoit qualifié Romain ¶

2 Hier. Mag. Variar. Lection. lib. 2.

cap. 10.

3 L'l Biſciol. tom. 1. horar. ſubceſiv. lib. 8. cap. 14. Item lib 13. cap. 6.

4 Georg. Fabric. de Roma, cap. 1.

5 Jac. Aug. Thuan. Hiſtor. lib. 59.

Manuce.

Scaliger dit (1) qu'il écrivoit autant Romain, c'est-à-dire, d'un Latin aussi naturel & aussi pur qu'homme du monde, quoique dans la conversation (2) il ne sût pas dire trois mots Latins de suite. Il ajoute qu'il étoit bien contraire à Longueil ou Longolius, en ce que celui-ci s'assujettissoit comme un esclave aux mots & à la phrase de Ciceron avec tant de scrupule, qu'il ne paroissoit pas qu'il y eut rien de lui, mais que le sens & les paroles étoient toutes de ce Romain; au lieu que Manuce écrivoit de sa tête & en son sens, s'étant formé un beau style non pas seulement de Ciceron, mais encore de Terence, & de tout ce qu'il y a de bons Auteurs de la Latinité la plus pure, ayant fait paroître une industrie toute particuliére pour les ajuster à ses maniéres, plutôt que de s'accommoder aux leurs.

Cependant il n'en étoit pas moins Cicéronien que Longueil, & Jacoboni (3) témoigne que quand Ciceron reviendroit sûr terre, il ne sait s'il pouroit parler plus Latin, & s'il auroit plus de pureté & plus d'élégance que notre Manuce, pour exprimer, comme il a fait, les pensées & les actions des hommes de son tems, & pour déméler les affaires du monde, en parlant selon le génie de ces derniers siécles.

Muret (4) dit qu'il est assés difficile de juger lequel est le plus redevable de Manuce à Ciceron, ou de Ciceron à Manuce. Car d'un côté Manuce s'est tellement formé dans la lecture des livres de Ciceron, qu'il est parvenu par son moyen au premier dégré de l'Eloquence, dans laquelle il a passé tous ceux de son tems; & de l'autre ayant sû joindre heureusement à l'excellence de son esprit une diligence extraordinaire, une application infatigable au travail, & une patience qui domta & usa entiérement ses forces & sa santé, il s'est mis à corriger les ouvrages de celui qui avoit si long tems fait le sujet de ses études. Muret ajoute que c'est une chose incroyable de dire combien de milliers de fautes il en a corrigé avec un bonheur tout extraordinaire.

Mathieu Toscan dit que le plus excellent de tous ses ouvrages, est le livre des Loix des Romains (5). Mais Scaliger veut (6) que tout ce qu'il a fait généralement soit excellent, & il nomme particuliérement les Commentaires sur les Epitres familiéres & sur celles à

1 Prim. Scaligeran. page 114.
2 ¶ Ces mots: *Quoique dans la conversation &c.* ne font pas du *Scaligerana prima*, où le chiffre 1 renvoie, mais du *secunda* marqué plus bas chiffre 6. ⑤
3 Jacobon de Cæsior. gent. cap. 11.
4 M. Ant. Mur. lib. 1. Var. Lect. cap. 6.
5 J. Mat. Tosc. in pepl. Ital. ap. Hanck.
6 Posterior. Scaligeran. pag. 149.

Attique. On peut voir encore Monsieur Hanckius, Monsieur Bullart, &c (1).

* *Adagiorum Græc. accurata editio* in-fol. *Florent.* 1575. — *Comment. in Ciceronis Epistolas & Orationes* in-fol. *Venet.* 1592. 1593. — *Epistolæ stylo Ciceroniano scripta* in-8°. *Venet.* 1581. — *Epistolarum Lib.* XII. *& præfationum lib.* I. in-8°. *Venet.* 1580. — *Antiquitatum Roman. lib. de Comitis* in-8°. *Bonon.* 1585. — *De legibus* in-8°. *Col. Agrip.* 1570. — *De Senatu* in-8°. *ibidem* 1582. — *Annotata castigationes & observationes in Ciceronis Philosophiam & Epistolas familiares & ad Atticum* 1541. *Venet.* — *Ejusdem annot. in Virgilium* 1570. *Lugduni apud Gryphium* in-8°. — *M. Tullius Cicero Manuciorum Comment. illustratus* in-fol. 4. *vol. Veuet.* 1523.

1 Mart. Hanckius rer. Rom. Script. Isaac Bullart Acad. des Arts & des Sciences, &c.

ADRIEN JUNIUS ou *de Jonghe*, d'Horn en Hollande, mort en 1575.

382 Monsieur Bullart trouve (1) que c'est lui faire injure que de ne l'appeller que la seconde lumière d'Hollande après Erasme. Mais Junius n'est pas fort à plaindre si on lui conserve ce second rang jusqu'à la fin de son siécle, car il a dû le céder à plus d'un Hollandois du nôtre & particuliérement à Grotius, à Vossius, à Heinsius, &c.

Nous avons des Notes de Junius sur *Plaute*, sur *Seneque*, & sur divers Médecins, sans parler du *Nomenclator*.

* *Nomenclator* VIII. *linguis* in 8°. *Parif.* 1606. — *Comment. Græci in Homerum ex Eustathio concinnati* in-fol. *Basil.* 1558 — *Scholia in Martialis Epigrammata* in-fol. *Parif.* 1601. *Comment. in utrumque Senecam* in-fol. *Parif.* 1607. — *Observationes in Petronii Arbitri Satyricon* in-8°. *Parif.* 1619. — *Animadversionum libri* V. in-8° *Francof.* 1604. — *Observationes breviores in Plauti Comœdias* in-8°. 1568. *Typis Hervagianis.*

1 Is. Bull. Academ. des Sc. liv. 3. pag. 181. 182.

GUILLAUME CANTER, d'*Utrecht*, mort en 1575. âgé de 33. ans.

383 LE jeune Paré l'appelle (1) un Critique de très-grande expérience & fort poli. Et Melchior Adam (2) dit que ses *nouvelles Leçons* montrent une grande lecture & une Critique assés heureuse. Scioppius (3) en juge de même.

Il est loué non seulement par Aubert le Mire & Valere André, mais par Lipse, par Scaliger, & par plusieurs autres grands hommes.

Canter a fait encore un Traité de *la manière de bien corriger les Exemplaires Grecs*, qui fait voir son expérience & le progrès qu'il avoit déja fait dans cette sorte d'étude. Ainsi c'est dommage pour les Lettres qu'il soit mort si jeune.

On peut voir la liste de ses œuvres dans Valere André (4), & Melchior Adam.

* *Syntagma de ratione emendandi Authores Græcos* in-8°. *Antuerp.* 1571. *

1 Phil. Pareus. Comment. in Plaut. & ex eo Aub. Mir. Elogior. pag. 128.
2 M. Ad. vit. Ger. Philof. pag. 284.
3 G. Sciopp. de Art. Critic. pag. 8.
4 Val. Andr. Deffel. Biblioth. Belg.

GUILL. XYLANDER, d'*Ausbourg*, mort en 1575. (1) ou 1576.

384 MOnsieur de Thou & après lui Melchior Adam, Konig & les autres, disent que Xylander ne travailloit que pour gagner du pain; & qu'il travailloit au plus vîte, étant également pressé & par la faim & par les Imprimeurs qui le nourrissoient: & qu'ainsi il ne faut pas s'étonner si tout ce qui vient de lui n'est pas exact à cause de cette précipitation. Car il étoit d'ailleurs un des savans hommes de son siécle. La liste de ses ouvrages se voit dans Melchior Adam. Nous parlerons encore de lui parmi les Traducteurs.

1 ¶ Mr de Thou met la mort de Xylander en 1576. de même que Melchior Adam, qui ne laisse pas de reprendre Mr de Thou de l'avoir mise en 1575. & qui effectivement l'y avoit mise dans une édition antérieure à celle que j'ai suivie.
Thuan. Hist. lib. 61.
M. Ad. vit. Philof. Germ. pag. 291.
Konig. Bibl. V. & N. pag. 878.

CRITIQUES GRAMMAIRIENS.

385 J. DE GORRIS ou DEGORI (1), dit GORRÆUS, *mort en* 1577. qui a travaillé sur *Nicandre*. Voyés les Médecins.

1 ¶ On écrivoit *de Gorris*, mais on prononçoit de Gorri. Le Gorræus que cite Bodin chap. 4. de sa Méthode de l'Histoire devoit être appellé *Gohorius*, savoir Jaques Gohory qui disoit que ce qu'il avoit traduit du Roman d'Amadis passeroit un jour pour aussi véritable que l'Histoire de Paul Jove. ¶

JEROME WOLPHIUS, d'*Oeting*, mort en 1580.

386 C'Etoit un homme de grande diligence & de beaucoup de lecture même, mais qui n'avoit ni grand jugement, ni beaucoup d'éxactitude (1). Ce qui paroît sur tout dans les deux tomes in-folio qui ont pour titre *Des Lectures Mémorables*, lesquels sont assés rares aujourd'hui, & qui sont même, estimés, quoiqu'il y ait beaucoup de mauvais mêlé parmi le bon. Nous parlerons de lui plus amplement parmi les Traducteurs. (2)

Joan. Wolphii Lectiones memorabiles & reconditæ Cent. XV. Tomis duobus in-fol. Lavingia 1600.

1 ¶ Faux. Nous n'avons guère de plus exacts ni de plus judicieux traducteurs que lui. Mais Baillet en parle ainsi, parce qu'il le confond avec Jean. Wolfius Auteur du livre intitulé *Lectiones memorabiles & reconditæ* plein d'impostures & de calomnies outrées contre la Religion Romaine. ¶
2 Bibliograph. cur. Hist. Philolog. p. 109.

M. l'Abbé DE BILLY, *de Guise*, mort en 1581.

387 POssevin dit (1) que de plus de cinquante ans après ce savant Abbé on n'avoit vû, & on ne verroit un si habile homme pour le Grec que lui ; ce qui paroît un peu excessif.

Il a fait des *Observations sacrées* qui font connoître qu'il étoit un des premiers Critiques de son siécle. Ce sont des corrections & des explications de divers endroits des Peres & des autres Auteurs Ecclésiastiques Grecs. On estime encore son *Anthologie*.

1 Possevin Apparat. sac. pag. 780,   Sammarth. &c.

Mais nous parlerons encore de lui avec plus d'étenduë parmi les Traducteurs.

* *Jacob. Billii, Anthologia sacra Octostichis Versibus cum Scholiis.* in-8°. *Paris.* 1575. — *Ejusdem sacrarum Observationum lib.* II. in-fol. *Paris.* 1585.*

SIMEON DU BOIS, dit BOSIUS, *Magistrat de Limoges*, mort en 1581. ou 1582.

388 Scioppius dit (1) que, quand Lambin entreprenoit de loüer l'esprit & le merite de cet homme, il ne pouvoit jamais se satisfaire, parce qu'il ne croyoit pas pouvoir satisfaire la verité en ce qu'elle éxigeoit de lui pour ce point.

Cependant il n'avoit à loüer qu'un seul ouvrage de cet homme qui est un Commentaire sur les Epitres de *Ciceron à Attique*, lequel effectivement suffit tout seul pour faire voir que Bosius étoit un grand Critique.

Monsieur de Sainte Marthe (2) en juge de même, & il dit qu'il a apporté un genie excellent, un jugement exquis, & un grand fonds de doctrine pour corriger & expliquer ces Epitres. (3)

Bosius auroit été fort loin s'il n'eût point été assassiné par des voleurs dans le fort de ses resolutions.

* *Sim. Busii animadversiones in Epist. Ciceronis ad Atticum* in-8°. *Antuerp.* 1582.*

1 Sciopp. de Art. Critic. pag. 11.
2 Sammarth. Elog. lib. 3. pag. 77.
3 Isaac Casaub. Epist. 968. data Genevæ

3 Jan. 1591. ad Franc. Junium ait Bosium nusquam minus Bosium quam in Græcis corrigendis.

PIERRE CHACCON ou CIACCONIUS, *de Tolède* mort en 1581.

389 André Schott dit que son érudition tenoit quelque chose du miracle (1), & qu'il sembloit né, ou plutôt tombé du Ciel pour corriger & rétablir les Auteurs dans leur premier état.

Le Vittorio de Rossis (2) le loüe extraordinairement de la dili-

1 A. S. Peregr. Biblioth. Hist. tom. 3. p. 565.   2 Jan. Nic. Eryth. 1. Pinacoth. 1. p. 191.

CRITIQUES GRAMMAIRIENS.

gence, du difcernement & de l'érudition qu'il a apporté à cette Ciacconius correction, & du bonheur qu'il a eu dans fes conjectures, & dans le rétabliffement d'une infinité d'endroits eftropiés dans *Cæfar*, dans *Sallufte*, dans *Varron*, dans *Mela*, dans *Pline*, dans *Tertullien*, dans S. *Ifidore*, &c. Il ajoute qu'il avoit un talent tout particulier pour entrer dans l'efprit des Auteurs, & pour prendre leur penfée.

Dom Nicolas Antoine (1) dit que lui, & Nugñez de Guzman, dit autrement Nonnius de Pincia, étoient les deux yeux de l'Efpagne pour découvrir les Manufcrits, & pour en appercevoir les fautes.

Il étoit hardi & décifif dans le jugement qu'il faifoit des ouvrages des autres, ne fachant ce que c'étoit de tromper perfonne, à caufe de la fincerité de fon ame & de la droiture de fon cœur, non plus que de fe laiffer tromper, à caufe de fon érudition extraordinaire & de la pénétration admirable de fon efprit. Il avoit l'art de conjecturer à coup fûr, felon Jean Grial (2), & de rencontrer prefque toujours fort jufte.

Outre les Auteurs que nous avons nommés il a encore travaillé fur *Caffien*, fur *Arnobe*, & *Minutius Felix*. Mais les Notes qu'il avoit faites fur *Pline* ont paru fi importantes à ceux qui les ont vûes qu'on a jugé qu'elles effaceroient & feroient bien-tôt tomber & méprifer celles qu'avoient faites *Hermolaus Barbarus*, *Nonnius Pincianus*, *Beat. Rhenanus*, *Sigifm. Gelenius*, *Jac. Dalechamp*. Ainfi il eft fâcheux que cet ouvrage n'ait point vû le grand jour.

Il voulut encore donner un effai de fa belle Critique & de fa mémoire prodigieufe, en faifant à l'égard du Decret de *Gratien* ce que nous avons remarqué ci-devant de Tiraqueau envers Alexandre ab Alexandro. Car en effet il a eu tant d'induftrie pour débrouiller ce gros amas de paffages confus, eftropiés, faux, &c. qu'il a fait voir tous les Auteurs de qui étoient les paffages particuliers, en remontant jufqu'aux fources, & montrant en même tems la caufe des fautes dont ce livre eft plein. C'eft dommage qu'un travail fi neceffaire fe foit perdu par un malheur venu de la mauvaife conduite de fes envieux.

Scioppius dit (3) qu'il avoit affés bien réuffi dans ce qu'il a fait fur *Sallufte* & fur l'hiftoire de *Pline*.

Mais Scaliger (4) témoigne que quoiqu'il fût fort favant, il n'avoit pas laiffé de faire un grand nombre de fautes dans fon livre *De Tri-*

---

1 Nic. Anton. Præfat. pag. 10.
2 J. Grial. in Not. ad S. Ifidori origin.
3 Scioppius de Art. Critic. pag. 16.
4 Pofter. Scaligeran. pag. 50.

clinio. Cela n'a point empêché Casaubon & plusieurs autres hommes de Lettres de le combler de leurs Eloges.

Ciacconius avoit chargé la marge des livres de son cabinet de Notes savantes sur la Critique, ce qui les avoit fait rechercher & vendre bien cher, comme nous l'apprenons de Dom Nicolas Antoine. (1)

* *In Julii Cæsaris Commentarios notæ* in-fol. *Francof.* 1606. — *Observationes in Cassianum* in-fol. *Atreb.* 1628. — *Notæ ad Sallustium* in-8°. *Francof.* 1607. — *De Triclinio Romano, cum Fulvii Ursini appendice* in-8°. *Romæ* 1590. — *Opuscula in Columnæ rostratæ inscriptionem de ponderibus, mensuris & nummis* in-8°. *Romæ* 1608.*

1 Nic. Anton. tom. 2. Bibl. Hisp. pag. 144.

Les quatre POPMANS Freres *Frisiens* dits à *Popma seu Popmani*,
1 AUSONE, 2 CYPRIEN, il mourut en 1582.
3 SIXTE, 4 TITE.

390 O Les pauvres jugemens que les deux *Popma* (Ausone & Cyprien.) *Ce qu'ils ont fait est pitoyable. Celui qui a fait sur le Varron* (Ausone,) *& sur le Salluste* (Cyprien) *n'a ramassé que des ordures.* C'est une exclamation de Scaliger (1). Neanmoins Scioppius (2) estime que la peine qu'Ausone, Cyprien & Tite ont prise sur les Epitres de *Ciceron*, sur *Salluste*, *Caton*, *Varron*, & *Asconius Pedianus* merite des louanges. C'est Tite qui a travaillé sur *Asconius Pedianus*; & Sixte sur *Cornelius Celsus*.

* *Ausonius Popma, notæ in Varronem* in-8°. *Lugd.-Bat.* 1601. — *Ejusdem in Catonem de re rustica* in-8°. *Frank.* 1620. — *Fragmenta Historicorum veterum Latinorum cum Scholiis* in-8°. *Amst.* 1620. — *Cyprianus Popma, in Sallustii Catilinam & Jugurtham emendationes* in-8°. *Francof.* 1607. — *Titus Popma, liber de Operis servorum* in-8°. 1608.*

1 Posterior. Scaligeran. pag. 191.   2 Sciopp. de arte Critic. pag. 18.

JEAN GUILLELME de *Lubec*, mort en 1584. d'autres disent en 1580. (1)

CE jeune homme a été comblé des éloges de tous les Savans de son tems, qui disent qu'il s'étoit rendu recommandable pour quatre choses principalement, savoir pour la beauté de son esprit, l'étenduë de son érudition, la solidité de son jugement, & la bonté de son naturel. (2)

Lipse repete ce qu'il pensoit de lui en plus d'un endroit de ses ouvrages (3). Il dit que ses Ecrits n'ont rien de son âge, & que tout y est mûr; qu'il n'a jamais vû d'esprit qui fût plus à son goût que celui-là; qui eût plus de finesse & de discernement dans la Critique & plus de solidité dans sa doctrine.

Scioppius en a les mêmes sentimens (4), & il dit qu'outre ces excellentes qualités il avoit encore le style fort agréable.

Ses principaux ouvrages de Critique sont ses *Leçons vrai-semblables*, ses *Questions sur Plaute*, & ses *Commentaires sur Ciceron*. Scioppius prétend qu'ils font assés eux-même l'éloge de leur Auteur sans qu'il soit besoin que les autres se mêlent d'en rien dire. Et Lipse ajoute qu'ils sont de si bonne durée que ni l'envie ni les tems futurs ne les pouront ruiner.

Guillelme étoit grand amateur de Ciceron, mais cet amour étoit reglé & retenu par la raison & le sens commun, qui y mettoit de la moderation. Car il n'imitoit pas ces scrupuleux qui n'osent sortir de leur Ciceron de peur de se gâter en prenant un autre air, & d'alterer leur pureté par le mélange des autres Auteurs. Et il se moquoit quelquefois de la folie de ces Ciceroniens (5) qui aimoient mieux pécher contre le bon sens & les regles de la veritable science, que de manquer à la moindre formule de Ciceron: & qui ne se soucioient pas que les corps de leurs discours ne fussent que des squeletes ou des monstres, pourvû qu'ils ne fussent couverts que des ornemens, & cousus des mots de leur Maître. (6)

* *Jan. Guielmii notæ ad Opera Ciceronis* in-fol. *Hamb.* 1614.

---

1 ¶ Ce fut au mois de Juillet 1584. dans sa vingt-neuviéme année.§
2 Scaligeran. posterior. pag. 102.
Barthius com. ad Gratii Cynegetic. V.1.
Hieron. Groslot. Epist. ad Jacob. Lect.
& alii plures.

3 Lipf. lib. 2. Elector. cap. 16.
4 Sciopp. de arte Critic. pag. 17.
5 Melch. Adam vit. Philosoph. Germ. pag. 310.
6 Idem iterum pag. 318.

— *Plautinarum Quæstionum Comment. ubi etiam Tullii quædam loca illustrantur* in-8°. *Francof.* 1604. — *Verisimilium lib.* VIII. *pars prima* in-8°. *Antuerp.* 1582. — *Verisimilium lib.* III. in-8°. *Francof.* 1604.*

JEAN SAMBUCUS de *Tyrnavv*, mort en 1584.

392 Et homme est plus celebre pour avoir deterré & publié plusieurs Manuscrits, qu'il ne l'est par son propre savoir, comme remarque Mr Colomiez (1). Il n'a point laissé de produire divers ouvrages de sa façon tant en vers qu'en prose, & si on en croit P. Victorius (2) & Mr Bullart (3), il étoit constamment un fort habile homme.

Mais je crois que la louange la plus solide qu'on puisse lui donner est celle dont Mr de Thou l'a honoré (4), en le louant de la diligence & de l'application avec laquelle il a ramassé les éxemplaires des anciens Auteurs pour en regaler le Public.

* *In Com. Julii Cæsaris lectiones & spicilegia* in-fol. *Francof.* 1606. — *Nota in Petronii Arb. Satyricon, cum ejusdem vita* in-8°. *Helenop.* 1610. — *Dialogi* III. *de imitatione à Cicerone petenda, paraphrasis & scholia in somnium Scipionis* in-8°. *Antuerp.* 1563. — *Annot ad Luciani Opera* in-8°. *Basil.* 1563.*

1 Paul. Colom. opuscul. pag. 132.
2 Petr. Victor. var. lect. lib. 37. cap. 18.
3 Is. Bullart Acad. des Arts & des Sciences. Tom. 2. liv. 4. 19. &c.
4 Thuan. histor. lib. 80.

FRANCOIS DE LA TORRE Jésuite *Espagnol*, dit d'abord TORRENSIS, & depuis TURRIANUS. mort en 1584.

393 IL a fait des Scholies & des Observations sur diverses pieces de l'Antiquité Ecclesiastique, & particulierement des Peres Grecs. Il y paroit beaucoup de lecture & d'érudition, mais le discernement n'y est pas toujours fort fin. Nous avons déja parlé de lui dans la premiere partie des Critiques, & nous en ferons encore mention ailleurs.

Ses actions & ses écrits sont dans la Bibliotheque d'Espagne & des Jesuites composée par André Schott & Nicolas Antoine & par Alegambe & Sotwel.

M. ANTOINE MURET, *Limoufin*, mort en 1585.

394   Comme nous parlerons plus amplement de lui parmi les Poëtes, les Epiftolaires, & particulierement parmi les Orateurs, nous ne rapporterons ici que ce qui regarde la Critique.

Nous avons de lui en ce genre d'écrire des notes & des corrections fur *Terence, Tibulle, Catulle, Properce, Ciceron, Salluste, & Corneille Tacite*. Nous avons encore fes *diverfes leçons* dans lefquelles felon Scioppius (1) & Borremans (2) il a joint l'élegance & la délicateffe avec le jugement. Et Konig (3) dit qu'il ne fe peut rien imaginer de plus abondant, & de plus fecond, ni en même tems de plus poli que cet ouvrage des Diverfes Leçons.

* *Comment. in Catullum, Tibullum & Propertium* in-fol. Parif. 1604. — *In Horatium* in-fol. Bafil. 1580 — *In Petronium* in-8°. Helenopoli 1610. — *In utrumque Senecam* in-fol. Parif. 1607. — *In Tacitum* in-fol. Parif. 1608. — *Scholia ad Terentii Comædias* VI. in fol. Neap. 1619. — *Nota in Salluftium* in-8°. Ingolft. 1604. — *In primam quæftionem Tufculanam Ciceronis, in Officia, in* V. *de Finibus, in Orationem pro Dejotaro & in Catilinarias* in-8°. Ingolft. — *Variarum Lectionum lib.* XIX. in-8°. Francof. 1604.*

1 G. Gafp. Sciopp. de arte Critic. p 7.
2 Ant. Borremans var. lection. c. 3 p. 10.
3 M. Konig. Biblioth. V. & N. p. 561.

ACHILLE ESTAZO, dit *Statius*, *Portugais*, mort en 1585. (1) ou felon d'autres en 1581.

395   Dom Nicolas Antoine dit qu'il étoit grand homme de Lettres (2), & il le met dans la premiere claffe des excellens Critiques d'Efpagne, le préférant même en ce point à Vivès à Delrio &c.

Lipfe témoigne qu'il avoit un grand génie & beaucoup de lecture (3). Il a fait un grand nombre d'obfervations fur divers Auteurs, & Schott (4) dit qu'il a pris Denys d'Halicarnaffe pour le modele

1 ¶ Ce fut le 17. Septembre 1581. ¶
2 Nic. Ant. Bibl. Hifpan. Præfation. p. 10.
3 J. Lipf. lib. 1. var. lect. cap. 11.
4 Andr. Schott. Biblioth. Hifpan. tom. 3. pag. 485. 486.

de sa Critique. Il ajoute qu'il est plus disert & plus abondant que Muret même dans ce qu'il a fait sur *Tibulle*, que quoique les notes qu'il avoit données d'abord sur divers livres de *Ciceron* ne fussent pas à mépriser, neanmoins la suite des tems & l'expérience lui firent trouver beaucoup de choses à corriger, & lui donnerent lieu d'y faire des augmentations.

Le caractere de son style est d'être grave par tout, mais il affectoit trop de se distinguer du Vulgaire pour écrire à l'antique, voulant imiter la maniere d'écrire des Anciens qu'on trouve dans les inscriptions des Pierres, des Medailles & des autres Monumens, & faisant ainsi dans son écriture des changemens, des additions & des retranchemens de lettres qui sont hors de notre usage ordinaire. On peut voir la liste de ses ouvrages dans la Bibliotheque de Dom Nicolas Antoine.

* *Comment. in Catullum Tib. & Propert.* in-fol. *Paris.* 1604. — *In Suetonium* in-fol. *Paris.* 1610. — *In Ciceronis librum de fato* in-8°. *Lovanii* 1551. — *Observationes difficilium locorum Græco-Latinorum* in-8°. *Francof.* 1604.*

P. VICTORIUS, *mort en* 1585. *Professeur à Florence.*

396 Scaliger l'appelle le plus savant des Italiens (1), & il dit qu'il étoit un très homme de bien, d'une fidelité éprouvée, & que les Gens de Lettres lui avoient bien de l'obligation. Et ailleurs il ajoute qu'il a bien fait dans ce qu'il a écrit, mais qu'il est long: qu'on faisoit grand état de lui en Italie, mais que c'étoit un genie médiocre qui n'avoit rien qui le distinguât du commun; que c'est un assés bon Ecrivain, & qu'il a de la diligence, mais qu'il a le jugement fort petit; en un mot qu'on l'estimoit beaucoup dans son Pays, parce que les Italiens ont coutume, dit-il, d'avoir toujours bonne opinion de leurs gens.

Monsieur de Balzac (2) dit que Victorius n'est pas à la verité si agréable que Lipse & quelques autres, mais qu'il a une certaine simplicité Romaine qui plaît infiniment, & que sa negligence même ne laisse pas d'avoir quelque grace. Qu'au reste il étoit de fort bonne naissance, & qu'il avoit annobli la Pedanterie. Qu'il nous a

---

1 *Prim. Scaligeran.* pag. 147. *Posterior. Scaligeran.* pag. 251. & si Jubert pag. 126.

2 *Balz. lettr.* 10. du livre 3. à Chapelain en 1638.

CRITIQUES GRAMMAIRIENS.

laissé de bonnes & judicieuses observations sur *Aristote*, *Ciceron*, le Victorius (prétendu) *Demetrius Phalereus* &c. Que la Casa le reconnoît pour son Maître ; qu'Annibal Caro le consultoit comme l'oracle de son Pays ; que Scaliger le consideroit comme un très-savant homme ; qu'il recevoit des visites des Princes de Medicis chés lui ; & que le Roi Henri III. même lui écrivit pour lui demander son amitié.

Neanmoins le même Auteur dit ailleurs (1) qu'il avoit peu d'estime pour son style & pour ses manieres d'écrire, sur tout dans ses lettres & ses oraisons. Que c'est du vin qui veritablement n'est pas gâté, mais *qui n'est qu'à huit deniers le pot*, pour user des termes du bon homme Malherbe. Qu'il ne fait point de Solecismes, & n'est point barbare, & qu'il est même Citoyen Romain, mais qu'il est de la lie du Peuple, & qu'il n'a rien qui le fasse valoir que le lieu de sa naissance. En un mot il dit qu'il est fort ennuyeux, fatigant & de peu de saveur, & qu'il n'a ni force ni vertu. Que cela n'empêche pas néanmoins qu'il ne soit docte & judicieux : & qu'en ceci même il prefere sa bassesse & son petit pas à l'orgueil & à l'impetuosité des Clampoli, des Malvezzi, & de plusieurs autres fanfarons de de-là les Monts.

Le principal ouvrage de Critique que Victorius ait fait, est celui des *diverses leçons* qui ne sont pas grand chose au jugement de Scaliger, parce, dit-il, qu'il n'y a presque que des mots & du babil, & fort peu de conjectures. Il ajoute qu'il s'est néanmoins fort appliqué à conferer les livres, mais qu'il n'avoit pas le génie propre pour les livres, & particulierement pour cette sorte d'étude. (2)

Cependant Lewin Torrentius (3) louë Victorius d'avoir été très-scrupuleux & très-fidelle dans la correction des Ecrits des Anciens. Ce qui n'est pas entierement opposé au jugement qu'en ont fait Scaliger & Balzac puisque la diligence & la fidelité ne sont pas incompatibles avec les défauts qu'on a remarqués en lui.

L'Auteur Anonyme de la Bibliographie dit que le plus ordinaire de ces défauts qu'on reproche à Victorius (4), est de paroître un peu trop obscur dans ses commentaires sur les Auteurs. Néanmoins il ajoute en un autre endroit, qu'il est celui qui a le mieux réussi sur la *Rhétorique d'Aristote*.

* *Variarum Lectionum lib.* XXVIII. *cum additione & alteratione in-fol. Floren.* 1582. — *Versio & Com. in primum lib. Arist. de arte poë-*

---

1 Idem lettre 21. du même livre &c.
2 Poster. Scalig. p. 251. & si lubet p. 126.
3 Lev. Torrent. Comm. in Sueton. Claudii vit. cap. 43. & ex eo M. Konig. Bibl. V. & N. pag. 843.
4 Bibliograph. cur. histor. Philolog.

ticâ in-fol. *Flor.* 1573. — *Comm. in Arist. Rhetoricam* in-fol. *Floren.* 1548. — *In Arist. Ethica cum textu Gr. Lat.* in-fol. *Flor.* 1584. — *In Demetrium Phalereum de elocutione cum textu Gr. Lat.* in-fol. *Floren.* 1562. — *In Arist.* VIII. *libros de Republicâ cum textu Gr. Lat. Floren.* 1576. — *Explicationes suarum castigationem in Ciceronem, Varronem & Columellam* in-8°. *Paris.* 1585. — *Opera M. Tullii Ciceronis cum comment. Petri Victorii* in-fol. 4. vol. *Venet. apud Junctas* 1536.*

Antoine AUGUSTIN Archevêque de Tarragone, mort en 1586.

397 C'Est un des plus grands hommes du seiziéme siécle, & un des plus judicieux & des plus pénétrans Critiques que l'Espagne ait jamais portés, dit Dom Nicolas Antoine (1) après plusieurs autres qui lui rendent cette justice avec quelque sorte d'envie.

Pignoria (2) écrit qu'il étoit très-consommé dans toutes sortes d'Antiquités ecclesiastiques & prophanes. Paul Manuce (3) avoit déja dit la même chose auparavant, ajoutant qu'il n'étoit qu'esprit, qu'industrie & que travail ; qu'il avoit le jugement le plus solide & le plus severe, le discernement le plus fin & le plus exact, & en même tems l'erudition la plus exquise & la plus étenduë de ces tems-là.

Nous avons assés peu de choses de lui sur la Critique & qui concerne la correction des Auteurs. Il a donné entre autres des Notes sur le *Varron*, sur le *Pompeius Festus*, & des Fragmens des anciens Historiens. On peut encore mettre son ouvrage de la correction de *Gratien* parmi ses livres de Critique, mais nous en traiterons ailleurs.

Les Notes sur le *Varron* ont été generalement estimées. Turnebe qui dit que les Belles Lettres lui ont d'ailleurs de grandes obligations, & qui l'appelle un très-savant homme (4) ajoute qu'il est le liberateur & le restaurateur de Varron, & que celui-ci lui devoit la vie comme à son veritable Medecin. Neanmoins Scaliger qui reconnoît aussi en lui ce grand fonds d'érudition que tout le monde y trouve, prétend (5) qu'il étoit encore capable d'autre chose à l'égard de Varron, & qu'il auroit pû s'en acquitter beaucoup plus

---

1 Nic. Anton. Biblioth. Hisp. Præfat. pag. 20.
2 Laur. Pignor. Epistol. 47.
3 Paul. Manuc. lib. 2. Epistol. in diversis Epist. passim.
4 Adr. Turneb. lib. 13. adversarior. cap. 17.
5 Jos. Scalig. Præfat. in Varron.

heureusement

CRITIQUES GRAMMAIRIENS.

heureusement, s'il en avoit voulu prendre la peine.

Mais nous parlerons encore plus amplement de lui parmi les Canonistes, & les Medaillistes (1).

* *Notæ ad Varronem* in-8°. *Dordrecti* 1619. — *Annott. ad M. Verrii Flacci quæ extant,* & *ad Pomp. Festum de verb. significatione* in-8°. *Antuerp.* 1593. *

1 Mart. Hanck. de rer. Rom. script.

FRANC. MATURANTIUS. (1)

398   IL a voulu rendre l'Achile du Poëte *Stace* plus traitable en tâchant d'amollir sa dureté par la douceur de ses discours, dit un Auteur Anonyme (2). Et outre cela il a fait des Commentaires sur quelques Oraisons de *Ciceron*. Mais ce qu'il a fait de moins inutile sont les Explications des *Verrines*, quoiqu'il se soit plus attaché à expliquer la matiére que l'art dans lequel elle est traitée.

* *In aliquot Ciceronis Orationes* in-fol. *Basil.* 1553. — *Comm. in Ciceronis Rhetoricam* in-fol. *Venet.* 1496. — *P. Statius cum Comm. Domitii Lactantii & Maturantii* in-fol. *Venet.* 1494. — *Supplementum Artis Metricæ* in-8°. *Venet.* 1522. *

1 ¶ François Maturantius, en Italien Maturacci, ayant vécu jusqu'en 1510. & peut-être quelques années au-delà, pouvoit plus réguliérement être placé entre Petrus Crinitus, & Raphaël de Volterre. Il étoit de Pérouse. L'Auteur qui parle de lui, & que Baillet croit Anonyme, est très-connu, puisque c'est Marc-Antoine Sabellic dans son Dialogue *de Latinæ Linguæ reparatione*, imprimé dans le dernier tome de ses œuvres à Bâle 1538. & 1560. ¶

2 Auctor Dialog. de L. L. reparat. pag. 412.

ELIE VINETTE (1) d'auprès de *Barbesieux en Saintonge*, Professeur de *Bourdeaux*, mort en 1587. âgé de plus de 80. ans.

398 bis   C'Etoit un des savans Philologues de son siécle & un des plus heureux Critiques qui eût paru jusqu'alors pour la correction, l'explication, & l'édition des anciens Auteurs. On a de lui un *Ausone*, un *Perse*, un *Suetone*, un *Florus*, un *Solin*, un *Pomponius Mela*, un *Theognis*, un *Eutrope*, avec un *Paul Diacre*, ce que *Volusius Metianus, Rhemmius Palæmon*, & *Priscien* ont écrit sur les Monnoyes, les poids & les mesures, outre divers ouvrages de Philologie & sur les Antiquités. Il a été estimé de tous les Savans, & particuliére-

1 ¶ *Elias Vinetus*, en François Elie Vinet. C'est ainsi que l'Auteur écrivoit son nom.

Tome II.   Tt

ment de Joseph Scaliger (1). Son Ausone est loué sur tous ses autres ouvrages par Monsieur de sainte Marthe (2). Monsieur de Saumaise dit beaucoup de bien de son Solin, & le préfére à celui de Delrio, quoique celui-ci ait travaillé long-tems depuis lui, & qu'il eût dû profiter de ses lumiéres & de la nouvelle découverte d'autres Manuscrits (3). Vossius loue aussi son Pomponius Mela (4). On peut voir son éloge dans Monsieur de Thou (5).

Vita ejus & Comm. in Ausonium in-fol. Burdig. 1590. — Annott. in Persii Satyras in-fol. Paris, 1638. — Comm. in Suetonium in-fol. Paris. 1610. — Nota in L. Flori IV. libros rerum Romanarum in-8°. S. Gervasii 1606. — Nota ad Volusium, Rhemnium & Priscianum de asse, ponderibus, ac mensuris in-8°. 1585.

1 Jos. Scalig. præfat. in Auson. Burdigal.
2 Scævol. Sammarthan. elogior. lib 3. pag. 94.
3 Claud. Salmas. Prolegomen. in Jul. Solini Polyhist.

4 J. Ger. Vossius de Scient. Mathemat. cap. 44. 5. 26. pag. 258.
5 Jac. Aug. Thuan. lib. 88. histor. suor. temp.

JACQUES PAMELIUS Evêque de Saint Omer, mort en 1587.

399 IL a travaillé sur divers Auteurs Ecclésiastiques, comme sur *Cassiodore*, le *Micrologue*, *Raban*, le Sacramentaire de *saint Gregoire*, & quelques autres ouvrages *Liturgiques*, &c.

Mais le meilleur service qu'il ait rendu à l'Eglise & aux Lettres consiste dans les éditions de *Tertullien* & de saint *Cyprien* dont il a rangé les œuvres dans un nouvel ordre, y ayant ajouté des piéces nouvelles qui n'avoient pas encore été publiées. Il y a fait aussi de savans Commentaires qui font juger qu'il avoit une grande connoissance de l'Antiquité Ecclésiastique, & qu'il étoit assés bon Critique.

Il est loué par Baronius, par Scioppius, & par divers autres Savans, & on peut dire que c'est lui qui a jetté les fondemens solides sur lesquels ont bâti depuis lui Messieurs Rigaut, le Prieur, Lombert, & Fell, quoique tous ces Messieurs ayent trouvé beaucoup de choses à réformer dans ce qu'il a fait d'Historique & de Critique sur ces

Baron. Annal. Ecclesiast. sæculi 2.
Sciopp. de arte Critica pag. 15. 16.
Aub. Mir. elog. Belgic. & in Bibl. Ecclef. script.

Valer. Andr. Biblioth. Belgic
Journ. des Savans du 8. Fevrier 1666.
Vid. & Rigaltius, Priorius, Lombert. Fell in suis editionib

CRITIQUES GRAMMAIRIENS.

deux Peres. Ce qui n'est nullement extraordinaire, puisqu'ils sont venus après lui.

* Les Notes & l'ordre de Pamelius sont suivis dans l'édition de saint Cyprien par Jean Evêque d'Oxfort, imprimée *in-fol.* à Oxfort 1682. — *Vita Tertulliani & annott. ad opera ejus* in-fol. *Parif.* 1635. — *Liturgica Latinorum* 2. tom in-4°. *Colonia* 1609. *

M. VAILLANT de GUESLIS d'*Orleans*, Abbé de Paimpont, dit en Latin, *Germanus Valens Guellius Pimpontius*, mort vers 1588 (1)

400 Monsieur de Sainte Marthe (2) dit qu'il usa pour commenter *Virgile* d'une nouvelle méthode dont on ne s'étoit pas encore avisé jusqu'alors : & que sans se contenter de faire des scholies & des notes comme les autres, il confera avec beaucoup d'exactitude les Auteurs Grecs avec les Latins, pour en tirer de quoi éclaircir les endroits les plus obscurs de ce Poëte : en quoi il réussit admirablement. Et Scioppius dit (3) que les Savans ont fait de si grands éloges de ces *Paralipomenes* de Monsieur de Paimpont, qu'il s'est souvent mis en colere contre le Génie tutelaire de l'Allemagne sa patrie, qui avoit la lâcheté de souffrir qu'on y put vivre sans y voir ces excellens Livres.

Monsieur de Sainte Marthe remarque encore que le style de cet Ecrivain est un peu trop serré & trop concis, & que c'est peut-être ce qui contribuë à le rendre un peu obscur ; mais qu'il récompense assés ce leger défaut par le poids & l'abondance des belles pensées qui charment un lecteur raisonnable.

* *Comm. & Paralipomena in Virgilium* in-fol. *Antuerp.* 1575. *

¶ 1 Il mourut le 25. Septembre 1587.   pag. 95.
2 Scævol. Sammarth. elog. Gall. lib. 3.   3 G. Sciopp. de Arte Critic. pag. 22.

---

401 JEAN DORAT le Poëte, *Limousin*, mort en 1588. dit *Auratus*, avoit un talent tout à fait singulier pour corriger & rétablir les bons Auteurs.

Voyés ci-après au Titre de Monsieur Cujas, Art. 406.

Poëmatia in-8°. *Basil.* 1564. *

JEAN STURMIUS de *Sleyden entre les Duchés de Limbourg & de Juliers*, mort en 1589.

402 IL étoit fort versé dans la lecture des anciens Orateurs, Rhéteurs, & Sophistes Grecs & Latins. Nous avons de lui en matiére de Critique de savantes Scholies sur l'*Hermogene*. Mais nous en parlerons plus amplement parmi nos Rhétoriciens.

Versio & scholia ad Hermogenis Rethoricam in-8°. 1570.

THEODORE CANTER d'*Utrecht* frere de Guillaume.

403 Nous avons de lui des *diverses Leçons* & une édition d'*Arnobe*. Scaliger loue le premier ouvrage (1), disant qu'il y a de bonnes choses dans ses diverses Leçons, qu'il y a beaucoup à profiter, & que quoique l'Auteur ne fût point savant, c'est néanmoins un beau travail ; que Théodore a lû tous les Auteurs Grecs pour faire ce Recueil, & que pour lui il avoit beaucoup profité en son particulier de la lecture de ce Livre.

Scioppius ne tombe pas d'accord que Théodore ne fût pas savant (2), & il prétend que ces deux ouvrages sont des preuves du contraire. Il ajoute que Canter avoit fait esperer au Public de lui faire voir encore quelque chose de plus grand dans la suite,

Variarum lectionum lib. 11. in-8°. Francof. 1604. — Notæ ad Arnobii lib. contra Gentes in-fol. Paris. 1639.

1 Posteriora Scaligerana pag. 42.   2 Sciopp. de arte Critica pag. 8.

HERCULE CIOFANI de *Sulmone*, Italien.

404 L'Honneur qu'il croyoit avoir d'être le compatriote d'*Ovide* lui a fait entreprendre des Commentaires sur ce Poëte ; & l'inclination avec laquelle il a travaillé l'a si fort secouru, qu'elle semble avoir beaucoup contribué à le faire réussir.

Paul Manuce dit (1) que ses observations sur les Métamorphoses

1 Paul Manuc. in addit. ad Bibl. Neap. Leonard. Nic.

font fort savantes, & qu'elles font recueillies de divers Poëtes; il ajoute que son Latin est pur, élégant, & qu'il a tous ses ornemens: de sorte qu'on y trouve le plaisir & l'agrément joint à l'utilité. Muret (1) en a porté le même jugement que Manuce. Scaliger (2) dit en général qu'il a bien écrit sur *Ovide*, & qui plus est qu'il étoit honnête homme. Scioppius (3) n'en juge pas moins avantageusement que les autres.

Le sieur Nicodeme (4) dit enfin qu'outre qu'il étoit savant, il étoit encore modeste, judicieux dans ses observations, porté à louer les autres, & ennemi de la Censure.

* *Observationes in opera Ovidii* in-fol. *Francof.* 1601. *

1 M. Ant. Muret. apud eumdem.
2 Scaligeran. pag. 72.
3 Sciopp. de Arte Critica pag. 19.
4 Leonard. Nicodem. addit. ad Topp. Bibl. Neap. pag. 70.

PIERRE de DANIEL ou DANIELIS (1) de *saint Benoît sur Loire.*

405   Turnèbe le loue extraordinairement (2) quoiqu'il ne fût encore qu'un jeune homme de son tems. Scioppius en dit aussi beaucoup de bien (3), mais Scaliger semble ne le pas beaucoup estimer (4). C'est à lui que nous devons l'édition du Commentaire sur Virgile qui porte le nom de *Servius*. Mais il se trouve des Manuscrits de ce Commentaire plus amples & plus corrects que celui qu'il nous a donné.

Il avoit un talent particulier pour connoître les bons Auteurs, & un discernement plus qu'ordinaire pour les Manuscrits dont il étoit fort curieux.

* *Petrus Daniel. Aurelius, Notæ in Petronii Satyricon* in - 8°. 1629. — *Ad Plauti Querolum Notæ, auctæ per Rittershusium* in-8°. *Heidelb.* 1595. *

1 ¶ On n'a jamais dit ni *de Daniel* ni *Danielis*, mais simplement Pierre Daniel. Il étoit Avocat à Orléans, Bailli de S. Benoit sur Loire. Les Huguenots en 1562. ayant pillé le Monastère, le Cardinal de Chatillon, qui en étoit Abbé, en donna la Bibliothèque, riche de plusieurs bons Manuscrits, à Pierre Daniel. De-là est sorti le Servius plus ample que les précédens, de-là le Quérolus, & peut-être d'autres. Pierre Daniel étant mort, ses manuscrits furent vendus. On peut voir l'histoire de leur sort curieusement rapportée page 65. & 66. du Voyage litéraire de deux Religieux Bénédictins de la Congrégation de S. Maur. ¶
2 Adrien Turnebe Adversarior. lib. 26. cap. 21.
3 Sciopp. de arte Critica pag. 13.
4 In Scaligeranis, au mot *Glossaires*:

M. CUJAS (Jacques) de *Toulouse*, mort en 1590.

406 Scaliger dit (1) que Cujas & Dorat étoient des plus judicieux & des plus habiles Critiques du siécle, qu'ils avoient tous deux un talent tout extraordinaire pour corriger & rétablir en leur entier les bons Auteurs, & il ajoute qu'il ne connoissoit personne qu'eux d'entre les Savans qui fussent capables de cela.

Pour ce qui est de Cujas, Scioppius écrit (2) qu'il lui est impossible de dire combien de milliers de fautes il a corrigé, non seulement dans les Livres du Droit Civil, mais aussi dans un grand nombre d'autres Auteurs.

Mais nous aurons encore d'autres choses à dire de ce grand homme en son lieu.

* *Epistolæ Græcanicæ mutuæ* in fol. Col-Allobr. 1606. — *Observationum & emendationum* lib. XXVIII. in-8°. Col. Agrip. 1598.*

1 Prima Scaligerana pag. 12.   2 Sciopp. de arte Critica pag. 8.

FRANC. HOTMAN ou HOTOMAN *Parisien*, originaire de *Silesie*, mort en 1590.

407 Scioppius dit (1) qu'il étoit excellent Critique aussi-bien que Jurisconsulte, & que ses Observations & ses Commentaires sur *Ciceron* & sur *César* en font foi : outre que son beau style fait voir combien il étoit éxercé dans les bons Auteurs Latins.

Le même Auteur semble en un autre endroit recourir à l'hyperbole, disant (2) qu'il n'étoit point de plus docte ni de meilleur homme que lui sous le Ciel. Rosin (3) témoigne aussi qu'il étoit dans la réputation d'un des plus beaux génies de son tems, & il l'appelle un très-savant Antiquaire.

Mais Scaliger(4) prétendoit qu'il n'y avoit en lui rien de recommandable que son beau Latin & son éloquence, & que du reste c'étoit

1 Sciopp. de arte Critica pag. 8.
2 Idem lib. 1. Verisimil. cap. 19.
3 Jo. Rosin. Antiq. Rom.
¶ C'est-à-dire Dempster dans sa Table des Auteurs au devant des Antiquités Romaines de Rosin.¶
4 Prima Scaligerana pag. 91.
Vid. & Sammarth. & Thuan. & alii.

un *pauvre homme*. En quoi son jugement paroît un peu trop rigoureux.

Nous en parlerons encore parmi les Jurisconsultes.

* *In Jul. Cæsaris Commentarios Notæ , renovatæ cum figuris* in-fol. 1606. *Francofurti.* — *Comm. in aliquot Ciceronis Orationes* in-fol. *Baſ.* 1594. — *In Ciceronis Epistolam ad fratrem* in-8°. *Baſ.* 1591.*

LATINO LATINI de *Viterbe* , mort en 1593.

408   NOus avons sa *Bibliothéque sacrée & profane*, c'est-à-dire un Recueil de Critique contenant des observations, des corrections, des conjectures & des diverses Leçons sur un très-grand nombre d'Auteurs ecclésiastiques & profanes, publié à Rome par Dominique Magri en 1677. in-folio.

Raimond Capisucchi qui étoit Maître du sacré Palais (1), disoit qu'il ne pouvoit assés admirer le travail & la constance infatigable avec laquelle Latini avoit lû & déchiffré tant d'Auteurs, non plus que la pénétration & la subtilité de son esprit, son adresse incomparable à se tirer des endroits les plus douteux, sa prudence solide & judicieuse dans ses décisions, mais plus que toute autre chose encore, son amour admirable pour la vérité, qui l'a porté à ne rien oublier pour la tirer des endroits les plus obscurs des Auteurs comme du milieu des ténébres.

Il est aisé de juger combien les conjectures de Latini étoient heureuses, en ce que dans les éditions de plusieurs Auteurs qui ont paru depuis, on a suivi les mêmes corrections qu'il avoit faites, quoiqu'on n'eût point eu communication de son travail, & qu'on eût suivi des Manuscrits qu'il n'avoit point vû, comme le témoigne le sieur Magri (2).

Il a été loué de tous les gens de bien & de tous les Savans de son siécle qui l'ont connu. Antoine Augustin (3) reconnoît qu'il avoit du savoir & qu'il étoit homme de bonne foi. Baronius dit (4) qu'il étoit parfaitement bien versé dans la science Ecclésiastique, & qu'il avoit des yeux de Lynx pour découvrir les fautes qui se sont glissées dans

---

1 Mandat. Magistri S. Petri Raim. Capisucchi.
2 Domin. Macer. Vit. Lat. Lat.
3 Ant. August. in Antiquit. Roman. Dialog. xi.
4 Baron. in not. Martyrolog. Rom. ad diem 15. Junii B. Item ibid. ad diem 18. Julii G.

les exemplaires. Lipse (1) écrit qu'il étoit très-instruit dans toute sorte de literature, & que c'étoit le meilleur homme d'entre tous les vieillards de son tems.

Pamelius qui s'est toujours fort-heureusement servi de ses lumiéres dans ses corrections & ses commentaires sur Tertullien & Saint Cyprien, ne peut assés exprimer (2) combien il admiroit sa doctrine, & il embrassoit toujours ses conjectures & ses sentimens comme étant les plus solides. On a imprimé les notes de Latinius avec les Commentaires de Pamelius sur ces deux Auteurs [*in-folio* à Paris en 1635.]

Il a encore beaucoup travaillé à la correction du *Decret de Gratien*, & il tenoit un des premiers rangs parmi ce grand nombre de Correcteurs Romains, non pas en dignité mais en savoir.

**Epistolæ, conjecturæ, & observationes &c.* in-4°. Romæ 1659.*

1. Lipf. Centur. 2. Epist. 39.
2. Jac. Pamel. edit. Tertul. & Cypr. & plura apud Macrum, ut suprà.

JEAN LEUNCLAVIUS ou LEWENKLAW d'*Amelborn en Vvestphalie*, mort en 1593.

409 Scaliger témoigne (1) qu'il étoit fort entendu dans la lecture des Auteurs Grecs du bas âge, c'est-à-dire, de l'Empire de Constantinople ; qu'il avoit une grande connoissance du Grec des Jurisconsultes, mais non pas de celui des anciens Auteurs ; & que tous ses Ecrits sont fort utiles & même nécessaires. Nous parlerons encore de lui parmi les Traducteurs.

**Versio & Appendix ad Xenophontem* in-fol. Parif. 1622. — *Ejusdem Nota in Dionem Cassium* in-8°. Francofurt. 1592.*

2. Poster. Scaligeran. pag. 140.

LOUIS CARRION de *Bruges originaire d'Espagne*, mort en 1595.

410 Entre les ouvrages Critiques & Philologiques de cet homme, nous avons trois Livres de *Leçons Antiques* ; deux Livres de *Corrections & d'Observations* ; des notes & des corrections sur *Salluste*, sur *Cenforin*, sur *Cassiodore*, sur *Valerius Flaccus*, &c.

Scioppius

CRITIQUES GRAMMAIRIENS.

Scioppius témoigne (1) qu'il fait voir dans ces ouvrages un grand fonds d'érudition. Henri Lindembrog (2) l'appelle homme d'un jugement très-exquis, & il témoigne qu'il étoit très-savant.

Mais Scaliger dit (3) qu'il étoit porté à la malice, usant de mauvaise foi envers ceux qui l'obligeoient. Il étoit extrêmement jaloux de la gloire de Lipse, & c'est peut-être pour cela que celui-ci l'appelloit un *Lezard*.

On poura parler ailleurs de ce Carrion dans un Recueil àpart des Plagiaires.

* *Scholia in Sallustii Historicarum lib.* in-8°. *Francof.* 1607. — *Antiquarum Lectionum Commentarii* III. *part.* in-8°. *Francof.* 1604. — *Emendationum & observationum lib.* II. *ibidem.* *

1 Sciopp. de arte Critica pag. 9.
2 Henr. Lindembr. præfat. in Censorin.
3 Poster. Scaligeran. pag. 44. &c.

VALENS ACIDALIUS *Médecin de Vvistock dans la Marche de Brandebourg, mort Catholique en* 1595.

411 IL a rendu assés bon service à *Quinte Curce* & à *Patercule*, & il étoit sur *Plaute* & sur *Aulu-Gelle* lorsque la mort le saisit en la fleur de son âge.

Scioppius de arte Critica pag. 18.

LÆWIN. TORRENTIUS ou VANDER-BEKEN *de Gand, Evêque d'Anvers, mort en* 1595.

412 CE Prélat étoit un grand Humaniste. Scaliger dit (1) qu'il étoit homme de bien & savant, & que ses Commentaires sur *Suetone* sont fort bons. Scioppius (2) témoigne aussi en avoir une estime toute particuliére.

Ce que Torrentius a fait sur *Horace* tient le second rang, & ne laisse pas de soutenir fort bien la réputation de son Auteur.

Adolphe Occo écrivant a Amerbache (3) parle de lui en des termes fort désobligeans, qui font voir qu'il ne le connoissoit pas. Il

1 Poster. Scaligeran. pag. 242.
2 Sciopp. de arte Critica pag. 15.
3 Patin Histor. Numism. Latin. cap. 24.

Pag. 201.
Aub. Mir. & Valer. Andr. in Bibl. Belgic.

prétend qu'il ne s'appliquoit guéres à la connoissance des Antiquités, en quoi il se trompe aussi-bien que quand il assure que les Commentaires qu'il a fait imprimer en son nom sur Suetone ne sont pas de lui.

* *Comment. in Suetonium* in-fol. *Parif.* 1610. — *In Horatium* in-fol. *Antuerp.* 1608. *

JEAN BODIN *Angevin*, mort en 1596.

413 IL publia un excellent Commentaire sur le *Cynegeticon* ou le Poëme de la Venerie d'*Oppien* avec une traduction Latine, [*in*-4°. à Paris chés Vascosan en 1555.] Monsieur de Thou & Rittershuys disent (1) qu'il a fait connoître par-là combien il étoit versé dans la connoissance des Humanités.

C'est dommage que Bodin avoit pris cet ouvrage à Turnebe (2) & l'avoit publié sous son nom comme s'il en eût été l'Auteur (3).

Mais nous parlerons de lui avec plus de fondement parmi ceux qui ont traité de l'art Historique & de la Politique.

1 Thuan. Hist. & Conrad Rittersh. proœm. in Oppian.
2 ¶ Bodin qui a traduit en vers Latins, & commenté les Cynégétiques d'Oppien, n'a pas été accusé d'avoir volé cet ouvrage à Turnébe, mais seulement, comme l'a fort bien remarqué Ménage chap. 19. de l'Anti-Baillet, quelques-unes de ses corrections sur Oppien. A quoi j'ajoute que si par ces corrections de Turnébe on entend celles qui se lisent à la fin de son édition Grecque d'Oppien, on ne trouvera pas que Bodin dans tout son Commentaire lui en ait volé aucune. ¶

3 Paul Colom. Gall. Oriental. pag. 75.

Messieurs PITHOUS *freres de Troyes en Champagne*.

1 PIERRE mort en 1596.
2 Et FRANÇOIS (1) son puîné.

414 SCioppius les appelle (2) les Protecteurs & les Trésoriers des belles Lettres & des beaux Arts, & il s'étend particuliérement sur les loüanges de *Pierre*. Scaliger disoit (3) que les deux Pithous sentoient les bons Livres de loin, *comme un Chien un os, ou un Chat une Souris*: que *Pierre* étoit un très-honnête homme, &

1 ¶ François Pithou mourut le 7. Fevrier 1621, dans sa 78. année. ¶
2 Sciopp. de arte Critica pag. 9.
3 Scaligeran. dictione Pith.

CRITIQUES GRAMMAIRIENS.

qu'il s'étudioit à faire plaisir à tout le monde : mais que *François* n'étoit pas de même; que l'un & l'autre n'entendoient pas bien le Grec.

1 PIERRE attira sur lui l'estime & l'amitié de tous les grands hommes de son tems. Jules Scaliger (1) l'admiroit, quoiqu'il ne fût encore qu'un jeune garçon de son tems. Baronius lui donne des éloges extraordinaires en plus d'un endroit de ses Annales. Monsieur Cujas son Maître en faisoit un cas tout extraordinaire, & Turnebe sous qui il avoit étudié, dit qu'il étoit très-instruit dans les belles connoissances, qu'il avoit admirablement expliqué & éclairci toute l'Antiquité qui étoit inconnuë aux autres, & que ce *Pithou* sembloit être un autre *Pythien* pour prononcer des Oracles (2).

Possevin écrit (3) qu'il étoit savant, mais de la véritable & solide érudition, & qu'il s'étoit rendu immortel dans la mémoire des hommes, s'étant signalé particuliérement dans les recherches exactes de l'Antiquité.

Monsieur de Sainte Marthe dit (4) que la Providence l'avoit reservé entre plusieurs autres pour le rétablissement des belles Lettres, pour lequel il n'épargnoit rien de ce qui dépendoit de lui, ayant toutes les excellentes qualités qu'on puisse rencontrer dans un homme qui cherchoit & embrassoit avec le dernier désintéressement du monde toutes les occasions d'obliger les autres, & de secourir particuliérement les Savans.

Monsieur Daillé (5) dit qu'il n'y a personne qui ne louë son jugement & sa fidélité aussi-bien que cette industrie & cette adresse merveilleuse qu'il avoit pour découvrir, déterrer, & embellir les anciens Monumens des Lettres pour la gloire desquelles la Providence l'avoit fait naître tout-à-propos (6). Il ajoute que bien que son éru-

---

1 Jul. Scal. & Baron apud Pap. Mass. de vit. Pith. pag. 339.

¶ Il est vrai que Masson a compté Jule César Scaliger entre les grands Hommes qui ont ou dédié à Pierre Pithou quelques-uns de leurs ouvrages, ou fait honorable mention de lui ; cependant comme Jule César Scaliger n'a fait ni l'un ni l'autre, étant mort le 21. Octobre 1558. tems auquel Pierre Pithou n'ayant encore que 19. ans ne s'étoit fait connoitre par aucun ouvrage, il ne faut nullement douter que ce ne soit une méprise de Masson qui a mis Jule César Scaliger au lieu de Joseph Scaliger qu'il ne pouvoit ignorer avoir été intime ami de Pierre Pithou, lui avoir souvent écrit, & en avoir fait l'éloge en toute occasion. ¶

2 Cujac. & Turneb. ibidem apud Paps. Mass. pag. 3 8.

3 Possevin Apparat. sacr. tom. 2. pag. 263.

4 Scævol. Sammarth. elogior. lib. 4. 127.

5 Joan. Dall. de Imagin. pag. 509. 512.

6 ¶ Daillé ne dit point tout cela. Voici ses termes l. 4. c. 6. de son Traité des Images édit. de Genève in-8°. 1641. *Feu Mr Pithou, personnage qui a vêcu & est mort dans la Communion de Rome en réputation d'une bonté, & sincerité, d'une erudition & candeur nompareille*, il n'en dit pas davantage. ¶

Pithou. dition fût en un dégré éminent, sa probité, sa candeur, & sa sagesse étoient encore plus grandes (1).

Lipse lui donne aussi (2) beaucoup de politesse & de délicatesse d'esprit avec un savoir exquis. Papire Masson (3) témoigne qu'encore qu'il ait fait paroître par tout une rare suffisance à l'égard des Auteurs qu'il a corrigés & mis en lumiére en très-grand nombre, il semble néanmoins qu'il ait excellé particuliérement dans les belles Préfaces, ayant un talent tout singulier pour ces sortes de compositions.

Scaliger dit (4) que tous ses ouvrages sont bons, mais il semble donner le prix à celui qui porte le nom d'*Adversaires subsecifs* ou Recueils ; & ensuite aux *Annales des François* in-folio & in-octavo. Il prétend néanmoins qu'il jugeoit quelquefois mal de l'Antiquité, parce qu'il préféroit souvent ce qu'il trouvoit dans les anciens exemplaires à la raison, quand celle-ci lui auroit dicté le contraire: mais qu'au reste personne ne savoit mieux que lui l'Histoire, les Coutumes, les Loix & les Antiquités & les divers Etats de toutes sortes de Pays.

Nous parlerons encore de lui parmi les Jurisconsultes, & parmi ceux qui ont traité des deux Puissances Ecclésiastique & Séculiére.

2 A l'égard de *François* PITHOU son puîné, le même Scaliger assûre (5) qu'il étoit le plus docte de tous ceux de son tems dans la connoissance des Auteurs de moyen âge, & de la basse Latinité; en quoi Monsieur Colomiez témoigne aussi être du même sentiment (6). Scaliger dit que ce qu'il a donné sur les *Capitulaires* & ses *Glossaires de la Loi Salique* sont fort bons, aussi-bien que ses anciens *Rhétoriciens* qu'il a publiés ; mais que néanmoins il a encore mieux réussi dans les Grammairiens que dans les Rhétoriciens.

* *Petri Pithoei adversaria subcesivorum lib.* III. in-8°. *Basil.* 1574. — *Nota in Satyras Juvenalis* in-fol. 1603. *Paris.* — *Variæ lectiones & Notæ ad veteres glossas in Persii Satyras* in-fol. *Paris.* 1601. — *Conjectanea in Petronium Arbitrum & varietas lectionum* in-8°. *Helenop.* 1610. — *Historiæ Francorum scriptores veteres* in-fol. *Francofurti* 1596. — *Annales Francorum ab anno* 708. *ad* 990. *per* XII. *scriptores coætaneos* in-8°. *Paris.* 1588. — *Franc. Pithoei de Lege Salica &c.* in-4°. *Paris.*

1 G. Math. Konig. Bibl. V. & N. pag. 645.
2 Lips. ap. Pap. Mass. de vita Pith. pag. 218.
3 Papyr. Masson vit. Petri Pithæi pag. 338.
4 Scaligeran. ut suprà.
5 Ibid. ut suprà.
6 Paul. Colom. Biblioth. choisi. pag. 163.

1573. — *Franc. Pithoei* XVI *Rhetores antiqui* in-4°. *Parif* 1599.

Nous croyons qu'il ne fera pas inutile de détailler ici les Rhéteurs qui font dans ce dernier Recueil.

Rutilius. Lupus. — Aquila Romanus. — Julius Rufinianus. — Curius Fortunatianus. — Marius Victorinus. — Sulpitius Victor. — Emporius Rhetor. — Aurelius Augustinus. — Julius Severianus. — Ruffinus. — Priscianus Cafarienfis. — Aurel. Caffiodorus — Beda. — Ifidorus. — Anonymus. — Albinus Alcuinus. *

M. CHRÉTIEN (Florent) d'*Orleans*, mort en 1596. dit en Latin
Quintus Septimius Florens Chriftianus.

415 **F**Lorent Chrétien étoit un fort beau génie, & il favoit toutes les fineffes de la langue Grecque.

Nous avons de lui divers ouvrages, mais entre les autres, une édition Grecque-Latine des Comédies d'*Ariftophane* (1) avec fes notes & celles des autres à Genève en 1608. in-folio. Son fils Claude Chrétien fe plaint fort de l'infidélité & du trop de liberté de ceux de Genève, qu'il dit faire toutes chofes à leur tête; & il décrie fort cette édition. Cependant dit Monfieur Colomiez (3), perfonne ne nous en a encore donné une meilleure.

**Comment. in Catullum, Tibullum, & Propertium* in-fol. *Parif.* 1604. — *Comm. in utrumque Senecam* in-fol. *Parif.* 1607. — *Verfio & Notæ in Euripidis Cyclopem* in-8°. — *Notæ in Senecæ Tragœdias* in-8°. *Lugd. — Bat.* 1621. *

1 ¶ Cette édition n'eft ni de Florent Chrétien, mort quelque 12. ans avant qu'elle parut, ni de Claude Chrétien fon fils, dont ceux qui la procurérent ne fuivirent point l'intention, comme on en peut juger par fa lettre à Jofeph Scaliger citée pag. 45. du tome 2. de l'Anti-Baillet. ¶

2 Scævol Sammarth. elog. Gall.

3 Paul. Colom. Biblioth. choifie pag. 201.

FREDERIC SYLBURGE de *Marpurg au Lantgraviat de Heffe*, mort en 1596.

416 **I**L étoit habile dans les Humanités, & Scaliger dit que fes éditions font fort eftimées (1). Il avoit eu bonne part au tré-

1 Prima Scaligerana pag. 233.

sor de la langue Grecque d'Henri Estienne, comme nous verrons parmi les Grammairiens; & Casaubon dit que les Lettres Grecques perdirent infiniment à sa mort (1).

Scioppius loue beaucoup (2) l'industrie & la diligence infatigable avec laquelle il a rendu la vie à beaucoup d'Auteurs Grecs, Latins, ecclésiastiques, & profanes: & il dit que sa mémoire subsistera avec honneur dans ce qu'il a fait pour *Aristote*, *Denys d'Halicarnasse*, *Clement Alexandrin*, saint *Justin* le *Martyr* & *Theodoret*.

* *Clementis Alexandrini opera cum lect. & emendat. Friderie. Sylburg. Gr. Lat. Parif.* in-fol. 1641. — *Thucydidis Historiarum libri* IX. *Gr. Lat. ex Laur. Valla versione ab Henr. Stephano. recognita, cum spicilegio Frid. Sylburgii &c.* in-fol. Typ. *Pauli Steph.* 1592. — *Dion. Halicarn. scripta quæ extant Historica & Rhetorica Gr. Lat. Frid. Sylburgii* in-fol. *Francofurti* 1586. — *Eadem Joh. Hudsoni* in-fol. *Oxon.* 1704. 2. vol. *Dion. Cassii Historia Gr. Lat.* in-fol. *Hanoviæ* 1606.

1 Casaubon. Epistol. 48. ad Jac. Bongars. 2 Sciopp. de arte Critica pag. 18.

JEAN DOUZA *Vander Does*, le fils de *Nortwick en Hollande*, mort avant son pere en 1597.

417   IL n'étoit encore qu'un jeune garçon quand il donna son édition de *Plaute* avec des corrections & des remarques fort savantes pour son âge. Il fit aussi des notes sur *Catulle*, *Tibulle* & *Properce*, & des Recueils sur *Petrone*. Scioppius qui releve beaucoup son mérite, dit qu'il auroit été fort loin sans la mort qui le prévint & l'enleva à 25. ans.

* *Spicilegium in Petronium Arbitrum* in-8°. *Helenop.* 1610. — *Comment. in Catullum, Tibull. Propertium* in-folio 1604. *Parif.*

De arte Critica pag. 17.

ALDE MANUCE *fils de Paul*, mort en 1597.

418   TOut le monde tombe d'accord que la République des Lettres a des obligations immortelles aux trois Manuces pour un si grand nombre d'Auteurs qu'ils ont rétablis & donnés

au jour (1). On peut voir ce que nous en avons dit parmi les Imprimeurs.

Pour ce qui eſt d'Alde le jeune, Scaliger (2) dit que c'étoit un pauvre eſprit, qu'il étoit lourd & peſant, & que tout ce qu'il a compoſé n'a rien que de commun: qu'il avoit néanmoins lû & rebatu long-tems ſon *Ciceron*, mais qu'il n'a preſque rien fait de bon que ſes *Epitres* (3).

* *Scholia in aliquot Ciceronis opera* in-fol. *Venet.* 1581. 1583. — *Scholia in Velleium Paterculum* in-8°. *Pariſ.* 1608.— *Comment. in Horatii librum de Arte Poëtica* in-4°. *Venetiis* 1576. *

1 Sciopp. de arte Critica pag. 9.
2 Poſter. Scaligeran. pag. 149.
3 ¶ Je crois qu'il entend ſes *Quæſita per Epiſtolam*, ouvrage néanmoins aſſés médiocre.

FRANCOIS MODIUS *d'Oudenbourg au Dioceſe de Bruges*, mort en 1597.

419 IL étoit aſſés bon Critique, & il eſt loué par Lipſe & par Scioppius pour ce point. Il a donné ſes *Novantiques*, c'eſt-à-dire, ſes leçons anciennes & nouvelles qui ne ſont que des corrections & des notes ſur un très-grand nombre d'Auteurs Latins; les Auteurs Tactiques ou Militaires, comme *Frontin*, *Elien*, *Modeſte* & *Vegece* avec des notes & des corrections, un *Tite-Live* avec des remarques qui lui couterent plus que les autres. Il corrigea *Quinte-Curce* juſqu'à donner envie aux Critiques de la première trempe, ſelon Melchior Adam. Il trouva encore quelque choſe à ajouter au *Juſtin* de Bongars. Scioppius parle auſſi avec eſtime des notes qu'il a faites ſur *Silius Italicus*, ſur *Gratius*, *Nemeſien*, & *Calpurnius*.

* *Comm. in Vegetium & Frontinum de re Militari* in-4°. *Lugd.—Batav.* 1585.— *Novantiquæ lectiones ad Tacitum* in-8°. *Francof.* 1607.— *Emendationes ac Notæ in Livii opera* in-fol. *Francof.* 1607.*

1 Lipſ. not. ad Tacit.
2 Sciopp. de arte Critica pag. 13.
3 Melch. Ad. vit. Germ. Philolog. pag. 428.
4 Valer. Andr. Biblioth. Belg.

HENRI ESTIENNE, *Parisien*, mort en 1598.

420 C'Etoit un des plus grands hommes de son siécle pour les belles Lettres, & on ne lui pouvoit presque préférer personne dans la connoissance du Grec (1).

Mr de Sainte Marthe dit (2) qu'il avoit une fécondité d'esprit fort grande, & soit qu'il écrivit en Grec, soit qu'il écrivit en Latin, il le faisoit toujours sur le champ, & dans une abondance merveilleuse. Mais son talent particulier étoit la Critique des Auteurs de l'une & l'autre Langue qu'il revoyoit & corrigeoit avec une facilité toute extraordinaire. C'est aussi le sentiment de Scaliger (3) qui dit que ses Notes sur les Auteurs montrent assés combien il étoit savant, & particuliérement dans la Langue Grecque.

Schottus même (4) assure que souvent il rencontroit fort bien; qu'il étoit juste dans ses conjectures; que ses remarques étoient exactes; & qu'il avoit coutume de défaire les nœuds les plus difficiles avec beaucoup de bonheur; que cela paroit particuliérement dans ses six livres des *Schediasmes* [*in*-8°. Paris 1578.] qui sont remplis de bonne Critique; & qu'enfin peu de gens ont fait autant de bonnes corrections & de notes que lui sur les Auteurs Grecs.

Ceux mêmes qui ont accusé Henri Estienne de peu de sincérité, ne lui ont jamais contesté sa grande habileté.

Mais on peut dire, comme l'a remarqué Malinckrot (5) qu'il étoit un peu trop persuadé lui même de son propre mérite. Ce qui le jetta dans une vanité qui se trouvant jointe avec cette humeur acariâtre qu'on a remarquée en lui, & cet esprit de contestation, dont il ne se défit qu'à la mort, le rendit odieux aux plus indifférens, & insupportable à ses amis & à ses proches.

Effectivement Scaliger (6) trouve qu'il étoit arrogant, querelleux, chagrin, prenant feu au premier souffle, soupçonneux, sensible à tout, ne pouvant rien souffrir, mordant & pétulant. Ce témoignage de Scaliger qui ne lui cédoit gueres dans la plupart de ces qualités nous seroit suspect, si Casaubon gendre d'Henri Estienne n'eût aussi

---

1 Bern. à Malinckr. de Arte Typ. cap. 14. pag. 94.
2 Scævol. Sammarth. elog. lib. 4. pag. 231.
3 Poster Scaligeran. pag. 76. 77.
4 Andr. Schott. epistol. præf. ad Lisæ orat. edit.
5 Malinckr. de Typogr. ut suprà.
6 Scaligeran. pag. 47. 55. & Jansf. de vit. Steph.

reconnu

CRITIQUES GRAMMAIRIENS.

reconnu (1) une bonne partie de ces défauts dans la personne de son Beau-pere.

Mais la plus grande partie des fautes qui se trouvent dans sa Critique, c'est-à-dire, dans ses notes & ses corrections viennent pour la plupart de deux autres grandes imperfections que nous avons remarquées ailleurs, savoir la précipitation avec laquelle il travailloit sans se donner la patience de revoir ce que la rapidité de son esprit lui avoit dicté, & la demangeaison de tout corriger dans les Auteurs, & de multiplier les diverses leçons. C'est ce qui l'a fait appeller *Correcteur importun* par Scaliger (2) qui se plaint de ce qu'Estienne a gâté un grand nombre d'Auteurs par cette hardiesse, qui lui a fait faire des retranchemens, des additions & d'autres changemens à sa tête & sans autorité. Voyés aussi Monsieur Jansson d'Almeloween (3).

1 Is. Casaub. Epist. 16. ad Conrad. Ritherthus, Epist. 89. Epist. 21. ad Bongarf. Epist. 40. ad Pithœum.
2 Prima Scaligerana pag. 69.
3 Theod. Janss. ab Almeloween de vit. Stephanor. pag. 78. & 95.

JACQUES DE LA CHAMP ou DALE-CHAMP,
Normand, Médecin *Lionnois*, vers 1598. *Dalecampius* (1).

421   SCaliger voyant qu'il entreprenoit de travailler sur *Pline* sembloit en tirer un mauvais préjugé, parce que le connoissant trop hardi & trop présomptueux, il prévoyoit qu'il renverseroit & gâteroit tout, quoiqu'il fut savant d'ailleurs (2). Il savoit, dit-il, par expérience que de la Champ étoit de l'humeur de ces Critiques téméraires qui prennent la liberté de changer des mots dans les Auteurs, aussi-tôt qu'ils ont le malheur de ne leur pas plaire, & qui le plus souvent y substituent quelque chose de pis à la place de ce qu'ils ôtent.

Il paroît néanmoins que Scaliger s'étoit heureusement trompé, du moins a-t-il témoigné ailleurs (3) que le Pline donné par de la Champ étoit le meilleur qu'on eût en ce tems-là. Mais après tout, son travail n'a point encore satisfait le Public, & Barthius (4) prétend que ses notes ne marquent ni un grand fonds de doctrine, ni beaucoup

1 ¶ Jaques Dalechamps & non pas Dalechamp ni De la Champ, mourut le 1. Mars 1588. âgé de 75. ans.
2. Prima Scaligerana pag. 69.
3 Ibid. pag. 189.
4 Gasp. Barth. in I. Achilleid. Statii Papin. pag. 1639. & ex eo Konig. Bibliothv. & N. pag. 133.

Tome II.   Xx de sincerité ou de droiture de cœur.

* C'est le même Dalechamps qui a traduit les œuvres d'Athenée en Latin imprimés à Lyon 2. vol. *in-fol.* 1652. — *Plinii Historia natutalis lib.* XXXVII. *cum annott. per eundem* in-fol. *Lugd.* 1587. *

VICTOR GISELIN *de Sant-ford au Diocese de Bruges,* mort en 1599 (1).

422 Ossevin (2) prétend que les corrections & les Notes qu'il a faites sur le Poëte *Prudence* [in-8°. à Hanove 1603.] sont préférables (3) à celles d'Erasme & des autres du siécle passé; & il n'en apporte pas d'autre raison que parce qu'il étoit bon Catholique.

1 ¶ Il naquit le 23. Mars 1549. & mourut l'an 1591. dans sa 42. année.
2 Apparat. sacr. pag. 163.
3 ¶ Erasme n'a commenté que deux Hymnes de Prudence la XI. & la XII. Giselin a commenté l'Auteur entier, dans un tems où la Critique étoit beaucoup plus rafinée. ¶

ANTOINE RICCOBONI de Padouë, mort en 1599.

423 Scaliger n'en faisoit point de cas, & le traitoit de butord & de bête. C'est peut-être parce qu'il avoit fourni des memoires à Scioppius pour composer le *Scaliger Hypobolimée.* Sur quoi on peut voir Monsieur Tomasini.

* *Ant. Riccoboni de usu Artis Rhetoricæ Aristotelis Comment. lib.* XXV. in-8°. *Francof.* 1595. *

1 In Scaligeranis voc. Riccobon. 2 Jac. Phil. Tomasin. elogior. tom. 2 pag. 110.

MARCEL DONAT, *de Mantouë Comte de Ponzano.*

424 Cet homme a fait des Remarques sur *Tite-Live, Tacite, Suetone, Ammien Marcellin,* sur les Auteurs de *l'Histoire Auguste.* Casaubon jugeoit que c'étoit un homme de beaucoup de Lettres & fort-bien versé dans les Antiquités Romaines : mais qu'il étoit d'ailleurs dans une grande ignorance de la Langue Grecque.

CRITIQUES GRAMMAIRIENS.

Barthius (1) ne le confidére tout au plus que comme un brave Copiste, qui au lieu de s'enrichir des dépouilles des Anciens, s'est jetté sur les Modernes, d'entre ceux même qui sont les moins estimés, comme sont les faiseurs de rhapsodies & de dictionnaires qu'il a copiés assés fidellement. En quoi cet Auteur estime que Monsieur le Comte de Ponzano n'a point tout-à-fait perdu le jugement, puisqu'il peut servir de quelque chose aux petits Ecoliers. C'est aussi le sentiment de Monsieur Konig (2) & de Monsieur Valois le jeune (3) qui se plaint que Monsieur le Comte n'a lû pour faire cet ouvrage aucun des Historiens Grecs ou Latins nécessaires; qu'il ne cite aucun Auteur contemporain, ni aucun garant sur lequel on puisse faire foi; que ses grands Auteurs sont le *Rhodigin*, l'*ab Alexandro* & d'autres Italiens à peu près de la même trempe. De sorte que ce qu'il dit dans toute cette Critique ou n'est rien qui vaille, ou n'est rien que de trivial.

* *Scholia seu delucidationes in Tacitum, Livium, Suetonium, & alios Romanæ Historiæ scriptores* in-8°. *Francofurti* 1607.*

1 Casaub. apud Barth. & Barthius ipse comm. in lib. 2. silvar. Statii Papin. pag. 371. & ex eo
2 G. M. Konig. Biblioth. Vet. & Nov.
pag. 257.
3 Hadr. Valesius Præfat. in nov. edit. Ammiani Marcell.

FULVIUS URSINUS ou *Orsini*, *Romain*, mort en 1600.

425 ON a des notes de lui sur *Ciceron*, sur *Virgile*, & sur plusieurs autres anciens Auteurs, & entre autres sur *Festus Pompeius*.

Le Vittorio de Rossis (1) nous apprend que ce célèbre Ecrivain travailloit & polissoit long-tems ce qu'il faisoit. Et c'est peut-être ce qui a donné tant de réputation à tous ses Ecrits, comme nous le verrons parmi nos Antiquaires & nos Medaillistes.

* *In Julii Cæsaris Commentarios* in-fol. *Francofurti* 1606. — *In aliquot Ciceronis Orationes* in-fol. *Basil.* 1594. — *Notæ ad Sext. Pomp. Festum de verborum sig. inque ejus fragmentum schedas & Epitomen* in-8°. *Heidelb.* 1593 — *Notæ in Sallustium, Cæsarem, Livium, Velleium, Tacitum, Suetonium, Spartianum, &c.* in-8°. *Antuerp.* 1595.

2 Jan. Nicius Erythr. Pinacoth. part. 1. pag. 9. 10.

M. du FAUR de S. JORY, *Premier Président du Parlement de Toulouse*, dit en Latin *Petrus Faber Sanjorianus*, mort en 1600.

426   Scaliger (1) dit que c'étoit un des plus savans hommes de la France. Lipse (2) témoigne qu'il avoit une lecture fort étenduë & fort profonde en même tems, une exactitude merveilleuse &, un grand discernement à choisir ce qu'il y a de meilleur dans les Auteurs, un jugement exquis avec une subtilité nompareille pour pénétrer & digerer les choses.

Gruter (3) dit qu'il étoit universellement savant, jusqu'à faire envie à ceux qui pouvoient lui disputer le premier rang dans les Lettres; & il ajoute qu'il n'est rien de plus beau ni de mieux choisi que ce dont il a composé ses Ecrits. Monsieur Gouthiere n'en parle pas moins avantageusement (4).

Monsieur de Thou dit qu'il avoit joint une grande probité de mœurs, & une connoissance singuliére de toute l'Antiquité & de tout le Droit divin & humain à cette rare suffisance qu'il avoit acquise dans la Critique & dans les belles Lettres (5). Monsieur de Sainte Marthe (6) ne dit rien dans son éloge qui ne soit encore beaucoup au-dessous du mérite de notre Président.

Il nous a donné trois livres des *Semestres* & un des *Agonistiques*, c'est-à-dire, des Exercices & des Jeux des Anciens, sans parler d'un autre des Magistrats Romains qui ne regarde pas notre sujet présent.

Scioppius dit (7) que dans les livres des Semestres & celui des Agonistiques il y a une infinité de choses que tous les Critiques les plus habiles peuvent admirer & apprendre. Vossius temoigne aussi en faire beaucoup d'estime (8) aussi-bien que de l'Auteur. Et pour montrer même que Lipse les a trouvés fort à son goût (9), c'est qu'on prétend qu'il les a pillés & convertis bonnement à son usage, comme nous le rapporterons parmi les Plagiaires.

Ainsi je ne sai pourquoi Scaliger après avoir rendu assés bonne

---

1 Posteriora Scaligerana pag. 81.
2 Lipf. Centur. 1. Epistol. x. ad Belgas.
3 Grut. in Chronic. sub nomine Joan. Gualtheri, & apud Hanck.
4 Jac. Gutherius lib. 2. de Offic. Dom. Aug.
5 Jac. Aug. Thuan. Histor. lib. 123.

6 Scævol. Sammarth. Elog. lib. 5. pag. 145.
7 G. Sciopp. de arte Critica pag. 9.
8 Ger J. Voss. de quat. artib. popularib. de Gymnastic.
9 Jul. Cæs. Bulenger. Hist. luor. temp.

CRITIQUES GRAMMAIRIENS.

justice à la grande érudition de notre Président, ajoute que ce n'étoit pourtant qu'un Ramasseur, & qu'il ne juge rien (1), à moins qu'on ne dise que c'est un trait de sa jalousie. Monsieur Hanckius (2) parle aussi de lui, & il en rapporte les témoignages que les Savans ont rendus à son mérite.

Agonisticon, seu de re Athletica, Ludisque veterum in-fol. *Lugd.* 1595. — *Semestrium lib.* II. in-4°. *Lugd.* 1598. — *Semestrium lib. tertius* in-4°. *Col. Allobrog.* 1630. — *Dodecamenon* in-8°. *Parif.* 1588.

1 Posteriora Scaligerana ut supra pag. 81.   2 Mart. Hanck. de Rer. Roman. script.

FRANCOIS DU JON, Berruyer, dit *Junius*, mort en 1602.

427   SCioppius veut le faire passer pour un des meilleurs & des plus heureux Critiques de son tems, touchant la correction & l'explication des Auteurs (1) : & il dit en un autre endroit (2) que ses notes sur *Manilius* & ses Commentaires sur *Tertullien* sont doctes & laborieux.

Mais Gretser (3) l'a fort maltraité pour avoir fait une mauvaise édition de son prétendu *Curopalate*, c'est-à-dire de George Codin.

Néanmoins Lipse ne laisse pas de donner des éloges à cet ouvrage, disant (4) qu'il étoit presque l'unique qui eût pû y réussir, à cause de la grande connoissance qu'il avoit de plusieurs Langues. Mais il paroît que Lipse en a parlé de la sorte, ou par flaterie ou plutôt par défaut de lumières & de pénétration (5). Car Isaac Casaubon qui étoit tout autrement habile que lui pour le Grec, écrivant à Meursius, reconnoît le peu de mérite de ce travail de Du Jon sur Codin, ajoutant qu'on doit l'excuser dans la vûë de ses autres occupations (6). Et Vossius son gendre nonobstant l'interêt & la volonté qu'il avoit de justifier son beau-pere, n'a point eu honte d'avouer de bonne foi (7) que cette édition est fort défectueuse, & les conjectures dans les notes & les corrections assés peu heureuses. Il ajoute même que Du

---

1 Gasp. Sciopp. suspectar. Lection. pag. 316. edition. 1597.
2 Idem de arte Critica pag. 15.
3 Jac. Gretser not. ad Georg. Codin. de Offic. Constantinopolit.
4 Lipf. Epist. 14. Centur. 2 Miscellan.
5 ¶ Il étoit, ce me semble, bien plus naturel de juger que Lipse écrivant à Du Jon qui lui avoit envoyé son livre, ne pou- voit manquer de lui en témoigner, selon la coutume, sa reconnoissance par des éloges. ¶
6 Casaub. Epist. ad Meurs. ad 4. Nonas Junii ann. 1613.
7 Ger. Jo. Voss. Præfat. de Hist. Lat. adv. Thuan. & Scalig.
Idem de Hist. Græc. inter script. incert. ætat.

Jon songeoit à en redonner une meilleure, si la mort n'en eût empêché l'éxecution.

Mais nous parlerons de toute cette Histoire dans le Traité particulier des Auteurs déguisés sous le nom de Nad. Agmon (1).

Nous ferons encore mention de Du Jon parmi les Interprétes de l'Ecriture sainte, & les Théologiens hérétiques.

* *Vita Tertulliani & Notæ ad opera ejus* in fol. Franek 1597. — *Versio & Notæ ad Codinum de Officialibus & Officiis Palatii & magnæ Ecclesiæ Constantinop.* in-8°. Heidelb. 1596. — *Variæ lectiones & notæ ad Manilii astronomicon libros* v. in-8°. 1590. *

1 ¶ De la maniére dont Baillet s'explique on croiroit qu'il auroit fait un Traité de divers Auteurs déguisés sous le nom de Nadab Agmon; cependant il n'a parlé dans son Traité que du seul François Du Jon déguisé sous ce nom là, parce qu'effectivement nul autre que François Du Jon ne s'est avisé de prendre le nom de Nadab Agmon. §

JEAN PASSERAT, *de Troyes*, mort en 1603.

428. SI nous en croyons Scaliger (1), Passerat étoit un homme fort ignorant, qui à peine avoit lû huit livres en toute sa vie ; il dit que pour deux mots de Latin qu'il savoit il se vouloit mêler de reprendre tout le monde ; qu'en un mot il n'étoit pas si habile homme que sa renommée le publioit, quoiqu'il eût d'ailleurs un talent tout particulier pour bien instruire la jeunesse.

Les autres en parlent d'une maniére un peu différente. Papire Masson dit nettement qu'il avoit surpassé tous les Grammairiens & les Rhétoriciens de son tems, & qu'il étoit le dernier des Romains dans l'Université de Paris (2). Monsieur Parent (3) dit qu'il excelloit dans les Humanités & dans la connoissance de la propriété & de la force des mots, & que pour les expliquer avec autant de succès qu'il a fait, il avoit acquis un merveilleux fonds de la doctrine la plus rare, & qu'il avoit cultivé son esprit par l'étude des plus beaux Arts, de sorte qu'au jugement de tout le monde il passoit pour un autre Varron Romain.

En effet Monsieur de Sainte Marthe (4) remarque qu'il fut le premier qui dans Paris s'appliqua avec beaucoup plus de soin & de succès qu'on n'avoit fait jusqu'alors à rechercher & découvrir à la jeunesse les richesses les plus cachées & les plus importantes en même tems

1 Posteriora Scaligerana pag. 180.
2 Papyr. Mass. Vit. Passerat. pag. 348.
3 Franc. Parent. Orat. de Regia sua professione pag. 34.
4 Scævol. Sammarth. Elog. lib. 4. pag. 135.

de la Latinité, parce que Turnebe, Dorat, Lambin & les autres Passerat. célébres Professeurs Royaux s'étoient occupés particuliérement à la langue Grecque & à en expliquer les Auteurs.

Le Sieur Critton (1) dit qu'on n'avoit jamais vû Passerat se départir de cette pureté & de cette élégance du style qui lui faisoit representer Ciceron dans toute sa beauté, & quelquefois même dans toute sa force. Le P. Boulanger (2) lui rend aussi le même témoignage, disant qu'il avoit joint beaucoup de netteté & de subtilité à cette pureté de discours, & il ajoute qu'il étoit heureux à rétablir & à corriger les anciens Auteurs. Et Monsieur de Thou dit à ce sujet (3) qu'il avoit le discernement très-fin & le goût si délicat & si difficile, qu'à peine pouvoit-il trouver quelque chose dans les ouvrages des autres qui lui plût.

En matiére de Critique & de Philologie, Passerat a fait des Commentaires sur *Catulle, Tibulle* & *Properce*, [in-fol. Paris 1604.] que Monsieur de Thou estime fort accomplis & très-dignes des louanges de tout le monde. On en a aussi de lui sur *Plaute* qui ne sont pas moins estimés (4). Il en a encore fait sur *Ciceron*, mais je ne sai s'ils ont vû le jour. Raoul de Bouteroue dit (5) qu'il a été également heureux & fidéle dans tous ses commentaires.

On imprima en 1637 ses Préfaces & les discours qu'il fit sur l'explication des Auteurs qu'il devoit enseigner à ses Ecoliers, & particuliérement sur Plaute, Ciceron, Salluste, Ovide, Catulle, Properce qui sont remplis de critiques & d'observations qui font voir qu'il connoissoit parfaitement le génie de la langue Latine, & qu'il la savoit à fonds; de sorte qu'on peut dire que de tous les grands hommes qui ont éclaté dans l'Université de Paris, il n'y en a point qui ayent tant travaillé à la perfection & à l'embellissement de cette Langue que Passerat, & qui s'en soient acquités avec plus de succès & de gloire que lui selon Monsieur Bullart (6).

Nous parlerons encore de lui dans la suite au sujet de Calepin.

1 Georg. Critton. Orat. de Sortib. Homericis, Prolegom. Opuscul. Passerat.
2 Jul. Cæs. Bulenger. lib. xi. Historiar. sui temp.
3 Thuan. Hist. lib. 129 & ex eo Borrichius de Poët.
4 ¶ Ménage pag. 158. du Tome 2. de l'Anti-Baillet nie qu'on ait vû de Commentaires de Passerat sur Plaute soit imprimés, soit manuscrits. Le P. Labbe cependant pag. 371. *Nova Bibliothecæ libror. Mss.* dit avoir vû entre les mains d'Isaac Hérauld fils de Didier un Catalogue de manuscrits apportés d'Angleterre à Paris, parmi lesquels étoient trois Comédies de Plaute, *Miles gloriosus, Casina, & Mostellaria*, commentées par Passerat. Remarque qui n'a pas échapé à la diligence de Jean Albert Fabrice. Mais quand ces commentaires de Passerat existeroient, Baillet qui en a parlé comme s'ils avoient été imprimés, n'en auroit pas moins été dans l'erreur. ¶
5 Rodolph. Botereius Commentar. lib. 10.
6 Is. Bullart Academ. liv. 4. p. 303. 304.

FRANÇOIS SANCHEZ DES BROSSES ou de *Las Broças*, *Espagnol*, dit FRANC. SANCTIUS BROCENSIS, mort vers 1603. (1)

429   IL a fait en qualité de Critique des Scholies & des Commentaires sur les *Bucoliques de Virgile*, l'*Art Poëtique d'Horace*, le *Pomponius Mela*, les *Emblêmes d'Alciat*, les quatre *Silves héroïques de Politien*: Et en Espagnol sut l'*Epictete* qu'il a traduit aussi en cette Langue, sur les Poësies de *Jean de Mena*, de *Garcilasso de la Vega*, &c.

Le nom seul de cet Auteur suffit pour donner de la reputation à tous ces ouvrages. Mais nous nous reservons à parler de lui plus amplement parmi les Grammairiens Artistes. C'est assés de remarquer ici que les plus clairvoyans d'entre les doctes Critiques croyent que le *Pentecontarque* qui court sous le nom de Dom Laurent Ramirez del Prado (2) est effectivement de notre Sanctius, dont celui-là avoit été Ecolier, comme nous le verrons au Traité des Plagiaires.

* *Franc. Sanctii Minerva seu de causis ling. Latinæ Commentar. Gasp. Scioppii, Jul. Perizonii quarta editio* in-8°. *Amstel*. 1714.*

1 ¶ Baillet mieux instruit dit plus bas Article 661. que François Sanchez mourut en 1600. agé de 77. ans. §

2 ¶ *Ramirez de Prado*, & plus bas article 498. §

JEAN DE SPONDE, (1) *qui a travaillé sur Homére.*

430   SOn Edition est fort commune à la verité, mais elle n'est ni fort belle ni fort exacte, & ses Notes ne sont pas estimées. Casaubon les appelle des bagatelles & des remarques de néant. (2)

* *Homerus Gr. & Lat. cum Commentario Joan. Spondani* in-fol. *Aurel. Allobrog.* 1606.*

1 ¶ Il mourut l'an 1598. §

2 Bibliograph. curios. hister. Philolog. pag. 49.

431 GERARD

431 **GERARD LANGBAINE,** *Anglois.* Ses Notes sur Longin sont courtes, mais elles sont assés estimées.

J. PAPIRE MASSON, *de Forez*, mort en 1611.

432 Les Lettres lui ont certainement beaucoup d'obligation, mais la plupart de ses ouvrages sont historiques, & je n'en connois que trois qui appartiennent à la Critique. Le premier est l'édition des Lettres de *Servatus Lupus*, qui est pleine de fautes, & que Mr Du Chesne & ensuite Mr Baluze ont donnée après lui. Le second est l'édition d'*Agobard*, qui lui doit la vie par le plaisant hazard que chacun sait: mais il est accusé d'infidelité dans cette édition, & on dit qu'il a pris la liberté d'y changer plusieurs choses, comme il a été facile de le reconnoitre par le Manuscrit même dont il s'est servi, & qui est dans la Bibliothéque du Roi. Mr Baluze y a rétabli toutes choses dans une édition nouvelle qu'il en a faite. Le troisiéme est l'édition des Lettres d'*Estienne de Tournay*, qu'il donna conjointement avec son frere Jean-Baptiste Masson en 1611. laquelle étant devenuë assés rare dans la suite, a donné lieu au Pere du Moulinet de la remettre au jour après l'avoir revûë, corrigée & augmentée de soixante nouvelles Epîtres. Mais nous parlerons ailleurs de son Histoire des Papes, & de celle de France, & de ses Eloges.

* *Agobardus ed. Baluzio* in-8°. *Paris.* 1666. — *Servatus Lupus ed. Baluzio* in-8°. *Paris.* 1664.*

Journal des Savans du 12. Janvier 1665. Cl du Molin. Præfat. edit. Steph. Tornac.
Ibid. du 14. Juin de 1666.   Epistol.

ESTIENNE PIGHIUS, *Vinand*, mort en 1604.

433 Scioppius dit qu'il a rendu la santé & la vie même à *Valére Maxime*, [in-8°. *Antuerp.* 1592.] qui avoit été massacré & presque assassiné par le style des demi-Savans & des Critiques sauvages. Nous parlerons de lui plus amplement parmi les Historiens.

Sciopp. de Arte Critic. pag. 12.

JEAN DOUZA le pere, (Vander Doës) mort en 1604.

434 ON a de lui divers ouvrages de Critique fur les Poëtes qu'on peut voir dans la lifte qu'en ont faite les Bibliothéquaires. Lipfe (1) & Scioppius (2) le louent & l'eftiment. Ce qu'il a fait fur *Catulle, Tibulle* & *Petrone* s'appelle *Præcidanées* & *Succidanées*, & fon commentaire fur *Plaute*, porte le nom de *Centurionat*.

* *Janus Douza, Pater, libri* III. *Præcidanearum in Petron. Arbit. & in Sulpitii Satyram* in-8°. *Helenop.* 1610. — *Com. in Catul. Tibull. & Propertium* in-fol. *Parif.* 1604. — *In Horatium* in-fol. *Lugd. Bat.* 1597. — *Notæ in C. Lucilli Satyrarum* in-4°. *Lugd.-Bat.* 1619. — *Centurionatus, feu Plautinarum explanationum libri* IIII. in-8°. *Francof.* 1602.*

<small>a Lipf. lib. 1. Elector. cap. 5.   2. Sciopp. de Art. Critic. pap. 17.</small>

ROBERT CONSTANTIN, de Caën, mort en 1605. âgé de 103. ans. (1)

435 SEs Notes & fes Obfervations fur *Pline* ne font point eftimées de Scaliger ; mais je penfe qu'elles n'ont jamais été imprimées. *Dans la Bibliotheque de Monfieur de Lamoignon, il y a un Pline avec des Notes Manufcrites de ce Conftantin, qui font aux marges du Livre. C'eft l'exemplaire que Scaliger a vû. Ces Notes font écrites de la propre main de Conftantin qui les dédia à Jacques du Bourg l'an* 1590.

<small>1 ¶ Suivant Mr de Thou plus croyable que le Scaligerana pofteriora comme avec raifon, ce femble, le prétend Mr Huet pag. 353. de fes Origines de Caën.§</small>

ELIE PUTSCHIUS, d'*Anvers*, vers l'an 1605. (1)

436 IL publia les fragmens de plus de trente anciens *Grammairiens* [in-4°.] à Hanau en 1605. Cette édition est louée par Joseph Scaliger & par les autres Savans de ces tems-là, & elle est devenuë aujourd'hui assés rare. On peut voir Melchior Adam, &c. (2)

1 ¶ Il mourut le 9. Mars 1606. dans sa vingt-sixiéme année.
2 Melch. Adam. de Vit. Germ. Philosoph. & Bibliograph. cur. Philolog, Hist. pag. 26.

JUSTE LIPSE, d'*Yfche* ou *Oover-yfche en Brabant*, mort en 1606.

437 Lipse est un des Chefs de Partis (1) qui semblent avoir aspiré à la Souveraineté, & qui auroient peut-être bien voulu changer la République des Lettres en Etat Monarchique. Du moins avons-nous un Traité fait exprès par Gaugeric Rivius touchant cette Principauté prétenduë de Lipse sur tous les Gens de Lettres. Cette idée a paru assés singuliére jusqu'à present, & cette prétention n'auroit peut-être pas manqué d'exciter la guerre civile dans cette République, si Scaliger, Grotius, Saumaise, Vossius, &c. avoient eu des Partisans aussi zelés que ce Rivius.

Il faut avouer néanmoins que parmi ces Heros qui se sont élevés au dessus du commun des Savans, il s'en trouve peu qui ayent eu plus que Lipse des qualités propres à devenir le Maître des autres.

Scaliger (2) l'appelle la Lumiére de son siécle; Raphelingius l'appelle le Soleil des Doctes & leur Trismegiste. Il est nommé le Prince du Senat des Savans par Douza; le Pere des Sciences par Baudius; la gloire des Tems par Scribanius; l'œil ou la prunelle des Pays-bas par Schott; le Senéque Belgique par Phil. Paræus; le flambeau de l'antiquité, l'unique liberateur & protecteur de la Verité, le tresor inépuisable de toute l'Histoire, l'ame même de la sagesse & de la prudence, & le seul Auteur de la Critique legitime par Valens Acidalius; un genie divin par Louis Carrion; l'homme du monde qui ait sû

1 ¶ Il faut dire *les chefs de parti*, en sorte que *parti* soit au singulier, quoi que *chefs* soit au pluriel.
2 Scalig. in Epistol. & alibi pass.

CRITIQUES GRAMMAIRIENS.

le plus heureusement joindre la plus profonde Science avec l'esprit le plus délicat & le plus solide par Casaubon.

Mais c'est trop long-tems se divertir, & on peut renvoyer ceux qui sont curieux de ces sortes d'Eloges à ce qui s'en trouve dans Aubert le Mire (1), dans Valere André (2), & particuliérement dans le Recueil qu'en a fait Mr Hanckius (3), où ils trouveront dequoi se satisfaire.

Je pense que le plus bel éloge qu'on puisse lui donner est celui qu'il a reçû de Raoul de Boucterouë (4), pourvû qu'il soit bien veritable. Car se contentant de l'appeller le Varron de son siécle, il ajoute qu'il ne s'enfle non plus des éloges qu'on lui donne que l'Ocean des riviéres, & qu'il est infiniment au dessus de l'envie, laquelle à été obligée elle-même de l'admirer. On y peut joindre celui qu'en a fait Jean Bernard (5), & dire comme lui, que les louanges qui sont duës à Lipse ne doivent point avoir d'autres bornes que celles de la vertu-même & de la solide érudition.

Barthius (6) dit qu'il a encore paru beaucoup plus grand par le blâme & par les accusations de ses Envieux, que par les témoignages avantageux des autres; qu'il ne tient point à lui, tout mort qu'il est, que ceux-là ne profitent aussi-bien que ceux-ci de ce qu'il a composé également pour l'utilité de tout le monde, & qu'ainsi il y a de l'ingratitude à vouloir diminuer quelque chose de sa reputation; & qu'il y a de la bassesse même à chercher de la gloire dans la découverte de quelques-unes de ses fautes.

Les deux principales parties de Lipse étoient l'esprit & le jugement, comme l'a aussi remarqué le même Auteur.

Aubert le Mire (7) & Melch. Adam après lui (8) disent que cet esprit avoit beaucoup de vivacité & de feu, beaucoup de profondeur & d'étenduë, beaucoup de docilité & de facilité, beaucoup de capacité & d'aptitude pour tous les Arts & toutes les Sciences, hormis la Musique, pour laquelle il n'avoit ni goût ni disposition.

1 Aub. Mir. in elog. Lipsf. singul.
2 Val. Andr. Dessel. in Bibl. Belg. Voc. Justus, & p. 601.
3 Mart. Hanck. de script. Rer. Roman.
4 Rodolph. Boter. lib. 13. commentar.
5 Joan. Bernartius in lib. 1. Silvar. Statii, quibus adde Ludov. Carrion. Comment. 2. antiq. Lect. 4. & promisc. Jo. Is. Pontan. Scip. Gentil. comm. ad Appul. Apol. Jos. Castalio. decad. 2. observ. in Critic. Valent. Arithmæus. orat. 7.
Casp. Gevart. lib. 1. Elector.

J. Wower. animad. ad Petron.
Christian. Becman. Manud. ad L. L.
Henr. Spond. ad ann. 1405.
Sertor. Ursat. lib. 1. Monum. Pat.
Nicol. Henel. otio Vratislav. c. 11.
Jo. Kirchman. lib. 2. de Rom. fun.
J. Gruter. not. ad Plin. Panegyr.
Laur. Pignor. mensf. Isiac. c. 3.
6 G. Barth. lib. 51. adversar. cap. 13.
7 Aub. Mir. elog. Lipsf. pag. 164.
8 Melch. Adam vit. Philosoph. German. pag. 476.

CRITIQUES GRAMMAIRIENS.

Il avoit aussi le jugement très-exquis & très-solide ; & l'emploi le plus important qu'il en ait fait consiste principalement dans l'ordre & la disposition qu'il a donnée à ses Ecrits. Il alloit d'abord droit au but de la chose dont il jugeoit ; & ce qui est fort rare, c'est qu'il ne le perdoit jamais dans ses matiéres les plus confuses & les plus répanduës. Il étoit si persuadé de la certitude de son jugement, qu'il se croyoit en droit de l'exercer sur les Anciens avec autant de liberté que sur les Modernes.

Son style ne laisse pas d'être fort coulant, éloquent, facile, & plein d'agrémens, quoiqu'il soit concis, serré & tout rempli de pointes. Et c'est ce qui paroît avoir été presque sans exemple jusqu'à present. Cette briéveté singuliére de style n'a ni ténébres ni obscurités. Son ordinaire est de dire beaucoup de choses en peu de mots, & le sens de ses pensées s'étend avec d'autant plus d'effusion & d'abondance, qu'il paroit d'abord serré dans un petit nombre de paroles. De sorte qu'après qu'on l'a quitté, la reflexion qu'on fait insensiblement sur ses petites phrases tient souvent lieu de grands discours à ses Lecteurs : ses expressions ressemblant à ces tableaux de Timante, dans lesquels l'esprit trouvoit toujours plus de sens que les yeux n'y voyoient de traits de pinceaux.

Cependant ce style de Lipse a rencontré plusieurs Censeurs qui y ont trouvé à redire, prétendans que non seulement il est trop obscur & trop embarrassé, mais aussi qu'il n'est point du tout Ciceronien (1). Mais Aubert le Mire qui étoit un des plus zelés & des plus affectionnés de ses Ecoliers, a entrepris de repousser ces accusations, & de le justifier pleinement. Il dit premiérement que son Maitre n'étoit point de ces Imitateurs serviles de Cicéron, qui pour employer scrupuleusement les mots & les tours de phrases de cet Orateur en perdoient souvent la force & la beauté. Que dans les commencemens Lipse s'étoit un peu trop attaché au style de Cicéron, & qu'en ce point il s'étoit comporté en jeune homme; mais que depuis ce tems-là, la maturité de son jugement ayant donné des bornes & des regles à la vivacité de son esprit, il se resserra d'un côté en retranchant quelque chose de cette fluidité de style qu'il avoit prise de Cicéron, pour s'étendre d'un autre dans la lecture des autres bons Auteurs. Effectivement il trouva dans Plaute, Terence, Salluste, César, Quintilien, & dans les autres principaux Maitres de la Langue Latine de quoi imiter, aussi-bien que dans Cicéron, & il voulut même que les autres profi-

1 Melch. Adam vit. Philosoph. German. pag. 476.

tassent de son exemple, & que dès qu'on est un peu avancé dans les études on puisse sur la lecture & la méditation de plusieurs Auteurs se former un style à sa mode, s'il est permis de parler de la sorte. Le Mire ajoute de plus que ce n'étoit pas l'exercice ni l'étude qui avoient formé dans Lipse ce style si particulier, mais que c'étoit sa Nature & son propre Genie qui l'avoient produit. Car quelque air qu'on puisse contracter de la lecture des Auteurs, tout le monde tombe d'accord qu'ils ne donnent pas le caractére du style, & que ce qui le rend diffus dans les uns, & serré dans les autres, gai & agréable dans ceux-ci, chagrin & sérieux dans ceux-là, ne peut venir que de la disposition naturelle des Esprits.

(1) Pour l'autre point qui regarde l'obscurité du style de Lipse, Aubert le Mire prétend qu'il n'y a que les ignorans & les petits Genies qui puissent s'en plaindre, & que les autres, loin de prendre sa briéveté pour une obscurité, jugeront aisément que c'est une gloire particuliére à Lipse d'avoir sû joindre sans étude & sans affectation deux qualités presque incompatibles, qui sont la clarté & cette briéveté. Il avouë néanmoins qu'il s'y trouve de vieux mots & des phrases coupées, qui ne contribuent pas trop à la beauté de son style; mais il dit qu'il écrivoit comme un habile Critique, & qu'en cette qualité il avoit une Jurisdiction sur tous les divers âges de la Latinité. Il dit que pour pouvoir mieux représenter & expliquer les Auteurs de l'Antiquité la plus reculée, il pouvoit quelquefois parler comme eux, quoiqu'il ne le fit jamais à dessein, ni pour se distinguer; & qu'il s'accommodât pour l'ordinaire à la nature & à la bienséance de sa matiére, qui tantôt l'a obligé d'écrire d'un style coulant, lié & vulgaire; & tantôt l'a porté à écrire d'un style serré, docte & mysterieux. Mais qu'on ne trouve aucun de ses Ecrits de l'un ou de l'autre style, & même de ceux qu'il a faits en sa premiére jeunesse, où on ne remarque toujours ce cœur ouvert, généreux & honnête, qui l'a rendu si aimable à tous les gens de bien. Que ses premiers ouvrages même renferment beaucoup de semences & d'étincelles de la vertu & de la prudence civile; mais qu'étant devenu plus âgé & plus mûr il y tourna directement toutes ses pensées, & ne songea plus qu'à l'utilité publique. Que depuis ce tems-là il s'appliqua uniquement à remplir tous ses Ecrits de maximes salutaires pour le réglement & la conduite de la vie dans les personnes publiques, aussi-bien que dans les particuliers. Que c'est l'endroit principal par

---

1 Melch. Adam vit. Philosoph. German. pag. 166.

CRITIQUES GRAMMAIRIENS.

lequel il s'eſt diſtingué des autres Savans de ſon ſiécle, qui n'aſpiroient qu'à la gloire de bien écrire, & ne ſongeoient qu'à leur propre réputation; au lieu que Lipſe paroît n'avoir preſque point eu d'autre paſſion que celle d'inſpirer à ſes Lecteurs la ſageſſe & la vertu. Qu'on lui a l'obligation plus qu'à aucun autre d'avoir aſſujetti à cette étude ſerieuſe & honnête les Muſes volages & libertines, qui juſqu'alors ne s'étoient addonnées qu'au divertiſſement & à la bagatelle. Et qu'enfin, quoiqu'il connût bien l'importance de ce nouveau Miniſtére, & qu'il s'en acquitât avec l'approbation de tout le monde, il n'en reſſentit pas le moindre mouvement de vanité (1), & qu'il donna ſujet de douter s'il avoit plus de doctrine que de modeſtie.

Bertilius Canut (2) n'eſt pas moins étendu qu'Aubert le Mire ſur les louanges de Lipſe (3), & ſi nous l'en croyons, il n'y a rien de comparable à ſes Ecrits, ſoit pour la Morale, ſoit pour la Philologie. Il prétend qu'il ſurpaſſe en douceur & en agrémens tout ce qu'il y a eu juſqu'ici, & tout ce qu'il y aura d'Ecrivains dans la ſuite des tems. Il dit que ſon ſtyle eſt pur, naturel & commun; mais qu'il n'a pourtant rien de bas & de trivial. S'il prend quelque choſe des Anciens, continuë-t-il, c'eſt avec un choix très-judicieux & comme nous prenons le ſel pour jetter ſur la viande, & il le fait avec grace, avec reconnoiſſance, & rarement ſans faire les éloges de ceux dont il emprunte ce qu'il dit. Son caractére eſt de dire beaucoup de choſes en peu de mots, de ſorte que les penſées ſont ordinairement beaucoup plus amples que les expreſſions. Cet Auteur ajoute beaucoup d'autres choſes que nous avons déja rapportées d'Aubert le Mire, il veut comme lui que la briéveté de Lipſe n'ait point de nuages ni d'obſcurité, & il dit que cet air Laconique ne laiſſe pas d'être fort abondant & très-coulant. Il prétend qu'il n'a point de phraſes ni preſque de lignes qui ne ſoient pleines de ces fleurs, de ces figures, & de ces tours agréables & qui plaiſent au Lecteur; que la douceur eſt toujours mêlée avec la force, que ſes ſentences ſont élevées & pénétrantes, & qu'il ſeme par tout des Inſtructions pour les mœurs & des Exhortations à la vertu.

Bonciarius dit (4) qu'il ne penſoit pas que depuis pluſieurs ſiécles, la Nature eût produit un homme d'un plus bel eſprit, & d'un jugement plus exquis, & d'une doctrine plus étenduë, qu'il avoit un genie ad-

---

1 Melch. Adam elog. Belg. pag. 137.
2 ¶ Cet Ecrivain ne méritoit pas d'être cité, & devoit du moins être nommé ou *Bertilius Canutus* ou Bertil Canut.¶
3 Bertil. Canut Centur. 3. epiſt. item Centur. 4. epiſtol. 40.
4 M. Ant. Bonciar. in Lit. ad Senſum Senſuum an. 1601.

mirable, soit pour inventer de nouvelles sentences, soit pour polir & perfectionner celle des Anciens, & que celles-ci ne paroissent pas moins être de lui que les autres, tant il avoit de naturel & de talent pour cette manière de penser & de prononcer des sentences.

C'est ce qui a porté des personnes doctes à publier des extraits de ses Livres & à recueillir ses sentences de son vivant même ; honneur qui n'est peut-être pas même arrivé à aucun des Anciens.

La nouveauté de ce genre d'écrire forma dans la Republique des Lettres une espéce de secte nouvelle, & dont il fut consideré comme le Chef; & le Victorio de Rossis (1), dit que de son tems on appelloit *Lipsiens* ceux qui faisoient profession de le suivre, comme on appelle Cicéroniens les Imitateurs de Cicéron.

Il ajoute que cette manière de briser le style & de composer sans periode & sans liaison, fut embrassée par ses Ecoliers avec une avidité assés peu discrete. Car comme par une affection & un préjugé ordinaire, les Disciples veulent toujours imiter ou contrefaire leurs Maitres, il arrive souvent qu'au lieu de se former sur ces Modéles, ils ne prennent que l'ombre des excellentes qualités qu'on y voit briller, & ils ne s'attachent presque qu'aux défauts qui les frappent davantage. C'est par cette raison, dit-il, que ces Disciples de Lipse étoient bien venus à bout de parler bref, de couper leur style, de ne point faire de periode, & de ficher même quelques pointes & quelques subtilités au hazard: mais ils n'avoient pû parvenir à cet air naturel de Lipse, ni à cette vigueur mâle de style qui étoit soutenuë par un grand fonds de doctrine. C'est pourquoi Lipse s'étant apperçu lui même de ce déreglement, leur conseilloit souvent d'imiter plutôt les maniéres naturelles de Cicéron, que d'affecter de suivre les siennes qui étoient un peu trop particuliéres.

Le même Auteur dit que cette contagion s'étendit fort loin, & qu'ayant passé même les Pays bas, elle gagna les Pays étrangers, & fit quelque dégât dans l'Italie, où elle gâta plusieurs esprits, qui desesperant de pouvoir acquerir cette heureuse abondance & cette varieté du style de Cicéron, ont crû pouvoir mieux s'accommoder de cette sécheresse, & de cette maigreur du style *Lipsien*. Il ajoute qu'ils sont devenus si passionnés pour ce style, que non contens de s'admirer eux-mêmes, & de se croire les premiers hommes du monde pour l'éloquence, ils entreprenoient de décrier & d'abolir même les Ecrits de Cicéron & des Anciens les plus reçûs, pour établir &

---

1 Jan. Nic. Erythr. part. 32.

autoriser

CRITIQUES GRAMMAIRIENS.

autorifer cette nouvelle forme d'éloquence, dont ils s'étoient in- Lipfe. fatués.

Mais si le style de Lipse n'a point eu assés de credit pour se faire recevoir dans le monde, on ne peut pas dire la même chose de sa Critique qui a été embrassée & reçüe par tout avec applaudissement. Car comme elle a été formée par ce rare jugement dans lequel il excelloit, & étant remplie de cette érudition qui lui étoit propre, elle ne pouvoit manquer d'être heureuse, ainsi que l'ont remarqué Bertilius Canutus & Bonciarius, d'autant plus que ses corrections & ses remarques sur les anciens Auteurs sont faites avec une netteté & une méthode toute particuliére. (1)

Bisciola dit aussi (2) qu'il avoit le genie heureux pour découvrir & retirer les fautes que les tems ou les Copistes avoient fait glisser dans les Exemplaires des Auteurs, & qu'il n'avoit peut-être pas son semblable dans cette industrie, quoiqu'il ait fait connoître en beaucoup d'endroits qu'il étoit homme & sujet à l'erreur comme les autres.

Cette Critique est d'autant plus agréable qu'elle est diversifiée par le mélange de plusieurs connoissances qui ont fait dire à Papire Masson (3), que Lipse méritoit le glorieux titre de *Philologue* pour les mêmes raisons qui l'avoient fait anciennnment donner à Eratosthene pour la premiere fois, à cause de la varieté de sa doctrine sur plusieurs choses differentes.

Le premier ouvrage de Critique & de Philologie que fit paroître Lipse, fut celui des *Diverses Leçons* en quatre Livres qu'il composa à l'âge de dix-neuf ans. Aubert le Mire (4) prétend que ces Livres sont écrits dans un style coulant & tout-à-fait Cicéronien.

Scioppius en parle un peu autrement, & (5) il dit que la maniére d'écrire est un peu nouvelle, le style un peu inusité: mais qu'il est néanmoins clair & poli, & que cet ouvrage le mit si bien en réputation dans l'esprit de tout le monde, que dès-lors il se mit au dessus de l'envie, ce qui n'étoit peut-être pas encore arrivé à personne. Il ajoute qu'il se rendit l'objet de l'amour & de l'admiration de toutes sortes de personnes de quelque Religion & de quelque profession que l'on fût, & que cela alloit même jusqu'aux enfans qui prenoient plaisir à parler de lui.

Mais celui de ses ouvrages qui a fait le plus de bruit est son *Tacite*.

---

1 Canut. Epist. 1. Centur. 3. & Bonciar. in Lit. ad Sensum Sensuum an. 1601.
2 Læl. Bisciol. tom. 1. subcesivar. hor. lib. 14.
3 Papyr. Mass. vit. Petr. Pithæi p. 328.
4 Aub. Mir. elog. pag. 142.
5 Gasp. Sciopp. de Art. Critic. pag. 11.

Lipse. C'est en effet ce qu'il a fait de meilleur à ce que prétend Scaliger(1), & Lipse lui-même (2) consideroit ces Commentaires comme son chef-d'œuvre, selon que nous l'assure Aubert le Mire, qui ajoute que ce bel ouvrage lui attira beaucoup de Censeurs, dont les uns étoient poussés par l'ambition de se faire connoître, les autres animés par l'envie & la haine qu'ils avoient conçuë contre lui fort injustement. Il triompha sans doute des uns & des autres en ce point, & on cessera de s'étonner qu'il ait si bien réussi sur Tacite quand on saura qu'il avoit étudié cet Historien à fonds, qu'il le savoit entierement par cœur, & qu'il le possedoit comme s'il en avoit été lui-même l'Auteur. Il avoit une passion demesurée pour les maniéres & le style de cette illustre Ecrivain, comme remarque le Vittorio de Rossis (3). Et c'est peut-être ce qui a le plus contribué à lui gâter le sien, & à le rendre si irregulier.

Après les Commentaires sur Tacite, Scaliger témoigne (4) qu'il n'y a rien de plus excellent que ses *Electes*, dont la varieté est fort agréable & fort instructive.

Il dit aussi que ses *Saturnales* sont un fort bel ouvrage. Et c'est encore le sentiment du vieux Douza, de Scioppius, & de Dempster, qui en ont parlé avec beaucoup d'éloges, ne sachant peut-être pas qu'ils louoient véritablement Mr le President du Faur de Saint Jory sous le masque de Lipse, comme nous le dirons parmi les Plagiaires, où nous verrons aussi à qui appartient le Livre de la *Milice Romaine*, dont Lipse a eu jusqu'ici tous les honneurs, & à si bon marché.

Scaliger met encore au rang des bonnes pieces de Lipse (5) deux Oraisons Anonymes, une de *la double Concorde*, & l'autre sur la mort du *Duc de Saxe*. Il dit qu'elles sont toutes deux très-Latines, & plus Latines même que tous les autres ouvrages de cet Auteur.

Le Pere Boulanger dit (6) que les Livres de l'*Amphitheâtre* & des *Gladiateurs* sont très-élegamment écrits. On peut compter encore parmi ses œuvres raisonnables, ce qu'il a fait sur *Seneque le Philosophe*, quoiqu'il y ait assés peu de choses selon Scaliger, qui d'ailleurs reconnoît qu'il n'a point de fautes, & c'est beaucoup dire pour l'éloge d'un Livre. Nous parlerons ailleurs de ses *Lettres* & de ses Livres de *Politique*.

Mais nous ne devons pas oublier celui de la *Constance*, parce qu'il a toujours été des plus estimés, & Raphelingius croyoit que (7) de

1 Poster. Scaligeran. pag. 141.
2 Lips. ap. Aub. Mir. elog. pag. 145.
3 Jan. Nic. Erythr. pinac. ut sup. p. 1. 2.
4 Poster. Scaligeran. pag. 142. 143.
5 Id. ibid. sed supr.
6 Jul. Cæs. Buleng. lib. 12. hist. sui temp.
7 Poster. Scaligeran. pag. 201.

CRITIQUES GRAMMAIRIENS.

tous les Livres de Lipse, celui-là seul auroit la vogue fort long-tems, mais que tous les autres tomberoient infailliblement dans le mépris & l'oubli des hommes, comme il est arrivé aux ouvrages de la plûpart des Grammairiens & Philologues avant lui.

Enfin pour conclure par les propres termes de Scaliger son ami, il faut convenir que Lipse a fait plusieurs ouvrages fort doctes, & d'autres qui ne le sont que peu.

Les Protestans ont tâché de décrier quelques-uns des petits Livres qu'il composa pour satisfaire sa dévotion, comme celui de l'Histoire & des Miracles de *Nôtre-Dame de Hau* ou *Hall*, celui de *Nôtre Dame de Sichem*, dont nous pourons parler ailleurs. Mais je ne sai pourquoi Scaliger veut qu'il n'ait rien fait qui vaille dans son Traité de *la Croix*, qui constamment n'est point si pitoyable qu'il voudroit nous le persuader, quoiqu'on ne puisse nier que le Jesuite Gretser n'ait mieux réussi que lui sur cette matiere.

Casaubon (1) a eu plus de raison de se plaindre du genie de Lipse, qui a bien voulu souffrir qu'il entreprît de travailler sur *Polybe* & de commenter l'endroit qui concerne la *Milice Romaine* sans examiner ses forces. Car c'est quelque chose d'indigne de la réputation que ce grand homme avoit acquise d'ailleurs.

Aprés avoir rapporté une partie de ce qui se peut dire à l'avantage de Lipse, la sincerité & la justice des regles que je me suis prescrites dans ce Recueil, demandent que je dise quelque chose des défauts qu'on lui reproche outre ce que j'en ai touché ci-dessus.

Premierement il savoit assés peu de Grec, comme l'ont remarqué plusieurs Savans, tels que Casaubon, le Pere Boulanger, Monsieur Huet & plusieurs autres (2). Et Scaliger a crû beaucoup faire pour lui, en disant qu'il n'étoit Grec que pour sa provision (3). Cependant Lipse avoit une démangeaison plus qu'Ecoliere pour faire paroître qu'il en savoit, & il faisoit gloire d'en inserer souvent des morceaux parmi son Latin, en quoi il est blâmé avec beaucoup de justice par Casaubon (4), c'est-à-dire, par Mr Huet, quoique cette bigarure parût belle aux yeux de plusieurs dans le tems de la nouveauté.

---

1 If. Casaub. præfat. in Polyb. edit.
2 Bu'eng. lib. 12. histor. sui temp. Casaub. ut supr.
Huet. de claris interpr. pag. 176. 177.
3 Scaligeran. posterior. pag. 143.
4 ¶ Monsieur Huet ne fait rien dire de tel contre Lipse à Casaubon. Il le lui fait seulement blâmer d'avoir, dans ce qu'il a traduit de Grec, usé d'un style trop coupé, Mais Baillet a sans doute crû que ces mots: *Græca præterea eo dicendi genere dissipsi*, signifioient que Lipse avoit d'une certaine maniere mêlé le Grec dans sa diction. ce qui, outre les bévüës remarquées ici par Ménage Chap. xi. en fait une des plus signalées.

Lipse. Et bien que ces manières de briser ses phrases & de lancer ses sentences, soient toujours fort désagréables à ceux qui ont le goût de la veritable éloquence & qui ont fait habitude avec Cicéron, & qu'elles ne puissent toucher que de jeunes Ecoliers sans experience ou la populace ignorante : néanmoins, dit le même Auteur, il faut avouer qu'il auroit eu peu d'égaux s'il se fut renfermé dans les bornes de l'Antiquité Romaine, & s'il ne se fût appliqué qu'aux Auteurs Latins sans vouloir toucher aux Grecs.

En second lieu, Lipse faisoit fort mal des Vers, & Scaliger qui en parle de la sorte (1), prétend qu'il n'entendoit même rien en Poësie, & qu'il jugeoit fort mal de quelques Poëtes, & entre autres de Seneque le Tragique. Ce qui est attaquer un Critique dans sa Citadelle.

Il ajoute qu'il n'est point politique, & nous verrons ailleurs que cette accusation n'est pas trop fausse. Mr Huet dit qu'il ne savoit pas la Tactique ou la Milice Romaine, ainsi il n'y a point grand fonds à faire sur ses Poliorcetiques & les autres Livres qui traitent de ces matiéres.

Scaliger l'accuse encore d'écrire mal, & il dit qu'il avoit desappris à parler sur la fin; qu'il faisoit quelquefois un Latin pitoyable, comme dans toute la troisiéme Centurie de ses Lettres qui ne vaut rien ; & que ce qu'il faisoit ne plaisoit gueres qu'au vulgaire.

Vossius qui n'aimoit point à désobliger personne, a parlé de Lipse comme les autres. En un endroit (2), il se contente de dire qu'il avoit acquis de la gloire par la beauté de son esprit & par la varieté de sa doctrine, mais non point par son Latin. En un autre (3), il dit qu'il n'a point gardé de mesure dans l'emploi des vieux mots, des termes poëtiques & des expressions dures & choquantes, c'est pourquoi qu'il faut bien se garder de se le proposer comme un exemple à suivre.

Boulanger dit qu'il étoit fort au dessous de Scaliger pour toutes choses (4), qu'il étoit même inferieur à Casaubon & à plusieurs autres, sur tout pour la connoissance des Langues : & cependant il s'étoit rendu beaucoup plus agréable à ceux de son pays que Scaliger & les autres par la nouveauté & les agrémens de son style.

Henri Estienne fit un Livre entier contre ce style irregulier & con-

---

1 Scaligeran. posterior. pag. 145.
2 G. J. Voss. hist. Lat. lib. 1. cap. 19. pag. 94.
3 Idem lib. 4. Oratoriar. Institut. cap. 6 num. 7.
4 Jul. Cæs. Buleng. lib. 12. histor. S. T.

CRITIQUES GRAMMAIRIENS. 365

tre ces manieres, ce qui lui attira une réponse & des injures d'un Lipſe. des plus zelés diſciples de Lipſe.

Vincent Contarini (1) prétend qu'il y a une infinité de fauſſetés & d'erreurs dans les Livres de Lipſe, & qui y ſont debitées avec autant d'aſſurance & de tranquilité que ſi c'étoient des veritez communes & inconteſtables. Il ajoute que quiconque ſe chargeroit de les recueillir toutes & de les examiner, prendroit aſſurément une commiſſion onereuſe & d'autant plus difficile, qu'il n'eſt pas ſi aiſé de refuter des menſonges que d'en faire.

Enfin quoique Lipſe ne ſe piquât de rien tant que de modeſtie, d'honnêteté & de bonne foi, il a pourtant trouvé des Cenſeurs qui ont bien oſé lui marquer des manquemens conſiderables contre ces vertus. Louis du Moulin entre les autres (2) en a voulu à ſa modeſtie prétenduë, quand il a fait voir que c'étoit un eſprit vain & glorieux, qui ſe vantoit dans ſes Ecrits „ que quand il s'agiroit de trai- „ ter les matieres les plus difficiles dans l'Antiquité, ce ſeroit peut- „ être le loiſir ou la volonté qui pouroit lui manquer, mais jamais „ le pouvoir ni la capacité.

Le Vittorio de Roſſis dit (3) qu'effectivement il ſe croyoit le maître de ſon ſiécle, qu'il ne ſavoit ſouffrir les autres Critiques par une louſie & une vanité ridicule, & qu'il prenoit occaſion de leurs fautes pour les humilier, les taxant d'orgueil & d'ambition de ce qu'ils prenoient le nom de Critiques & oſoient porter leurs jugemens ſur les autres. Il fit contre eux la Satire Menippée pour les rabattre. Et quoique cet Auteur ne veuille pas conclure de-là que Lipſe affectât actuellement la tyrannie en s'élevant au deſſus des autres, du moins paroît-il qu'il ne vouloit le ceder à perſonne, non pas même à Scaliger qui étoit *ſon Dieu* de compliment. (4)

Quelques-uns ont attaqué ſon honnêteté & ſa bonne foi en l'accuſant d'ingratitude à l'égard des autres, & de divers larcins qu'on prétend qu'il a faits des ouvrages d'autrui preſque tous entiers, & que nous ne ſpecifierons pas ici pour les raiſons que nous avons marquées auparavant. Et Scaliger diſoit à ſes amis (5) qu'il connoiſſoit beaucoup de ces vols de Lipſe, mais qu'il ne les vouloit pas publier, parce qu'il étoit ſon ami.

---

1 Vinc. Contaren. proœm. de re frument.
2 Ludov. Molineus orat. funeb. Cambden pag. 134. apud Henning. Witten. memor. Philoſoph hujus ſæculi tom. 1.
3 Jan. Nic. Erythr. pinac. part. 3. p. 5. 6.

4 Petr. Fab. in Semeſtr.
Scaligeran. poſter. pag. 13. & Jul. Cæſ. Buleng. lib. 12. hiſtor. ſui temp.
5 Poſter. Scaligeran. pag. 141.

Je ne doute presque pas néanmoins qu'il n'y ait eu de l'excés dans ces sortes d'accusations, & qu'on ne lui fasse injustice, par exemple, touchant les Commentaires sur Tacite, & pour quelques-unes de ses pieces *Strategiques* ou Militaires. (1)

* *Opera omnia Justi Lipsii, quæ ad Criticam spectant & alia Opuscula* in-4°. 8. vol. *Antuerpiæ* 1585. 1596. 1615. & 1626. — *Eadem* in-fol. 2. vol. 1665.*

1 Jul. Cæf. Bulenger. lib. 11. hiftor. fui temporis.

LAURENT RHODOMAN de *Stolberg en Saxe*, mort en 1606.

Taubman l'appelle le Protecteur des Lettres Grecques(1). Martini soutient même qu'il pourroit le disputer avec les premiers Auteurs de l'ancienne Grece pour la connoissance parfaite de cette langue (2). Ainsi il ne faut pas douter que les notes & les corrections qu'il a faites sur les Auteurs Grecs ne soient bonnes, & Scaliger témoigne (3) qu'il a très-bien réussi dans l'édition qu'il a donnée de *Diodore de Sicile*, [Gr. Lat. *in-fol.*à Hanove 1604.] Il dit aussi qu'il étoit bon Poëte Grec, mauvais Poëte Latin, & que sa Chronologie ne vaut rien; mais il releve d'ailleurs l'estime que nous avons déja de ce Critique en louant sa modestie, & disant qu'il ne cherchoit point à paroître. Ses Commentaires sur le *Cointe de Smyrne*, dit le *Calabrois*, sont aussi fort estimés.

* *Paralipomenon seu Derelictorum ab Homero Libri* XIV. *Græc. Lat. cum notis L. Rhodomani* in-8°. *Hanov.* 1604.*

1 Taubm apud Konig. Bibl. V. & N. pag. 689.
2 Jac. Martini lib. 1. de trib. Elohim. cap. 4.

Item Daniel Sennert. orat. funeb. in Rhodomann. apud Witten. tom. 1. memor. Philof. pag. 24.

3 Pofter. Scaligeran. pag. 204.

JAC. LECTIUS Jurisconsulte. (1)

439 Son édition des Epitres de *Symmaque* & ses notes sont estimées, quoiqu'il fut encore jeune quand il les fit. Scioppius dit (2) qu'il avoit du genie & de l'industrie. Nous avions déja le Symmaque de Franc. *Juret.*

* *Notæ ad Symmachi Epistolas* in-8°. *Lugd.* 1598. — *Notæ & variæ lectiones in Poëtas Græcos* in-8°. *Genev.* 1606.*

1 ¶ Il mourut l'an 1611.   2 Gasp. Sciopp. de arte Critic. pag. 13.

MART. ANT. DELRIO Jurisconsulte, mort en 1608. (1)

440 On a des Adversaires ou Recueils de lui sur *Seneque* & des notes sur *Claudien*, [in-8°. à Anvers 1608.] sur le même *Seneque*, sur *Solin* [in-4°. à Florence 1519.] & sur d'autres Auteurs, & il est assés estimé de Scioppius. (2)
Néanmoins Monsieur de Saumaise ne fait point grand cas de son édition de Solin. Il dit qu'il n'y a rien de plus mal fondé que cette opinion avantageuse que l'on a euë au préjudice de celle d'Elie Vinet qui avoit paru auparavant, & qui est incomparablement meilleure. Il prétend que non seulement il n'a travaillé que sur de méchans Manuscrits, mais que par un défaut de jugement très-grand, il a presque toujours préferé le sens le plus mauvais au meilleur dans les endroits où il en avoit le choix. (3)

* *Adversaria in L. Ann. Senecæ Tragædias sive Syntagma Tragædiæ Latinæ in tres partes distinctum* in-4°. *Antuerp.* 1594.*

1 ¶ Martin-Antoine Delrio Jurisconsulte & depuis en 1580. Jésuite §
2 Gasp. Sciopp. de arte Critic. pag. 14.
3 Claud. Salmas. Proleg. in Jul. Solin Polyhistor.

LOUIS d'ORLEANS, Avocat General de la Ligue. (1)

441 Il a fait des notes sur *Seneque*, il a donné aussi un Commentaire sur *Tacite* qui rebute le lecteur par sa grosseur, & qui au jugement de plusieurs n'a pas même un grain de sel dans toute sa masse. (2)

* *Comment. in Tacitum* in-fol. *Parif.* 1622.*

1 ¶ Il mourut l'an 1619. agé de 87. ans.§   2 Jo. Hallewerd. Spicileg. hist. Lat. p. 55.

GODESC. STEWECHIUS, de *Heufde*.

442 Nous avons de lui des notes sur *Vegece*, *Frontin*, *Apulée*, *Arnobe*, & un assés beau traité des Particules de la Langue Latine. Scioppius (1) dit que c'étoit un habile & honnête homme, & qu'il mérite sa place parmi les bons Critiques. Scaliger témoigne que ce qu'il a fait sur Vegece & sur Frontin est bon & rare. (2)

* *Comment. in Vegetium & Frontinum de re Militari* in-4°. *Lugd. Bat.* 1592. — *De Particulis Ling. Lat.* in-8°. *Col. Agrip.* 1580. — *Nota ad Arnobium contra Gentes* in-8°. *Duaci.* 1634. — *Nota in Apul. Opera* in-8°. *Basil.* 1620.*

1 G. Sciopp. de arte Critic. pag. 13.   2 Poster. Scaligeran pag 251.

JACQUES (ou Jean) DURAND CASELLIUS. (1)

443 Scioppius dit (2) que ses deux Livres des *Diverses Leçons* sont très-beaux & très-polis. Ils sont au troisiéme tome des Critiques de Gruter.

* *Variarum Lectionum Lib.* II. *pars prima & secunda* in-8°. *Franc.* 1604.*

1 ¶ Cet Auteur est nommé *Janus Durantius* dans la liste des Critiques contenus au 3. tome du Trésor de Gruter, mais c'est une erreur; son nom étoit Jaques Durant, que Baillet écrit mal *Durand.*§   2 De arte Critic. pag. 13.

JEAN-GUILL. STUCKIUS *Suisse*, *Prof. à Zurich*, mort en 1607.

444 SCaliger l'estime particuliérement pour ce qu'il a fait sur le *Periple* du Pont Euxin & de la Mer Rouge composé par *Arrien* (1). Melchior Adam dit aussi qu'il a acquis une réputation merveilleuse par son gros volume des *Antiquités de la Table & des Banquets* des anciens Hébreux, Grecs & Romains, où il a expliqué avec une industrie toute particuliére les mœurs, les coutumes, les cérémonies & les façons de faire des peuples différens; ayant rapporté même les usages des Chrétiens, & les ayant confrontés avec ceux de diverses Nations infidelles. Il ajoute que cet ouvrage est loué par tous les savans Antiquaires, & particuliérement par Scaliger, Lipse, Jer. Mercurial, Theod. Zwinger; Ch. Pascal, Marq. Freher, J. Gruter, Conr. Rittershuys, Is. Casaubon & plusieurs autres (2).

* Hackius Libraire à la Haye a imprimé en 1698. *Joann. Guill. Stuckii Antiquitates conviviales lib.* III. *& sacrorum sacrificiorumq: Gentilium descriptio* 2. *vol.* in-fol. — *Autor. Peripli vulgo Arriano tributi cum comm. Guill. Stuckii Gr. Lat.* in-fol. *Basil.* 1533. *

1 Poster. Scaligeran. pag. 131.   2 Melch. Ad. vit. Theol. Germ. pag. 774.

HUBERT ou OBERT GIFFAN de *Buren* au *Duché de Gueldres*, mort en 1609 (1).

445 IL a publié des Scholies assés courtes sur les œuvres d'*Homere*, des Commentaires sur la Politique & la Morale d'*Aristote*; sans parler de divers autres ouvrages de Critique qui regardent le Droit Civil, & dont nous parlerons ailleurs.

Mais comme Giffanius étoit peu sédentaire, il n'avoit souvent ni le loisir ni la commodité de polir ses ouvrages.

Néanmoins Scioppius (2) a fait tant de cas de ses Recueils sur *Lucrece* que bien qu'il fût mal avec lui, il n'a pû, dit-il, lui refuser la justice qui lui étoit dûë, & ne lui pas témoigner la reconnoissance

1 ¶ Ce fut l'an 1604. Voyés Bayle au mot Gifanius ¶   2 Sciopp. de art. Crit. p. 10. 21.

qu'il avoit des lumiéres qu'il y avoit puisées pour la bonne Critique. La liste de ses ouvrages est dans Valere-André.

* *Homeri opera Græca ex emendatione Ob. Gifanii* in 8°. *Venet.* 1588.
— *Comm. in libros* VIII. *Politicorum Aristot.* in-8°. *Francofurti* 1608.
— *Comm. in Ethicam Aristot.* IV. in-8°. *Colon.* 1608.

JOSEPH-JUSTE SCALIGER d'*Agen*, dit de l'ESCALE, mort en 1609.

446 IL semble que Dieu ait voulu nous faire voir deux choses en donnant le grand Scaliger au monde, la premiére est le souverain dégré d'élévation auquel l'esprit de l'homme puisse jamais atteindre; la seconde est l'abyme des miséres où ce même esprit est capable de tomber, quand il ne s'appuye que sur lui-même sans être soutenu de la grace de Jesus-Christ.

§. I. CAR POUR ce qui regarde le premier point, il est constant que Scaliger étoit si fort élevé au-dessus de la suffisance & de la portée ordinaire des hommes, qu'il est visible que Dieu en a voulu faire un miracle plutôt qu'un exemple ; ou du moins qu'il a eu dessein de montrer en lui quelle est la mesure qu'il a donnée à la force & à la capacité de l'esprit humain, & jusqu'où s'étendent les bornes qu'il lui a prescrites, selon la pensée de Monsieur Ogier (1).

Ainsi comme tous les éloges qu'on a faits de lui ne peuvent guéres augmenter l'idée que nous pouvons nous en former sur ce pied, il est assés inutile de nous y arrêter, si ce n'est pour faire voir la soumission volontaire & le consentement général avec lequel tous les Savans l'ont reconnu pour leur Maître, & si je l'ose dire, pour leur Dieu ou leur Idole, selon la disposition différente de leur cœur & de leur esprit.

C'est peu de chose qu'il ait été appellé un second Varron par Meursius ; l'œil de l'Europe & la merveille des Lettres par André Schott ; le soleil des Savans par du Bartas, D. Heinsius, & Erycius Puteanus ; l'abyme de l'érudition & la mere des Sciences par Heinsius ; le Prince du Senat des Critiques par Vossius ; le Dictateur perpétuel des Lettres par Scioppius, Heinsius, Boutteroüe & les autres ; l'Empereur du Monde savant, & le Monarque des Lettres & des Sciences par Casaubon, Louis de Dieu, Jacques de la Croix ; le

1 Franc. Ogier chap. 10. de la Censure de la Doctrine curieuse du P. Garasse.

CRITIQUES GRAMMAIRIENS. 371

Phénix des Doctes; la lumiére & l'appui des Muses par diverses personnes; & même un Héros incomparable par Lipse, Casaubon & d'autres encore. *Scaliger*

Mais pour l'élever au-dessus de la condition humaine, plusieurs l'ont pris pour une divinité de plus grande ou de moindre conséquence, selon qu'ils en ont été plus ou moins idolâtres. Les uns l'ont honoré sous le nom de l'Apollon du siécle, comme Scultet (1); les autres sous celui de l'Hercule des Muses, comme Heinsius (2); d'autres sous celui du Mercure des Langues & des Sciences, comme Florimond de Ræmond (3). Ceux-ci l'ont mis au rang des grands Dieux du premier ordre comme Scioppius (4). Ceux-là l'ont pris pour un Jupiter Epiphane, c'est-à-dire, propice, secourable & toujours présent à ceux qui l'invoquent, comme Lipse (5), lequel néanmoins semble en un autre endroit avoir rabatu quelque chose de cette grande idée, en se contentant de l'appeller un Démon d'Homme, qui veut dire un esprit divin incorporé, ou un Ange incarné. Heinsius dit que c'est le sang des Dieux, & que c'est un fils divin d'un pere qui étoit tout divin (6), & ailleurs il dit (7) que c'est une flamme céleste ou un flambeau jetté du haut des Cieux pour éclairer tous les Arts & toutes les Sciences.

Ce Critique ajoute que Scaliger fait plutôt le sujet de l'étonnement & du désespoir des hommes que celui de leur admiration; que sa seule mémoire qui n'étoit que la moindre de toutes ses excellentes qualités étoit un trésor inépuisable, où toutes les Sciences & toutes les Langues se trouvoient placées sans confusion; qu'en un mot il étoit le plus beau chef-d'œuvre & le plus grand miracle que la Nature eût jamais fait : & qu'il pouvoit bien passer pour son *dernier effort*, puisqu'elle s'étoit entiérement épuisée en sa faveur.

Les autres ont humanisé Scaliger un peu davantage. Monsieur le Président de Thou qui étoit son ami intime a crû lui faire assés d'honneur en disant (8) qu'il faisoit un rang à part au dessus du premier ordre des Savans, Dieu l'ayant élevé beaucoup au-delà de la condition commune des hommes. Casaubon ne le fait point Dieu non plus que Monsieur de Thou, mais il ne sauroit trouver de

---

1 V. le Recueil de ses éloges dans la France Orientale de Mr Colomiez depuis la page 118. jusqu'à la 140.
2 Dan. Heins. orat. funebr. vir. illustr. Scalig.
3 Florim. Ræm. ap. Colom. ut suprà.
4 Gasp. Sciopp. præfat. de arte Critica.

5 Just. Lips. epistol. ad Domin. Baudium.
6 Heins. apud Konig. in Biblioth. V. & N. pag. 729.
7 Id orat. pro Scalig. ut supra.
8 Thuan. lib. 21. hist. sui temp. ubi de obit. Julii Patris.

Scaliger. termes propres pour exprimer le culte qu'il lui rendoit, & il paroît dans plusieurs de ses Lettres (1) que ceux qu'il forge en sa faveur sont encore au-dessous de l'idée qu'il a conçuë de la grandeur de ce Héros, qu'il appelle tantôt Homme Divin, & tantôt le Génie souverain des Lettres. Il dit que tout ce qui est sorti de sa bouche n'est que des prodiges & des monstres ; plutôt que des mots ; qu'il a commencé pour les Sciences par où les plus consommés ont de la peine à finir (2) ; qu'il avoit lû presque tous les Auteurs qui se pouvoient trouver imprimés dans le monde. Il ajoute qu'il se souvenoit de tout, & savoit parfaitement tout ce qu'il avoit lû ; qu'il n'y avoit rien d'obscur ni rien de caché dans les Auteurs Latins, Grecs, Hebreux, Arabes & des autres Langues qui dépendent de ces deux dernieres qu'il n'expliquât & ne dévelopât sur le champ. Il prétend aussi qu'il savoit à point nommé toutes les Histoires jusqu'aux moindres singularités dans l'ordre éxact des tems, avec une connoissance parfaite de tous les lieux où les choses se sont passées ; qu'il savoit admirablement les noms anciens & modernes, les différences, les propriétés & la vertu de tous les Animaux, des Plantes, des Métaux & des choses naturelles. Qu'il n'y avoit point de Science, si on l'en veut croire, ni de connoissance tant soit peu importante qu'il n'eût acquise. Enfin il savoit un très-grand nombre de Langues différentes, & toutes aussi éxactement que s'il eût employé toute sa vie à n'en apprendre qu'une seule (3). Il se trouve encore divers endroits parmi les ouvrages de Casaubon, où il releve en des termes plus amples & plus magnifiques les obligations immortelles que toutes les Lettres ont à ce grand Génie (4).

Gataker dit (5) qu'il étoit encore plus grand que le grand Erasme, & qu'il avoit passé même son pere de fort loin en certaines choses. Et Saumaise assûre (6) que ces siécles futurs n'auront jamais son semblable, comme il prétend que les siécles passés n'ont jamais eu son pareil.

Enfin le P. Boulanger témoignant que ce que la flaterie a pû suggerer à la louange des autres Savans n'approche pas encore de la vérité à l'égard de Scaliger, conclut (7) qu'il n'y auroit point eu de plus grand génie que lui dans le monde depuis Varron & Jule César, s'il

1. Dans ses Lettres en plusieurs endroits.
2. Casaub. Prolegom. in antholog. Martial. sive Epistol. ad Scaligerum.
3. Id Casaub. præfat. opusculor. Scalig.
4. Id. in not. ad Æneæ Tactici Poliorcetic. & alibi sæpe.
5. Thom. Gataker de Nov. Testam. stylo adversus Pfochenium pag. 27.
6. Cl. Salm. epistol. ad Beverovic. ann. 1632.
7. Jul. Cæs. Buleng. lib. 12. historiar. sui temp.

CRITIQUES GRAMMAIRIENS.

avoit eu des opinions plus saines touchant la Religion.

Quoique Scaliger eût embrassé l'encyclopédie entiére de toutes les sciences, & de toutes les autres choses qui peuvent se savoir dans ce monde, il faut reconnoître néanmoins que sa partie dominante étoit celle de la Critique dont il faisoit même une profession particuliére, & qui sembloit contribuer le plus à retenir tous les gens de Lettres dans la dépendance de sa Souveraineté.

Scriverius remarque qu'il y étoit déja très-versé dès sa premiére jeunesse, & que dès-lors il avoit attiré sur lui l'admiration de tout le monde par la grandeur & la beauté de son génie, & par une maturité de jugement, à laquelle les Critiques les plus consommés en âge & en expérience n'avoient encore pû parvenir (1).

Buchanan qui l'avoit connu en ce bas âge témoigne (2) qu'il étoit fort surpris de voir l'érudition & l'industrie avec laquelle il examinoit les Ecrits des Anciens, & en tiroit le sens le plus caché. Dominique Baudius assure (3) qu'il n'a jamais eu de rival ni de concurrent à cette Principauté, & que tous les Critiques qui sembloient avoir quelques raisons de la lui contester, ou quelque droit d'y prétendre, la lui ont déférée avec autant de bonne volonté & de soumission que de justice, & c'est aussi le sentiment de Vossius en quelque endroit de ses ouvrages.

Scioppius avant que de devenir l'ennemi de Scaliger (4), disoit que c'étoit particuliérement par cet endroit qu'il étoit devenu incomparable, & qu'il s'étoit élevé au-dessus de la mortalité des autres hommes: que ses Ecrits tous d'or sont descendus du Ciel, de la même maniére que ces petits boucliers de la Fable; & que les plus Savans n'en approchent, & n'y touchent qu'en tremblant de frayeur & de respect. Il nomme entre les autres, les Catalectes de *Virgile* & des *anciens Poëtes*, son *Catulle*, son *Tibulle*, son *Properce*, son *Manile*, son *Varron*, son *Festus*, & son *Ausone*, dont les ouvrages étoient si corrompus qu'ils n'étoient intelligibles à personne, mais que par la divinité de son esprit & de son jugement, il les a mis en état d'être lûs & entendus même par les enfans.

Néanmoins l'Auteur des Nouvelles de la République des Lettres de Juin en 1684. (5) prenant occasion des fautes que Mr Vossius

---

1 Petr. Scriver. epist. dedic. Poëmat. alig.
2 Buchan. in Hist. Scot. pag. 22. fol. vers. edit. 1583.
3 Domin. Baud. in orat. funebr. Scalig. pag. 32. apud Henn. Witten. Memor. Philosof. nostri sæculi.
4 G. Sciopp. tract. de Criticis vet. & recentiorib. pag. 10.
5 Nouvell. de la Rep. des Lettres Juin 1684. pag. 352.

Scaliger. le jeune a remarquées dans le Catulle de Scaliger, semble dire qu'il avoit trop de science pour être bon Critique, & pour faire un bon commentaire sur un Auteur. Car à force d'avoir de l'esprit, il trouvoit dans les Auteurs qu'il commentoit, plus de finesse & plus de génie qu'ils n'en avoient effectivement ; & sa profonde literature étoit cause qu'il voyoit mille rapports entre les pensées d'un Auteur, & quelque Point de l'Antiquité fort cachée. De sorte qu'il s'imaginoit que son Auteur avoit fait allusion à ce Point d'Antiquité, & sur ce pied-là il corrigeoit un passage. Il se peut faire aussi que l'envie d'éclaircir un myftére d'érudition inconnu aux autres Critiques l'engageoit à supposer qu'il se trouvoit dans un tel ou tel passage. En un mot les commentaires qui viennent de lui sont pleins de conjectures hardies, ingénieuses, & fort savantes, mais il n'y a gueres d'apparence que les Auteurs ayent songé à tout ce qu'il leur fait dire.

On peut encore rapporter à la Critique ce que Casaubon dit de Scaliger dans ses Epitres (1), & que Monsieur Huet lui fait répeter dans son Traité des Interpretes, touchant un exemplaire des Proverbes Arabes qu'il lui avoit mis entre les mains pour le déchiffrer, le traduire, & l'éclaircir par des notes de Critique, parce qu'il n'avoit pû en venir à bout. Il nous assure qu'il employa moins de tems à faire tout ce que nous venons de dire, que les autres n'en mettroient à le lire simplement, & qu'il lui apprit tant de choses extraordinaires, qui étoient si fort au-dessus de sa portée, que quand il vint à revoir ce qu'il en avoit fait auparavant, il en conçut un déplaisir qui pensa le jetter dans le désespoir.

A l'égard du style de Scaliger, on peut dire qu'il n'en avoit pas qui lui fût particulier, ou qui le distinguât comme le reste. On peut dire même que son Latin n'étoit pas toujours fort pur ni fort étudié, comme l'a remarqué le P. Vavasseur (2). Mais il faut convenir pourtant qu'il est net, concis, & sans affectation, comme Casaubon le dit en quelque endroit, ce qui certainement est beaucoup plus à la bienséance des vrais Savans, que le grand style, ou celui qui par sa nouveauté, ou par sa politesse affectée détourne le Lecteur des choses solides, pour s'attacher aux mots.

§. II. MAIS s'il est vrai que Scaliger ait été élevé à un rang si fort au-dessus du reste des hommes & si approchant de la Divinité,

---

1 Is. Casaub. epistol. 494. item, P. D. Huet. de clar. Interpret. lib. 2. pag. 145. 146.

2 Franc. Vavass. de Epigramm. cap. 21. pag. 300.

CRITIQUES GRAMMAIRIENS.

on peut dire sans témérité & sans médisance qu'il n'eut point assés d'humilité pour pouvoir s'y maintenir, & particuliérement de cette humilité qui n'a de fondement & de solidité que dans la véritable Religion qu'il avoit abandonnée. Et ceux qui l'ont consideré comme Lucifer dans le plus haut point de son élévation peuvent bien continuer leur comparaison, & le lui donner pour le compagnon de sa disgrace & de sa chûte, l'un & l'autre s'étant perdu par son orgueil.

C'est le vice dominant que tout le monde a remarqué dans Scaliger, & qui l'occupoit avec toute sa suite ordinaire, c'est-à-dire avec beaucoup d'amour propre, & de bonne opinion pour lui-même ; & pour les autres un mépris accompagné de médisances & de haine, & quelquefois même de colere & de fureur.

Outre ce que nous en avons déja rapporté au titre de Jules Scaliger dans le parallele que nous avons fait de l'esprit & de l'humeur du pere & du fils, Vossius l'accuse (1) d'avoir été trop présomptueux, trop attaché à son sens, & trop fier. Il ajoute que s'il arrivoit que quelqu'un ne fût pas entiérement de son sentiment en toutes choses, il ne le laissoit pas long-tems sans lui faire sentir les effets de son chagrin & de sa vengeance ; & que lorsqu'il n'avoit point de prise sur lui, il n'étoit pas honteux de recourir aux injures, & à la calomnie la plus grossiére & la plus infame.

Cette Souveraineté de Critique qui le faisoit considerer en France comme un Juge légitime & un Censeur équitable de Gens de Lettres, dégénéra en Domination pédantesque, particuliérement depuis que son Altesse de Verone alla prendre la ferule en Hollande, d'où il crut pouvoir régenter toute la terre, & pouvoir exercer impunément sa petite tyrannie sur les esprits les plus libres & les plus éloignés de lui, comme s'ils eussent été ses Ecoliers.

Mais s'étant imaginé peut-être qu'on n'avoit pas pour lui toute la déférence qu'il croyoit être dûë à son autorité, il ne fut pas long-tems sans perdre sa gravité de Maître, & sa sévérité se tourna en une telle phrénesie & en une telle fureur, que sans plus garder aucune mesure, il se jetta indifféremment sur tout le monde, mordant les uns, & déchirant la réputation des autres d'une maniére si impitoyable, que s'il n'étoit point véritablement de la race des *Chiens*

1 G. J. Voss. de Hist. Lat. in præfat.

376 CRITIQUES GRAMMAIRIENS.

Scaliger. *& des Mâtins* de Verone, il paroissoit qu'il n'en avoit pas moins l'humeur canine.

On voit dans ses Lettres imprimées à Leyde en 1627. dans les deux Recueils des *Scaligeranes*, dans les livres de Monsieur Spizelius sur les malheurs des Gens de Lettres, dans la France Orientale de Monsieur Colomiez & ailleurs, des exemples funestes de sa brutalité (1).

On sait avec quelle indignité il traite *Lucain*, & plusieurs des anciens Auteurs que les tems nous ont rendus vénérables (2).

Et pour venir à quelques-uns des Modernes, nous lisons qu'il appelloit *Genebrard* une bête insolente ; *Chr. Clavius* un homme de bouë, un apprenti ; *Jac. Gretser* un mulet Loïolitique ; *Goropius Becanus* un fou des petites Maisons ; *Rob. Titius* un furieux ; *François de l'Isle* un bout d'homme, un méchant, un scélerat ; *Ant. Riccobon* un pourceau, un butord, une grosse bête ; *Théodore de Marcilly* un bouffon qui se nourrit d'ordures ; *M. Brisson* un méchant homme.

Mr Viete étoit sa bête, comme on le sait, il le craignoit & le fuyoit, & il tâchoit de le décrier par tout, quoiqu'à ses dépens.

Il s'étoit mis en tête de pousser à bout François *Du Jon*, dit *Junius*, il disoit que c'étoit un fou, un âne, une buche, un impertinent, & tout ce qui lui venoit dans la bouche. Il appelloit *David Paré* un barbare ; *François Robortel* une bête, un âne, un grand ratisseur ; *Thomas Lidiat* un infame qui montroit ce que la pudeur fait cacher aux autres ; *Jacques Cappel* un fou fils de fou ; *Louis Carrion* un méchant & quelque chose de pis ; *Jacques Christman*, un misérable, un homme de néant ; *Savilius* & *Meursius* des orgueilleux & des ignorans ; *François Feuardent* un médisant, une gueule infernale, un égout de toutes sortes d'ordures, une étable d'ignorance ; le Cardinal *du Perron* un charlatan, un coureur de ruës, & qui lui servoit d'ombre par tout où il alloit ; M. *Delrio* un ignorant, un médisant ; Ben. *Pererius* un âne, un mauvais homme ; le Cardinal *Bellarmin* un athée, & qui ne croyoit rien de tout ce qu'il écrivoit & de ce qu'il préchoit ; le P. *Cotton* un sat, un bavard, un fou, & par un excès de calomnie, un galant qui entretenoit des Maitresses, & un homme qui

---

1 Epist. Jos. Scal. edit. 1627. Lugd. Batav. & edition. ann. seq.

Prim. & poster. Scaligeran. à Dall. & aliis edit. cum not. Tan. Fabr. & P. Colom.

Theoph. Spizel. sel. Liter. & Labyrinth. sive insel. Liter.

P. Col. Gall. oriental. in elog. Scalig.
2 Balsac, dans son Socrate pag. 162. & suiv. à la fin dans l'édition de 1652.

avoit

CRITIQUES GRAMMAIRIENS.

avoit commerce avec les démons. On n'ignore point la manière Scaliger, dont il traitoit le reste des Jésuites, il n'y a point d'infamie qu'il ne vomit contre eux.

Il n'épargnoit pas davantage les Religionnaires & les Protestans, il n'épargnoit pas non plus ses amis, ni même ceux à qui il avoit toutes sortes d'obligations, & à qui il devoit le dernier respect, comme à Messieurs de *Harlai*.

Et puisqu'on a jugé à propos de reveler toutes les infamies de ce misérable Orgueilleux, nous ajouterons encore qu'il n'épargnoit pas non plus les SS. Peres de l'Eglise, qu'il a outragés comme un Païen qui seroit le plus animé contre le Christianisme. Car il n'a point fait difficulté d'appeller *S. Athanase* un rusé & un fourbe ; *S. Basile* un orgueilleux ; *S. Ambroise* & *S. Augustin* des ignorans ; *S. Chrysostome* un orgueilleux villain ; *S. Jerôme* un gros âne, un Moine insensé.

Enfin la manière dont il parloit des *Diables*, ausquels il croyoit être redoutable, nous le feroit prendre volontiers pour un Cerbere, plutôt que pour un des Mâtins della Scala.

Mais il fit tant qu'à la fin il rencontra quelqu'un capable de lui rendre son reste, & le loup de la Forêt d'Hercynie pilla le chien prétendu de Verone (1). Je veux dire que Scaliger trouva son Maître en Scioppius, qui lui fit voir qu'il savoit encore mieux mordre que lui dans son *Scaliger Hypobolimée*, dans ses *Amphotides* & dans ses *trois Chévres* (2).

C'est ainsi que Dieu qui dans l'ordre de sa Providence se sert assés souvent des méchans pour en punir d'autres, permit qu'un médisant & un calomniateur public rabatit l'orgueil de celui que les honnêtes Gens n'osoient ou ne vouloient pas entreprendre.

Au reste nous avons crû devoir découvrir ici le génie de ce Prince des Lettres, parce que nous étions obligés de le representer en cet endroit comme un Critique. Mais nous en parlerons parmi les Chronologistes avec plus d'honneur & plus de respect, comme de

---

1 Sur ce que Casaubon & les autres traitent Scioppius Allemand de loup & de bête farouche, & sur les prétentions des Scaligers sur la Seigneurie de Verone, dont les anciens Seigneurs de la Scala portoient les noms de *Canis*, de *Mastinus*, &c.

2 ¶ Ce livre n'est pas de Scioppius. Il fut imprimé l'an 1608. à Ingolstad. *in-4°*. sous ce titre : *Cornelii Denii Brugensis tres Capella, sive admonitio ad Josephum Justum Burdonem*,

&c. Quelques-uns l'ont cru de Scioppius ; d'autres de Delrio, d'autres que c'étoit l'ouvrage des Jésuites d'Ingolstad, il est très-certainement d'un Jésuite natif de Lucerne nommé Rodolphe Marman, que Baillet lui-même dans sa liste des Auteurs déguisés a reconnu sous le masque de *Denius Burgensis* mais il devoit écrire *Brugensis*.

Scaliger. l'Auteur & du Pere de la science des tems.

Il semble qu'il ait voulu encore tenir un des premiers rangs parmi les Poëtes, les Mathématiciens, les Jurisconsultes, & les Théologiens. Il s'est fait justice sur le premier & le dernier point, c'est-à-dire, sur la Poësie & la Théologie. Car il avouë (1) qu'il ne faisoit pas bien des Vers, comme nous verrons dans le recueil de nos Poëtes. Et quoiqu'à l'égard de la Théologie, il ait eu la présomption de croire qu'il n'y avoit que lui qui fût capable de remarquer & de montrer les fautes qui s'étoient glissées, disoit-il, dans le texte de l'Evangile depuis les commencemens de l'Eglise (2), néanmoins il „ dit nettement lui-même qu'on se trompoit de croire qu'il eût de „ belles choses sur le nouveau Testament (3).

Il n'a point été aussi sage sur les deux autres Points qui regardent les Mathématiques & la science du Droit. Car il eut la vanité de se croire plus grand Mathématicien que Monsieur Viete même (4). Mais cet illustre Magistrat connoissant son foible, & ayant fait mine de vouloir lui intenter un procès pour les injures qu'il lui avoit dites, & pour la témérité qu'il avoit euë d'écrire sur la quadrature du cercle, trouva moyen d'humilier cet esprit de présomption en faisant mettre dans l'acte de citation, *Maitre Joseph de l'Escale Docteur en Grammaire*.

Et pour ce qui est de la science du Droit il s'estimoit aussi plus grand Jurisconsulte que Monsieur Cujas même qu'il avoit toujours consideré comme son Maître jusqu'alors, & on se mocque encore aujourd'hui de l'impertinence qu'il a euë de dire que *Cujas n'auroit pas sû écrire comme Yvo Villiomarus*, c'est-à-dire, comme lui-même (5).

Après tout, on ne sauroit presque rien de ces sottises, si on avoit eu plus de soin de sa réputation après sa mort, & si on n'avoit pas publié quelques-unes de ses Lettres, & ses propos familiers qu'on a appellé *Scaligeranes*.

On peut dire que si nous n'en avons pas rapporté de plusieurs autres Critiques, ce n'est pas qu'ils ayent été effectivement plus vertueux que lui; mais c'est qu'on n'a pas eu l'indiscrétion de publier leurs désordres.

---

1 Scaligeran. pag. 213.
Item 28. Scalig. epistol. 442.
2 Ludov. Molinæus in Orat. funeb. Guil. Cambd. pag. 134. ap. Henn. Witth in memor. Philos. nostri sæculi.
3 Scaligeran. ut suprà pag. 213.

4 Ap. Vossium de Scient. Mathem. & alios.
5 Scaligeran. pag. 252.
La Liste des ouvrages de Scaliger se trouve dans la France Orientale de Mr Colomiez.

CRITIQUES GRAMMAIRIENS. 379

Et il semble que la bonté Divine ait eu deux fins à notre égard en permettant que ceux de Scaliger devinssent publics ; la première, pour moderer un peu l'idée que nous avons de lui ; la seconde pour en faire un exemple terrible & salutaire aux Gens de Lettres qui travaillent dans des vûës qui ne sont point assés Chrétiennes.

* *Comm. & Castigationes in Virgilii Appendicem & Vitam & veterum Poëtarum fragmenta* in-8°. *Lugd-Bat.* 1595 — *Comm. Catul. Tib. Prop.* in-fol. *Paris.* 1604. — *Castigationes & Notæ in Manilii Astronomicum* in-4°. *Lugd-Bat.* 1600. — *Conjectanea in Varronem de re rustica & Notæ in librum de lingua Latina* in-8°. *Dordr.* 1619. — *Castigationes ad M. Verrium & S. Pomp. Festum* in-8°. *Lugd-Bat.* 1593. *

BARTHEL. KECKERMAN, né à *Dantzic*, originaire d'*Allemagne*, mort en 1609.

447 IL n'avoit pas beaucoup lû les originaux ni les anciens Auteurs, il ne s'étoit attaché presque qu'aux Modernes, & il avoit plutôt suivi les ruisseaux qu'il n'avoit remonté vers les sources.

C'étoit moins un effet de son mauvais goût que de sa paresse, comme nous le verrons plus amplement parmi ceux qui ont traité de l'art historique.

BONAVENTURE VULCANIUS Schmidt ou Smet (1) de *Bruges*, mort en 1610 (2).

448 SCioppius dit qu'il avoit fait concevoir de grandes espérances de son esprit & de son savoir après avoir procuré les éditions de *Callimaque*, *Bion*, *Moschus*, *Isidore*, *Mart. Capella*, *Agathias*, *Apulée*, &c. (3)

* *Versio & Notæ ad Callimachum, Moschum & Bionem* in-8°. *Antuerp.* 1584. — *Notæ in Thesaurum utriusque linguæ, scilicet Glossaria aliquot Gr. lat.* in-fol. *Lugd.-Batav.* 1600.*

1 ¶ Schmidt en Allemand, Smit en Flamand c'est un forgeron. *Smit* étoit donc le nom paternel de cet Auteur qui par rapport à Vulcain forgeron de son métier prit le nom de *Vulcanius*.

2 ¶ Il mourut le 9. Octobre 1614. Voyés Bayle, & Melchior Adam.
3 Sciopp. de arte Critica pag. 18.
Vid. & Valer. Andr. Bibl. Belgic.

HENRI CANISIUS de *Nimegue*, Professeur en Droit à Ingolstad (1).

449 ON a de lui six Volumes de *Leçons antiques*, [in-4°. *Ingolstadii* 1601.] c'est-à-dire, un Recueil de diverses Piéces d'Auteurs qui ont vécu pour la plupart dans le moyen âge, & surtout depuis la decadence de l'Empire Romain.

Il y a ajouté des notes (2) dans lesquelles on trouve de l'ordre, de la netteté d'esprit, du jugement & quelque érudition. Il y a même assés de discernement & de Critique pour un homme à qui l'étude & la Profession publique du Droit Canon ne donnoient guéres le loisir de s'appliquer à la belle literature.

Ces six tomes sont devenus extrémement rares, parce que les exemplaires furent presque tous enlevés au sortir de la presse avec une avidité merveilleuse, d'autant que ces piéces originales n'avoient pas encore paru, & qu'on consideroit avec raison ce Recueil comme un trésor, particuliérement pour l'Histoire. Depuis ce tems-là on en a réimprimé diverses piéces dans d'autres Recueils d'ouvrages comme dans la Bibliothéque des Peres, dans les éditions des Conciles, dans le corps de l'Histoire de France par Du Chesne, &c.

Mais il en reste beaucoup d'autres qui mériteroient d'être réimprimées pour l'utilité des particuliers.

Pierre Stevart y a ajouté un septiéme Volume [*in*-4°. Ingolst. 1616.]

* *Chronicon Victoris Episcopi Tunnunensis*, *Jo. Biclarensis*, *Episcopi Gerondensis*, *&c. studio & opera Henrici Canisii* in-4°. Ingolst. 1600. *

1 ¶ Il mourut l'an 1610. ¶   2 Valer. Andr. Dessel. Biblioth. Belgic. pag. 344.

JEAN BUSÆUS de *Nimegue* Jesuite, mort en 1611.

450 IL nous a donné les œuvres de *Pierre de Blois*, les vies des Papes par *Anastase le Bibliothecaire*, quelques ouvrages de *Luitprand*, d'*Abbon* de Fleuri, d'*Hincmar* de Reims, de *Tritthéme*, &c. il a ajouté à la plupart des corrections & des notes.

CRITIQUES GRAMMAIRIENS.

Mais il s'est trompé croyant que son édition de Pierre de Blois étoit la premiére qui eût jamais paru, & il y auroit beaucoup mieux réussi s'il avoit vû celle qui s'en étoit faite à Paris (1) long-tems auparavant. (2)

* *Variæ lectiones & notæ ad Petri Blesensis opera* in-fol. *Col. Agrip.* 1618. — *Notæ ad Hincmari Epistolas* in-4°. *Mogunt.* 1602. — *Luitprandi opera omnia de vitis Rom. Pontificum* in-4°. *Mog.* 1602. — *Joan. Trithemii opera de Scriptoribus Eccl.* 1602. 1606.

1 ¶ L'an 1519.
2 V. Mr de Goussainville Préf. sur son édition de P. de Blois.

V. Alegambe, Valere André, &c.
Nous parlerons de lui plus amplement parmi les Ecrivains Ascetiques.

PHILIPPES RUBENS de *Cologne*, Secretaire de la ville d'*Anvers*, mort en 1611. dit *Rubenius*.

451 Nous avons de lui deux livres de Critique sous le nom d'*Electes*, comprenant diverses censures & remarques sur les Auteurs.

Valere André (1) dit qu'il avoit l'esprit bien fait, & né pour les meilleures choses; qu'il avoit le jugement droit, juste, pur, & libre; qu'il avoit le style disert, & beaucoup de savoir.

Il étoit frere du célébre Peintre *Pierre Paul Rubens*, & oncle d'*Albert Rubens* qui a fait le commentaire sur les Médailles du Duc d'Arschot.

* *Electorum lib.* II. *in quibus antiqui ritus, emendationes & censuræ* in-4°. *Antuerp.* 1608. *

1 Valer. Andr. Dessel Bibl. Belg. pag. 779.

JEAN WOWER (1) d'*Hambourg*, mort en 1612. qu'il ne faut pas confondre avec *Jean Vuouver d'Anvers*, mort en 1635.

452 Scaliger disoit que c'étoit le plus habile homme de son tems pour le Grec. Il ne laisse pourtant pas de l'appeller un

1 ¶ On a dans le second Scaligerana au mot VUOUVERIUS confondu les deux Vouvers. C'est celui d'Hambourg dont il est dit *que la Polymathie* est l'ouvrage de Casaubon, mais celui qui est traité de *nugator* est le Vouver d'Anvers, ce qui est confirmé par cet autre endroit du même Scaligerana, où il est dit : *Erycius Puteanus, Vouverius Antuerpiensis nugatores.* ¶

badin aussi bien qu'Erycius Puteanus (1) : & il prétend en un autre endroit (2) que la *Polymathie* qui est un ouvrage de Philologie & de Critique, est un pur vol de Casaubon, dont néanmoins nous pourons peut-être le justifier dans un autre traité par le témoignage de Casaubon même.

Celui qui a donné l'édition de ses Epitres (3) dit qu'il avoit l'esprit grand & élevé, avec un jugement très-exquis.. Baudius témoigne aussi (4) qu'il en faisoit une estime toute particuliere. Lipse écrivant à Jean Wower d'Anvers louë entre autres chose la modestie & la probité du nôtre. (5)

Nous avons parlé ailleurs de la part qu'il a euë à la belle édition des œuvres de *Cicéron* faite par Jean Guillelme. Scioppius dit (6) que la seule édition qu'il a donnée de *Petrone* est si hardie & si heureuse qu'elle est capable de décourager ceux qui se mêlent de Critique, & de les détourner d'y travailler.

* *Joh. à Vvovver Polymathia sive de studiis veterum* in-4°. 1604. — *Ejusdem animadversiones in Petronium arbitrum* in 8°. 1629.*

1 Poster. Scaligeran.. pag. 198.
2 Poster. Scaligeran. pag. 215.
3 Præfat. in edit. epistolar. Wowerii.
4 Dom. Baud. epist. 69. centur. 1.

5 Lipsf. epist. ad Jan. Wower. Antuerp. an. 1599.
6 G. Sciopp. de arte Critic. pag. 18.

Mr BONGARS d'*Orleans* (Jacques,) mort en 1612.

453 ON a de lui un *Justin* dont la meilleure édition est celle de l'an 1610. On a encore un recueil des Historiens des Croisades ou des Guerres saintes de notre Nation dans l'Orient, [sous le titre de *Gesta Dei per Francos*, in-fol. à Hanowe 1611.] & Vossius dit (1) que les Prolegoménes de ce Recueil sont d'une fort savante plume, sans savoir que c'étoit Bongars. Il étoit généralement estimé de tous les Savans de l'Europe.

Pour ce qui est de ses Lettres nous en dirons un mot aux Epistolaires.

a de Hist. Lat. &c.

Mr LE FEVRE (Nicolas) *Parifien*, Precepteur du Roi Louis XIII. mort en 1612.

454 C'Eſt le modele d'un Critique véritablement Chrétien. Il a ſi bien ſû allier la vertu à la ſcience, leſquelles auparavant ſembloient avoir averſion l'une de l'autre, qu'il a rendu la premiere aimable aux Savans, & la ſeconde aimable aux vertueux.

En effet il n'y avoit pas de Savant, quelque malhonnête homme qu'il fût, ni de Gens de bien quelque ignorans qu'ils puſſent être, qui n'honoraſſent & n'aimaſſent Mr le Fevre: & la diverſité de Religion n'empêcha pas les Heretiques de l'un & de l'autre caractere de prendre le même parti.

Baronius témoigne (1) l'eſtime qu'il faiſoit de ſon ſavoir, & il ajoute que dans ſes Ecrits auſſi bien que dans ſa conduite il avoit porté la modeſtie Chrétienne, & la véritable humilité juſqu'à un degré ſi éminent, qu'il cedoit & abandonnoit ordinairement l'avantage & la victoire aux autres, quoi qu'elle lui appartint & qu'il l'eut legitimement gagnée. Il l'appelle ailleurs (2) un homme d'une érudition & d'une vertu exemplaire, & en d'autres endroits (3) il fait connoitre au Public qu'il étoit rempli de ſentimens d'eſtime & d'amitié pour lui.

Monſieur de Sainte Marthe (4) dit auſſi que parmi tous les Critiques de ces derniers tems il ne s'en eſt point trouvé ni de plus Chrétien devant Dieu, ni de plus honnête homme devant le monde, ayant ajouté aux excellentes qualités de l'eſprit, celles de l'ame qui donnoient un luſtre merveilleux à ſon érudition.

Le Pere Sirmond lui dédiant les œuvres d'Ennodius de Pavie en parle dans les mêmes ſentimens, & preſque dans les mêmes termes (5) Mr Savaron (6) lui rend les mêmes témoignages dans ce qu'il a fait ſur Sidoine Apollinaire. Mr Pithou eſt plein de ſes éloges. (7)

---

1 Baron. ad ann. Chr. 34. num. 103. num. 107. ad eumd. ann.
2 Idem ad ann. 313. num 34.
3 Idem ad ann. 352. num. 12, 13, 14, 15, &c.
Item ad ann. 357. num. 52.
Item ad annos 383, 866, 867, 1001, 1003, &c.

4 Scævol. Sammarth. Elog. lib. 5. ag. 160.
5 Jac. Sirm. Epiſtol. dedicat. oper. Ennod.
6 Joan. Savar. not. ad Sid. Apoll. Epiſt. 17. libri VII.
7 Petr. Pith in Var. Præfat. & alibi.

Louis Carrion dit (1) qu'il étoit unique dans son humanité (2), que son érudition alloit fort au de-là de ce qu'on pouvoit s'imaginer, & qu'il avoit un jugement très-exquis, mais qui étoit moderé & reglé par une modestie & une integrité toute particuliere.

Lipse (3) le considere comme un Critique parfait & presque le seul capable de limer & polir les ouvrages des autres, dont la doctrine, le jugement, & la diligence n'avoient point d'autres bornes que celles que sa modestie leur prescrivoit. Et il témoigne encore ailleurs (4) que c'est ce beau mélange de probité & d'érudition qui avoit gagné toute la posterité & qui donnoit un merveilleux poids à tout ce qui venoit de lui.

Le Cardinal du Perron en parle comme les autres (5), & il joint la pureté & la candeur de ses mœurs avec l'excellence de sa doctrine. Il dit ailleurs (6) que Mr le Févre écrivoit de bon sens, qu'assurément il n'alloit point à tâtons, & qu'il parioit comme un homme qui avoit grande connoissance dans l'Antiquité.

Casaubon (7) l'appelloit une Bibliothéque vivante pour l'histoire & les affaires Ecclésiastiques, & en un autre endroit il dit (8) qu'il étoit d'une exactitude achevée dans tout ce qu'il savoit, & que c'étoit un homme admirable pour la grande experience qu'il avoit acquise dans toutes sortes de Sciences & d'Antiquités.

Scaliger (9) témoigne qu'il étoit très-habile, mais qu'il ne lisoit pas les livres heretiques; qu'il étoit fort entendu dans la science des Conciles; & que sa préface sur les fragmens de saint *Hilaire* est fort savante. Effectivement c'est une des belles piéces de sa Critique, & l'on sait entre autres (10) combien elle servit à Baronius pour corriger ses Annales dans sa seconde édition, sans parler de diverses Lettres & Mémoires envoyés par notre Critique à ce Cardinal qui en tira de grandes utilités.

C'est à lui que nous devons la meilleure partie de l'édition de saint Hilaire, du moins la procura-t-il après la mort de Mr Pithou son bon ami, qui l'avoit entreprise.

C'est lui qui est l'Auteur des savantes notes sur *Senéque le Rhétoricien*, [in-folio en 1607.] qui ne portérent point son nom dans

---

1 Lud. Carr. lib. 2. emendation. & observat. Epistol. dedicator. ad Fabrum.
2 ¶ Un homme unique dans son humanité est une expression ridicule. L'Auteur des réflexions pag. 79. & 80. a eu raison de s'en moquer.
3 Lipf. lib. 9. Elector. cap. 9.
4 Idem in Not. ad Corn. Tacit.
5 Du Perr. pag. 11. de la Conference.
6 Perronianor. pag. 140.
7 Casaub. præfat. in Grægor. Nyss. Epist. ad Eustath.
8 Idem in Exercitat. xvi. num 80.
9 Posterior. Scaligeran. pag. 81. 82.
10 Is. Bullart tome 1. Academ. des Scien. pag. 193.

les commencemens, parce, dit Mr Bullart (1), que sa modestie ne voulut point souffrir que le Public lui en témoignât sa reconnoissance & l'estime qu'il en faisoit.

Enfin Scioppius dit (2) qu'il a été très-heureux dans l'édition & les notes qu'il a faites sur *Senéque* le Philosophe, & dans les corrections qu'il a données sur *Nonius Marcellus*.

Ses Opuscules ont été recueillis & imprimés ensemble in-quarto en 1614.

1 Id. ibid. pag. 194.   2 G. Sciopp. de art. Critic. pag. 9. 10.

FREDERIC TAUBMAN de *Vonsesch en Franconie*, Professeur à *Vuittemberg*, mort en 1613.

455   Ipse (1) dit que c'étoit le plus grand homme de Lettres de la Saxe. Paré l'appelle un grand Apollon, & Quenstedt écrit(2) qu'il étoit le défenseur invincible des Langues Grecque & Latine dans son Pays, un des plus heureux destructeurs de la Barbarie, un Poëte incomparable & le Virgile de l'Allemagne.

Il étoit fort agréable & plaisant, ayant toujours une grande provision de bons mots (3), de pointes & de subtilités, comme nous l'apprennent Baudius & Quenstedt (4). C'est ce qui l'avoit fait aimer & rechercher des Princes du Pays.

Scioppius dit (5) qu'il avoit acquis beaucoup de réputation à revoir & corriger plusieurs Auteurs Latins. Mais ses deux principaux ouvrages de Critique & qui selon Erasme Schmidt (6) ont plus contribué à sa gloire que tout le reste, sont le *Plaute* & le *Virgile*.

Scaliger prétend qu'on ne fera point de cas de son *Plaute*, quoique d'autres ne laissent pas de l'estimer; & il parle assés mal de tout ce que Taubman a fait en général. (7)

Ce qu'il a fait sur *Virgile* n'est presque qu'une compilation de ce qu'il avoit ramassé de la Poëtique de Scaliger, & de deux Dialogues de Jovien Pontanus savoir l'*Actius* & l'*Antonius*, selon la remarque

1 Lipf. Centur. 5. Miscell. Epist. 87.
2 Andr. Quenfted. de patr. Vir. Ill. pag. 176.
3 ¶ On en donna en 1703. à Lipsic un recueil in-12. intitulé Taubmanniana. ¶
4 Dom. Baud. Epist. & apud Quenstedt. ut supra.

5 G. Sciopp. de Arr. Critic. pag. 12.
6 Erasm. Schmid. in orat. funebr. Taub. apud Henn. Witten. in memor. Philosoph. sæculi XVII. pag. 90. où l'on peut voir la liste de ses œuvres.
7 Posterior. Scaligeran. pag. 135.

de l'Auteur Anonyme de la Bibliographie (1). Et il étoit si timide &
si peu persuadé de sa suffisance, qu'il n'osa presque y rien ajouter
du sien. C'est un ouvrage posthume, & c'est à quoi il faut avoir
égard quand on y trouve des défauts.

> * *M. Ac. Plauti Opera cum variorum Comment. per Frid. Taub-
> mannum* in-4°. 1605. — *Schediasmata Poëtica* in-4°. *Fvitt.b.* 1604.
> — *Pub. Virgilii Opera cum Comment. Frid. Taubmanni* in-4°. 1618.*

1 Bibliograph. Anonym. cur. histor. Philolog. pag. 58.

CONRAD RITTERSHUYS, ou RITTERS HUSIUS,
mort en 1613. de Brunsvvick.

456   CE Critique est assés estimé generalement parlant, il a été
loué par diverses personnes, comme par Scioppius (1),
par le Bibliographe Anonyme (2), & par Gruter, qui l'appelle la
perle des Doctes & des Gens de bien. (3)

Nous avons de lui diverses éditions avec des corrections & des
notes sur l'*Oppien*, qui sont des plus estimées, le Ligurin de *Gunthé-
re*, les Fables de *Phédre*, les Oenvres de saint *Salvien* de Marseille,
les Epîtres de saint *Isidore*, les Epîtres de *Pline*; sur le Traité de *Boèce*
de la Consolation, sur diverses piéces de *Porphyre*, de *Photius*, de
Margunius, sur l'Anti-Claudien d'*Alain de l'Isle*, sur *Serenus*; des
Questions Epistoliques ou Observations sur *Ausone*, des conjectures
sur les anciens *Panégyriques* Latins, des Notes sur *Petrone*, un Pro-
drome pour une nouvelle édition de *Symmaque*; des Leçons sacrées
en VIII. Livres, plusieurs Traités singuliers touchant les belles Lettres,
& divers ouvrages de Droit où il mêle beaucoup de Critique.

> * *Notæ in Petronium Arb.* in-8°. Helenop. 1610. — *Notæ in Phædri
> Fabulas* in-8°. Lugd.-Bat. 1598. — *Comment. in Salviani Opera*
> in-8°. Norib. 1623. — *Comment. in Oppianum de Venatione
> & Piscatione* in-8°. Lugd. Bat. 1627. — *Sacrarum Lectionum
> libri* VIII. in-8°. Norib. 1643. — *Conjecturæ in Panegyricos veteres
> Plinii* in-4°. Insulæ 1604. — *Isidori Pelusiolæ Epistolæ Gr. Lat. cum ob-
> servat. per Jac. Bill. & comm. Rittershusium* in-fol. Paris. 1605.
> *Querolus seu Aularia prosâ & quoque carmine reddita cum notis P.
> Danielis Rittershusii & Gruterii* in-8°. Heidelb. 1595.*

1 Sciopp. de Art. Critic. pag. 14. 15.   3 Grut. apud Konigium Biblioth. V. &
2 Bibliograph. Cur. Hist. Philol. p. 50.   N. pag. 694.

ISAAC CASAUBON, originaire de *Gascogne*, né en *Dauphiné*, mort en 1614. (1)

457 IL y a peu de Critiques qui ayent fait tant d'honneur à leur Profession que Casaubon, soit par son habileté, soit par sa modération, & ses autres excellentes qualités.

Scaliger (2) l'appelle le Phénix des Savans, la lumiére la plus éclatante de la France, la gloire immortelle des Lettres. Heinsius l'appelle le Soleil du Monde savant (3), Lansius l'appelle le dépositaire de tous les tresors de la Science (4). Quenstedt l'appelle le Libérateur de la Gréce & du *Latium* (5). Mr Grævius l'appelle le Prince des Esprits (6). Mr Rigaut l'appelle le Chef des Gens de Lettres dans la France. (7)

Mr Gronovius dit que c'étoit un Astre que Dieu avoit fait lever pour éclairer les Doctes & les Ignorans; les Doctes par sa rare érudition, les Ignorans par sa rare modestie & ses autres vertus.(8)

Mr Pithou & Mr de Thou (9) le consideroient comme le premier homme de la Republique des Lettres, & comme leur Restaurateur, après le ravage des Guerres civiles de ce Royaume.

Scaliger qui étoit aussi dans le sentiment de ces deux Messieurs, disoit que de son tems il n'y avoit pas un homme savant parmi les Calvinistes hormis Casaubon (10); que pour lui il n'étoit que son disciple; qu'il avoit à la verité le goût des bonnes choses, mais qu'il n'avoit pas la doctrine, au lieu que Casaubon avoit l'un & l'autre; que c'étoit le plus grand homme qu'on eût pour le Grec; qu'il

---

1 ¶ Casaubon naquit à Genève l'an 1559. Il le dit lui-même dans la 132 la 293. & la 453. de ses Lettres de l'édition 1709. qu'on ne sauroit en douter. Cependant comme Claude Expilly dans ses Stances sur la mort de Casaubon le prétend né en Dauphiné ; que d'autres y spécifient le lieu de sa naissance, savoir à Bourdeaux dans le Diois , on pourroit dire pour concilier ces diversités qu'Arnauld Casaubon & Jeanne Rosseau Pére & Mére d'Isaac étant l'an 1558. dans le Diois où Arnauld avoit été envoyé de Genève pour l'exercice du Ministère, Jeanne Rosseau, après avoir conçu-là Isaac au mois de Juin , auroit en suite pour quelque raison que ce soit , ou seule , ou avec son mari, repassé à Genève , où le 18. Février 1559. elle auroit accouché d'Isaac.¶

2 *In Scaligeran.* & alibi.
3 Dan. Heinf. ap. Theoph. Spizel.
4 Lanf. orat. pro Gall. ap. Quenstedt pag. 66.
5 J. Andr. Quenstedt de patr. Vir. ill. pag. 68.
6 Jo. Geor. Græw. Epist. dedic. Epistol. Casaub.
7 Nic. Rigalt. præfat. in Artemidori edit.
8 Freder. Gronow. Epist. dedic. Epistol. Causaub.
9 J. A. Thuan. Epist. in Mer. Casaub. Pietate pag. 4.
10 Poster. Scaligeran, pag. 45.

Casaubon. lui cédoit; que c'étoit le plus savant de tous ceux qui étoient alors au monde, & qu'il savoit bien d'autres choses que Lipse; que pour les belles Lettres il en savoit plus lui tout seul que tous les Jésuites ensemble; que c'étoit un homme raisonnable & de bon jugement en matiére de Livres.

Mr Spizelius (1) dit que loin d'avoir son égal pour la Langue Grecque, il ne se trouvoit pas même un Savant qui le suivît de près, & Scioppius (2) témoigne qu'il effaçoit tout le monde.

Le caractère d'honnêteté qui regnoit dans ses discours aussi-bien que dans ses écrits, sa modestie naturelle, la sincerité & la droiture de son cœur le rendirent aimable à plusieurs Catholiques mêmes, comme Mr Le Févre, Mr Pithou, Mr Gillot, Mr de Thou, Mr du Perron, les Peres Fronton du Duc & André Schott Jésuites.

C'est aussi la raison qui a porté Mr Claude le Ministre, & les autres zelés Calvinistes à mal parler de lui, comme l'a remarqué Mr Colomiez Calviniste aussi-bien qu'eux, & qui a fait dire tout nouvellement à un d'entre eux (3) ,, que Casaubon n'étoit qu'un Gram- ,, mairien, un demi-Théologien, & rien dans le fonds, & que s'il ,, étoit quelque chose il étoit Papiste. Cependant Scaliger qui n'étoit pas moins Huguenot qu'eux tous, prétend (4) ,, qu'il n'y avoit point ,, de Ministre en Angleterre qu'il ne fit taire, & qu'il en savoit tant ,, qu'il ne se trouvoit point de Ministre en France à qui il ne tint tête.

Mais comme il s'agit de Religion nous en parlerons plus à propos dans le Recueil de nos Théologiens hérétiques, & il suffit d'avoir remarqué ici qu'un des grands éloges qu'on puisse donner à Casaubon est d'avoir eu part aux médisances de ce séditieux Calviniste, qui pour sacrifier toutes choses à son Idole, s'est mis en tête de déchirer les membres les plus considerables de ce Royaume, au lieu de nous faire voir le caractére de l'esprit de Mr Arnauld comme le titre de son livre sembloit nous le promettre. (5)

Pour ce qui est du style de Casaubon, Scaliger dit que (6) quand il parloit François il sembloit que ce fût un paysan, & que quand il parloit Latin, il sembloit qu'il parlât sa langue; qu'il avoit negligé l'une, & avoit mis tout son esprit en l'autre; qu'il écrivoit merveilleusement bien Latin, & qu'il n'étoit pas diffus comme les Italiens.

1 Th. Spizel. Infel. Literat. pag. 888.
2 G. Sciopp. de Art. Critic. pag. 16.
3 Meslang. hist. &c. L'Aut. Anonyme de l'Espr. de Mr Arn.
¶ Pierre Jurieu. ¶
4 Scaligeran. ut supr.
5 L'Esprit de Mr Arn. tom. 2. pag. 306.
6 Scaligeran. posterior. pag. 45.

CRITIQUES GRAMMAIRIENS.

Cependant le P. Vavaſſeur a été plus clairvoyant, lorſqu'il a re- Caſaubon. marqué (1) que Caſaubon étoit fort ſujet à faire des Galliciſmes & des fautes de Grammaire dans ſa Latinité.

Entre les ouvrages de Critique où Caſaubon a fait connoître ſon jugement & ſon érudition, Scaliger loue particuliérement ce qu'il a fait ſur les Caractéres de *Théophraſte*, & ſur les Dipnoſophiſtes d'*Athenée*, & il dit qu'à ſon édition de *Perſe*, la ſauſſe y vaut mieux que le poiſſon (2). Scioppius (3), Spizelius (4), & les autres Juges équitables y ajoutent ſon *Polybe*, ſon *Strabon*, ſon *Suetone*, ſon *Hiſtoire Auguſte*, & même ce qu'il a fait ſur *Théocrite*, *Ariſtote*, *Diogène Laërce*, *Artemidore* (5), *Appulée*, &c.

Il faut pourtant remarquer que Caſaubon condamnoit lui même ce qu'il avoit fait ſur *Théocrite* & ſur *Diogène Laërce*, & témoignoit n'en être point ſatisfait, non plus que de ce qu'il avoit commencé ſur les Proverbes Arabes (6). Il dit auſſi que ce que ſes amis avoient fait imprimer de lui à Genève ſur *Ariſtote* n'avoit été fait qu'en courant & en faiſant autre choſe, ne ſongeant qu'à conferer les Manuſcrits enſemble, & ceux de ſes Interprétes Grecs pour rétablir les endroits défectueux (7).

Mais tous ſes autres ouvrages que nous venons de rapporter ſoutiennent très-bien la réputation qu'il avoit ſi juſtement acquiſe, & il y auroit lieu de s'étonner de ce que Scioppius, après avoir dit qu'il excelloit (8) juſqu'à n'avoir preſque pas ſon ſemblable, ait jugé ailleurs que Caſaubon ne ſavoit au plus que ſon Dioméde & ſon Priſcien; ſi on ne connoiſſoit aſſés l'humeur de ce Cynique; & ſi on ne ſavoit qu'il changea d'opinion pour ſe vanger de Caſaubon qui n'avoit pû approuver ſes emportemens.

Monſieur de la Mothe le Vayer a crû trouver auſſi quelque choſe digne de ſa cenſure dans la conduite de Caſaubon. Il l'accuſe (9) d'avoir eu trop de tendreſſe & d'amour pour les Auteurs ſur leſquels il

---

1 Franc. Vavaſſ. de Epigramm. cap. 22. pag. 301.

2 Scaligeran. poſt. ut ſuprà.

3 G. Sciopp. de Crit. vet. & recent. ut ſuprà.

4 Spizel. Labyr. ſeu de Inſel. Literat. ut ſuprà.

5 ¶ Nous n'avons de Caſaubon ſur Artemidore quoique ce ſoit d'imprimé, je pourrois ajouter ni quoique ce ſoit de manuſcrit, dix ou douze corrections marginales écrites de ſa main ſur ſon exemplaire, d'où Nicolas Rigault les a extraites, ne pouvant être comptées pour un ouvrage, d'autant plus que Méric Caſaubon dans le catalogue qu'il nous a donné des œuvres de ſon pere, tant imprimées que manuſcrites, finies ou ébauchées, n'en a fait aucune mention. ⨂

6 Iſ. Caſaub. Epiſt. 2. ad Theod. Canter. 7. Maii 1586.

7 Idem Epiſt. 3. ad eumd. Cant. anni 1590.

8 G. Sciopp. de arte Critica pag. 16. &c.

* 9 Fr. de la Mothe le V. Jugem. ſur les Hiſt. pag. 279.

Casaubon. a travaillé, & d'avoir suivi la mauvaise coutume qu'ont la plupart des Scholiastes & des Interprétes de blâmer tous les autres Auteurs, pour relever le mérite de celui qu'ils veulent expliquer ou traduire: & il prétend entre autres qu'il n'a mal parlé de Corneille Tacite que pour mieux établir la réputation de Polybe.

Casaubon a eu encore d'autres envieux, contre lesquels son fils *Emery* (1) ou Meric entreprit de le défendre dans le livre de sa vie, qu'il a appellé *la Pieté* envers son pere, à la fin duquel on trouve le Catalogue de ses œuvres imprimées, & de celles qui ne le sont pas ou qui n'ont pas été achevées.

Emery ne prétend pas y justifier son pere par tout, & il avoüe (2) qu'il lui est échappé beaucoup de fautes par la distraction qui lui étoit causée par ses différentes occupations. Il ajoute qu'on fera grand plaisir au pere & au fils de les remarquer & de les corriger, pourvû que ce soit sans passion & sans emportement.

Nous parlerons encore de Casaubon parmi les Traducteurs, & les Historiens Ecclésiastiques à l'occasion de ce qu'il a fait contre Baronius. Mais il y a lieu de s'étonner que Monsieur Colomiez qui connoissoit si bien son mérite, ne l'ait pas mis dans *sa Gaule Orientale*, puisque Casaubon savoit l'Hébreu, & qu'il avoit aussi appris l'Arabe dont il avoit voulu même traduire quelque chose.

Diatriba ad Dionis Chrysostomi Orationes in-fol. *Parif.* 1604. — *Athenai Deipnosophistarum libros* xv. in-fol. *Lugd.* 1612. — *Nota ad Augustæ Historiæ Scriptores* vi. in-fol. *Parif.* 1603. — *Comment. in* 1. *Libr. Historiarum Polybii* in-8°. *Parif.* 1617. — *Emendat. & Comm. in Strabonem* in-fol. 2. *vol. Amstelod.* 1708. — *Animadversiones in Suetonium* in-fol. *Parif.* 1610. — *Comm. ad Persii Satiras* in-8°. *Londini* 1647. *Versio & Notæ ad Theophrasti Characteres morum* in-8°. *Lugd.* 1612. — *Lectiones in Theocritum* in 4°. 1604.

Ménage a donné dans son Diogène Laërce les annotations des deux Casaubons, dans l'édition *in-fol.* de Lond. 1664. & dans celle des Westeins *in-4°*. — *Lucii Apulei Apologia* in-4°. *Comelini* 1594.*

1 ¶ Quoique d'Emericus d'où l'on a fait Mericus, on ait dit en quelques lieux de France *Emeri*, Casaubon le pére n'a pourtant jamais nommé autrement son fils que Méric. §

2. Meric. Caf. lib. 4. Pietat. pag. 157.

MARQUARD FREHER, natif d'*Ausbourg*, Conseiller du Comte Palatin du Rhin, *mort en* 1614.

458   Douza (1) disoit que cet homme étoit né pour le secours & l'avancement des belles Lettres : & Monsieur de Thou (2) ajoutoit qu'il auroit été difficile de trouver son semblable dans toute l'Allemagne. Casaubon l'appelle un homme d'érudition profonde & universelle, & la prunelle de son pays (3). Monsieur Konig en parle de la même maniére (4). Quenstedt témoigne que c'étoit un homme à tout, prudent, & fort curieux de l'Antiquité (5). Scioppius dit qu'il avoit joint le bel esprit & la subtilité à un fond de doctrine incroyable (6).

Parmi ses œuvres de Critique on peut mettre ses éditions, & les corrections qu'il a faites sur divers Historiens de France, d'Allemagne, de Bohême, &c. sur les œuvres de *Trithème*, & un Commentaire sur la Moselle d'*Ausone*. On peut voir le Catalogue de ses œuvres dans Melchior Adam avec sa vie (7).

1 Jan. Douz. Bataviæ, c. 7. pag. 319. & 390.
2 Thuan. Hist. & ap. Melch. Ad. Jurisconsultor. Vit. pag. 477.
3 Is. Casaub. comment. in Theophrast. Char. pag. 337.
4 G. M. Konig. Biblioth. V. & N. pag. 317.
5 J. Andr. Quenstedt de patr. Vir. Ill. pag. 155.
6 G. Sciopp. de arte Critica pag. 15.
7 Melch. Ad. vit. Germ. Jurisconsultor. pag. 477. &c.

FREDERIC MOREL, Professeur Royal à *Paris* (1).

459   Il a fait des Notes sur divers Auteurs qui font connoître qu'il étoit habile dans le Grec & dans le Latin, quoiqu'elles ne soient pas toutes d'une égale bonté. Monsieur de Balzac dit (2) que cet homme & Théodore de Marcilly étoient deux célébres Anti-courtisans qui tomboient toujours du Ciel en Terre, & parloient une langue qui n'étoit ni humaine ni articulée, bien loin d'être commune & intelligible; que c'étoit des gens rudes & sauvages. Mais il ajoute qu'ils avoient néanmoins leur prix aussi-bien

1 ¶ Il mourut l'an 1630. dans sa 78. année.
2 Balzac. Lettr. 3. Livre 5. à Chapelain 1640.
P. Colomes. opuscul. Cimel. literat.

que les Diamants bruts : que la dureté de leur écorce couvroit quantité de bonnes choses, au lieu que la belle montre de nos polis est d'ordinaire creuse & pleine de vent. Morel passoit pour un homme fort abstrait & toujours fort appliqué à ses Auteurs.

* Nous avons de ce Frederic Morel *Observattuncula in Strabonem* in-fol. *Paris* 1620.—*Comment. in Catul. Tibul. & Propert.* in-fol. *Paris* 1604.—*Selectiora Martialis Epigrammata Græce expressa cum Notis* in-fol. *Paris*. 1601. — *Comm. & Conjectanea in Papinii Statii Sylvas* in-4°. *Paris*. 1601. *

THEODORE DE MARCILLY, de *Cologne* (1), Professeur à Paris (2).

460   Scaliger le haïssoit ouvertement, & ne pouvoit se tenir de lui dire des injures. Tantôt il l'appelloit le plus arrogant & le plus impertinent de tous les Commentateurs (3), tantôt un misérable Pédant de la derniere trempe, & un fou de Théâtre (4). Et faisant ailleurs le paralléle de Junius avec ce Marcilly, il dit qu'ils étoient arrivés tous deux au souverain dégré de l'ignorance par diverses routes, Marcilly en lisant toutes choses, & Junius en ne lisant rien du tout (5).

Mais quoique Marcilly ne fût pas un Critique du premier rang, il faut reconnoître pourtant qu'il y a trop de passion & d'emportement dans ce qu'en a dit Scaliger. Nous parlerons de son Commentaire sur *Martial* dans le Traité des Auteurs déguisés, sous le nom de Musambert.

* Il se trouve de ses Commentaires dans le Catulle imprimé à Paris en 1604. — Des Leçons sur Horace aussi à Paris en 1604. — Ses Commentaires sur Martial dans celui de Paris 1601. — Ceux sur les Satires de Perse dans l'édition de Paris 1601. — Ceux sur le Suetone de Paris en 1610. — Et les Notes qu'il a fait sur Lucien dans l'édition de Paris 1615. *

1 ¶ Il étoit d'Arnheim en Gueldre. Ménage pag. 113. du Tome 1. de l'Anti-Baillet

2 ¶ Mort l'an 1617. agé de 69. ans.

3 Scaliger in Epist. ad Scriver.

Et ex eo Nic. Anton. Biblioth. Hispan.

tom. 2. pag. 7.

4 Jos. Scalig. in Epistolis pag. 252. 260. &c.

Posterior. Scaligeran. pag. 132.

5 Valer. Andr. Biblioth. Belg. où l'on voit la liste de ses ouvrages.

GEORGE ERHARD (1), de *Franconie*.

461 IL a donné des Notes sur le *Petrone* qui sont assés estimées. Elles ont été imprimées à la fin de l'édition de 1615.
* *Georg. Erhardi Symbolæ in Petronium Arbitr. unà cum variorum Comment. Syllog.* 1629. *& Helenop.* in-8°. 1615.*

1 ¶ On a dit pendant quelque tems que ce George Erhard sous le nom duquel il parut une édition de Petrone in-8°. à Francfort l'an 1610. avec de savantes & curieuses remarques étoit véritablement Michel Gaspar Lundorpius, mais après une assés longue incertitude, les plus fins ont depuis reconnu sous ce double masque Melchior Goldast, & cette découverte passe aujourd'hui pour assurée. Melchior Goldast mourut l'an 1635. §

MARC WELSER, d'*Ausbourg*, mort en 1614.

462 C'Est un homme de la premiére réputation, qui étoit honoré, estimé, & aimé de tous les Savans de son siécle. Il a publié des Actes de quelques Martyrs, & d'autres piéces Ecclésiastiques. Mais nous parlerons de lui plus à propos parmi les Historiens d'Allemagne.

JOSIAS LE MERCIER (1), *fils de Jean, beau-pere de Mr de Saumaise*, appellé ordinairement Monsieur *DESBORDES*, *Conseiller d'Etat sous Henri IV.* mort vers 1627 ou 1628.

463 DE tous les Critiques de ces derniers tems, Monsieur Colomiez dit qu'il n'en connoît aucun de qui les conjectures ayent été si certaines que celles de Josias Le Mercier (2) sans en excepter même Monsieur de Saumaise.
Barthius l'appelle un homme très-savant & très-subtil (3) G. Scioppius (4), Didier Herauld (5), Monsieur de Saumaise (6), &

1 ¶ Josias Mercier appellé ordinairement Desbordes Mercier, fils de Jean, mourut le 5. Décembre 1626. Il étoit Conseiller d'Etat sous Henri IV. & beau-pere de Claude Saumaise. §
2 P. Colom. Mélanges histor. pag. 35. 36
3 G. Barth. in Claudian. pag. 1244. &
ap. Konig. in Bibl. V. & N.
4 Gasp. Sciopp. de arte Critica pag. 18.
5 Desid. Herald. specimin. adverf. Salmas.
6 Cl. Salmas. Prolegom. ad Plinian. Solin. Exercit.

Le Mercier. généralement tous ceux qui l'ont connu difent qu'il avoit le génie excellent, une pénétration d'efprit très-profonde, un jugement très-exquis, joignant une grande délicateffe avec beaucoup de folidité; une capacité extraordinaire pour les affaires, une érudition prodigieufe qui avoit autant de profondeur que d'étenduë.

Lipfe (1) fait fes éloges en plus d'un endroit; mais il dit entre autres chofes qu'il avoit accompagné tant d'excellentes qualités de l'efprit, d'une modeftie & d'une candeur d'ame qui lui gagna le cœur, & que quoiqu'il eût écrit contre fes notes fur *Tacite*, il l'avoit fait avec tant d'honnêteté & de juftice, qu'il n'avoit pû s'empêcher de l'en louer, & de l'en remercier.

Scioppius témoigne auffi que c'eft par un effet de cette modeftie & de cette fage pudeur qu'il n'a jamais voulu que fon nom parût dans fes ouvrages.

C'eft dommage qu'un fi habile homme ait fi peu écrit. Son travail principal eft l'édition de *Nonius Marcellus* qu'il a divinement corrigé aux termes de Monfieur Colomiez.

Il a donné encore des Notes fur les Epitres Grecques d'*Ariftanete*, lefquelles font fort louées par Cafaubon (2), & par Scioppius, qui dit qu'outre que ces Notes font très-favantes & très-exquifes, la verfion Latine qu'il y a ajoutée eft d'une élégance & d'une douceur inimitable, quoiqu'on ne voye pas comment il a pû accommoder la matiére de ces Epitres avec cette pudeur dont on le loue tant.

Ses autres ouvrages font quelques Notes fur *Tacite*, fur le prétendu *Dictys* de Créte, que Mademoifelle Le Févre a publié depuis peu, & fur le livre d'*Appulée* du Dieu de Socrate.

Et parce que je n'ai trouvé la lifte de fes livres nulle part, j'ajouterai ce que j'en connois de refte, comme l'Eloge de Monfieur Pithou l'aîné, & des Lettres de lui dans le Recueil de Goldaft.

On dit qu'il avoit fait auffi des Notes fur *Tertullien* du Manteau: mais le Public n'en a rien vû, à moins que fon gendre, Monfieur de Saumaife, ne les ait fait fondre avec les fiennes.

* *Notæ in Tacitum* in-8°. *Francofurti* 1607. *

1 Lipf. Epiftol. ad Baudium inter Baudianas Epift. Centur. IV. Epift. 29.
Idem in not. ad Tacit. Cur. fecund.

2 If. Cafaub. in Epiftol.
3 Ant. Clement. vit. Salmaf. pag. 34.

JOSEPH CASTALIONE, d'*Ancone*.

464   SEs *Diverses Leçons* (1) & ses autres ouvrages ont détrompé les Hollandois qui s'imaginoient être les Tréforiers des belles Lettres, & les dépofitaires de toute la Science du monde, & qui jufqu'alors n'avoient pû fe perfuader qu'il pût fe trouver en Italie un homme qui fût véritablement & folidement favant.

Meurfius dit que quand on leur apporta à Léyde ces diverfes Leçons du fieur Caftaglione, tout le monde fe mit à rire dans la penfée que les Italiens n'étoient pas capables de rien faire d'important & de raifonnable en matiére d'érudition. Mais il ajoute qu'à peine en eût-on lû quelques endroits, que l'on changea de fentiment fur l'heure, & qu'on reconnut par Caftaglione ce dont les Italiens font capables, quand ils s'appliquent à l'étude comme les autres.

* *Varia lectiones* in-8°. *Francofurti* 1604. — *Obfervationes in Criticos Decas* I. in-8°. *Lugd.* 1608. *

1 Jan. Nicius Erythr. Pinacoth. part. 1. pag. 167. 168.

ISAAC DE LA GRANGE.

465   IL a fait deux Livres de Commmentaires fur *Prudence* contre *Symmaque*, & des Notes fur *Juvenal*, où l'on trouve bien des chofes à redire, mais où il y a plus de défaut que d'excès. Barthius dit (1) qu'il faloit d'autres bras & d'autres nerfs que les fiens pour manier & fecouer ce Poëte comme il faut.

* *Comment. in Prudentii libros* II. *contra Symmachum, pro ara victoria* in-8°. *Parif.* 1614. *

1 G. Barth. comm. ad lib. 11. Thebaïd. Stat. pag. 1300. & ap. Konig in Bibl. V. & N.

JEAN COCCEJUS ou COCH.

466   CHriſtianus Liberius (1) dit que ſans faire tort aux autres, il peut appeller cet Ecrivain l'Aigle des Gens de Lettres de ſon tems, & il le loue de ſa modeſtie & de la diſpoſition où il étoit toujours de reconnoître & de corriger ſes fautes.

Nous parlerons encore de ce Coccejus ailleurs.

* *Duo Tituli, Talmudici Sanhedren & Maccoth, cum verſione & Comment.* in-4°. *Amſt.* 1629. — *Lexicon & Commentarius ling. Heb. & Chald.* in-fol. *Amſt.* 1669. *

1 De Scrib. & Leg. lib. pag. 173.

Monſieur SAVARON (Jean) *de Clermont en Auvergne* (1).

467   MOnſieur Bignon l'appelle la gloire & l'ornement de l'Auvergne (2); & Scaliger remarque (3) qu'il étoit fort habile dans l'intelligence des Auteurs de la baſſe Latinité, c'eſt-à-dire de ceux qui ont écrit depuis la décadence de l'Empire Romain en Occident; & que ſes Commentaires ſur *Sidoine Apollinaire*, & ſur *Gregoire de Tours* en font foi.

Il a fait encore des Notes ſur *Cornelius Nepos.* Mais le reſte de ſes ouvrages appartient plutôt à l'Hiſtoire, à la Politique, & à la Morale, qu'à la Critique.

* *Comment. ad opera Apollinaris Sidonii* in-4°. *Pariſ.* 1609. *

1 ¶ Mort l'an 1622.
2 Hieron. Bignon, Not. ad Marculf. Form. pag. 251. ult. edition.
Item Pier. Colom. Mélang. hiſtor. pag. 41.
3 Scaligeran. pag. 213.

JEAN DRUSIUS ou DRIESCH, d'*Oudenarde*, mort en 1616.

468   IL s'étoit donné le nom de Grammairien Divin, à cauſe qu'il avoit employé toute ſa Critique dans les Livres Saints. Le P. Simon (1) dit qu'il eſt le plus ſavant & le plus judicieux de tous

1 Rich. Simon Hiſt. Critiq. du V. Teſtam. lib. 3. cap. 15.

CRITIQUES GRAMMAIRIENS.

ceux qui font dans le Recueil des Critiques facrés, imprimés en Angleterre par les foins de Cornelius Beé.

Mais nous parlerons de lui avec plus d'étenduë parmi les Grammairiens Artiftes, les Interprétes de l'Ecriture, & les Hiftoriens des Juifs.

VINCENT CONTARINI, mort en 1617.

469 Nous avons de lui un Livre de *Diverfes Leçons*. On croyoit lui faire grand honneur en l'appellant le Lipfe d'Italie, parce qu'alors on étoit tout rempli & comme enivré des livres & de la réputation du véritable Lipfe des Pays-Bas. Ce fut pourtant contre Lipfe que Contarini fit les Traités de *Re Frumentaria*, & de *Militari Romanorum ftipendio*, [in-4°. à Venife 1609.]
* *Variarum lectionum liber* in-4°. *Venet*. 1606.*

V. Martin. Hanck de Scriptorib. Rer. Rom. part. 2. &c.

DAVID HOESCHELIUS, mort en 1617.
Bibliothécaire d'*Ausbourg*.

470 Scaliger dit qu'il n'étoit pas grand Grec, mais qu'il étoit fort diligent (1). Il étoit aussi fort habile dans fa Profeffion de Bibliothéquaire.

Nous lui devons divers Auteurs Grecs avec de petites Notes, dans lesquelles felon Monfieur Colomiez (2), il ne met jamais rien de fuperflu. Nous avons déja parlé de lui dans la premiere partie des Critiques, & nous en parlerons encore parmi les Traducteurs.
* *Notæ ad varios Authores Græcos Geographicos* in-8°. *Aug. Vind.* 1600. — C'eft lui qui a donné les Notes fur Photius *in-fol*. *Aug. Vind.* 1611. *

1 Pofter. Scaligeran. pag. 112.   2 Colomiez Biblioth. choifie, pag. 196.

CHRISTOFLE BROWER Jésuite d'*Arnhem*, mort en 1617.

471 ON a de lui des Notes & des Corrections sur le *Fortunat* de Poitiers, & sur les Poësies de *Raban*. Il a fait paroître une assés grande connoissance des Auteurs Ecclésiastiques qui ont écrit depuis la décadence de l'Empire Romain en Occident.

* *Notæ in Ven. Honor. Clem. Fortunatum* in-4°. *Mogun.* 1617. — *Scholia in Rab. Mauri Poëmata* in-4°. *Mogun.* 1617. *

DIDIER HERAULD (Desider. Herald.) *mort en* 1649.

472 SCaliger dit (1) qu'il s'est repenti d'avoir fait des *Adversaires* ou ses grands Recueils in-folio (2) : Mais que son *Arnobe* est bon.

Nous parlerons de lui plus amplement dans le Traité des Masques, ou des Auteurs déguisés (3).

* *Animadversiones in Arnobii* VII. *libros contra Gentes* in-4°. *Lugd. Bat.* 1651. — *Adversariorum libri* II. in-8°. *Parif.* 1599. *

1 Posterior. Scaligeran. pag. 109.
2 ¶ Sur ce que les *Adversaria* de Turnébe font un assés gros *in-folio*, & que ceux de Barthius en font un plus gros une fois, Baillet s'est imaginé que tous les livres qui portoient ce titre étoient à peu près de la même taille. Les Adversaria de Pierre Pithou,

& ceux de Didier Herauld deux in-8°. d'environ 150. pages chacun, suffisoient pour le désabuser. Ménage chap. 33. de l'Anti-Baillet donne encore une autre raison de cette bévuë de notre Auteur. ¶
3 Sa place est entre Vossius & Mr de Mauffac, ci-après.

CHARLES LABBE' (1).

473 IL écrivoit (2) fort bien en Grec au jugement de Scaliger (3), qui ajoute que c'étoit un jeune homme très-honnête, docte & infatigable.

1 ¶ Mort l'an 1657. dans sa 78. année.
2 ¶ Baillet a pris *écrivoit* dans la signification de *composoit*, au lieu que, comme l'explique très-curieusement Ménage, le sens

est que Charles Labbé avoit la main excellente pour bien écrire le Grec. ¶
3 Poster. Scaligeran. pag. 134.

HENRI SAVILL Anglois, mort en 1621.

474 IL étoit un des plus favans & des plus judicieux Critiques de son siécle, & il a reçû des éloges des plus habiles gens de son tems, hormis de Scaliger qui le vouloit faire passer pour un homme fier & orgueilleux, quoiqu'il l'estimât d'ailleurs (1).

Josias le Mercier dit (2) qu'il étoit très-versé dans toute sorte de literature, qu'il avoit l'esprit très-beau & très-vif, & un jugement admirable. Il ajoute qu'il a éxaminé & corrigé très-doctement & très-éxactement les œuvres de *Tacite*, qu'il a fait voir & expliqué avec une suffisance extraordinaire les endroits dans lesquels cet Auteur avoit été ou trop négligent ou trop obscur, & dans lesquels il paroissoit se combattre & se contredire lui-même. Il dit aussi que les notes qu'il y a ajoutées en Anglois sont très-doctes. Jhonston (3) Montaigu (4) & Isaac Grutere (5) encherissent encore beaucoup par dessus ces éloges.

Mais le chef-d'œuvre de la Critique de Savilius au jugement de Vossius (6) est sans doute la belle édition Grecque de saint *Chrysostome* qu'il a publiée à Etone [en 7. Volumes *in-folio* 1612.] Car comme l'a remarqué Monsieur l'Abbé Gallois (7), il a revû très-éxactement les ouvrages de ce Pere sur plusieurs anciens Manuscrits qu'il avoit fait chercher avec beaucoup de peines & de dépenses dans toute l'Europe, & même jusques dans la Grece, où il avoit envoyé des gens exprès. Mais quelques soins qu'il ait pris de rendre cette édition correcte, il ne laisse pas d'y avoir encore plusieurs endroits corrompus, & dont il est difficile de deviner le véritable sens.

Savilius a fait encore un Traité de la Milice qui est estimé. Il a fait aussi un Commentaire sur le commencement des Propositions d'*Euclide* que le Pere Malbranche taxe de peu de jugement à cause de sa grosseur & des minuties dont il fait trop de cas.

* *Comment. de Militia Romana* in-8°. Heid. 1601. — *Prælectiones*

1 Jos. Scalig. in Epistol. & Colem. in Clavi. Epist. Scal.
2 Jos. Mercerus not. ad Tacit. fol. 14. 20 11 idem in not. ad lib. 1. Annal. cap. 74.
3 Jhonston. de Reb. Britannic. lib. 18.
4 Rich. Montacut. in not. ad Epist. 2. Photii.
5 Isaac Gruter. præfat. in Commentar. Tacit. Savil.
6 Ger. J. Voss. de scient. Mathemat.
7 Journal des Savans du premier Février 1666.
8 Recherche de la Vérité livre 2 chapitre 7. page 227. 228.

XIII. *in Principium Elementorum Euclidis* in-4°. *Oxoniæ* 1621. — *Verſion and Notes upon Tacitus his* IV. *bookes of Hiſtory and the Life of Julius Agricola* in-fol. *Lond.* 1612.*

JEAN MELLER PALMIER ou PALMERIUS. (1)

475   Ses corrections ſur *Salluſte* parurent à Francfort en 1607. & ſes *Glanes* (2) ou Recueils d'Obſervations de Critique en 1580. & en 1604.

Scioppius dit (3) que ces ouvrages ſeuls font voir que l'Allemagne n'eſt inferieure à aucune Nation en beaux eſprits ; que s'il avoit vécu plus long-tems, il auroit ſans doute rabatu un peu de ce feu exceſſif & indiſcret qui l'emportoit ſouvent, & qu'il auroit été plus moderé & plus ſage dans ſes corrections qu'il n'a été.

1 ¶ Mort l'an 1582.
2 ¶ Il valoit mieux dire ſes *Spicilegia*. Les termes ſpécifiques tels que ceux-là doivent être conſervés. ¶
3 G. Sciopp. de arte Critica pag. 16.

JACQUES CRUCQUIUS de *Méeſſene en Flandres*, vers l'an 1621.

476   Ses corrections & ſes notes ſur *Horace* [in-4°. à la Haye en 1611.] ſont aſſés eſtimées ; il y a néanmoins des choſes aſſés inutiles, & il auroit pu y en ajouter d'autres plus importantes & plus néceſſaires à ſon ſujet.

EILHARD LUBIN d'*Oldembourg*, mort en 1621.

477   Il avoit de l'eſprit & du jugement, c'eſt ce qui l'a fait mettre au rang des bons Critiques. Quelques-uns eſtiment ſon *Horace* & ſon *Juvenal*. Outre ſes corrections & ſes notes il a fait une Paraphraſe ſur les Satires d'*Horace*, où il y a plus de travail que d'utilité au jugement du Bibliographe Anonyme.

* *Euphraſis in Juvenalis & Perſii Satirarum libros* in-8°. *Roſtoc.* 1602. — *Paraphraſis in Horatium* in-4°. *Roſtoc.* 1599. — *Idem Francof.* 1613.

Henning. Witten Mem. Theol. p. 307. 309.   Bibliogr. cur. hiſt. Philolog. p. 62.

DENYS

CRITIQUES GRAMMAIRIENS.

478. **DENYS GODEFROY** *Parisien*, mort en 1622. qui nous a donné des notes sur *Seneque* & sur les Auteurs de la Langue Latine étoit savant & assés bon Critique. Mais nous en parlerons plus amplement parmi les Jurisconsultes.

* *Authores Latinæ Linguæ in unum redacti corpus scilicet*, *M. Terentius Varro.* — *M. Verrius Flaccus.* — *Festus.* — *Sext. Pomp. Festus* — *Nonius Marcellus.* — *Fulgentius Placiades.* — *Isidorus.* — *Notæ Dion. Gothefredi.* — *Varii Auctores.* — *Varia Glossaria. Dionysii Gothefredi* in-4°. 1622. *Geneva.* *

FRONTON DU DUC de *Bourdeaux Jesuite*, mort en 1623.

479. LE Pere Fronton étoit un des plus excellens hommes de son siécle, soit pour la justesse de son esprit & la solidité de son jugement, soit pour sa sagesse & sa modestie exemplaire.

Son mérite étoit également reconnu des Hérétiques aussi-bien que des Catholiques, & il n'y avoit pas un savant parmi les uns & les autres qui ne fût bien aise d'avoir part à son amitié & à son estime.

On a ses notes & ses corrections sur divers ouvrages des Peres Grecs & Latins, & entre autres de *Clement Alexandrin* & d'*Antoine Melissa*, c'est-à-dire, de l'Auteur inconnu de la *Melisse*, de Saint *Paulin* de Nole avec celles de Rosveide, de Saint *Basile* avec celles de Schott, [3. vol. *in-fol.* 1618.] de Saint *Gregoire* de Nazianze, de Saint *Gregoire* de Nisse, de *Zonare* & de *Balsamon* [en 1617. & 1620.] sur l'Histoire de *Nicephore Calliste* : ayant procuré de nouvelles éditions de tous ces ouvrages à Paris, hormis celle de Saint Paulin. Il a eu aussi beaucoup de part à celle de tous les ouvrages de Saint *Chrysostome* en Grec & en Latin.

On remarque par tout une grande connoissance de la langue Grecque & un grand fond d'érudition Ecclésiastique.

a Casaubon. Epistol. passim.   Alegamb. Biblioth. Soc. J.

PHILIPPES CAMERARIUS (1) fils de Joachim, mort en 1624.

480 Nous avons trois Centuries de ses *Heures succisives* souvent imprimées & en divers endroits, & c'est une marque de l'estime ou de l'usage que le Public en a fait.
* La plus ample des éditions est celle de 1624. à Francfort 3. vol. *in-4°.* *

1 ¶ Ce n'est pas entre les Critiques Grammairiens qu'il faloit placer Philippe Camerarius, mais entre les Historiens-Physiciens. §

JEAN BENEDICTUS ou BENOIST Médecin *Allemand,* *Professeur à Saumur* (1).

481 Nous avons de lui une Paraphrase Latine avec un Commentaire sur les ouvrages de *Pindare* [in-4°. à Saumur 1620.] Il est loué par Casaubon & par Bartholin.
Il a corrigé aussi les Versions Latines de *Lucien*, & particuliérement celle d'Obsopæus, & il a donné une nouvelle édition Grecque & Latine de cet Auteur en 1619. [à Saumur *in-*8°. 2. vol.] Mais selon la remarque de Monsieur le Fevre de Saumur & de Monsieur d'Ablancourt (2), il y a ajouté quelques-unes de ses fautes.

1 ¶ Mort en 1664.
2 Tanaquill. Faber. in Peregrino-

Nicol. Perrot d'Ablancourt not. Critiq; sur la Trad. de Lucien tom. 1. pag. 655.

JACQUES PONTANUS Jesuite de *Boheme,* mort en 1626.

482 C'Etoit un des plus grands Humanistes de la Societé. On a de lui plusieurs éditions de piéces Grecques avec des notes & des corrections, on a encore une *Philocalie* ou dix Livres de Recueils des Auteurs Ecclésiastiques & Profanes [*in*-4°. à Aufbourg 1626.] deux volumes de Commentaires in-folio sur *Ovide*; XVII. Livres d'explications sur *Virgile* [in fol. à Lyon 1601.] sans parler de divers autres ouvrages qui appartiennent à la Philologie; &

qu'on peut voir dans l'Alegambe (1).

Scaliger (2) eſtimoit particuliérement deux de ſes ouvrages, 1. ſon Virgile, diſant qu'il y avoit ramaſſé toutes ſortes de choſes, & 2. ce qu'il a fait ſur l'Hiſtoire de Theoph. *Simocatte* dont nous avons une nouvelle édition du Louvre.

1 Biblioth. Soc. J.   2 Poſterior. Scaligeran. pag. 191.

JEAN GRUTER d'*Anvers*, mais Proteſtant, mort en 1627.

483   Gruter a toujours paſſé pour le plus laborieux des Critiques. Spizelius (1) dit que ſi on compare ſes travaux avec tout ce qu'ont fait les plus habiles de ſon tems, ils ne paſſeront que pour des pareſſeux & des faineans auprès de lui ; qu'il n'y a point d'Auteurs Grecs ou Latins dans l'Antiquité qu'il n'ait expliqués & éclaircis avec des notes & des commentaires. Il ajoute que s'il ne l'a point fait il l'a pû faire, & qu'il n'a jamais manqué de bonne volonté pour le faire ; qu'effectivement perſonne n'en a jamais tant fait que lui pour le rétabliſſement & la correction des Auteurs, ayant été curieux de publier un Livre au moins tous les ans, & quelquefois même tous les mois.

Heinſius l'appelloit (2) la colomne & l'appui des Lettres ; Rutgerſius dit qu'il étoit fort exercé dans toutes ſortes de connoiſſances, quoique ſon ſiécle ne le reconnût pas aſſés. Lipſe ſemble avoir voulu reſtreindre toute ſa capacité dans cette ſorte de Critique où il témoigne qu'il étoit très-verſé.

Scaliger même diſoit que Gruter étoit capable de tout en ce genre d'étude, & qu'il étoit tout propre à voir les vieux Livres (3), mais qu'il ne ſe ſoucioit pas ſi l'Auteur qu'il entreprenoit méritoit ſes peines ou non, que tout lui étoit bon, qu'il ramaſſoit toutes choſes ſans jugement & ſans diſcernement, & qu'il n'avoit point d'autres ſoins ou d'autre curioſité que de multiplier le nombre de ſes Livres.

Le Veneur ou Venator dit qu'il avoit un fonds inépuiſable de doctrine pour les Antiquités, jointe à une longue expérience du génie

1 Theoph. Spizelius Fel. Literat. tract. 9. pag. 1042.
2 Ap. Heuu. Witten memor. Philoſoph.
tom. 1 pag. 262.
3 Poſterior. Scaliger. pag. 101. & pag. 138.

CRITIQUES GRAMMAIRIENS.

Gruter. & du ſtyle des Anciens (1), mais qu'il étoit malheureux en Copiſtes & en Imprimeurs, dont l'ignorance & la bétiſe lui avoit fait perdre la plus grande partie du fruit & de la gloire qu'il devoit retirer de tous ſes grands travaux.

Scioppius parle auſſi de lui avec de grands éloges, & il ſe plaint pareillement des Libraires qui différoient ou faiſoient difficulté d'imprimer divers ouvrages excellens de ſa Critique (2) leſquels n'ont pas laiſſé de demeurer dans la ſuppreſſion & dans l'obſcurité juſqu'à préſent, nonobſtant les deſirs des gens de Lettres & le mérite de leur Auteur.

Nous avons par ſes ſoins un *Tréſor de Critique* ou un *Flambeau des Arts* imprimé en ſept gros volumes in octavo à Francfort en 1602. & 1606. C'eſt un Recueil de corrections, ſcholies, diverſes Leçons ſur les Anciens faites par les plus ſavans Critiques & Philologues du ſeiziéme ſiécle.

Outre ce Tréſor nous avons de ſa façon neuf Livres de *Soupçons*, où il y a ſans doute plus que de ſimples conjectures & que des ſoupçons. Venator dit qu'on doit conſidérer comme vertu & perfection dans cet ouvrage, ce qu'on prendroit dans les autres pour un vice & un défaut, & que ſous la modeſtie de ce titre il fait connoître une grande pénétration & ſolidité de jugement; il ajoute qu'on y trouve une variété agréable, une élégance telle que la matiére le peut ſouffrir, de la délicateſſe, de l'érudition où il mêle le ſerieux avec le plaiſant. Il aſſure qu'on auroit encore vû tout autre choſe ſi on avoit publié les trente Livres qu'il promettoit ſur cette ſorte de Critique, ſans parler d'un grand amas de Lieux Communs, d'Obſervations & de Notes particuliéres que le Public a perduës à ſa mort (3).

Enfin nous avons ſes notes & ſes corrections ſur *Plaute*, *Appulée*, *Seneque*, *Stace*, *Martial*, *Tacite*, *Ciceron*, *Salluſte*, *Tite-Live*, *Patercule*, *l'Hiſtoire Auguſte*, les *Panegyriſtes Latins*, les *Déclamations* attribuées à Quintilien, les Epitres de *Pline* ; ſur *Properce*, *Tibulle*, *Onoſander*, *Symmaque* & quelques autres encore, dont il a corrigé les uns ſur des certitudes & des évidences, & les autres ſur de ſimples conjectures, mais judicieuſes & bien raiſonnées. C'eſt le jugement qu'on a fait de celles qu'il a écrites ſur Symmaque, ſur les Déclamations, les Panegyriques, Properce, Tibulle, les Epitres de Pline & d'autres Auteurs Claſſiques qu'il a corrigés ou défendus contre des

---

1 Balthaſ. Venator. Panegyr. Gruteŕ. pag. 160. 161. apud Witten. tom. 1. Philoſoph. ut ſuprà.

2 G. Sciopp. de arte Critica pag. 14.
3 B. Venat. ibid. ut ſuprà.

CRITIQUES GRAMMAIRIENS.

Censeurs peu officieux, tels qu'étoient Douza, Scaliger, Lipse, des Gruter. Ursins, Casaubon, Colvius, Ciofane, du Faur, Godefroy & les autres, comme le rapporte Scioppius (1).

Scaliger dit (2) qu'il a fort bien travaillé sur le *Martial* & sur *Seneque le Tragique*, mais qu'il a recueilli des autres, ce qu'il a fait sur *Seneque le Philosophe*, & que ce n'est que l'ouvrage d'un Ecolier ou d'un Imprimeur. Cependant Venator prétend (3) que cet Auteur a des obligations infinies à Gruter, & que quoiqu'il ait eu sur ce sujet de grands démêlés avec Denys Godefroy, néanmoins on ne peut nier que l'un & l'autre n'ayent rendu de grands services à Seneque.

Godefroy ne fut pas le seul d'entre les gens de Lettres avec qui Gruter eut prise, celui-ci se brouilla encore avec plusieurs autres, mais il n'y en a peut-être pas qui ayent ressenti davantage les effets de sa mauvaise humeur que Pareus à qui il dit des injures comme feroit une Harangere à un Crocheteur. Car il ne se contente pas de l'appeller un Asne, un Mulet de bagage, un Verrat, un Bouc, un Hibou, un Frénétique à lier, mais il passe encore à d'autres excès plus grands qui ne peuvent produire en nous que de la compassion ou du mépris pour toutes ces belles gens de Lettres, qui veulent que nous les considérions comme des Heros (4). Sur quoi on peut voir Monsieur Spizelius, & ce que nous en pourons dire sous le nom de Pflug (5) dans un Traité à part.

Nous parlerons du corps de ses Inscriptions dans le Recueil de nos Antiquaires après les Historiens.

1 G. Sciopp. de Critic. vet. & rec. ut suprà.
2 Poster. Scaligeran. pag. 101. ut suprà.
3 Venat. Paneg. ut suprà.
4 Spizel. Fel. Liter. Commentar. 6. pag. 688.
5 ¶ Il nous a simplement appris dans la liste des Auteurs déguilés, au mot *Pflug* que Christophorus Pflugius n'étoit autre que Janus Gruterus. C'est effectivement sous ce faux nom que Gruter, comme auparavant sous celui d'Eustathius Su-P. s'est déchaîné en injures contre Pareus, qui de son côté lui auroit bien rendu le change par ses *Analecta Plautina*, contenus dans le prétendu septième tome du *Thesaurus Criticus*, si ce tome n'étoit venu trop tard, ayant été imprimé sept ans après la mort de Gruter. §

HERIBERT ROSWEIDE d'*Utrecht* Jesuite, mort en 1629.

Nous avons ses notes sur saint *Paulin* avec celles de Fronton du Duc, & sur diverses vies & Histoires des *Peres des*

Deserts & de quelques autres Saints. Il avoit le sens droit & ne manquoit pas d'érudition.

C'est lui qui commença pour ainsi dire ou qui introduisit Bollandus dans le grand ouvrage de Critique sur les Vies des Saints, c'est aussi lui qui examina particuliérement les Manuscrits de l'Imitation de Jesus-Christ, & qui crut en avoir découvert l'Auteur.

* *De vitis Patrum per Authores varios, cum notis x. libri* in-fol. *Antuerp.* 1628. — *Rosvveidi & Fr. Ducæi, notæ ad opera Paulini Episc. Nolani* in-8°. *Antuerp.* 1622. — *Vindiciæ Thomæ à Kempis, pro libro de Imitatione Christi contra Cajetanum* in-8°. *Antuerp.* 1621.*

Allegamb. Bibl. Soc. J.   Val. Andr. Dess. Biblioth. Belg.

ANDRÉ SCHOTT d'*Anvers* Jesuite, mort en 1629.

485 C'Etoit l'homme du plus grand commerce de son siécle pour les belles Lettres, & tous les Savans avoient rapport à lui de tous les côtés de l'Europe, & le consideroient comme leur centre. Aussi avoit-il toutes les qualités nécessaires pour répondre avantageusement à leur attente & à leurs besoins, beaucoup d'érudition, d'honnêteté, de candeur, de sincerité, de générosité, de pieté solide, & une passion toute extraordinaire pour obliger tout le monde de quelque pays & de quelque Religion que l'on fût, & d'avancer la perfection des Lettres.

C'est pourquoi on ne doit pas être surpris que les Hérétiques mêmes se soient tenus si fort honorés de son amitié, & qu'ils lui ayent donné tant d'éloges. Les principaux d'entre eux avec lesquels il avoit une liaison particuliére étoient Scaliger, Casaubon, Smét ou Vulcanius, Gruter, Hœschelius, Savilius, Vossius & généralement tous ceux qui vouloient passer pour savans: & ils étoient encore plus charmés de sa probité que de son érudition.

Il a corrigé & expliqué par de savantes notes un très-grand nombre d'Auteurs dont on peut voir le Catalogue dans le Valere André son Disciple & son Secretaire, & dans l'Alegambe son Confrere (1). Et il paroît assés par ce qu'on y voit qu'il y a eu peu d'Ecrivains plus laborieux, plus patiens, plus désinteressés, & en même tems plus judicieux que lui.

Il faut avouer néanmoins qu'il n'a peut-être pas réussi également par tout. Car Monsieur Vossius le fils qui le qualifie d'homme de

1 Biblioth. Bel. & Bibl. Soc. J.

CRITIQUES GRAMMAIRIENS.

bien & de savant personnage, dit que les corrections qu'il a faites sur le *Pomponius Mela* ne sont pas fort heureuses (1). Monsieur Pearson va encore plus loin, & il ne fait point difficulté de l'accuser d'ignorance & de peu d'expérience dans ce qui regarde la Philosophie, & que c'est ce qui lui a fait faire des fautes dans l'explication des Auteurs (2).

Nous verrons aussi parmi nos Traducteurs qu'il n'étoit pas toujours exact dans ses versions.

Mais cela n'a point empêché Casaubon de l'appeller (3) un homme de profonde érudition, ni Vossius le pere de dire en plus d'un endroit (4), que toutes les Lettres Grecques & Romaines, sacrées & profanes, lui ont des obligations immortelles. C'est aussi le sentiment de Barthius (5), de Pignoria (6), d'Hœschelius, de Pareus, & généralement de tous ceux qui ont voulu lui faire justice.

* *Pomponius Mela de situ orbis ex recensione Andr. Schotti, cum notis Hermol. Barbari* in-4°. *Antuerp.* 1582. *

1 Isaac. Voss. præfat. in Pomp. Melam.
2 Joan. Pearson. prolegomen. ad Hierocl. de Provid. & fato.
3 Is. Casaub. Epistol.
4 G. J. Voss. de Scient. Mathemat. cap.

70. § 29. Idem lib. de Philolog. cap. 6. § 2.
5 G. Barth. adversar.
6 Laur. Pignor. Epistol. 30. pag. 111.

Mr BOURDELOT (Jean) de *Sens* (1).

IL passoit pour un fort habile homme, sur tout dans les Langues Orientales, & la connoissance des Manuscrits.

Les notes sur le *Petrone* l'ont fait connoître pour un des plus savans & des plus fins Critiques de son tems, si l'on s'en veut tenir au sentiment de ses amis. Celles qu'il a faites sur les œuvres de *Lucien* dont il nous a procuré une belle édition in-folio (2) ne sont peut-être pas beaucoup moins estimables, non plus que celles qu'il publia sur *Heliodore* en 1619. [*in-*8°.] & dont les Etrangers ont parlé avec éloges (3). Cependant il se trouve des gens qui prétendent qu'il y a beaucoup de préjugé dans cette estime.

* *Emendationes & notæ ad Luciani opera* in-fol. *Paris.* 1615. — *Petronii Satyricon cum fragmentis & notis J. Bourdeloti* in-12. *Amstelod.* 1663. *

1 ¶ Mort l'an 1638.
2 ¶ Pour l'impression seulement.
3 G. Math. Koning. Biblioth. V. & N. p. 129. &c.
Histoire de la Reine Christine de Suede edit. d'Hollande.

Mr de l'AUBESPINE (Gabriel) Evêque d'*Orleans*,
mort en 1630.

486 **N**Ous avons ſes notes Critiques ſur quelques Canons &
quelques Auteurs Eccléſiaſtiques, mais nous en parlerons plus amplement parmi les Théologiens.

JACQUES GODEFROY à *Geneve*, Juriſconſulte, fils de
Denys l'Ancien, frere de Theodore l'Hiſtoriographe,
oncle de Denys l'Hiſtoriographe (1).

487
bis **I**L procura une nouvelle édition de ce que l'on a de l'Hiſtoire
de *Philoſtorge* [in-4°. à Geneve 1613.] qui avoit été eſtimée
juſqu'à ce que Monſieur Valois en eut donné une meilleure. Car on
ne ſavoit pas alors qu'un nommé Eſtienne le Clerc (2) Profeſſeur de
Geneve pour ſe venger de ce que Godefroy avoit favoriſé Monſieur
Morus ſon Competiteur contre lui, avoit critiqué ſon Philoſtorge,
où il avoit remarqué une infinité de fautes & d'ignorances de la
langue Grecque. Mais nous parlerons avantageuſement de lui parmi
les Juriſconſultes pour ſon travail ſur le Code Theodoſien.

1 ¶ Jaques Godefroy mourut l'an 1652.
dans ſa 65. année.
2 ¶ Docteur en Médecine, Profeſſeur en
Grec à Geneve, & l'un des Conſeillers de
la République, Pére du célébre Mr le
Clerc qui demeure à Amſterdam. ¶
Nouv. de la Rep. des Lett. de Septembre
1684. pag. 187.

488 **L**AURENT PIGNORIA ou PIGNORIUS
Chanoine de *Trevis*, mort en 1631.
Voyés parmi les Antiquaires.

FELIX OSIUS *Milanois*, Profeſſeur de *Padoüe*, mort en 1631.

489 **C**'Eſt dommage qu'il ait été ſurpris de la mort, & qu'il n'ait
point eu le loiſir de mettre la derniére main à quantité
d'ouvrages qu'il deſtinoit au Public, car il étoit eſtimé particuliérement de tout ce qu'il y avoit de Savans de ſon tems dans l'Europe.
Nous

CRITIQUES GRAMMAIRIENS.

Nous n'avons presque point autre chose de lui concernant la Critique, que les notes & les corrections sur l'Histoire Auguste d'*Albertin Mussat*, dont nous parlerons parmi les Historiens de l'Italie: & sur celle de Lodi par les deux *Morena*, *Othon & Acerbus*.

* *Notæ & emendationes in historiam Alb. Mussati & Cartusiorum in fol. Venet.* 1635. *

Jac. Phil. Tomasini tom. 2. elogior. pag. 244.
G. J. Voss. de Histor. Lat. lib. 3. in Mussato & alibi non semel.
p Hieronym. Ghilini theatr. hom. Literator. tom. 2. pag. 76.

ENFANS de VOSSIUS morts devant leur Pere
DENYS, *mort en* 1633
GERARD *mort l'an* 1640.
FRANÇOIS 1645. *&* MATHIEU 1646.
¶ JEAN *mort aux* Indes 1637.
CORNELIE 1638.
JEANNE 1640.

490   DENYS publia des notes sur le Livre du R. *Moyse-ben-Maimon* de l'Idolatrie [*in*-4°. à Amsterdam en 1668.] & elles se sentent beaucoup de l'Ecole & de la bonne discipline de leur Pere. Monsieur de Saumaise en fait des éloges dans une de ses Epitres.

GERARD mérite aussi son rang parmi les bons Critiques. Ses corrections sur *Patercule*, parurent de son vivant [*in*-8°. à la Haye en 1639.] & il laissa en mourant des remarques sur *Valerius Flaccus*, & sur *Censorin*, & remit à son frere Isaac le soin de les faire imprimer.

FRANÇOIS n'a paru ce me semble que par quelques Poësies & quelques autres piéces volantes concernant les Humanités [sous le titre de *Carmen de Hollandorum victoria navali ductu Mart. Herib. Trompii* 1640. *Amstelod.*]

MATHIEU n'étant presque connu que par son Histoire d'Hollande, n'a point ici de lieu. Mais nous parlerons dans la suite du plus illustre de tous ces freres *Isaac* encore vivant & qui est presque parvenu au periode de la gloire de Vossius le grand leur pere, [& principalement par ses observations sur *Pomp. Mela.* qu'il a donné à la Haye *in*-4°. en 1658.]

1 Claud. Salmas. Epist. 41. ad G. J. Voss. pag. 89.

Tome II.   Fff

JEROME ALEANDRE le jeune, du *Frioul*. (1)

491   LE Vittorio de Roffis (2) dit qu'il eft exact par tout & qu'il écrit en homme docte, que fon ftyle eft pur, élegant & clair. Il a fait des Obfervations fur divers Auteurs & d'autres ouvrages de belles Lettres, mais il étoit particulierement exercé dans la connoiffance des Antiquités pour lefquelles nous parlerons encore de lui ailleurs. La lifte de fes Ecrits eft dans Allatius, (3)

* *Refutatio Anonymi Authoris de Suburbicariis Regionibus & de Diæcefi Epifcopi Romani* in-4°. *Parif.* 1619. — *Explicatio antiquæ Tabulæ marmoreæ Solis effigie fymbolifque exfculptæ* in-4°. *Romæ* 1616. — *Ibidem expofitio figillorum Zonæ veterem ftatuam marmoream cingentis.*

1 ¶ Mort l'an 1631.
2 Nicius Erythr. pinacoth. parte 1. p. 46.
3 Leo Allat. de Apib. Urban. pag. 123. 124. 125.

MATHIEU RADERUS Jefuite du Comté du *Tirol*, mort en 1 6 3 4.

492   ON lui a l'obligation de plufieurs excellens ouvrages de l'Antiquité Ecclefiaftique & profane, dont il nous a procuré l'édition avec des corrections affés judicieufes & des notes qui montrent qu'il avoit de l'érudition.

Il a donné entre autres les œuvres de faint *Jean Climaque* avec fa traduction; la *Chronique d'Alexandrie*, ou les *Faftes de Sicile* avec la traduction; les Actes du VIII. *Concile* œcumenique avec fa traduction; l'Hiftoire des Manichéens par *Pierre de Sicile*; les œuvres de *Martial*; l'Hiftoire de *Quinte-Curce*, &c.

Néanmoins l'Auteur Anonyme de la Bibliographie femble dire qu'il n'avoit pas grand jugement, & que cela paroît particuliérement dans ce qu'il a fait fur *Quinte-Curce*. (1)

* *Comm. in Q. Curtii hiftoriam de Alexandro magno* in-fol. *Col. Agr.* 1628. — *Anonymi Chronicon Alexandrinum feu Siculum (vulgo Fafti Siculi) Gr. Lat.* in-4°. *Mon.* 1615. — *Verfio & Notæ ad Concilium Conftantinopolitanum quartum* in-4°. *Ingolft.* 1604. — *Verfio*

1 Bibliograph. cur. hiftor. Philolog. pag. 92.

ad *Petri Siculi historiam Manichæorum* ibid. — *M. Val. Martialis Epigrammata ex editione Raderi cum Comm.* in-fol. *Mogunt.* 1627.*

CLAUDE DAUSQUEY Chanoine de *Tournai*, mort vers 1635. ou peu après.

493   Scribanius disoit de lui dans le tems qu'il étoit encore chés les Jesuites (1) qu'il avoit une rare connoissance de la Langue Grecque & de toute l'Antiquité; qu'il avoit épuisé tout ce qu'il y avoit de digne de foi & de véritable dans les Histoires, tout ce qu'il y avoit de savant chés les Grammairiens, & d'agreable dans les Poëtes.

Valere André dit (2) qu'il aimoit à forger des mots nouveaux & extraordinaires, qu'il se servoit de vieux termes qui ne sont plus d'usage, & que c'est ce qui a rendu son style rude & choquant.

1 Clar. Bonarsc. Amphitheatr. honor. lib. 2. cap. 13.   2 Valer. Andr. Dessel. Biblioth. Belg. pag 140.

ERASME SCHMIDT de *Misnie*, mort en 1637.

494   Ses Commentaires sur *Pindare* sont savans & estimés, il en donna l'édition en 1616. [in-4°.] On a encore ses Commentaires sur *Hesiode*, [à Geneve en 1663.] sur Denys le *Periegete* & sur *Lycophron*.

LES TROIS LINDEMBROGES ou LINDEMBRUCH.

1. Frederic, mort vers l'an 1638.
2. Erpold,   3. Henry.

495   Frederic a fait des corrections avec des notes & des observations sur l'*Ammien Marcellin*, & il y a recueilli diverses Leçons. Son ouvrage auroit beaucoup plus éclaté si Monsieur Valois ne fut venu après lui. Néanmoins comme il y a fait des additions considérables depuis la publication de son premier travail, le tout fut réimprimé dans l'édition de l'Ammien en 1681. par les soins de Mr Valois le puisné, & fut reçû avec honneur.

Il a encore fait des notes sur les Comedies de *Terence*, [in-4°. à Paris 1602.] sur l'Appendix de *Virgile*, & les fragmens des anciens Poëtes [in-8°. à Leyde 1595.]sur les*Loix anciennes* desBourguignons, des Allemans & des Wisigots, sans parler de ce qu'il a fait sur les *Formules* de *Marculfe* & de son *Glossaire* sur les Loix de Charles-Magne & de Louis le Debonnaire. [in-fol. 2. vol. à Francfort 1613.]

ERPOLD nous a donné une édition d'Historiens d'*Allemagne*. Plusieurs personnes ont attribué les notes sur *Censorin* à cet Erpold, d'autres les donnent à Frederic, mais elles appartiennent à HENRY qui vivoit un peu après les deux autres, & qui est appellé dans l'Epître dédicatoire un homme d'une literature admirable, très-estimé de ceux de sa connoissance, & très-digne de louanges.

* *Censorinus de Die Natali, ex recensione Henrici Lindenbrogii* in-8°. *Lugd.-Bat.* 1642.*

Mr de MEZIRIAC (Claude Gaspard Bachet) de *Bresse*, mort en 1638.

496 LEs Commentaires & les corrections qu'il a faites sur le *Diophante* [in-fol. Paris 1621.] sont estimés aussi-bien que ce qu'il a fait sur les Epîtres d'*Ovide*. [in-8°. à Bourg en Bresse 1632.] On prétend même qu'il étoit le plus savant homme de la premiere quarantaine de l'Academie pour les belles Lettres.

* Meziriac nous a donné la Traduction des Fables d'Esope d'un de ses amis, qui sont precedées de la vie d'Esope de sa façon, qui est fort estimée, à Bourg en Bresse in-18. & in-16. — Ses Lettres d'Ovide ont été réimprimées en 1715. in-8°. à Amsterdam. — Problemes plaisans in-8°. à Lyon 1612.*

Mr. Peliss. Fontan. Relat. hist. de l'Acad. pag. 262. 263.   Mr Colom. opuscul. literar. pag. 42. 43.

CRUCEJUS ou de la Croix (Emery.)

497 Son édition de *Stace Papinius* n'est pas fort estimée, ses notes ne sont pas assés savantes, & c'est ce que lui reproche fortement Gronovius dans sa Dissertation sur ce Poëte. Mais de la Croix s'est défendu sous le nom de Merc. Frondator, comme nous le verrons ailleurs. (1)

* *Emerici Crucci Comm. in Statii Sylvas* in-4°. *Paris.* 1618.*

¶ N. 186. des Anti. §. 2. Bibliograph. cur. hist. Philolog. p. 59. Gronovius, Salmasius &c.

JEAN MEURSIUS ou de MEURS de *Loosdun*, mort en 1639. quelques-uns disent en 1641. (1)

498 C'Etoit un homme de beaucoup d'érudition & de grande industrie. Et il a été loué de tous les savans de son siécle, & entre autres par Barthius, Elmenhorstius, Ramirez de Prado, Theodore Douza, Felix Osius, Eustathius Swartius, Vossius, Balthazar Boniface, Nicolas Pinelli, le P. Labbe, Jean Jonsius &c. (2) qui reconnoissent tous qu'il savoit beaucoup. Ainsi lorsque Scaliger dit qu'il étoit ignorant (3) & qu'il étoit devenu trop orgueilleux, on peut juger que c'est l'effet de quelque malignité ou de quelque sujet de chagrin qu'il avoit contre lui. (4)

Meursius excelloit particulierement dans la connoissance de la Langue & des Antiquités de la Grece, & il n'y a personne qui ait rendu un plus grand service aux Lettres que lui en ce point, s'étant

---

1 ¶ On a fait voir ci-dessus article 152. que c'étoit en 1639. ¶
2 Laur. Ram. Prat. Pentecontrach. G. Barth. Adversar. Joh. Jons. hist. Philosoph. &c.
3 Poster. Scaligeran. pag. 157.
4 ¶ A l'age de 16. à 17. ans Meursius dans son commentaire sur Lycophron V. 615. au mot Κολοσσοβάμων avoit eu la hardiesse de reprendre très-durement Scaliger & tout en le traitant de *doctissimus*, d'user contre lui des termes d'ἀπροσδιονύσιος de *solsim*, & même de *ridiculum* ce qui ne pou-

voit manquer d'avoir piqué Scaliger. Aussi n'ignore t-on pas comment les Scaligerana secunda le font parler de Meursius, ni comment il en parle lui-même dans sa trois cens quarante-huitième Epitre. L'attention de Gérard Jean Vossius à en faire ôter le nom de son ami, & mettre un asterisque à la place, n'a servi de rien. La clef que Colomiés a donnée des Epitres de Scaliger, & les Epitres même de Vossius pag. 152. col. 2. de l'edition de Londres, ont revelé ce secret. ¶

appliqué avec un travail infatigable & une diligence toute extraordinaire à déterrer, à corriger, à expliquer par des notes, à traduire & à publier divers opuscules des Anciens. De sorte que Jean Imperial (1) prétend qu'il a mis au jour avec ses corrections & des versions Latines, plus d'Auteurs Grecs lui seul que tous les autres n'avoient fait ensemble depuis cent ans.

Il exerça aussi sa Critique sur les Auteurs Latins, & il s'en acquitta avec assés de succés. Nous avons en ce genre deux ouvrages de lui sous les titres de *Curæ Plautinæ*, & *Animadversiones Miscellaneæ*. [in-8°. à la Haye en 1599.] On trouvera le Catalogue de ses ouvrages dans son Athènes Batave, dans la Bibliotheque de Valere-André & ailleurs.

Nous parlerons encore de Meursius dans la suite de ce Recueil.

1 Joh. Imperialis in Musæo pag. 204. & ex eo G. M. Konig. Bibl. V. & N. p. 538.

MATTHIAS BERNEGGER (1) de *Strasbourg*, mort en 1640.

499   Boëcler dit (2) qu'il a fait connoître son habileté & son industrie dans *Thucydide*, dans *Tacite*, dans *Suetone* & dans *Sallufte*, & qu'il s'est appliqué particulierement à ce qu'il y a de plus important & de plus utile dans ces Auteurs pour la connoissance de l'Antiquité, du stile & de la langue de ces Anciens, & pour la conduite de la vie. Il ajoute que personne n'a apporté plus d'éxactitude dans la Critique des Auteurs, & que personne n'étoit mieux fourni que lui de toutes les qualités acquises & naturelles pour l'exercer dignement.

Nous avons encore de lui des Questions ou Disputes sur *Justin* & sur *Florus*, sans parler de l'édition particuliere qu'il a donnée de *Tacite*, de *Justin*, & du Panegyrique de *Pline* avec des notes. Le même Auteur prétend qu'on trouve dans ces ouvrages de Bernegger un grand nombre de choses inconnuës ou omises par les Critiques précedens.

* *Corn. Taciti annales per Math. Berneggerum cum Joan. Freinshemii notis* in-8°. *Argentor.* 1638. — *Animadversiones ac notæ ad Suetonii vitam Vespasiani* in-4°. *Arg.* 1625.*

1 ¶ Bernegger pouvoir avoir quelque dessein de travailler sur Thucydide & sur Sallufte, mais prevenu de la mort, il n'a travaillé ni sur l'un ni sur l'autre ; c'est ce que dit Boëcler en termes exprès dans l'endroit cité par Baillet. §

2 Io. Henr. Boëclerus Orat. funebr. ap. Witten. memor. Philos. tom. 1. p. 497. 499.

MARC. ZUER. BOXHORNIUS de *Berg-op-Zoom*, mort en 1653.

500 CE Critique ne manquoit pas d'érudition. Néanmoins son édition des Ecrivains de l'*Histoire Auguste* n'est pas fort estimée, & l'Anonyme Allemand qui a fait la Bibliographie dit que c'est peu de chose. Nous parlerons ailleurs de Boxhornius plus avantageusement.

* *Scriptores Historiæ Romanæ cum animadversionibus M. Boxhornii* 4. vol. in-12. Lugd.-Bat. 1632.*

Bibliograph. cur. hist. Philolog. pag. 93.

JEAN WEITZIUS, mort en 1642.

501 IL est des plus renommés d'entre les Philologues de son tems. Le sieur Konig (1) dit qu'on estime particulierement les Commentaires qu'il a faits sur *Terence*, sur les *Tristes d'Ovide*, & ses notes sur le Poëme des Argonautes par *Verrius Flaccus* (2) qu'on a jointes avec celles de Lambert Alard.

L'Anonyme (3) prétend que le plus considerable de ses ouvrages & où il a le mieux réüssi est son *Prudence*; & Mr Borrich dit (4) qu'il vaut en effet beaucoup mieux que celui de Vict. Giselin, mais qu'il est au dessous de celui de Nicolas Heinsius.

Au reste Weitzius n'étoit pas de ces hardis Critiques qui se donnent la liberté de corriger, d'ajouter & de retrancher dans leurs Auteurs ce qu'ils jugent à propos. Et l'Anonyme témoigne que sa timidité & le peu de bonne opinion qu'il avoit de sa capacité l'ont empêché de rien dire presque de lui-même dans son commentaire sur Terence, tant qu'il a trouvé dans les autres Auteurs de quoi expliquer le sien. (5)

* *Prudentius (Aurel.) recensitus & notis illustratus à Johanne Vveitzio* in-8°. Hanov. 1613. — *C. Flac. Valerii Argonautica cum commentariis Lamp. Alardi, collectionis Joh. Vveitzii &c.* in-8°. Lipsiæ 1680.*

1 G. M. Konig. Biblioth. V. & N. pag. 864. 865.
2 ¶ Il a voulu dire *Valerius Flaccus*. ¶
3 Bibliogr. cur. Philolog. hist. pag. 64.
4 Ol. Borrichius de Poetis p. 61. & 72.
5 Bibliog. ap'i. ibid. pag. 58.

JEAN LOUIS de la CERDA Jesuite *Espagnol*, mort en 1643.

502 C'Etoit un homme d'une grande lecture qui avoit aussi beaucoup de simplicité & de candeur, selon les Auteurs de la Bibliotheque de la Société (1). L'Anonyme dit (2) que son grand Commentaire sur *Virgile* est mêlé de beaucoup de choses, dont les unes sont bonnes & les autres sont fort médiocres, que ce qu'il rapporte des autres savans est estimé, mais qu'on ne fait point grand cas de ce qu'il dit de lui-même.

On a encore de lui touchant la Critique & la Philologie des notes & des explications sur *Tertullien* avec des argumens, outre un Commentaire particulier & plus ample sur le Livre du *Manteau* du même Auteur; mais sur tout ses Recueils ou *Adversaria sacra* qu'il a faits avec beaucoup de travail pour éclaircir & faciliter l'intelligence de plusieurs Auteurs sacrés & Ecclesiastiques.

* *Comm. in Virgilii Bucolica & Georgica* in-fol. *Matriti* 1608. — *In* VI. *priores libros Æneidos* in-fol. *Lugd.* 1612. — *In* VI. *posteriores lib. Æneidos* in-fol. *Lugd.* 1617. — *Adversaria sacra* in-fol. *Lug.* 1626. — *Comm. in Tertulliani librum de pallio*, ibidem. — *Argumenta explicationes & notæ in omnia Tertulliani Opera* in-fol. *Paris.* 1624.*

1 Alegamb. & Sotwel Bibl. Soc. J. pag. 471.   2 Bibl. cur. Philolog. hist. pag. 58.

ERYCIUS PUTEANUS ou ERRIC du PUY de *Venloo* au Duché de *Gueldres*, mort en 1644. (1)

503 BArthius (2) l'appelle un homme très-docte & très-disert. Vernouilleau (3) ou de Verneuil dit (4) qu'on le consideroit pour son esprit, sa politesse, sa facilité & sa modestie. L'Imperial (5) témoigne qu'il avoit un grand fonds de literature, mais de la

1 ¶ Il mourut le 17. Septembre 1646. dans la 71.année de son age.¶

2 Gasp. Barth. lib. xi. Adversarier. cap. 10.

3 ¶ Quand on ne sait pas le nom de famille des Auteurs, le plus sûr est de les citer par les noms Latins qu'ils se sont donnés.

Autrement on court risque de tomber dans le ridicule. Ce n'est ni de Verneuil ni Vernouilleau que cet Auteur se nommoit, c'est Vernouiller. ¶

4 Nicol. Vernulæus lib. 3. de Acad. Lov.

5 Joan. Imperialis in parerg. Vir. illust. adhuc viventium.

plus

plus solide & de la plus rare, quoique Scaliger (1) ait jugé que ce n'étoit qu'un badin & un causeur.

Valere André (2) dit que son style est élegant, aisé, agréable & plein de ces rencontres ingenieuses qui étoient autrefois si fort au goût des Atheniens. Il ajoute que dans tout ce qu'il écrivoit il ne songeoit pas moins à édifier son lecteur qu'à l'instruire, & qu'il tâchoit d'inspirer par tout l'amour de la vertu & de la sagesse.

On peut dire néanmoins qu'il étoit plus Orateur que Critique. Car il ne s'est point tant appliqué à corriger & à commenter les Auteurs qu'à faire divers petits opuscules d'éloquence, des Lettres, & quantité de petits Traités sur des matieres mêlées, [dont le Catalogue se trouve dans la Bibliotheque de Valere André.]

1 Posterior. Scaligeran. pag. 198. 2 Valer. Andr. Dessel. Biblioth. Belg. p. 207.

HUGUES GROTIUS ou de GROOT de *Delpht*, mort en 1646. (1)

504 CEt homme étoit grand par plusieurs endroits, à la difference de la plupart des autres savans qui ne l'ont été pour l'ordinaire que par un côté. C'est ce qui nous obligera de parler encore de lui parmi les Traducteurs, les Poëtes, les Historiens, les Jurisconsultes, les Interprétes de l'Ecriture Sainte, & les Theologiens Protestans. Mais on peut dire qu'il n'étoit pas moins grand Critique, & qu'il en a donné des preuves dans son *Martianus Capella*, dans son *Aratus*, dans son *Stobée*, & dans ses notes sur *Lucain* & sur *Tacite*. (2)

Quand il corrigea le *Capella* il n'avoit que quatorze ans (3), & s'en acquitta néanmoins avec une suffisance & un succès qui étonna toute la terre. Vossius prenant occasion de ce premier essai de sa Critique pour en faire connoitre sa pensée, dit (4) que de quelque côté qu'on regarda Grotius il n'y avoit rien sous le Ciel qui fut plus savant en toute maniere, & que lui & le grand Erasme faisoient toute la gloire de la Hollande.

Mr Bignon son ami particulier (5) disoit souvent qu'il ne croyoit

1 ¶ Baillet dans ses corrections a reconnu que ce n'étoit pas en 1646. que Grotius étoit mort, mais en 1645. le 28. Aoust. ¶
2 Paul. Colom. Bibl. chois. p. 186..187.
3 ¶ Il n'en avoit pas du moins 16. accomplis quand il le publia. ¶
4 Voss. hist. Lat. lib. 3. part. 2. p. 713.
5 Item L. Aub. du Maur. pag. 392.

Grotius. pas qu'il eût paru dans le monde un plus habile homme ni qui fut plus univerfel que lui depuis Ariftote, le préférant pour l'efprit, la capacité, & l'érudition au Prince de la Mirande, à Varron, & à Ciceron même. Et Mr de Peyrefc (1) avoit raifon de dire que la France trouvoit de quoi fe confoler de la perte de Mr de Saumaife dans l'acquifition qu'elle faifoit de Mr Grotius, puifque celui-ci valoit bien le double de Saumaife en tout, ayant eu même plus d'un avantage fur le Prince des favans Jofeph Scaliger.

Mr Blondel (2) reconnu parmi les Proteftans pour un homme fort avare d'éloges, écrit de lui dans fes Sibylles que c'étoit un très-grand Perfonnage, foit qu'on eût égard à la fublimité de fon efprit, & à l'univerfalité de fon favoir, qui ne pouvoit être trop eftimé; foit qu'on confiderât la diverfité de fes Ecrits. Mr Colomiez qui rapporte cet endroit de Blondel n'en parle pas moins avantageufement dans quelques endroits de fa Bibliotheque choifie. (3)

Mr du Maurier prétend (4) qu'il avoit lû tous les livres qui ont été publiés: &, ce qui eft admirable, que fa memoire étoit fi prodigieufe que tout ce qu'il avoit lû lui étoit prefent à l'efprit fans qu'il en eût oublié la moindre circonftance. Et quoique la nature n'ait pas coutume de donner un grand jugement à ceux à qui elle donne une grande memoire, néanmoins Grotius étoit très-judicieux en parlant & en écrivant, poffedant au dernier degré deux qualités ordinairement incompatibles.

Ce jugement qu'Heinfius dit avoir été dans ce grand homme le plus exquis & le plus incorruptible qui fut jamais, recevoit un éclat merveilleux de ce genie incomparable, qui le rendoit le premier homme du fiecle. Et ce qui eft très-rare, c'eft que l'un & l'autre, comme l'a remarqué Mr Cafaubon le fils (5), fe foutenoient admirablement par des fecours mutuels qu'il tiroit du fonds inepuifable de cette érudition univerfelle, dans laquelle il s'étoit confommé par un long ufage & une application infatigable.

C'eft ce qui rend moins incroyable ce que dit Limneus (6), qui affure que Grotius en favoit plus lui feul que cent autres favans

---

1 P. Gaffend. vit. Peirefkii.

¶ Gaffendi ne lui fait rien dire de tel, mais feulement, fans parler ni près ni loin de Saumaife, que la France par l'acquifition de Grotius avoit dequoi fe raquiter de la perte qu'elle avoit faite de Scaliger. Voyés Ménage chap. 3. de fon Anti-Baillet. ⸫

2 Tract. de Sibyll. & apud Paul. Colom.

Bibl. pag. 134. 135.

3 Colom. Bibl. Choif. ut fupr.

4 Memoires de Mr du Maur. pag. 394.

5 Meric. Cafaub. Præfat. in Hierocl. p. 175. 176.

6 Limneus ad capitulation. Carol. V. p. 107.

ensemble. De sorte que si les autres ont été l'ornement du siécle, il en a été le miracle (1), & c'est avec raison qu'on le considére encore aujourd'hui comme un monstre de doctrine, parce qu'il a pénétré dans la plupart des sciences beaucoup plus avant que plusieurs de ceux qui s'étoient uniquement appliqués à une de ces sciences en particulier.

Cet embarras même où il s'est trouvé en matiére de Religion, étoit une marque de la force & de l'élévation de son esprit, qui malgré les préjugés de sa naissance & de son éducation avoit pénétré dans la Théologie & dans la Recherche de la Vérité autant qu'on le peut avec les lumiéres naturelles; & à qui par conséquent il ne manquoit que la grace victorieuse de Jesus-Christ.

C'est pourquoi tout ce qu'ont écrit contre lui les *Caracottes*, les *Borborites*, les *Civils*, les *Verins*, & les autres masques de l'école de Calvin, c'est-à-dire, des Gens faits comme Pierre du Moulin, Jean Seiffert, Jacques Laurent, André Rivet, Claude Saumaise, Robert Filmer, Samuel des Marets &c. n'a servi qu'à relever l'éclat de son mérite, comme nous le verrons dans le Recueil des Théologiens Protestans. Ainsi on peut dire hardiment après un autre Protestant (2), que Grotius n'a touché à aucune matiére de sciences, où il n'ait réussi avec un bonheur incroyable, & que c'est ce qui n'est presque jamais arrivé à aucun autre des Savans.

Monsieur de Balzac dit (3) qu'outre la solidité de la doctrine, la force du raisonnement, & les graces de la langue, on remarque un certain caractére de probité dans tous les ouvrages de ce grand homme, & c'est ce qu'on n'a osé dire de ceux de Scaliger & de Saumaise.

Le Catalogue des ouvrages de Grotius se trouve dans les Mémoires Latins de Monsieur de Witte (4).

1 Franc. Swertius Athen. Belgic.
2 Bibliograph. cur. hist. Philolog. pag. 54.
3 Balzac Lettre 25. du 5. livre à Chappelain.
4 Henning. Witten. in Memor. viz. ill. nostri sæculi.

CHRISTOFLE ADAM RUPERT *d'Altdorf*, mort en 1647.

505 IL a fait des observations sur *Florus*, sur le Manuel de *Pomponius* touchant l'origine du Droit, sur *Falere Maxime*, sur *Patercule*, & des notes sur *Salluste*.

Brendel son Panégyriste dit qu'il étoit éloquent, & que dans la Critique & la Philologie il approchoit des deux Scaligers, de Lipse, d'Heinsius, de Muret, de Baudius & de Freher. Et comme il n'appartient pas à tout le monde de bien exercer la Critique, & qu'il ne suffit pas d'avoir de l'esprit & de la doctrine, mais qu'il faut avoir encore par-dessus toutes choses un jugement exquis qui est comme l'ame de cette Profession ; il prétend que son Rupert a été le Coriphée des Critiques sans aucun contredit, qu'il n'a pas même eû de rival dans la prétention à la Principauté de cet art, & que c'est le sentiment des Savans.

Mais il seroit à souhaiter que quelqu'autre eût encore parlé comme Brendel, pour appuyer davantage la nouvelle Principauté de Rupert, dont le bruit n'étoit pas encore venu jusqu'à nous.

* *Christ. Adami Ruperti dissertationes & observationes mixtæ ad Valerium Maximum & Velleium Paterculum* in-8°. *Norib.* 1663.*

Joan. Martin. Brendel. orat. Funeb. p. 600. 601. ap. Henn. Witten Mem. Philos. tom. 1.

GERARD JEAN VOSSIUS *de Ruremonde*, mort en 1649.

506 IL ne nous reste presque plus rien à dire de cet excellent homme après ce que nous en avons dit dans la première partie des Critiques en plus d'un endroit, & ce que nous en dirons encore parmi les Grammairiens Artistes, les faiseurs de Dictionnaires, les Rhétoriciens, ceux qui ont écrit des Dieux & de la Fable des Gentils, de l'art Historique, de la Chronologie, de l'Histoire Ecclésiastique des Pélagiens & même de la Théologie Hétérodoxe.

D'ailleurs il s'est fort peu appliqué à ce genre d'écrire dont nous traitons ici, à moins qu'on ne lui attribuë, comme plusieurs ont fait, une bonne partie des notes que nous avons données ci-dessus à son fils Gerard avec plus de justice.

On peut dire néanmoins qu'il n'étoit pas moins bon Critique que ceux qui en ont porté le titre avec tant de faste & d'ostentation, & que ce sel de discernement est répandu par tous ses Ecrits & même avec assés de profusion.

C'est par le moyen de cette heureuse Critique qu'il a dissipé tant de ténébres dans les Auteurs & dans diverses sciences, comme témoigne Jonsius, qui ajoute (1) que Vossius a composé un si grand nombre de livres, & tous d'une si grande utilité qu'il se trouve très-peu de gens qui sachent assés concevoir & estimer le mérite de ce grand homme.

Mais ce qui l'a particuliérement distingué parmi tant d'autres Savans de ce siécle est ce caractére de modestie & d'honnêteté qui regne par tous ses Ecrits, & qui l'a fait estimer & aimer même par tous les Catholiques raisonnables, qui savent que le bon usage des talens naturels dans ceux mêmes qui sont hors de l'Eglise est un don de Dieu.

C'est ce qui lui a attiré les éloges de Monsieur le Cardinal Bona (2), du P. Labbe Jesuite (3), de Dom Nicolas Antoine Espagnol (4), & de plusieurs autres qui reconnoissent en lui une vaste érudition qui s'étendoit sur toutes sortes de connoissances.

Quelques-uns prétendent néanmoins qu'il ne les avoit embrassées que comme Eratosthène le premier des Philologues dans l'ordre des tems, mais qui n'étoit que le second dans le rang du mérite pour toutes sortes de connoissances. Ils disent que Vossius avoit l'esprit bon, le jugement sain & solide, mais qu'il n'avoit pas ce brillant des grands génies. Néanmoins ceux qui savent le prix des choses, jugeront aisément que Vossius en est d'autant plus estimable, puisqu'il a acquis par des veilles infinies & des travaux presque incroyables cette vaste érudition qui l'a fait appeler le Varron de ce siécle avec beaucoup de raison (5).

Gera. Joan. Vossii opera omnia in sex Tomos divisa in-fol. Amstelod. 1701.

1 Joan. Jonsius hist. Philosoph. cap. 5. cap. 10. pag. 315.
2 Joan. Bona ap. Colom. Biblioth. Choisi. pag. 98.
3 Phil. Labbe Bibl. Bibl. pag. 49.
4 Nicol. Anton. Biblioth. Hisp. pag. 394.
5 G. Math. Konig. Bibl. V. & N. pag. 856.
Add. Th. Spizel. Fel. liter. tract. 9. & alibi &c.

Mr de MAUSSAC (*Philippes Jacques*) Conseiller à *Toulouse*, & Président en la Cour des Aides à *Montpellier*, mort en 1650.

507 IL passe pour un des plus judicieux & des plus habiles Critiques de son siécle, & il n'avoit personne au-dessus de lui pour le Grec. Il étoit grand admirateur de Casaubon, & il paroît l'avoir pris pour le modéle de sa Critique.

Emeri Casaubon le fils (1) dit qu'il s'étoit rendu admirable par son esprit & par sa doctrine, & qu'il avoit eu peu d'égaux en l'un & l'autre. Il est loué par tous les autres Savans de son tems. Les corrections qu'il a faites sur l'*Harpocration* sont ingénieuses; mais il en a laissé beaucoup davantage à faire aux autres, au jugement de Monsieur Colomiez (2). [Nicolas Blancard l'a redonné avec les notes & corrections d'Henri de Valois *in-*4°. à la Haye 1683.] Nous avons encore de lui le *Psellus* de la vertu des Pierres; *Jules César Scaliger* sur l'histoire des Animaux, d'Aristote; des notes avec une version sur le Traité des Monts & des Fleuves attribué à *Plutarque*, & quelques autres opuscules de Jules Scaliger (3).

* *Versio & notæ in Plutarchi lib. de montibus & fluminibus* in-8°. *Paris.* 1624. — *Aristotelis historia animalium Græcè & Latinè, cum versione & commentariis Julii Cæsaris Scaligeri, atque animadversionibus Philippi Jacobi Maussaci* in-fol. *Tolosa* 1619. — *Psellus de lapidum virtutibus Gr. & Lat.* in-8°. *Tolos.* 1615.

1 Meric. Casaub. piet. patern. part. 4. pag. 157.
2 P. Colomiez Biblioth. choisie pag. 112.

3 ¶ Bœcler, *Append. Dissert. Acad.* n. 3. dit que le bruit a couru en France que Maussac devenu vieux avoit oublié tout ce qu'il savoit de Grec. ¶

BALTHAZAR CORDIER d'*Anvers*, Jesuite, mort en 1650.

508 C'Est un des célébres Scholiastes d'entre les Critiques Ecclésiastiques de ce siécle. On a ses corrections & ses notes sur divers ouvrages des Peres Grecs qu'il a traduits & mis au jour, comme de S. *Denys* l'Hierarchique, de S. *Cyrille* d'Alexandrie, de S. *Dorothée*. Il a aussi publié plusieurs chaînes ou extraits des Commentaires des Peres sur divers livres de l'Ecriture sainte, savoir sur l'Evangile de S. *Luc*, sur celui de S. *Jean*, sur celui de S. *Mathieu* en deux tomes, sur les *Pseaumes* en trois tomes, sans parler de ce qu'il y a sur *Job* & sur la *Sagesse*. Il a encore donné au jour quelques opuscules de *Jean Philopone*, de *Jean Calecas*, *Jean Ceranée*, *Jean le Géometre* avec des notes, & d'autres ouvrages qu'on peut voir dans la Bibliothéque de la Société.

* *Catena Græcorum Patrum in Evangelium sancti Joannis Græc. Lat.* in-folio *Antuerpia* 1630. — *Catena 65. Græcorum Patrum*

CRITIQUES GRAMMAIRIENS.

in Lucam, Latinè in-folio *Antuerp.* 1628. — *Versio & notæ in Dionysium Areopagitam, S. Maximum, G. Pachymerum, & Scriptores vitæ Dionysii* in-fol. *Antuerp.* 1633.

Mr RIGAUT (Nicolas) Conseiller à Mets, puis au Conseil d'Etat, Bibliothécaire du Roi, mort en 1652.

509   Monsieur Naudé (1) dit qu'il étoit le Coriphée des Humanistes de son âge, & qu'il étoit un Critique de la première force.

En effet il avoit l'estime & l'amitié de tout ce qu'il y avoit de grands hommes dans ce tems-là, entre autres de Monsieur de Thou, de Messieurs du Puy, de Messieurs Vossius, Grotius, Saumaise, Heinsius, du P. Sirmond, de G. Barthius, & de plusieurs autres.

Nous avons de lui concernant la Critique des corrections & des notes sur les Epigrammes de *Martial*, sur le Strategique d'*Onosandre* & sur *Urbique* (2), sur les Auteurs Grecs & Latins de Fauconnerie & de Chasse, sur les Auteurs de la Gromatique, ou des limites & de la mesure des terres, sur les Fables de *Phedre*, sur *Tertullien*, sur *S. Cyprien*, sur *Minutius Felix*, on y pourroit ajouter quelques autres opuscules de Critique.

Mais de tous ces ouvrages il n'y en a point qui ayent fait tant de bruit que les remarques qu'il a faites après Pamelius sur S. Cyprien & Tertullien, dont il donna de nouvelles éditions pour rendre raison de ce qu'il avoit changé dans le texte, & pour quelques difficultés qu'il croyoit n'avoir pas encore été assés éclaircies (3).

Le P. Labbe & quelques autres Catholiques (4) prétendent qu'il est un peu trop libre à l'égard du S. Siége, & sur quelques opinions reçûës dans l'Eglise Catholique. Il eut même un grand different avec Monsieur de Laubespine touchant l'édition & les notes sur Tertullien. Le Public en a vû des libelles de part & d'autre concernant la Critique Ecclésiastique. Grotius témoigne même (5) que Monsieur Rigaut auroit été déclaré hérétique, si Monsieur de Laubespine eût vécu plus long-tems, & que ce Prélat avoit déja recueilli les

---

1 Mascurat ou jngem. des piéces Maz. pag. 376.
2 ¶ D'*Urbicius* on doit faire *Urbice*, & l'on n'en doit non plus faire *Urbique*, que de *Simplicius*, Simplique, de *Mauricius* Maurique.
3 Journ. des Sav. du 8. Fevrier 1666.
4 Ph. Labb. Dissert. de Scriptorib. Ecclesiast. ad Bellarm.
5 H. Grot. ad Gallos epist. ad Salmas. pag. 323.

censures des Universités & quelques autres suffrages.

Néanmoins l'Eglise & la République des Lettres se sont tenuës fort obligées à Monsieur Rigaut de l'édition de ces deux Peres dans la pensée que la Critique ne nous a rien produit de meilleur, parce que Monsieur Rigaut étant homme de grand esprit, de beaucoup d'érudition & de jugement solide, avoit joint à toutes ces excellentes qualités le secours de plusieurs bons Manuscrits.

Pour ce qui est de son style & de sa maniére d'écrire, Monsieur Huet dit (1) qu'il est un peu plus enflé & plus élevé que celui du P. Sirmond; qu'il ne s'attache point assés au choix de ses mots, & qu'il donne à ses pensées un tour assés grossier & peu étudié. Jugement qui ne regarde pas moins ses versions que le reste de ses ouvrages.

* *Notæ ad 14. libros Epigrammatum Martialis* in-fol. *Paris.* 1601. — *Versio & notæ in Onosandri Strategicum & Urbici Inventum* in-4°. *Heidelb.* 1604. — *Notæ ad Phædri Fabulas Æsopicas* in-4°. *Paris.* 1617. — *Observationes ad opera Cypriani* in-fol. *Paris.* 1648. — *Notæ ad opera Tertulliani* in-fol. *Paris.* 1634. — *Observationes ad Minutii Felicis Octavium & ad Cyprianum de Idolorum vanitate* in-4°. *Lugd-Bat.* *

1 Huet. de clar. Interpret. lib. 2. pag 162.

M. SEVIN (Nicolas) Professeur à *Paris*, mort en 1651.

510   Nous n'avons de lui que des notes Critiques & un commentaire sur l'Oraison de *Demosthène* touchant le reglement de la République avec sa version. Mais ce petit ouvrage vaut mieux qu'un grand nombre de commentaires de plusieurs autres.

Monsieur Guenée prétend (1) qu'il étoit le premier des Grammairiens de son siécle, & de ceux même qui l'avoient précédé, & il va jusqu'à l'appeller un Scholiaste divin. Ce qui ne paroîtroit peut-être pas trop excessif, si l'on avoit les savans recueils que cet habile homme avoit laissé en mourant. Il le fait très-pénétrant, très-judicieux dans ses jugemens, & très-heureux dans ses conjectures, & c'est tout ce qu'on peut dire d'un bon Critique. Ainsi nous avons crû

1 N. Guenée elog. Ms. Sevini præfix. orat. Demosth. &c.

devoir

CRITIQUES GRAMMAIRIENS.

devoir d'autant moins l'oublier, que nous ne faisons pas profession de juger du mérite des Auteurs par la multitude ni par la grosseur de leurs livres.

M. de SAUMAISE (Claude) *Bourguignon*, mort en 1652 (1)

511   Les bonnes & les mauvaises qualités de Monsieur de Saumaise ont formé deux espéces de factions dans la République des Lettres, & l'ont fait considerer comme un nouveau Scaliger pour les unes & les autres. S'il s'est trouvé quelques-uns de ses Adorateurs qui l'ont élevé au-dessus de lui, il y a eu d'un autre côté des Censeurs qui l'ont mis au-dessous : & ceux même qui lui ont donné plus d'esprit & d'érudition, ont été obligé de reconnoître en lui plus d'orgueil & de malignité.

Casaubon sur la fin de ses jours (2) en avoit conçû une si haute idée qu'il faisoit dès-lors profession de lui céder, mais on a pris cette disposition plutôt pour un effet de la modestie du premier, que de la capacité de Monsieur de Saumaise, qui n'étoit alors qu'un jeune garçon. Monsieur Huet fait dire néanmoins à Casaubon (3) que dès sa plus tendre jeunesse il s'enfonçoit dans ce qu'il y a de plus profond & de plus caché dans toutes sortes de Lettres avec tant d'ardeur & d'application, qu'on étoit en peine de l'arrêter.

Ainsi on ne doit point s'étonner qu'il soit arrivé de si bonne heure à ce comble d'érudition qui l'a fait appeller le Varron & l'Eratosthène de notre siécle par Gronovius (4), le Prince des Lettres par Scioppius, & par Selden (5); le Prince des Savans par Vander-linden (6), par Bartholin (7), & par Rhodius (8); le Phœnix des siécles par le même Vander-linden (9); le Phœnix des plus doctes par Nicolas Pinelli (10); le Phœnix des Critiques par Tomasini (11); le miracle ou le prodige de ces derniers tems par Ouzel (12) & par Bartholin (13); le trésor inépuisable de toutes sortes de sciences par Henelius (14);

---

1 ¶ Baillet a depuis reconnu que c'étoit en 1653.
2 Is. Cas. ap. Ant. Clement. Vit. Salm. pag. 28. 29.
3 P. D. Huet. de Clar. Interp. pag. 161.
4 Gronov. de Sisterc. ap. Colom. Gall. Or. pag. 213. 214.
5 Iterum Jo. Selden. lib. 3. de uxore Hebraic. cap. 23.
6 Jo. Antonid. Vander-Lind. lib. 3. Selector. Medicor. §. 723.

7 Thom. Bartholin. de Cruce.
8 Joan. Rhod. Observat. Medicin. Cent. 3.
9 Vander-Lind. lib. 9. Select. Medic.
10 Nicol. Pinell. ad Onuphr. de Circensib.
11 Jac. Phil. Tomasin. de Donariis cap. 1.
12 Ouzel. comment. in Minut. Felic.
13 Bartholin. ut suprà.
14 Nicol. Hencl. otió Vratislav. cap. 49.

Tome II.   Hhh

De Saumaise. le meilleur Interprete de l'Antiquité par Grotius (1); & le mieux versé des Critiques dans les Auteurs anciens par Voet (2); le tout & l'universel par Vossius (3), qui l'appelle en plus d'un autre endroit (4) la gloire & l'ornement incomparable de la République des Lettres, & le Maître des plus Savans; & après avoir épuisé ses éloges en diverses occasions, il dit enfin (5) qu'il est impossible de le louer suffisamment, & d'une maniére proportionnée à son mérite.

Monsieur de Maussac (6), & Isaac Gruter (7) témoignent que sa doctrine & son esprit feront l'étonnement de tous les siécles. Balthasar Boniface dit qu'au jugement du Seign. Dominic. Molin (8), il étoit sans contredit le plus savant de tous ceux qui étoient alors sur la terre. Monsieur Sarrau le pere (9) l'appelle une Bibliothéque animée de toutes les Langues & de toutes les sciences : & ailleurs il dit (10) qu'il avoit si bien acquis la Principauté dans le monde savant, qu'il n'y avoit pas d'homme docte ni de gens de bien qui ne se soûmissent à lui très-volontairement.

Monsieur de Balzac (11) l'appelle l'infaillible, quoiqu'il ait voulu s'expliquer en comparant cette infaillibilité avec celle des anciens oracles de Delphe. Mr Ménage dit (12) qu'il s'étoit avancé si fort par ses divins ouvrages, que de savant il étoit devenu la science même, & il fait connoître encore ailleurs l'estime qu'il faisoit de lui (13).

Les autres l'ont appellé le soutien & l'appui des Lettres dans leur décadence; d'autres semblent avoir affecté de lui donner le titre d'incomparable; & ceux qui sont curieux de faire un plus grand détail de ses louanges peuvent joindre ce qu'en ont recueilli Messieurs Clement (14), Colomiez (15), & Hanckius (16).

Un Anonyme après l'avoir traité comme les autres, de Prince des

---

1 H. Grot. Epigr. in Salm.
2 Gisb. Voët. part. 1. disput. Theolog. disp. 40.
3 Ger. J. Voss. lib. 4. Institut. Oratoriar. Idem de Scient. Mathem.
4 Id. lib. 3. de Hist. Lat. part. 2. in Æthico.
Idem lib. 3. Institution. Poëticar. pag. 108.
5 Id. lib. 4. de Græc. Histor. cap. 17.
6 Phil. Jac. Mauss. not. ad Plut. de fluminib.
7. Is. Grut. Præfat. in Savil. Comment. ad Tacit.
8. Balth. Bonif. de Script. Rom. hist.

c. 25. in Excerpt. ad Histor. August. p. 66.
9 Claud. Sarrav. epistol. ad Palmar. seu Paum.
10 Id. Epistol. ad Vincent. Fabricium.
11 Balz. œuvres diverses pag. 78. edit. in-4°.
12 Gil. Ménage Epitre à la Reine de Suède sur les Lettres de Balzac.
13 Le même dans ses Observ. sur Diog. Laërce, sur le sujet de Xenocrate.
14 Anton. Clem. de Vit. & Laud. Salmas. præfix. Epist. ejusd.
15 Paul. Colomes. Gall. Oriental.
16 Martin. Hanckius de Script. Roman. Hist. & Antiq.

belles Lettres, de Pere & de Docteur de tous les Savans & de Cen- De Saumaise.
feur des Cenfeurs, dit (1) que ceux dont la Critique étoit la plus
étudiée & la plus éxacte redoutoient la févérité de la sienne ; que les
plus beaux esprits consultoient cet oracle dans les endroits les plus
difficiles des Auteurs, & sur diverses difficultés touchant l'intelligence des Langues & des Sciences qu'on ne trouvoit éclaircies nulle
part.

Periander ou Portner (2) écrit qu'il s'étoit si fort élévé au-deſſus
de tout le monde, qu'au lieu de l'estimer & de l'honorer comme un
des Savans, on lui a rendu le même culte qu'à la Science même. Il
veut dire qu'on l'a confideré comme l'Apollon & la Minerve, &
c'eſt auſſi ce qu'a voulu dire un autre Ecrivain (3), ajoutant que ni le
Prince de la Mirandole ni ceux de Verone, c'eſt-à-dire, les deux
Scaligers ne ſont jamais arrivés à ce dégré de la Divinité.

Comme il paſſoit, ou plutôt comme il vouloit paſſer pour le chef
des Critiques, c'eſt en ce genre d'écrire qu'il s'éxerçoit le plus, & on
peut dire que c'eſt où il a commencé & par où il a fini, comme il
paroît par ſa vie & le catalogue de ſes ouvrages que nous devons aux
ſoins du ſieur Clement.

C'eſt ce qui a porté les Savans (4) à témoigner tant de déférence
pour cette longue expérience qu'il avoit acquiſe dans la lecture des
Auteurs de toutes ſortes de Langues, à laquelle il avoit toujours
apporté beaucoup de vivacité d'eſprit, & de ſolidité de jugement.

Néanmoins les commencemens de ſa Critique n'ont pas été
fort heureux, il ſe plaint lui-même de ſon *Florus* (5), & d'autres ſe
plaignent de ſon *Nil* & de ſon *Barlaam*. Mais ſon *Hiſtoire Auguſte* lui
acquit une merveilleuſe réputation d'autant plus qu'on ne croyoit pas
qu'on pût ajouter grand choſe à ce qu'avoit fait Caſaubon. C'eſt dans
cet ouvrage, dit le ſieur Clement (6), qu'il a principalement découvert la vaſte étenduë de ſon génie & la variété de ſon érudition,
& qu'il a fait voir ce que les Sciences avoient lieu d'eſpérer de ſon
aſſiſtance pour leur perfection.

Vorſtius (7) prétend qu'il n'a pas moins bien réuſſi dans ſes autres
ouvrages de Critique ; qu'il s'eſt déclaré par tout le Protecteur intré-
pide de la vérité ; le Cenſeur rigoureux de l'erreur ; le Reſtaurateur

1 Iterum, Anonym. apud Colom. ut ſuprà pag. 193. 194.
2 Ant. Periand. in Vita Franc. Guyet.
3 Idem. Anonym. ut ſuprà.
Barth. in Statii Thebaïd. lib. 6. v. 396.
4 Thom. Reïneſius Var. Lection. lib. 1.

c. 6. & ex eo. G. M. Konig. Biblioth. V.
& N. pag. 717.
5 In vit. Salmaſ. per Clem.
6 Ant. Clem. prædict. opere pag. 33.
7 Adolph. Vorſtius in Orat. funebr. &
Clemen. in vit. Salm. pag. 9.

De Saumaise. de l'esprit & du sens des Auteurs; & l'Amplificateur de toutes sortes de Sciences; ajoutant qu'il n'ignoroit rien, mais qu'il excelloit en toutes sortes de connoissances.

Il dit encore comme avoit déja fait Monsieur Sarrau & les autres flateurs, que Monsieur de Saumaise par le moyen de cette excellente Critique étoit devenu grand Théologien, grand Jurisconsulte, grand Médecin, grand Philosophe, & grand Mathématicien, grand Historien, grand Orateur & grand Humaniste.

Le derner point n'est contesté de personne, & tout le monde convient que peu de Gens pouvoient mieux savoir que lui la Philologie & la Grammaire Latine, Grecque, Hébraïque, Arabe, & Egyptienne, comme témoigne Louis de Dieu (1).

Mais quelques-uns des principaux & des plus modérés de sa communion même aussi-bien que les Catholiques, ont fait voir que la Théologie n'étoit nullement son fait (2). Monsieur Fabrot, le fameux Milton & plusieurs autres, ont montré qu'il étoit un fort mauvais Jurisconsulte. D'autres ont fait voir combien les Observations qui ont donné lieu de croire qu'il étoit bon Médecin sont sujettes à l'erreur, & pour montrer qu'il n'étoit ni bon Philosophe, ni bon Mathématicien il suffit, dit-on, de produire son livre des années Climactériques (3). Enfin quoique Boxhornius ait écrit qu'il étoit très-bien versé dans l'Histoire Ecclésiastique, personne ne dit aujourd'hui que Monsieur Saumaise ait été ni Historien, ni Orateur, ni Poëte.

Le voilà donc réduit à la qualité de bon Grammairien & d'habile Critique, encore n'est-il pas aisé de l'y bien maintenir. Car pour ce qui regarde la Grammaire, le Pere Vavasseur remarque (4) qu'il étoit si négligent & si étourdi en écrivant, qu'il a souvent laissé glisser des fautes contre les régles de la Syntaxe, & que sa Latinité n'est pas toujours dans une grande pureté

Ce n'est pas qu'il n'écrivit bien en Latin, quand il vouloit s'en donner la peine. Mais comme Monsieur de Sorbiére nous dépeint sa maniére d'étudier & de composer, il lui étoit presque impossible de pouvoir sans miracle éviter les fautes.

Il dit (5) que dans le tems qu'il demeuroit avec lui, & qu'il étoit du nombre de ses meilleurs amis, il avoit été témoin de la négli-

---

1 Ludov. de Dieu in Act. Apostol.
2 Grot. Colom. &c. Petav. & alii.
3 J. H. Boecler. Musc. pag. 46.
4 Fr. Vavass. lib. de Epigramm. cap. 22.

pag. 301.
5 Sam. Sorb. Lett. au P. Mar. de Mers. de l'an 1648.

CRITIQUES GRAMMAIRIENS.

gence qu'il apportoit à ses Ecrits ; qu'il travailloit presque toujours au milieu d'un grand bruit qui se faisoit ordinairement autour de lui, & dans des distractions continuelles ; qu'il écrivoit toujours sans méditation ; qu'il commençoit ses ouvrages sans en avoir fait de projet, & souvent même sans avoir aucun dessein formé ; que les pensées lui naissoient les unes après les autres, & sembloient pendre au bout de sa plume, ne se souciant point d'en faire le choix, ni de leur donner aucun ordre : Enfin qu'il ne relisoit jamais ses Ecritures.

Outre cette négligence qui ne venoit que de sa présomption, on peut encore attribuer une bonne partie de ses fautes à la précipitation avec laquelle il composoit, suivant l'impétuosité de son naturel véhément & impatient : Et il semble que ce soit à ce principe qu'on doit attribuer le peu d'éxactitude qui se trouve dans ses Commentaires sur *Solin*, sur *Tertullien* du *Manteau*, sur les Auteurs de l'*Histoire Auguste*, dans ses Réfutations & ses Traités éristiques ou contentieux, dans les livres de l'Usure & du Prêt, & dans ses autres ouvrages (1), comme l'a remarqué le P. Labbe.

Gronovius a découvert encore une autre source, d'où pouroient être venuës les imperfections qui se rencontrent dans les livres de ce grand Homme, & il croit (2) que c'est parce qu'il étoit ordinairement accablé de son abondance & de son érudition, dont il ne pouvoit souvent arrêter le cours. Il dit que, quand il étoit en humeur de produire, il n'y avoit pas de Copiste qui pût suivre l'emportement de son génie, & qu'il ne savoit non plus moderer ses paroles que ses pensées. Il ajoute que c'est pour cela qu'il lui est souvent échappé des choses contraires les unes aux autres, & que dans cette contrarieté ce qu'il avoit écrit & enseigné postérieurement étoit souvent pire que ses premiéres opinions, faute de prendre garde à lui.

C'est dans la vûe de ces défauts, que Monsieur Naudé (3) comparant Messieurs Heinsius, Vossius le pere, & le Pere Petau avec Monsieur Saumaise, dit que ces trois premiers ne valent pas moins que notre Heros, & que s'il y a quelque différence, c'est que Saumaise ressemble à un torrent impétueux qui emporte & entraine tout avec lui, & les trois autres à de grands fleuves qui roulent toujours également, & fournissent toutes sortes de commodités aux lieux par où ils passent.

Hæc subita est, illa perennis aqua.

1 Phil. Labb. Bibl. Nummar. pag. 264.
2 Gronov. de Sect. Mélang. Histor. d'un Anonym. pag. 81.
3 Mascurat, ou jugem. des Ecrits sur Maz. pag. 227.

De Saumaise. Voilà les principales causes qui ont fait tomber Monsieur de Saumaise dans un si grand nombre de fautes. Et parce que parmi la multitude de ses partisans il s'en trouve beaucoup qui veulent bien dire que ce sont des Visions de Jésuites ou de Catholiques (1), on peut les faire souvenir que la plupart de ces défauts ont été remarqués & repris par des Protestans de sa Communion, comme étoient Messieurs Blondel, Colvius, Heinsius, Boeclerus, Vossius le jeune, Colomiez, qui ne laisse pas de soutenir dans l'éloge qu'il a fait de Du Jon (2) que depuis la création du monde on n'y en a point vû paroître de plus savant que Monsieur de Saumaise.

Mais l'endroit par lequel il ressembloit le plus à Scaliger est l'orgueil & la présomption qui le rendoit odieux & méprisable à tous les Gens de bien. Octave Ferrari (3) dit qu'il auroit été, sans contredit, le premier du siécle en tout, sans cette vanité insupportable, qui lui donnoit une opinion merveilleuse de son propre mérite, & qui lui inspiroit en même tems un grand mépris pour tous les autres. De sorte que comme il ne savoit ce que c'étoit que dissimulation, il se déclaroit ouvertement contre tout ce qui ne venoit pas de lui, & sembloit regarder tout le monde sous ses pieds.

La plupart de ses Ecrits sont infectés de ce mauvias air qui n'est bon qu'à émouvoir tantôt l'indignation, & tantôt la compassion, & quelquefois même la risée des autres.

Hé! qui pouroit en effet se tenir de rire quand on lit (4) qu'il se vantoit de tenir tête lui seul à tous les Savans de l'Europe de son tems, lui qui étoit infiniment au-dessous de plusieurs Théologiens, Jurisconsultes, Philosophes, Poëtes, Orateurs, &c.

Cet orgueil produisoit souvent la témérité qui lui faisoit croire, qu'il étoit capable de toutes choses: & qui le faisoit souvent entreprendre sur la profession des autres, mais sans succès pour l'ordinaire, quoique dans les choses même de son ressort, il ne fut guères moins audacieux, ni moins incommode au Public, selon Boecler (5). Car ce Critique remarque qu'il ne faisoit point difficulté de renverser toutes choses dans les anciens Auteurs suivant son caprice, qu'il alteroit ce qu'il y avoit de meilleur, qu'il retranchoit ce qu'il y avoit de plus sain, qu'il corrompoit ce qu'il y avoit de plus véritable, & qu'il faisoit souvent changer de face & de situation à un seul & même endroit d'un Auteur.

---

1 Paul. Colom. Gall. Or. pag. 217.

2 Id. in eod. op. Sid. pag. 99. ubi de Franc. Junio.

3 Octav. Ferrar. Epist. prælim. lib. 2. de re Vestiar.

4 Opuscul. Liter. Paul. Colom. pag. 99.

5 Boecleri Musæum, pag. 46. 47.

CRITIQUES GRAMMAIRIENS.

De Saumaise.

Ce n'étoit pour l'ordinaire ni la raison, ni le bon sens qui le conduisoit dans toutes ces libertés, mais seulement un esprit de contestation & de dispute, qui le portoit à contredire tout le monde.

Son orgueil l'ayant accoutumé à ne vouloir céder à personne, étoit accompagné d'une malignité & d'une envie basse pour toute sorte de Gens de Lettres ; de sorte qu'il ne crut pas pouvoir mieux faire pour établir sa réputation, que de ruiner celle des autres.

Il avoit affecté la Tyrannie (1) dans la République des Lettres, & s'imaginant sottement s'en être rendu le Maître, il pensoit ne pouvoir mieux se maintenir dans cette usurpation, qu'en intimidant tous ses concurrens par de grosses injures.

Monsieur de Sorbiére décrit assés bien son humeur écrivant au Pere de Mersenne (2). ,, Sa plume, dit-il, est infatigable, & mal-,, heur à ceux qui l'osent attaquer. Un Poëte de ma connoissance ,, l'appelle *un Monstre de doctrine, mais un Monstre qui fait peur & ,, qui fait horreur à tout le monde*. Il est véritablement trop bilieux & ,, trop colére. Il a le sentiment trop vif, & qui passe trop aisément ,, en furie.

,, Il n'y a pas moyen de disconvenir tant soit peu de ses opinions ,, sans devenir un ignorant, une bête, ou bien un fripon & un mé-,, chant homme. Et il faut se résoudre pour peu qu'on lui ose résister, ,, à recevoir dix mille injures qui attaquent la personne, plutôt qu'elles ,, ne défendent la matiére dont il est question.

,, Depuis quarante ans qu'il occupe les Presses d'Imprimeurs, on ,, ne voit dans tout ce qui est sorti de sa plume qu'Invectives avec ,, peu de choses qui donnent dans le solide des Sciences. Il n'a fait ,, aucun ouvrage bâti *à chaux & à sable*, & dont la posterité puisse ,, tirer quelque avantage.

,, Toute son occupation a été de chercher noise aux Gens de ré-,, putation & d'attaquer tantôt Lipse, tantôt Scaliger, puis le P. ,, Sirmond, le P. Petau, Monsieur Heinsius, & enfin Messieurs ,, Heraut, Spanheim, Grotius, & cent autres ausquels il prend plaisir ,, de faire insulte.

,, Il ne peut vivre sans illustres ennemis, & sans quelque querelle ,, sur les bras, & lorsqu'il est venu aux mains, il ne lui suffit pas ,, d'avoir désarmé son homme, & d'en obtenir des satisfactions ordi-,, naires, il faut qu'il le jette dans la bouë, qu'il le traite à coups de ,, pommeau d'épée, & qu'il le marque au visage.

1 Desid. Herald. in specim. Salmas. edit. 1657.   2 Apud Colomes. Gall. Or. in Salmas. pag. 215. 216.

De Saumaise. „ La Latinité l'emporte, il ne veut pas perdre les injures qu'il a
„ apprifes : & les paroles picquantes qu'il a autrefois recueillies des
„ vieux Auteurs fortent plus aifément de fa mémoire, que les fines
„ railleries, & les fortes raifons qui viennent d'un autre endroit.

Monfieur Heinfius le jeune témoigne prefque la même chofe, &
comparant (1) Monfieur de Saumaife au fameux *Scioppius*, le Zoïle
public du fiécle, il dit que les Manes de fon pere Daniel ont de quoi
fe confoler de fes mauvais traitemens par la vûë de tant d'autres
perfonnes de marque & d'érudition, qui n'ont point été beaucoup
plus épargnées que lui.

Monfieur Sarrau qui étoit de fes amis particuliers, & qui fembloit l'adorer plutôt qu'il ne l'eftimoit, prit un jour la liberté de lui
faire des remontrances (2), & de lui reprocher même l'injuftice &
la malhonnêteté avec laquelle il traitoit Meffieurs Blondel, Amyraut, Bochart & plufieurs autres perfonnes de fa Communion, l'exhortant à changer de conduite pour ne point fcandalizer ceux de la
fecte, & ne point nous donner matiére de tirer avantage de ces mauvais exemples

Je ne fai pas ce qu'il en couta à Monfieur Sarrau pour ce bon
avis, mais les autres amis de Monfieur de Saumaife n'en furent pas
quittes à trop bon marché, pour avoir entrepris de lui donner des
avertiffemens auffi utiles (3). Car non content de rompre avec eux,
il tournoit fa furie contre eux, il l'étendoit même fur les plus
innocens dont le filence & la modeftie lui étoit devenuë fufpecte.

Il traitoit donc indifféremment & fans diftinction toutes fortes de
Gens avec la derniére incivilité, & la plus grande barbarie du monde
(4), les perfonnes qualifiées, & les particuliers; fes amis, & fes ennemis; les vivans, & les morts; comme le montre fort au long un
Anonyme de fa fecte dans un traité fait exprès. Et ce qui eft extraordinaire, c'eft que cet illuftre Chrétien fut affés malheureux pour
n'avoir pas voulu même à la mort relâcher quoique ce foit de la
haine implacable qu'il avoit injuftement conçuë contre quelquesuns. C'eft ce qu'on peut lire dans Monfieur Spizelius Proteftant (5):
& fes Panegyriftes mêmes n'ont pû pallier une fin fi pitoyable & fi
conforme à fa vie & à fes écrits.

---

1 Nicol. Heinf. not. ad tom. 1. Ovid. pag. 375 edit. 1661.
2 Cl. Sarr. ap. Colom. Gall. Or. Sid. pag. 23.
3 Boecler. Muf. ut fuprà pag. 47.
4 Anonym. Animadverf. in quæd. capit. fpecimin. Salmafiani edition. Hagæ-comit. an. 1657.
5 Theoph. Spizel. Fel. Literat. p. 688.
6 ¶ Il faut pour antidote à toutes les invectives, ici ramaffées, contre le grand Saumaife, lire le 2. & le 3. c. de l'Anti-Baillet. § * *Claudii*

* *Claudii Salmafii nota in Auguft. Hiftor. Scrip.* in-fol. *Parif.* 1620.
— *Pliniana exercitationes in Solini Polyhiftora* in-fol. *Parif.* 1629.
— *Nota ad Simplicii Comment. in Epicteti Enchiridion* in-4°. *Lugd-Bat.* 1640. — *Epiftola de fuburbicariis Regionibus & Ecclefiis* in-4°. *Lugd-Bat.* 1656.—*Conjecturæ de fuburbic. Regionibus &c.* in-4°. *Franc.* 1618. — *Vindiciæ pro conjecturâ* 1619. — *Nota ad Dofiadæ Aram ; Simmiæ Rhodii ovum, alas, fecurim ; & Theocriti fiftulam* in-4°. *Parif.* 1619. — *Excerptiones Chronologicæ ad L. Florum* in-8°. *Oxoniæ* 1638. — *Obfervationes ad Vitruvii Architecturam Amft.* 1649. — *Funus Linguæ Hellenifticæ feu confutatio exercitationis Heinfii de Linguâ Hellenifticâ* in-8°. *Lugd-Bat.* 1643. — *De cæfarie virorum & mulierum comâ* in-8°. *Lugd-Bat.* 1644.

Il a compofé encore beaucoup d'autres traités dont nous parlerons dans les autres claffes.*

Le P. SIRMOND (*Jacques*), de *Riom en Auvergne*, Jefuite, mort en 1652. (1)

512   IL femble que la Providence Divine ait voulu prolonger la vie du P. Sirmond jufqu'à la mort de M. de Saumaife (2) afin de maintenir l'honneur & l'autorité de la Critique, que celui-ci deshonoroit par fa tyrannie, & qu'il auroit infailliblement renduë odieufe & méprifable, fi on ne l'eût point trouvée ailleurs que dans fes Ecrits.

Nous avons déja parlé de cet excellent homme dans la premiére Partie, & des talens qu'il avoit pour le difcernement des Auteurs, & de leurs ouvrages. & nous ne le confiderons ici que par les qualités qu'il avoit non feulement pour la correction & l'explication des Auteurs, mais encore pour la Philologie & cette literature univerfelle qui donnoit beaucoup de luftre à fa Critique.

Monfieur Huet dit (3) qu'il excelloit dans toutes les Humanités & dans tout ce qu'on appelle belles Lettres ; que fes Ecrits ont un certain air d'éloquence qui plaît infiniment, parce qu'elle eft toute naturelle & qu'elle eft accompagnée de beaucoup de douceur & d'agrémens ; de forte qu'on ne peut point les lire fans être entraîné jufqu'à la fin par un certain charme qui captive & qui trompe le Lecteur. Il ajoute qu'il ne laiffe pas néanmoins de s'accommoder au

1 ¶ Voyés la note fur l'article 242.
2 ¶ Saumaife lui a furvécu de 2. ans.
3 P. D. Huet. de Claris Interpret. ad fin.

genie & aux maniéres des Auteurs qu'il explique, ou qu'il traduit, & qu'il a souvent mieux aimé abandonner la pureté & l'élegance du discours, que de manquer à la fidelité & à l'usage reçû parmi les Chrétiens pour les termes & les expressions.

Le Cardinal Baronius dit (1) qu'il n'y avoit presque point de genre d'étude dans lequel il ne fut très-exercé, & qu'il a sû se servir des belles Lettres dans la Théologie avec une bienséance & un succès merveilleux, & il fait souvent ses éloges dans ses Annales. En quoi les curieux savent que ce grand Cardinal faisoit un acte de justice & de reconnoissance pour les services importans que le P. Sirmond lui avoit rendus dans la composition de ce grand ouvrage: & plusieurs prétendent que ce qu'il y a d'antiquités, de belles Lettres, & de Critique dans ces Annales est presque dû tout entier au P. Sirmond.

En effet Mr Valois l'aîné dit (2) que pour ce qui regarde la connoissance de l'Antiquité Ecclésiastique, il n'avoit personne au dessus de lui, & très-peu d'égaux; que toutes les piéces anciennes qu'il a données au jour sont des monumens de sa fidelité inviolable, aussi-bien que de l'état de l'ancienne Eglise; qu'il y a ajouté des Notes & des Préfaces qui sont des preuves de sa profonde érudition.

On compte plus de quarante Auteurs Ecclésiastiques, dont il a publié quelques ouvrages avec des Corrections & des Remarques outre ses trois tomes des Conciles de France qui ne sont pas moins les fruits de sa Critique que le reste.

Le même Mr Valois dit que les Commentaires qu'il a faits sur divers Auteurs sont écrits avec tant d'élegance & tant de jugement, qu'il ne se peut trouver rien de plus accompli en ce genre, mais que les plus excellens, sans contredit, & les plus célébres d'entre ses ouvrages de Critique sont ses Traités éristiques ou contentieux; c'est-à-dire ce qu'il a écrit contre divers Savans sur des points contestés de l'Antiquité, quoique cette verité ne soit pas sans exception.

Il ajoute que sa qualité dominante, & qui excelloit au-dessus des autres, étoit ce jugement admirable qu'on n'a presque point trouvé dans aucun autre Critique en pareil degré; que c'étoit-là son veritable caractére, & qui le faisoit reconnoitre & distinguer parmi tous les autres Savans. Et c'est aussi ce que les Etrangers ont remarqué, comme il paroit par le témoignage de Barthius. (3)

---

1 Baron. Annal. tom. v. in append. Tom. IX. ad ann. 814. Tom. x. ad ann 956. & in appendic. pag. 662.

2 Henr. Valef. Orat. fun. Sirm. pag. 690 in collect. Batesii,

3 G. Barth. in Comm. ad Claudian. pag. 1225.

CRITIQUES GRAMMAIRIENS.

Outre ce bon sens qui régne presque par tous ses écrits (1), on y trouve encore des marques d'une prudence & d'une sagesse singuliére, & un air de modestie qui fait lire ses livres avec affection. (2)

Mais la qualité dont le Pere Sirmond se vantoit le plus, étoit la sincerité & la bonne foi dont il a été loué même par les Protestans. (3)

C'est ce qui le rendit si sensible à l'accusation d'un célébre Auteur qui s'étoit contenté de le noter en passant, comme ayant contribué à l'alteration d'un Canon du second Concile d'Orange: & d'un Ecrivain qui devoit lui être indifferent, comme il lui étoit inconnu, il s'en fit un Adversaire d'autant plus terrible qu'il l'attaquoit de la massuë dont il venoit de défaire les ennemis de la Hiérarchie & du Clergé de France. Une petite particule négative commit ceux que plusieurs consideroient comme les deux Chefs (4) des Théologiens de l'Eglise Catholique (5). Cette querelle en fit surseoir d'autres, & tous les Savans Orthodoxes & Hérétiques se turent dans le tems, pour s'en rendre spectateurs & juger de son événement. Comme notre Pere étoit homme aussi bien que l'autre, il laissa échaper à sa modestie quelques termes rudes & choquans que la chaleur & le ressentiment lui dérobérent, & qui pensérent donner quelque atteinte à sa reputation, & lui faire perdre quelque chose de la bonne opinion que le Public avoit euë jusqu'alors de sa moderation & de son honnêteté. (6)

Nous n'avons pas specifié ici les Auteurs dont notre Pere nous a donné les éditions non plus que ses autres Traités de Critique, parce que le Catalogue de ses ouvrages a été imprimé plusieurs fois & en differens endroits, soit separément, soit au bout de son Sidoine Apollinaire (7); à la fin de son Oraison funébre par Mr Valois; dans l'Alegambe augmenté par Sotwel; dans celui de Mr Cramoisy, & ailleurs.

* *Sirmondi Opera omnia* in-fol. 5. vol. *Paris.* *

1 Valef. ibid ut supr.
2 Nathan. Sotwel Bibl. Soc. J. recoct. & auct. pag 387.
3 J. Dall. non semel. Konig. in Bibl. V. & N.
4 ¶ Le Pere Jaques Sirmond & Jean du Verger d'Hauranne Abbé de S. Cyran connu sous le nom de *Petrus Aurelius*.
5 Dallæus de Cultib. Latinor.
6 P. Aur. Anæretic. pag. 346. & alibi passim.
7 ¶ On ne dit que Sidonius Apollinaris.

LE P. PETAU, (Denys) d'*Orleans*, mort en 1653. (1)

ON peut considerer le Pere Petau, parmi les premiers Critiques de son siécle à cause des commentaires & des corrections qu'il a faites sur S. *Epiphane*, & sur *Synesius*, des notes sur *Themistius*, & des observations sur *Julien l'Apostat*.

Il étoit, sans contredit, le plus savant homme de toute la Société des Jésuites (2). Il passoit non seulement le P. Sirmond, mais encore Mr de Saumaise de plusieurs coudées, & si Mr Grotius avoit l'avantage sur luï en quelques choses, il lui rendoit le change en d'autres.

Monsieur Valois (3) & quelques autres prétendent même, qu'il étoit le premier du siécle en toutes sortes de connoissances, en quoi ils lui donnent l'avantage sur Eratosthéne qui n'y tenoit que le second rang. Ils veulent que dans les trois Langues des Savans, dans la Critique, la Chronologie, l'Histoire, les Mathématiques, la Théologie & dans le cercle entier des Sciences il ait été plus profond & mieux versé que ceux qui n'en avoient étudié qu'une seule toute leur vie; & qu'il ait été si exact, & si sûr dans chacune en particulier, qu'on n'auroit pas jugé qu'il en eût sû d'autres que celle dont il parloit, ou dans laquelle il écrivoit actuellement.

Son style se sent presque par tout de la force de son génie, il est mâle & élevé, & quand la matiére le demande, il lui donne des ornemens & des fleurs. Mais il le rendoit quelquefois trop fort & trop vehement, sur tout quand il songeoit à réfuter quelqu'un en écrivant.

On l'a blâmé d'avoir usé de trop d'aigreur & d'invectives, & d'avoir souvent perdu non seulement la charité qu'on se doit mutuellement dans le Christianisme, mais encore l'honnêteté qui se pratique dans le Monde.

Grotius qui étoit son ami d'ailleurs (4), trouvoit mauvais qu'il eût si peu de civilité & de complaisance dans ses maniéres; & quoique quelques-uns attribuassent ce vice à un air de hauteur & de mépris pour les autres, il dit qu'il aimoit pourtant mieux croire que c'étoit par un scrupule de Religion, qui l'empêchoit de louër ou de

---

1 ¶ Baillet a reconnu dans ses corrections que le P. Petau étoit mort le 11. Décembre 1652.

2 Gassend. vit. Peiresk. & alii.
Borremani. Var. Lection. cap. 2. p. 6.

3 Henric. Valef. Orat. funebr. Petav. p. 681. collect. Batef.

4 Grot. Epistol. ad Gall. 101. ad Salm. 323. 324.

CRITIQUES GRAMMAIRIENS. 437

nommer même les Hérétiques, parce qu'effectivement il en usoit autrement envers plusieurs des Catholiques. Petau.

Monsieur le premier Président de Lamoignon faisant quelquefois reflexion sur les défauts de ce grand homme, disoit qu'il auroit volontiers préféré la médiocrité (1) du P. Sirmond avec son humeur facile & commode, à la profondeur & la vaste étenduë de l'érudition du P. Petau, accompagnée de cette humeur auftère & farouche, qui le rendoit presque inaccessible, & par conséquent moins utile au Public que le P. Sirmond.

Ces deux Heros de la Societé demeurant ensemble, avoient souvent besoin de toute leur vertu, pour pouvoir se souffrir mutuellement. Il y avoit une espéce d'antipathie entre eux, & peut-être même un peu de jalousie, qui alteroit beaucoup cette concorde qui doit regner entre deux freres. C'est pourquoi ils étoient souvent en Le P. Talon. different ensemble, & comme un jour un de leurs Confreres, qui aimoit à rire, les eût surpris au foyer public disputant seuls, sans témoins, & se querellant tout de bon, il ne pût s'empêcher de s'écrier qu'il avoit trouvé *le Calepin & le Polyanthée* (2) *brouillés l'un avec l'autre.*

Monsieur Valois le jeune qui a remarqué la même chose de nos deux Peres (3), attribuë à Mr son frere Henri la gloire de les avoir souvent raccommodés ensemble, & de les avoir empêchés d'écrire l'un contre l'autre (4), sur tout au sujet du Concile de Sirmich. Ce qui n'est pas entiérement vrai, puisque Mr Baluze a publié depuis peu (5) deux Dissertations sur ce sujet, écrites par nos deux Peres pour se réfuter l'un l'autre.

Nous parlerons encore plus amplement du P. Petau parmi les

---

1 ¶ L'Auteur Anonyme des *Réflexions sur les Jugemens des Savans* a eu raison de reprendre le terme de médiocrité, comme ne pouvant être pris ici que dans un sens desavantageux au pére Sirmond quelques efforts qu'ait depuis faits Baillet pour se justifier là-dessus dans l'éclaircissement qu'il a mis au devant du Tome 1. de ses Poëtes.¶

2 ¶ Il faloit dire *le Polyanthea.*¶

3 Hadr. Valef. vit. Henrici fratr. collect. Batef.

4 ¶ Hadrien de Valois n'a point dit que son frére Henri ait empêché le P. Sirmond & le P. Petau d'écrire l'un contre l'autre, mais seulement que dans le tems qu'ils étoient prets à écrire l'un contre l'autre, il leur avoit librement déclaré son sentiment sur la difficulté qui les partageoit, & que cette liberté n'avoit pas empêché qu'il n'eût toujours conservé leur amitié. Ménage remarque de plus ch. 105. de l'Anti-Baillet, qu'y ayant eu au sujet du Concile de Sirmich deux Dissertations du P. Sirmond, & une du P. Petau, toutes trois imprimées après la mort de leurs Auteurs, par les soins de Mr Baluze, il semble que de la manière dont Baillet s'est exprimé en disant que Mr Baluze avoit publié deux Dissertations de ces Péres, il ait cru ou que le pére Sirmond n'avoit fait qu'une Dissertation ou que des deux qu'il avoit faites il n'y en avoit eu qu'une de publiée.¶

5 Steph. Baluz. Opuscul. Petri de Marca.

Iii iij

Chronologiftes, & les Théologiens. On peut voir le Catalogue de fes ouvrages dans le Sotwel, & dans la France Orientale de Mr Colomiez.

THOMAS GATAKER, *Anglois*, mort en 1654.

514. AXenius dans Hallervord dit que Gataker étoit un homme d'une lecture infinie & d'un jugement exact (1). Mr Colomiez prétend (2) que de tous les Critiques de ce fiécle qui ont écrit pour l'avancement & la perfection des belles Lettres, il ne s'en trouvera pas un qu'on puiffe préférer à Gataker pour la maniére de bien expliquer les Auteurs, & que c'étoit un homme d'une diligence & d'une éxactitude extraordinaire. Mais il marque dans un autre endroit qu'il avoit un ftyle trop affecté. (3)

Son livre des Mélanges de Remarques Critiques auquel il a donné le nom de *Cinnus*, fait voir fon érudition. Il fut imprimé en 1651. & devoit être fuivi de cinq autres livres de fes Recueils.

Il a fait encore une Differtation favante fur le ftyle du Nouveau Teftament, mais il eft fi hardi en certains endroits de fa Critique que ceux même qui lui font le plus attachés, font obligés de l'abandonner dans la fingularité de fes fentimens.

On pouroit encore rapporter ici fon Traité des Diphtongues & des Lettres, avec deux Differtations fur le Nom de Dieu compofé de quatre Lettres. Car pour le refte de fes ouvrages, ils regardent prefque tous la Controverfe & la défenfe du parti de ceux de fa communion, & ils font écrits en Anglois pour la plûpart.

* *Differtatio de ftylo Novi Teftamenti* in-4°. *Lond.* 1648. — *De nomine Tetragrammato Jehova* in-8°. *Lond.* 1645. — *Vendicatio differtationis de nomine Tetragrammato contra Lud. Cappellum* in-8°. *Lond.* 1652. — *De Diphthongis & aliis literis* in-8°. *Lond.* 1646.*

1 Axen. Epift. ad Gœdium pag. 112.
Apud J. Hallervord Biblioth. Curiof. p. 338.
2 Paul Colom. Cimel. Literar. cap. 23.

pag. 49. où néanmoins il le cenfure en quelques endroits.
3 Id. Mélang. Hiftor. pag. 72.

CRITIQUES GRAMMAIRIENS.

JEAN SELDEN, *Anglois*, mort en 1654.

515 C'Etoit un des plus grands hommes que l'Angleterre eût jamais portés; mais nous parlerons de lui plus à propos parmi les Jurisconsultes, & parmi ceux qui ont écrit des Dieux de la Fable, & des affaires des Juifs. Il ne reste presque de pure Critique que les *Marbres d'Arondel* qu'il a corrigés & déchiffrés avec un succés admirable [in-4°. à Londres 1628.] & il y a ajouté des Notes si excellentes qu'elles ont fait dire que quand les hommes lui refuseroient les éloges qui lui sont dûs, les pierres parleroient pour lui. Ces Marbres ont été augmentés de plusieurs autres inscriptions fort curieuses, & furent imprimés sous le titre de *Marbres d'Oxford*, &c. avec les Commentaires d'Humfred Prideaux, en 1676. in-fol.

JEAN NARDI, de *Florence*, vers le milieu de notre siécle.

516 Son Commentaire sur *Lucréce* parut en 1647. in-4°. à Florence, & son Livre des *Nuits Géniales* fut imprimé à Boulogne en 1656. in-4°. Monsieur le Févre de Saumur (1) dit que Nardi étoit le meilleur homme du monde; mais que c'étoit aussi toute sa capacité & tout son merite, & que son Commentaire sur Lucréce est un ouvrage pitoyable.

1 Tanaquil. Faber Præfat. in Lucret.

DANIEL HEINSIUS, de *Gand*, mort en 1655.

517 CE Critique faisoit beaucoup d'honneur à son pays & à la République des Lettres. Vossius dit que c'étoit un trèsgrand personnage, & (1) il l'appelle le grand ornement des Muses & des Graces. Casaubon disoit qu'il étoit également admirable pour la doctrine & pour l'esprit (2). Pareüs l'appelloit le Varron de son siécle (3). Barthius prétend qu'il n'avoit point son semblable pour la

1 Voss. senior de Hist. Latin. lib. 1. cap. 26. pag. 138.
2 Ap. Konig. Bibl. V. & N. pag. 386.
3 Phil. Pareüs in Plaut. Comm.

beauté du genie, & que parmi les Anciens il s'en trouve beaucoup qui lui sont inferieurs, & très-peu qui soient au dessus de lui. (1)

Le Sieur de Croy qui a écrit contre lui ne laisse pas de dire (2) que ses Livres partagent tous les Savans & les beaux Esprits, qu'ils sont le sujet de l'étonnement des uns & de l'envie des autres; que ce puissant genie se transforme en plus de maniéres differentes que le Protée de la fable. Il ajoute qu'il n'y avoit pas un Livre qu'il n'eut lû, qu'il n'eut converti à son usage, & dont il n'eut tiré diverses choses inconnuës aux autres, en lui donnant lieu d'aller plus loin même que ses Auteurs par ses conjectures & la pénétration de son esprit. Il ajoute qu'il ne s'étoit point borné à la seule connoissance des Langues, mais qu'il avoit passé jusques au fond des Arts & des Sciences les plus épineuses & les plus sublimes: qu'enfin on peut dire que si Mr Gaümin & Mr de Saumaise n'eussent point été au monde dans ces tems-là, Mr Heinsius auroit pû passer pour le seul incomparable, le seul & perpetuel Dictateur des Lettres, & le Docteur unique des siécles futurs.

Quoi qu'il en soit de toutes ces louanges excessives, il faut confesser que personne ne savoit mieux les régles de la véritable Critique que Mr Heinsius, & que personne ne les a peut-être pratiquées avec plus d'éxactitude & plus de capacité que lui.

Monsieur Thysius (3) dit qu'en travaillant sur les Auteurs il ne subtilisoit pas mal-à-propos, & n'usoit pas son industrie & son tems sur des Lettres & des vetilleries de Grammaire, comme font la plupart des Critiques; mais qu'il alloit toujours droit à son but, qu'il ne songeoit qu'au necessaire & à l'utile, & qu'il retranchoit toutes les superfluités & les badineries. Il avoit, dit-il, une grande aversion pour toutes ces froides rencontres & ces fadaises dont les autres Critiques font leurs principales delices. Il étoit fort éloigné de l'humeur de ceux qui se croyoient des Héros incomparables pour avoir rétabli un mot ou changé une lettre, & qui se faisoient des guerres immortelles pour une bagatelle mise en contestation.

Mais comme il avoit le sens bon & le jugement exquis, il se contentoit d'appliquer le remede aux parties malades, & d'apporter la lumiére aux endroits obscurs. Il a travaillé sur *Silius Italicus*, *Théocrite*, *Hesiode*, *Senéque*, & particuliérement sur *Homére* (4), *Hesychius*,

1 G. Barth. adversar.
2 Joan. de Croy post Apolog. Heinsii advers. eundem pag. 243. 244.
3 Anton. Thysius Orat. funeb. Danielis Heinsii apud Memor. Henn. Witten. Philosoph. mem. pag. 182. 183.
4 ¶ On n'a rien vû de Daniel Heinsius sur Homére. C'est ce que Ménage pouvoit soutenir très-affirmativement. ∫.

Horace,

CRITIQUES GRAMMAIRIENS.

Horace, Terence, Théophraste, Clement Alexandrin, Ovide, Tite-Live, Heinsius. *Prudence* (1) & les Auteurs sacrés du Nouveau Testament, dont nous parlerons ailleurs. Il a encore fait des corrections & des notes sur deux Philosophes Platoniciens, savoir *Maxime de Tyr & Alcinous*. Et sur une ancienne paraphrase des Morales d'Aristote, que les uns donnent à *Andronique de Rhode*, & les autres à *Olympiodore*.

Mr Borrichius (2) dit qu'il a fait tant de changemens dans son Horace, qu'on peut dire que c'est un nouvel Auteur en comparaison des éditions précédentes.

On peut mettre au rang de ses ouvrages de Critique & de Philologie le Traité de la louange de l'*Asne*, qui au jugement de Vossius est une piéce pleine d'esprit, de la plus fine érudition, & de maximes judicieuses & salutaires tirées de la Morale. (3)

Pour ce qui est de son style, on prétend qu'il est fort aisé à reconnoître à l'usage frequent qu'il fait du pronom *Qui, Quæ, Quod*, & Mr Colomiez dit qu'il a verifié la même chose après Vossius. (4)

Nous parlerons encore de ce grand Homme parmi les Poëtes, les Philosophes & les Interprétes de l'Ecriture Sainte. On dit qu'un peu avant que de mourir il oublia tout ce qu'il avoit appris (5). C'est une disgrace qui n'est pas fort extraordinaire à ceux qui se sont usés à l'étude.

* *Versio & notæ & emendat. ad Maximi Tyrii dissertationes* 41. in-8°. *Lugd.-Bat.* 1614. — *Versio & notæ ad Alcinoi introductionem in Platonem* ibidem. — *Notæ seu animad. in Senecæ Tragædias* in-8°. *Lugd.-Bat.* 1621. — *Notæ in Silium Italicum de secundo Bello Punico* in-8°. *Lugd.-Bat.* 1600. — *Notæ & emendat. in Clementem Alexandrinum* in-fol. *Lugd.-Bat.* 1616. — *Introductio ad Doctrinam in Libris Hesiodi, & notæ ac emendat. in Hesiodum & ejus Interpretes* in-4°. *Lugd.-Bat.* 1603. — *Lectiones in Theocritum* in-4°. *Lugd.-Bat.* 1604. — *Animadversiones & notæ ad Horatii Opera* in-8°. *Lugd. Bat.* 1612. — *Laus pediculi* in-8°. *Lugd.-Bat.* 1638. — *Theocriti Idyllia, Latinè, ad ea notæ apud Commelinum* in-8°. 1603. — *Claudianus, cum notis Nicolai Heinsii Lugd.-Bat.* 1650. — *Horatius cum notis Danielis Heinsii* in-12. *apud Elzevir. Lugd.-Bat.* 1629. — *Ovidii Opera ex*

1 Ce n'est pas Daniel c'est Nicolas Heinsius son fils qui a travaillé sur Prudence, Ménage pag. 109. du Tom. 1. de l'Anti-Baillet.
2 Olaus Borrich. de Poët. pag. 50.
3 G. J. Voss. Hist. Lat. ut supra.

4 Paul. Colomes. Cimel. Literar. p. 119 Item G. J. Voss. de Art. Grammatic.
5 G. Math. Kon. Bibl. V. & Nov. pag. 386.
6 Mr Huet le donne à entendre pag. 124. du livre *de rebus suis.*

recenfione Danielis Heinfii in-12. *Amftelodami* 1630. — *Laus Alini* in-4°. *Lugd.-Bat.* 1623.*

Mr. GUYET (François) *Angevin*, Abbé de Saint André (1), mort en 1655.

518   CEt Abbé paffoit pour un des plus fins Critiques de fon tems. Boecler dans fon jugement fur les Cenfeurs & les Interprétes de Terence (2) dit qu'il étoit très-judicieux dans tout ce qu'il faifoit, très-habile & très-heureux dans fes conjectures.

Monfieur de Balzac (3) voulant marquer la force & la folidité de fon jugement, difoit que c'étoit l'homme du monde le plus délicat, le plus dégouté, & le plus difficile.

Monfieur Guyet s'eft appliqué particuliérement à la recherche des Origines des deux Langues Grecque & Latine, & il n'avoit pas moins de bonheur que de hardieffe à tirer les véritables étymologies des mots. Il étoit fûr & conftant dans fes décifions, & il auroit intimidé ceux qui auroient voulu n'être pas de fon fentiment d'autant plus qu'on étoit perfuadé de fon érudition & du talent particulier qu'il avoit pour ce point.

Il n'y a rien dans la Langue Latine qu'il n'ait prétendu pouvoir dériver, & il foutenoit même qu'il n'y a rien de primitif dans la Langue Grecque que les monofyllabes.

Il a fait des Notes Critiques fur *Héfiode*, *Térence*, *Hefychius*, *Stephanus de Byzance*, *Philoxène*, &c. Mr Borremans (4) dit que fon Commentaire fur *Térence* eft excellent. Boecler en parle de même, & généralement tout le monde. Mr Grævius publia fes Notes fur *Héfiode* en 1667. & il le confidere comme un homme d'érudition profonde. Celles qu'il a faites fur le *Stephanus* furent imprimées l'Efté dernier à Leyde.

Mais je ne comprens pas bien la raifon qui a porté Monfieur Furetiére (5) à le mettre parmi les Auteurs Pédantefques qui ont

---

1 ¶ François Guyet étoit, non pas Abbé de S. André, mais Prieur de S. Andrade au Diocèfe de Bourdeaux. Il ne s'eft jamais appellé, ni n'a jamais été appellé Abbé, dit Ménage. J'ai pourtant toujours oui dire l'Abbé Guyet.

2 J. H. Boecler. in Prolegom. ad Terent. comœd.

3 Apud G M. Konigii Biblioth. pag. 374.

4 Ant. Borrem. Variar. Lection. p 14.

5 A. Furetiere Nouvel. Allegoriq. p. 168.

¶ Furetiére étoit homme d'efprit, mais il n'entendoit pas les langues favantes ni ce qu'on appelle les Humanités. *b*

CRITIQUES GRAMMAIRIENS.

écrit de mauvais Commentaires sur les Auteurs. (1)

* Baillet avoit oublié que François Guyet a travaillé sur le *Phedre* dont les notes sont assés estimées, on les trouve sous le titre *Phædri Fabulæ, cum annotationibus Joan. Schefferi & Franc. Guyeti* in-8°. *Vpsaliæ* 1663. — Monsieur de Marolles a donné les notes de Guyet sur le Stace, dans sa traduction Latine & Françoise en 3. vol. in-8°. à Paris 1658. *

1 Voyés d'autres jugemens & ses éloges dans sa Vie faite par le sieur Portner sous le nom de *Periand.*

Le P. ABRAM (Nicolas) *du Diocése de Toul*, Jesuite, mort en 1655.

519 SEs Commentaires sur *Virgile* sont courts, aisés, nets & exprimés en assés bons termes pour l'ordinaire. Il fait souvent des Paraphrases au lieu de Commentaires, ce qui sans doute est le plus difficile pour l'Auteur, mais c'est en même tems le plus utile pour le Lecteur.

On a encore de lui des notes sur *Nonnus* le Paraphraste de saint Jean. Mais son Commentaire sur le troisiéme volume des Oraisons de *Cicéron* est trop vaste, & on est rebuté d'abord quand on les voit en deux volumes in-folio.

* *Nic. Abrahami Lotharingi Comm. in Virgilii opera omnia* in-8°. Rothomag. 1648. — *Comm. in tertium volum. Orationum Ciceronis* in-fol. Paris. 2. vol. 1631. — *Nonni Panopolitani Metabola Evangelii Johannis cum notis Nic. Abrahami* in-8°. Paris. 1622.*

1 Voyés Sotwel.   ¶ & Reines. Epist. ad Hoffman. & Ruper. pag. 155.*b*

JACQUES USSERIUS Archevêque d'*Armagh*, Protestant, Primat d'Irlande, mort en 1655.

520 NOus avons ses notes savantes sur les Epîtres de Saint *Ignace le Martyr*. Mais nous parlerons de lui plus amplement parmi les Historiens Ecclésiastiques.

* *Polycarpi & Ignatii Epistolæ Gr. & Lat. cum dissertatione de eorum scriptis* in-4°. Oxon. 1644. — *Ejusd. Appendix Ignatiana* in-4°. Lond. 1647.*

THOMAS FARNABE.

521 C'Est un des meilleurs Scholiastes de ces derniers tems, il ne dit presque point de choses inutiles, & il a eu du cours principalement à cause de sa brieveté, quoiqu'elle ait trouvé ses Censeurs aussi-bien que la longueur & l'étenduë des gros Commentaires.

Nous avons ses notes sur *Virgile*, *Juvenal*, & *Perse*, la Pharsale de *Lucain*, les Tragédies de *Seneque*, les Epigrammes de *Martial*. Mais celles qu'il a faites sur les Metamorphoses d'*Ovide* ne sont pas fort exactes (1), quoiqu'elles ayent peut-être un plus grand debit que les autres. Le P. Vavasseur dit (2) que Farnabe parle quelquefois mal Latin, quoiqu'il soit d'ailleurs diligent & savant.

* Il avoit entrepris de travailler le Terence: il en étoit à la quatriéme Comédie quand la mort l'a empêché d'achever, mais Emeric Casaubon a continué les deux dernieres, étant sollicité par Janson Imprimeur, il fut imprimé in-12. en 1658. — *Th. Farnabii Notæ in Virgilium* in-12. *Amst.* 1641. — *Ejusdem in Martialem* in-12. *Amst.* 1644. — *Ejusd. in Ovidii Metamorphoscon lib.* xv. in-12. *Amst.* 1650. — *Ejusd. in Juvenalem* in-12. *Lugd.-Bat.* 1550.*

1 Bibliograph. cur. hist. Philolog. p. 59.   2 Franc. Vavass. de Epigr. c. 20. p. 271.

JEAN BOND.

522 IL a fait des notes sur *Perse* & sur *Horace*. Elles sont estimées à peu près pour les mêmes raisons que celles de Farnabe. On y remarque pourtant des manquemens assés considérables, particuliérement touchant de certains points Historiques & Philologiques, qui sont absolument necessaires pour l'intelligence de ses Auteurs. Il a crû peut-être un peu légérement que le Public ne seroit pas plus curieux de les savoir que ses Ecoliers à qui il dictoit ses notes.

* *Joan. Bond. in Persium* in-12. *Amst.* 1645. — *In Horatium* in-12. *Lugd.-Bat.* 1630. & 68.*

Pierre AXEN (1), sur les Fables de *Phedre*.
Jean LAURENT, sur les Fables de *Phedre*.
Jeremie HOELZLIN, sur les Argonautiques d'*Appollonius de Rhode*.
Jean VEENHUYSEN, sur le *Stace*.

523 Nous dirons en un mot ce qu'on pense aujourd'hui de la plupart de ces Compilateurs de notes qu'on appelle *Variorum* à la fin de notre Recueil des Critiques.

1 ¶ Il faloit, ce me semble, distinguer Jérémie Hoelzlin, & Pierre Axen des deux autres. Jean Laurent compila en 1667, les remarques de divers Auteurs sur Phédre & y ajouta les siennes. Jean Veenhusen ne fit sur Pline le jeune en 1669. & sur Stace en 1671. que l'office de Compilateur. Mais c'est de leur chef que Jérémie Hoelzlin & Pierre Axen commentérent, le premier en 1641. les Argonautiques d'Apollonius, le second en 1671. le premier livre des fables de Phédre.

DOM HUGUES MENARD, Benedictin. (1)

524 Ce Pere avoit une grande connoissance de l'Antiquité Ecclésiastique & Monastique, & on le mettoit au nombre des bons Critiques du siécle. Il a publié l'ouvrage de saint *Benoist d'Aniane*, qui vivoit en 820. appellé la Concorde ou Conformité des Regles avec la Regle de S. Benoist Abbé du Mont Cassin, & il y a ajouté des notes savantes sur les mots obscurs qui se rencontrent dans cet ouvrage (2). Il a fait encore des Remarques sur le Sacramentaire de saint *Gregoire* le Grand, [in-4°. Paris 1641.] qui sont fort estimées. Et il a donné au Public une nouvelle édition de cet ouvrage qui est plus importante que ni celle de Pamelius, ni celle qui avoit paru parmi les œuvres de saint Gregoire mais qui n'est pas encore dans son entier, ayant été faite sur un Manuscrit fort altéré, & où les Copistes avoient inseré un grand nombre de Fêtes établies long tems depuis ce Pape.

1 ¶ Mort le 24. Février 1644.   2 Journal des Sav; du 9. Mars 1665.

On a encore de Dom Menard des Remarques Critiques sur l'E-
pitre attribué a saint *Barnabé* l'Apôtre qu'il a traduite aussi en
Latin. (1) [in-4°. à Paris 1645.]

* *Martyrologium* S. *Ord. Benedicti cum lib.* 11. *observat.* in-8°.
Paris. 1629.*

1 ¶ Dom Huges Ménard, comme l'a fort bien remarqué Ménage chap. 57. de l'Anti-Baillet n'a point traduit cette Epitre. C'est une ancienne traduction qu'il avoit trouvée dans un manuscrit de Corbie. Il mourut avant que de la publier, & ce fut Dom Luc d'Acheri son confrére qui un an après fit imprimer la prétendue Epitre Grecque de S. Barnabé, cette ancienne version, & les Notes critiques de Dom Ménard.§

Mr REINESIUS (Thomas) Médecin d'*Altemberg*,
mort en 1657. (1)

525   LE Public a eu de lui six Livres de *diverses Leçons* en 2.
vol. [1640. à Altinburge] une Censure sur les Exercitations que *Saumaise* a faites sur Pline ou Solin, des Commentaires sur les Inscriptions de *Gruter* dont nous parlerons ailleurs.

Ses diverses Leçons ont été très-bien reçûës, & Mr Grævius
dit (2) qu'elles nous ont appris des choses rares que nous ne savions
pas & qu'elles nous expliquent beaucoup d'endroits dans les Auteurs
lesquels n'auroient pas été intelligibles sans ce secours.

* On trouve de lui, *Petronii fragmentum in Dalmatia repertum,
cum notis Th. Reinesii & Joh. Schefferi* in-8°. *Lipsiæ* 1666.*

1 ¶ Il mourut en 1667. dans sa quatre-vingtiéme année.♭   2 Jo. Georg. Græv. Epist. dedicat. Epist. Casaubon.

---

526   MOnsieur BIGNON (Jerôme) Avocat General dont
nous avons les notes Critiques sur les Formules de
Malculfe. [in-4° Paris 1666.]

Voyés parmi les Jurisconsultes.

¶ Il mourut l'an 1656. le 7. Avril en sa soixante-sixiéme année.♭

DOM LAURENT RAMIREZ de PRADO *Espagnol,* mort en 1658.

527. IL étoit fort jeune quand il donna les Commentaires sur *Martial,* [ils sont dans l'édition *in-fol.* de Paris 1607.] qui lui attirerent les louanges de Scaliger & des autres Savans ; le *Pentecontarque* & diverses notes & observations sur les Auteurs. Mais comme on jugeoit que les belles Remarques qu'on y trouve étoient au-dessus de sa portée, on les a attribuées à son Maître le célébre *Sanctius des Brosses.* C'est pourquoi nous n'en parlerons qu'au Traité des Plagiaires.

* Πεντηκονταρχος, *sive militum ductor* in-fol. *Antuerp.* 1612. *

GASPAR BARTHIUS de *Saxe*, mort en 1658.

528. IL y a peu de Critiques qui ayent plus corrigé d'Auteurs que lui. Il en faisoit profession publique, & son unique occupation. Il a laissé des Commentaires sur *Claudien, Stace, Guillaume le Breton, Claudien Mamert, &c.* Il a aussi travaillé sur *Virgile, Petrone, Rutilius,* les Epitres de *Pline* le jeune, & sur d'autres Auteurs, mais son principal ouvrage de Critique est celui de ses *Adversaires* divisés en soixante livres, qui ont l'estime & l'approbation de beaucoup de personnes, & surtout des Allemans.

On dit que Barthius a laissé en mourant cent vingt Livres d'autres Adversaires qui valent encore mieux que les précédens. Et dans tout ce que nous avons d'imprimé, on trouve un caractere d'honnêteté & de modestie qui en releve encore le mérite. Mais quelques-uns ont remarqué que lorsqu'il fait ses jugemens, il tombe quelquefois dans des contradictions, faute de mémoire. Il étoit grand amateur des Livres Espagnols, comme Dom Nicolas Antoine le témoigne plus d'une fois (1). Monsieur Spizelius lui donne aussi beaucoup de pieté (2), mais cela ne regarde pas notre sujet.

* *Adversariorum Commentariorum libri* 60. in-folio *Francof.* 1648.
— *Animadversiones ad Cl. Claudiani opera* in-8°. *Hanov.* 1612.

1 Nic. Anton. Biblioth. Hisp. r. in Georgio de Montemajor, item tom. 2. in Roderico Cota pag. 211.

2 Theoph. Spizelius in Fel. Literat. pag. 1049.

— *Comm. ad Cl. Rutilii Itinerarium* in-4°. *Cygneæ.* 1655. — *Variæ opuscula* in-8°. *Hanov.* 1612.*

Mr PETIT (Samuel) Ministre de Nismes, qui étoit déja mort dès l'an 1654 (1).

530   IL est un de ces six illustres Protestans que Monsieur Colomiez (2) croit avoir été les seuls de leur secte qui ayent eu une grande literature.

Nous avons de lui sur la Critique un volume de *Mélanges*, un de *diverses Leçons*, & un autre d'*Observations*. Le reste regarde la Chronologie & le Droit.

Le même Auteur que nous venons d'alleguer, dit que Monsieur Petit n'est pas toujours fort heureux dans ses conjectures. Monsieur de Saumaise blâme & décrie merveilleusement ses mélanges, & surtout ce qu'il a fait sur *Plaute* (3). Il ajoute qu'il n'a pas mieux réussi dans ce qu'il a remarqué sur les Auteurs Grecs, qu'il a ignoré la mesure & les régles des Iambes Grecs de six pieds, & que dans ce qu'il a fait sur l'Hebreu, il trouve quantité de choses qui n'ont ni suite ni rapport les unes aux autres. Le même Auteur (4) censure, en un autre endroit ce que Petit avoit fait sur *Aristophane*. En un mot il prétend que c'est un mauvais Critique & un fort médiocre Philologue.

Neanmoins il est loué & estimé par Selden, Vossius, Rivet, Bochart, Reinesius & par d'autres personnes de Lettres, de sorte que Saumaise a donné lieu de croire qu'il s'étoit laissé aller à quelque mouvement d'envie & de chagrin, parce que Samuel Petit étoit plus habile que lui dans l'Histoire Ecclésiastique, la Chronologie, & le Droit, & qu'il approchoit assés des sentimens de l'Eglise Romaine (5).

* *Miscellaneorum libri* 9. in-4°. *Paris.* 1630. — *Variarum lectionum libri* 4. in 4°. *Paris.* 1633. — *Observation. libri* 3. in-4°. *Paris.* 1642.*

---

1 ¶ Il mourut à Nismes le 12. Décembre 164 ⸻ 5 Ma. 1630.
2 Mélang. historiq. pag. 73.
3 Salmas. Epist. ad Grotium VIII. id.
4 Id. Epist. ad eumd. ejusd. anni.
5 Sam. Sorbiere, son neveu & les autres, &c.

JEAN FREINSHEMIUS ou FREINSHEIM *gendre de Bernegger*, mort en 1660.

531 Nous avons de lui un supplément de *Tite-Live*, un autre supplément de *Quinte-Curce* avec des Commentaires, une édition de *Florus* avec des notes, les Fables de *Phedre* avec des notes, une nouvelle Critique de divers lieux de *Tacite*, & un essai de Paraphrase sur les Livres du regne de Tibere; des Dissertations & d'autres ouvrages de Philologie.

Il commença ses études de Critique par *Florus*, qu'il corrigea & expliqua si heureusement, que Bernegger qui lui avoit prescrit ce travail fut surpris de son jugement & de la pénétration de son esprit, qui lui avoit fait découvrir des choses inconnuës à tous les Savans qui avoient travaillé jusqu'alors sur cet Auteur.

Ses notes sur *Tacite* sont courtes, mais bonnes & judicieuses, & regardent particuliérement les choses que Lipse & les autres Critiques avoient ou omises ou ignorées.

Mais il s'est fait connoître entre tous les autres par ses deux supplémens. On en avoit déja un de *Quinte-Curce* avant lui, mais ce n'étoit qu'une misérable compilation tirée de Justin & d'Arrien, sans jugement & sans ordre, étant d'ailleurs trop seche & trop mal fournie. C'est ce qui le porta à en faire un nouveau qui eût plus de rapport à l'Auteur & qui lui fût plus proportionné, soit pour les choses, soit pour le style même. Il le composa de tout ce qu'il pût trouver dans les Auteurs Grecs & Latins qui avoient parlé d'Alexandre & de la Macédoine, soit exprès, soit par accident. Ces Auteurs outre Justin & Arrien, sont Diodore de Sicile, Pausanias, Plutarque, Patercule, Strabon, Julien l'Apostat, Pline, Solin, Valere Maxime, Aulu-Gelle, Dion Chrysostome, Elien dans ses Histoires diverses, Dexippe, Diogène Laerce, Athenée, Photius, Zonare, Tzetzes, Glycas, Paul Diacre, Jornandes, Otton de Frisinge, les Orateurs Grecs, les Panegyristes Latins, & un grand nombre d'Auteurs modernes. Il s'en est si bien acquitté au gré du Public, qu'on s'est presque consolé de la perte des deux premiers Livres de cet Historien, & qu'on a jugé que si cette tête n'est pas entiérement d'or comme le reste du corps, elle est du moins de cuivre doré, & assés bien proportionnée avec les autres membres.

Quelques-uns estiment encore davantage les supplémens qu'il a

faits de *Tite-Live*, ils difent que c'eft un ouvrage incomparable &
qui mérite d'être mis au nombre des travaux d'Hercule pour la difficulté de l'éxécution, mais qu'il en eft venu à bout très-heureufement, & qu'il y paroît tant d'efprit, de jugement, & d'induftrie,
qu'on feroit prefque fâché de n'avoir point perdu Tite-Live. Opinion
qui poura bientôt changer, s'il eft vrai que cet Auteur foit recouvré,
comme on l'a voulu faire croire depuis peu. Le Catalogue des ouvrages de Freinshemius fe trouve dans Witten (1).

1 V. Abrah. Freinsheim. Orat. funebr. 2. memor. Philofoph. pag. 350.
Joan. Freinsh. ap. Henning. Witten. tom.

Mʀ HOLSTENIO ou HOLSTEIN, *Lucas Holftenius* de
Hambourg, *Chanoine du Vatican & Bibliothecaire*,
mort en 1661.

532 IL a donné au Public diverfes piéces de l'Antiquité Ecclefiaftique & Profane, avec des notes de Critique qui ont fait
connoître fa grande expérience dans les Antiquités, la folidité de
fon jugement, & l'étendüe de fon érudition.

Mais la plupart des ouvrages qui ont paru au jour après fa mort,
femblent être imparfaits & affés peu éxacts, foit parce que la mort
l'a empêché d'y mettre la derniére main, foit parce que ceux qui
ont pris le foin de ces éditions y ont apporté trop de négligence.

Comme je n'ai trouvé nulle part le Catalogue de fes Livres, auquel
je puiffe renvoyer le Lecteur, je nommerai ici ceux qui font de ma
connoiffance, comme font entre les autres, les notes fur quelques
opufcules de *Porphyre* & fur fa Vie, fur le Livre d'*Eusèbe* contre Hiérocle; des notes pofthumes avec des Leçons diverfes & un Gloffaire
fur le *Code des Régles* fait par Saint *Benoift* d'*Aniane*, lesquelles furent
imprimées en 1663 [*in*-4°.] mais qui auroient eu befoin du fecours
de Dom *Ménard*; des notes pofthumes fur la Géographie facrée
de Dom *Charles de Saint Paul* Feuillant, puis Evêque d'Avranches,
fur l'Italie ancienne de *Philippe Cluvier*, & fur le tréfor Géographique
d'*Abraham Ortelius*; des notes pofthumes fur diverfes piéces anciennes concernant les affaires de l'Eglife & l'Hiftoire de quelques
Martyrs, par éxemple, fur les *Actes* de la paffion des Saintes *Perpetue
& Felicité*, fur ceux de la paffion de *Boniface* Romain, fur le *Mar-
tyrologe* en général, fur le Livre de *Théodore* d'Ancyre contre Nefto-
rius; des diverfes Leçons fur le Livre de l'Evêque *Faftidius*. Il avoit

CRITIQUES GRAMMAIRIENS. 451

encore préparé des corrections & des notes Critiques, Historiques & Géographiques sur *Hiérocle* le Grammairien touchant la Notice de l'Empire ; sur les thêmes ou positions de *Constantin Porphyrogenete*, sur le Livre que ce Prince a fait de l'*Administration* de l'Empire ; & sur diverses *Notices* d'Evêchés de l'Empire d'Orient; une traduction & des notes sur un vieux Poëte Grec nommé *Scymnus* de Chio imprimé l'an passé avec quelques Dissertations. Enfin on a imprimé à Leyde en 1684. in folio, ses notes & ses corrections sur le *Stephanus de Bizance*, c'est-à dire, sur l'Extrait Géographique qu'en a fait *Hermolaus* par les soins du sieur Ryck. Outre tout ces ouvrages de Critique, il a fait encore des Traités particuliers, 1°. sur la Riviere de Sabbath, 2°. sur la Communion, 3°. sur la Communion des Abyssins sous une seule espéce : sans parler de quelques Versions d'Auteurs Ecclésiastiques qu'il a faites de Grec en Latin.

* *Emendationes in Eusebii librum contra Hieroclem* in-fol. *Parif.* 1628. — *Glossarium, notæ, & variæ lectiones ad Benedicti Anianensis Codicem Regularum* in-4°. *Parif.* 1663. — *Dissertatio de vita & scriptis Porphyrii & observationes ad vitam Pythagoræ* in-8°. *Rom.* 1630. — *Annott. in Geographiam sacram Caroli à sancto Paulo, in Italiam antiq. Cluverii & in Thesaurum Geograph. Ortelii* in-8°. *Romæ* 1666. *

Nouvell. de la Republ. des Lettres de Juillet 1684. pag. 485. 486.
Leo Allat. in Apib. Urban. usque ad an. 1632.

Phil. Labb. apparat. Histor. Bizantin. pag. 13.
Plusieurs autres qui ont parlé de lui avec estime.

CORNELIUS SCHREVELIUS (1).

533 C'Est un des plus laborieux compilateurs des notes qu'on appelle de *Variorum*, mais il n'y a pas toujours réussi au goût du Public. Il nous a donné avec ces sortes de notes les éditions d'*Hesiode*, d'*Homere* avec le prétendu *Didyme*, d'*Ovide*, de *Claudien*, de *Virgile*, de *Lucain*, de *Martial*, de *Juvenal* & de *Perse*, & du Lexicon d'*Hesychius*. Son édition d'Homere avec le Scholiaste Grec qui parut en 1656. en deux volumes in-4°. est une des moins estimées.

1 ¶ Mort l'an 1667.

GEORGES PASOR.

534   SEs notes (1) sur *Hesiode* n'ont point eu grand cours, & elles sont dans l'approbation de peu de gens (2).
* *Analysis difficiliorum vocum in operibus Hesiodi* in-8° *Francof.* 1632. 1650.*

1 ¶ On n'est guère entré dans le dessein de Pasor lorsqu'on en a si mal jugé, son ouvrage sur Hesiode ne promet pas des notes critiques pleines d'érudition. C'est purement un Index alphabétique utile aux jeunes gens qui apprennent la langue Grecque & qui ont besoin de ce secours qu'on appelle l'investigation du Thème. ¶
2 Bibliograph. cur. Philolog. hist. pag. 50.

GASPAR SCIOPPIUS de *Franconie*, mort vers 1663 (1).

535   S'Il a été consideré comme le Maître de la Critique, ce n'est point tant à cause qu'il a mieux fait que les autres, que parce qu'il a voulu être regardé comme le Professeur public de cet Art, dont il a fait un Traité singulier, prétendant en donner des régles & le réduire en méthode. Et s'il y a réussi, comme on ne le peut pas nier entiérement, il le faut attribuer à la forte inclination qu'il avoit pour ce genre d'étude.

C'est ce qu'il a fait voir dans ses quatre Livres des Conjectures ou Probabilités, qu'il appelle *Verisimilium*, dans son Traité ou Consultation de la maniére d'étudier & de tenir les Ecoles, dans ses cinq Livres de *Leçons suspectes* qui sont remplies de bonne Critique & de belles Observations. Et quant à ce qu'il a fait sur *Appulée* sous le titre de *Symboles Critiques*, il faut tomber d'accord qu'il y a été plus heureux que ceux qui avoient travaillé devant lui à l'éclaircissement de cet Auteur difficile. Mais après tout sa Critique ne va presque qu'à des diverses Leçons que la plupart du monde n'estime gueres, & l'Auteur du Journal croit (2) que pour profiter de ce travail, il faudroit que quelque habile homme examinât ce qu'il y a de plus raisonnable dans cette diversité de Critique, & qu'il insérât dans le texte ce qu'il jugeroit de meilleur & de plus conforme au sens de l'Auteur. Les notes qu'il a faites sur les Fables de *Phedre* sont assés bonnes.

Mais il est inutile de nommer ici tous ses ouvrages de Critique,

1 ¶ Voyés la note sur l'Article 162. ¶   2 Journal des Sav. du XVI. 1665.

CRITIQUES GRAMMAIRIENS. 453

puisqu'on en a publié le Catalogue & qu'il est entre les mains de tout Scioppius. le monde, il suffit de remarquer seulement qu'il a fait imprimer un Livre à Milan dans lequel il accuse Ciceron d'incongruité & de Barbarisme. Monsieur de Balzac (1) dit que cette injustice faite à Ciceron seroit une consolation pour Scaliger s'il revenoit aujourd'hui au monde, & que Scioppius après ce coup d'essai pouvoit bien entreprendre de prouver que Caton étoit un méchant homme & Jules César un mauvais soldat.

Mais il n'y a que ceux qui ne connoissent point le caractere du personnage qui pouroient en témoigner de la surprise. Il s'est fait assés connoître pendant près de 60. ans qu'il a occupé les Presses, en ayant vécu plus de 80. (2) & ayant commencé de fort bonne heure à se faire passer pour Auteur.

Le Pere Labbe (3) semble dire que c'étoit un esprit inconstant, bizarre, & sujet au changement, qu'il avoit la tête seche, légere, & de peu de cervelle. Le P. Vavasseur (4) témoigne que c'étoit un Grammairien hardi jusqu'à l'effronterie, & qui avoit souvent le jugement déréglé.

Limneus dit (5) que quoiqu'il fut fort savant & très-laborieux, il n'avoit pourtant écrit la plupart de ses Livres qu'avec un esprit de contention, d'un style envenimé, & dans le dessein de nuire plutôt à la réputation de ceux à qui il en vouloit que d'instruire les autres. Monsieur Ogier disoit (6) que c'étoit la plume la plus vénale & la plus infâme sycophante qui fut jamais. Tarreus Hebius (7) que nous découvrirons ailleurs, en parle comme du plus médisant & du plus grand calomniateur de la terre, qui faisoit un usage criminel de le Critique. Rutgersius (8), c'est-à-dire, celui qui a pris son nom en parle en des termes qui nous le rendent encore plus odieux.

Casaubon (9) l'appelle la plus cruelle de toutes les bêtes farouches, & il prétend dans un autre de ses ouvrages (10) que Scioppius étoit ennemi déclaré de Dieu, & qu'il avoit trouvé dans un de ses Livres des blasphêmes éxécrables contre l'autorité divine de l'Ecriture

---

1 Balzac à Chapelain Lettre 12. livre 2. de l'an 1637.
2 ¶ Il est mort dans sa 73. année.
3 Labb. Bibl. nummar. part. 1. pag. 273.
4 Vavass. de Ludicr. diction. pag. 270.
5 Limn. tom. 4. de jure public. Imperii pag. 411.
6 Franc. Ogier chap. 10. de la censure de la doctrine curieuse de Garasse.
7 Tarr. Heb. de vita & morte Sciopp.

pag. 45.
¶ C'est Gaspar Barthius.
8 ¶ Joseph. Scaliger ne voulant pas qu'on le crût capable de s'abbaisser à répondre en personne à Scioppius, y répondit sous le nom de J. R. c'est-à-dire de Janus Rutgersius. ¶
9 Isaac Casaubon in Epistol.
10 Idem Casaub. Exercit. 1, in Baron. pag. 109. M.

Scioppius. Sainte. Les Jefuites dont il avoit quitté la Compagnie (1) nous le dépeignent comme le plus grand frippon & le plus fcelerat des hommes, & comme la pefte publique des Lettres & de la focieté humaine.

En effet les plus grands hommes du fiécle fe plaignoient de lui prefque tous d'une voix (2), Catholiques, Hérétiques, & les Déiftes mêmes, & tous donnoient leurs fuffrages pour fa profcription, parce qu'il attaquoit indifféremment tout le monde, qu'il déchiroit la réputation des plus honnêtes gens avec autant de plaifir que d'impudence, & qu'il faifoit gloire de n'épargner ni la qualité ni le mérite.

Car fans parler de fon Scaliger hypobolimée, dans lequel il a paffé les bornes d'un Correcteur de College & d'un bon Executeur de la Juftice, il a pris un grand nombre de mafques pour pouvoir attaquer avec plus d'impunité non feulement divers particuliers de confideration, mais principalement tout le corps des Jefuites contre lesquels il a compofé plus de trente Traités différens dont les feuls titres font horreur.

Mais comme cela paffe les bornes de la Critique & de la jufte Satire même, nous n'en parlerons pas dans ce Recueil, & nous nous contenterons de le démafquer dans le Traité des Auteurs déguifés fous les titres differens de *Junipere d'Ancone*, de *Denius*, *d'A Fano fancti Benedicti*, de *Grofippe*, de *Grubinius*, de *Hay*, *de Krigfoeder*, de *Sotelo*, de *Vargas* & de quelques autres. (3)

Nonobftant ce que nous venons de dire au défavantage de Scioppius, on n'a point laiffé d'imprimer à Pavie en 1617. *in-*8°. un volume de fes éloges, où l'on voit un portrait bien different de celui que tant de gens viennent de nous reprefenter. Car il contient les témoignages glorieux qu'un Pape, des Cardinaux, des Electeurs de l'Empire, des Archiducs, des Ducs & d'autres perfonnes de marque parmi les Catholiques ont rendus à fon mérite tant pour fa doctrine que pour fes mœurs.

Effectivement quelques-uns ont remarqué que les Italiens & les Efpagnols avoient pour fa conduite & fes Ecrits un goût un peu different de celui des autres Nations.

Un Italien (4) après avoir dit qu'il excelloit éminemment dans toute forte de literature & de belles connoiffances, ajoute qu'il y avoit de ux chofes qui le rendoient particuliérement recommandable.

1 ¶ Voyés l'Article 111. ci-deffus.
2 Theoph. Spizel. in Felic Literat.
3 Invar. fcript. de quib. alibi in Larvat.
4 Octav. Ferrarius in prælufion. pag. 202. & ex eo G. M. Konig, Biblioth. pag. 741.

CRITIQUES GRAMMAIRIENS.

La premiére étoit ce jugement exquis & cette grande finesse de discernement avec laquelle il savoit juger des Ecrits des autres. La seconde étoit une connoissance literale de toute l'Ecriture Sainte, si parfaite & si sûre qu'on auroit pû assurer de lui ce qu'on avoit dit autrefois d'Esdras que quand tous les Livres sacrés auroient été perdus, il auroit pû les retrouver tous entiers dans sa tête, & les rétablir en leur premier état.

Les Espagnols de leur côté (1) le louent comme un homme dont les Ecrits sont fort utiles à l'Eglise Catholique & Romaine aussi-bien qu'aux Savans, & ils produisent entre autres le *Scaliger Hypobolimée* & sa *doctrine Stoïque*. Peut-être que parce que Scioppius étoit Conseiller du Roi d'Espagne & Citoyen Romain, ils ont crû qu'il suffisoit d'appartenir à sa Majesté Catholique & d'être bien venu à Rome, pour être utile aux Catholiques.

Mais il a pû les détromper lui-même s'ils ont sû une des principales & des derniéres singularités de sa vie. Car nous lisons (2) qu'il voulut sur la fin de ses jours transiger & traiter de sa Religion avec les Hollandois; que pour cet effet il écrivit à Leyde qu'il se feroit Protestant si on vouloit le recevoir: mais qu'il fut rejetté comme un Apostat, non pas tant parce qu'autrefois il avoit quitté la Communion des Protestans dans laquelle il étoit né, qu'à cause que son orgueil (3) le rendoit indigne de la prétenduë grace qu'il demandoit. Ainsi l'Eglise Catholique loin de tirer le moindre secours d'un membre aussi gangrené & aussi pourri que l'étoit ce misérable, auroit trouvé sans doute du soulagement en le voyant retranché de son corps & hors d'état de l'infecter. Mais sa perte n'auroit pas laissé de lui être aussi sensible que l'égarement de la centiéme & derniére brebis du troupeau l'est au bon Pasteur de l'Evangile.

* *Verisimilium libri* IV. in-8°. *Norib.* 1596. — *Suspectarum lectionum libri* V. in-8°. *Norib.* 1597. — *Notæ ad Phædri Fabulas* in 8°. *Lugd.-Bat.* 1598. — *Scaliger Hypobolimæus, id est Elenchus Epistolæ Josephi Burdonis PseudoScaligeri, de vetustate & splendore Gentis Scaligeranæ* in-4°. *Mog.* 1607. *

---

1 Nicol. Anton. Biblioth. Hispan. tom. 2. pag. 366.

2 Hornius hist. Eccles. pag. 226. & ex eo Konigii Bibl. pag. 731.

¶ C'est une fausseté debitée uniquement par Hornius dans sa mauvaise Histoire Ecclésiastique dix-sept ans après la mort de Scioppius. Bayle mérite d'être vu là-dessus pag. 2685. &c. de son Dictionnaire 2. édit. de Roterdam.

3 ¶ *Contemptusque*, dit Hornius, *ob vanitatem fuit*. Qui ne voit que cela signifie que les Protestans méprisèrent Scioppius à cause de sa *légéreté* ¶

ANTOINE THYSIUS Professeur en Théologie en *Hollande*, mort vers 1664. ou 1665.

536 IL avoit joint une grande connoissance des Humanités & des belles Lettres à celle de la Théologie, où il excelloit suivant les préjugés de sa secte.

Nous avons ses notes Critiques & ses Commentaires sur l'*Aulu-Gelle* de *Variorum*, qui n'ont pas les défauts ordinaires de ceux qui ont fait les compilations qu'on appelle de ce nom ; car le choix qu'il a fait des notes de divers Auteurs est judicieux, & elles sont même pour la plupart de lui, & de *Jacques Oyselius* qui a été de moitié avec lui pour cette édition, c'est-à-dire, qu'Oyselius a continué ce que la mort de Thysius avoit interrompu.

On a encore de lui *Seneque* le tragique avec les notes *Variorum*, [& son Justin.]

* *Nota in opera Lactantii* in-8°. *Lugd.-Bat.* 1652. — *In L. A. Senecæ Tragœdiis nota* in-8°. *Lugd.-Bat.* 1651. — Nous avons encore de lui, *Historia Navalis* in-4°. *Lugd.-Bat.* 1657. — *Et memorabilia veterum Rerumpublicarum* in 12. *Lugd. Bat.* — *Justini Historia cum Variorum observationibus per Ant. Thysium* in-8°. *Lugd. Bat.* 1650.

Journal du 7. Février 1667.

LES PP. BOLLAND mort en 1665. HENSCHEN, mort en 1682. ou 1683. PAPEBROCK, &c.

537 NOus avons déja parlé d'eux dans la premiére partie de nos Critiques. Mais outre le discernement qu'ils font de leurs piéces, ils entreprennent encore d'en éclaircir les endroits obscurs par des Notes & des Commentaires que Monsieur du Cange (1) appelle très-savans & remplis de tout ce qu'il y a de plus beau & de plus profond dans la belle literature. Voyés les Historiens Ecclésiastiques.

n Præfat. Glossar. med. & inf. Lat. num. 80. pag. 72.

THOMAS STANLEY, *Anglois*.

538 IL a donné des Commentaires fort utiles & néceſſaires même ſur l'*Eſchyle*, dont il a procuré une nouvelle édition à Londres en 1664. in fol. avec ſa Verſion & des Scholies Grecques où il a apporté beaucoup de ſoin & de diligence.

Journal du 2. Mars. 1665.

EMERY ou MERIC CASAUBON fils d'Iſaac, mort vers 1665. ou 1666 (1).

539 NOus avons de lui des notes ſur le ſaint *Optat* de Milevi, dans lesquelles il paroît n'avoir pas aſſés de reſpect ni d'équité pour le mérite de Mr de l'Aubeſpine.

Nous avons encore des notes & des corrections ſur *Diogène Laerce*, qui ſont eſtimées auſſi-bien que ſes Commentaires ſur le *Marc-Antonin* Empereur Philoſophe, ſans parler de divers autres ouvrages où il a mêlé beaucoup de bonne Critique.

* Baillet ne nous a pas parlé des Diſſertations ſur Homere, ſous le titre *Diſſertationes de nupera Homeri editione, & loco Homerico dubiæ apud Antiquos interpretationis*, in-8°. *Lond.* 1659. ni de l'édition des Satires de Perſe qu'il a donné avec les Commentaires d'Iſaac Caſaubon. *in-*8°. à Londres 1647. comme auſſi ſon petit Traité de *Herocles, de Providentia & Fato &c. cum Prolegomen. Joan. Pearſoni & Notis M. Caſauboni* in 8°. Lond. 1673. — *Optati Afri Milevitani libri* VII. *cum notis Merici Caſauboni* in-8°. *Lond.* 1631. — *Nota in M. Aurelium Antoninum ejuſdem Caſauboni* in-8°. *Lond.* 1621.*

1 ¶ Il mourut le 14. Juillet 1671.

540 MOnſieur Bochart (Samuel), *Normand* (1). Voyés ſon *Hierozoique* parmi les Phyſiciens, & ſon *Phaleg* parmi les Géographes.

¶ Mort l'an 1667.

Le P. LABBE (Philippe) Jefuite, mort en 1666.

541. Nous avons déja parlé de lui plus d'une fois dans la premiére partie de nos Critiques, & nous en parlerons encore parmi les Grammairiens Artiftes, les Géographes, les Chronologiftes, &c.

Mais il doit avoir auffi fon rang ici à caufe des notes & des corrections qu'il a faites fur les Annales de *Glycas* [en 1660.] & fur ce que nous avons d'*Olympiodore* & d'*Hefychius* [en 1648.] dans le corps de l'Hiftoire Bizantine ; à caufe de fa *Nouvelle Bibliotheque* de piéces qui n'avoient pas encore été imprimées jufqu'alors, & qu'il a publiées en deux volumes in folio [en 1657] & même à caufe de l'édition des *Conciles*, où on a mis quelques petites notes Critiques de fa façon, après que le P. COSSART homme prudent & judicieux lui eût fait retrancher la maffe des Commentaires qu'il méditoit fur les XVII. Volumes de ces Conciles [en 1671.]

Il y avoit une grande difference entre les qualités de ces deux Peres, le premier étant un des plus ardens & le plus laborieux homme de la Societé, au lieu que l'autre étoit lent & naturellement pareffeux, mais exact & de bon fens.

Le P. Labbe excelloit particuliérement dans la connoiffance des deux Langues Grecque & Latine, dans celle des Ecrivains & des Livres, & dans celle de l'Hiftoire. Mais il étoit encore plus diligent que Savant, & cet amour du travail a fait même quelque tort à fa réputation, parce qu'il l'a porté à vouloir multiplier le nombre de fes ouvrages plutôt qu'à les polir, & lui a acquis la qualité d'un Copifte fort adroit, mais d'un Auteur affés médiocre en ce qu'il a fait de fa tête, hors ce qui regarde les deux Langues.

Ainfi il y auroit lieu de s'étonner de voir que parmi un fi grand nombre de favans hommes que nous reprefente la Bibliotheque des Ecrivains de la Compagnie, le P. Sotwel ait choifi celui-ci pour en faire *le modele achevé d'un véritable Jefuite* qui confifte, dit-il, dans la maniére dont il a allié fa doctrine avec fa Religion.

Monsieur GAUMAIN (Gilbert) *Maître des Requêtes, puis Conseiller d'Etat*, mort vers 1667. (1) *agé de plus de 80. ans.*

542 IL avoit la réputation d'un des plus excellens Critiques de son siécle, & il a reçû des éloges magnifiques de tous les Savans de son tems, parmi lesquels il tenoit un des premiers rangs. On en peut voir un recueil assés ample dans la France Orientale de Mr Colomiez (2).

Il passoit pour un homme fort sûr & fort heureux dans ses corrections & ses conjectures, & Mr Costar (3) dit qu'il possedoit parfaitement toutes les Langues que la confusion de la Tour de Babel a introduites sur la terre, mais il excelloit particuliérement dans la connoissance de la Grecque, de l'Hebraïque, de l'Arabe, de la Turque, & de la Persane.

On a de lui des Commentaires & des Notes sur le *Psellus* des opérations des démons; sur le Roman d'*Eustathius* contenant les amours d'Ismène (4) & d'Isménie; sur celui de *Theodorus Prodromus* contenant les amours de Rhodane (5) & de Dosicle; sur le Traité de la vie & la mort de Moïse composé par un *Rabin*; sur le faux *Callisthène*.

C'est dommage qu'un homme si capable & si grave n'ait point fait un emploi plus serieux & plus solide des grands talens qu'il avoit reçûs de Dieu.

* *Versio & nota ad Theodori Rhodanten & Dosiclem & Amarantum* in-8°. *Paris.* 1625. *Versio & nota ad Eustathium de Ismenia & Ismenes amoribus* in-8°. *Paris.* 1618. — *Vita Mosis Heb. Lat. cum notis* in-8°. *Paris.* 1629. — *Psellus de Demonibus* in-8° *Paris.* 1623. *

1 ¶ Il mourut cette année-là.
2 Paul. Colom. Gall. Oriental. pag. 232. 233. 264. 265.
3 *Costar Apolog.* contre Girac, pag. 139.
edit. de 1657.
4 Voyés la note sur l'Article 293.
5 ¶ *Lisés* Rhodanthe.

Monsieur PAUMIER de GRENTE-MESNIL (Jacques (1)).

543 IL publia ses Exercices ou *Exercitations* sur les anciens Auteurs Grecs l'an 1668. Il y corrige & y explique un grand nombre d'endroits difficiles avec beaucoup de netteté & d'érudition.

1 Mort le 1; Octobre 1670. dans sa 80. année.

Monsieur CHEVREAU (Urbain.)

544 IL étoit (1) des bons Critiques de son tems quoiqu'il ait assés peu écrit. Nous avons de lui (2) des notes & des commentaires sur *Petrone* & sur les Poësies de Mr *de Malherbe*. Il est loué souvent par Mr le Fevre de Saumur qui étoit son ami particulier, & qui lui a addressé plusieurs de ses Lettres, par Mr Dacier & par les autres habiles Critiques du siécle.

1 ¶ Baillet a depuis avoué qu'il s'étoit trompé lorsqu'en cet Article il a parlé de cet Auteur comme d'un homme qui n'étoit plus. Urbain Chevreau n'est mort qu'en 1701. le 15. Février, agé de 87. ans, 9. mois, 26. jours.
2 ¶ Personne n'a vû ces notes ni ces commentaires.

MR LE FEVRE (Tanneguy) *Normand*, mais Professeur de Saumur. *Tanaquillus Faber* (1).

545 C'Est un des plus hardis; mais en même tems un des plus capables Critiques de notre siécle. Il a fait des corrections & des notes sur *Terence*, *Lucrece*, *Phedre*, *Lucien* de la mort de Peregrin, *Longin* du Sublime, *Apollodore* des Dieux, sur l'histoire diverse d'*Elien*, sur *Anacreon*, sur *Denys* d'Alexandrie surnommé le *Periegete*, sur le Panegyrique de *Pline*, sur *Justin*, *Florus*, *Eutrope*.
Il a publié aussi deux Volumes d'*Epitres* Philologiques in-4°. [à Saumur en 1674.] Toutes les matiéres qui sont traitées dans ces Lettres, sont presque de Critique. On y voit, dit Monsieur Gallois (2), plusieurs passages des anciens Auteurs expliqués avec beaucoup d'érudition, des conjectures ingenieuses pour rétablir des endroits qui paroissent corrompus, & de belles remarques touchant l'Histoire & la Chronologie. Mais il ajoute qu'il est difficile de dire si cette Critique de Mr le Fevre est plus avantageuse que préjudiciable aux Auteurs dont il parle. Car s'il a éclairci plusieurs endroits de leurs ouvrages, il y a fait voir plusieurs défauts considérables, & il a même prétendu montrer que souvent ils n'entendoient pas la langue dont ils se sont servis dans leurs livres, ni les Auteurs qu'ils citent,

1 ¶ Mort le 12. Septembre 1672.   2 Journ. des Sav. du 3. Mai 1666.

CRITIQUES GRAMMAIRIENS. 461

& il donne pour éxemple entre les autres *Tite-Live*, *Terence*, *Ariſtote*, Le Fevre. &c. Mais tout cela n'eſt fondé que dans ſes imaginations, & ſur la paſſion qu'il avoit de critiquer. Le même Cenſeur dit qu'il a porté ſa Critique juſques ſur l'Ecriture ſainte ; qu'il a touché à quantité d'endroits dans leſquels il a changé des mots, tranſpoſé des périodes, & quelquefois ôté des lignes toutes entieres, & cela ſans apporter aucune preuve de ce qu'il avance, ſi ce n'eſt qu'il lui ſemble que le ſens en ſeroit meilleur & plus intelligible. Mais que ces conjectures qui peuvent être tolerées dans les Auteurs profanes ſont d'une dangereuſe conſéquence dans l'Ecriture ſainte. Qu'il a mis dans le ſecond Volume de ces Lettres une Comédie d'Ariſtophane de ſa traduction avec des Commentaires ſavans qu'on blâme néanmoins de trop de liberté en ce qu'il prétend découvrir certaines obſcénités, dans leſquelles Ariſtophane avoit affecté d'être obſcur.

Mr le Fevre n'avoit pas témoigné être auſſi content que les autres de cette cenſure, & ſur quelques plaintes qu'il en fit, Mr Galois ſe crût obligé d'en donner la juſtification dans un autre Journal (1).

Quand Monſieur le Fevre fut ſurpris de la mort, il ſongeoit à publier de nouvelles corrections & des notes ſur *Eſchyle*, *Sophocle*, *Euripide*, *Plaute*, & ſur *Ciceron* même. Il avoit auſſi promis le *Callimaque*, que Mademoiſelle ſa fille donna depuis en 167⅟. Mais la plus importante de ſes promeſſes dont la mort empêcha l'éxécution, étoit de rentrer dans le ſein de l'Egliſe Catholique, d'où il n'étoit ſorti que par une pure legereté d'eſprit, comme le témoigne Mr Huet qui étoit ſon ami & ſon compatriote (2).

* *Titi Lucretii de rerum natura, emendationes cum notulis perpetuis* in-4°. *Salmurii* 1662. — *Notæ in Fabulas Æſopi* in 8°. *Salmurii* 1657. — *Dionyſius Alexandrinus de ſitu orbis* in-8°. *ibidem* 1676. — *Fabulæ ex Locmanis Arabico Latinis verſibus reddita* in-8°. 1673. *ibidem*. — *Anacreonis & Sapphonis carmina* in-8°. *ibid*. 1660. — *Æliani variæ Hiſtoriæ Gr. Lat.* in-8°. *ibid.* 1678. — *Apollodori Athenienſis Bibliotheca ſive de Diis* in 8°. *ibid* 1661. — *Plinii Panegyricus* in-8°. *ibid.* 1671. — *Dionyſii Longini & Rhetoris libellus* in-8°. *ibid.* 1663. — *Phædri Fabulæ & P. Syrimimi* in-8°. *ibid* 1633. — *Terentii Comœd.* in-8°. *ibid.* 1671. — *Horatii* in-8°. *ibid.* 1671. — *Virgilii* in-8°. *ibid* 1675. — *Juſtini* in-8°. *ibid.* 1671. — *Eutropii & Aurelii Victoris* in-8°. *ibid.* 1672. — *Luciani de morte Peregrini libellus Græ.-Lat.* in-8°. *Pariſ.* 1653. *

1 Journal des Sav. du 11. Juillet. 1666.   2 P. D. Huet. de Demonſtrat. Evangel. &c.

Mr ALLACCI Grec, *Leo Allatius de Chio*, *Bibliothecaire du Vatican*, mort en 1670. selon d'autres en 1669 (1).

546 Il y a peu de Critiques qui ayent corrigé, expliqué & publié plus d'Auteurs Grecs Ecclésiastiques & Profanes de toute Profession & de tout âge, mais particuliérement de ceux qui ont écrit depuis l'établissement du Christianisme jusqu'à la prise de Constantinople par les Turcs. Leur grand nombre nous empêche de les nommer ici. On en trouvera la liste dans son livre des *Abeilles Urbaines*, mais seulement des éditions qu'il avoit procurées jusqu'en 1632. depuis ce tems Barthold de Nihuys ou Nihusius en fit un autre Catalogue mieux fourni, mais le plus ample est celui que le sieur Laurens Crasso a mis au bout du premier Volume de ses éloges, quoiqu'il ne soit point parfait.

Le P. Labbe l'appelle le plus savant de tous les Grecs de son siécle (2), mais alors il n'en coutoit pas beaucoup pour acquerir cet avantage. Monsieur Arnaud témoigne aussi en faire de l'estime (3). Et il n'y a point de savant ni d'honnête homme parmi les Gens de Lettres qui ne l'honorât, & qui ne publiât ses louanges en toute occasion.

On voit dans celui de ses livres que nous venons de citer un Recueil d'Auteurs célébres qui ont parlé de lui avec éloges : & un autre de ceux qui ont fait des vers & d'autres piéces à sa gloire (4), mais on peut dire que c'est peu de chose en comparaison de ce qui s'est dit & qui s'est écrit depuis à sa louange.

1 ¶ Leon Allazzi mourut au mois de Janvier 1669. dans sa 83. année.
2 Phil. Labbe Biblioth. pag. 112.
3 Perp. de la Foi sur l'Eucharist.
4 De Apib. Urb. pag. 169. 180.

547 Jacques TOLLIUS (1) donna l'Ausone de *Variorum* en 1671. mais il n'a pas entiérement contenté le Public.

1 ¶ Mort l'an 1696.

CRITIQUES GRAMMAIRIENS.   463

Mrs GRONOVIUS pere & fils, *d'Hambourg*, *le pere* JEAN FREDERIC *mort en* 1672. *le fils* JACQUES *aujourd'hui vivant* (1).

548. IL paroît par un grand nombre de Lettres que Monsieur de Saumaise (2) a écrites au Pere qu'il étoit homme de grande Literature, qu'il étoit très-versé dans toute l'Antiquité & habile Critique. En effet sa principale occupation étoit d'éxaminer & d'expliquer les Auteurs. Monsieur Konig dit (3) qu'il passoit pour une personne de grande éxactitude dans cet éxercice.

Ce qu'il a fait sur *Seneque* le tragique est fort estimé selon Monsieur Borrich (4). Ses Commentaires sur *Tite-Live* ne le sont pas moins, il les publia en trois Volumes in-8°. en 1665. mais Monsieur Colomiez (5) juge qu'il seroit bon d'y joindre les Lettres de Monsieur son fils qui dans un âge peu avancé avoit déja, dit-il, rempli la mesure de son pere, ajoutant qu'on y trouve quantité d'endroits qui regardent la Géographie admirablement corrigés. Il a fait une histoire longue & éxacte des Manuscrits de cet Historien, des éditions qu'on en a faites dans la suite des tems & de la liste de tous ceux qui ont travaillé par leurs notes, par leurs corrections, par leurs réfléxions, & par leurs Critiques à le rétablir & à l'augmenter (6).

Jean Frederic publia encore trois livres d'observations mêlées in-8°. en 1639. un Volume d'observations Eccléfiastiques en 1651. & un autre Livre de nouvelles observations Critiques en 1652. outre la Dissertation Critique qu'il a faite sur les cinq livres des Silves du Poëte *Stace* qui parut en 1637, & la réfutation de ce qu'Emery de la Croix avoit écrit contre cet ouvrage, & dont nous parlerons parmi nos masques sous le titre de Merc. Frond. Mais je ne sai pourquoi Monsieur Furetiere (7) l'a mis au rang des Pédans incommodes & des mauvais Critiques (8).

Monsieur GRONOVIUS le fils soutient très-bien la réputation du pere. Le sieur Konig lui donne des éloges magnifiques, (9) & il releve le mérite des services qu'il a rendus à beaucoup d'Auteurs Grecs.

1 ¶ Il est mort en 1716. & étoit de Déventer.
2 Cl. Salmas. Epistolar. pass.
3 G. M. Konig. Biblioth. V. & N. p. 365.
4 Olaus Borrich. de Poëtis pag. 57.
5 Paul Colom. Biblioth. Choif. pag. 30.
6 Le P. Rapin præface sur le Parallele de Thucydide & Tite Live.
7 ¶ Voyés la note sur l'Article 518.
8 Nouv. Allegor. des troubles arrivés au Royaume d'éloquence.
9 Konigii Biblioth. Vet. & Nov.

Nous avons de lui des supplemens d'endroits qui manquoient dans *Enée le Tactique*, ou de l'art militaire, dans *Dion Cassius*, dans *Arrien* des expéditions d'Aléxandre, cela fut imprimé à Leyde en 1675. il publia en 1681. un fragment du *Stephanus* sur Dodone avec des exercitations Critiques de sa façon, il y a rapporté les trois Versions de Messieurs Tenneuil, Berkel, & Pinedo. Ce n'est pas qu'il ait crû (1) qu'elles fussent fort nécessaires, mais c'est pour les confronter ensemble, & pour faire conclure que ces sortes d'ouvrages des anciens Grammairiens n'ont pas grand besoin de Version. Et en 1682. il fit imprimer les Notes de Monsieur *Valois* l'aîné sur l'*Harpocration* à Amsterdam in-4°. Il a donné encore quelques Dissertations singuliéres, où l'on trouve une Critique savante & judicieuse.

1 Journal d'Allemagne de 1681 pag. 224. 225.

Monsieur VALOIS (Henri) *Parisien*, mort en 1676.

549 IL n'y a point de Critique qui ait fait plus d'honneur à sa Profession que Monsieur Valois, il avoit toutes les qualités nécessaires pour la bien éxercer, & il en a maintenu & augmenté même la dignité avec beaucoup d'éclat.

Son *Ammien Marcellin* fut un de ses premiers essais. Cet excellent Historien étoit estropié, corrompu & presque entiérement perdu par l'injure des tems, par la négligence & l'ignorance des Copistes, & par la témérité de certains audacieux Critiques, qui avoient pensé lui donner la mort sous prétexte de vouloir remedier à ses maladies.

Monsieur Valois y rétablit toutes choses, & expliqua les endroits difficiles dont le nombre étoit infini, il y fit un tres-grand nombre de corrections savantes, heureuses, & pour la plupart fort surprenantes, il y ajouta des notes remplies d'une érudition profonde.

Cet ouvrage fut reçu avec de grandes approbations du Public, parce que les Antiquités Romaines de ce tems-là, les Loix & les Coûtumes, les Offices de la Maison de l'Empereur, les Charges civiles & militaires &c. (1) n'avoient jamais été mieux ni plus clai-

1 Journal des Sav. du 28. Juillet 1681.

rement

CRITIQUES GRAMMAIRIENS. 465

rement expliquées. On y a admiré, dit Mr son frere (1), la pénétra- Valois.
tion, la force & la subtilité de son esprit, le bonheur extraordinaire
avec lequel il a corrigé les endroits de cet Auteur les plus desesperés,
le grand fonds d'érudition dans ses explications, la sublimité de son
genie, la solidité de son jugement, la varieté & l'étenduë de sa lecture.

Cette édition parut en 1636. mais elle devint si rare dans la suite
que Mr Valois le jeune son frere crût rendre un grand service au
Public d'en procurer une nouvelle [en 1681. in-fol.] qu'il rendit
non seulement plus exacte & beaucoup plus magnifique, mais encore plus ample par l'augmentation des secondes notes que son frere
avoit faites depuis la premiere édition, des observations de Lindembroge, & des siennes particulieres, qui ne laissent rien à desirer
pour la perfection d'un ouvrage imparfait.

Les principaux d'entre ses autres ouvrages de Critique sont ses
corrections & ses notes sur les Extraits des anciens Historiens Grecs
des Vertus & des Vices faits par l'ordre de *Constantin Porphyrogenete*; mais particuliérement ses observations admirables sur les
Historiens Ecclesiastiques *Eusebe, Socrate, Sozomene, Theodoret,
Evagre, Theodore le Lecteur, Philostorge* &c. [tous en 3. vol. Grec
& Latin in-fol. 1673. 78. & 1686. chés Petit.] avec diverses Dissertations Critiques qu'il a fait imprimer à la fin de ces Volumes
qui lui ont acquis une réputation éternelle.

L'on a encore ses Notes sur le Dictionnaire d'*Harpocration*, &
sur l'édition de Mr de Maussac, qui ont été imprimées à Leyde en
1682. in-4°. par les soins de Mr Gronovius le jeune qui les avoit euës
du sieur Prousteau Jurisconsulte d'Orleans; puis en 1683. dans la
même Ville & dans la même forme avec la traduction de Mr Blancard. Mr de la Roque témoigne (2) que ces notes sont belles &
savantes, & qu'elles ont quelque chose de curieux & de singulier
pour ce qui regarde la délicatesse de la Poësie & de l'Eloquence
Grecque, la Fable & la Geographie.

On peut voir le reste de ses ouvrages dans une liste qu'en donne
Mr Colomiez (3) & dans sa Vie faite par Mr son frere, dans laquelle
on apprend que tous ses Ecrits généralement sont très-estimés,
comme étant remplis de la Critique la plus fine & la plus judicieuse.

En effet il connoissoit cet Art si parfaitement, qu'il en avoit composé un Traité considerable, pour faire voir quelle est son origine

---

1 Had. Valef. vit. Henr. frat. edit. Bat.
2 Jour. des Sav. du 6. Juillet 1685.
3 P. Colomef. opuscul. Literar. particularités.

Valois. & son établissement, comme de la plus noble partie de la Grammaire, quelles sont ses fonctions, ses ressorts, & son utilité, & enfin qui sont ceux que les Anciens appelloient *Critiques*. Mais Mr son frere dit (1) qu'il ne mit point la derniere main à ce bel ouvrage, & il y a apparence qu'il est péri & supprimé dans l'obscurité chés sa Veuve.

Mr Gronovius qui avoit fait une amitié particuliere avec lui, prétend (2) qu'il y a peu d'Auteurs qu'il n'ait vûs, & ausquels il n'ait fait quelque bien par sa Critique, sur tout parmi les Grecs ; qu'on doit le considerer dans la République des Lettres, comme cet ancien Hercule qui étoit honoré en qualité de Liberateur du Genre humain parce qu'il n'y a point de monstres nés dans la barbarie des siecles posterieurs qu'il n'ait aisément défaits, quelques terribles qu'ils eussent été aux plus hardis d'entre les Critiques d'avant lui. Il dit que son grand talent étoit de rétablir les endroits les plus perdus, qu'il expliquoit par tout ce qu'il y avoit de plus beau dans l'Antiquité pour l'Histoire, la Fable & les belles Lettres. Il ajoûte qu'il avoit montré & tracé le grand chemin à la veritable & à la belle érudition qui est bien differente de celle qu'on puise dans les Ecoles, & qui ne s'y acquiert que d'une maniere fort séche & fort sterile.

Mais ce flambeau n'étoit pas toujours sans fumée. Quelques-uns remarquent dans ses Ecrits un air un peu imperieux & chagrin, & qui fait connoître un esprit rempli de lui-même. Ce qui revient assés avec la peinture que Mr son frere nous en fait dans sa vie en ces termes. (3)

,, Quand il avoit dit à quelqu'un la moindre chose concernant les
,, belles Lettres ou quelque autre science, il vouloit non seulement
,, qu'on lui en sût gré, mais même qu'on lui en témoignât des re-
,, connoissances publiques dans les livres qu'on imprimoit, & qu'on
,, le fît toujours avec de grands éloges, quoique souvent il n'eut dit
,, qu'un mot en passant. Il s'attribuoit arrogamment (4) tout ce qu'il
,, avoit vû ou qui lui étoit jamais venu dans l'esprit, & il vouloit

---

1 Hadr. Valef. vit. fratr. pag. 729. edit. Batef.

2 Jacob. Gronov. epist. dedicat. Notar. Velesian. ad Maussaci Harpocrationem.

3 Vit. Valef. ad calc. vit. vir. illustr. Boissf. pag. 732.

4 ¶ Voici tout au long les paroles d'Hadrien de Valois extraites de l'endroit cité par Baillet : *Si qui observationes suas fraude aliqua aut se inconsulto, nec permittente, sibi vindicavissent, librisque suis inseruissent, plane irascebatur, & querebatur palam. Quin etiam, si vel leve aliquid ad literas pertinens cuiquam dixisset, in voluminibus editis aut rem totam supprimi, atque præteriri : aut gratam sui mentionem fieri volebat, & se inhonoratum transmitti, ac honore qualiscumque observationis fraudari indignabatur. Suum quidem esse, quod sibi aliquando visum esset, ac venisset in mentem, rei autem suas ubicumque, aut à quocumque interceptæ essent, jure ab se repeti posse arbitrabatur. In quo sane accidit aliquando, ut amicos &*

CRITIQUES GRAMMAIRIENS. 367

„s'en rendre tellement le Maître & le Proprietaire, que quand il Valois.
„voyoit dans les Ecrits des autres quelques-unes de ces pensées ou
„de ces mots qu'il s'imaginoit sottement venir de lui, il se mettoit
„tout de bon en colere de ce qu'on ne lui en rendoit point l'hom-
„mage, & qu'on ne chantoit pas ses louanges comme il le de-
„mandoit.

„En quoi son frere le condamne avec d'autant plus de raison
„qu'il étoit d'ailleurs fort avare d'éloges selon lui, & que par une
„basse jalousie il rendoit rarement, dit-il, toute la justice qui étoit
„dûë aux autres Savans. Il ne trouvoit presque rien à son goût,
„tant il étoit délicat & difficile, & quand il étoit obligé de recon-
„noître qu'il y avoit quelque chose de bon dans un livre, jamais il
„ne l'approuvoit universellement. Il louoit fort peu & blâmoit beau-
„coup, il aimoit fort à juger & à controller les Ecrits d'autrui,
„mais il ne pouvoit souffrir qu'on trouvât la moindre chose à redire
„aux siens, & qu'on se donnât la liberté d'y rien reprendre, pré-
„tendant que la plupart de ceux qui se mêlent de censurer les ou-
„vrages des autres, ou n'y entendent rien, ou suivent leur passion
„particuliére, & se promettant sans doute que personne ne seroit
„assés hardi pour le mettre de ce nombre.

quosvis alios eruditos scriptores, falso ac sine causa suspectos habeamus, accusemusque plagii. Quis enim, quantumvis doctus, negare ausit, id quod observavit, aut à nemine antea observatum fuisse, aut ab aliquo alio sibi incognito, eodem tempore observari potuisse: ita de suis similibus judicare, est hominis aut nimium ingenio suo confidentis, aut nimium diffidentis alieno. Je demande avec Ménage s'il y a dans tout ce discours quelque expression qui revienne à ces paroles injurieuses: *s'attribuoit arroganment & s'ima-* ginoit sottement, lesquelles Baillet allégue comme dites par Hadrien de Valois en parlant de son frere? Il ne faut pas s'étonner après cela dés ïambes d'Hadrien de Valois rapportés page 17. du tome 2. de l'Anti-Baillet. Le fils de l'Auteur ne les supprima dans les Poësies de son pére, & n'en parla, comme il a fait page 207. du Valesiana que par politique à cause des Patrons de Baillet.

---

550 DOM FRANCOIS DELFAU, Benedictin, qui avoit commencé l'édition des œuvres de S. Augustin. Voyés cy-après au titre de Dom Thomas Blanpain.

Il fut noyé l'an 1676.

JEAN PRICÆUS Anglois, *mort Catholique en* 1676.

551 C'Eſt un des meilleurs Commentateurs & des plus habiles Critiques de ces derniers tems au jugement de Mr Colomiez (1), qui dit qu'il étoit d'une vaſte Literature & d'un grand jugement.

Il a receu des éloges tout extraordinaires des plus célebres Proteſtans du ſiécle, entre autres de Meſſieurs Sarrau, Uſſerius, Heinſius, Selden, Voſſius, Morus &c. ſans parler de divers ſavans Catholiques qui ont auſſi témoigné l'eſtime particuliere qu'ils en faiſoient. On a de lui des notes ſur la Metamorphoſe d'*Apulée* imprimée à Goude en 1650. in-8°. & ſur l'Apologie du même Auteur à Paris 1648. in-4°. à l'occaſion deſquelles le même Critique dit que ſi nous avions toutes les œuvres d'Apulée commentées par Pricæus, nous nous paſſerions aiſément de ſes autres Commentateurs.

Il a fait encore un bel ouvrage d'obſervations Critiques ſur le Nouveau Teſtament & ſur les Pſeaumes; mais nous en parlerons ailleurs.

Il avoit auſſi beaucoup travaillé ſur *Aulu-Gelle*, & ſur divers autres Auteurs. Il ſe fit Catholique à Florence & mourut à Rome.

1 P. Colomiez Biblioth. Choiſ. pag. 136. 138.

Mr LE PRIEUR (Philippes) *Priorius*.

552 IL a retouché les éditions de *Tertullien* [in-fol. à Paris 1675.] & de S. *Cyprien* [in-folio à Paris 1666.] faites par Mr Rigaut, il y a ajouté quelques notes des autres & les ſiennes même avec ſes argumens; & ſon travail a été fort bien receu du Public. Il s'eſt encore fait connoître par ſon Traité des Formules de Lettres Eccléſiaſtiques, [ſous le titre *Philip. Priorii diſſertatio de Literis Canonicis, cum appendice de Tractoriis & Synodicis* in-8°. *Pariſ.* 1675.] Mais il s'eſt caché pour écrire contre le ſieur de la Peyrere, & nous pourrons le découvrir ailleurs.

Le P. DE POUSSINES (1) ou POSSIN (Pierre) Jesuite, de *Narbonne*, né en 1609.

553 CE Pere a fait des corrections & des notes sur un grand nombre d'Auteurs Grecs qui ont vécu sous les Empereurs Chrétiens, entre autre sur *Nicetas*, le Sophiste *Polemon*, S. *Nil*, l'Empereur *Leon*, *Anne Comnene*, *Theophylacte*, S. *Methodius*, les Actes de sainte *Perpetuë*, &c. *Nicephore Bryenne*, *Pachymere* avec six livres de savans commentaires; une *chaîne* de Peres Grecs sur saint Marc en 1678. quelques Auteurs *Ascétiques*, & diverses autres piéces, dont on peut voir le Catalogue jusqu'en 1675. dans la Bibliothéque du P. Sotwel. Il fait paroître par tout beaucoup d'érudition & beaucoup de connoissance des affaires Ecclésiastiques & Civiles de l'Empire d'Orient. Il n'y a presque aucun de tous ces Auteurs, dont il n'ait fait aussi la traduction.

¶ Pierre Poussines, sans *de*, étoit son vrai nom.

THOMAS PINEDO (Juif) *Portugais*.

554 ON imprima en Hollande en 1678. [*in-fol.*] ses notes sur le *Stephanus* de Bysance avec sa version. Mais il n'y a rien de fort rare ni dans ses conjectures, ni dans ses remarques. Il y fait paroître quelque lecture, mais elle est assés triviale, & il ne nous apprend rien de particulier. Pour ce qui est des corrections & des conjectures, outre que Pinedo en doit une bonne partie à Jean *Hartungus*, qu'il n'allégue que rarement, il y en a peu qu'on puisse nommer heureuses & de la force de celles des Léopards, des Scaligers, des Maussacs, & des Saumaises. C'est le jugement qu'en fait Mr Colomiez dans sa Bibliothéque choisie, page 46. 47.

Mr GALE (Thomas) Anglois.

555 SEs Notes critiques sur le *Jamblique* (1) qu'il traduisit, & qu'il publia en Grec & en Latin l'an 1678. sont fort savantes, suivant le témoignage qu'en rend l'Auteur du Journal du 6. *Mars* 1678.

1. ¶ Il faloit écrire *ïamblique*. Voyés la note sur l'article 193.

Le P. COMBEFIS Jacobin (François), mort en 1679.

356 C'Etoit un Critique très-laborieux & diligent, qui avoit une industrie particuliére pour déterrer les Manuscrits, & quoiqu'au sentiment de nos plus judicieux Critiques, il n'eût pas toujours tout le discernement qu'on auroit souhaité, on ne laisse pas de tirer beaucoup d'utilité de ses Notes & de sa Critique. Et quand nous n'aurions que les Monumens Ecclésiastiques d'un si grand nombre d'anciens Auteurs dont il a procuré l'édition, la République des Lettres lui aura toujours des obligations immortelles.

Les principaux Auteurs dont il nous a donné des Fragmens ou des Traités entiers sont *Joseph*, S. *Hippolyte* le Martyr, S. *Methodius*, S. *Clement d'Alexandrie*, S. *Irenée*, S. *Epiphane*, *Severien de Gabale*, S. *Nil*, *Arsene*, *Hyperichius*, *Nicetas* le Patricien, *Nicetas* de Paphlagonie, *Photius*, *Alexandre* de Lycople, *Didyme* d'Alexandrie, *Manuel Calecas*, *Jean* de Cyparisse, *Gregoire Palamas*, *Constantin* Porphyrogenete, *Procope*, S. *Germain* Patriarche de Constantinople, S. *Nicephore* aussi Patriarche, avec d'autres piéces anonymes qu'il a traduites & expliquées par des commentaires. Il en publia quelques-unes à Paris en 1664. in-4°. sous le nom de Recueil de piéces concernant l'Histoire de Constantinople, & il fit des autres un Volume in-folio qui parut à Paris en 1678. sous le titre d'augmentation de la Bibliothéque des Peres Grecs.

Il avoit déja donné en 1644. ses notes sur les ouvrages de S. *Amphiloque* d'Icogne, de S. *Methode* de Patare, & d'*André* de Crete. Et en 1645. il mit au jour les défenses des Notes & des Scholies de S. *Maxime* sur S. Denys l'Hierarchique.

Ce qu'il fit sur quelques Homélies de S. *Astere* & de quelques autres

Anciens, parut avec son Histoire des Monothélites l'an 1648. en Grec & en Latin en deux Volumes. Et ses notes sur la Chrogiaphie de *Théophane*, & sur les vies des Empereurs par *Leon* furent imprimées en 1655. sans parler du gros Recueil des Sermons des Peres qu'il a appellé *Bibliothéque des Prédicateurs*, & qui parut avec une augmentation en deux parties l'an 1672. en huit Volumes.

Au reste le P. Combesis s'étoit si fort appliqué à l'étude des Peres Grecs, que peu de gens le surpassoient dans l'intelligence de leurs ouvrages. Mais il avoit un attachement particulier pour S. *Basile*, dont il avoit tâché d'imiter la conduite & la sainteté pendant sa vie, aussi étoit-il encore meilleur Religieux que bon Auteur. Son dernier ouvrage est la revision des œuvres de S. *Basile*, & ce qu'il en avoit fait parut en 1679. in-8°. en deux Volumes. Il en corrigea le texte & les versions aussi-bien que les diverses éditions qu'on avoit faites des œuvres de ce Saint jusqu'alors, & y ajouta des Notes.

Journal du 21. Août 1679.

Mr HEINSIUS le fils (Nicolas), mort en 1681.

557 SOn *Prudence* [en 1667. à Amsterdam in-12.] est le meilleur de tous ceux qu'on avoit donnés jusqu'alors : & le Public a jugé la même chose de son *Claudien*, qu'on a préféré même à celui de Barthius, & dont la seconde édition est beaucoup plus éxacte que la premiére, [en 1650. à la Haye in-12.] Néanmoins Monsieur Gallois dit que (1) toutes ces remarques de Monsieur Heinsius ne servent presque qu'à rendre raison de ce qui a été changé dans le texte.

Il a employé trente ans à revoir *Virgile*, & à y corriger les fautes que les Copistes y ont laissé glisser, les commentaires qu'il a préparés sur cet Auteur ne sont pas encore au jour. Il a aussi travaillé sur les autres Poëtes avec autant d'application & d'éxactitude, quoiqu'il y ait mis beaucoup moins de tems. Cependant à la mort il désavoua tous ses ouvrages, & témoigna le regret qu'il avoit de laisser après lui ce qu'il appelloit les *Monumens de sa vanité*.

Il a été loué & honoré par la plupart des Savans du tems, Mon-

1 Journ. des Sav. du 11. Janvier 1666.

fieur Feller (1) l'appelle le Cigne de la Hollande. Monfieur de la Roque (2) dit que c'étoit un homme d'un caractére aifé, d'un naturel heureux, & d'un efprit doux & honnête ; qu'il écrivoit avec pureté & avec politeffe ; que c'eft particuliérement en défendant fon pere qu'on voit triompher fon efprit, & que la bonté de fon cœur paroît toute entiére. Car s'abandonnant à toute la force de fon éloquence, il fait, mais avec modération, le procès à ces Ecrivains qui attendent la mort de leurs rivaux pour les décrier. Il (3) dit qu'il n'a pas à craindre le même fort pour fes ouvrages, & que lorsqu'on a autant de difcernement, de bon goût & d'éxactitude qu'il en avoit, on eft à couvert de la plus févére Critique.

* *Prudentius Aurelius Clemens cum notis Nic. Heinfii* in-12. *Amftel.* 1667. — *Claudianus* (*Claudins*) *cum notis ejufdem* in-12. *Lugd.-Bat* 1650.

1: Joach. Fell. Journal d'Allemagne 1682. 2 Journ. des Savans du vingt-deux Mars 1682.
3 ¶ Cet *il*, c'eft Mr *de la Roque*.

LE P. GARNIER (Jean) Jefuite, mort à Boulogne la Graffe en 1681. le 26. Octobre.

558 CE Pere avoit acquis la réputation d'un des plus favans hommes de fa Compagnie. Il avoit une grande connoiffance de l'Hiftoire Eccléfiaftique, & Mr de la Roque dit que les remarques Critiques qu'il a faites fur ces matiéres font ce qu'on eftime le plus entre tous fes ouvrages (1). C'eft lui qui a donné le *Julien* d'Eclane ou Fricento en Campanie fameux Pélagien, avec des notes de Critique [in-8°. à Paris 1673.] l'ouvrage de *Liberat* Diacre de Carthage appellé l'*Abregé ou l'Etat de la Caufe des Nefloriens & des Eutychiens* [in-8° à Paris 1675.] & le Journal des Papes, dit *Liber Diurnus Pontificum Romanorum* [in-4°. 1680.]

Il a publié auffi le *Marius Mercator* avec des Commentaires [*in-fol.* Paris 1673.] que Mr Gallois (2) dit être favans & de grande recherche, non feulement pour les tems ausquels les chofes que traite Mercator font arrivées, mais encore pour les paffages des Peres, & les autres autorités qu'il a crû devoir fournir pour confirmer ce qui avoit befoin de preuve. Cette édition eft beaucoup plus ample

*Journ. des Sav. du 15. Mai 1684. 2 Journ. du 1. Janvier 1674.

& plus

CRITIQUES GRAMMAIRIENS. 473

& plus compléte que celle de *Rigberius* (1), parce que celle-là a été Garnier. faite sur un excellent Manuscrit de l'Eglise de Beauvais, & celle-ci sur un du Vatican qui étoit moins ample. Mais le Pere Garnier pour avoir voulu nous faire un trop grand présent, a mis son Mercator presque hors d'état d'être lû, l'ayant enfoncé dans ses vastes Commentaires qui ont rebuté le Public, & l'ont fait courir après le Mercator de Rigberius, lequel quoique moins achevé, n'étant qu'un petit volume in-seize, semble avoir supplanté l'autre qui est en deux volumes in-folio.

Ce *Rigberius*, que nous démasquerons ailleurs, n'ayant pas voulu se faire connoître par cet ouvrage, nous n'avons pas crû devoir le mettre à son rang, & sous son véritable nom. C'est pourquoi nous nous contenterons de dire ici que ses notes sont estimées très-sçavantes & très-judicieuses, & que c'est uniquement ce qui a rendu considérable son édition qui fut faite à Bruxelles en 1673. quoiqu'il y manque un assés bon nombre de piéces ou extraits qui sont dans celle du P. Garnier, laquelle est d'un tiers plus ample sans y comprendre les Commentaires. Il faut remarquer aussi que celle de Rigberius est moins correcte en quelques endroits, ce qui ne vient que du défaut de son Manuscrit, & qu'elle est récompensée par d'autres circonstances qui l'ont fait préférer à l'autre.

Mais de tous les ouvrages de Critique du P. Garnier, Mr de la Roque prétend (2) qu'il n'y en a point qui luifasse plus d'honneur que les savantes Notes qu'il a faites sur le Supplément des œuvres de *Théodoret* [*in-fol.* 1684.] pour faire connoître le caractére de l'esprit de ce Pere, sa conduite, l'adresse de ses expressions pour insinuer sa doctrine dans les esprits, & les cinq dissertations Critiques qui font une partie assés considérable de ce Volume. Et il ajoute que ce Livre est le plus juste, le plus éxact & le plus accompli de tous ceux qu'il nous a laissé. Néanmoins comme il avance diverses choses qui paroissent préjudiciables à la haute réputation de Théodoret, qui étoit non seulement un des plus savans hommes, mais encore un des plus grands saints, & un des plus capables & des plus judicieux Prélats de toute l'Eglise de son tems, il ne faut pas s'étonner si plusieurs Critiques d'aujourd'hui ne donnent pas entièrement les mains à tout ce qu'il en dit : hors ce qui regarde sa brouillerie avec S. Cyrille au sujet de Nestorius & de Jean d'Antioche. Le nombre des Censeurs qui ont trouvé a redire à divers endroits des Notes qu'il a faites sur tous

1 ¶ C'est le P. Gabriel Gerberon Bénédictin. 2 Journal du 15. Mai 1684. *ut sup. &*

474 CRITIQUES GRAMMAIRIENS.

ces Auteurs n'eſt pas fort petit, & il fut encore augmenté depuis quelques années par quelques-uns des plus ſavans Critiques des pays étrangers.

Le P. LUPUS, ou WOLFS (Chrétien) Ermite Auguſtin, d'*Ipres*, mort en 1681.

559 IL nous a donné des notes & des ſcholies ſur les Canons & les Décrets des *Conciles* en cinq volumes ; de doctes commentaires ſur le livre des Preſcriptions de *Tertullien* ; les Actes concernant le Concile d'*Ephèſe* & le *Neſtorianiſme* avec un volume de Commentaires ; les Lettres de *ſaint Thomas* de Cantorbie, mais ſans notes, & d'autres ouvrages qui ne regardent point notre ſujet.

Il fait paroître dans tous ſes Ecrits beaucoup de lecture & de pieté ; mais quelquefois aſſés peu de diſcernement. Il a été refuté par le P. Garnier en bien des rencontres & par divers autres Critiques : & ſelon toutes les apparences il le ſera encore davantage dans la ſuite.

Le P. Sabathini qui a fait ſa vie, dit que ſon ſtyle eſt plus ſavant que poli ; c'eſt-à-dire qu'il a négligé les expreſſions & les mots pour ne s'attacher qu'aux choſes.

* *Synodorum Generalium ac Provincialium Decreta & Canones, ſcholiis & notis* v. *vol.* in-4°. *Lovanii* 1665.—*Collectio variarum Epiſt. pertinentium ad Concil. Epheſinum* 11. *vol.* in-4°. *Lovanii* 1652.—*In Tertulliani librum de præſcriptionibus adverſus hæreticos, cum notis* in-4°. *Bruxellis* 1675. — *De Appellationibus ad Eccleſiam Romanam* in-4°. *Moguntiæ* 1681.*

Mr OYSEL (Jacques).

560 IL donna en 1666. ſes commentaires & ſes corrections ſur *Aulu-Gelle* conjointement avec ceux de Thyſius qui avoit commencé cet ouvrage. Il y réuſſit aſſés bien au gré du Public ; mais nous parlerons encore de lui parmi les Médailliſtes.

Le P. CHIFFLET (Pierre François), Jesuite, mort vers l'an 1682 (1).

561   IL fit imprimer les œuvres, de *S. Fulgence*, de *Ferrand* le Diacre, & de *Crisconius* avec ses notes en 1649. [*in*-4°. à Dijon.] Depuis ce tems-là, il donna en 1656. divers opuscules d'*Alcuin*, de *Raban*, de *S. Fulgence*, & de quelques *Anonymes* avec des notes; [*in*-4°. à Dijon.] Il publia les œuvres de *Victor* de Vite & de *Virgile* de Tapse; [*in*-4°. à Dijon 1664.] Et peu de tems avant sa mort il donna l'histoire de *Bede* avec quelques monumens concernant l'histoire de la premiére Race de nos Rois, entre autres une Vie de Sainte Geneviève faite par un Anonyme, qu'on vouloit bonnement nous faire passer pour un Auteur fort ancien, & dont on a publié depuis une traduction Françoise faite par le Pere Lallemant.

Au reste le P. Chifflet étoit tout-à-fait bon homme, qui ne manquoit pas d'érudition, & avoit grande connoissance des tems ausquels ont vécu les Auteurs qu'il a publiés, on lui auroit souhaité un peu plus de discernement & d'éxactitude.

Mr Le Brun loue les remarques Critiques qu'il a faites sur S. *Paulin* [*in*-4°. à Dijon 1662.]

1 ¶ Il mourut le 11. Mai 1682. agé de 92. ans.

Mr DE GOUSSAINVILLE (Pierre), mort en 1683.

562   Les notes que nous avons sous son nom dans la derniére édition de *S. Gregoire* le Grand sont savantes, judicieuses & assés hardies en certains endroits. Les corrections du texte sont éxactes & marquent un grand fonds de Critique, ayant été faites sur un grand nombre de bons Manuscrits. De sorte que quoique le sieur de Goussainville ait procuré cette édition de l'an 1575. [en 3. vol. *in-fol*. à Paris] il est visible qu'il n'a point pû tout seul éxécuter un dessein qui a eu tant de succès.

Et puisqu'il n'est plus au monde, nous pouvons sans craindre de faire peine à personne, nommer ceux qui ont eu le plus de part à cet ouvrage, & qui l'ont généreusement assisté, comme sont Mr *Julien*, Mr *Bigot*, Mr *De Tillemont*, Mr *Du Bosquet* Evêque de Montpellier, le P. *Gyvez* Chanoine Régulier, Dom Jean de *Lannoy*, & Dom Jean *Sacqu'espée*, tous deux de l'Ordre de Cisteaux; Mr le Cardinal *Bona*, Mr Le *Tonnellier* Chanoine Regulier de Saint Victor, & quelques autres qui ont pris la peine de recueillir les diverses Leçons de leurs Manuscrits pour les communiquer à celui qui prenoit le soin de l'édition.

Et pour ce qui est de l'Auteur des Notes sur les Epitres & les Dialogues, nous en parlerons parmi les Ecrivains déguisés sous l'Anagramme d'*En Lilium*.

Nous sommes encore redevables à Mr de Goussainville de l'édition des œuvres de *Pierre de Blois*, qui parut in folio avant celle de saint Gregoire [en 1667.]

Dom LUC DACHERY, Benedictin, mort en 1685.

563 L'An 1648. il donna le *Lanfranc* avec ses notes & une appendice, & le *Guibert* en 1651. qu'il accompagna de quelques additions, outre ses notes & une appendice. Et dans les années suivantes il publia le célébre Recueil de Piéces & Traités faits pour la plupart depuis la décadence de l'Empire Romain en Occident. Nous en avons treize Volumes in-4°. sous le titre de *Specilége* ou *Glanes*, quoique ce soit la recolte d'une moisson assés abondante. Les Préfaces & les petites notes font assés connoître l'érudition de leur Auteur, & son habileté dans la véritable Critique & dans la connoissance de l'une & de l'autre Histoire & des Antiquités Ecclésiastiques. Il semble qu'on lui doive encore une partie du travail Critique qui paroît dans les premiers Volumes des Actes des Saints de l'Ordre de Saint Benoît, le *Grimlaïc*, & quelques ouvrages Ascétiques qu'il a publiés séparément, où sa pieté n'éclate pas moins que son savoir. C'est le jugement qu'en font tous ceux qui par justice & par reconnoissance ont fait connoître au Public l'utilité qu'ils ont retirée de ses travaux.

Mais plusieurs estiment qu'on ne peut pas louer Dom Luc, que ces louanges ne rejaillissent sur ses amis, dont la diligence & les bons offices ont beaucoup contribué à le faire parvenir au rang qu'il tenoit parmi les gens de Lettres, & il est assés inutile de dissi-

CRITIQUES GRAMMAIRIENS.

muler qu'il doit une bonne partie de sa réputation aux secours & aux assiduités de quelques-uns de ses Confreres, & particuliérement de Dom Jean Mabillon.

Mr du Cange Préfat. Glossar. p. 72. num. 80. & la plupart des Critiques d'aujourd'hui.

Mr MENAGE (Gilles) d'*Angers*, aujourd'hui vivant (1).

,, 564 ,, Monsieur Costar (2) dit que pour consulter les Oracles il faut s'adresser aux Saumaises, & aux *Ménages*, ,, qui sont les Gardes-Trésors de l'Antiquité, & qui voyent si clair ,, dans les plus noires ténèbres des Histoires & des Fables les plus ,, éloignées, qu'il semble qu'ils ayent été de tous les siécles & de ,, tous les regnes. Mr Ménage dit de lui-même (3) qu'il n'y a guéres ,, d'hommes savans dans l'Europe qui ne lui ayent donné dans leurs ,, écrits des témoignages de leur estime, & que plusieurs même ,, d'entre eux lui ont fait l'honneur de lui adresser de leurs ouvrages. ,, Que néanmoins tous ces témoignages d'estime de tant de grands ,, hommes sont beaucoup moins avantageux à sa réputation que les ,, injures que je ne sai combien de petits Envieux ont publiées contre ,, lui dans leurs Rhapsodies; & que les libelles qu'on a faits pour le ,, diffamer lui sont infiniment plus glorieux que tous les Livres qui ,, ont été faits à sa louange.

Un Auteur célébre de nos jours (4) dit, qu'il est le Varron des François. Mr Pearson Evêque Anglois (5) l'appelle le grand Ornement de l'Eglise Gallicane. Et comme il ne paroît pas que Mr Ménage ait jamais rien fait à l'usage & à la gloire de l'Eglise Gallicane dans aucun de ses ouvrages, il y a apparence que ce Prélat Protestant a eu égard à son Bénéfice (6), parce que c'est l'endroit par où Mr Ménage à rapport à l'Eglise Gallicane.

---

1 ¶ Il est mort le 23. Juillet 1692. dans la 79. année de son age. §
2 Costar dans ses Entretiens avec Voiture pag. 16
3 G. Men. préf. sur Malherbe.
4 L. Maimb. Schism. des Grecs livre 5. pag. 543. édit. in-4°.
5 Jo. Pearson. Epist. dedic. ad Car. II. Regem Angl. in Laërt.
6 ¶ Voici le fait. Ménage qui, après avoir été Avocat, prit le petit colet, ayant des pensions considérables sur des Bénéfices étoit appellé, suivant la coutume, l'Abbé Ménage, ce que Péarson Evêque de Chester prenant à la lettre, & s'imaginant que l'Abbé Ménage dont il connoissoit d'ailleurs le mérite, étoit un Prélat d'importance, le traita d'*ingens Ecclesiæ Gallicanæ Ornamentum* dans l'Epitre par laquelle il dédia le Diogène Laërce de l'édition de Londres au Roi Charles II. d'Angleterre, l'an 1663. §

Entre ſes ouvrages de Critique nous avons ſes notes & ſes obſervations ſur Mr de *Malherbe* [*in*-8°. à Paris 1666. & 2. édition *in*-12. 1689.] Mais ſa modeſtie lui fait dire qu'il n'en a pas de lui-même une opinion fort avantageuſe, parce que ce ne ſont que de petites queſtions de Grammaire & de Grammaire Françoiſe (1).

Celles qu'il a faites ſur *Diogène Laërce* ſont fort ſavantes au jugement de Mr Pearſon & de pluſieurs autres, mais elles ſont pleines de fautes de la maniére qu'elles ont été imprimées à Londres en 1664. & l'Auteur en faiſoit eſpérer dès-lors la correction dans une nouvelle édition (2) qu'on diſpoſe actuellement en Hollande, [elle a été imprimée en 2. volumes *in*-4°. en 1698.]

Mr Caſaubon le jeune reconnoît néanmoins (3) que ces obſervations ſont non ſeulement pleines d'érudition, mais auſſi qu'elles ſont d'une grande éxactitude, & d'un prodigieux travail. Mr Borrichius en juge de même (4), & il rejette ſur ceux qui ont travaillé à cette édition les diverſes fautes qui s'y ſont gliſſées.

1 Le même Men. ſur Malh. préf.
2 Ægid. Menag. præfat. in Obſervat. Laërtii.
3 Meric. Caſaub. præfat. ad ſuas notas in Laërtium.
4 Olaus Borrichius de Poëtis pag. 116.

Mr D'HEROUVAL (Antoine de Vion) (1).

565 CE ſeroit ici le lieu de parler de cet excellent Homme, ſi le mépris de la gloire & de la vaine réputation ne l'avoit empêché de rien produire au jour par lui-même ; mais on peut dire qu'il a été & qu'il eſt encore l'ame de ce corps célébre de tant d'illuſtres Critiques auſquels il a fourni ſes lumiéres & toutes ſortes de Manuſcrits avec tant de zele & de ſuccès pour le bien public.

Mr Du Cange, dans la Préface ſur l'Hiſtoire de Saint Louis par le Sire de Joinville, dit que ,, tous les Livres des Savans de ce ſiécle ,, publient ſon mérite, ſa belle curioſité, & ſon humeur obligeante. ,, Il importoit, continuë-t-il, à l'Empire des Lettres, qu'il y eût ,, quelqu'un qui ſuccedât aux fameux Meſſieurs Pithou, Du Puy, de ,, Peireſc, & autres grands Perſonnages pour ſecourir ceux qui ,, écrivent. C'eſt ce que fait aujourd'hui, dit-il, Mr d'Herouval avec ,, tant de ſuccès, qu'on peut dire, que comme rien n'échappe à ſa

1 ¶ Il mourut le 23. Avril 1689. dans ſa 83. année.

,, diligence & à son éxactitude, personne n'entreprend aucun ou-
,, vrage qui ne tire de lui de quoi l'enrichir. Il a ce bonheur qui sem-
,, ble lui être tout particulier, qu'il n'y a rien de si caché dans les
,, Bibliothéques qu'il ne découvre, rien de curieux dans la Chambre
,, des Comptes de Paris, dans les Regiftres du Parlement, & dans
,, les Archives des Monaftéres, dont il n'ait une parfaite connoif-
,, fance, & qu'il ne déchiffre avec grande facilité.

Voyés Mr Petit Epitr. dédicat. du Pé-
nitent, de Théodor. de Cantorb.
Voyés Dom Luc Dachery.
Mr Baluze en divers endroits.

Mr Du Cange Præfat. Gloffar. Lat. num.
80. pag. 73.
Le même, Préface fur la Vie de S. Louis
par Joinville.

Mr HERMANT (Godefroy) Chanoine de *Beauvais* (1).

566 IL étoit le plus jeune des Critiques qui travailloient à l'edition de la grande Bible Polyglotte de Paris; mais il n'étoit
pas le moins habile ni le moins expérimenté. Il étoit connu dès-lors
pour un homme très-verfé dans la connoiffance des Langues, des
Antiquités Eccléfiaftiques & Profanes, & de tout ce que les belles
Lettres ont de plus caché & de plus eftimable, au jugement de
Mr le Préfident le Jay (2).

Depuis ce tems-là, il a employé fes talens à fervir l'Eglife par des
Ecrits Hiftoriques & Théologiques, plutôt qu'à corriger, à expliquer
ou à publier les Auteurs, quoiqu'il n'ait jamais manqué d'affifter les
autres Critiques en toutes les occafions qu'il a eûës d'éxaminer & de
déchiffrer les Manufcrits de fon Eglife, qu'il leur a communiqués de
tems en tems (3), comme il paroît par les différens témoignages de
la reconnoiffance de tous ces Auteurs.

On pouroit rapporter encore ici les Remarques qu'il a faites fur
les Traités Afcétiques de faint *Bafile*, & qu'il a publiés avec fa Traduction, mais elles regardent plus la Difcipline & les Antiquités
Eccléfiaftiques que la Critique de Grammaire. Nous avons déja parlé
de lui dans la premiére partie de ce Recueil.

1 ¶ Il mourut le 11. Juillet 1690. agé de 73. ans & 5. mois.
2 V. Præfat. edition. Biblior. Polyglott. Guid. Mich. Le Jay.
* Lifés *Mr le Jay*. Baillet a reconnu dans fes *Corrections* qu'il ne falloit pas confondre Nicolas le Jay Premier Préfident au Parlement avec Gui Michel le Jay qui eft mort Doyen de Vezelai. *
3 Mr Baluze dans les Capitulaires, &c.
4 Dom J. Mabillon, de re Diplom. Analect. & alibi.
5 D Th. Blancpain, edition. S. Auguft. & alii.

Mr FELL, (1) Evêque d'Oxford (Jean.) & Mr PEARSON (2) Evêque de Chester (Jean.) Protestans *Anglois*.

567 Es deux Messieurs ont donné la derniere édition des œuvres de saint *Cyprien*, dans laquelle ils ont changé l'ordre d'Erasme & de Pamelius pour les Epitres, mais ils ont mis aux marges le nombre qui est dans leurs éditions pour ne point faire de confusion. Ils ont ajouté au bas des pages plusieurs différentes leçons de quantité de Manuscrits ramassés de toutes parts avec quelques remarques savantes de Mr *Fell*, dont l'habileté est connuë des Gens de Lettres; ils y ont aussi entremêlé presque toutes celles de Mr Rigault.

 Les Annales de la Vie de saint Cyprien sont de Mr *Pearson*, & quoique le Public eût témoigné beaucoup de satisfaction de ce qu'avoient fait sur ce sujet Pamelius, Baronius & Mr Lombert, on prétend néanmoins que ce Critique l'emporte sur eux pour l'éxactitude, aussi est-il venu après eux pour pouvoir les observer. (3)

 Après tous les soins de tant de Savans Hommes qui ont corrigé, expliqué & publié les œuvres de saint Cyprien, il semble que le Public devoit être pleinement satisfait, & qu'il ne devroit avoir plus rien à desirer. Néanmoins on nous en fait esperer bien-tôt une nouvelle édition de la main d'un des plus doctes Critiques de Paris (4), qui nous fera connoître par son excellence que les précedentes n'ont point été portées au dernier degré de la perfection que demande un ouvrage de cette conséquence.

 Mr Pearson avoit déja donné ses notes & corrections sur *Hiéroclès* le Philosophe, & sur *Diogéne Laërce* (5), outre les défenses des Lettres de saint *Ignace*, qui lui ont acquis une merveilleuse réputation malgré les Puritains de son pays & du nôtre.

 * *Pearsoni (Joannis) Vindiciæ Epistolarum Ignatii* in-4°. Cambrig. 1672. — *Hierocles de Providentiâ & fato, cum Prolegomen. Joan. Pearsoni, &c.* Gr. Lat. in-8°. London. 1673. — *Opera Chronologica & lectiones in Acta Apostolorum* in-4°. Lond. 1688.

1 ¶ Mort l'an 1686.
2 ¶ Mort la même année.
3 Voyés le Journ. des Sav. de l'an 1683.
4 C'est M. A. F. Doct. de Sorb.

5 ¶ Il n'a jamais songé à en donner sur Diogéne Laërce. Voyés Ménage chap. 63. de l'Anti-Baillet. §.

Mr VOSSIUS le fils, (Isaac) Chanoine de *Vindsor* en Angleterre. (1).

568 IL y a long-tems que ce Critique est en reputation, & qu'il a merité les éloges que lui ont donné les premiers hommes du siécle tels que Grotius, de Saumaise, Allatius, & Thomas Bartholin, qui l'admiroient dans sa jeunesse comme étant déja une merveille d'érudition & d'esprit. Et ceux qui ont eu occasion d'en parler après eux ont encore encheri sur leurs témoignages.

Monsieur Colomiez (2) a recueilli ces éloges avec soin, & n'a point laissé échapper d'occasions propres à faire connoître le rang que Mr Vossius tient dans son esprit, & ce zele & cet empressement a donné lieu à un Ecrivain moderne de leur Communion (3) d'en médire ; & de le taxer d'interêt & de bassesse, comme s'il avoit voulu payer en cette monnoie ce qu'il doit à Mr Vossius.

Un de ses premiers ouvrages de Critique, est ce Geographe ancien dont il donna l'édition sous le nom du *Scylax* de Caryande, étant encore fort jeune, & quoiqu'il ne fût pas entierement content de cet ouvrage dans la suite de sa vie, néanmoins Usserius dit (4) qu'il étoit dès lors très versé dans la Geographie ancienne.

Quand il eut publié en 1658. ses Observations sur *Pomponius Mela*, Mr Bochart lui en écrivit en ces termes (5) ,, Je n'ai rien vû en ,, ce genre qui égale cet ouvrage, ni qui en approche de cent *parasanges*. Mr de Saumaise que nous tenions pour un Geant ne me ,, paroit plus devant vous qu'un petit Pigmée. Il a bien fait de mou-,, rir avant que cette œuvre vit le jour. Car il seroit mort de colere ,, & de chagrin de se voir si *mal mené* & avec tant de raison. Votre ,, style est merveilleux, vos raisons sont fortes, vos connoissances ,, sont très-particulieres & tirées pour la plupart de Livres qui ne ,, sont pas encore publiés. Vos conjectures sont heureuses & telles ,, qu'il s'en trouve peu qui ne puissent passer pour démonstrations. Mais dans ce témoignage de Mr Bochart, il est assés difficile de dis-

---

1 ¶ Mort le 20. Février 1688.
2 Paul. Colom. Biblioth. chois. p. 173. 174 & alibi.
3. L'Auteur Anon. de l'espr. de M. Arn.
tom 2.
4 Jac. Usser. in Epist S Ignat.
5 Ap Colom. Bibl. ut supr.

Voffius. tinguer ce qu'il a accordé à l'amitié d'avec ce qu'il a donné à la verité.

Mr Daillé dit (1) que Mr Voffius fait toute la gloire de l'érudition Grecque & Latine. Les autres s'étoient contentés de dire (2) qu'il eft parvenu à la gloire de fon Pere, mais Mr le Fevre de Saumur (3) prétend qu'il eft encore allé beaucoup au de-là.

Il vient de nous donner fon *Catulle* avec de favantes notes, dans lefquelles il ne s'amufe pas à compiler une grande multitude de leçons, de paffages fynonymes, & de petites remarques de Grammaire & d'érudition triviale: il laiffe cela à d'autres, & pour lui il s'éleve à des recherches curieufes & folides en même tems. Il approfondit les chofes, il éclaircit les endroits les moins connus, il refute favamment fes Prédeceffeurs, & il confirme fes conjectures avec beaucoup d'efprit, & avec une érudition fort exquife & fort étenduë.

L'Auteur des Nouvelles de la Republique des Lettres de qui nous avons emprunté ce témoignage (4), ajoute qu'il s'étoit répandu un bruit en Hollande dès qu'on y parla de ce Commentaire, qu'on y trouveroit beaucoup de chofes impures, parce qu'on fuppofoit fauffement qu'un certain homme qui a publié deux Ecrits pleins d'infamies & d'impietés avoit eu le foin de cette édition & avoit mêlé fes penfées avec celles de Mr Voffius. Mais la lecture du Livre a diffipé cette Fable. On y voit à la verité quelques explications qui ne feroient pas bonnes à dire devant tout le monde, mais on y garde toujours des mefures raifonnables, dit cet Auteur, à l'égard des frequentes impuretés de Catulle.

Mais on peut dire que rien n'a produit à Mr Voffius tant de réputation & tant de gloire que l'édition des veritables Lettres de faint *Ignace*, ou ayant feparé les fourrures ou *interpolations* du texte naturel à la faveur d'un Manufcrit de Florence, il a rendu un fervice immortel à l'Eglife Catholique, à qui Meffieurs les Proteftans vouloient faire perdre ce précieux monument de fon Antiquité.

Mr Voffius a fait divers autres ouvrages qui foutient fort bien fa réputation, mais qui n'ont pourtant pas pû éviter la Critique de quelques Cenfeurs. Le moins fage d'entre eux eft ce me femble cet Allemand (5) qui prétend que Mr Voffius a dégeneré prefque entiere-

---

1 Joann. Dallæus Obferv. in Epift. S. Ignat.
2 P. Colom. ibid. ut fupr.
3 Tanaq. Fabre in not. ad Phædr. fab. 2. edition.
4 Nouvell. de la Rep. des Lettr. de Juin 1680.
5 Bibliograph. cur. hiftoric. Philolog. p. 199.

ment de l'excellence de son Pere, qu'il n'en a retenu que le nom, & qu'il a eu la méchanceté de dire des injures, non seulement aux meilleurs Ecrivains du siécle, mais encore à son propre Pere, l'accusant d'avoir eu l'impieté d'attaquer sa memoire & de le méprifer. Mais je ne sai pourquoi cet Anonyme trouve mauvais que Mr Vossius quitte le sentiment de son Pere même, quand il croit en avoir sujet. J'avouë que dans ce que j'ai lû de ses ouvrages, j'ai remarqué qu'il l'abandonne quelquefois sur de certains points de Chronologie, d'Histoire, d'Antiquité & de Philologie. Mais loin d'y trouver des injures & des marques de mépris, j'ai crû y découvrir encore des sentimens de la pieté d'un bon fils à l'égard d'un excellent Pere.

Pour ce qui est de certains Paradoxes de Philologie que Monsieur Vossius semble avoir debités dans le nouveau Livre de ses Observations mêlées, & du jugement que les Critiques en ont porté, j'espere en parler plus à propos au Recueil des Antiquaires.

* *Versio & Nota ad Scylacis Periplum, & ad Anonymi Periplum* in-4°. *Amst.* 1639. — *Observationes ad Pomp. Melam de situ orbis* in-4°. *Haga-Comit.* 1658. — *Versio & Nota ad Ignatii & Barnaba Epist.* in-4°. *Amst.* 1646. — *Catullus cum Observationibus Isaaci Vossii* in-4°. *Lugd.-Bat.* 1684.*

569 Monsieur BEVEREGIUS (Guillaume) d'*Angleterre*, (1) qui a fait d'excellentes notes sur les Canons anciens, &c. Voyés parmi les Canonistes.

* *Annot. ad Canones Apostolorum & Conciliorum* 2. vol. in-fol. *Oxon.* 1673.*

1. ¶ Mort le 5. Mars 1708. dans sa 71. année.

Mr GRÆVIUS Professeur d'Histoire à *Utrecht*, (Jean-George.) (1)

570 Cet habile homme connoissant l'abus qui se commettoit dans les Commentaires de *Variorum*, y a remedié de tout son possible, en montrant par plusieurs exemples la bonne maniere de s'acquitter de ce travail. C'est sur l'idée qu'il en a don-

1. ¶ Mort le 11. Janvier 1703. agé de 71. ans moins 18. jours.

née qu'il a publié *Suetone* [in-8°. 1673.] *Juſtin*, toutes les Epitres de *Ciceron*, *Catulle*, *Tibulle* & *Properce*, [in-8°. à Utrecht 1680.] ſi ce n'eſt qu'à l'égard des trois derniers, il s'eſt reſervé à nous dire en un autre lieu ce qu'il nous veut apprendre de ſon chef, au lieu que dans les autres il a mêlé ſes propres Remarques avec celles de *Variorum*.

Il avoit déja donné ſes notes ſur *Heſiode* l'an 1667. celles ſur le *Soleciſte* de *Lucien* l'an 1668. Les ſeize Livres des Epitres de *Ciceron* qu'on appelle *Familieres* parurent en deux volumes l'an 1677. avec les notes entieres de P. *Victorius*, Paul *Manuce*, de *Ragazoni*, de *Lambin*, de *Fulvius Urſin*, & un Extrait bien choiſi de celles de Mr *Gronovius* & des autres. Les ſeize Livres de celles à Attique furent publiés auſſi en deux volumes l'an 1684. avec les notes toutes entieres de *Victorius*, de *Manuce*, de *Maleſpine*, de *Lambin*, de *Fulvius Urſin*, de *Boſius* ou *du Bois*, de *Junius*, de *Popma*, & l'élite de celles de *Corradus*, de *Caſaubon* l'ancien, de *Gronovius* l'ancien &c.

Outre ces notes qui avoient déja paru ailleurs, il en a donné encore beaucoup d'autres nouvelles de ces Critiques qui n'ont jamais été imprimées. Dans ſon Juſtin il a mis avec ſes notes celles de Meſſieurs *Voſſius*, le *Févre*, *Vvorſtius*, *Scheffer*, &c. qui ſont fort importantes. Il a travaillé encore ſur *Homere* dont il nous préparoit une édition; & nous lui devons auſſi la derniere qui s'eſt faite des Lettres de *Caſaubon* en Allemagne 1656. avec augmentation. [Et depuis en 1709. in-fol. à Roterdam.]

Au reſte Mr Grævius eſt loué de tous les Savans d'aujourd'hui qui ont eu occaſion de parler de lui, comme un homme de grande érudition, de beaucoup d'eſprit & de jugement, & qui parle fort bien Latin.

* Grævius a continué ſes Commentaires ſur Ciceron; il a donné ſix vol. des Oraiſons en 1703. Les trois Livres des Offices où il en eſt reſté, ont été imprimées in-8°. à la Haye en 1710.*

1 Nouvel. de la Repub. des Lettres de May 1684. pag. 181. & ſuiv.
2 Anton. Borremanſ. in præfat. Variar. Lection.
3 G. M. Konig. Biblioth. vet. & nov. voc. Græv.

CRITIQUES GRAMMAIRIENS.

Mr HUET (Pierre Daniel) Abbé d'Aunay [mort en 1721.]

571 IL y a peu de Savans dont le merite foit fi univerfellement éconnu que celui de Mr Huet. Les Heretiques auffi-bien que les Catholiques (1) ont rendu des témoignages magnifiques, mais veritables à fa profonde érudition.

Il a fait voir qu'il étoit excellent Critique, non feulement dans fes Commentaires fur ce qu'il a publié des ouvrages d'*Origene*, [en 1668. à Rouen 2. vol. in-fol.] & dans fes notes fur le *Manilius* de Mr de la Faye (2), mais encore par les fecours qu'il a donnés pour les corrections & les explications des Auteurs Claffiques à plufieurs de ces nouveaux Critiques qu'on appelle *Scholiaftes Dauphins*. Nous avons déja parlé de lui dans notre premiere partie, & nous en parlerons encore ailleurs.

1 Sam. Bochart Hierozoic. lib. 3. c. 27. Tanaq. Fab. Jac. Palm. Grentem. Mof. Briof.

J. B. Segr. Gal. Journ. des Sav. du 2. Juil. 1668. &c.
2 ¶ Son nom, dit Ménage, étoit *du Fay*.

DOM GABRIEL GERBERON, Benedictin. (1)

572 ON compte cet Ecrivain parmi les judicieux Critiques de ce fiécle, à caufe du bon fens, de l'exactitude & de l'érudition qu'il fait paroitre dans les corrections & les notes qu'il a faites fur les Auteurs dont il a procuré les éditions. Car fans parler de divers Actes inferés dans quelques ouvrages d'autrui, ni des ouvrages d'un ancien Auteur du cinquiéme fiécle de l'édition duquel nous avons dit un mot plus haut. Mr Gallois dit qu'il a rendu aux ouvrages de faint *Anfelme* leur premiere pureté dans fon édition de 1675. par le moyen d'un grand nombre de Manufcrits dont il a remarqué toutes les differences avec beaucoup d'exactitude. Et pour ne pas ôter aux Savans le droit & le moyen de juger du difcernement qu'il a fait en reftituant le texte, ni la liberté de lire autrement s'il leur plaît : il a mis à la fin de ces ouvrages les corrections qu'il a faites, & les diverfités qu'il a remarquées. Il a encore enrichi cette édition de plufieurs pieces, & entre autres d'un Livre entier de Let-

1 ¶ Mort en 1711.

tres qui n'avoient jamais paru. Mais ce qui la rend très-confiderable selon le même Auteur, c'eft que ce Pere y a fait un difcernement fort jufte des ouvrages de ce Saint d'avec ceux qui ne font pas de lui. Il y a même ajouté la Critique de chaque Livre, marquant autant qu'il eft poffible le tems auquel il a été compofé.

Gall. Journ. des Sav. du 20. Janvier 1676.

MR DU CANGE (Charles du Frefne) Treforier de France en la Generalité d'*Amiens*. (1)

573 ON peut confiderer cet Auteur comme un homme extraordinaire fufcité pour délivrer huit ou neuf fiécles de la tyrannie des Barbares, & les mettre en état de faire quelque envie aux fiécles les plus floriffans.

Mais comme nous parlerons de lui plus à propos au Recueil des Grammairiens parmi ceux qui ont fait des Dictionnaires, nous nous contenterons de dire ici qu'il a donné au Public des notes & des corrections fur les Hiftoires de *Jean Cinname*, de *Nicephore Bryenne*, d'*Anne Comnene*, [tous trois dans le même volume en 1671. in-fol. au Louvre.] du Sire de *Joinville*, [in-fol. Paris 1668.] & de *Geoffroy de Ville-Hardouin*, [in-fol. Paris 1657.] Et c'eft affés d'avoir nommé l'Auteur de tous ces ouvrages de Critique pour en faire connoitre le merite.

* Du Cange a encore publié le *Joan. Zonara Monachi* Annales Gr. Lat. 2. vol. in-fol. 1686. & 87. au Louvre.*

1. ¶ Mort le 23. Octobre 1688. dans fa 78. année.

Monfieur VALOIS le jeune (Adrien.) (1)

574 IL a fait des Obfervations fur l'*Ammien Marcellin* de Monfieur fon frere. [in-fol. Paris 1681.] Mais le refte de fes Ouvrages regarde plutôt la Geographie & l'Hiftoire que la Critique & les mots, & nous en parlerons en leur lieu.

1. ¶ Mort le 20. Juillet 1692. dans fa 85. année. Il écrivoit fon nom *Hadrien*.

Monsieur BALUZE (Estienne) de *Tulle*. (1)

575 NOus avons les Corrections & les Notes de ce célébre Critique, sur les Ouvrages de saint *Salvien* de Marseille d'*Agobard* de Lyon, de *Marius Mercator*, de saint *Cesaire* d'Arles, de *Servatus Lupus*, de *Reginon*, de Pruym, d'*Antoine Augustin* sur la correction de Gratien, de Mr de *Marca* en divers volumes, sur les *Capitulaires*, sur les *Conciles*, sur les Epîtres d'*Innocent III*. & quatre volumes de *Mélanges* (2) de piéces qu'il a fait imprimer pour la premiere fois.

Il a corrigé la plupart de tous ces Ouvrages importans sur un nombre presque infini de Manuscrits (3) avec une exactitude & une application infatigable. Ses Notes sont pleines de cette érudition qui se puise dans les Auteurs du moyen age; il y explique non seulement les endroits les plus difficiles & les termes les plus obscurs, mais encore les points les plus importans de l'Histoire & de l'Antiquité Ecclesiastique; c'est le témoignage de Mr de la Roque. Et Mr Sallo trouvoit dans ce Critique beaucoup de lumiere & de jugement pour rétablir le texte des Auteurs (4), du discernement & du savoir dans l'éclaircissement des difficultés.

Son édition d'*Agobard* est considerable en ce qu'il y a rétabli tout ce que Papyre le Masson avoit changé dans le Manuscrit d'où il avoit tiré la sienne (5), & il y a ajouté de savantes Remarques, qui font connoitre quelle étoit la doctrine & la pratique de l'Eglise Gallicane pendant ce tems-là.

Monsieur Du Cange le loue avec justice, pour tous ses Ouvrages (6). Mais il releve particulierement la peine, l'industrie, l'exactitude & l'habileté avec laquelle il a recueilli & digeré les Capitulaires, & il dit que l'Auteur y ayant joint des Notes savantes, il semble n'avoir laissé rien à desirer pour la perfection d'un si bel Ouvrage.

Cela étant ainsi, les Censeurs qui témoignent de l'indifference ou du mépris pour ses Notes, nous donnent lieu de croire qu'ils n'y sont portés que par quelque envie secrete, ou par un dégoût

---

1 ¶ Mort le 28. Juillet 1718. dans sa 88. année. *b*
2 ¶ Il en donné trois autres depuis. *b*
3 Journ. des Sav. du 24. Avril 1677.
4 Journ. des Sav. du 12. Fevrier 1665.

5 Gall. Journ: des Sav. du 14. Juin 1666.
6 Car. Fresn du Cang. præfat. Diction. Lat. num. 80. pag. 72.
Item alibi. V, & alios Crit.

qu'on a quelquefois des meilleures choses, quand elles deviennent ordinaires.

* Le Catalogue de ses ouvrages se trouve dans celui de sa Bibliothéque que l'on a donné en 3. vol. *in* 12. 1719.*

Le P. DU MOLINET (Claude), Chanoine Regulier de Sainte Geneviève (1).

576 ON auroit lieu de le mettre au rang des Critiques, à cause de l'édition des Lettres d'Estienne de Tournay qu'il donna en 1679. avec des augmentations & des notes utiles pour l'intelligence de l'Auteur, & des affaires de ce tems-là. Mais nous en parlerons ailleurs.

1. ¶ Mort le 2. Septembre 1687.

Dom JEAN MABILLON, Bénédictin (1).

577 CE Pere est consideré parmi les Gens de Lettres comme un des principaux modéles de la véritable Critique. Elle paroît particuliérement dans son saint *Bernard*, dans ses quatre tomes d'*Analectes*, dans la part qu'il a euë au *Spicilege* de Dom Luc, dans les *Actes* & Monumens des Saints de son Ordre; mais particuliérement dans ses six Livres *De Re Diplomatica*, faits exprès pour reduire cet Art dans des régles & dans une méthode certaine, & pour en donner des leçons à toute la Posterité.

Il fit connoître son industrie dans le discernement & l'éxamen des Manuscrits divers de saint *Bernard*, qu'*Horstius* avoit marqués dans sa Préface (2). Il y a ajouté des Remarques judicieuses & savantes, qui sont d'une grande utilité pour entendre plusieurs points de l'histoire de ce tems-là, qui est assés obscure, & sans la connoissance de laquelle il est impossible de comprendre la plupart des Ouvrages de saint Bernard, & particuliérement ses Lettres. Horstius avoit montré beaucoup de bon sens dans la distinction des œuvres qui sont véritablement de ce Saint, d'avec celles qui n'en sont pas: mais Dom Mabillon a bien encheri sur lui par ses doctes & solides conjectures,

2 ¶ Mort le 27. Décemb. 1707. dans sa 76. année. 2 Journ. des Sav. du 6. Aoust 1666.

dont

CRITIQUES GRAMMAIRIENS. 489

dont plusieurs pouroient passer pour des démonstrations. Néanmoins ce Pere n'étant pas encore entiérement satisfait de cette édition, songeoit à en redonner une nouvelle. Mais il seroit fâcheux que l'interêt du Libraire l'emportât sur celui du Public, & qu'il servît de prétexte au retardement d'un ouvrage si important. [Elle a été publiée en 1690. 2. vol. *in-fol.* à Paris.]

Mabillon.

Dans le Recueil de ses *Analectes* [en 3. vol. *in*-4°. 1675.] il ajoute des Eclaircissemens à la fin de chaque piéce ; & des Dissertations touchant quelques ouvrages de l'Antiquité, sur lesquels on n'étoit pas bien d'accord (1). La doctrine & le jugement du Critique y paroissent avec la même solidité que dans ses autres Ecrits.

Les *Actes* des Saints de l'Ordre de saint Benoît, en neuf volumes in fol. [en 1668.] sont d'un travail très-pénible pour l'Auteur, mais d'un grand usage pour les Lettres, & pour la connoissance des siécles du moyen âge (2). Ses notes y sont courtes & savantes, & démélent quantité de points de la plus belle Critique concernant l'Histoire Ecclésiastique & Civile en général, & celle de France en particulier. Ce grand corps d'ouvrage commence à saint Benoît, & sera apparemment terminé à saint Bernard, & il est divisé par les siécles de son Ordre. Dom Mabillon a été assisté dans ce travail par quelques-uns de ses Confreres ; nous en avons déja nommé quelqu'un, mais nous ne pouvons pas oublier Dom *Michel* GERMAIN, qui est un ouvrier également infatigable, docte, & industrieux, & qui est assés connu d'ailleurs parmi les gens de Lettres. [Il a paru en 1703. 4. volumes *in-fol.* d'Annales de l'Ordre de saint Benoît sous le nom de Dom Mabillon, qui renferment un grand nombre de piéces authentiques.]

L'ouvrage de Dom Mabillon, *De Re Diplomatica* [in-fol. à Paris 1681.] est utile non seulement aux Critiques qui travaillent pour la correction & l'édition des Auteurs, mais encore aux Gens de Palais qui sont souvent obligés de juger, & faire le discernement des Piéces & des Actes véritables d'avec ceux qui sont suspects de fausseté. C'est particuliérement dans les trois premiers Livres qu'il explique cet Art merveilleux de déchiffrer les Manuscrits. Dans le premier il traite de l'Antiquité, de la Matiére, & des Ecritures différentes des Chartes, & des autres Actes tant publics que privés. Dans le second,

---

1 Journ. des Sav. du 11. Mars 1676.
2 Journaux divers selon les tems ausquels les volumes ont paru séparément
3 Prolegom. Mabill. ad opus de Re Dipl.

Item Acta eruditor. anni 1682. nobr.
Le Journal de Leipsic ou d'Allemagne ad Kalend. Maii pag. 116. 117. & seqq.

Mabillon. il traite du Style, des Souscriptions, des Seings & Sceaux, des Chiffres & Monogrammes, & des Dattes des Lettres Patentes, des Bulles & des Expéditions anciennes. Dans le troisiéme il examine l'autorité des Chartriers. Le quatriéme Livre comprend le Traité des Palais de nos Rois, d'où les Patentes sont dattées. Il a été fait par Dom M. Germain. Le cinquiéme rapporte les éxemples des Ecritures de divers siécles, de divers Manuscrits avec des Alphabets, de diverses Lettres Patentes, &c. [Il a donné un Supplément à sa Diplomatique *in-folio* en 1704.]

Un Ecrivain moderne (1) dit que c'est un ouvrage incomparable, non pas seulement à cause de la singularité de son sujet, mais encore à cause du bon goût de l'Auteur, de ses recherches savantes & laborieuses, de ses remarques judicieuses, & du grand succès avec lequel il se défait des difficultés les plus fâcheuses qui se rencontrent dans le déchiffrement des Piéces véritables, & dans la conviction de celles qui sont contrefaites.

Les Journaux des Savans tant de France, que d'Allemagne, ou de Leipsick, semblent avoir voulu nous confirmer dans des sentimens si avantageux par les éloges qu'ils en ont publiés.

En effet, c'est par cet ouvrage plus que par aucun autre que ce Pere a augmenté l'estime que le Public a de sa grande lecture, & de sa capacité, mais encore plus de sa modération & de sa douceur, qui est son caractére particulier, & qui éclate (2) dans les endroits même où il s'est crû obligé d'employer la force contre ses Adversaires. Mr du Cange (3) fait un jugement avantageux, mais équitable, de son mérite par le témoignage qu'il rend à sa vertu & à sa doctrine.

* Il y a encore de lui *Musæum Italicum*, *seu Collectio vet. Scriptorum ex Bibliothecis Italicis*, 2. vol. Paris. 1687. *

1 Anonym. Descript. de Paris tom. 2. pag. 154. 155.
2 Præfat. Joan. Mabill. op. præd.
3 Car. du Fr. præfat. Glossar. Latin. num. 80. pag. 72.

Dom JEAN GARET, Bénédictin (1).

578 IL s'est employé avec beaucoup d'éxactitude à la correction des œuvres de *Cassiodore*, dont il donna l'édition en deux tomes in fol. à Rouen, l'an 1679. après les avoir revûës sur plusieurs Manuscrits. Ses Notes & ses Observations sont savantes & judicieuses.

1 ¶ Mort le 4. Septembre 1694. dans sa 67. année. §   Journal des Savans du dix Janvier 1679.

Dom THOMAS BLANCPAIN, Bénédictin.

579 LEs Religieux de la Congrégation de Saint Maur ayant entrepris de contribuer à la gloire & à l'utilité de l'Eglise par le rétablissement des Ecrits des Saints Peres, & des autres Auteurs Ecclésiastiques dans leur pureté originale, avoient commis Dom *François Delfau*, avec quelques-uns de ses Confreres, pour revoir & corriger les œuvres de *saint Augustin* sur un très-grand nombre d'excellens Manuscrits qu'ils avoient fait venir de diverses Provinces de l'Europe; & pour en faire une nouvelle édition plus parfaite & plus éxacte que toutes celles qui avoient paru jusqu'à présent.

Ce Pere Delfau étoit un esprit vif, pénétrant, laborieux, vigilant, hardi, décisif, & qui avoit du savoir, comme il l'a fait paroître en quelques occasions. Il étoit ardent & promt dans sa Critique & dans ses jugemens, quelquefois même jusqu'à la précipitation, mais fort intelligent dans les Manuscrits, & d'un goût assés fin dans le discernement des choses supposées d'avec les véritables, & le Public fit une perte considérable quand il se noya près de Brest il y a huit ou neuf ans.

Après son éloignement on chargea de cette glorieuse, mais pénible commission Dom THOMAS BLANCPAIN, en qui on trouva toutes les bonnes qualités de Dom Delfau, sans y remarquer aucun de ses défauts. En effet il a sû joindre à la pénétration d'esprit un jugement exquis; à l'application au travail une diligence & une éxactitude éxemplaire: & l'on trouve dans toutes ses Préfaces & ses Notes un air de cette modestie qui lui est naturelle, & qui est soutenuë de beaucoup d'érudition Ecclésiastique.

Il est assisté dans ce grand travail par Dom *Pierre* COUTANT, qui s'est rendu fort intelligent & fort expérimenté dans cette sorte d'étude, & qui a une industrie toute particuliére pour reconnoître non seulement les Piéces entiérement supposées, mais encore les fourrures & les gloses inférées mal-à-propos dans le texte de certains Traités, que les anciens Copistes prenoient autrefois la liberté d'ajouter de leur tête, sous prétexte d'éclaircir & d'expliquer la pensée de l'Auteur.

Ainsi on ne doit point s'étonner si de tous les Critiques qui se sont appliqués à revoir les Ouvrages des Anciens pour les corriger, & leur rendre leur premiére intégrité, il n'y en a point qui s'en soient acquittés avec plus de capacité, & en même tems avec plus d'applaudissement du Public, que ceux qui travaillent au Saint Augustin. Car outre les excellentes dispositions qu'ils apportent à cet Ouvrage, ils ont encore un très-grand avantage qui leur est particulier, & qui leur vient de cette abondance de Manuscrits, dont il est aisé de reconnoître la bonté & l'éxactitude par l'importance des diverses leçons qu'ils en ont tirées, pour rendre encore plus corrects les Traités de ce Saint qui avoient été souvent revûs par des personnes éclairées & diligentes.

Les Journaux parlent de cette admirable Critique avec beaucoup d'étenduë, en divers endroits depuis l'an 1676. & la simple exposition qu'on y fait de la conduite qui s'y observe, est l'éloge le plus naturel & le plus solide qu'on en puisse faire.

Journal des Savans des 3. & 17. Avril 1679. & ann. suiv. 1683. 1684. &c.

Acta Eruditor. German. Lipsiens. ann. 1683. pag. 123. &c.

Le P. QUESNEL (Pasquier) de l'Oratoire. (1)

580. Son édition de saint *Leon* est un des plus beaux fruits de la Critique de nos jours. Elle nous represente plusieurs Piéces nouvelles, qui n'avoient jamais paru au Public; & outre les corrections importantes que ce Pere a faites dans les Piéces anciennes de ce grand Pape, on y trouve encore seize Dissertations fort curieuses & fort savantes, qui font le second volume de cet Ouvrage in-4°. avec l'Appendice, les Observations, & quelques fragmens [en 1675.] (2)

1 ¶ Mort à Amsterdam le 19. Décembre 1719. dans sa 86. année.

2 Journal des Savans du 17. Févr. 1676. & en un autre endroit.

Cet Auteur a la Critique fine & délicate, le jugement solide, & l'esprit pénétrant. Ses conjectures sont heureuses, & fort approchantes de la démonstration, & de la conviction. Et quoique quelques Savans jugent qu'il s'est un peu trop pressé d'adjuger à saint Leon les deux Livres de la Vocation des Gentils, néanmoins les autres sont pour sa décision.

Au reste, il se voit assés peu d'Ouvrages de plus grande force & de plus grand mérite que ces Dissertations, qu'il a faites sur divers points de l'Histoire & de l'Antiquité Ecclésiastique, surtout pour ce qui regarde l'autorité du saint Siége, & les usages de l'Eglise Gallicane. Il a plû néanmoins au R. P. Joseph Sabatini de Ravenne, de les traiter de rhapsodies (1), sous prétexte qu'elles ne sont peut-être pas tout-à-fait au goût de Messieurs de là les Monts; que les appellations au saint Siége y sont traitées d'une manière conforme aux Libertés de l'Eglise Gallicane, c'est-à-dire, aux Canons de l'Eglise : que saint Hilaire d'Arles y est justifié, & que la conduite de saint Leon à son égard y est éxaminée avec un peu d'éxactitude.

1 Jos. Sabat. in Vit. Christian, Lupi præfix. in operibus posthum. Lup.

Mr BIGOT (Emery) (1).

581   ON doit juger du mérite de ce Critique par toutes les excellentes qualités de l'ame & de l'esprit, qui lui ont autant attiré l'amour que l'estime de tous les hommes de Lettres, & de tous les honnêtes Gens de son tems. Ces qualités, selon Mr Ménage (2), sont la probité, la modestie, l'honnêteté, la bienveillance (3), & les autres vertus qui servent à former un homme de Lettres dans le Christianisme, & qui dans Mr Bigot sont accompagnées d'un profond savoir & d'un jugement exquis.

Il nous a donné depuis quelques années le *Pallade* de la vie de saint Chrysostome avec quelques autres Piéces de l'Antiquité Ecclésiastique [*in*-4°. *Gr. Lat.* à Paris 1680.] Il y a dans cette édition un défaut de chiffre, qui marque quelque vuide ou quelque omission.

En effet, on en a retiré une Version Latine d'une Lettre de saint

1 ¶ Mort le 18. Décembre 1689. dans sa 64. année. §
2 Ægid. Menag. præfat. in Diogen. Laërt.
3 ¶ On ne dit pas qu'un homme *à de la bienveillance*, à moins qu'on n'ajoute pour qui. §

Chryfoftome, qui fembloit contenir une difficulté touchant le myftére de l'Euchariftie, fous prétexte que nous n'en avons pas l'Original Grec. Les Proteftans fe font recriés là-deffus, & ont traité la chofe de fourbe & d'impofture. Ils en ont fait même imprimer en Angleterre une plainte en Latin, que quelques-uns attribuent à Mr Juftel (1).

Il auroit peut-être été plus à propos, felon l'avis de plufieurs Catholiques, de donner de bonne foi la Lettre, avec l'explication de la difficulté du paffage, plutôt que de vouloir la fupprimer, puifque cela eft d'autant moins poffible, que ce paffage eft devenu tout public depuis plus d'un fiécle, & qu'ayant été allégué par Pierre Martyr, & quelques autres Hérétiques, il a été répondu depuis ce tems-là par des Catholiques.

Mr Bigot a très-peu écrit, mais il a beaucoup affifté divers Savans de fa connoiffance dans leurs productions.

1 ¶ Baillet dans fes Corrections dit avoir depuis appris que cette plainte étoit de Pierre Allix autrefois Miniftre de Charanton, & cite là-deffus le témoignage de Bayle dans fes Nouvelles de la République des Lettres du mois de Juin 1686. Il y a au refte long-tems que les Catholiques ont donné fatisfaction aux Proteftans touchant le texte Grec de l'Epitre de S. Chryfoftome. Le P. Hardouin Jéfuite l'a publiée l'an 1689. en Grec & en Latin avec des Notes, & une Differtation du Sacrement de l'Autel. §.

Mr COTELIER (Jean Baptifte) Profeffeur Royal (1).

582 Nous avons de lui deux volumes in folio de Piéces de la primitive Eglife, compofées par des hommes des tems Apoftoliques, c'eft-à-dire, qui ont fuivi immédiatement les Apôtres & celles qui ont été déclarées Apocryphes, s'y trouvent avec celles qui ont été reconnuës & autorifées par l'Eglife [en 1672. 2. vol. *in-folio.*]

Cet ouvrage eft devenu fort rare, tant par le mérite de l'Auteur, que par le malheur arrivé à fon Libraire, qui perdit une bonne partie de cette édition par l'embrafement du Collége de Montaigu. [Ils ont été réimprimés en deux volumes *in-folio* à Anvers 1698.] Mr du Cange (2) dit que les notes qu'il y a faites font fort favantes.

Il a encore publié trois volumes *in-*4°. de Piéces ou *Monumens* de l'Eglife Grecque avec des corrections judicieufes & des notes fa-

1 ¶ Mort le 12. Aouft 1686. dans la 58. année de fon age. *b*

2 Gloffar. infimæ Latinit. præfat. num. 50. pag. 72.

vantes, qui contiennent un grand nombre de belles Obfervations critiques fur les Matiéres, fur les Auteurs dont il donne les Piéces, & fur la Langue Grecque [en 1677. 1681. & 1686.] (1).

En effet, Mr Cotelier eft dans la réputation d'un des plus habiles de nos jours, particuliérement pour la connoiffance de la Langue Grecque, & on prétend qu'il n'eft pas beaucoup inférieur ni aux Budés, ni aux Touffains (2), ni aux Danès, ni aux Turnébes, ni aux Eftiennes, ni aux Chreftiens, ni aux Cafaubons, ni aux Petaus, ni enfin aux Valois.

C'eft un homme de la probité des Anciens, fans fafte, & fans oftentation, & qui fait paroître beaucoup de modeftie dans fes actions comme dans fes Ecrits.

1 Journal du 15. Novembre 1677. Acta Eruditor. Lipfienf. anni 1682. ad Kalend. Maii pag. 135. 136 &c. 2 ¶ Voyés la Note fur l'Article 682.

Mr PATIN le fils (Charles) (1).

583 IL a donné le *Suetone* [*in*-4°. en 1675.] avec des Commentaires, qui font doctes & confidérables à caufe des Médailles. Il a procuré auffi une nouvelle édition de la *Morie* ou Folie d'*Erafme*, avec des Commentaires du prétendu Gerard Liftrius (2), & les figures impertinentes d'Holbein [*in*-8°. à Bâle 1676.]. Mais Mr Patin auroit peut-être mieux fait de fe repofer, ou de donner quelque chofe de plus utile au Public. Nous parlerons de lui avec éloge parmi les Médailliftes.

1 ¶ Mort l'an 1694.
2 ¶ C'eft fur de très-légères conjectures que cent ans après la mort d'Erafme on s'eft avifé de croire que c'étoit lui-même qui avoit commenté fon Eloge de la Folie fous le nom de Liftrius. Celui-ci étoit un homme de Lettres, favant en Grec & en Hebreu, Poëte, Médecin, Humanifte, très-capable d'un pareil Commentaire, & qui d'ailleurs, fuppofé qu'il eût trouvé quelque chofe d'obfcur dans l'ouvrage, étoit à portée de confulter l'Auteur.

Mr SPANHEIM (Ezechiel) Envoyé de l'Electeur de Brandebourg auprès du Roi Très-Chrétien. (1)

584 CEt Auteur eft encore plus illuftre par fon rare favoir, & par fon mérite particulier, que par le rang glorieux de la

1 ¶ Mort dans fa 81. année le 7. Novemb. 1710 à Londres, où il étoit Ambaffadeur du Roi de Pruffe auprès de la Reine Anne. ¶

CRITIQUES GRAMMAIRIENS.
Perſonne qu'il repreſente à la Cour de France.

La Critique & les Remarques qu'il a faites ſur les Ceſars de l'Empereur *Julien*, qu'il a publiées en notre Langue, avec une Traduction de même, [*in*-4°. Paris 1683.] marquent une lecture & une érudition très-vaſte. Si quelques-uns les ont trouvées un peu amples, ils ont dû conſiderer que cet ouvrage ſatirique avoit beſoin (1) de beaucoup d'éclairciſſemens, parce que renfermant beaucoup de choſes en peu de mots, le ſens qui eſt ſouvent caché, & quelquefois double même, demandoit qu'on le dévelopât avec autant d'application & d'habileté qu'a fait Mr Spanheim. Il avoit fait auſſi des Obſervations critiques ſur le texte Grec de Julien, mais il les a reſervées pour une nouvelle édition Grecque & Latine des ouvrages de cet Empereur. Et parce qu'il a voulu accomoder ſes Remarques Françoiſes au goût de tout le monde, il n'y a rien mis de ce qui pouroit arrêter ceux qui ne ſavent pas le Grec ; mais il a ajouté à la fin les preuves de ſes Remarques, pour ſatisfaire & inſtruire les Savans. Il a tiré des Manuſcrits pluſieurs corrections nouvelles, dont il a parfaitement bien rétabli le ſens de Julien ; & il s'eſt attaché dans ſes Remarques à pénétrer & à expliquer à fonds le ſens de l'Auteur, à découvrir ſes alluſions qui n'avoient pas été obſervées juſqu'ici, & qui ſe trouvent priſes des paſſages des Anciens. Ce qui ſert en même tems à faire voir l'étenduë de l'érudition de Julien (2). On voit dans tout cet ouvrage de Mr Spanheim une éxactitude toute extraordinaire. Mais nous parlerons encore de lui parmi les Médailliſtes.

1 Sa préf. ſur les Ceſ. de l'Emp. Julien.   2 Journal des Sav. du 9. Aouſt 1683.

Mr CUPER (Gilbert) (1) Conſul de *Déventer*.

585   Et Auteur eſt loué comme un fort habile homme par le ſieur Borremans (2), & par Mr Spanheim (3). Nous avons de lui trois livres d'Obſervations critiques & chronologiques [*in*-4°. 1678.] & en cette année 1684. il a donné l'Apothéoſe d'Homere [auſſi *in*-4°.] tirée d'une inſcription, avec un Commentaire ſavant.

* On ne doit pas oublier le Traité ſuivant, *Harpocrates Monumenta antiqua* in 4°. *Trajecti ad Rhenum* 1687. *

1 *c* Gilbert, & non pas, Gilbert.   3 Ezech. Spanh. Obſerv. ad Juliani Cæ-
2 Anton. Borremans Var. Lect. &c.   ſares Gall.

Mr

Mr BORREMANS (Antoine).

586 IL publia à Amsterdam en 1676. un Livre de *Diverses Leçons*, contenant des explications & des corrections sur divers endroits de quelques Auteurs, & il a mis à la tête une longue & curieuse Préface sur l'excellence, l'utilité, & les devoirs de la véritable Critique. C'est dommage que son Livre ait été si mal-traité par le Correcteur de l'Imprimerie, qui par une malice, ou par une négligence inexcusable, a corrompu divers endroits, y a mis ses fautes particuliéres, au lieu de corriger celles de l'Auteur & celles de l'Imprimeur. Et comme il ne savoit point le Grec, il n'y a presque pas un passage de ceux qui y sont écrits en cette Langue, qui soit en son entier, ni presque point un mot où l'accent soit bien placé. C'est Mr Borremans lui-même qui fait cette plainte au Public à la fin de son Livre.

Il a encore fait un Traité Philologique des *Poëtes* & des *Prophetes*; mais ce n'est pas grand chose, au sentiment du Pere Rapin Jesuite, & de quelques autres Critiques éclairés.

Mr BLANCARD ou BLANCHARD (Nicolas).

587 IL publia l'*Arrien* sur l'Expédition d'Alexandre, in 8°. l'an 1667. en Hollande : & l'an 1683. il donna l'*Harpocration* in 4°. après l'avoir corrigé & traduit en Latin, avec les Notes de Messieurs de Maussac, & Valois.

588 Monsieur GRONOVIUS le Jeune. Voyés ci-devant au Titre de son Pere.

Mr BERKELIUS (Abraham). (1)

589 IL a fait de Savantes Notes sur le Manuel d'*Epictete*, & la Table de *Cebès*; sur le fragment de *Stephanus* touchant Do-

---

1 ¶ Abraham Berkelius Recteur du Collége de Delft, mourut l'an 1688. avant que l'impression de son Stephanus, publiée cette année-là, fût achevée.

donc, & il nous promettoit une édition de ce dernier Auteur [elle nous a été donnée par Jacques Gronovius en Grec & en Latin *in-folio* à la Haye en 1688.] On attend encore autre chose de lui.

G. M. Kœnig. Biblioth. V. & N. &c.

Mr MUNCKERUS (Thomas.)

590. IL a publié depuis quelques années des Conjectures & de belles Notes sur quatre Auteurs, qui ont écrit des Fables des Anciens: savoir *Hygin* [*in-*8°. à Hambourk 1674.] *Lactance*, *Placide*, *Fulgence*, & *Albrice*. Mais je ne sai si Philippe *Munckerus* (1), qui fit imprimer un Livre en 1652. sous le nom d'*Hermes Grammaticus*, étoit son Pere, ou quelqu'un de ses proches, ou si c'est lui-même qui porteroit le nom de Philippes Thomas.

1 *. C'étoit son oncle paternel. *

Mr TENNEUIL (Samuel Tennulius.)

591. NOus avons de lui le fragment de *Stephanus* sur Dodone (1), avec sa Version, comme nous l'avons déja dit ailleurs. Il a encore donné des Notes sur *Frontin*, sur *Jamblique* de l'Arithmetique, & il nous promet divers autres ouvrages de Critique.

1 ¶ Ce fut en 1669. que le fragment de Stephanus au mot Δωδώνη plus ample quatre fois qu'il n'étoit dans les imprimés, fut publié à Amsterdam par Tennulius d'après un très-ancien manuscrit de la Bibliothèque du Chancelier Seguier. Tennulius y joignit sa version Latine & des notes. A son exemple Berkelius en 1674. à Leyde, Pinedo à Amsterdam 1678. Gronovius à Leyde 1681. & le P. de Montfaucon à Paris l'an 1715. ont chacun donné une nouvelle traduction de ce fragment accompagnée de remarques, la plupart courtes, excepté celles de Gronovius qui sont des plus étendues. *b*

Mr. GEUSIUS (Jacques.)

592. ON peut mettre encore au rang de ceux qui se sont mêlés de Critique de nos jours Mr *Geusius*, qui n'étoit pas moins magnifique en promesses que Mr Tennulius, & qui avoit voulu se

faire connoître par le Dialogue qu'il fit entre *Anne* & *Caïphe*, qui s'étoient échapés des Enfers.

Mr PETIT (Pierre) Medecin & Philosophe (1).

593 C'Est un homme très-versé dans la lecture des anciens Auteurs de l'une & l'autre Langue, & on peut dire qu'il posséde ce qu'il y a de plus précieux dans les belles Lettres, & particuliérement dans les Poètes, les Orateurs, & les Philosophes Grecs.

Nous avons de lui quatre Livres d'*Observations mêlées*, qui furent imprimés à Utrecht en 1682. in-8°. On y voit toutes sortes d'Auteurs expliqués, & corrigés avec beaucoup d'industrie & d'érudition, & il se trouve peu de Critiques qui ayent rétabli les endroits corrompus & alterés avec plus de bonheur.

Nous aurons encore occasion de parler ailleurs de cet Auteur.

Cependant le Public ne trouvera peut-être pas mauvais qu'on l'avertisse que Mr Petit a fait d'excellentes corrections & de belles remarques de Critique, non seulement sur le texte Grec de *Platon* & de *Plutarque*, mais encore sur la plupart des anciens Scholiastes & des Interprétes Grecs du même Platon & d'Aristote : de sorte qu'il seroit de l'interest des Lettres ou d'engager ce Critique à nous donner de nouvelles éditions bien correctes de ces Anciens, ou de lui faire communiquer aux autres les savantes Observations qu'il a faites sur leurs ouvrages.

1. ¶ Mort le 13. Décembre 1687. Acta Eruditor. Germ. Lipsiens. ann. 1682. ad Calend. Oct. pag. 297. 298. & seqq.

Mr DESPREAUX (Boileau.) (1)

594 NOus n'avons de lui sur le sujet que nous traitons, que l'édition du Sublime de *Longin*, avec des Remarques critiques, qui font assés voir ce dont il est capable en matiére de belles Lettres, comme dans le reste ; mais nous parlerons de lui en un autre endroit.

* Jacques Tollius a donné le Longin avec la traduction de

1. ¶ Mort le 13. de Mars 1711.

Defpreaux jointe avec le Grec, & le Latin de divers Auteurs *in*-4°. à Utrecht 1649. *

Mr PERRAULT (Claude.) (1)

595 ON lui attribuë les Notes de Critique & les Corrections du texte de *Vitruve*, qui parurent en 1674. [*in-folio*], & elles marquent une grande connoiffance des belles Lettres, & de l'Architecture dans leur Auteur. Voyés-le parmi les Traducteurs.

1 ¶ Claude Perrault Médecin, & Architecte mourut au mois d'Octobre 1688. dans fa 75. année. C'eft lui qui a traduit Vitruve, qui en a corrigé le texte, & y a fait des notes, le tout en François, imprimé pour la premiére fois *in-fol.* à Paris 1673. & non pas comme il eft dit ici 1674 ¶

2 Journal du 17. Décembre 1674.

Mademoifelle LE FEVRE (Anne fille de Tanneguy) appellée aujourd'hui *Madame* DACIER (1).

596 CEux qui ont entrepris de faire voir par des Differtations Apologétiques, que les Dames font capables de l'Etude des belles Lettres, fembloient avoir borné cette aptitude à la Poëfie, à l'Eloquence, à l'Hiftoire, à la Philofophie, & aux autres connoiffances, qui dépendent plus des qualités naturelles, que de celles qu'on acquiert par le travail & le long éxercice.

Jamais ils n'auroient ofé y comprendre la fcience épineufe de la Critique, fi Mademoifelle le Févre n'en avoit donné un éxemple capable de fermer la bouche aux plus envieux d'entre les hommes, & de faire rougir de confufion la plupart des perfonnes de fon fexe, qui vivent dans la molleffe & dans l'oifiveté, & qui n'ont point d'autre étude que le jeu & la médifance.

Cette favante Demoifelle a donné au Public avec fes corrections & fes Notes, divers Auteurs Grecs & Latins, entre autres le *Callimaque*, l'Anonyme, à qui on a donné le nom de *Dictys de Crete*, le *Florus*, l'*Aurelius Victor*, l'*Eutrope*, l'*Anacreon*, la *Sapho*, deux Comédies d'*Ariftophane*, & trois Comédies de *Plaute*.

Ses Notes font voir par tout beaucoup de netteté d'efprit & d'érudi-

1 ¶ Elle eft morte le 16. Aouft 1720. agée de 68. ans, après avoir donné plufieurs belles Traductions, telles que celle de Térence, celle de l'Iliade, & celle de l'Odiffée, toutes illuftrées de fes notes.

CRITIQUES GRAMMAIRIENS.

·tion ; ses corrections sont judicieuses. Elle explique heureusement entre autres divers endroits difficiles de Callimaque , tant ceux qui n'avoient pas encore été touchés par les Critiques , que ceux qu'elle prétend avoir été mal entendus , ou mal expliqués jusqu'ici. Elle en use de même dans ses Remarques d'Anacreon , & de Sapho , dont elle a donné une Traduction Françoise, avec la vie de l'un & de l'autre , & diverses Piéces qui étoient comme égarées dans des Recueils séparés,

Il eut été peut-être à souhaiter qu'elle eût eu autant d'égard à la pudeur qu'à la curiosité des personnes de son sexe , qui ne savent point d'autre Langue que la leur , quand elle leur a traduit les Monumens de la galanterie & du libertinage d'une fille que l'Antiquité consideroit plus pour son esprit & sa délicatesse , que pour sa sagesse & sa modestie.

Outre les Observations Critiques que Mademoiselle le Févre a faites sur les trois Comédies de Plaute, qui sont l'*Amphitryon*, le *Rudens* , & l'*Epidicus* ; elle en a donné une Traduction Françoise, avec un Examen qu'elle en a fait selon les régles du Théatre [en 3. vol. *in*-12. 1691.]

On nous fait espérer d'avoir bien-tôt un *Sophocle* , & un *Euripide* de sa Traduction avec ses notes.

* Oeuvres de Platon traduites du Grec avec des Remarques & la Vie de ce Philosophe *in* - 12. 2. vol. 1699. Paris. — Refléxions Morales. de l'Empereur Marc-Antonin traduites du Grec avec des Remarques & la Vie de l'Auteur *in*·12. 1691. Paris.*

Journal des Savans du 11. Mars 1675.   Paul Colom. Biblioth. Choisie, pag. 168.
Journ. des Sav. du 25. Aout 1681.   169.
Journal des Savans du 26. Février 1682.   Boil. Desp. préf. sur Long. à la fin.
&c.   M. de Longe-pierre sur Anacreon. , &c.

Mr DACIER (André.)

597   Nous avons de lui des Notes savantes , & des Corrections judicieuses sur le *Verrius Flaccus* & *Pompeius Festus* , avec des Supplémens considérables (1). Il donna en 1683. & 1684. des Remarques Critiques sur les œuvres d'*Horace*, avec une

1 Journal des Sav. du 8. Septembre 1681.

Traduction nouvelle en notre Langue, en cinq tomes in-12. (1) & des notes fur le *Longin*, que Mr Despreaux a fait mettre à la fin de la derniére édition de ses œuvres.

Cet Auteur les appelle (2) très-savantes, & il dit de leur Auteur, ,, que c'est non seulement un homme d'une très-grande érudition, ,, & d'une Critique très-fine, mais d'une politesse d'autant plus esti- ,, mable, qu'elle accompagne rarement un grand savoir.

Il a fait encore des Commentaires sur *Théocrite*, qu'il cite lui-même dans ses Remarques sur Horace (3).

1 ¶ Il y en a eu deux éditions, en dix tomes chacune. ∫
2. Boil. Despr. Préface sur Longin.
3 Dacier comm. in Odem 29. libri 3. Hor. pag. 488.

Mr DE MARTIGNAC (1).

598 Dans les Notes qu'il a ajoutées à la Traduction d'*Horace*, qu'il publia en 1678. il explique en peu de mots, & avec assez de netteté, la Fable & les Antiquités qui sont tres-fréquentes dans ce Poëte, au sentiment de l'Auteur du Journal, qui ajoute que Mr de Mattignac se contente souvent de rapporter les diverses opinions que les principaux Commentateurs ont ordinairement touchant le sens de cet Auteur. Mais ce qu'il a de particulier (2), dit-il, c'est qu'il a soin d'ajuster l'ancienne Géographie avec la moderne.

Le Public attend encore autre chose de Mr de Martignac, & nous parlerons ailleurs de ses Traductions.

1. ¶ Estienne Algay Sieur de Martignac.   2. Journal du 18. Novembre 1678.

Mr PETIT (Jacques.)

599 Il donna le Pénitentiel de *Théodore*, Archevêque de Cantorbie, l'an 1676. en deux volumes in 4°.

Quoique Mr Petit fût alors fort jeune, & beaucoup au-dessous de trente ans, il n'a point laissé de faire connoître au Public combien il étoit avancé dans la lecture des Peres, & des Auteurs anciens de l'Eglise, dans l'intelligence des Manuscrits, & dans la connoissance de la Critique Ecclésiastique. Il finit par des Dissertations & des Notes, que l'Auteur du Journal témoigne (1) être pleines de la Tradition la plus pure & la plus ancienne, dans lesquelles il dit que la doctrine de Théodore n'est pas moins éclaircie, que justifiée de toutes les calomnies dont on l'a voulu accuser.

Il s'y est trouvé néanmoins des endroits qui n'ont point été goûtés par les Savans (2), comme est entre autres la Dissertation qui traite le point de la Pénitence publique. Les autres points qu'on lui conteste sont moins importans, & il ne manque ni d'érudition, ni d'autorité pour les défendre.

Le present qu'il a fait au Public seroit plus complet, s'il nous l'avoit donné sur quelque Manuscrit qui eût été entier, tel qu'est celui de la Bibliothéque du Vatican, qui a été lû & loué par Baronius (3), & deux autres qui sont en Angleterre, dont parle Spelman (4).

1 Journal des Savans du 21. Juin 1677. & celui du 16. Aout de la même année.
2 Natal. Alexand. in select. hist. in Eccles. capit. sæculi. 2.
L. Hallé Conférences du Dioc. de Beauv.
3 Annal. Eccles. ad ann. 51. num. 24. tom. 1. & alibi iterum.
4 Henr. Spelm. in Conc. Anglican. edit.

Mr LE BRUN (1).

600 Cet Auteur a donné depuis un an une nouvelle édition des œuvres de saint *Paulin de Nole*, qui n'a paru qu'au commencement de cette année, in-4°. [en 1685.] Mais jusqu'à ce que les Critiques se soient donné le loisir d'en juger mûrement, & de nous en faire connoître le prix, on peut présumer que c'est la meilleure de celles qui avoient paru jusqu'alors. Car il a examiné pendant six ans entiers tous les Manuscrits qu'il a pû trouver des ouvrages de ce Pere, en France, en Italie, en Angleterre, & dans les Pays-bas. Il a consulté les plus savans hommes, tant à Paris, que dans les Provinces, sur les difficultés; & sans s'arrêter toujours à ce qui paroissoit plus net, plus élégant, ou plus beau, il a préféré quelquefois ce qui l'étoit moins pour s'attacher au sens & aux termes de son Auteur, que la foi des Manuscrits & des anciennes éditions, &

2 ¶ Jean-Baptiste le Brun des Marettes.

l'autorité des doctes Critiques lui ont donné avec plus d'évidence pour les plus véritables.

Il a féparé les ouvrages indubitables de ce Pere d'avec les douteux & les fuppofés. Il a fait un tome des premiers, & en a fait un fecond des autres. Il ne s'eft pas contenté d'y faire des Notes favantes, il y a joint auffi celles des autres Critiques qui y avoient travaillé avant lui. Il n'a point oublié d'y ajouter les diverfes Leçons qu'il a trouvées dans fes Manufcrits; & il a pratiqué divers autres agrémens, qui fervent pour la diftinction & l'éclairciffement du texte de fon Auteur. Enfin, pour ne rien omettre de ce qui peut contribuer à la perfection de ces fortes d'ouvrages, il nous a donné fept Differtations qui font courtes & favantes, dont la fixiéme regarde particuliérement la Critique des ouvrages du Saint qui font perdus: outre fa Vie qu'il a recueillie de fes Ecrits-mêmes, & quinze Tables fort utiles qu'il a fait mettre à la fin.

Le P. HARDOUIN Jefuite (Jean.)

601 CE Pere eft un de ceux de la Compagnie qui éxercent aujourd'hui la Critique des Auteurs avec le plus de capacité.

Il nous fit l'Efté dernier deux préfens fort confidérables, en publiant le *Théodoret* du P. Garnier, dont nous avons déja parlé, & le *Themiftius* du P. Petau, qu'il a augmenté de treize Oraifons que ce Pere avoit prefque toutes amaffées depuis l'édition qu'il avoit faite des vingt premiéres. Le Pere Hardouin ne s'eft pas contenté de faire de favantes Obfervations fur ces derniéres nouvellement imprimées, mais il en a encore ajouté à celles qu'avoit faites le Pere Petau fur les premiéres.

Mais quelques-uns ont pris pour une induftrie un peu trop ingénieufe la difcrétion & l'adreffe qu'il a euë de retirer de cette édition de Themiftius quelques Obfervations de Critique du Pere Petau, fur quelque endroit corrompu de Pline, pour la remettre dans l'édition de celui-ci, comme en une place plus naturelle.

La modeftie avec laquelle il a prétendu fe diftinguer d'avec ce favant homme de fa Compagnie, dans ces Obfervations Critiques, n'a fervi qu'à les faire éxaminer de plus près, & à faire voir que ce Pere ne fera peut-être un jour gueres inférieur en matiére de Philologie

CRITIQUES GRAMMAIRIENS. 505
logie & de belles Lettres, ni au Pere Petau, ni à aucun des célébres Humanistes de la Societé.

Ce qu'il nous a donné, est comme un avant-goût de *Pline*, qu'il nous prépare depuis long-tems (1), & que le Public attend avec d'autant plus d'impatience, qu'il est moins satisfait de tout ce que les plus célébres Critiques de ces deux derniers siécles ont fait de remarques & de corrections sur cet Auteur.

Le Pere Hardouin vient de nous donner encore les Médailles des Villes Grecques, dont nous parlerons ailleurs.

* On r'imprime en deux volumes *in-folio* le Pline par les soins du même Auteur.

— En 1709. de Lormes Libraire à Amsterdam, a imprimé un Recueil de Piéces publiées par ce Pere en différens tems sous le titre, *Joannis Harduini Opera selecta* in-folio *Amstelod.* 1709. *

1 Il a paru enfin l'an 1685. en cinq volumes in-4°.

Mr de LONGE-PIERRE.

602 IL nous a donné depuis peu des Notes sur *Anacreon*, & sur *Sapho*, avec une Traduction Françoise en Vers, & il nous en prépare autant sur *Théocrite*, & sur les autres petits Poëtes Grecs. Il semble être venu le dernier pour *damer le pion* aux autres qui avoient entrepris la même chose avant lui, & pour prouver par son éxemple qu'il faut être également bon Poëte & bon Critique, pour travailler sur les Poëtes avec succès.

603 LE Pere RODEILLE (Pierre) Jesuite, qui a donné le *Martial* & *l'Horace*. Voyés à la fin des Scholiastes Dauphins.

SAMUEL PITISCUS, Recteur du Collége de Zutphen.

604 IL a donné cette année [1684. in-8°.] une nouvelle édition de *Quinte-Curce*, & il promet bien-tôt celle de *Catulle*, *Tibulle*, & *Properce*.

Tome II. Sss.

Dans son Commentaire sur Quinte-Curce il a évité les disputes continuelles sur les diverses Leçons. Il s'est contenté de les éxaminer dans son Cabinet, & s'étant déterminé à la leçon qu'il a trouvé la meilleure, il l'a inserée dans le texte de Quinte-Curce, sans faire aucune mention des autres nulle part, sachant bien que ces diverses leçons sont fort inutiles à la plupart des Lecteurs. C'est le jugement de Monsieur Bayle (1), comme ç'avoit été celui de Mr de Sallo en parlant de Scioppius, selon ce que nous en avons rapporté plus haut. Ce qu'il y a de plus nécessaire (ajoute Monsieur Bayle) pour ceux qui veulent entendre les anciens Auteurs, c'est qu'on leur fournisse des Notes historiques & Géographiques, & des explications de Grammaire, qui fassent entendre la force des phrases & des dictions. L'*Indice*, ou la Table qui y est fort ample, y tient le milieu entre celle de Freinshemius, & celle du Pere le Tellier Jesuite, dans leurs éditions. Frinshemius a inseré dans le sien une espéce de petit Commentaire, le Pere le Tellier n'a composé le sien que de simples mots : mais Pitiscus a recueilli toutes les phrases. Les figures au nombre de vingt-neuf, sont fort curieuses. La Généalogie d'Alexandre est de Freinshemius, & l'Abregé Chronologique de sa vie est du Pere le Tellier.

1 Nouvelles de la République des Lettres de Mars 1685. page 251. & suiv.

CRITIQUES GRAMMAIRIENS.

DES PRINCIPAUX RECUEILS,
ou
CORPS DE CRITIQUE,
Savoir :

1. Les CRITIQUES SACREZ.
2. Le CORPS DE L'HISTOIRE BYZANTINE.
3. Les *VARIORUM* D'HOLLANDE.
4. Les *VARIORUM* DE PARIS, ou SCHOLIASTES DAUPHINS.

1. Comme nous n'avons point parlé dans notre Recueil des Critiques de la Langue Hebraïque, c'est-à-dire, de ceux qui ont corrigé ou expliqué le texte ou la lettre de l'Ecriture Sainte, il sera plus à propos de rapporter parmi les Interpretes de la Bible le Recueil qui a été fait des plus célébres Critiques sacrés ; premierement, par les soins de Corneille Bée ; & ensuite par Mathieu Poly, ou Pôle.

2. CRITIQUES DE L'HISTOIRE BYZANTINE.

603 bis. ON a choisi pour former ce beau Corps d'Histoire ceux qui ont le mieux travaillé sur chacun des Auteurs qui le composent, [tous imprimés au Louvre in-fol.] Ainsi il suffira de les nommer pour en faire l'éloge.

1. Charles de CHANTE-CLER., Henri VALOIS, & Philippe LABBE, ont fait les notes & les corrections qu'on y a imprimées sur les *Extraits des Ambassades*, recueillis par les ordres de Constantin Porphyrogenete. [1648.]

2. Philippe LABBE en a fait sur ce qu'il y a d'*Olympiodore*, de *Candide l'Isaurien*, de *Theophane*, & de *Suidas*. [1648.]

3. Jean MEURSIUS sur *Hesychius* l'Illustre touchant l'origine de Byzance. [in-8°. 1613.]

4. Claude MALTRAIT Jesuite, sur le *Procope* entier, & Nicolas ALAMANNI sur les *Anecdotes* en particulier. [1662.]

5. Bonaventure VULCANIUS fur l'*Agathias* de l'Histoire de l'Empereur Justinien. [1660.]

6. Jacques PONTANUS Jesuite, & Charles Annibal FABROT, célèbre Avocat d'Aix en Provence (1), fur le Theophylacte *Simocatte.* [1647.]

7. Mathieu RADERUS Jesuite, & Philippe LABBE Jesuite, fur la *Chronique d'Alexandrie* ; mais le Louvre n'a point encore donné le jour à cet ouvrage.

8. Jacques GOAR, célèbre Jacobin, fur le *George Syncellus*. On dit que Jean-Baptiste Hautin, Conseiller au Chastelet, y avoit aussi travaillé, & qu'on avoit pareillement quelque chose du Pere Petau, mais on n'en a rien vû. [1652]

9. Jacques GOAR & François COMBEFIS, du même Ordre, fur *Theophane le Confesseur*. On dit que J. Buccard, ou Bouchard (2), avoit commencé quelque chose fur cet Auteur. [1655.]

10. Denys PETAU Jesuite, fur saint *Nicephore* Patriarche de Constantinople. [1648.]

11. Guillaume XYLANDER, Jacques GOAR, & Charles Annibal FABROT, fur George *Cedrenus*. [1647.]

12. Jacques GOAR, Annibal FABROT, fur Jean Scylitze *Curopalate*. [en 1647. joint avec le *Cedrenus*.]

13. Jean LEUNCLAVIUS, & Philippes LABBE, fur Michel *Glycas*. [1660.]

14. Charles du Fresne Sieur du CANGE, fur Jean *Zonare*. Il s'imprime actuellement au Louvre, & il y a apparence que Mr du Cange y fera inserer ce que Jerôme WOLFIUS, Jacques GOAR, & Philippe LABBE avoient remarqué fur cet Auteur. [en 2. vol 1686. 1687.]

15. Pierre POSSIN ou de Poussines Jesuite, fur *Anne Comnene*. [1651.]

16. Charles du Fresne Sieur du CANGE, fur Jean *Cinnamus*. [1671.]

17. Jean MEURSIUS, Jean LEUNCLAVIUS, Charles Annibal FABROT, & Leon ALLATIUS, fur *Constantin Manasses*. [1655.]

18. Jerôme WOLFIUS, & Charles Annibal FABROT, fur *Nicetas* Acominat, dit Choniates. [1647.]

19. Theodore DOUZA, & Leon ALLATIUS, fur *George* Logothete

---

1 ¶ Il falloit comme l'a remarqué Ménage, dire : *célèbre Professeur en Droit dans l'Université d'Aix.*

2 ¶ *Buccardus* en Latin, *Bouchard* en François.

Acropolite, la Chronologie de *Joel*, & sur Jean *Cananus*. [1651.]

20. Pierre POSSIN Jesuite, sur George *Pachymere*, incorporé à cette Histoire, quoique de l'édition de Rome. [en 2. vol. 1666. & 1669.] On se disposoit à donner au Louvre la version de Jean TARIN. Jerôme Wolfius, le Pere Petau, & Leon Allatius avoient fait aussi des notes & des corrections sur cet Auteur.

21. Jean MEURSIUS, sur *Theodore Metochite*. [in-4°. à Leyde 1618.]

22. Jerôme WOLFIUS, & Charles Annibal FABROT, sur *Nicephore Gregoras*. [avec l'appendix de Mr Jean BOIVIN, en 2. vol. 1702.]

23. Jacques PONTANUS, & Jacques GRETSER, Jesuites, sur Jean *Cantacuzene*. [en 3. vol. 1645.]

24. Charles Annibal FABROT, avec la Version de Conrard Clauser, sur Laonique *Chalcondile*. [1650.]

25. Ismaël BOUILLAUD, célébre Mathématicien, sur la Chronique Anonyme *des Turcs*. [1649.]

26. Jacques PONTANUS Jesuite, sur George *Phranze*. [in-4°. Ingolstad 1604.]

27. Jacques GRETSER Jesuite, Jacques GOAR Jacobin, avec quelque chose du MURET, & de DUJON, quoique peu estimé, sur George *Codin*. [1648.]

28. Pierre LAMBEC, Bibliothequaire de l'Empereur d'Allemagne, sur le même *Codin*, des Origines ou Antiquités de Constantinople. [1655.]

29. Leo ALLATIUS, sur *George Hamartole*, ou le Pécheur. [1651.]

30. Le même ALLATIUS, sur le *Continuateur* de Theophane, que quelques-uns croyent être *Leonte de Byzance*. [1685.]

31. Pierre POSSIN Jesuite, & Charles du Fresne Sieur du CANGE, sur le *Nicephore Bryenne*, imprimé avec le Procope: mais ce qu'a fait Mr du Cange est avec le Cinnamus [1661.]

32. François COMBEFIS, sur *Leon le Grammairien*, imprimé avec Theophane. [1655.]

33. Ismaël BOUILLAUD, sur l'Histoire de *Ducas*, imprimée avec George Acropolite. [1649.]

34. François COMBEFIS, sur le *Continuateur* de Constantin Porphyrogenete, & divers autres Monumens de l'Histoire Byzantine. [1685.]

[L'on y peut joindre l'Ouvrage de Dom Anselme BANDURY, *Imperium Orientale*, 2. vol. in-fol. 1711.]

Nous avons parlé de la plupart de ces Critiques en leur rang, &

nous rapporterons les autres ailleurs. Mais il faut rendre témoignage au mérite particulier de deux des plus confiderables d'entre eux, dont nous n'avions point encore parlé.

Le premier est le Pere GOAR, homme docte & bien versé dans les affaires de l'Histoire de l'Eglife Orientale, dont nous avons encore des Notes critiques fur l'*Euchologe* des Grecs. [en 1647.]

Le fecond eft Mr FABROT, trés-habile Jurifconfulte, à qui le Public eft redevable de l'édition des *Bafiliques* [en fept vol. 1647.] de toutes les œuvres de Mr *Cujas*, en dix vol. [1658.] des Inftituts de *Theophile*, avec des Notes. Il a fait encore des Remarques fur Theodore *Balfamon*, fur l'Hiftoire Eccléfiaftique, & fur les Papes, d'*Anaftafe* le Bibliothéquaire [en 1649.] fur quelques Titres du Code Theodofien, fans parler des Traités particuliers qu'il a faits fur d'autres matieres de Droit, fur l'ufure contre Mr Saumaife, &c.

3. DES *VARIORVM* d'HOLLANDE.

604. Hol-*bis.* Es Editions des Auteurs Claffiques qu'on a faites en Hollande, avec les Notes & Extraits de divers Critiques, que le vulgaire appelle *Variorum* pour cet effet, ont eu du débit plutôt à caufe de l'apparence de leur titre, que pour la verité des chofes qu'elles contiennent.

Car, comme remarque l'Auteur du Journal des Savans (1), ces Extraits qu'on y a mis, ont été le plus fouvent affés mal faits, & au lieu des plus belles Remarques qui fe trouvent dans les autres Commentaires, on nous a donné des Obfervations litterales, des diverfes Leçons, & d'autres femblables minuties, lefquelles, quoiqu'elles ne paroiffent pas toujours à negliger, ne font pas néanmoins ce qu'on doit le plus eftimer dans les Livres dont on a prétendu faire les Extraits. De forte que la plupart de ces Extraits font plus préjudiciables qu'utiles aux Lettres, hormis ceux où l'on met les Remarques entieres des Critiques & des Commentateurs.

Le même Auteur ajoute qu'il eft à craindre que ces faifeurs d'Extraits ne foient enfin caufe de la perte des Originaux, & que les anciens Commentaires ne fe r'imprimant plus un jour, au lieu des Remarques entieres de Lipfe, de Cafaubon, & des autres Interpretes, on n'en ait plus que des Abregés imparfaits, comme il eft arrivé des

---

1. Journal des Savans du 8. Février 1667.

Commentaires de Servius sur Virgile, & de plusieurs autres excellens Ouvrages de l'Antiquité, tels que ceux de Trogue Pompée, Tite-Live, Dion, Nicolas de Damas, Polybe, & des anciens Jurisconsultes, dont les Extraits & les Abregés nous ont fait perdre presque tous les Originaux.

L'Auteur des Nouvelles de la République des Lettres dit (1), que la plupart de ceux qui ont compilé les *Variorum*, n'ont pas bien réussi, parce que le jugement n'a point regné dans leur triage, & que de plusieurs bons Commentaires, ils en ont fait souvent un médiocre. Qu'on ne doit pas s'étonner qu'il y ait de si méchans *Variorum*, parce qu'il est rare de trouver des Gens qui ayent les qualités necessaires pour ces sortes de compilations, ou qui ne les ayant pas, soient assés sages pour renvoyer l'affaire à d'autres.

Le Sieur Borremans Hollandois est du même avis que Mr Gallois & Mr Bayle (2). Il dit que toutes ces Notes de *Variorum* ne sont que de la bourre, des bagatelles, & des sottises. Qu'il y a néanmoins de la distinction à faire entre ceux qui les ont extraites, parce que leur capacité a été différente.

Entre ceux qu'il excepte du nombre de ces faiseurs de rhapsodies, il nomme *Thysius*, *Gronovius* & *Schildius*, ausquels on peut ajouter *Grævius*; & il dit que tout ce qui vient d'eux est fait avec beaucoup de jugement, & que les Notes qu'ils ont extraites sont importantes & utiles; qu'il ne condamne pas même tous les autres generalement en tout ce qu'ils ont fait, mais que c'est une honte d'avoir laissé voir le jour à tant d'éditions de *Variorum*, procurées par un assés mal-habile homme, qu'il ne nomme pas (& qui est peut-être *Cornelius Schrevelius*). Il prétend que c'étoit un homme de petit genie & de peu de discernement; & que s'il avoit quelque jugement, il paroissoit fort corrompu dans la préference qu'il avoit donnée à ce qu'il y a de mauvais dans les Critiques, au dessus des meilleures choses qu'il a negligées. Il ajoute qu'il ne rapporte que des puérilités & qu'il est impossible de l'excuser; sur ce que quelques-uns alleguent que c'est pour des enfans qu'il a travaillé uniquement, parce que si cela étoit vrai, ç'auroit été une grande indiscretion en lui d'aller citer tant d'Auteurs differens, & qui plus est, de n'en prendre que ce qui ne vaut rien. Qu'il auroit beaucoup mieux fait de donner des explications de suite des endroits des Auteurs qui sont obscurs & difficiles

---

1 Nouvell. de la Repub. des Lettres de May 1684. pag. 282. 283. 277.

2 Ant. Borremans, c. 7. Variar. Lection. pag. 74. 75.

aux enfans, comme avoient fait au commencement du siécle passé Badius Ascensius, & depuis quelques années Minellius, lesquels avoient rendu un grand service à la jeunesse par cette voie.

Le même Borremans dit encore, que les Libraires voyant que ces éditions de *Variorum* sont si décriées par tous les Savans, ont usé de malice, pour tâcher de n'y rien perdre, & de tromper les simples & les ignorans, en faisant imprimer de nouveaux Titres ou des Avertissemens à la tête de ces éditions, par lesquels ils nous assurent qu'ils donnent au Public les Commentaires des Critiques tous entiers, qu'ils ne retranchent aucunes de leurs Observations, & qu'ils représentent leurs Notes telles qu'elles ont été composées, quoiqu'il ne soit rien de plus faux. Il ajoute enfin qu'il seroit d'avis qu'on réimprimât les Commentaires entiers qu'on sait être les meilleurs, & qu'on tirât des autres ce que les plus judicieux jugeroient être le moins mauvais. C'est aussi le jugement de Mr Grævius, qui ajoute qu'outre cela il faudroit revoir le texte tout de nouveau, consulter encore les vieux Manuscrits, & ajouter de nouvelles conjectures & de nouvelles lumiéres.

* Nous avons cru qu'il ne seroit pas inutile de joindre ici le Catalogue des Auteurs Classiques de *Variorum.* *

CORPUS AUCTORUM,
cum Notis Variorum. in-8°.

C. Plinii Secundi Historia Naturalis, 3. vol. *Lugd.-Bat.* 1669.
— Epistolæ, *ibid.* 1669.
— Panegyricus, *ibid.* 1675.
Titus Livius, 3. vol. *Amst.* 1578.
Lucianus, 2. vol. *ibid.* 1687.
Virgilius, 3. vol. *Lugd.-Bat.* 1680.
Polybius, 3. vol. *Amst.* 1670.
Plautus, 2. vol. *Lugd.-Bat.* 1669.
Ovidius, 3. vol. *Amst.* 1683.
Senecæ Philosoph. Opera, 3. vol. *ibid.* 1672.
— Tragœdiæ, *ibid.* 1682.
Terentius, 2. vol. *ibid.* 1686.
C. Tacitus, 2. vol. *ibid.* 1685.
Appianus Alexandrinus, 2. vol. *ibid.* 1670.

Ciceronis Orationes, 6. vol. *ibid.* 1698.
— Ad Atticum, 2. vol. *ibid.* 1684.
— Ad Familiares, 2. vol. *ibid.* 1676.
— De Officiis, *ibid.* 1688.
Claudianus, *ibid.* 1665.
Juvenalis, *Lugd.-Bat.* 1684.
Aul. Persii Satiræ, *ibid.* 1671.
Valerius Maximus, *ibid.* 1670.
Jul. Cæsar, *Amst.* 1697.
Sallustius, *Lugd.-Bat.* 1665.
Lucanus, *ibid.* 1669.
Martialis, *ibid.* 1670.
Phædri Fabulæ, *Amst.* 1667. & 1698.
Florus, *ibid.* 1692. 1698.

C. Lactantii

CRITIQUES GRAMMAIRIENS.

C. Lactantii Firmiani Opera, *Lugd.-Bat.* 1660.
— Ejufdem de Mortibus Perfecutorum, 1692. 1702.
Quintiliani Inftitutiones, *Lugd.-Bat.* 1665.
— Ejufdem Declamationes, *ibid.* 1665.
Aufonius, *Amft.* 1671.
Suetonius, Pitifci, 2. vol. *Trajecti ad Rhenum.* 1690.
Ælianus Gr. Lat. 2. vol. *Lugd.-Bat.* 1701.
Petronius, *Amft.* 1669.
Macrobius, *Lugd.-Bat.* 1670.
Statius, *ibid.* 1671.
Horatius, *Amft.* 1695.
Juftinus, *Lugd.-Bat.* 1683.
Alexander ab Alexandro, *ibid.* 2. vol. 1673.
Aurelius Victor, *Trajec. ad Rhen.* 1696.
Heliodorus, *Amft.* 1701.
Boëtius, *Lugd.-Bat.* 1671.
Catullus, Tibullus, Propertius, *Trajecti ad Rhenum* 1680.
Aulus Gellius, *Lugd.-Bat.* 1666.
Suetonius, Schildii, *ibid.* 1667.
Polidorus Virgilius, *ibid.* 1641.
Minutius Felix, *ibid.* 1709.
Sulpitius Severus, *Amft.* 1665.
Velleius Paterculus, *Lugd.-Bat.* 1675.
Cornelius Nepos, *ibid.* 1675.
Barclæi, Argenis, 2. vol. *ibid.* 1669.
— Satiricon, *ibid.* 1674.
Callimachi Epigrammata, 2. vol. *Ultrajecti.* 1697.
Hiftoriæ Auguftæ Scriptores, 2. vol. *Lugd.-Bat.* 1671.
Vegetius de Re militari, 2. vol. *Veffalia.* 1670.
Dyctis Cretenfis, *Amft.* 1702.
Q. Curtius, Pitifci, *Haga-Com.* 1708.
Arrianus de expedit. Alexandri, *Amft.* 1668.
— Ars Tactica, *ibid.* 1683.
Mythographi Latini, 2. vol. *ibid.* 1681.
Jul. Frontini Stratagemata, *ibid.* 1661.
Epicteti Enchiridion, *Delphis-Bat.* 1683.
Erafmi Colloquia, *Lug.-Bat.* 1664.
Poliæni Stratagemata, *ibid.* 1691.
Opufcula Mithologica, *Amftel.* 1688.
Pafcalius de Coronis, *Lugd.-Bat.* 1671.
Lucretius, *Amft.* 1677.
Erafmi Encomium Moriæ, 1676.
Apuleius, *Amft.* 3. vol. 1698.
Hippocrates, Vanderlinden, *ibid.* 2. vol. 1665.
Apollonius Rhodius, *ibid.* 1651.
Andronicus Rhodius, *ibid.* 1679.
Diogenes Laertius, *ibid.* 2. vol. 1692.
Prudentius, *Lugd.-Bat.* 1671.
Theophrafti Caracteres, *Amft.* 1702.
Grotius de jure belli & pacis, *ibid.* 1689.
Arnobius adverfus Gentes, *Lug. Bat.* 1651.
Eutropius, *Amft.* 1670.

4. LES INTERPRETES
ou
SCHOLIASTES DAUPHINS.

605 C'Eſt par l'ordre de Sa Majeſté, pour l'uſage de Monsei‑
gneur, ſous la conduite de Mr de Montauſier, & de
Mr l'Evêque de Condom (1), & ſuivant les avis de Mr Huet, qu'ils
ont tous travaillé. C'eſt ce qui non ſeulement juſtifie leur entrepriſe
contre ces Cenſeurs difficiles, qui accuſent de témérité ceux qui ſe
font Auteurs ſans neceſſité, ou ſans quelque engagement; mais qui
rend encore leurs travaux très-honorables, & qui leur fait eſperer
une haute protection contre les attaques de la Critique.

Ils ont pris une méthode differente des autres Commentateurs,
leſquels ayant affecté pour la plupart de n'écrire que pour les habiles
gens, ſemblent n'avoir point eu d'autres ſoins, que d'entaſſer re‑
marques ſur remarques, ſans ſe mettre en peine d'apporter des in‑
terpretations, qui puiſſent donner une intelligence claire & facile
du texte des Auteurs, à ceux qui commmencent de les lire. Au lieu
que ceux-ci ſe ſont particulierement attachés à ce point, donnant
d'abord un texte fort correct;enſuite une Interpretation ou une eſpece
de Paraphraſe du texte, qu'ils ont tâché de rendre claire, facile &
courte, ſubſtituant les mots plus connus à ceux qui ſont plus obſcurs
& plus difficiles. Ils y ajoutent les endroits qui regardent la Criti‑
que, l'Hiſtoire, & l'Antiquité. Mais comme les génies & les capa‑
cités ſont différentes dans ces Auteurs, il ne faut pas prétendre que
tous ces Ouvrages ſoient d'une même force & d'un mérite égal.

Les principaux de ces Critiques ſont,

Mr l'Abbé Danet (Pierre) qui a donné le *Phédre* [1675.] &
dont nous parlerons parmi les Grammairiens qui ont fait des Dic‑
tionnaires.

Mr Crespin (Daniel) qui a donné le *Salluſte*. [1675.]

Mr le Camus (Nicolas) qui a donné le *Terence*. [1675.]

Mr Courtin (Nicolas) qui a donné le *Cornelius Nepos*. [1675.]

Le Pere Riguez (Robert) Jeſuite, qui a donné le *Patercule*.
[1675.]

---

1 Jaques Benigne Boſſuet, depuis Evêque de Meaux.

CRITIQUES GRAMMAIRIENS. 515

Le Pere de la RUE (Charles) Jesuite, qui a donné le *Virgile*. On en a fait une seconde édition, parce que la premiere n'avoit pas entierement satisfait l'Auteur ni le Public. [1682.]

Le Pere de la BAUNE (Jacques) Jesuite qui a donné les anciens *Panegyriques* Latins. [1676.] Ce Critique s'est distingué entre les autres par son industrie & son érudition, qui paroît dans l'éclair-cissement de quantité de faits historiques & chronologiques du bas Empire, & dans quelques autres points de Critique, qui ont fait connoître le discernement de ce Pere, de qui le Public attend encore autre chose, qui ne sera pas moins important. (1)

Le Pere CANTEL [Joseph] Jesuite, mort en 1684. qui a publié le *Justin*, [1677.] & le *Valere Maxime*. [1679.]

Le Pere le TELLIER (Michel) Jesuite, qui a publié le *Quinte Curce*. [1678.]

Mr de LOEUVRE (Jacques) a donné le *Plaute*. [1679.]

Mr du FAY (Michel) a donné le *Manilius*, avec les notes de Mr Huet. [1679.]

Mr DES-PREZ (Louis) a donné le *Juvenal* & le *Perse*. [1684.] Mais pour avoir voulu *latiniser* son nom un peu mal à propos, il a donné lieu à quelques Imprimeurs d'Hollande de l'appeller *Du Prat*, & j'avoüe que je l'aurois appellé *Du Pré*, si je n'eusse eu la curiosité d'envoyer demander son nom chés son Libraire.

Mr PYRON (Guillaume) a donné le *Claudien*. [1677. & 1679.](2)

Mr COLLESSON [Vincent] a donné le *Martial*. [1680.]

Mr DOUJAT (Jean) a donné le *Tite-Live* avec les Supplemens de Freinshemius, des Commentaires, & des corrections fort amples en six volumes. [1679.] Mais nous parlerons ailleurs de ce célebre Jurisconsulte. (3)

Mademoiselle le FEVRE (Anne) a donné le *Florus*, [1674.] l'*Aurelius Victor*, [1681.] le *Dictys de Crete*, [1680.] & l'*Eutrope*, [1683.] sans parler du *Callimaque* Grec. [1677.] Nous avons fait mention de cette savante Demoiselle en son lieu.

Mr DACIER (André) a donné le *Pompeius Festus* [1700.] ou le *Verrius Flaccus* abregé par Pompeius Festus. Nous avons parlé de lui plus haut.

Mr DU BOIS [Philippes] a donné le *Catulle*, le *Tibulle*, & le *Properce*. [1685.]

---

1 V. le Journal du 4. Janvier 1677.
2 ¶ Guillaume Pyron mourut le 20. Aout 1684. agé de 47. ans.
3 ¶ Mort le 27. Novembre 1686. dans sa 79. année.

Mr BABELON (Auguſtin) a donné le *Suetone* [1684.]

Le Pere de MEROUVILLE (Charles) Jeſuite, a donné les *Oraiſons de Ciceron*. [3. vol. 1684.] Ce Pere eſt loué par l'Auteur des Nouvelles de la Republique des Lettres, d'y avoir expliqué les Points d'érudition ſans *entaſſement* de paſſages, ſans de vaines digreſſions de Mythologie ou d'Hiſtoire, & ſans tout cet attirail pompeux qui accable & enſevelit les Auteurs & les Lecteurs plutôt qu'il ne les éclaire, d'avoir fait une explication courte & bonne des endroits difficiles, & une analyſe éxacte de chaque Harangue de Ciceron, des ſommaires de ce qu'elles contiennent, & tout ce que l'on peut ſouhaiter pour rendre un Ouvrage de cette eſpece accompli & utile à tous ceux qui veulent lire les Oraiſons de Ciceron.

Mr l'Abbé PICHON a donné le *Tacite*. [1682.]

Le Pere HARDOUIN, Jeſuite, a donné le *Pline* en cinq volumes [1685. on le r'imprime en deux volumes in-folio par les ſoins du même Pere.]

* Baillet auroit dû ajouter à ces Scholiaſtes Dauphins pour en avoir la ſuite complette; ceux qui ſuivent, qui ſont auſſi tous in-4°.

Joſeph CODIN, qui a donné les Commentaires de *Ceſar* 1678.

Michel DU FAY a auſſi donné *Lucrece* 1680.

Pierre CALLYE, a donné le *Boëce* 1680.

Jacques PROUST a donné l'*Aullu-Gelle* 1681.

Philippe QUARTIER a donné les *Epitres Familieres de Ciceron* 1685.

Claude BERAULD, a donné le *Stace* 2. vol. 1685.

Eſtienne CHAMILLARD, a donné le *Prudence* 1687.

Jacques PROUST, a donné encore *Ars Oratoria* 1687.

Julien FLEURY, a donné l'*Apulée* 2. vol. 1688.

Daniel CRESPIN a fait imprimer à Lion l'*Ovide* 4. vol. 1689.

Louis DES-PREZ a donné auſſi l'*Horace* 2. vol. 1691.*

ON y pourroit auſſi compter le Pere RODEILLE (Pierre) Jeſuite, qui a pris les mêmes ornemens & les marques des Critiques Dauphins, dans l'édition qu'il fit d'*Horace* en 1683. [in-4°. à Touloufe. Du moins peut-on dire qu'il a été leur Singe, en ſuivant leur méthode dans ſon Interpretation ou Paraphraſe en Proſe; & dans ſes Notes. Mais il paroît que ça a été ſans ordre, & ſans autorité ſuperieure qu'il a travaillé; auſſi ſon Livre n'a-t-il ni la forme ni l'appareil des autres, & il n'a point empêché qu'un autre Critique n'ait travaillé depuis lui à l'Horace Dauphin par le commandement de Sa Majeſté, comme les autres.

C'eſt une remarque que nous avons trouvé confirmée depuis, &

CRITIQUES GRAMMAIRIENS.

amplifiée dans les Nouvelles de la Republique des Lettres. Mr Bayle, qui en est l'Auteur, dit que ce Pere a purgé ce Poëte de ses saletés, mais de telle sorte, qu'il a fait grace aux moins grossieres. Car c'est par une faute d'impression qu'on lui avoit fait dire, qu'on y avoit épargné les plus grossieres. Il ajoute que ce qu'il y a de bien utile dans cet Ouvrage, c'est qu'il a eu soin de marquer le tems auquel il a crû que les Odes, les Satires, & les Epitres avoient été écrites. Ce qui contribuë beaucoup à éclaircir le sens d'un Auteur, & à en découvrir les finesses. Il a tâché aussi de faire connoitre l'occasion pour laquelle chaque piece a été composée; & de plus, il a mis au commencement de l'Ouvrage un Abregé Chronologique de l'Histoire Romaine depuis l'an de Rome 710. qui étoit le 19. d'Auguste, & le 21. d'Horace. Le Pere Rodeille avoit publié trois ans auparavant l'an 1680. les Epigrammes de *Martial*, avec des Notes, l'ayant purgé de ses principales obscénités comme l'Horace. (1)

---

1 Nouv. de la Repub. des Lettres en Octobre 1684. pag. 302. 303. & en Decembre de la même année pag. 467.

JUGEMENS
DES PRINCIPAUX
GRAMMAIRIENS.

Que l'on peut appeller

ARTISTES ou TECHNIQUES:

C'est-à-dire,

Ceux qui ont travaillé sur les régles de l'Art de la *Grammaire*; ou de la maniére d'apprendre les Langues & de les parler purement : & ceux qui se sont appliqués à cultiver l'autre partie de cet Art qu'il a plû aux Maîtres d'appeller la *Lexique*, & qui consiste dans la signification des mots, & des expressions; & dans la compilation des Dictionnaires & des Glossaires.

AVERTISSEMENT.

ON s'étonnera peut-être que je me sois écarté, ce semble, de la méthode ordinaire de ceux qui nous ont donné des Encyclopedies & des Systêmes des Arts & des Sciences; & que je n'aye pas commencé par les Langues Orientales & par la plus ancienne de toutes qui est celle des Hébreux. Mais comme il étoit de la bien-séance de parler d'abord de ce qui s'est fait sur cet Art en général & sur ses principes universels & communs à toutes les Langues, & ensuite sur les Lettres, les Notes ou Chiffres dont on a coûtume de traiter avant que de passer aux préceptes de l'Art; & comme toutes ces choses ont plus de rapport à la Langue Latine qu'à toutes les autres qui ne sont pas d'un si grand usage à notre égard : j'ai cru devoir commencer par les Grammairiens Latins comme ayans plus de liaison avec les Auteurs des Traités généraux sur les Langues que j'ai mis à la tête du Recueil. Ensuite je suis remonté jusqu'aux sources par les Grammairiens Grecs jusqu'aux Hébreux, ausquels j'ai ajouté quelques Grammairiens des autres Langues Orientales. Pour ce qui est des Grammairiens qui ont écrit sur les Langues vulgaires, je me suis borné à ceux des trois Langues dérivées du Latin, faute de connoissance à l'égard des autres. Et c'est aussi pour la même raison que je me suis étendu davantage sur les Grammairiens François que sur les Italiens & les Espagnols, parce que les premiers nous sont plus connus.

GRAMMAIRIENS
Qu'on appelle
TECHNIQUES ou ARTISTES.

C'eſt-à-dire, qui ont traité des Lettres, des Mots, & des Regles de l'Art de la Grammaire.

De deux Livres Anonymes qui traitent de l'ART DE PARLER en général.

606 LE premier qui a été reçû par le Public avec des applaudiſſemens univerſels, & que les Etrangers ont traduit en diverſes Langues, a pour titre, *Grammaire générale & raiſonnée* (1). [en 1664.] Cet ouvrage contient les fondemens de l'Art de parler, leſquels y ſont expliqués d'une maniére claire & naturelle. On y voit les raiſons de ce qui eſt commun à toutes les Langues, & des principales différences qui s'y rencontrent. Les Critiques ne trouvent rien dans les anciens Grammairiens ni dans les nouveaux, qui ſoit ſi curieux & ſi juſte ſur cette matiére. Ceux qui ont de l'eſtime pour les ouvrages de raiſonnement, ont été les premiers à en témoigner leur ſatisfaction, & les plus ſpirituels qui ſemblent n'avoir que du mépris pour tout ce qui ne conſiſte que dans les Mots, y ont été un peu détrompés, puiſque ſi la parole eſt un des plus grands avantages de l'homme, ils ont pû remarquer par cet ouvrage, que ce n'eſt pas une choſe mépriſable de poſſeder cet avantage avec toute la perfection qui convient à l'homme; qui eſt de n'en avoir pas ſeulement l'u-

---

1 ¶ Elle eſt en partie de Dom Lancelot, en partie de Mr Arnauld. Le premier, dans la préface que ſans ſe nommer il a miſe au-devant, dit qu'ayant conçû le deſſein de l'ouvrage, il trouva dans l'exécution pluſieurs difficultés qui l'arrêtérent, ſur leſquelles il conſulta un de ſes amis qu'il ne nomme pas non plus, mais qu'on ſait être Mr Arnauld, qui lui fit part là-deſſus de ſes idées. Elles parurent ſi juſtes & ſi ſolides à Dom Lancelot, qu'il pria ſon ami de vouloir bien les lui dicter. Ce qu'ayant obtenu, il les arrangea & en compoſa le Traité intitulé *Grammaire generale & raiſonnée.*

Vinc. Placc. de Anon. cap. 14. num. 457. ubi vocat Scriptum ingeniosissimum, quodque Latiné vertit.

Præf. oper. Ejusd. Pl. &c. edit. Paris. 1660. in 8°.

607. LE second, dont l'Auteur approche assés de la force & de la réputation du premier, au jugement de quelques personnes, a pour titre *l'Art de Parler* (1) [en 1684.] Cet ouvrage ne regarde pas moins la Grammaire que la Rhétorique, on entreprend d'y traiter des organes de la Voix, des principes de la Parole, de l'origine des Sons, des Lettres, des Mots, de la Prononciation, des Styles, & de la pureté du Langage, aussi-bien que des Tropes & des Figures. L'Auteur n'y propose pas une foule de préceptes, qui ne font que charger la mémoire & embarasser l'esprit, comme il arrive dans la plupart des autres Livres de Grammaire & de Rhétorique. Il tâche de faire connoître le fond de l'Art qu'il traite, & ses principes naturels, qui étant bien compris, font qu'on n'a pas besoin d'une multitude de regles, qui s'échapent de la mémoire presqu'aussi-tôt qu'elles y sont entrées. Cet ouvrage peut être utile particuliérement aux jeunes gens, parce que l'Auteur y traite toutes choses dans un ordre naturel, & qu'il conduit l'esprit des Lecteurs à la connoissance de l'Art qu'il enseigne, par une suite de raisonnemens faciles, ce que les Maîtres ne font pas avec assés de soin. Il dit de lui-même qu'il est entré dans ces vûës, parce qu'on se plaint tous les jours que ces sortes de Maîtres ne travaillent point à rendre juste l'esprit des jeunes gens; qu'ils les instruisent comme l'on feroit de jeunes perroquets; qu'ils ne leur apprennent que des noms; qu'ils ne cultivent point leur jugement, en les accoutumant à raisonner sur les petites choses qu'ils leur enseignent; & qu'ils sont cause que les sciences gâtent assés souvent l'esprit, & qu'elles corrompent le bon sens naturel, que l'on remarque plus ordinairement dans ceux qui n'ont point d'étude. Au reste, il paroît par la netteté avec laquelle cet Auteur parle des choses, & par le soin qu'il prend de les réduire à des principes généraux, qu'il a fort bien fait sa Philosophie. Ce qui rend recommandable cet Art de Parler, c'est que les principes sont fondés sur le raisonnement. On y

1 ¶ Il y a très-long-tems que ce livre n'est plus anonyme, & bien des gens même, pendant qu'il l'étoit, n'ignoroient pas que le P. Bernard Lamy de l'Oratoire en étoit l'Auteur.

GRAMMAIRIENS ARTISTES.

voit plufieurs réfléxions, qui nous font connoître comme les Paroles agiffent fur l'ame, & quel eft le rapport du Langage aux operations de l'efprit (1).

1 Nouv. de la Rep. des Lett. Novembre 1684.

608 ON pouroit ajouter à ces deux Livres le *Mithridate* de Gefner, c'eft-à-dire, fon Traité de la différence des Langues, où il prétendoit faire voir en quoi toutes les Langues anciennes & modernes, mortes & vivantes, s'accordent, ou différent les unes d'avec les autres, pour tâcher ou d'en faciliter la connoiffance de chacune en particulier, ou de trouver par le réfultat qui s'en formeroit, une efpéce de Langage commun à toutes les Nations, pour le bien de la fociété & du commerce du Genre humain. Il faut avouer que Gefner entreprenoit beaucoup au-deffus de fes forces; mais on lui eft pourtant obligé de fa bonne volonté, & d'avoir donné, peut-être, quelque ouverture à la pofterité pour un fi grand deffein. G. Wafer fit des Notes fur cet ouvrage, & le fit imprimer à Zurich en 1610. in 8°. (1)

Sept ou huit ans avant Gefner, *Théodore Bibliander* fon Maître avoit eu un deffein prefque tout femblable, & avoit même tâché de l'éxécuter dans fon Livre qu'il fit „ *Du Rapport commun qu'il y a* „ *entre toutes les Langues & toutes les Lettres qui ont été en ufage* „ *dans le Monde*. Ce premier effai de ces deux favans Suiffes donna depuis l'envie à plufieurs Ecrivains de tenter la même chofe, & peut-être avec auffi-peu de fuccès. Entre ceux qui y ont acquis quelque réputation, on peut compter premiérement, *Conrad Schulern*, qui ayant travaillé fur les deffeins d'*Helie Hutter*, publia en 1604. un Livre in 4°. contenant „ des *Méthodes Harmoniques & Symmetriques* „ *des Langues & des Ecritures différentes*. Le fieur *Thomas Hayne* d'Oxford, qui publia à Londres en 1639. & en 1643. fon Traité „ *De la proximité des Langues, de leur convenance, & de leur har-* „ *monie*.

Jean-Jacques Becher, qui fit imprimer à Francford en 1661. in 8°. fon *Caractére pour la connoiffance univerfelle de toutes les Langues*, & qu'il appelle *Une invention Steganographique*. Le P. Athan. *Kircher*, qui mit au jour *fa Polygraphie*, c'eft-à-dire, l'*Artifice des Langues*,

1 Melch. Adam vi:. Medie. Germ. pag. 157.

Vvv ij

par lequel chacun peut avoir correspondance avec tous les Peuples de l'Univers entier. Cet ouvrage parut à Rome en 1663. *in folio.* On pouroit y ajouter la Dissertation que Mr *Borrich* fit imprimer à Coppenhague il y a dix ans, *touchant les causes de la diversité des Langues.*

Ce seroit, peut-être, ici le lieu de parler aussi de ceux qui ont écrit de l'origine des Langues, de leur confusion, de leurs débrouillemens, & de leurs changemens, comme ont prétendu faire Mr *Duret* Président au Siége Présidial de Moulins, dans son *Tresor de l'Histoire des Langues de cet Univers*, où il a voulu nous montrer non seulement les origines, & les changemens, mais encore les beautés & la décadence de plus de cinquante Langues. *Guillaume Postel* dans son Traité de l'*Origine de toutes les Langues, de leurs marques, & de leur consistence*; dans celui des *Lettres des Phéniciens*, c'est-à-dire, *de l'origine des Langues Grecque & Latine*, & dans celui qu'il fit encore des *Caractéres de douze Langues*, & de la maniére de les lire. *Christofle Besold* dans ses Dissertations de *la nature des Peuples & des Langues, & de la maniére que se sont faits les changemens de celles-ci.* *Thomas Bangius* dans ses *Exercices touchant la naissance de tant de différentes Langues dans le monde. Estienne Brouslin*, Théologal de Catteau-Cambresis, dans son Traité *de l'origine & de la varieté des Langues. Vvolfgang Lazius* dans son grand Livre, ou plutôt, son grand Fatras *des Peuplades du Monde*, où il a entrepris aussi de traiter des commencemens & des changemens des Langues. *Jean Goropius de Beka*, dans ses doctes, mais impertinentes rêveries, ausquelles il a donné le titre d'*Origines d'Anvers*. Mr *Bochard* dans son savant *Phaleg*, dont nous parlerons parmi nos Géographes. Le P. *Kircher* dans son laborieux *Atlas Polyglotte*, qui fait le second & le troisiéme Tome de sa *Tour de Babel. Christophe Crincsius*, dans son *Discours de la confusion des Langues, tant Orientales qu'Occidentales, tant Primitives que Dérivées*, &c. *Henri Schævius* dans sa Dissertation *de l'Origine & de la confusion des Langues. Jean Vorstius*, dans celle qu'il a faites depuis quelques années, *de la premiére Langue du Monde. George David Ziegra*, dans la Réponse qu'il fit à Musæus depuis cinq ans, touchant la *confusion des Langues*, qui arriva à Babilone. Et un Auteur moderne (1), dans ses Imaginations curieuses, mais un peu nouvelles, ausquelles il a donné le nom d'*Atlantique*. La plupart de ces Auteurs ont plus de curiosité que de solidité, & il semble

---

1 Olaus Rudbeckius.

qu'ils se soient étudiés davantage à nous faire une belle montre de leurs lectures, qu'à nous instruire & à nous déterminer dans les choses ausquelles nous devons nous en tenir.

DE L'ORTHOGRAPHE, DES NOTES, CHIFFRES ET ABREVIATIONS de l'Ecriture, par rapport à la Grammaire.

609. Les principaux d'entre les anciens dont nous avons des Traités de l'Orthographe sont, *Velius Longus*, *Marius Victorinus*, *Flavius Caper*, *Agratius*, *Cassiodore* & *Bede*. Mais les modernes ayant profité de leurs lumières, ont encore enchéri beaucoup sur eux. Jean *Tortelli* Camerier du Pape Nicolas V. en fit un Traité qui fut bien reçû dans ce tems-là, on l'imprima à Venise en 1493. *in fol.* puis en 1501. 1504. in 4°. *Lucius Jean Scoppa*, Neapolitain, en publia un en 1517. parmi ses autres ouvrages de Grammaire, qui est très-éxact, si on s'en rapporte au titre, mais dont on n'aura pas grande opinion, si on en juge par l'habileté de son Auteur. *George Valla* en fit imprimer un à Bâle en 1541. in 8°. (1) qui est plus estimé, aussi-bien que celui de *Josse Vvillich*, qui parut en la même Ville l'an 1550. Nous parlerons ailleurs de ce qu'ont fait sur ce sujet *Jacques Pelletier* du Mans, *Claude Expilli*, & d'autres Auteurs pour notre Langue. Mais on peut dire qu'en matiére d'Orthographe Latine, *Alde Manuce* le jeune a effacé tous ceux qui l'avoient devancé. On y a loué principalement la fidélité & la diligence avec laquelle il avoit recueilli les maniéres d'écrire dans les Livres anciens, sur les Marbres & les autres Monumens, dans les Fastes Capitolins, & dans les ouvrages des Grammairiens. Il s'est pourtant trouvé des Censeurs qui ont repris Manuce d'avoir porté trop loin sa curiosité & son scrupule, & qui prétendent qu'on se rend ridicule dès qu'on veut établir des regles de la véritable Orthographe sur des écorces & des membrannes toutes rongées, sur des Marbres brisés & effacés, sur des Médailles usées & frustes, & sur les autres Monumens de l'Antiquité, parce que souvent les Graveurs & les Copistes étoient ignorans & sans Lettres. Mais d'un autre côté, ce seroit une grande témérité de vouloir entiérement déroger à l'autorité & à la foi de tous les anciens éxemples. Quand ces Inscriptions & ces Ecritures

---

1 ¶ Baillet ayant marqué ci-dessus Article 334. que George Valla étoit mort vers 1528. n'a pas dû dire que cet Auteur fit imprimer un livre en 1541. J'ai de plus fait voir que George Valla étoit mort avant l'an 1501.

font contemporaines, il n'y a point lieu, ce semble, de les récuser parce que ceux qui les ont faites, ou qui les ont fait faire, étoient témoins de l'usage & de la manière ordinaire de leur Orthographe. Mais Manuce a eu mauvaise raison, ce semble, de vouloir établir la même Orthographe pour tous les tems, puisqu'elle a presque toujours changé de siécle en siécle sans avoir rien de fixe & d'arrêté. De sorte qu'il auroit mieux fait de distinguer les tems différens, & d'en marquer l'usage, qu'on peut dire être presque le seul Maître de l'Orthographe, aussi bien que de la Prononciation, selon Quintilien & Priscien, & selon ceux qui en jugent sainement, puisqu'il y a certainement plus de curiosité que de solidité dans le raffinement qu'on y a voulu apporter. C'est ce qu'a remarqué *Valere André* (1), qui a fait réimprimer l'Orthographe de Manuce avec ses Additions qu'il a inserées dans le corps du Livre, s'étant contenté de les distinguer par des étoiles, & qui nous a donné à la fin de cet ouvrage un petit Traité des *Ponctuations*, qui ne paroît pas beaucoup moins utile que l'autre. *Gaspar Barthius* y fit aussi quelques Additions, & le fit imprimer à Leipsic en 1611. c'est-à-dire, un an après l'édition de Valere André. Depuis ce tems-là on vit paroître l'Orthographe de *Lipse* en 1632. par les soins de *Jean Michel Dilherre*, qui y fit des Notes, & la fit imprimer à Jene (2) en Allemagne dans son Apparat Philologique. On fait encore quelque estime de l'Orthographe de Jean *Nemius*, Principal du Collége de Bosleduc, de celle de Gaspar *Rothius* Allemand, & du Livre de Mr de *Montjosieu*, sur l'Ecriture des Anciens. Mais personne n'est parvenu à la gloire que Claude *Dausquey*, Chanoine de Tournay, acquit depuis en ce genre d'écrire par les deux (3) tomes *in folio*, qu'il publia sur ce sujet à Tournay l'an 1632. sous le titre d'*Orthographe de l'Ancien & du Nouveau Latium*, avec des Remarques sur les Notes ou Abbréviations de Valerius Probus. Vossius dit (4) que comme Alde le petit-fils avoit passé tous ceux qui l'avoient prévenu sur cette matiére, il avoit été surmonté lui-même, & tous ceux qui l'avoient suivi, par Dausquey, dont il juge que l'ouvrage est très-savant. Mr de Saumaise estime (5) que ce travail n'est point à mépriser, & qu'il n'y a point mal employé son tems & sa peine. Il en auroit encore dit sans doute plus de

1 Valer. Andr. Præfat. ad Orthog. Manue.
2 ¶ Il faut écrire *Iéne* qui se prononce comme s'il étoit écrit *Yenne*.
3.¶ Ces deux *tomes* sont toujours reliés en un seul volume, qui n'est pas même des plus épais.
4 G J. Voss. de Philolog. cap. 4. §. xi. pag. 29.
5 Claud. Salmas. Epistol. 66. ad Voss. pag. 140.

GRAMMAIRIENS ARTISTES.

bien, s'il n'eût point cru que Daufquey étoit toujours Jefuite dans l'ame. Au refte, il ne s'agit point ici de cette Orthographe, qui ne regarde que l'Ecriture ou la fimple formation des Lettres, mais de celle qui eft abfolument néceffaire, pour l'intelligence des Langues, & qui fait partie de la Grammaire. L'ouvrage de Daufquey fut réimprimé en 1676. (1) Dans le premier Tome il donne les regles certaines & affurées pour connoître les maniéres différentes de l'Ecriture & de la prononciation ancienne & moderne (2) : & dans le fecond il traite des anciens & des nouveaux Caractéres, & expliquant fur chacune des Lettres toutes les maniéres différentes dont les anciens Latins s'en fervoient, il donne une grande ouverture pour entendre & pour expliquer tous les anciens ouvrages écrits en cette Langue.

1 ¶ L'ouvrage ne fut pas réimprimé, mais fuppofé tel par une adreffe du Libraire qui ayant acquis le fonds de l'impreffion ancienne, demeurée prefque toute entiére, s'avifa, pour lui donner un air de nouveauté, de changer le devant du livre, & de mettre *Parifiis* 1676. à la place de *Tornaci*. 1632. §
2 Journ. des Sav. du 15. Février 1677.

JEAN PASSERAT de *Troyes*, mort en 1603.

610 ON imprima à Paris quatre ans après fa mort, fon Traité du *rapport que les Lettres ont entre elles*. Mr Colomiez témoigne (1) après Mr Gillot (2) que Pafferat eftimoit fi fort cet ouvrage, qu'il fouhaitoit qu'après fa mort on ne vît jamais rien de lui que cela. Scaliger difoit (3) que ce Livre eft plus utile au Public, qu'il n'eft glorieux à l'Auteur, mais qu'il y aura peu de gens qui fachent bien s'en fervir ; que ceux qui connoiffent le prix des chofes, n'auront pas de peine à juger de la capacité de Pafferat ; mais que le nombre en eft très-petit, & que la multitude de ceux qui n'entendent pas ce Livre, fera beaucoup plus grande que celle de ceux qui en paroîtront charmés ; qu'enfin c'eft une des bonnes piéces de fon fiécle. Voilà ce qu'en penfe Scaliger, quoiqu'en d'autres occafions il ait dit beaucoup de chofes peu avantageufes à la réputation de Pafferat, comme nous l'avons rapporté ailleurs.

* *Joan. Pafferatii de Litterarum inter fe cognitione ac permutatione in fermone Latino*, liber in-8°. Parif. 1606.

1 Paul Colom. Bibl. choif. pag. 44. 45.
2 Jac. Gill. Epiftol ad Jof. Scalig.
3 Jof. Scalig. Epift. ad Carol. Labbæum.

Vid. & Prolegomen. ad Pafferatii Orationes & Præfat.

Auteurs qui ont fait des Traités particuliers des LETTRES.

611 Plusieurs Auteurs ont fait des Traités particuliers des Lettres. Il nous est resté quelque chose de *Terentianus Maurus* sur ce sujet parmi les Anciens : mais dans ces derniers siécles on a beaucoup mieux cultivé cette partie de la Grammaire aussi-bien que les autres ; & sans parler des Livres qui ont été écrits sur ce sujet par Antoine *de Nebriße*, Jacques *Matthias*, Bernard *de Malinckrot*, Thomas *Bangius*, Samuel *Pomarius*, & quelques autres, les Traités qu'en ont fait *Vossius* à la tête de son Etymologicon & de sa Grammaire Latine, & Dom *Lancelot* dans ses deux Méthodes nouvelles des Langues Latine & Grecque, sont plus que suffisantes pour instruire & satisfaire le Public sur cette matiére.

Il resteroit peut-être à parler ici de ceux qui ont fait des Traités exprès pour reconnoître les anciennes Ecritures, & les différens caractéres dont on s'est servi dans la suite des tems. Mais ou cela regarde la Critique, comme ce que nous avons rapporté du célébre ouvrage de Dom Mabillon *de Re Diplomatica*, ou cela regarde la Jurisprudence, comme sont les Livres de Nicolas *de Passeribus*, & de Jacques *Stirne* touchant les Ecritures Privées, & leur autorité; celui de George *Vverner* sur la puissance & l'usage de l'Ecriture en matiére civile, & dans le commerce de la vie. Mais nous ne devons pas omettre ici le Livre que le bon homme J. *Raveneau* publia l'an 1666. in 12. à Paris, sous le titre de *Traité des Inscriptions en faux & Reconnoissances d'Ecritures & Signatures*, dont le Public peut tirer beaucoup d'utilité, parce qu'il y enseigne le moyen de discerner les fausses Ecritures d'avec les véritables, & qu'il y découvre les artifices dont les Faussaires ont coutume de se servir dans l'Ecriture. Il parle encore de la maniére d'effacer l'Ecriture, & des moyens de faire revivre celles qui ont été effacées par le tems, ou à force d'avoir été maniées, ce qui est fort utile pour déchiffrer les anciens Manuscrits (1). Le Pauvre Raveneau voulut passer outre en 1682. & faire voir qu'il avoit une expérience plus que spéculative des faussetés qui peuvent se commettre dans l'Ecriture, & s'étant jetté dans la malheureuse pratique de l'art des Faussaires, qu'il avoit découverte dans son Livre, il auroit infailliblement été puni du dernier supplice, si la

---

3 Journ. des Sav. du 25. Aoust 1666.

compassion

GRAMMAIRIENS ARTISTES. 529

compaſſion n'eût lié la langue de ſes Juges, qui ſe ſouvenant qu'ils avoient été pour la plupart ſes Ecoliers en Ecriture, ſe contentérent de l'envoyer finir ſes jours dans une priſon perpetuelle.

DES NOTES & ABBREVIATIONS.

TIRON & SENEQUE.

612   Gruter fit imprimer à la fin de ſes Inſcriptions un Recueil de Notes & d'Abbreviations, ſous les beaux noms de *Tullius Tiron*, l'Affranchi de Ciceron, & de *Seneque* le Philoſophe. Il n'eſt pas impoſſible qu'il y en ait quelques-unes de ces Anciens, ou qui ayent été inventées à leur imitation ; mais la plus grande partie a été ajoutée en divers tems & par diverſes perſonnes. Il y en a même qui ſentent le moyen âge, comme *Demnus Apoſtolicus*, & à dire le vrai, pluſieurs paroiſſent ſuppoſées & forgées à plaiſir. Pierre le Diacre ſemble dire qu'on en attribuoit quelques-unes à *Ennius*, à *Philargyre* de Samos, & à *Mecenas*, ou à ſon Affranchi *Aquila*. Mais quoiqu'il en ſoit des Auteurs & de l'Antiquité de ces Notes, il eſt conſtant qu'elles n'ont aucune autorité, & qu'elles ne ſont aujourd'hui de nul uſage.

Petr. Diacon. Præfat. in Notas ſuas ad Imp. Conrad.
Gruter in animad. ad Not. Tiron. &
Senec.
Voſſius de Grammat. lib. 1. cap. 41. pag. 141.

613   M. VALERIUS PROBUS, Grammairien, du tems de *Neron*. MAGNON ou MANGON, Arch. de Sens, du tems de *Charlemagne*. PIERRE LE DIACRE, du tems de l'*Empereur Conrad* I. ſont preſque les ſeuls d'entre les Anciens dont il nous ſoit reſté quelque choſe ſur les Notes des Romains, leurs Abbreviations & leurs Lettres capitales ou initiales. *Ernſtius* & *Tiliobroga* (1) ont fait des Obſervations ſur le Probus. Parmi les Modernes ceux qui en ont le mieux écrit au jugement du Public, ſont entre les autres Jacques *Gohorri*, Alde *Manuce* le jeune, François *Hotman*, Frederic *Lindenbrogius*, Thomas *Reineſius*, Chr. *Gentſchius*, Michel *Meiſnier*, Mais le ſieur *Sertorio Orſati*, ou *Urſatus*, ſemble s'être ſignalé

1 ¶ Tiliobroga c'eſt Frideric Lindembrog parce qu'en Allemand *linden* c'eſt en Latin *tilia*. b.

Tome II.   Xxx

par-dessus tous les autres par son grand Commentaire, où il a fait paroître son industrie, son travail & son éxactitude.

DE LA CRYPTOGRAPHIE, ou STEGANOGRAPHIE,
C'est-à-dire,
De l'Art d'écrire sécrettement & d'une maniére inconnuë à tout autre qu'à celui à qui on s'adresse.

614. Quoique cet artifice eût été en usage parmi les Anciens, il semble que personne ne s'étoit avisé de nous en donner des regles avant l'Abbé *Trittheme*, qui a entrepris de le faire non seulement dans les six Livres de la *Polygraphie*; mais encore dans le fameux ouvrage de la *Steganographie*, qui a fait tant de bruit dans le Monde. Quoiqu'il n'ait travaillé à cet ouvrage que pour reveler ce merveilleux secret, son dessein n'étoit pourtant pas de le rendre intelligible indifféremment à tout le monde. Il prétendoit n'écrire que pour les Savans & les Gens de qualité, & afin de détourner de sa lecture le vulgaire & les ames simples & timides, il seignit assés grossiérement d'avoir habitude avec les Esprits malins(1), n'ayant point en cela d'autre intention que de faire connoître que l'Art qu'il vouloit enseigner étoit aussi dangereux pour les méchans & ceux qui en voudroient mal user, qu'il est avantageux aux Gens de bien pour conduire sécrétement & surement les affaires de la derniére importance. Ainsi on a pris bonnement pour des Diables certains noms extraordinaires formés à la façon des Hébreux, comme ceux de *Pamersiel*, *Camuel*, &c. dont le premier ne marque autre chose que la méthode des Lettres initiales pour désigner les mots que ces Lettres commencent. Le second marque la maniére d'écrire avec des mots dont la premiére Lettre étant superfluë ne sert qu'à cacher le sens & à brouiller davantage l'esprit du Lecteur. Et par ses enchantemens prétendus, il n'a voulu faire entendre autre chose que la difficulté de déchiffrer le sens & l'artifice de le cacher. C'est pourquoi ce bon Abbé ayant bien voulu paroître plus méchant qu'il n'étoit, fut pris pour un Magicien des plus noirs & des plus dangereux, surtout depuis qu'un certain Picard du Vermandois nommé Charles Bo-

---

1 G. J. Voss. de Art. Grammatic. cap. 41. lib. 1. pag. 141. 142.

ville (1) bon Mathématicien pour son tems (2), mais fort simple d'ailleurs, ayant vû cet ouvrage chés l'Auteur même, & l'ayant précipitamment parcouru sans y rien comprendre, vint publier par toute la France que ce n'étoient que des mystéres Diaboliques. C'est ce qui a perdu la réputation de Tritthème dans l'esprit & dans les écrits de la plupart des Savans du seiziéme siécle, & qui a fait dire à Possevin (3) que la Steganographie étoit pleine de Superstitions & de la Magie la plus criminelle, quelque chose que cet Abbé eût écrit soit contre Boville soit contre les autres calomniateurs pour sa justification. L'affaire alla si loin que l'Electeur Palatin Frederic Second animé par les sollicitations de Dujon (4), fit brûler par une tendresse de conscience l'original de cette Steganographie qu'il avoit dans sa Bibliothéque. Cette éxécution n'a point empêché plusieurs Savans d'entreprendre la défense de Tritthème & de son ouvrage, & de polir la matière qu'il avoit trouvée. Le plus illustre de ces Apologistes est sans doute Mr le *Duc de Lunebourg* dont la *Cryptographie* fut imprimée en 1624. in folio, & Mr Naudé dit que ce Prince a si bien éclairci toutes les obscurités de Tritthème & si heureusement mis au jour tous ses prétendus mystéres, qu'il a pleinement satisfait la curiosité d'une infinité de Gens qui souhaitoient depuis tant de tems de savoir ce qui en est (5). Vossius témoigne aussi qu'il s'en est acquitté avec beaucoup d'érudition, quoiqu'il fasse paroître un peu de chagrin contre lui à cause qu'il avoit fait passer son beau-pere pour un ignorant à l'occasion de ce que nous venons de rapporter touchant l'Electeur Palatin. Mais comme Mr de Lunebourg a voulu demeurer caché sous l'anagramme de son nom & sous l'hellenisme de son surnom, nous sommes engagés de renvoyer le Lecteur à ce que nous en pourons dire dans le Traité des Auteurs Déguisés. Le célébre *Caramuel* qui avoit embrassé toutes sortes de sujets avoit commencé presque par celui-ci publiant sa Steganographie à Bruxelles puis à Cologne en 1635. in-4°. laquelle n'est autre chose qu'une défense & une explication apologétique de la *Steganographie* de Tritthème & de la *Clavicule* du Salomon d'Allemagne. Cet Auteur dans le vaste dessein qu'il a tracé de tous les ouvrages qu'il avoit envie d'entreprendre dit (6)

1 ¶ Son nom François étoit Charles de Bouëlles comme on le voit imprimé dans les livres qu'il a composés en vulgaire, rapportés pag. 150. de la Bibliothéque de du Verdier.
2 Joan. Tritthem. lib. Apologetic. adversf. Bovill. Calumniant. & in Epistol.
3 Ant. Possey. in Appar. sacr. & in Bibl. select.
4 Voss. lib. 1. Gramm. ut suprà.
5 Gabr. Naud. Bibliograph. pag. 97.
6 Jo. Caramuel in Classe 1. seu cursu liberali operum, & Carol. Visch. Biblioth. Cistercienf. pag. 178. 179.

que Tritthème avoit un bonheur admirable à trouver les chiffres, mais qu'il étoit né dans un siécle dont l'ignorance n'étoit pas moins surprenante ; que le nombre de ceux qui l'ont condamné est grand, parce que c'est celui des ignorans, & que pas un de ceux-là n'a compris ce qu'avoit écrit Tritthème ; que c'étoit le génie de ce tems-là aussi-bien que du nôtre de lire peu, d'en entendre encore moins, & de condamner presque tout. Mais qu'aureste il avoit vaillamment défendu Tritthème vingt ans auparavant, & qu'il avoit montré puissamment que sa Steganographie n'est rien moins que la Nécromance ou la Sorcellerie, mais que c'est un des Arts les plus liberaux & les plus innocens. Le P. Gaspar *Sthott* Jesuite Allemand, dont le P. Sotwel loue la pieté, se rendit aussi un des plus zelés défenseurs de Tritthème dans un assés grand ouvrage qu'il publia in-4°. à Nuremberg en 1665. l'année d'avant sa mort sous le titre d'*Ecole Steganographique*, qu'il divisa en huit classes, ou l'on dit qu'il justifie fortement son Auteur des accusations frivoles dont on l'avoit chargé. Enfin il n'y a que six ou sept ans qu'un savant Allemand nommé Wolfgang Ernest *Heidel* de Wormes, entreprit encore la même chose dans un Livre imprimé in 4°. à Maïence, fait exprès pour servir d'Apologie, & en même tems de Commentaire à la Steganographie de Tritthème, & qui a fait dire à l'Auteur du Journal (1), que quoique cet Abbé n'ait ni trouvé ni perfectionné ce sécret, il a du moins donné lieu aux curieux qui sont venus après lui de donner de nouvelles maniéres de déguiser & de rendre intelligible tout ce qu'on veut dire dans une Lettre, par le moyen de divers caractéres, & de donner des regles & des principes beaucoup plus commodes & plus ingénieux pour le déchiffrement.

1 Mr de la Roque Journ. du 25. Janvier 1678.

JEAN-BAPTISTE DE LA PORTE
Gentilhomme Neapolitain. (1)

615   IL composa cinq Livres sur les Notes occultes des Lettres & sur la maniére de cacher sa pensée dans l'Ecriture ou de découvrir celle des autres. Ils furent imprimés à Strasbourg avec une augmentation en 1606. Il y donne plus de 180. maniéres de se

1 ¶ Mort en 1615. dans sa 70. année.

cacher, & il en laisse encore une infinité d'autres a deviner & qu'il est aisé d'inventer sur celles qu'il propose. Ainsi il a surpassé de fort loin tout ce qu'avoit fait Tritthème sur ce point, particuliérement dans sa Polygraphie, soit par sa diligence & son exactitude, soit par son abondance & sa diversité, soit enfin par sa netteté & sa méthode, quoiqu'on ne puisse point dire qu'il a rendu l'ouvrage de Tritthème entiérement inutile. (1)

Mr le Chancelier *Bacon* a donné encore quelque chose d'assés curieux touchant cet Art, qu'on peut voir dans son Traité de l'Accroissement des Sciences. Mais nous parlerons ailleurs du Livre que le sieur de *Gévry* publia en 1668. touchant les principes du déchiffrement de la Langue Françoise.

1 Præf. Typogr. ad Lector. edit. Argent.

DES GRAMMAIRIENS
DE LA LANGUE LATINE.
CHAPITRE I.

De ceux d'entre les Anciens qui en ont écrit.

M. TERENTIUS VARRON, mort l'an de la Ville 725, & le 28. de devant l'Epoque Chrétienne.

616 IL nous est resté de ce grand homme divers fragmens sur ce sujet, & entre autres, six Livres de la *Langue Latine*, c'est-à-dire, le quatriéme & les suivans, jusqu'au neuviéme inclusivement, trois Livres de l'*Analogie* & un fragment *de la différence des mots.*

Le fort de Varron étoit cette Literature universelle qui le rendoit le premier homme de son tems & qui lui a attiré l'admiration & les éloges de tous les siécles par lesquels il a été consideré comme le plus savant non seulement de tous les Latins, mais encore de tous les

Grecs qui avoient vécu jufqu'alors felon Lactance (1) & de tous ceux même qui ont paru depuis lui fi on en croit Vertranius Maurus (2). Quoiqu'il fe fût rendu très-profond dans toutes les connoiffances qui avoient été cultivées jufqu'alors, néanmoins il excelloit particuliérement dans celle des Antiquités Grecques & Romaines. Perfonne n'a mieux connu fon mérite & le fond de fon érudition que Ciceron qui avoit merveilleufement profité de fon amitié & des grandes habitudes qu'il avoit entretenuës avec lui pour les Lettres (3) & que faint Auguftin qui s'étoit fervi très-utilement de fes Ecrits contre les Gentils (4). Les autres en ont porté des jugemens auffi avantageux (5), mais qui ne nous fpécifient rien de plus que ce que nous en avons rapporté. Il avoit tant lû que faint Auguftin dit qu'il y avoit dequoi s'étonner qu'il eût eu du tems pour écrire; & il avoit tant écrit, qu'il n'eft prefque pas croyable, dit le même Saint, qu'un homme feul en puiffe tant lire en toute fa vie. Si cette grande multitude de Livres qu'il avoit compofés s'étoit confervée jufqu'à nous, elle lui auroit peut-être attiré plus de cenfures dans ces derniers fiécles dont les Critiques n'ont épargné aucun des Anciens. Comme il ne faifoit point profeffion particuliére de l'éloquence & qu'il ne s'étoit jamais étudié à la recherche des ornemens du difcours, on ne peut pas raifonnablement lui faire un crime de ce qu'il ne parloit pas fi bien que Ciceron à qui, felon faint Auguftin (6), il fembloit avoir laiffé la gloire des mots en fe refervant celle des chofes. Et c'eft auffi ce que Quintilien (7) avoit remarqué long-tems auparavant. Mais c'eft en vouloir à fa réputation que de dire, comme fait Voffius (8), qu'on ne doit point avoir beaucoup d'eftime pour fes *Origines*, & que dans fes Livres de la *Langue Latine* fouvent il trompe les autres & fouvent il eft trompé lui même. Il eft vrai que Dempfter (9) a dit que Varron eft incomparable dans l'explication de la Langue Latine, mais ce

---

1 Lactant. lib. 1. Inftitut. divinar. cap. 6.
2 M. Vertran. Maur. Epift. præfix. Vitæ Varronis, item in Vit. ejufd. edition. 1561.
3 Cicero lib. 1. Academic. Quæftion. cap. 3. & cap. Voff. lib. 1. Hift. Lat. cap. 12. pag. 56.
4 S. Auguftin lib. 4. de Civit. Dei, cap. 1. Item, lib. 6. cap. 2.
5 Dionyf. Halicarn. lib. 2. Antiquit. Rom. cap. 21.
Cicero iterum in Bruto cap. 56. &c.
Plutarch. in Vit. Romuli.
Appuleius in Apolog. pro feipfo.
A. Gell. lib. 17. Noct. Attic. cap. 18.

Item lib. 19. cap. 14.
Arnob. lib. 5. adverf. gentes.
S. Hieronym in procem. lib. 2. Commentarior. in Epiftol. ad Galat.
Terentian. Maur. de Metris, cap. de Phaleucis.
Chriftophor. Myl. de Hyft. lib. 5. & alii recentior.
6 S. Auguft. de Civit. Dei, ut fuprà.
7 Quintil. lib. 10. Inftitut. Orat. cap. 1. Item lib. 12. Inft. cap. 11.
8 G. J. Voff. de Arte hiftorica, pag. 2.
9 Th. Dempft. in Elench. præfix. Rofin. de Ant. R.

GRAMMAIRIENS LATINS.

témoignage n'a point empêché les autres Critiques (1) de le blâmer d'un défaut considérable qui est d'avoir rapporté à cette Langue des mots qui ne pouvoient venir que du Grec comme l'a aussi remarqué le P. Simon. Enfin ceux qui ont quelque consideration pour les censures du jeune du Verdier peuvent voir (2) parmi ses observations les fautes qu'il croit avoir corrigées dans Varron.

* *M. Terentius Varro de Lingua Latina* in-fol. *Paris.* 1511.— *Idem ex editione Gasp. Scioppii* in-8°. *Ingolstadii* 1605. — *Ejusdem opera omnia, cum Jos. Scaligeri, Adriani Turnebii aliorumque notis* in-8°. *Dordrechti* 1619. *

1 Rich. Sim. hist. Crit. du V. Test. livre 3. chap. 9. pag. 446.
2 Claud. Verder. Cension. in omn. Auct. pag. 12. 13. 14.

VERRIUS FLACCUS, *sous Auguste & Tibere.*
FESTUS POMPEIUS, *sous les Empereurs Chrétiens.*
PAUL DIACRE, *sous Charlemagne.*

617 **V**Errius Flaccus composa vingt livres de la signification des mots, dont il a aussi expliqué quelquefois les origines quand il les a sûës. Cet ouvrage a été loué par divers Ancienss & entre autres par Pline, Aulu-Gelle, Charisius, Diomede, Velius Longus, & Priscien : mais personne n'en a fait tant de cas que *Festus Pompeius*, qui prit la peine d'en faire un abregé. Il ne se contenta pas d'en retrancher quantité de choses, mais il voulut aussi faire le Critique sur le reste, & le jugement qu'il en porte, n'est pas toujours également équitable, comme l'a remarqué Vossius. (1). Comme par cet ouvrage il n'avoit pas rendu grand service à la réputation de Flaccus ; il trouva aussi quelqu'un dans la suite des siécles qui pensa perdre la sienne, & il reçût presque le même traitement qu'il avoit fait à cet ancien Grammairien. Car *Paul Diacre* ayant entrepris de faire un second abregé de ce premier, il le mutila, il l'estropia, & il le défigura d'une façon si étrange, que le pauvre Festus n'étoit presque plus reconnoissable. Il demeura dans ce pitoyable état, jusqu'à ce que le célébre Antoine Auguftin en ayant trouvé un fragment considérable dans la Bibliothéque du Cardinal Farnese, en fit présent au Public avec de savantes notes. Scaliger y fit depuis de très doctes

1 Voss. de Philolog. cap. 5. §. 12. pag. 36.

remarques, aussi bien que sur ce que nous avons de Paul Diacre. Fulvius Ursinus donna ensuite deux fragmens de ce Festus, après les avoir éxactement corrigés, & les avoir accompagnés de notes judicieuses (1). Alde Manuce le jeune y travailla aussi, mais il semble que nous n'ayons rien de plus accompli sur cet Auteur, que ce que Mr Dacier publia en 1681. in-quarto. Scaliger dit (2) que la Langue Latine n'a point d'Ecrivain plus utile que Pompeius Festus. L'Auteur Anonyme de la Bibliographie dit que Verrius Flaccus (3) n'avoit qu'une érudition médiocre, mais que Festus Pompeius est un Auteur tout-à-fait excellent. Qu'il est difficile néanmoins de distinguer ce qui est veritablement de lui, d'avec ce que Paul Diacre y a inseré du sien. Ainsi le jeune du Verdier n'étoit pas fort sage d'accuser Festus de folie, sous prétexte qu'il lui a trouvé quelques fautes, & peut-être des fautes d'autrui. (4)

1 Jan. Nic. Erythr. Pinacoth. part. 1. pag. 9.
2 Jos. Scalig. Præfat. ad Festum.
3 Bibliograph. Cur. Philolog. Hist. pag. 26.
4 Claud. Verdier, Cens. Auct. pag. 17.

CHAPITRE II.

Des autres anciens Grammairiens Latins.

618 LE Public a des obligations toutes particulieres à Putschius de lui avoir ramassé les précieux restes de plus de trente de ces anciens Grammairiens, & de les avoir publiés à Hanau en 1605. [in-4°.] quoi qu'il s'y en trouve quelques-uns d'assés suspects, & quelques autres qui ne méritent peut-être pas la peine qu'on s'est donnée de les corriger, & de les conserver si scrupuleusement. Ce qu'on y voit sous le nom de Q. *Remmius Palamon*, qui vivoit sous Claudius, n'est pas fort considerable, non plus que les Extraits imparfaits de *Marrobe* sur les differences & les rapports des mots des deux Langues Grecque & Latine. Nous parlerons de quelques autres dans la suite de ce Recueil.

* *Grammaticæ Latinæ Auctores antiqui Heliæ Putschii*, scilicet,

Charisius, (Flavius Sosipater.)   Priscianus, Cæsariensis.
Diomedes.   Probus, (M. Valerius.)
                                                      Magno.

GRAMMAIRIENS LATINS.

Magno.
Petrus Diaconus.
Phocas.
Asper, Junior.
Donatus, (Ælius.)
Servius, Marius Honoratus.
Sergius.
Cledonius.
Victorinus, (Maximus.)
Augustinus, (Aurelius.)
P. Consentius.
Alcuinus, (Flaccus.)
Eutyches.
Fronto, (Cornelius.)
Velius Longus.
Caper, (Flavius.)
Scaurus, (Terentius.)
Agrœtius.
Cassiodorus, (Magnus Aurelius.)
Beda.
Terentianus Maurus.
Victorinus, (Marius.)
Plotius, (Marius.)
Cæsius Bassus.
Fortunatianus, (Atilius.)
Rufinus.
Censorinus.
Macrobius, (Ambrosius.)
Incertus.

in-4°. *Hannoviæ* 1604.

M. TERENTIUS SCAURUS, *Grammairien sous l'Empereur Adrien.*

ou

P. TERENTIUS SCAURUS, *Grammairien, son fils, Précepteur de l'Empereur L. Verus.* (1)

619 ON ne sait pas certainement auquel des deux appartient ce que nous avons sur *la différence des mots*, ou l'*Orthographe* que Vulcanius donna en 1600. avec ses Notes, & que Putſ-

---

1 ¶ Saumaise en deux endroits de son Commentaire sur l'Histoire Auguste, savoir sur Capitolin dans la vie de Verus & sur Lampride dans celle d'Alexandre Sévére, fait voir que Scaurus Grammairien sous l'Empereur Hadrien est le seul qui suivant les manuscrits de la Bibliothéque Palatine eût véritablement nom Scaurus, que son fils, Précepteur de Verus, eût nom, suivant les mêmes manuscrits, non pas Scaurus, mais Scaurinus, pére d'un autre Scaurinus Précepteur d'Alexandre Sévére. Quant au Scaurus, prétendu auteur du livre des particules de la Langue Latine que Baillet dit avoir été adopté par le P. Turselin Jésuite, c'est une équivoque insigne de Scaurus nom d'un ancien Grammairien, à Schorus nom d'un Grammairien moderne, natif d'Anvers, mort Protestant à Lausanne l'an 1552. Celui-ci nommé Antonius Schorus, outre les ouvrages qu'on a de lui très-utiles pour la connoissance de la bonne Latinité, en avoit promis un *de particulis*, qui ne s'étant point trouvé parmi ses papiers, a été regretté en ces termes par Morhof tom. 1 l. 4. c. 9. de son Polyhistor: *utinam ejus liber de particulis Linguæ Latinæ non intercidisset, habuissemus profecto thesaurum auro cariorem.* Voila le livre que par des routes inconnuës on dit avoir passé aux mains d'Horace Turselin qu'on accuse sans façon de se l'être approprié. J'aurois volontiers demandé à Baillet pourquoi Article 441. il n'avoit pas formé une pareille accusation contre Godeschalcus Stewechius, dont il parut en 1580. à Cologne un Traité *de particulis Linguæ Latinæ*, plusieurs années avant celui d'Horace Turselin? §.

chius inféra enfuite dans fon Recueil des Grammairiens. Mais peu de gens favent peut-être encore moins, que c'eſt un de ces anciens Scaurus qui eſt le véritable Pere des *Particules* de la Langue Latine, que le Pere *Turſelin* Jeſuite (1) eut la bonté de vouloir adopter ſur la fin du ſiécle précedent, & qui ayant été ſouvent imprimées depuis ſous ſon nom, l'ont maintenu juſqu'à préſent dans la poſſeſſion d'une gloire acquiſe à peu de frais. De ſorte que ce Pere n'avoit pas trop mauvaiſe raiſon de dire de lui-même à ce ſujet, *In tenui labor, at tenuis non gloria*. Nous en parlerons plus à propos dans le Traité des Plagiaires.

1 Horat. Turſel. præfat. de Particul. L. L.

NONIUS MARCELLUS,
De la proprieté du diſcours Latin.

620 LE ſavant Anonyme qui nous donna cet Auteur en 1614. in-8°. & qui n'eſt autre que Mr des Bordes (1) dit (2) que ce Marcellus n'a rien de conſiderable ni pour l'érudition, ni pour le jugement, ni pour l'exactitude. Que la Latinité pouroit fort bien ſe paſſer de ſon ouvrage, s'il n'avoit cité que les Auteurs qui ſe ſont conſervés juſqu'à nous, & qu'on ne le retient dans la République des Lettres, qu'à cauſe qu'il nous a rapporté divers fragmens des Anciens que nous ne pourions pas trouver ailleurs. Il ajoute qu'il ne ſauroit aſſés témoigner l'étonnement où il eſt de le voir quelquefois citer avec éloge par Priſcien (3), qui étoit d'ailleurs le plus habile des Grammairiens ; qu'il admire le choix & le diſcernement des bons ſiécles, durant leſquels on a negligé & laiſſé perir volontairement les plus excellens & les plus utiles d'entre les anciens Auteurs qu'on poſſedoit alors tous entiers, pour multiplier & garder les exemplaires de celui-ci dans les meilleures Bibliotheques. Et qu'enfin ce n'eſt que par le reſpect qui eſt dû à l'Antiquité, & en conſideration de ces Auteurs perdus qu'il allegue que les Critiques ſe ſont appliqués à le corriger & à le publier.

1 ¶ Joſias Mercier, ſieur des Bordes.
2 Joſ. Merc. Præf. edition. ſuæ an. 1614.
3 ¶ Priſcien cite Nonius en quelques endroits mais nulle part avec éloge. Auſſi Mercier dit-il ſimplement : *ut mirari ſubeat tam imperitum auctorem citare ? aliquoties à doctiſſimo Grammatico Priſciano*. Il eſt vrai que Voſſius c. 5. de la Philologie §. 13. dit parlant de Nonius : *Scriptor, quod mirum Priſciano etiam laudatus* ; mais *laudatus* ne ſignifie-là que *cité*.

GRAMMAIRIENS LATINS.

Vossius en parle (1) dans les mêmes sentimens, & presqu'aux mêmes termes, & dit qu'il n'y a nulle comparaison entre Festus & lui. Ainsi on peut juger de la solidité du jugement du Bibliographe Anonyme (2) qui dit que c'est un Auteur tout-à-fait excellent. (3)

La meilleure édition est celle de Josias le Mercier, qui est cet Anonyme dont nous avons parlé, & Vossius dit qu'il a surpassé infiniment en ce point l'industrie d'Adrien Junius ou de Jonghe, de Denys Godefroi & de tous les autres Critiques qui y avoient travaillé avant lui.

* *Nonius Marcellus* in-fol. *Venetiis* 1476. — *Idem cum notis Josiæ Merceri* in-8°. *Parif.* 1614.*

1 Voss. de Philolog. cap. 5. §. 13. p. 36.
2 Bibliograph. cur. Philolog. pag. 26.
3 ¶ *Excellent* par rapport aux passages qu'il nous a conservés de tant d'anciens Auteurs perdus. §.

DIOMEDE le Grammairien.

621 Nous avons de ce célébre Grammairien trois espéces de livres sur les matieres Grammaticales. L'Auteur Anonyme qui a fait la Bibliographie (1) dit que c'est un Auteur assés élégant. C'est une maniere d'éloge qui convient peu à ces sortes de Grammairiens.

Il y a deux choses à considerer dans le Diomede que nous avons aujourd'hui. La premiere est, qu'il n'est point pur & sans mélange; depuis principalement que Jean Cesaire (2 & 3) savant, mais trop audacieux Critique, a pris la liberté d'y inserer tout ce qu'il lui a plû dans son édition. La seconde est le grand rapport qu'on trouve entre ce qu'on lit dans cet Ouvrage, & ce qu'on lit dans Charisius, ce qui a fait que les uns ont soupçonné ce Diomede de supposition & que les autres l'ont jugé posterieur à Charisius, dont ce que nous avons sous le nom de Diomede paroît être une copie ou un extrait, en retirant les fourures de Cesaire.

* *Diomedes Linguæ Latinæ perscrutator. de Arte Gram.* in-fol. *Mediolani* 1513.*

1 Bibliograph. cur. Philolog. pag. 27.
2 Cela seroit bon à dire si depuis Cæsarius il n'avoit point paru d'édition de Diomède pure & sans mélange, telle par exemple que celle qu'en 1605. donna Hélie Putschius. *v*
3 Voss. de Hist. Latin. cap. 2. pag. 6.

DONAT (*Ælius*) au quatriéme siécle.

622 IL noûs est resté sous ce specieux nom des *Elemens de Grammaire*; un Traité *du Barbarisme & du Solecisme*; & un autre *de la difference des Mots*. Cassiodore témoigne (1) que sa Grammaire étoit plus propre pour les enfans que celle de Priscien, & qu'elle étoit plus proportionnée à la portée de ceux qui commencent l'étude de la Langue. Il dit que l'un & l'autre sont préférables de beaucoup à tous les autres Grammairiens Latins, tels que Cn. Cornutus, Velius Longus, Curtius Valerianus, Papyrianus, Adamantius Martyrius, Eutyches, Cæsanius ou Cæsarius (2), L. Cæcilius Vindex, &c. dont il s'étoit servi pour travailler lui-même sur ce sujet.

Il paroît aussi par ce que S. Gregoire dit de Donat (3) que sa Grammaire étoit celle de ces tems-là qui étoit le plus en usage, & qu'on l'enseignoit préferablement aux autres. Et Robert Goulet dans le jugement qu'il fait des Grammairiens qu'on peut faire voir aux enfans, dit (4) qu'il avoit éprouvé par une experience de pratique, qu'il n'y avoit rien de plus utile que Donat pour bien apprendre les principes de la Grammaire.

* *Ælii Donati de octo partibus Orationis editio secunda, cum Servii & Sergii doctissima Interpretatione suis locis inserta. — Ejusdem Donati de Barbarismo & Solœcismo* in-8°. *Rob. Steph.* 1531. — *De differentia Vocabulorum* in-8°. *Lugd.-Bat.* 1600.*

1 Cassiod. Senat. lib. de Orthogr. præfat.
2 ¶ Il n'y a dans Cassiodore ni Cæsanius ni Cæsarius, mais Cæsellius.
3 Greg. Mag. præfat. in Comm. Moral. in Job.
4 Apud Cæs. Eg. Bul. hist. Universit. Paris. tom. 1. sæcul. 3. p. 518.

FAB. FULGENCE PLANCIADE, (1)

623 CE qui nous reste de lui regarde les anciens termes Latins, la proprieté du discours, & l'explication des mots. C'est un Grammairien pitoyable, & qui semble ne s'être plû qu'à la bagatelle & à des sottises, comme l'a remarqué Vossius (2) dans ses livres des Historiens Latins.

1 ¶ Vers 520. 2 Voss. hist. Lat. lib. 1. cap. 30. pag. 159.

Barthius dit (1) que ce Fulgence eſt le plus audacieux de tous les Ecrivains, qu'il a le langage entierement corrompu, l'entendement de travers & en déſordre, & que s'il avoit appris quelque choſe, ce n'étoit rien moins que la ſageſſe. Le même Auteur & le ſieur Konig après lui (2) témoignent qu'on ne ſauroit lire cet Auteur, ſans être touché de compaſſion pour la miſere de ces tems-là, qui commençoient déja à ſe laiſſer couvrir des ténébres de cette ignorance univerſelle où la barbarie a jetté tous les ſiécles ſuivans.

La Langue Grecque étoit tombée dès lors dans un ſi grand mépris qu'on ne ſe ſoucioit plus de l'apprendre, & moins encore de la parler; mais les Ecrivains de ces tems-là, pour être plus ignorans, n'en étoient pas moins préſomptueux, & notre Fulgence entre les autres, s'étant imaginé qu'il ſuffiſoit d'avoir de la hardieſſe pour réuſſir, & qu'il lui ſeroit permis ſur ce pied de tout écrire à tort & à travers, ne fit aucune difficulté de tirer par les pieds & par les cheveux les mots Grecs, & les Auteurs qui ont écrit en cette Langue. (3)

* Son Ouvrage ſe trouve dans le livre de Denys Godefroi qui a pour titre *Auctores Linguæ in unum redacti corpus* in-4°. *Genevæ* 1622. pag. 802.*

1 G. Barthius in 1. Silvar. Stat. Pap. pag. 81.
2 Id. Not. ad 6. Thebaïd. pag. 449. Et Geor. M. Konig. Biblioth. V. & N. pag. 321. 322.
3 Id. Item Voſſius de Hiſtor. Græc. lib. 3. pag. 323.

FLAV. SOSIPATER CHARISIUS, de Campanie, ſous l'Empereur Honorius; devant Priſcien qui le cite.

Nous avons cinq livres de ſes Inſtructions de Grammaire, dans leſquels Fabricius dit qu'il avoit imité Pline, qui dans ſes dernieres années avoit écrit de la Grammaire, auſſi-bien que d'autres qu'on voit cités par Chariſius. Il y a une infinité d'endroits qui ſe trouvent ſemblables dans ſes livres & dans ceux de Diomede, tant pour les exemples, que pour les régles & la méthode, comme nous l'avons marqué plus haut.

* *Flav. Soſipatri Chariſii Inſtitut. Gram.* in-fol. *Venet.* 1532. — *Ejuſd. Soſipatri Grammatica ex edit. Greg. Fabricii* in-8°. *Baſil.* 1551.*

Greg. Fabricius Epiſt. præfat. edition. Chariſii librorum.

PRISCIEN de Cesarée, *sous l'Empereur Anastase, & Theodoric Roi des Gots en Italie.*

625 Jean de Cologne l'imprima en 1476. à Venise pour la premiere fois, avec des caracteres qui par leur nouveauté donnerent envie à plusieurs de connoître Priscien, dont on ne parloit guéres en ces tems-là (1). Mais il parut depuis en plusieurs formes & plus entier, & Putschius en a fait imprimer dix-huit livres dans son Recueil des Grammairiens.

Le Pere de Cressol (2) Jésuite dit (3) qu'il étoit le plus grand homme de Lettres d'entre les Grammairiens. Josias le Mercier lui donne aussi beaucoup d'érudition (4), & Vossius le considere comme un Grammairien fort judicieux & très-versé dans la Langue. (5)

Cependant Scioppius s'est emporté souvent contre lui, l'accusant de peu de jugement dans tout ce qu'il a fait, quoi qu'il convienne qu'il a eu besoin de beaucoup d'adresse & de diligence pour l'execution de son Ouvrage. Mais le Bibliographe Anonyme remarque que ce Critique étoit souvent mal fondé dans ses accusations. (6)

Au reste les Ouvrages de Priscien étoient d'un grand usage dans l'Université de Paris jusqu'au treiziéme siécle, & on y voyoit sa petite Grammaire ou ses Rudimens, qu'on appelle l'*Alphabet* dans les basses Classes; & sa grande qu'on appelloit *le grand Priscien* dans les hautes. (7)

* *Prisciani Cæsarensis, Grammaticæ Institutiones* in-fol. *Paris.* 1517.
— *Opus Grammaticum* in-fol. *Mediolani* 1613.*

---

1 Bern. de Malinckrot in additionib. ad Tractat. de Typograph.

2 ¶ Le plus sûr étoit d'appeller ce Jésuite par son nom Latin *Cresollius*, qui très-assurément n'est pas en François *de Cressol*, ni peut-être même comme l'a rendu M. Gibert, *Cresol.*

3 Ludov. Cressolius Theatr. Sophistar. lib. 5. cap. 9. pag. 493.

4 Anonym. præf. edition. Nonii Marcell.

5 Voss. de Philolog. pag. 36.

6 Bibliograph. cur. Philolog. pag. 27. Item Cassiodor. Epist.

7 Eg. Bulæus tom. 1. hist. Universit. pag. 517.

S. ISIDORE de *Seville*, a traité de la Grammaire dans ses Origines, mais nous en avons parlé parmi les Ecrivains de Philologie.

626 IL est inutile d'avertir le Lecteur que nous avons omis à dessein le Traité de Grammaire qui avoit long-tems couru sous le nom de S. *Augustin*; ce qu'en a écrit *Cassiodore*, & plusieurs autres Ecrivains depuis ces tems-là jusqu'au quinziéme siécle, parce que nous n'avions pas beaucoup de bien à en dire.

LES VIEILLES GLOSES,
c'est-à-dire,

Le Recueil de Glossaires, tant Grecs que Latins, que Bonaventure Vulcanius publia à Leyde in-fol. *avec ses Notes* [en 1600.] (1)

627 CEs Pieces sont d'une utilité plus grande qu'il ne sembleroit d'abord, & les Savans s'en sont souvent servi fort à propos. Elles sont louées par Lipse dans ses Commentaires sur Tacite, & en divers autres endroits; par M. Guyet sur Terence; par l'Auteur Anonyme de la Bibliographie; & par divers autres Critiques.

---

1 ¶ Il est surprenant que Baillet parle ici de l'édition que Vulcanius donna des vieilles Gloses à Leyde, comme de la derniere qui ait paru, & qu'il semble n'avoir point connu celle qu'avoit préparée Charles Labbé, rangée dans un double ordre alphabétique très-commode, laquelle accompagnée de toutes les notes des Savans, & de plusieurs autres Gloses recueillies de divers manuscrits, Mr du Cange publia en 1679. à Paris avec une Préface curieuse qui contient l'histoire de toutes ces Gloses. ¶

DES GRAMMAIRIENS LATINS
de ces derniers siécles.

CHAPITRE I.

De quelques-uns des principaux Dictionnaires & Recueil de Mots.

628. LA multitude de ces sortes d'Ouvrages est devenuë onereuse, & presque insupportable à la République des Lettres, parce qu'il y en a très-peu dans lesquels les Auteurs ayent réussi, soit à cause de l'ignorance de quelqu'une des Langues, desquelles ils les ont composés, soit parce que les uns sont trop défectueux, & que les autres sont trop chargés de choses inutiles, soit enfin parce qu'il s'en trouve très-peu qui soient compilés avec jugement, & où l'on voye autant de choix & de discernement, que ces sortes d'Ouvrages en demandent.

C'est pourquoi le peu de cas que le Public en a fait, & le peu de réputation qu'ils ont acquis, a beaucoup contribué à les faire tomber dans l'oubli & dans le mépris. Ainsi nous n'en rapporterons qu'un très-petit nombre de ceux qui semblent s'être distingués des autres.

NICOLAS PERROT, vers l'an 1464. (1)

629. NOus avons parlé de sa *Corne d'abondance* parmi les Critiques.

¶ J'ai remarqué ci-dessus que Nicolas *Pérot*, & non pas *Pérrot*, mourut sur la fin de l'an 1480. §

AMBROISE

AMBROISE CALEPIN, Ermite de S. Auguſtin, de Calepio dans le Bergamaſc, mōrt en 1513. (1)

Et ceux qui l'ont augmenté, dont les principaux ſont,
JEAN PASSERAT de Troyes, *mort en* 1603.
Et J. LOUIS DE LA CERDA Jéſuite Eſpagnol, *mort en* 1643.

630 Alepin eſt un de ceux qui ont acquis de la réputation au meilleur marché, & avec le moins de peine. Il lui eſt arrivé tout le contraire de ceux qui ſont pillés par les Plagiaires. Le Vittorio de Roſſis (2) dit qu'il étoit du nombre de ces gueux du Parnaſſe, qui ſont tout nuds & couverts d'ulceres & de miſeres, c'eſt-à dire, qui n'ont ni Lettres ni capacité, & qui neanmoins ſont aſſés heureux pour attirer la compaſſion des plus riches & des plus aiſés, qui prennent plaiſir de les combler de leur abondance. Car en effet Calepin s'étant aviſé de vouloir faire un Dictionnaire Latin n'y avoit d'abord amaſſé, ou fait amaſſer que des mots, ou qui ne valoient rien, ou qu'il n'entendoit pas bien.

Le deſſein qu'il avoit eu, parut aſſés bon aux ſavans, quoique l'éxécution n'en fût pas heureuſe. D'un côté ils avoient de la peine à voir un ſi méchant livre dans une ſi grande réputation, & d'un autre ils auroient ſouhaité de faire quelque choſe de meilleur. Ce dernier point ne leur étoit pas ſi difficile, que de ſupprimer l'Ouvrage de Calepin. Ainſi ils crurent ne pouvoir mieux faire que de le corriger & de l'augmenter en lui laiſſant ſon nom, pour ne point irriter le public, quoi qu'à la fin il ne s'y trouvât preſque plus rien qui fût de lui.

Le nombre de ceux qui ont contribué du leur pour groſſir Calepin, n'eſt pas aiſé à déterminer; mais on peut dire que ceux qui lui en ont donné le plus, ſont *Badius Aſcenſius, Conrad Geſner, Paul Manuce, Jean Paſſerat*, & le *Pere Jean Louis de la Cerda*.

Mais pour ſpecifier quelque choſe de plus particulier ſur la conduite de Calepin, il eſt bon de ſavoir que n'étant pas homme de Lettres, il ne ſongeoit à rien moins qu'à ſe faire Auteur, juſqu'à ce qu'ayant vû la *Corne d'abondance* de Nicolas Pérot, & qu'ayant appris que cet homme ſembloit vouloir déſavouer & abandonner ce

---

1 ¶ Il mourut l'an 1510. 2 Jan. Nicius Erythr. Pinacoth. part. 3. pag. 202.

Calepin. fruit de ses études séculiéres & profanes, & renoncer à la qualité de Pere dans la pensée que celle d'Archevêque en seroit deshonorée, il crut pouvoir profiter de ce dégoût, & il voulut inferer cet Ouvrage dans son Dictionnaire comme s'il en eût été l'Auteur.

Floridus Sabinus (1) dit qu'il le fit d'une maniére tout-à-fait pitoyable, parce qu'il fit fondre cette Corne d'abondance parmi une infinité d'ordures qu'il avoit ramassées des plus méchans Auteurs des siécles barbares & ignorans. Il ajoute que cela contribua d'un côté à célébrer le mérite de Pérot & à faire rechercher son Livre dans sa source, & d'un autre à faire connoître l'impertinence de Calepin & l'impureté de son Dictionnaire. C'est aussi le jugement qu'en portent l'Auteur Anonyme (2) de l'Apologie pour les Poëtes Latins (3), l'Auteur Allemand de la Bibliographie curieuse (4), & le sieur Leonard Nicodeme dans ses Additions sur le Toppi (5).

Cependant si on vouloit écouter Calepin dans sa Lettre à Messieurs de Bergame (6) on ne s'en formeroit pas une si méchante idée. Il leur veut persuader que son Dictionnaire est comme la mouelle ou plutôt l'essence de presque toutes les sciences qu'il prétend avoir tirée de tous les meilleurs Auteurs; qu'il a eu en vûë de battre & de refuter non seulement Laurent Valla, mais encore Priscien & d'autres Grammairiens, parce qu'il est appuyé sur l'autorité de plusieurs autres Auteurs incomparablement plus graves & plus excellens pour la Latinité. Entre ces Auteurs du bon style il nomme saint Ambroise, saint Jerôme, saint Augustin & quelques Ecrivains Grecs qui ne servent qu'à nous faire conclure le contraire de ce qu'il veut nous faire croire.

Si Calepin eut eu assés de jugement & de lumiére pour profiter comme il faut des ouvrages des autres, loin de trouver mauvais qu'il les eût accommodés à son usage, on se seroit tenu fort obligé à ses soins & à son industrie, & si les sources d'où il a puisé avoient été les plus pures, on l'auroit tenu quitte en les marquant fidélement.

Ceux qui se sont mêlés d'y faire des Additions, n'y ont pas toujours apporté tout le jugement & toute l'éxactitude possible, & on peut dire

---

1 Franc. Florid. Sab. Apolog. L. L. pag. 111.

2 ¶ Cet Auteur est le même que Floridus Sabinus qu'il vient de citer.

3 Ap. Obert. Giffan. pag. 505. Item ap. G. M. Konig. Biblioth. V. & N. pag. 153.

4 Bibliogr. cur. Philologic. hist. pag. 28.

5 In additionib. ad Biblioth. Neapolit. Nic. Topp. pag. 184.

6 Ambr. Calep. epist. dedic. ad S. P. Q. Bergom.

GRAMMAIRIENS LATINS.

que la plupart ont été plus curieux de groſſir cette compilation & d'y **Calepin.** entaſſer ſans diſcernement toutes ſortes de mots, que de choiſir préciſément ce qui n'appartient qu'à la bonne Latinité.

Mais ce qui a toujours fait juſqu'ici le ſujet de l'étonnement des Savans ſelon la remarque de Monſieur du Cange (1), c'eſt de voir que *Paſſerat* qui entendoit ſi parfaitement le génie de la Langue Latine & toutes les fineſſes de la plus pure Latinité, n'ait pas eu le courage de purger le Calepin de tous les méchans mots qui y ſont demeurés même après ſon Edition, & qu'il ſe ſoit contenté d'y faire mettre ſes Additions comme les autres. Ainſi ce n'eſt peut-être pas ſans apparence qu'un Allemand accuſe les Libraires de cette Edition & des ſuivantes d'avoir commis une fourbe inſigne pour en avoir un plus grand débit. Cet Auteur prétend (2) qu'il n'y a rien de plus faux que ce qui eſt dit dans le titre de ces Editions de Calepin & dans les Préfaces qu'on y a faites, & que Paſſerat n'a jamais rien corrigé dans Calepin.

Quelques Additions qu'on ait faites juſqu'ici à ce Dictionnaire en y comprenant même celles du Pere de *la Cerda*, il eſt conſtant qu'on peut encore l'augmenter d'une infinité de mots Latins que l'on pourroit prendre dans les Auteurs qu'on appelle proprement Claſſiques ou choiſis, c'eſt-à-dire, dans ceux qui ont vécu du tems de la République & ſur la fin du bon ſiécle, qui eſt celui d'Auguſte; & dans ceux même qui ſont venus avant que la Latinité fût entiérement corrompuë, ce qui peut aller juſqu'au tems des Antonins. *Matthias Martinius* nous en a donné une preuve ſuffiſante puiſqu'il a trouvé encore aſſés de mots dans ces Auteurs pour en faire près de deux volumes qu'il publia à Breme ſous le titre de *Lexicon Latin Philologique & Etymologique* l'an 1623. (3) cinq ans avant ſa mort, [& depuis en deux volumes par les ſoins de Grævius en 1699. à Amſterdam.]

* *Ambroſii Calepini Dictionarium, Joan. Paſſeratii, Lud. de la Cerda, &c.* in-folio 2. volum. 1663. Lugduni. — *Idem* in-4°. Lugd.-Bat. *

1 In Præfat. ad Gloſſar. med. & inf. Latin. num. 55.
2 Bibliogr. cur. Philol. ut ſuprà &c.
V. & Olaus Borrich. de Lexicis.
3 ¶ Matthias Martinius mourut l'an 1630. âgé de 58. ans. §.

MARIUS NIZOLIUS Italien.

631 IL est un des premiers de ceux qui ont ramassé les mots & les expressions de Ciceron par ordre alphabetique.

L'entreprise étoit assés grande & pénible, mais elle étoit louable & utile étant bien éxécutée. C'est ce que Nizolius avoit tâché de faire pour le soulagement de ceux qui ne savent pas leur Ciceron par cœur, & qui n'ont pas le loisir de le feuilleter quand ils ont besoin de trouver une de ses expressions.

Il a eu soin même de ramasser ensemble les diverses maniéres d'exprimer une même chose, & a ouvert par ce moyen plusieurs chemins différens tant pour orner, que pour diversifier le discours. C'étoit beaucoup pour lui sans doute que d'avoir découvert cette route, mais il fit voir la vérité de l'axiome qui dit qu'il y a grande différence entre inventer & perfectionner une même chose.

C'est ce qui porta depuis *Cælius Secundus Curio & Marcellus Squarcialupus* à reprendre ce dessein de Nizolius pour lui donner plus d'ordre & de méthode, & pour l'augmenter de beaucoup de choses nouvelles [*in-fol.* à Bâle en 1572.] Mais ils n'épuisérent pas encore le sujet; & ils donnérent lieu à *Alexandre Scot* d'y faire non seulement de grands accroissemens, mais de remédier aussi à un inconvenient considérable en changeant toutes les citations de Nizolius qui étoient faites sur l'Edition des œuvres de Ciceron par Alde l'ancien, laquelle étant devenuë extrémement rare, étoit cause que l'ouvrage de Nizolius étoit devenu inutile à tous ceux qui n'avoient pas cette Edition.

Cependant tous ces soins n'ont point empêché ce grand Apparat Cicéronien de tomber dans la disgrace des Livres incommodes, soit parce qu'il n'est qu'en une Langue, soit parce qu'il y a quelque chose de trop génant & de trop peu naturel dans cette maniére d'imiter les Anciens.

* *Nizoliodidascalus, seu monitor Ciceronianorum Nizolianorum, Dialogus* in-8°. H. Steph. Paris. 1578. *

Præfat. Alex. Scoti &c.

ROBERT ESTIENNE, *mort en* 1559.

632 IL publia en 1536. puis en 1543. son *Trésor de la Langue Latine*. C'est un ouvrage immense, qui a coûté une infinité de veilles & de peines à son Auteur, & qu'on ne sauroit assés louer.

L'Auteur avoüoit ingénûment qu'il n'y avoit que le travail & l'industrie qui fussent de lui. Mais il travailloit encore beaucoup plus à sa gloire par cette modestie, que ceux qui vouloient encherir sur les Anciens.

Il s'attacha à cet ouvrage avec une application si opiniâtre & avec tant de zele pour le bien public, qu'il y interessa même son bien & sa santé. Cependant on n'a point eu assés de reconnoissance pour un si grand travail (1). Son fils Henri témoigne qu'il lui attira un grand nombre d'envieux (2) qui par une ignorance grossiére & une malignité ridicule publioient que notre Robert avoit ouvert la porte de la Barbarie par son prétendu Trésor, mais il ajoute que ceux qui en médisoient de la sorte ne savoient pas même un mot de Latin, & il prétend avec beaucoup de raison qu'il y a de quoi instruire les plus savans.

L'Auteur augmenta son ouvrage de tems en tems, mais ce qui lui fit le plus de peine, ce fut de voir que d'autres se mêlassent d'y ajouter de son vivant, & il blâmoit sur toutes choses la liberté que les Correcteurs d'Imprimerie prenoient d'y inserer les mots & les expressions qu'il avoit rejettées expressément, comme étant indignes d'entrer dans le Trésor de la bonne Latinité. Son fils que nous avons déja cité, rapporte sur ce sujet un fait qui mérite d'être sû de tout le monde.

Il dit que Robert son pere étant un jour à Venise, apprit qu'on y imprimoit son Livre. Il se transporta chés l'Imprimeur où il prit la premiére feuille du Livre que le hazard lui présenta. Il tomba justement sur un mot qu'il avoit autrefois réprouvé & exclus positivement de ce Dictionnaire, quand il l'avoit imprimé lui-même. Il ne put s'empêcher d'en témoigner quelque ressentiment, & ayant demandé l'éxemplaire sur lequel on faisoit l'impression, il trouva que ce

---

1 Ap. Theod. Janss. ab Almel. de vit. Steph. pag. 44.
2 H. Stephani Epist. ad amic. de statu Typogr. pag. 161. Item Janss. ab Almelov. pag. 41. 42.

Estienne. motétoit à la marge avec plusieurs autres qu'on y avoit ajoutés, dans la pensée qu'il auroit fallu les inserer dans les Editions précédentes, & on lui fit entendre que c'étoit pour suppléer à ce prétendu défaut qu'on avoit entrepris cette nouvelle Edition. Robert Estienne étant allé trouver celui qui avoit fait ces Additions pour lui en faire des reproches, cet homme ne lui répondit qu'en lui montrant beaucoup d'autres choses qu'il avoit ramassées pour grossir son Dictionnaire. L'Auteur remarqua que c'étoit presque tout ce qu'il en avoit rejetté, mais il ne put se vanger de ce hardi ignorant qu'en le maltraitant de paroles offensantes, & en désavouant l'Edition, & toutes celles où on avoit pris, & où on prendroit dans la suite de pareilles libertés.

Le Bibliographe anonyme dit que quelque ample & quelque excellent que soit cet ouvrage de Robert Estienne, il n'est pas encore au point d'érudition qui seroit à souhaiter (1).

Au reste on peut dire que ce Trésor de la Langue Latine n'a guére moins souffert de changemens & d'altérations que le Dictionnaire de Calepin & l'Apparat de Nizolius. Il a été travesti en diverses formes & réduit en divers Abregés qui ont chacun leur utilité & leur prix. Mais Monsieur Danet dit que pas un n'a encore rempli toutes les idées qu'on doit avoir en faisant un Dictionnaire, pour donner une connoissance parfaite de ce qu'il y a de meilleur dans la Langue Latine (2).

Les uns les ont grossi de quantité de choses inutiles, comme d'un amas d'Epithetes qui n'ont aucune difficulté, ni rien de singulier.

Les autres ont entassé sans distinction les diverses significations des mots en confondant les propres avec les Métaphoriques.

Les autres ne marquant point les Auteurs qui se sont servis des expressions qu'ils rapportent, proposent indifféremment les mots barbares avec ceux qui sont de la pure Latinité.

D'autres n'ont pas marqué les significations que les mots ont lorsqu'ils sont liés avec d'autres, ce qui fait néanmoins la principale beauté & la plus importante difficulté de cette Langue.

Enfin la plupart expriment le sens des mots d'une maniére peu juste & peu Françoise, de sorte qu'en voulant apprendre la Langue Latine, on est en danger de désaprendre la nôtre.

* *Thesaurus Linguæ Latinæ R. Steph.* 2. *vol.* in-fol. *Lugd.* 1573. *

1 Bibliograph. anon. cur. Philolog. hist. p. 28. 2 Petr. Dan. Præf. Dict. Lat. Franç.

GER. JEAN VOSSIUS, mort en 1649.

633 Nous avons de ce grand Homme un *Etymologicon* de la Langue Latine imprimé à Lyon & à Amsterdam in fol. Monsieur Colomiez (1) dit qu'il y a quantité de belles recherches dans cet ouvrage, & Ursinus estime (2) qu'il a passé de fort loin tous ceux qui avoient traité le même sujet avant lui. Mais l'un & l'autre témoignent qu'il ne fait pas beaucoup d'honneur à son Auteur en l'état auquel on l'a publié, parce que n'y ayant pas mis la derniére main, il n'a eu le loisir ni de l'achever ni de le polir.

* *Etymologicum Linguæ Latinæ* in-folio *Amstelodami* 1662. *

1 P. Colom. Bibliot. choisi. p. 89. 2 Georg. Henric. Ursin. observ. Philolog. c. 1. p. 2.

JEAN AMOS COMENIUS, mort en 1671. âgé de 80. ans.

634 Il est l'Auteur du fameux Livre appellé *Janua Linguarum*, il le composa en Latin & il y employa trois ans. Mais quoique ce Livre ait eu grande vogue parmi les Peuples depuis plusieurs années, on n'a pas néanmoins encore vû que le fruit ait été aussi grand pour la jeunesse qu'on se l'étoit promis.

Et en effet, comme l'a remarqué Dom Lancelot (1), on peut douter si cet ouvrage, quoiqu'estimable en soi, est assés proportionné au titre qu'il porte, & au dessein de son Auteur. Car outre qu'il faut une mémoire extraordinaire pour l'apprendre, & qu'il se trouve peu d'enfans qui en soient capables, on peut assurer après les expériences qu'on en a faites qu'il n'y en a presque point qui le puissent retenir, parce qu'il est long & difficile, & que les mots n'y étant jamais répetés, ils en ont oublié le commencement avant que d'être à la fin. Ainsi ils sentent un dégoût continuel parce qu'ils se trouvent toujours dans un pays tout nouveau où ils ne connoissent rien : ce Livre étant rempli indifféremment de toutes sortes de mots rares & difficiles, & les premiers Chapitres ne servant de rien pour les suivans, ni ceux-ci

1 Lancel. de P. R. Préface des Racines Grecques.

Comenius. pour les derniers, à cause qu'il n'y a aucun mot des uns qui se trouve dans les autres.

Monsieur de Chanteresne en juge presque de la même manière. Il dit (1) qu'on ne sauroit nier que ce Livre ne puisse avoir quelque utilité, mais qu'il est néanmoins fâcheux de charger la mémoire des enfans d'un Livre où il n'y a que des mots à apprendre. Qu'une des regles les plus utiles qu'on puisse suivre dans leur instruction, est de joindre toujours ensemble diverses utilités, & de faire ensorte que les Livres qu'on leur fait lire pour leur apprendre les Langues servent aussi à leur former l'esprit, le jugement & les mœurs, à quoi ce Livre de Comenius ne peut rien contribuer. Mais il ajoute que ceux qui instruisent les enfans peuvent avantageusement se servir de ce Livre pour leur apprendre dans l'occasion les mots particuliers de chaque Art & de chaque Profession.

Cependant il y a peu de Livres qui ayent été reçus parmi les Nations avec plus d'applaudissemens que celui-là, & il n'y a presque point de Langues sur tout dans l'Europe dans lesquelles on ne l'ait traduit pour l'usage de la jeunesse, *Simonius* & *Reyher* l'ont mis en Grec, *Mochinger* l'a tourné en Allemand, *Comenius* lui-même l'a traduit en Bohemien, *Vvegierscki* l'a mis en Polonois, *Seidelius* en Flamand, *Anchoranus* en Anglois, *Hartlieb* & *Courcelles* l'ont traduit en François, *Nathanael Duez* en Espagnol, & il a été mis aussi en Italien.

On y a fait diverses additions aussi-bien qu'au Calepin. *Zacharie Schneider* y a fait un Vestibule séparé pour l'entrée à la Langue Grecque. *Ursin* y a fait des Commentaires, & Daniel *Vechner* des additions. D'autres y ont fait des tables & des méthodes, & presque tous en des Volumes séparés qui feroient un gros Livre si on les joignoit tous ensemble.

Il s'est trouvé même un Apologiste pour la Latinité de Comenius à laquelle bien des gens trouvoient à redire, & son Apologie fut imprimée à Amsterdam en 1658. in 8°.

On peut rapporter encore à ce dessein un autre Livre de Comenius qui a pour titre *la Porte de la Sagesse* ou nouvelle Méthode pour apprendre tous les Arts & toutes les Sciences. Monsieur Spizelius parle de lui (2) comme d'un homme d'un rare mérite parmi les Luthériens, & il lui dresse un ample éloge dans son Traité du malheureux homme de Lettres.

***J. A. Comenii Janua linguarum reserata quinque linguis*, Nath. Duez in-8°. Amstel. 1661.**

1 Nic. Ed. d'un Pr. part. 2. §. 18. p. 54.   2 T. Spiz. Inf. Lit. Tr. 32. p. 1017 ad p. 1028.

LE PERE PAJOT (Charles) *Jesuite*, *né en* 1609.

635   CE Pere étoit fort zelé pour l'avancement de la jeuneſſe dans la connoiſſance de la Langue Latine. Nous avons des *Dictionnaires* de François en Latin, & de Latin en François, nous avons même un *Apparat* de Ciceron mis en François, & ajouté à ſon nouveau Dictionnaire de François en Latin. On peut juger de l'excellence de ces Livres par la connoiſſance qu'il avoit des deux Langues.

  Il ſavoit le Latin comme un Ecolier, & le François comme un Etranger nouvellement entré dans le Royaume. Ainſi on ne s'étonnera pas de voir dans ſes Dictionnaires tant d'expreſſions Latines forcées & tirées par les cheveux, & tant de mots François tous barbares & impropres.

LES PP. FRANCOIS POMEY, *mort en* 1673. & JEAN GAUDIN, *né en* 1616. *un an devant le P. Pomey*, Jeſuites.

636   ILs ont un peu mieux fait que le Pere Pajot. Néanmoins le P. *Pomey* paſſoit pour un grand ramaſſeur, qui entaſſoit les choſes ſans choix & ſans beaucoup de diſcernement. On a de lui entre autres un *Dictionnaire* qu'il a appellé *Royal*, & qui eſt de François en Latin ; & un Recueil de mots ſous le titre d'*Indiculus univerſalis*.

  Le P. *Gaudin* de ſon côté a publié un *Dictionnaire* François-Latin, un *Tréſor* de mots & de façons de parler Latines, avec les Françoiſes & les Grecques qui répondent aux Latines. L'an 1678. il donna le *Tréſor* des deux Langues Françoiſe & Latine. L'Auteur du Journal dit qu'il y a aſſés de pureté dans les mots qu'il employe de l'une & l'autre Langue, & que les définitions des mots ſont courtes (1). Outre des remarques qui ſont quelquefois aſſés ſinguliéres ſur quelques fautes des Grammairiens. Monſieur Danet déclare (2) que ce Pere lui a envoyé des remarques très-belles & très-judicieuſes, qui lui ont beaucoup ſervi à mettre ſon Dictionnaire François-Latin dans l'état où il a paru de la ſeconde édition.

1 Journ. du 6. Février. 1679.   2 P. Dan. avis ſur la ſeconde édit. de ſon Dict. &c.

OFFICINA LATINITATIS.
Ouvrage dont l'Auteur ne s'est point nommé.

637 UN Censeur Anonyme dit (1) qu'il y a dans cet Ouvrage une infinité de fautes grossiéres. Il prétend que comme ce Dictionnaire est de Latin en François, c'est-à-dire, fait pour entendre les Auteurs, pour les traduire, & non pas pour composer du François en Latin, il ne falloit y mettre que les mots qui se trouvent dans les Auteurs de la bonne Latinité. Mais on l'a chargé d'une infinité de mots modernes inventés, forgés, ou pris de l'Hébreu, du François, & des autres Langues étrangéres avec des terminaisons Latines. On y trouve encore quantité de termes de Blason, de la Chasse & d'autres professions & éxercices, selon l'usage qu'ils ont reçû dans les derniers tems.

On a publié à la tête du Dictionnaire Latin de Monsieur Danet quelques Remarques sur le commencement de cet ouvrage, où l'on fait voir plusieurs significations de mots ou confonduës, ou fausses, ou même oubliées mal-à-propos; & l'Auteur de ces Remarques veut dans une Lettre qu'il a écrite sur la seconde édition de l'*Officina Latinitatis* [in-8°. Paris 1688.] qu'on y ait beaucoup profité de ce Dictionnaire de Monsieur Danet, & qu'on y ait laissé une bonne partie des fautes de la premiére édition.

1 Danet Avis sur la seconde édition de son Dict. Lat.

Mr DANET (Pierre) *Abbé de Saint Nicola de Verdun* (1).

638 C'Est un de ceux qui se sont appliqués à ce genre d'écrire avec le plus de succès dans ces derniéres années. Il a recherché avant toutes choses la pureté des deux Langues & le choix des mots.

Il a déja travaillé à divers *Dictionnaires* de l'une en l'autre Langue, tant pour les compositions de notre Langue en Latin, que pour les Traductions de celle-ci dans la nôtre. Le principal est celui qu'il a

1 ¶ Mort l'an 1709.

fait de Latin en François, pour faciliter l'intelligence des meilleurs Auteurs Latins.

Il a voulu distinguer cet Ouvrage de tous ceux qui avoient paru jusqu'à present, en pratiquant plusieurs choses importantes, qui étant bien exécutées, ne servent pas de peu à la recommandation de ces sortes de Livres. Car il s'est attaché à traduire les mots & les expressions Latines dans les termes de notre Langue qui sont en usage parmi les honnêtes gens. Il a distingué ceux qui ne se sont introduits que dans la décadence de la Langue d'avec ceux qui ont été en usage dès le tems de sa pureté; & on y trouve aussi les mots Grecs, dont les Auteurs Latins ne se sont servis que rarement, & qui pour cette raison ne sont pas Latinisés, distingués de ceux qui sont comme naturalisés dans la Langue Latine par le fréquent usage qu'on en a fait.

Il a marqué les diverses significations que les mots reçoivent par l'union qu'ils ont avec d'autres mots, & les a mis séparément les uns des autres, donnant aussi à part le sens propre & literal distinctement d'avec le figuré & le métaphorique. Enfin l'Auteur prétend qu'au lieu des Epithetes & des Phrases inutiles dont il dit que les autres Dictionnaires sont remplis, on trouve dans le sien une grande abondance de mots qui en fait toute la richesse.

Les Critiques ont crû y trouver quelque chose digne de leurs censures. Les uns y ont repris quelques mots étrangers rendus François, comme sont les termes d'*Urbanité*, *Conopée*, *Hydrie*, & quelques autres de cette nature. Mais l'Auteur dit pour se justifier, que ces mots ne sont point de lui, qu'ils ont été employés par des personnes de mérite & de l'Académie, & que pour faire voir qu'il les a crûs nouveaux lui-même, il les explique par d'autres mots d'un usage très-reçû.

Les autres ont crû qu'il a affecté de prendre dans la Nouvelle Méthode de Port Royal les diverses significations Françoises des Verbes Latins, lesquelles effectivement sont les mêmes, pour la plupart dans l'un & dans l'autre Ouvrage. Mais si la chose est ainsi, le Dictionnaire de Monsieur Danet n'en peut être que d'autant meilleur, puisqu'il ne pouvoit mieux rencontrer pour la proprieté & la pureté des expressions de notre Langue.

D'autres enfin prétendent qu'il y a beaucoup d'omissions dans cet Ouvrage, tant pour les mots & les Phrases Latines, que pour les significations & les tours François. C'est peut-être la plus raisonnable des objections qu'on ait pû lui faire; & comme il ne s'agit d'autre chose que d'y faire des Additions, il lui sera très-aisé d'y satisfaire dans les éditions suivantes. Si c'est un défaut, il lui est commun avec la plupart de ceux qui ont le mieux réussi dans leurs Dictionnaires, & on auroit encore eu beaucoup plus de sujet de le remarquer dans son Livre des *Racines Latines*, où il paroît que son Imprimeur ne l'a point servi avec toute la fidélité possible.

Il publia l'année derniére son *Dictionnaire* de François en Latin [*in*-4°. 1684.]

* *Dictionarium Latinum & Gallicum* in-4°. *Paris*. 1691. *

CHAPITRE II.

De quelques DICTIONNAIRES de la Latinité corrompuë.

639 Nous avons parlé avec éloge des Glossaires de François *Pithou* sur la Loi Salique, & sur quelques Auteurs de la Latinité corrompuë, & de Frederic *Lindembrogius* sur les Loix de Charlemagne & de Louis le Debonnaire.

HENRI SPELMAN *Anglois, mort en* 1641.

Il publia en 1626. la premiére partie de son Glossaire sous le nom d'*Archæologue*, dans lequel il entreprenoit d'expliquer dans un ordre Alphabetique les termes barbares & étrangers, les vieux mots remis en usage, & les nouveaux qu'on inventa depuis dans l'Europe, après la décadence de l'Empire, & l'établissement des Francs, des Gots, & des Vandales dans ses Provinces.

Cela étoit assurément de grande utilité sur tout pour les mots Saxons, comme a remarqué Grotius (1). Mais la seconde partie de cet ouvrage n'est pas de la même force. Aussi est-elle posthume, & dressée sur des cahiers qu'il avoit laissés en assés mauvais ordre, comme l'écrivent Mr de la Rocque (2) & Mr du Cange (3). Ce dernier ajoute que Spelman ayant vécu quinze ans après l'édition de

---

1 Grot. ad Gallos Epistol. ad Peiresk. pag. 258.
2 Journ. des Sav. du 5. Janv. 1665. p. 11.
3 Glossar. ad Auct. med. & inf. Lat. in præfat. num. 63. pag. 55. 56.

sa première partie, on a lieu de s'étonner qu'il ne se soit pas donné le loisir de mettre la dernière main à la seconde.

Il se plaint encore de ce que cet Anglois n'a pas même éxécuté avec assés d'éxactitude & de suffisance ce qu'il avoit entrepris dans sa première partie, & qu'il n'explique pas, comme il auroit été à souhaiter, les mots & les choses qui regardent les coutumes, les usages différens, tant des Eglises que des Etats divers qui ont subsisté en même tems, ou qui se sont succedé (1) les uns aux autres.

Spelman étoit habile dans ce qui concernoit les Saxons & les Anglois, mais il avoit peu de connoissance des affaires de France, qui est pourtant la principale & la plus importante pour bien entendre tous les Auteurs de la moyenne & de la basse Latinité, à cause de la part que les François ont euë dant tout ce qui s'est passé de considérable dans le monde.

* *Spelmanni (Henrici) Glossarium Archæologicum* in-folio *Londini* 1664. *

1 ¶ Il faudroit *se sont succedés* si cette expression étoit Françoise.

GERARD JEAN VOSSIUS, mort en 1649.

De Vitiis Sermonis.

640   LA promesse que *Meursius* avoit faite au Public de lui donner un Glossaire de Latinité barbare, comme il en avoit donné un d'Hellenisme corrompu, avoit fait abandonner à Vossius un semblable dessein. Mais la mort de Meursius & celle de *Noompsius*, qui avoit déclaré qu'il travailloit à un pareil ouvrage, le porterent à reprendre le sien, dans le regret qu'il avoit de n'avoir pas continué ses Recueils depuis cette interruption, sur la pensée que les Glossaires de ces deux Auteurs laisseroient le sien inutile.

Il tâcha donc de rassembler ce qu'il pût retrouver de ses anciens cahiers, de les continuer sur les lectures qu'il feroit dans les Glossaires imprimés, & sur ce que l'étenduë de ses connoissances pouroit lui fournir. Tout cela produisit le Recueil que nous avons de lui sous le titre de Traité *des Vices du Discours*, où l'on voit qu'il a inseré quelques endroits de Critique.

Mais comme il n'étoit pas content de cela, il songeoit à nous donner quelque chose de plus parfait, lors que la mort arrêta tous ces projets. Monsieur du Cange dit que dans ce que nous en avons, il y a trop de bagatelles de Grammaire aussi-bien que dans le Meursius, & trop peu de cette érudition mêlée & instruisante d'histoires, de rits, de coutumes, & d'autres pratiques, dans l'explication desquelles consiste tout le mérite de ces sortes de Glossaires.

* *Gerardi Joan. Vossii de Vitiis Sermonis & Glossematis Latino-Barbaris* in-4°. *Amstelod.* 1645. *

Voss. præfat. de Vit. serm. &c.   Car. du Cang. Glossar. Latin. præfat: num. 63. pag. 55. & num. 64. pag. 56.

Mr DU CANGE, (Charles du Fresne) *Trésorier de France en la Généralité d'Amiens* (1).

641 SI nous sommes obligés de ranger cet Auteur parmi les Grammairiens & les faiseurs de Dictionnaires, c'est uniquement parce qu'il l'a fallu suivre dans sa modestie. Bien éloigné de la vanité & de la manie de certains Ecrivains qui ne cherchent qu'à multiplier le nombre de leurs Livres, ou à publier souvent une même matiére sous divers titres pompeux, il a eu l'artifice de renfermer & de cacher un grand nombre d'excellens Traités sous un seul titre, & sous un titre aussi peu éclatant qu'est celui de *Glossaire des mots corrompus & barbares.*

Il semble qu'il ne soit pas encore content d'avoir ainsi voulu opprimer tant de Dissertations, & d'avoir tâché de dissimuler leur prix en leur ôtant l'éclat qu'il auroit pû leur donner. Vous diriés qu'il seroit encore fâché de perdre l'occasion de les rabaisser toutes les fois qu'on lui en fait des éloges, c'est-à-dire lorsqu'on entreprend de lui rendre justice. De sorte que quand on veut écouter l'humilité de cet Auteur, on lui entend dire agréablement, que les autres lisent les Livres pour en tirer ce qu'il y a de bon, mais que pour lui il ne les a lûs que pour en prendre tout ce qu'il y a de mauvais; que les autres font leurs réfléxions sur les plus belles pensées des Auteurs, mais que pour lui il ne s'est attaché qu'à de méchans mots; qu'enfin les autres imitent les abeilles, mais que pour lui il a contrefait l'aragnée ou la sangsuë.

Ce qu'il dit est vrai sans doute: mais il devroit ajouter qu'il en a usé de la sorte pour convertir la méchanceté même de toutes ces

5 ¶ Il mourut le 23. Octobre 1688. dans sa 78. année.

choses qu'il décrie si fort, & pour communiquer à tout ce qu'il a trouvé de plus mauvais une bonté pareille à celle des meilleures choses qui se rencontrent dans les Auteurs les plus excellens.

Ainsi il n'est rien moins que ce qu'il a voulu paroître. C'est un grand Critique, un grand Historien, un grand Jurisconsulte, & on peut dire que de toutes les autres sciences, il n'y en a point dont il n'explique quelque mystére, quand les mots lui donnent sujet de le faire.

L'ouvrage dont il s'agit n'est donc qu'un Dictionnaire, puisque l'Auteur l'a voulu ainsi, mais qui explique les termes de la moyenne & de la basse Latinité, & qui fait voir leurs changemens & leur corruption. Il nous y apprend diverses maniéres d'agir & de parler usitées parmi les Peuples, leurs mœurs, les pratiques, les coutumes, & les cérémonies qui ont eu quelque cours depuis le tems de l'Empereur Constantin. On y trouve les formules & les termes propres & impropres, inusités & remis en usage dans diverses professions & dans divers lieux. Il y explique aussi les dignités, les offices, & les fonctions des Charges Ecclésiastiques, Civiles & Militaires. Il y corrige en qualité de Critique une infinité d'endroits des Auteurs Grecs, Latins, François, Italiens, Espagnols, Allemans, Esclavons, Saxons, Anglois, &c. Il y éclaircit la plupart des choses qui se traitent dans la Jurisprudence moderne. Il dévelope & enrichit toute l'histoire Occidentale, tant par ses observations singuliéres & peu communes, que par ce grand nombre de Dissertations également savantes & curieuses, qui peuvent être utiles à tout le monde, mais qui sont nécessaires à ceux qui veulent étudier sérieusement la Théologie, l'Histoire, & la Jurisprudence. Et c'est peut être, pour prévenir les Ecoles de ces deux derniéres Professions, que la Chambre des Comptes a constitué ce Livre sur son Tribunal, pour le dire ainsi, afin de faire connoître que c'est le Juge & l'Oracle qu'elle veut consulter.

* *Caroli du Fresne Glossarium ad Scriptores mediæ & infimæ Latinitatis* 3. *vol.* in-fol. *Paris* 1678.

Depuis l'ouvrage de Baillet on a imprimé à Lyon, *Glossarium ad Scriptores mediæ & infimæ Græcitatis* in-folio 1688. où il se trouve à la fin un Supplément du Latin. *

V. les Journaux des Savans de 1678. du 1 Aout du 15. du même mois, & du 5. Septembre.

Dom Mabill. præfat. de re Diplom. ad fin. & la v. publ.

DES GRAMMAIRIENS
ARTISTES
DES DERNIERS SIECLES

Qui ont traité de la Langue Latine, ou qui ont écrit des regles de l'Art de la Grammaire Latine.

---

642. LEONARD D'AREZZO, ou ARETIN, *mort en* 1443.
Voyés la seconde partie des Critiques.

LAURENT VALLA, *mort en* 1457.

643. IL a fait un petit Ouvrage des *élégances Latines*. Alexandre ab Alexandro (1), dit que c'eft le fruit d'un hardi Grammairien, mais habile d'ailleurs, & qui a recueilli ce qu'il y avoit de meilleur dans les Auteurs, ajoutant que l'emploi qu'il en a fait, eft fouvent affés exquis, & agréablement tourné.

Voffius rapporte de Mariange Accurfius (2), que cet ouvrage fit tant de bruit que quelques-uns de fes envieux ne pouvant rien diminuer de l'opinion avantageufe qu'on en avoit, s'aviférent de publier qu'il n'en étoit pas le véritable Auteur. Pour colorer cette impertinente accufation, ils firent courir le bruit qu'on en avoit trouvé dans l'Allemagne un éxemplaire fur un parchemin tout rongé de vieilleffe; & que bien que les lettres fuffent effacées en plufieurs endroits, on n'avoit pas laiffé de reconnoître

---

1 Alexand. ab Alexand. Genial. dier. lib. 6. cap. 9.
2 Mar. Accurf. in Diatribar. Suar. defenfione, cui nomen *Teftudo*.
Voff. de hiftoria Latinitatis, lib. 1. cap. 27. pag. 144.

que

que l'ouvrage étoit d'Asconius Pedianus (1).
* *Laur. Valla Elegantiæ de Lingua Latina Libri* VI. in-folio *Venet.* 1499. — *Idem* in-8°. *Colon.* 1577. *

1 ¶ On insinuoit de plus que ces Elégances avoient été recueillies par Quintilien disciple d'Asconius Pédianus. C'est du moins le sens de ces paroles d'Alde Manuce l'ancien dans l'Epitre qu'il a mise au devant de l'*Orthographia Statiana* imprimé à la suite du Stace de son édition : *Ex Gallia vero* XII. *Asconii Pediani Elegantiarum libros percupidi expectamus quos extare esseque M. Fabii Quintiliani, ac inde bonam partem Elegantiarum suarum accepisse Laurentium Vallam, vel puer Romæ, cum audirem Domitium*, c'est-à-dire, Domitius Calderinus Professeur en Humanité à Rome vers 1475. *intelligebam*. Cette Epitre d'Alde Manuce adressée à Marc Musure étant de 1502. est plus ancienne que le *Testudo* de Marie-Ange Accurse. §

DES-PAUTRE, ou *Van-Pauteren*, dit JEAN DESPAUTERE, de Ninove, *mort en* 1520. *ou, selon d'autres, en* 1514. (1)

644   Valere André l'appelle le Prince des Grammairiens de son siécle (2). Vossius dit qu'il étoit le plus clair-voyant de tous ceux de son tems dans cet Art, quoiqu'il n'eût qu'un œil (3). Sa Grammaire a toujours eu de la réputation jusqu'à present, & elle a été d'un grand usage, particuliérement dans les Colléges de France.

Le sieur Roland des Marests dit que c'est l'ouvrage d'un savant homme à la vérité, mais qu'il est trop long & trop diffus (4), de sorte qu'il faut quatre ou cinq ans entiers aux enfans pour pouvoir en venir à bout. Il ajoute que cette Grammaire est obscure & embarassée en beaucoup d'endroits, & que l'Auteur a été plus curieux (5) d'y entasser indifféremment toutes choses, plutôt que d'en faire le choix & le discernement. Il n'en avoit pas usé comme font les judicieux Grammairiens, qui laissent beaucoup de choses à l'usage, & qui ménagent les préceptes le plus qu'il leur est possible.

D'autres y trouvent à redire (6) les mêmes choses que l'on blâme en général dans toutes les Grammaires, où l'on prétend apprendre

1 ¶ C'est en 1510. Ce ne peut pas être en 1514. puisque l'Epitre qu'il a mise au devant de son Traité des Figures est datée du 2. Février 1519. *b*
2 Valer. And. Dessell. Bibl. Belg. in Joan. Despr. & in Sim. Virepæo. Aub. Mir. elog. Belg. pag. 120.
3 G. J. Voss. de scientiis Mathematic. c. 41. §. 4. pag. 230.

4 Roland Mares. Epistol. Philologic. Epistol. 16.
5 ¶ Remarquez cette façon de parler *plus curieux d'entasser plustôt que*. *b*
6 Dom Lancel. de P. R. Avis sur les Regles de la Nouv. Méth. pag. 61.
Le P. Malebranche tom. 3 de la Recherche de la Vérité, pag. 12. de la pref.

Despautere. le Latin par le Latin-même, à des enfans qu'on suppose n'avoir point encore ni le jugement, ni la connoissance de la Langue qu'on veut leur enseigner. Les Critiques jugent qu'il seroit plus à propos que les préceptes fussent énoncés dans la Langue maternelle des enfans, par éxemple, en François pour l'usage des enfans de ce Royaume ; en Flamand, en Anglois, en Allemand, &c. pour ceux de Flandre, d'Angleterre, d'Allemagne, &c.

En effet, ce n'est point la coutume de faire des Grammaires en vers Hébreux, pour apprendre l'Hebreu, ni en vers Grecs pour apprendre le Grec. C'est supposer qu'on sait déja ce que l'on veut apprendre, & qu'on a déja fait ce qu'on veut faire. Autrement, il faut encore faire une Grammaire de la Grammaire, c'est-à-dire, une explication des préceptes Latins de la Grammaire Latine. Il n'en est pas de même des Grammaires Grecques, Hébraïques, &c. qu'on peut mettre en Latin, parce qu'on suppose qu'on sait le Latin devant que de passer à l'étude de ces autres Langues.

Le sieur des Marests a cru qu'on pourroit peut-être justifier la conduite de Despautere, en disant qu'il a voulu communiquer sa Grammaire à toutes les Nations, & qu'ainsi il a cru devoir la mettre en une Langue qui fût générale & commune à toutes ces Nations, mais que n'en ayant pas trouvé d'autre qui ait cet avantage comme celle qu'il a voulu enseigner, il n'a point eu la liberté de choisir. Ce raisonnement semble tenir quelque chose du plaisant & du ridicule, puisque Despautere ne pouvoit pas rendre sa Grammaire plus généralement inutile, qu'en choisissant pour s'expliquer une Langue, qui selon notre supposition, n'est entenduë d'aucune de ces Nations, lesquelles auroient encore beaucoup moins besoin de sa Grammaire, si on supposoit le contraire. Mais l'expérience a persuadé cette vérité au Public encore plus que la raison, puisque pour enseigner cette Grammaire dans les Colléges, il en a couté jusqu'à présent des fatigues immenses pour l'expliquer en Langue vulgaire, soit de vive voix, soit par des écrits abregés.

Les principaux de ceux qui ont voulu remedier des premiers à la confusion de cette Grammaire, sont *Adolphe Metkerche* & *F. Nansius*, qui ont tâché de lui donner un nouvel ordre plus clair & plus méthodique. Entre ceux qui ont voulu apporter aussi quelque reméde à sa longueur, on compte particuliérement *Sebastien Novimola*, ou *Nievumeulen*, & *Gabriel du Preau*, dit *Prateole*, qui en firent des abregés. Mais on préféra celui de Simon *Verepée* (1), à

1 Mort en 1598.

tous les autres, pour l'enseigner dans les Pays-bas.

Depuis ce tems-là on a presque toujours retouché Despautere pour y donner des éclaircissemens nouveaux, ou pour en faire des abregés plus commodes, & on croit que Despautere auroit épargné une bonne partie de toutes ces peines, s'il se fut contenté de raccommoder la Grammaire Latine de son Maître Jean *Custode* de Brecht. (1), au lieu de l'inserer toute entiére, comme il a fait dans la masse de ses vastes Commentaires.

* *Joh. Despauterii Commentarii Grammatici* in-folio *Paris. Typ. H. Stephani* 1537.*

1 Mort en 1526.

ANTOINE DE LEBRIXA, ou de NEBRISSE en Espagne,
DIT
Ælius Antonius Nebrissensis, mort en 1522.

645 Lebrixa (1) fut le premier qui tenta de délivrer l'Espagne de la barbarie & de l'ignorance pitoyable dans laquelle elle étoit entretenuë par les Livres des méchans Grammairiens, avec lesquels ils gâtoient la jeunesse Espagnole, tels qu'étoient les Livres de *Jean de Pastrane*, d'*Alexandre de Villedieu*, de *Jean le Begue* ou *Balbus* (2), de *Jean de Galande* (3), de *Gautier* ou *Galfred* (4) Anglois, d'*Everard* (5) dit le *Greciste de Bethune*, & de quelques autres qui ont été depuis justement ensevelis dans l'oubli. Lebrixa les attaqua tous ensemble, & leur déclara une guerre opiniâtre, dont il sortit heureusement avec le secours des vrais Savans d'Italie.

Il est appellé l'Aristarque de l'Espagne par Matamore (6), le Varron de son Pays par Honcala, le Camille Espagnol de la Langue Latine par Vanegas, la lumiére & l'ornement de sa Nation par les autres.

1 Nic. Anton. Bibl. Hisp. tom. 1. pag. 106. 107.

2 ¶ On ne doit pas chercher un nom François à Jean Balbi Génois Religieux Jacobin, Auteur du fameux Dictionnaire intitulé *Catholicon*. Ce seroit quelque chose de plaisant si en parlant des Balbi, une des plus nobles familles de Gênes on les appelloit *Messieurs le Begue*.

3 ¶ On a quelquefois écrit *de Galandia* par corruption, mais le vrai nom de cet Auteur étoit *de Garlandia*, & même on trouve *de Garlandvia*.

4 ¶ Gautier ou *Gualherus* & *Galfredus* sont différens *Galfredus* c'est Geofroi mais non pas Gautier.

5 ¶ Le nom Latin étant *Ebrardus*. pourquoi ne pas dire Ebrard ;

6 Claud. Verd. Cension. in omn. Auct. p. 30.

Bbbb ij

GRAMMAIRIENS LATINS.

Lebrixa.

Comme on se sert en Flandre de la Grammaire de Simon Verepée, en Hollande de celle de Lithocomus, en Allemagne de celle de Melanchthon, en Angleterre de celle de Lilius, en Portugal de celle d'Emmanuel Alvarez, & dans la plus grande partie de la France de celle de Despauterre; de même on se sert en Espagne d'une Grammaire qui porte le nom d'Antoine de Nebrisse, que Vossius, Scioppius, & plusieurs autres Grammairiens de marque ont crû être véritablement de lui, & qu'ils ont comblée d'éloges.

Mais c'est un ouvrage qui appartient à *Jean-Louis de la Cerda* Jésuite, & qui est bien différent des maximes de Lebrixa. Nous réservons au Traité des Imposteurs à dire pourquoi de la Cerda y a laissé le nom de Lebrixa. Il suffit de remarquer ici que le procedé de ce savant Jesuite a été fort utile à toute la jeunesse d'Espagne, parce que Lebrixa ayant laissé dans le texte de ses Institutions de Grammaire beaucoup d'imperfections pour s'accommoder à la barbarie de son siécle, qu'il vouloit décrasser insensiblement & sans violence, & pour condescendre à la foiblesse des enfans, avoit rejetté (1) dans ses Commentaires ses véritables sentimens & ses réfléxions savantes & curieuses, & qui étoient proportionnées à la portée des plus doctes. C'est ce qui porta de la Cerda à prendre le milieu, en choisissant ce qu'il y avoit de plus utile dans le texte & dans les Commentaires. Il y donna un nouvel ordre, & y ajouta ses réfléxions.

Ainsi il ne faut pas confondre avec cette Grammaire un ouvrage important que Lebrixa publia de sa façon, sous le titre d'Introductions à la Grammaire Latine, avec d'amples Commentaires. On y a joint diverses observations & corrections de *Martin Ivarre*, de *Garsias de Matamore*, de *Christofle Escobar*, de *François Ruiz*, de *Raimond Palazin*, d'*André Vaurenten*, de *Jerôme Sanguin*, d'*Hilaire Bertoul*, & des augmentations de divers autres Auteurs qui avoient de la réputation dans ce siécle-là.

Lebrixa a fait encore un grand nombre d'autres Traités concernant l'Art de la Grammaire Latine, deux ou trois Dictionnaires pour cette Langue, & d'autres ouvrages dont on peut voir la liste dans la Bibliothéque de Dom Nicolas Antoine, de qui nous avons pris la plus grande partie des choses que nous venons de rapporter (2).

Du Verdier le jeune (3) étoit d'avis qu'on chassât Lebrixa de la compagnie des Grammairiens, sous prétexte qu'il a fait un grand

---

1 ¶ *Avoit rejetté dans ses Commentaires*, pour *avoit renvoyé à ses Commentaires.* §
2 Nic. Anton. Biblioth. Hispan. tom.

1. pag. 106. 107.
3 Claud. Verder. Cension. in omn. Auct. pag. 30.

nombre de fautes, mais sa voix n'a jamais eu grande autorité dans le Senat des Critiques.

* *Ælii Antonii Nebrissensis Dictionarium Hispanicum* in-folio *Matriti* 1683. *

THOMAS LINACER, Anglois, *mort en* 1524.

646   Tout ce qu'a fait Linacer est fort estimé, mais il a peu écrit. Ses six Livres *de la Construction du Discours Latin*, ne sont que des réfléxions, mais doctes & judicieuses qu'il a faites sur les meilleurs Auteurs. Ils lui ont acquis beaucoup de réputation, & il en est loué par Erasme & par Budé, comme le rapporte Lilius (1).

Les Rudimens de sa Grammaire Angloise furent mis en Latin par Buchanan, & on a pris ce travail pour un témoignage de l'estime qu'on en faisoit.

Erasme dit (2) que Linacer étoit un homme d'une science profonde & universelle, mais qu'il avoit tant d'indifférence pour le style & les maniéres de Ciceron, qu'il auroit mieux aimé imiter Quintilien que lui. Il ajoute qu'il n'affecte jamais ces sortes d'agrémens & ce genre de politesse que les Romains appelloient *Urbanité*, qu'il est plus scrupuleux qu'aucun Ecrivain Attique dans le ménagement des passions, qu'il aime le style concis & serré, & en même tems l'élégance du discours, & qu'il a mieux aimé parler en Docteur qui instruit, à l'imitation d'Aristote & de Quintilien, qu'en Orateur qui déclame.

* *Thomas Linacer de emendata structura Latini sermonis, recognitus à Joach. Camerario: hujusque de Arte Grammatica libellus* in-8°. *Lipsiæ* 1545. *

1 Georg. Lilius; Elog. Anglor. pag. 93.   2 Erasm. in Ciceronian. pag. 85.
post Paul. Jov. elog.

ERASME (Didier), *mort en* 1536.

647   Nous avons de lui touchant la Grammaire, 1°. Deux Livres de l'abondance des mots & des choses. 2°. Les deux Livres de la Grammaire de *Théodore Gaza*. 3°. une Syntaxe ou

Conſtruction, qui eſt de *Guillaume Lilius* Anglois. 4°. De la maniére d'écrire des Lettres en Latin. 5°. De l'Inſtruction des enfans. 6°. De la veritable prononciation du Latin & du Grec. 7°. Et un abregé des Elégances de *Laurent Valla*. Mais nous n'ajouterons rien à ce que nous avons dit de cet homme dans la ſeconde partie des Critiques.

* Ces petits Traités ſe trouvent dans les treize volumes des opuſcules *in*-12. à Amſterdam 1643. & 1649. *

JEAN-LOUIS VIVES, *de Valence en Eſpagne*, mort en 1541.

648 ON faiſoit autrefois beaucoup d'eſtime de ſes premiers *Exercices de la Langue Latine*, plus connus ſous le nom de *Dialogues*, comprenant par ordre les choſes qui ſont les plus ordinaires dans l'uſage de la vie. Matamore (1) y trouvoit à redire, la trop grande liberté que Vivès s'étoit donnée d'y employer des mots à demi-Grecs. Sanctius (2) prétend auſſi qu'il n'a gardé ni meſures ni bien-ſéance dans cet Ouvrage, qu'il s'eſt mis en tête de forger une infinité de mots ſans raiſon & ſans jugement. Il le maltraite même ſur ce pied-là avec un peu trop d'aigreur, au jugement de Dom Nicolas Antoine, qui dit que nonobſtant ces défauts, les Dialogues de Vivès ont toujours été fort bien reçus par ceux qui aiment la pureté de la Langue Latine (3) qu'on les a ſouvent imprimés avec des notes & des obſervations de diverſes perſonnes, qu'on y a fait des Tables & des eſpèces de Dictionnaires, & qu'on les a traduits en pluſieurs Langues.

* *Joan-Lud. Vives Dialogi* XII. in-8°. *Colon.* 1494. — *Idem cum notis S. Th. Frigii* in-8°. *Norib.* 1622.

1 Alph. Garz. Matam. de Acad. & Vir. ill.
2 Franc. Sanct. Broc. Annot. ad Horat. de Arte Poëtic. ad illud : *Si Græco fonte cadant.*
3 Nicol. Anton. Biblioth. Hiſpan. tom. 1. pag. 554.

LUCIUS JEAN SCOPPA, Napolitain, *contemporain à Vivès* (1).

649 ON a de cet Auteur une Grammaire, un Abregé sur les Particules, un Traité d'Orthographe, & un de la manière de faire des Lettres.

Barthius (2) l'appelle un petit Maître d'Ecole, & un Ecrivain de néant. Nicolo Franco dit (3) que dans tous ses ouvrages de Grammaire, on ne voit que de la Pédanterie la plus gosse & la plus grossière, & il le décrie par tout comme un parfait ignorant. Sannazar ne le traite pas plus honorablement dans une de ses Lettres, rapportée par le sieur Nicodeme (4).

* *Lucii Joh. Scopæ, seu Scoppa, Parthenopæius, Spicilegium seu Lexicon Latinum* in-4°. *Venetiis* 1561.

1 ¶ Scoppa mourut l'an 1543. Il faloit plustot le faire contemporain de Sannazar Napolitain comme lui, que de Vivès, qui n'a jamais connu Scoppa, ni n'en a été connu.

2 Gasp. Barth. in Stat. Pap. pag. 200.

Iterum pag. 269. & ex eo G. M. Konig. Biblioth. V. & N. pag. 741.
3 Nic. Franc. Dialog. 2. Epist. 95.
4 Leonard Nicod. addition. ad Biblioth. Neapolit. Nicol. Topp. pag. 196.

JULES CESAR SCALIGER, *demeurant à Agen*, mort en 1559 (1).

650 SEs Treize Livres *des causes de la Langue Latine* [in-8°. *Lugd.* 1540.] ne sont pas des moins estimés d'entre ses Ouvrages, quoiqu'il semble que la matière n'en soit pas si sublime. Il dit lui-même en parlant de son ouvrage qu'il n'a point voulu se servir du secours d'autrui pour le faire, c'est-à-dire, de tout ce que les Grammairiens en avoient écrit jusqu'alors, qu'il a eu grand soin de rejetter tout ce qui ne faisoit point à son sujet, & qu'il n'a retenu & employé que ce qui lui étoit propre.

Il prétend qu'il ne faut pas juger de son Ouvrage sur le pied des autres qui traitent de la même matière, & qu'il ne le faut pas considerer comme un simple Traité de Grammaire. Si on l'en veut croire, il a rétabli une infinité de choses nécessaires, & qui auroient

1 ¶ En 1558.

été perduës sans lui. Il a retranché les superfluités, & corrigé ce qu'il y avoit de défectueux dans la Langue. En un mot on trouvera dans cet Ouvrage plus de cinq cens erreurs importantes qu'il a découvertes dans les Anciens & les Modernes.

Jul. Scalig. præf. de Causs. L. L.

QUINTUS MARIUS CORRADUS d'*Oria au Royaume de Naples*.

651   Et homme s'est presque toujours appliqué à l'embelissement de la Langue Latine. Il en a composé Douze Livres dont la premiére édition lui déplût fort, de sorte qu'il se crut obligé de la corriger, & l'ayant augmentée de près d'un tiers, il l'a fit imprimer à Boulogne en 1575. in 4°.

Il écrivit encore Cinq Livres de l'Abondance du discours Latin qui furent imprimés à Venise en 1582.

Pierre Ange Spera témoigne (1) qu'il ne se comporte nulle part en Pédant ni en Régent de Grammaire, mais qu'on le prendroit volontiers pour un Auteur ancien, & pour un de ceux-mêmes qui tiennent le premier rang dans la bonne Latinité. Il assure qu'on peut avoir autant d'assurance sur son autorité que sur celle des Auteurs Classiques, c'est-à-dire, de Ciceron, César, Salluste, Virgile, Horace, &c. comme les définit Aulu-Gelle (2). Donat Castiglione dit aussi (3) que ce n'est point faire tort à l'Antiquité Romaine de comparer Corradus à ses plus grands Hommes, & qu'il ne voit pas ce que Nigidius, Varron, & les autres ont pû écrire de plus excellent & de plus utile, ou même avec plus de grandeur & de force du discours. Le sieur Borremans juge (4) que ce qu'il a fait de l'abondance du discours Latin mérite fort d'être lû, mais qu'on ne peut pas néanmoins approuver tout ce qu'il y écrit.

1 P. Ang. Spera ap. Leon. Nicodem. addition ad Biblioth. Neapolit. Nicol. Topp. pag. 217. & Toppins ipse Bibl. pag. 266.
2 A. Gell. Noct. Attic. lib. 18. cap. 8.
3 Don. Castilion. ap. Nicod. addit. ad Bibl. Neap. ut suprà.
4 Ant. Borrem. Variar. Lection. cap. 15. pag. 106.

J. RAVISIUS

J. RAVISIUS TEXTOR de Noyon. (1)

652 C'Etoit un assés médiocre Grammairien. Voyés ce que nous en avons dit dans la seconde partie des Critiques.

1. ¶ Il a reconnu dans ses corrections qu'au lieu de Noyon il devoit dire ici *Nevers*, de même qu'il l'avoit dit ci-dessus article 336.

GUILLAUME LILIUS Anglois, sous Henri VIII. (1)

653 C'Est un des principaux Restaurateurs des belles Lettres dans cette Isle. On a de lui une *Syntaxe* & une *Grammaire*. Sa Syntaxe est courte & savante, mais elle a été imprimée sous le nom d'Erasme, à qui Lilius avoit confié son Exemplaire pour la voir & la corriger avant que de la faire mettre sous la presse, & comme il n'avoit pas grande opinion de lui-même, il ne fut pas fâché de cette bévuë qu'il voulut même qu'on continuât dans les éditions suivantes, comme le témoigne George Lilius. (2)

Sa Grammaire a reçu diverses augmentations, & elle fut encore réimprimée depuis peu avec des observations assés amples. Mais comme Lilius étoit judicieux, il voulut couper chemin pour tâcher d'abreger & de faciliter la connoissance de la Langue Latine aux étudians. Il retrancha cette masse confuse qui accabloit les enfans dans les Colléges, & il mit en un petit nombre de vers Hexamétres les noms & les verbes, croyant que cette Methode les avanceroit beaucoup davantage.

* *Guil. Lilii Grammatica Linguæ Latinæ* in-8°. *Lond.* 1574.

1 ¶ Mort en 1522.
2 Geor. Lil. in elog. Guil. Lil. pag. 89. 90. post P. Jovii elog.

CORNELIUS CROCUS d'Amsterdam Jésuite, mort en 1550.

654 Son zele lui fit concevoir le dessein de bannir des écoles à quelque prix que ce fût les Livres de Grammaire composés par les Hérétiques ou par les Libertins. Ainsi il fit une *Grammaire* pour l'opposer à celle de Melanchthon qui s'enseignoit publiquement. Des *Formules* ou *façons de parler* & des *Colloques pueriles* [in-8°. à Anvers 1536.] pour tâcher d'abolir ceux d'Erasme. Un *Dictionaire*, & un autre Recueil qu'il a appellé *Farrago sordidorum verborum* ou *Lima Barbarici*. [in-8°. à Cologne 1520.] On dit qu'il écrivoit avec beaucoup de netteté de style, & Adrien Junius ou de Jonghe tout hérétique qu'il étoit dit (1) que le Pere Crocus étoit si fleuri, qu'il sembloit avoir voulu exprimer tout Terence & tout Ciceron (2). Alard d'Amsterdam publioit (3) que Crocus sembloit être né & envoyé du Ciel pour exterminer ou reprimer la faction orgueilleuse des demi-Savans.

* *Silvulæ Vocabulorum puerilis lectionis exercitationi accommodatæ* in-8°. *Salingiaci* 1539.*

1 Adrian Jun. in Batav. suâ.
2 Phil. Alegamb. Biblioth. soc. J.
Valer. Andr. Dessel. Bibl. Belg.
3 Alard. Amstelod. ap. Phil. Aleg.

ANDRÉ FRUSIUS, de Chartres, Jésuite, mort en 1556.

655 Il fit deux petits Ouvrages, l'un de l'abondance des mots & des choses, l'autre étoit un abregé de la Syntaxe Latine. Ces deux Opuscules ont été plus laborieux que glorieux à leur Auteur qui les avoit mis en vers; le style en est court, net, aisé & sans élevation, dit Alegambe. (1)

On peut encore rapporter ici la peine qu'il a prise de purger *Martial* (2) & quelques autres *Poëtes lascifs* pour pouvoir être enseignés

1 Alegamb. Bibl. soc. J. &c.
2 ¶ François du Bois plus connu par son nom Latin *Franciscus Sylvius*, avoit dès l'an 1535. long-tems avant Frusius, donné une pareille édition de Martial. Conrad Gesner neuf ans après, ignorant ce que Sylvius avoit fait là-dessus à Paris, en fit autant à Zurich, encore avant Frusius.

à la jeuneſſe; mais le Pere Vavaſſeur ſon confrere l'accuſe de trop de ſimplicité, & de negligence même. (1)

* *Andr. Fruſii Carnutenſis S. J. Epigrammata in Hareticos* in-12. *Colon.* 1641.*

1 Vavaſſ. lib. de Epigram. cap. 10. pag. 155.

BARTHELEMY BARRIENTO de Grenade. (1)

556 ON l'appelloit le *Grammairien perpetuel de Salamanque.* Il a donné au Public une *Grammaire*, une *Syntaxe*, une *Lime de la Barbarie*, des *Synonymes Latins* &c. André Schott dit (2) qu'il n'avoit rien qui lui meritât l'eſtime du monde, qu'il n'avoit ni pureté ni force, ni aucun agrément, en un mot que tout ce qu'il a fait ne vaut rien. Il ajoute même qu'il paſſoit pour un Magicien & un Aſtrologue. Dom Nicolas Antoine (3) n'a voulu rien dire de ſes bonnes ni de ſes mauvaiſes qualités.

* *Barth. Barrientos, Lima Barbarici &c.* in-8°. *Salmant.* 1570. — *Ejuſdem Annotationum Sylva* in-8°. *Francof.* 1604. — *Opuſcula de Periodis, de coloribus & calendis* in-8°. *Salmant.* 1569. — *De Cometarum explicatione* in-8°. *Salmant.* 1574.*

1 ¶ Il vivoit en 1570. Baillet a très-mal traduit ce qu'André Schott a écrit de Barriento en Latin. *Grammaticus hic perpetuus Salmanticenſis Academiæ*, ſignifie qu'il avoit la Chaire de Profeſſeur perpetuel en Grammaire dans l'Univerſité de Salamanque. *Quanquam non uſquequaque purus ac terſus*, ne ſignifie pas je penſe, qu'il n'avoit rien qui lui méritât l'eſtime du monde, qu'il n'avoit ni pureté, ni force, ni aucun agrément, mais ſimplement, que ſa diction n'étoit pas toujours fort pure, ni fort nette. *Scripſit libellos non magnæ rei* veut dire, qu'on a de lui de petits ouvrages qui ne ſont pas d'une grande conſéquence, & non pas, *que tout ce qu'il a fait ne vaut rien*. Enfin dire que pour s'être trop attaché aux Mathématiques, peu s'en eſt falu qu'il n'ait paſſé pour Magicien: *Mathematicis uſque eo deditus, ut magicæ ſuperſtitionis notam vix effugerit ac diluerit*, eſt-ce dire tout crument, qu'il paſſoit pour un Magicien & un Aſtrologue? ¶

2 A. S. Peregr. Bibl. Hiſp. tom. 3. pag. 456.

3 Nic. Ant. Bibl. Hiſp. pag. 146. tom. 1.

PIERRE de la RAME'E ou RAMUS de Cuth en Vermandois, mort en 1572.

657 IL fit une Grammaire Latine qui eut le même ſort que pluſieurs de ſes autres Ouvrages, mais nous parlerons de lui parmi les Grammairiens Grecs & François.

* *Petri Rami Grammatica Latina* in-8°. *Pariſ.* 1559.*

PIERRE SIMON ABRIL ou AVRIL *Espagnol*, vivant en 1580.

658   Ceux du Pays estiment ses Grammaires Latine, Grecque &c. c'étoit un homme de bon sens, & il en a donné des marques écrivant ses préceptes en Langue vulgaire pour les rendre plus faciles & plus utiles aux Espagnols.

* *Petr. Sim. Abril. de Arte Grammatica seu Lingua Lat.* L. IV. in-8°. *Cæsar.-Aug.* 1576.*

Nicol. Anton. Bibl. Hisp. &c. Tome 2.

EMMANUEL ALVAREZ, Jésuite Portugais, mort en 1582.

659   Les Savans ont toujours témoigné de l'estime pour la Grammaire que ce Pere a faite en trois Livres comme l'assure Dom Nicolas Antoine (1). Vossius dit qu'il étoit très-habile Grammairien. Scioppius dans le discours sur l'origine, la dignité & l'usage de la Grammaire Latine ancienne & nouvelle, écrit (2) qu'Alvarez mérite le premier rang parmi ceux qui ont traité de cet art; qu'il en a écrit avec beaucoup plus d'exactitude, de force & de beauté que tous les Anciens qui n'ont rien fait qui vaille sur la Grammaire Latine; & qu'il a même passé la plupart des Modernes en ce point. Il ajoute qu'il a sçu se servir des exemples des Anciens avec beaucoup d'adresse & de choix, & que cela n'a pas servi peu pour procurer l'affermissement des regles de cet Art, & pour en donner une intelligence plus entiere & plus facile aux enfans.

Plusieurs personnes ont travaillé depuis à cette Grammaire. *Antoine de Velez* Portugais y fit un Commentaire que Dom Nicolas Antoine dit être savant & tiré des meilleurs Auteurs (3). Le P. *Richard Richardi* Jesuite Italien en fit un abregé, & un autre Jesuite Allemand nommé *Richard Hesius* en fit autant de son côté. Il se trouva même un Romain nommé *Antoine Marie Torrigia* qui fit un Recueil des

---

1 Nicol. Ant. Biblioth. Hisp. tom. 1. p. 262. & 130.
2 Apud eumdem ibid.
3 Ibid. &c.

GRAMMAIRIENS LATINS.

mots difficiles de cette Grammaire, lequel fut imprimé à Rome en 1606. in-8°. Elle eut aussi des censeurs dont le principal semble avoir été un *Orlando Pesceti* contre lequel on fut obligé de faire des Apologetiques pour Alvarez.

* *Emanuel Alvari seu Alvarez Lusit. Gram. Latina, cum Comment. Anton. Vellesii Lusitani S. J.* in-4°. *Ebora* 1599. — *Ejusd. Compendium Italicè per Rich. Richardi* in-4°. *Florentia.* *

NICODEME FRISCHLIN Allemand, *se tua en* 1590. (1)

660 Cet Ecrivain n'étant pas satisfait de toutes les Grammaires qui avoient paru jusqu'à son tems, en fit une nouvelle pour ses Ecoliers qu'il tâcha de rendre plus méthodique & plus courte que les autres. Il ne se contenta point de ce travail, & il fit ensuite une *Etrille* avec laquelle il prétendoit frotter tous les Grammairiens en général de quelque nation qu'ils fussent; mais il en vouloit particulierement aux Pédans & aux Maîtres d'Ecole. L'un & l'autre Ouvrage fut assés gouté des Savans; mais comme dans ce dernier il paroissoit trop violent contre ceux qu'il attaquoit, Mart. *Crusius* célébre Professeur de Tubingue fit une *Contr'étrille* (2) pour l'accommoder à son tour. Ce qui excita entre eux une guerre qui passa même le style & la plume, & qui ne pût s'éteindre qu'à la mort de l'un ou de l'autre.

* *Nicod. Frischlini quæstion. Grammaticarum lib.* VIII. in-8°. *Venet.* 1584. — *Ejusdem Strigilis Grammatica* in-8°. *Argent.* 1594. — *Prodromus in secundum Celestissimi Grammatici Dialogum adv. M. Crusium* in-8°. *Ursellis* 1588. — *Poppismus Grammaticus pro Strigili suâ Grammaticâ adv. M. Crusium* in-8°. *Praga* 1587. — *Poppismi Grammatici Dialog. secund. contra Antistrigilion Crusii* in-8°. *Urs.* 1596. — *Nicod. Frischlinus redivivus per Jac. ejus fratrem contra M. Crusium* in-8°. *Argent.* 1600. *

---

1 ¶ Ces mots *se tua* feront croire que ce fut volontairement, ce qui n'est pas, sa mort ayant été causée par une chute du haut d'une tour où il étoit prisonnier, & d'où comme il vouloit se sauver par le moyen de certaines bandes de toile & de drap qu'il avoit attachées les unes aux autres, ces bandes s'étant rompuës il tomba sur des roches & se brisa. J'excuse Baillet de n'avoir pas voulu se charger de ce détail, mais je ne l'excuse pas de l'idée qu'il a donnée du genre de mort de Frischlin. Il devoit simplement dire: *mourut en* 1590.

2 ¶ D'où vient qu'il a omis cet *Anti*, en ayant eu connoissance ?

3 Melch. Adam. vit. Philosoph. p. 266. 267.

FRANCOIS SANCHEZ DES BROSSES ou de las BROCAS
Espagnol, dit
FRANCISCUS SANCTIUS BROCENSIS,
âgé de 77. ans, en 1600.

661 C'Eſt le Prince des Grammairiens d'Eſpagne, & on peut aſſurer que perſonne n'a eu le deſſus contre lui en ce point parmi les autres Nations. Lipſe (1) l'appelle le Mercure & l'Apollon d'Eſpagne. Scioppius diſoit (2) que c'étoit un homme divin, & un Anonyme qui a procuré l'édition de la Grammaire Philoſophique de ce Scioppius dit (3) que Sanctius avoit été le premier qui eût ſerieuſement traité la Grammaire, & qui par ſon jugement eût trouvé les moyens d'y employer le ſolide & le ſerieux. Il ajoute qu'il peut paſſer pour un veritable Hercule qui a nettoyé avec des peines incroyables les ordures inveterées d'une infinité de Grammairiens. Le ſieur Fils dit (4) que ces anciens Grammairiens n'avoient vécu que dans l'enfance de la Grammaire juſqu'à ce que Sanctius fut venu pour tracer d'autres routes plus ſûres & plus commodes.

Celui de ſes ouvrages qui a fait le plus de bruit eſt le traité des *Cauſes de la Langue Latine* ou de la *Minerve.* Il s'y eſt attaché particulierement à la conſtruction, & ayant découvert une infinité de fautes qui s'étoient gliſſées dans l'Art de la Grammaire, il en a expliqué les parties les plus importantes avec une lumiere qui paſſe ſans comparaiſon tous ceux qui l'ont devancé, comme le dit Dom Lancelot (5). Il s'eſt étendu particulierement ſur la ſtructure & la liaiſon du diſcours que les Grecs appellent *Syntaxe,* qu'il explique de la maniere du monde la plus claire en la réduiſant à ſes premiers principes, & à des raiſons toutes ſimples & toutes naturelles. Il fait voir que ce qui paroît conſtruit ſans aucune regle & par un uſage entiérement arbitraire de la langue, ſe rappelle aiſément aux loix générales de la conſtruction ordinaire. En quoi il s'eſt comporté d'une maniere ſi admirable, que Scioppius célébre dans le même art témoignant mépriſer ceux qui aimoient mieux ſuivre d'autres chemins parce qu'ils leur étoient plus connus, que de ſe conduire

1 Lipſ. Epiſt. ad Emman. Sarmient. 89. in centur. ad Ital. &. Hiſpan.
2 Epiſt. dedic Sciopp. Paradox. Literar.
3 Anon. præfat. ad Sciopp. Grammatic. Philoſoph. edition. Amſtelod. ann. 1659.
4 Préface ſur ſa Méthode courte &c.
5 Préf. de la Nouv. Meth. Lat. &c. pag. 9. & 10.

par une lumiere si pure, s'est rendu depuis son disciple dans l'excellent livre qu'il a écrit sur cette matiere.

C'est ce livre de la *Minerve* qui a acquis à Sanctius le titre de Pere de la Langue & de Docteur commun de tous les gens de Lettres (1). Ses *Institutions de la Grammaire Latine* sont très-courtes, & Scioppius témoigne que c'est la plus achevée de toutes les Grammaires. Il a fait encore beaucoup d'autres Ouvrages concernant cette profession, & entre autres celui de l'*Art de parler*, celui de la *Construction & des parties d'Oraison*, celui de la maniére *d'interpreter les Auteurs*, celui des *Paradoxes*, & d'autres qu'on peut voir dans Dom Nicolas Antoine. (2)

* *Franc. Sanctii, Minerva seu de causis Ling. Latinæ Gasp. Scioppii Comment. & Jac. Perizonii* in-8°. *Amst.* 1714.*

1 G. Sciopp. in Consultat. de studiosor. & Scholar. ration.

2 Nicol. Anton. Biblioth. Hispan. tom. I. pag. 362.

JUSTE LIPSE du Brabant, mort en 1606.

662. Nous avons de lui un Dialogue de la bonne prononciation de la Langue Latine. C'est un point de Grammaire, & la matiere paroitroit d'abord un peu vile & méprisable par rapport à ce genie éminent, mais elle n'a point été jugée indigne de l'occupation des plus grands Hommes de l'Antiquité, & elle a été traitée autrefois pas des Senateurs & des Princes même. Melchior Adam & Aubert le Mire disent que Lipse a si bien expliqué toute cette matiere que Priscien lui-même revenant au monde n'y trouveroit rien à redire.

* *Justi Lipsii Dialogus de rectâ Pronunciatione Linguæ Latinæ* in-4°. *Antuerp.* 1609.*

Melch. Ad. Vit. Philosoph. pag. 470. Aub. Mir. Elog. Belg. pag. 148.

JACQUES PONTANUS Jesuite, mort en 1626.

663. Il a fait divers Ouvrages qui regardent la Grammaire dont le principal est ce semble celui des *Exercices de la Latinité* qui comprend quatre volumes de Dialogues, dans lesquels il a renfermé en beau Latin tout ce qu'il a pû s'imaginer de ce qui se

dit & de ce qui se fait ordinairement dans le monde. Il les a écrits pour exercer son style qui est pur, & pour tâcher de former celui des autres. Alegambe dit (1) que les ennemis même des Jésuites & les Hérétiques ont fait tant de cas de sa Latinité, qu'ils ont enseigné publiquement cet Ouvrage dans leurs Colleges comme s'il eût été de Ciceron.

* *Jac. Pontani Progymnasmatum Latinitatis seu Dialogorum volumina* IV. in-8°. *Francof.* 1643.*

Alegam. Biblioth. Societatis Jesu, &c.

GER. JEAN VOSSIUS, mort en 1649.

664 UN des plus beaux Ouvrages de Grammaire Latine qui ayent paru dans ce siécle est celui de Vossius en sept livres. [in-4°. à Amsterdam 1534.] Mr de Saumaise dit (1) qu'il est très-exact & qu'on ne trouve rien ni dans l'antiquité ni dans ces derniers siécles qui lui soit comparable ; qu'il est utile & necessaire non seulement aux enfans, mais encore aux hommes les plus avancés ; qu'ils y trouveront dequoi devenir de grands Docteurs. Mais il paroit avoir donné quelque chose à l'amitié qu'il avoit pour Vossius, quand il ajoute qu'on ne pouroit point apprendre ailleurs ce qu'il y enseigne, puisqu'il a suivi presque en tout Sanctius & Scioppius, & qu'il semble souvent n'avoir fait autre chose que les copier selon le Pere Lancelot (2). L'Auteur Anonyme de la Bibliographie qui reconnoit la même chose dit (3) qu'il ne paroit pas avoir assés examiné ce qu'il a pris de Scioppius un peu trop indifferemment, & qu'il en a copié la Syntaxe sur tout, avec un peu trop de scrupule & d'assujettissement. Au reste on ne peut pas raisonnablement nier que cette Grammaire de Vossius ne soit un Ouvrage de grande méditation & le fruit de beaucoup de lecture.

Outre cela, il a fait encore une petite Grammaire Latine pour l'usage des Ecoliers de son pays, & quoique le titre porte que c'est celle de Joachim *Ludolphe Lithocome*. Néanmoins Vossius y a fait tant de corrections, tant de retranchemens, tant d'additions, & il y a mis un ordre si différent de celui de Lithocome ; qu'on peut dire

1 Cl. Salmas. Epistol. 74. pag. 153.
2 Préface de la nouv. Method. Lat. pag. 30.
3 Bibliograph. Anonym. cur. Philolog. pag. 25.

GRAMMAIRIENS LATINS.

qu'il n'y a presque de ce Grammairien que le nom & le fonds du premier dessein, & que l'Ouvrage a plus coûté à Vossius que s'il l'avoit fait de nouveau. C'est cette Grammaire qu'on enseigne dans les Colléges des Pays-bas unis & de divers endroits de la basse Allemagne.

GASPAR SCIOPPIUS, *de Neumarch, entre le Palatinat & la Franconie*, mort vers l'an 1663. (1)

665 IL a receu de grands éloges de toutes les personnes intelligentes dans la Grammaire. Vossius entre autres, & Dom Lancelot sont pleins d'estime pour tous les Ouvrages qu'il a composés touchant cet Art (2). Et ceux de ses Censeurs qui ont trouvé à redire à ses autres Ecrits, ont reconnu de bonne foi que c'est un des premiers Grammairiens de ce siécle, & que cette hardiesse naturelle dont il faisoit d'ailleurs un si mauvais usage, ne lui avoit point mal réussi dans ce genre d'écrire dont nous parlons. Néanmoins on ne lui a point toûjours applaudi dans la bonne opinion qu'il avoit de lui-même, & on n'a pas crû que ces Regles universelles qu'il a proposées sous le nom de Grosippe, fussent suffisantes pour réduire en Art les choses qu'il traite (3). On l'accusoit aussi d'avoir voulu supprimer l'excellent livre du célébre Sanctius, appellé la *Minerve*, afin de le piller avec plus d'impunité, & de mieux cacher le vol qu'il en a fait.

Ses principaux Livres de Grammaire, sont 1. La *Grammaire Philosophique*. 2. Les *Rudimens* de cette Grammaire Philosophique. 3. Les *Paradoxes des Lettres*. 4. *Le Mercure à deux Langues*. 5. *Le Mercure à quatre Langues*. 6. *L'Epitre* sur la maniere abregée d'apprendre la Langue Latine, &c.

* *M. Terentius Varro de Lingua Latina ex editione Gasp. Scioppii* in-8°. Ingolstad. 1605. — *Grammatica Philosophica* in-8°. Amst. 1685. — *Paradoxa Litteraria* in-8°. Amst. 1659. — *Observationes Linguæ Latinæ* in-8°. Francof. 1609. — *Grammatista vapulans* in-4°. Mogunt. 1606.*

1 ¶ Mort l'an 1649.
2 Voss. & Lancel. in Gram. Lat. passim.
3 Bibliograph. cur. Philolog. pag. 14.
Ibid. pag. 15.

Le Pere LABBE (Philippes,) *mort en* 1666.

666 Nous avons de ce Pere quinze ou seize Traités de Grammaire, tant pour la Langue Latine que pour la Langue Grecque, concernant la véritable prononciation, la Prosodie, l'Orthographe, les Accens, les Dialectes, les Epithetes, les Etymologies, & les regles de l'une & de l'autre Langue.

On a remarqué dans ce Pere une industrie merveilleuse à multiplier les titres des livres, & un autre que lui n'auroit pas eu de peine à renfermer tous ces Traités en deux ou trois volumes médiocres. Mais il aimoit l'amplification par synonymes, & il ne se soucioit point tant de changer de matiere que de forme, selon ce qu'il écrit lui-même en parlant de ses propres livres ; ὀυ καινὰ ἀλλὰ καινῶς.

Le Pere VAVASSEUR (François) *mort en* 1681.

666 bis On a publié depuis peu parmi les Ouvrages posthumes de ce Pere, *des Observations touchant la force & l'usage de certains mots Latins*, à Paris in-8°. 1683. Il y a environ deux cens remarques de Grammaire, qui nous font connoître qu'il lisoit les anciens Auteurs avec une grande application, & qu'il faisoit des découvertes fort subtiles concernant la force des mots & des phrases. Il y a découvert le tems où plusieurs termes ont commencé à s'introduire dans le Latin, & plusieurs différences qui se trouvoient entre des mots que l'on croit ordinairement qui se prennent pour la même chose.

Nouv. de la Repub. des Lettres de Septembre 1684. pag. 132.

Monsieur CARAMUEL de Lobkowitz (Jean) *né en* 1606. *mort en* 1682,

667 Ceux qui prétendent qu'on doit juger de l'esprit de l'homme par les divers évenemens de sa vie, ne seront pas fâchés pour connoître le caractere de celui de Mr Caramuel, d'apprendre que c'étoit un Espagnol né à Madrid d'un pere des Pays-bas &

d'une mere Allemande. Il fit ses études en Espagne, & il se fit Moine de Cisteaux. Il fut ensuite Abbé de Mælrose aux Pays-bas, puis de Dissembourg ou de saint Disibode. Après il porta le nom d'Evêque de Missy, & fut Suffragant de Maïence; ensuite il fut Abbé Superieur des Bénédictins de Vienne & de Prague, puis grand Vicaire du Cardinal d'Harrach Archevêque de Prague. Depuis il fut Soldat, & ensuite Capitaine d'une Compagnie contre les Suedois. Après il devint Intendant des fortifications & Ingenieur en Boheme, puis Evêque de Reinhrad, dite Konigsgretz par les Allemans, & Kralowihrades par les Bohemiens. De là il vint être Evêque de Campagna au Royaume de Naples, puis d'une autre Ville d'Italie, dont il ne prit peut-être pas possession; & enfin il mourut Evêque de Vigevano dans le Milanez.

Il a fait lui-même le Catalogue de ses Ouvrages, ou plutôt de ses desseins, & il semble qu'il n'en ait dressé le plan que pour jetter les autres Ecrivains dans l'épouvante & dans le desespoir; mais ses idées l'ont fait considerer par plusieurs Critiques comme un Géant monstrueux, plutôt que comme un véritable Héros. Comme nous aurons encore occasion de parler de lui dans la suite de ce Recueil, nous nous contenterons de toucher ici l'endroit par lequel il a rapport au sujet que nous traitons.

Quoi qu'il ait fait un assés grand nombre de Grammaires diverses, il n'a presque trouvé d'Imprimeurs que pour celles de la *Langue Latine* qui n'a point fait beaucoup de bruit jusqu'ici, bien que publiée à Rome in folio. L'Essai de la *Grammaire Cabalistique* parut à Bruxelles en 1642. in 12. & ce qu'il appelle la *Grammaire Audacieuse*, fut imprimé à Francfort en 1654. in-folio. Mais ce n'est que la quatriéme partie de ce qu'il avoit préparé sur ce sujet.

Vers la fin de sa vie il fit imprimer à Vigevano un Ouvrage auquel il donna le nom de λεπλοτατος autrement, *Subtilissimus, Nova Dialectico-Metaphysica*, où par le moyen d'une nouvelle Grammaire qu'il avoit inventée, il prétendoit éclaircir & rendre distinctes les conceptions ambiguës & obscures des Metaphysiciens & des Theologiens Scholastiques. Mais il est difficile qu'on puisse attendre ce bon effet du grand nombre de mots barbares dont il veut qu'on se serve, comme sont *amaveruns, untis: amavetatus, ti: amavissens entis: amavissetus, i*: & d'autres Participes de cette invention, dérivés d'*amavi, amaveram*, &c.

L'Auteur des Nouvelles de la République des Lettres, de qui Mr de la Roque rapporte ceci, ajoute que c'est dommage que ce Prélat ait employé à cette forte d'étude l'esprit que la Nature lui avoit donné, & qui étoit plus qu'ordinaire, selon le témoignage de ses adversaires mêmes. Il rapporte encore que l'Auteur de l'Anti-Caramuel avoit oui dire à un grand homme, que Caramuel avoit de l'esprit au huitiéme, c'est-à-dire, au souverain degré, qu'il avoit de l'éloquence au cinquiéme, & du jugement seulement au second degré.

Nicol. Anton. Bibl. Hispan. tom. 1. Journ. des Sav. du 3. Juillet 1684.
Carol. Visch. Bibl. Cistercienf.

DOM LANCELOT de Port-Royal, *aujourd'hui vivant*, Bénédictin. (1)

668 Cet Auteur a donné au Public une *Nouvelle Methode* pour apprendre facilement, & en peu de tems la Langue Latine. Les Regles y sont mises en rimes Françoises avec un ordre très-clair & très-abregé, & l'Auteur a augmenté cet Ouvrage d'un grand nombre de Remarques très-solides & necessaires pour se perfectionner dans la connoissance de cette Langue, & dans l'intelligence des bons Auteurs. Il y a ajouté un Traité curieux de la Poësie Latine & une instruction assés courte sur les Regles de la Poësie Françoise.

Ce livre a eu grand cours dans le Royaume, aussi-bien que l'Abregé qu'il en a fait pour l'usage des enfans qui commencent. Il l'a composé de tout ce qu'il y a de meilleur dans Sanctius, Scioppius, Vossius, & dans tous ceux qui ont travaillé sur cette Langue avec plus de soin & plus de lumiere. Il y a suppléé le reste avec une habileté & un jugement qui ont donné à son Ouvrage le prix au dessus de tout ce qui avoit paru sur ce sujet jusqu'alors.

Le sieur Roland des Marets (2) dit que cette Grammaire est tout à fait à son goût, & qu'il la trouve merveilleuse. Premierement parce qu'elle est en François, c'est-à-dire, parce que les préceptes y sont proposés & expliqués en Langue vulgaire, & ensuite, parce qu'elle est beaucoup plus facile que toutes les autres. Il dit que l'Auteur lui étoit entierement inconnu, mais qu'il paroissoit assés que c'étoit un esprit éloigné de toute ambition, & qui ne recherchoit ni l'osten-

1 ¶ Dom Claude Lancelot Moine Sou- 1695. agé de 79. ans.
diacre de saint Cyran, mort le 15. Avril 2 Rol. Maref. Epistola Philolog. 16.

tation ni la gloire (1), & qu'il faisoit assés voir qu'il étoit capable de quelque chose de plus grand.

Mr de Chanteresne (2) estime cette Méthode la meilleure de toutes, & la plus propre pour mettre au plutôt les enfans en état de lire les Auteurs, non seulement à cause du bon ordre, de la netteté & de l'érudition qui paroît dans cet Ouvrage, mais aussi parce qu'elle est en François; & il dit ailleurs que le sens commun fait voir qu'on ne doit pas se servir de ces Méthodes, où les Régles de la Grammaire sont exprimées en Latin, étant ridicule de vouloir montrer les principes d'une Langue dans la Langue-même que l'on veut apprendre, & que l'on ignore. Enfin le sieur Fils dit (3) que cette Nouvelle Méthode, qui a mérité l'approbation de tous les habiles gens de l'Europe fait voir qu'il y a souvent plus d'opiniâtreté que de jugement à rejetter toutes les nouveautés.

* Méthode pour apprendre facilement la Langue Latine par Dom Lancelot, *in*-8°. Paris 1656. — Abregé de la nouvelle Méthode pour apprendre la Langue Latine par le même *in*-12. Paris, Vitré 1658.*

1 ¶ On recherche la gloire, mais non pas l'ostentation. ¶
2 Education du Prince, Traité 2. §.
27. pag. 52. & 54.
3 Préface de sa Méthode courte.

DES GRAMMAIRIENS GRECS.

CHAPITRE I.
De ceux qui ont fait des Lexicons.

PHRYNICHUS ARRHABIUS, Sophiste de Bithynie, *Sous Marc Aurele & Commode.*

Il composa une espéce de Dictionnaire en Trente-sept (1) Livres sous le nom d'*Apparat Sophistique*. C'étoit un Recueil de Noms & de Verbes Attiques, dont l'Abregé (2), ou plutôt l'Extrait fut imprimé en Grec à Paris en 1532. in 8°. puis à Ausbourg en 1601. in-4°. avec les notes de Pierre-Jean Nugnez, & de David Hoeschelius.

Photius qui a lû l'Ouvrage en son entier, témoigne que ce n'étoit pas un simple amas de mots confus, mais qu'il leur avoit donné de la liaison & de la grace, & qu'il en avoit fait des phrases. Il ajoute qu'*Helladius* avoit eu presque le même dessein dans sa grande Collection, mais qu'il n'y avoit apporté aucun ordre, & que ce n'étoit qu'une grande masse pleine de confusion : au lieu que Phrynichus y avoit mis une suite avec assés de méthode, ayant d'ailleurs beaucoup de teinture de diverses sciences. Mais il y avoit beaucoup de babil, selon le même Photius, & beaucoup de superfluités, de sorte que si on en avoit retranché tout ce qui n'y étoit pas nécessaire, il n'en seroit pas demeuré la cinquiéme partie. Ainsi il rendit cet Ouvrage inutile par cette profusion si peu judicieuse, & péchant capitalement contre les régles de l'élégance qu'il vouloit donner aux autres, il re-

---

1 * Photius n'en compte que λϛ' c'est-à-dire 36. & je n'entre pas ici dans les raisons des Critiques qui lisent λζ' Nugnez a lu λϛ'.

2 * Ce que nous avons de Phrynichus n'est pas l'Abregé de l'Apparat Sophistique, mais du Traité des dictions Attiques en 2. livres. Rien n'est plus court que cet Abrégé qui n'est que de 21. feuillets in-8°. de l'édition de Paris, mais d'un tiers plus ample, & autrement rangé dans l'édition d'Ausbourg. Nugnez prétend que le Traité de Phrynichus des dictions Attiques intitulé *Atticistés* étoit en 3. livres. §

buta plus de monde qu'il n'en persuada (1).

Nugnez qui a travaillé sur cet Auteur, dit qu'il s'étoit attaché à ne prendre que des mots Attiques, & qu'il avoit rejetté à dessein tous ceux qui étoient des Dialectes Ionique, Dorique, Eolique, & de la Commune même; non pas qu'il crût que les Auteurs qui avoient écrit en ces Langues, ne fussent pas purs, mais parce qu'ils n'avoient pas écrit avec autant d'élégance que les Auteurs Attiques. Ainsi il étoit bien éloigné de se servir de tant d'Ecrivains Grecs de Macedoine, d'Asie, d'Egypte, &c.

Entre les Poëtes, il a suivi particuliérement ceux de la vieille Comédie; mais il a préféré Aristophane à tous les autres. Entre les Historiens il s'est attaché particuliérement à Thucydide; entre les Orateurs il a choisi les dix principaux, qui sont connus de tout le monde, préférant néanmoins Démosthène aux neuf autres. Et il a pris Platon avec Eschine le disciple de Socrate parmi le grand nombre des Philosophes Grecs.

Tels sont les Auteurs qu'il proposoit, comme étant la régle de la pureté Attique, & de la beauté du discours, ayant évité avec un soin tout particulier, & beaucoup d'affectation les expressions & les maniéres de parler des Péripatéticiens, des Stoïciens, des Médecins, & des Ecrivains de la nouvelle Comédie, parmi lesquels il n'y en avoit point à qui il voulût plus de mal qu'à Ménandre, témoignant aussi beaucoup d'aversion pour Favorin Philosophe Gaulois, mais qui avoit écrit en Grec du tems d'Adrien (2).

Le Bibliographe Anonyme (3) dit que ce qui nous reste de Phry-

1 Photius in Bibl. cod. 158.
2 Petr. J. Nunnesius in præf. ad Phrynich.
3 Bibliogr. cur. Philolog. hist. pag. 31.
¶ Le Bibliographe anonyme voulant dire qu'Heinsius comme l'a prétendu Saumaise s'étoit approprié les remarques de Nansius sur Simplicius a dit étourdiment *Nunnesius* pour *Nansius*, & *Phrynichus* pour *Simplicius* ; & Baillet a eu la bonté de l'en croire. Sur quoi Ménage chap. 47. de l'Anti-Baillet l'a très-justement repris.
Samuel Schottel Professeur en Poësie dans l'Université de Strasbourg publia in-8°. en 1677. à Germanopolis, faux nom de Francfort sur le Mein, le livre intitulé *Bibliographia Historico-Philologico-Politica, curiosa*, qui n'étoit autre chose qu'une mauvaise compilation de quelques écrits dictés autrefois par Jean Henri Bœcler Professeur en Histoire dans la même Université, mort l'an 1672. cinq ans avant l'édition de cette Bibliographie, dont le titre même n'est pas de lui. Comme elle fut publiée sans nom d'Auteur, Baillet l'a toujours citée par cette raison sous le nom d'*anonyme*, ne sachant pas qu'elle avoit été recueillie des cayers très-fautifs de quelque Ecolier de Bœcler. Elle fut réimprimée l'an 1696. plus fautive encore au même lieu qu'auparavant. Comme il parut néanmoins que ce livre pourroit, étant corrigé, être de quelque utilité, Jean Gottlieb Krause ayant pris soin de le revoir & d'y ajouter des Supplémens considérables, tirés de divers ouvrages légitimes de Bœcler, en donna en 1715. une nouvelle édition à Leipsic sous le titre de J. H. Bœcleri, *Bibliographia critica*, avec une préface audevant, & des corrections à la fin. ¶

nichus est un opuscule savant, mais fort défectueux; que Nugnez y avoit fait quantité d'excellentes remarques, mais que Daniel Heinsius les a publiées depuis, comme en étant lui-même l'Auteur. Ce qui a donné occasion à Mr de Saumaise de le relever & de le chicaner dans sa Préface sur Simplicius.

JULES POLLUX de Naucratie, *sous Commode*.

670 Ous avons de lui un *Onomasticon*, que Vossius appelle (1) un Ouvrage très-docte, & que Casaubon dit être excellent & très-utile (2) : & le Bibliographe Allemand (3.) va jusqu'à dire que c'est un Livre incomparable, & qu'on ne sauroit assés l'estimer. Joachim Kühnius prétend qu'il ne nous apprend rien de bas & de méprisable, rien de sordide, rien de fade ni de trop sec (4). Il ajoute que sa diction est nette & du bon style, qu'il y paroît beaucoup de choix & de bon goût, & qu'on y voit un fond de matière inépuisable.

Mais on ne peut pas dire qu'on ait encore une édition de cet Auteur, qui soit excellente. Celle de Wolfgangue Sebere qu'on a estimé la moins mauvaise, est encore fort défectueuse, & n'a qu'une méchante traduction, qui est celle de Raoul Gualthere. Mais comme il se trouve plusieurs Manuscrits de Pollux qui sont assés entiers & assés corrects, on a lieu d'esperer que cette commodité nous en produira une bonne édition (5). Voyés ce que nous en avons dit parmi les Critiques Grammairiens.

1 Voss. de Natur. Rhetoric. cap. 12. pag. 37.
2 Isaac Casaubon, Epistol. ad Seberum.
Item Wolfg. Seber. præfat. in Polluc. Onom.
3 Bibliograph. curios. Philolog. pag. 31.
4 Joach. Kühnius præfat. ad notas ad ann. 1678.
5 Paul. Colomiez Biblioth. Chois. pag. 105. 106.
¶ On l'a euë en 1706. de l'Impression de Werstein à Amsterdam. On peut voir ce qu'en dit J. Alb. Fabrice, pag. 490. & 491. du volume que je viens de citer de sa Bibl. Grecque.

HESYCHIUS D'ALEXANDRIE, dit le *Grammairien* : & EROTIEN, auffi *Grammairien* de Profeffion.

671 Jules Scaliger dit (1) que Hefychius eft un Auteur frivole, fans fond, incapable de rien contenir de bon, & femblable à un panier percé. Mais je le crois feul de fon opinion. Son fils Jofeph dit au contraire qu'Hefychius (2) eft un très-bon Auteur, quoique nous n'en ayons que l'Epitome, & que les citations en foient omifes. Le même Auteur (3) jugeoit que ce Lexicon & celui d'*Erotien* font d'un très-grand fecours pour entendre les œuvres d'Hypocrate, que ce dernier s'eft attaché particuliérement à éxaminer les mots de ce Médecin, & qu'il les a expliqués avec beaucoup d'éxactitude : Mais qu'Henry Eftienne l'avoit corrompu & alteré en l'imprimant, comme il avoit coutume de faire à l'égard des autres Auteurs Grecs. Et que pour ce qui eft d'Hefychius, c'étoit un très-excellent Grammairien.

Mr Cafaubon le jeune eftimoit auffi (4) qu'il étoit le plus diligent de tous les Grammairiens. Mr Ménage l'appelle le plus docte de tous les faifeurs de Dictionnaires (5) ; & le fieur Thyfius qui en juge de même que Cafaubon, & Mr Ménage (6) dit qu'il a donné longtems la gêne aux Critiques, mais que les corrections judicieufes & les notes favantes de Daniel Heinfius l'ont rendu intelligible, & l'ont mis en état d'être lû de tout le monde.

Bonaventure Vulcanius (7) difoit que ce Lexicon étoit un Tréfor de la Langue Grecque, au rapport de Voffius qui avoit été l'Ecolier de ce Vulcanius en Grec, & qui ajoute que Hefychius lui paroît avoir été Chrétien (8) à caufe qu'il y a beaucoup de chofes dans fon Lexicon qui font prifes de l'Ecriture fainte & de fes Interpretes & autres Auteurs Eccléfiaftiques, à moins qu'on ne veuille que ces endroits ont été inferés poftérieurement.

---

1 Jul. Cæf. Scalig. de Subtil. adverf. Card. pag. 455. & ex eo G. M. Konig. Bibl. V. & N. pag. 400.
2 Pofterior. Scaligeran. pag. 109.
3 Priora Scalig. pag. 90. & retro pag. 81.
4 Meric. Cafaub. in not. ad Diogen. Laërt.
5 Ægid. Menag. in obfervation. ad Diogen. Laërt.
6 Anton. Thyf. in Orat. funebr. Dan. Heinfii ap. Henning. Wittea. tom. 2. Memor. Philofoph. pag. 183.
7 Bonav. Vulcan. not. in Callimach. hymn. Dianæ.
8 G. J. Voff. de Philolog. cap. 5. §. 17. pag. 37.

Barthius écrit (1) que celui qui a retranché dans Hefychius les témoignages des anciens Auteurs, a commis un péché d'autant plus irrémiffible, qu'il eft difficile d'en voir l'excellence, à moins que de les joindre avec ces glofes & ces favantes explications qu'Hefychius, c'eft-à-dire le plus habile des Grammairiens y a faites.

L'édition de ce Lexicon la plus complette eft celle de Hollande de 1668. toute Grecque, avec les notes de *Variorum* in 4°. par les foins de Schrevelius ; mais comme ce compilateur n'a point grande réputation, on en attendoit une meilleure du fieur J. Gafpar Swicer, & on efpére qu'elle paroîtra dans peu de tems (2).

1 Gafp. Barth. Comment. ad Claudian. pag. 1102. & ex eo Konigius in Bibl. V. & N. pag. 400.

2 ¶ Nous en attendions une meilleure incomparablement de la part du docte Ludolphe Kufter, lorfqu'une mort prématurée nous l'a enlevé le 12. Octobre 1716. fans nous laiffer d'efpérance de voir de longtems paroître une édition d'Héfychius du mérite de celle que cet habile homme étoit capable de nous donner. ¶

VALERE HARPOCRATION, *Grammairien d'Alexandrie.*

672 IL a fait un Dictionnaire des mots & des façons de parler des dix Orateurs de la Grece, Mr de Mauffac dit que c'eft un Auteur très poli, qui traite avec beaucoup d'éxactitude des Magiftrats, des Actions ou Plaidoiries, du Barreau d'Athènes, des lieux divers de tout le Pays Attique, des noms propres des hommes qui ont eu le maniment des affaires dans cette République, & de tout ce qui a été dit à la gloire de ce peuple par ces Orateurs.

Nous avons vû dans la feconde partie de nos Critiques quels font les fervices que Mr de Mauffac (1) & Mr Valois l'aîné ont rendu à notre Harpocration, & nous y avons auffi parlé de la verfion Latine qu'en a faite le fieur Blanchard de Hollande.

* *Valerii Harpocrationis, Maufac. Gronovii obfervationes cum notis Hen. Valefii* in-4°. *Lugd.-Bat.* 1696.

1 Mauffac. præfat. ad Harpocrat. Lexic.

GRAMMAIRIENS GRECS.

STEPHANUS, ou ESTIENNE de Byzance, *Grammairien* (1).

673. ON prétend que l'Ouvrage de cet Auteur étoit une espéce de Dictionnaire dont il ne nous reste que l'Extrait qu'Hermolaus a fait des noms de Villes, dont il a composé un Recueil à part, & dont nous aurons occasion de parler parmi les Géographes.

1 ¶ On ne dit que *Stephanus*.

SUIDAS *Moine Grec*, du X. ou XI. siécle. (1)

674. SOn Lexicon n'est autre chose, selon Mr de Maussac (2), qu'une compilation de plusieurs autres Dictionnaires, dont il a nommé les Auteurs à la tête de son Ouvrage dans lequel il a fait entrer une grande partie des *scholies* qu'on avoit faites autrefois sur les Poëtes Tragiques & sur les Comiques.

Quenstedt dit (3) que le Lexicon de Suidas ne contient pas tant les interprétations des mots, que les vies des Savans & des Princes, & diverses histoires qu'il est difficile de trouver ailleurs. Rosin (4) ne

---

1 ¶ Quelques-uns des continuateurs de Suidas ont vécu au 10. ou 11. siécle, mais il est difficile de marquer l'époque du Suidas qui a donné le nom au Dictionnaire de Suidas, par exemple qui citeroit le Scholiaste d'Apollonius Stephanus, &c. Ce sont d'impertinentes additions faites à ce Suïdas qui sont cause qu'on l'a traité de Moine. Joseph Scaliger est le premier qui l'a ainsi qualifié. C'est dans une de ses notes sur le 4. livre de L. L. de Varron où à l'occasion du lac Curtius il examine un endroit de Suïdas à la fin du mot Λίξερνα. Mais ce que Scaliger a fait par mépris, Dempster, qui n'a point vu son intention, l'a fait sérieusement & de bonne foi, appellant de plus Moine de Byzance le même Suidas, ce qui a été depuis fidèlement copié par le Cardinal Bona, & avant lui par Balthazar Boniface chap. 7. du liv. 15. de son *Historia Ludicra*. Quant à Baillet, quoiqu'à l'exemple de Dempster il n'appelle pas Suidas positivement Moine de Byzance, mais en général Moine Grec, il ne laisse pas d'être ici plutot copiste de Dempster que de Scaliger. Ce qu'il y a de singulier, c'est qu'en copiant Dempster il croit copier Rosin, & cela parce que la table des Auteurs cités par Dempster étant audevant des Antiquités Romaines de Rosin, son inattention lui a fait croire que cette table étoit de Rosin. Erreur solennelle que j'ai déja remarqué plus d'une fois, & dont je vais encore le convaincre dans la note suivante. ¶

2 Phil. Jac. Mauss. Dissertat. critic. ad Harpocration pag. 374.

3 And. Quenstedt. de Patr. vir. ill. pag. 443.

4 ¶ Ce Rosin n'est autre que Dempster qui dans la table ci-dessus alleguée, après avoir au mot *Suidas* commencé par dire *Monachus Byzantinus*, poursuit en ces termes, traduits à la lettre par Baillet, *admirabilis, incomparabilis, unus instar omnium Grammaticorum*. ¶

Suidas. fait point difficulté de dire (1) que c'est un Auteur admirable, un Auteur incomparable, & qui tout seul peut tenir lieu de tous les Grammairiens. Mais Richard de Montaigu (2) en parle un peu autrement, & il assure que c'est un Grammairien qui n'a aucun jugement, qui n'a du savoir que fort médiocrement, & qui ayant ramassé indifféremment tout ce qu'il a rencontré, a quelquefois des lambeaux de pourpre parmi un grand nombre de piéces & de morceaux grossiers & mal tissus.

L'Auteur Anonyme de la Bibliographie écrit (3) que quoique Suidas n'ait pas l'honneur d'être du nombre des anciens Auteurs, on pouroit néanmoins lui en accorder les priviléges parce qu'il n'a rien dans son Lexicon qui ne soit pris des Anciens, que cet Ouvrage est un trésor insigne de Grammaire : mais que c'est dommage qu'il ait supprimé les noms des Auteurs anciens dont il a rapporté les extraits, & qu'il n'ait point eu plus de génie pour mieux faire cette compilation. C'est peut-être dans cette vûë que Charles de Philippes (4) appelloit Suidas une bête couverte d'une toison d'or, voulant marquer que quoiqu'il eût chargé son Livre d'excellens extraits des Anciens, il n'avoit pourtant pas eu assés d'industrie ni de discernement pour les employer comme il auroit été à propos.

Mais la principale cause de l'inégalité qui se trouve dans tout ce Lexicon, vient apparemment de ce que plusieurs y ont fait des additions après la mort de Suidas comme l'a remarqué Vossius (5). Et comme les capacités & les mœurs de ceux qui ont fait ces augmentations ont été fort différentes aussi-bien que les tems ausquels ils les ont faites, on ne doit pas être surpris d'y trouver tant de choses peu éxactes. Ainsi il n'est pas juste d'attribuer à Suidas toutes les fautes qu'on y remarque soit contre la pureté de la Religion, soit contre la vérité de l'Histoire, soit enfin contre la connoissance des belles Lettres. Possevin a fait un Recueil d'une bonne partie de ses fautes (6) qu'on peut voir dans son Apparat sacré.

* *Suidas Græcè* in-fol. *Mediolani* 1498. — *Gr. Lat. ex editione & cum notis Æmilii Porti* in-fol. 2. *vol. Genevæ* 1614. — *Idem Gr. Lat. ex editione Ludolphi Kusteri* 3. *vol.* in-fol. *Cantabrigiæ* 1704. *

1 Joan. Rosin. in Antiquit. Rom.
2 Rich. Montacut. in Exercitat. Ecclesiast. analect. pag. 135.
3 Bibliograph. cur. Philolog. pag. 31.
4 Carol. Philipp. in gustu Philologic. & G. M. Konig in Biblioth. V. & N. p. 785.
5 G. J. Voss. Philolog. c. 5. §. 17. p 37.
6 Poss. tom. 2. App. sacr. p. 438. & seqq.

L'ETYMOLOGICON Grec.

675 ON croit que l'Auteur de ce grand *Etymologicon* Grec s'appelloit Nicas (1), mais on ne fait ce qu'il étoit ni quand il vivoit. Ce Livre a eu de l'autorité quoique l'Auteur n'ait point excellé dans la connoissance de la Langue. Mr Musurus le fit imprimer in fol. à Venise en 1499. Il fut réimprimé en 1549. au même lieu & dans la même forme par les soins de Frederic Turrisani. Enfin Sylburge y fit des notes & lui procura une nouvelle édition à Heidelberg en 1595.

1 ¶ Personne avant Politien ne l'a cru, comme il n'en a pas apporté de preuve, & que le nom de Nicas n'a paru dans aucun manuscrit, il n'y a guere eu que Gérard Jean Vossius & Isaac son fils qui aient cité le grand Etymologiste Nicas, le premier au liv. 9. de l'Idolatrie chap. 34. le second sur le 19. chap. du liv. 1. de Pomponius Mela. Encore le fils, au rapport de Ménage chap. 76. de l'Anti-Baillet, s'en est-il dédit. Goldast. dans une lettre à Jungerman, soutient que Μέγαλος est le nom propre du Grammatrien, auteur de l'Etymologicon, & que le titre de ses 2. exemplaires Ετυμολογικὸν τῶ Μεγάλυ γραμματικῦ doit être interprété l'Etymologique de Megalus Grammairien. Cette lettre est à la suite de celle de Gadius p. 229. de la collection de Mr Burman. *b*

CYRILLE.

676 ON a sous ce nom un Glossaire Grec-Latin, dans lequel l'Auteur paroît avoir forgé quantité de mots Latins pour expliquer plus précisément les expressions Grecques. Mais c'est un Ouvrage estropié & défectueux, & qui est rempli de fautes (1).
* *Cyrillus de Dictionibus* in-4°. *Venet.* 1497. *

1 ¶ Il n'étoit pas besoin ce semble de détacher le *Glossarium Cyrilli* du corps des vieilles Gloses dont il est parlé ci-dessus en gros Article 627. Autrement il auroit falu donner un Article séparé à chacune des autres parties de ce corps comme à celle-ci. Savoir au Glossaire de Philoxène à Excerpta, à Onomasticon, & à Sylloge. Il faut, pour être instruit de ce détail, recourir à la préface de Mr du Cange sur les Gloses Grecques - Latines, & Latines - Grecques qu'il publia *in-folio* à Paris 1679. *b*
Bonav. Vulcan. Præf. edit. suæ ann. 1600.
Gasp. Barthius comment. ad 2. Thebaïd. Pap. Statii pag. 579. 1. & G. M. Konig. Biblioth. Vet. & Nov. pag. 231.
Claud. Verder. in Censtion. Auctor. p. 26.

EMMANUEL MOSCHOPULUS (1).

677 Son Lexicon est assés bon & tiré des Anciens. Mais nous parlerons de lui plus amplement parmi les Grammairiens Artistes (2).

1 ¶ Il y a eu deux Emmanuels, ou, comme ils se sont appellés, deux Manuels Moschopulus, l'un de Candie, vivant sur la fin du 14. siécle, l'autre de Constantinople neveu du premier comme l'avoit d'abord très-bien dit liv. 4. chap. 34. de sa Biblioth. Grecque Jean-Albert Fabrice, & non pas cousin germain comme il l'a dit depuis liv. 5. chap. 7. Le second en effet ayant passé en Italie après la prise de Constantinople, il y a grande apparence qu'il étoit plutot neveu que cousin germain du Candiot. C'est au jeune Moschopulus qu'appartient le Dictionnaire dont il est ici parlé, qu'il ne faut pas s'imaginer être un gros volume, puisqu'il consiste en ce petit recueil de mots Attiques, imprimé originairement à la suite de Phrynichus. ¶
2 Bibliograph. curios. Philolog. pag. 29.

VARIN PHAVORIN DE CAMERINO *Evêque de Nocera, vivant vers l'an 1460* (1).

678 Monsieur de Maussac dit que ce Favorin étoit un savant homme & qu'il étoit fort versé dans le Grec (2). Son Lexicon qu'il dédia au Cardinal Jules de Medicis a été loué par Jean Lascaris, par Scipion Carteromaque (3), & par d'autres personnes considérables (4). Ce n'est pourtant qu'une compilation de Suidas, d'Hesyque, d'Eustathe, & de quelques autres Grecs de moyen âge qu'il a copiés selon le sentiment du sieur Konig (5). Mais le Bibliographe Allemand (6) & Mr de Maussac témoignent qu'il y a apporté si peu d'éxactitude qu'il y a laissé toutes les fautes de tous ces Auteurs dont il a composé son ouvrage (7). L'édition de Rome est fort reçûë [*in-folio* 1523.]

1 ¶ Il est mort en 1537. L'Epitre Grecque par laquelle il dédie son Dictionnaire à Jule Cardinal de Médicis, qui depuis fut le Pape Clement VII. est de l'an 1522. ¶
2 Phil. Mauss. dissert. critic. ad Harpocrat. pag. 375.
¶ Maussac le présumoit ainsi sur l'habitude où étoit Varin d'avoir manié & copié tant d'Auteurs Grecs. Cependant Gesner feuillet 622. tourné de sa Bibliothèque dit qu'ayant vu de ce Varin une version desquelques apophthegmes tirés de Stobée pleine de fautes, il avoit jugé que ce ne devoit pas être un si habile homme en Grec qu'il se l'étoit imaginé.
3 ¶ C'est la signification Grecque de son nom Italien *Forteguerra*. ¶
4 Voss. de Philolog. c. 5. §. 17. p. 37.
5 G. M Konig. Biblioth. V. & N. p. 629.
6 Bibliograp. cur. Philolog. p. 31.
7 Mauss. in Harpocrat. ut suprà.

GUILLAUME BUDE' *mort en* 1540.

679 Nous avons de lui un Lexicon Grec (1), mais pour ne point séparer ce que nous avons à dire de ce grand Homme, nous en parlerons dans la seconde partie des Grammairiens Grecs.

* *Guill. Budæi Commentarii Linguæ Græcæ* in-folio *Parif. Typ. Rob. Steph.* 1548. *

1 ¶ Ses Commentaires de la langue Grecque, ouvrage univerfellement eftimé, ne font non plus un Dictionnaire Grec, que le *Cornucopiæ* de Nicolas Pérot en eft un Latin. Nous n'avons, quoiqu'en dife Baillet, aucun Dictionnaire Grec qui foit véritablement de Budé. S'il en paroit quelqu'un fous fon nom, ç'a été une invention des Libraires pour mieux débiter leur édition ¶

JEAN CRASTON *Carme, de Plaifance & fes Continuateurs.* (1)

680 LE premier qui mit la main à ces fortes de Lexicons anonymes Grecs & Latins du fiécle dernier fut ce Crafton au rapport d'Henri Eftienne (2), mais il le fit d'une maniére fort féche & ftérile, s'étant contenté de marquer fort négligemment quelques conftructions des mots, il n'a produit aucun endroit des Auteurs pour en faire connoître la fignification ou l'ufage par leur autorité.

Après lui, plufieurs fe mélérent d'y ajouter beaucoup de chofes, mais fans choix & fans jugement pour la plupart. Enfin des Imprimeurs ignorans s'étant mis en tête de faire groffir ces fortes de Lexicons, prirent à leurs gages des gens qui n'étoient pas beaucoup plus habiles qu'eux, de forte qu'on vit enfler en peu de

1 ¶ Baptifte Mantuan fon confrére, & Conrad Gefner l'appellent Crefton, mais dans les deux éditions que j'ai vuës de fon Dictionnaire il eft appellé Crafton & l'on s'apperçoit aifément que c'eft par une tranfpofition de lettres qu'au lieu de *Giovanni Griftono*, Léandre Albert en parlant des hommes illuftres de Plaifance le nomme *Giovanni Caftrono*. Son Dictionnaire, qui eft fort petit, fut pour la premiére fois imprimé en Italie l'an 1497. La traduction Latine de la Grammaire Grecque de Conftantin Lafcaris eft auffi de Jean Crafton, & non pas d'Alde Manuce l'ancien, comme l'a cru Gefner. ¶

2 Henr. Stephan. Epiftol. de ftatu Typograph. fuæ & de Thefauro Ling. Græc. pag. 156. poft lib. de vit. Stephanor. per Theod. Janff. ab Almeloveen.

de tems ces corps qui avoient paru des squelettes en maigreur. Mais ces réplétions n'étoient que de vent ou de mauvaises humeurs pour l'ordinaire. Car les compilateurs n'avoient presque rien pris de Budé ni d'aucun autre bon Auteur; ils s'étoient contentés de prendre leurs farces dans un Lapus (1) de Florence, dans un Leonard d'Arezze (2), & dans d'autres Livres de gens de pareille trempe. Et ce qu'il y a de plus insupportable, c'est de voir que ces sortes de gens étoient si dépourvûs de jugement & de bon sens, que quand ils tomboient sur un Auteur dont les écrits sont mélés de bon & de mauvais, ils avoient la bêtise de choisir ce qu'il y avoit de pire dans ces Auteurs, & de rejetter ce qu'il y avoit de meilleur, comme il leur est arrivé à l'égard de Laurent Valla.

1 ¶ Voyés plus bas Article 804.   2 ¶ Article 801.

CHARLES ESTIENNE frere de Robert, oncle d'Henry (1).

681 Nous avons de lui un Dictionnaire Grec & Latin (2), mais il est pris (3) pour la plus grande partie de celui de Budé qu'il avoit imprimé en 1554. (4)

1 ¶ Mort en 1564.

2 ¶ Il devoit dire Latin-Grec, puisque ce Dictionnaire commence par le Latin, & qu'il est intitulé *Latino-Græcum*. Ménage pag. 221. du Tome 1. de son Anti-Baillet a plus de tort encore d'avoir appelé *Grec-Latin* ce Dictionnaire.

3 ¶ Charles Etienne pour faire valoir son Dictionnaire a dit qu'il étoit, pour la plus grande partie, extrait des observations qui étoient restées de Budé. *Hujus plurima pars, ces mots sont dans le titre du livre, ex Budæi vigiliarum reliquiis excerpta est*. Sur quoi Baillet reproche à Charles Etienne une chose dont Charles Etienne se fait honneur.

4 ¶ Charles Etienne n'a imprimé de sa vie aucun Dictionnaire sous le nom vrai ou faux de Budé. Le seul qu'il ait imprimé en 1554 est le Dictionnaire Latin-Grec dont il s'agit. Baillet qui n'en avoit lu que le titre dans Janson d'Almeloveen où il renvoye, a fait, par un contresens énorme toutes les fautes que je viens de rapporter. Il n'y avoit pour les éviter qu'à concevoir ainsi l'Article *Nous avons de lui un Dictionnaire Latin-Grec imprimé l'an 1554. in-4. qu'il dit avoir été, pour la plus grande partie, tiré des observations restées de Budé.*

Theod. Janss. de vit. Stephan. pag. 32.

JACQUES TOUSSAIN (Tusanus) *mort en* 1547. (1)

682   Monsieur de Sainte Marthe dit que son Lexicon est un trésor très-riche de la Langue Grecque, & que c'est à lui que cette Langue doit l'éclat qu'elle a eu dans l'Université de Paris depuis François Premier (1). Il avoit été disciple de Budé, & il lui succéda dans sa haute réputation, selon Louis le Roy (2).
* *Jacobi Tussani Lexicon Gr. Lat.* in-fol. *Paris.* 1552. *

1 ¶ L'Index sur l'Histoire de Mr de Thou rend *Tusanus* par *Tousan*. Mr de Thou le dit natif de Reims, mais Tousan lui-même se dit Troyen à la tête de quelques vers Latins de sa façon sur le *Syntagma* de Gyraldus *de Musa* imprimé in-4° à Paris 1514. Badius en 1515. lui adresse quelques extraits de Raphaël de Volterre en ces termes:

Jodocus Badius Ascensius Jacobo Tusano Trecensi. Ce qui est confirmé par l'Epitre du même Badius au-devant de son édition des œuvres de Politien. *in-fol.* 1519.
2 Sammarthan. elog. lib. 1. simul cum Vatabl. elog.
3 Lud. Reg. de vit. Bud. pag. 234. collect. Batef.

JEAN CRESPIN & EDOUARD GRANT.

683   Nous avons parlé (1) du Dictionnaire Grec de Crespin augmenté par Edouard Grant au Recueil des Imprimeurs, mais comme il n'est pas fort considérable ni de grand usage, nous n'en dirons ici rien davantage.

1 ¶ Ci-dessus Article 31. où j'ai observé que Baillet avoit cité Colomiés dans un endroit de sa Bibliothèque choisie supprimé depuis, comme n'étant pas correct. Baillet de son côté n'a ni reconnu, ni corrigé son erreur touchant le Dictionnaire de Crèpin, prétendu augmenté par Edouard Grant, mais seulement celle qu'il a faite plus bas à l'Article 688. touchant le Dictionnaire de Guillaume Rorberson prétendu augmenté de 80. mille mots par Joseph Hill. §

CONRAD GESNER, *mort en* 1564.

684   Le Lexicon Grec qu'on a de Gesner est extrêmement imparfait, quoique cet Auteur fût assés habile en cette Langue. Il l'avoit voulu augmenter en prenant ce qui lui manquoit dans celui de Varino Favorini dont nous avons parlé auparavant. Mais le Libraire qui songeoit à ses interêts négligea toutes ces ad-

ditions pour avoir moins de peine & faire moins de dépense, & étant venu à mourir vers le même tems, il fut impossible à Gesner de retirer sa copie d'entre les mains des héritiers du Libraire.

Melch. Adam. vit. Medic. Germ. pag. 142.

HENRI ESTIENNE *mort* en 1598.

685 C'Etoit un des premiers Hommes de France de son tems, c'est-à-dire depuis la mort de Turnèbe, pour la connoissance de la Langue Grecque, & il n'y avoit ce semble que Florent Chrétien, Joseph Scaliger, & son gendre Casaubon, qui pussent lui disputer le premier rang entre un si grand nombre de Savans que ce Royaume renfermoit alors.

Scaliger (1) dit que son Trésor de la Langue Grecque est un Livre très-excellent. Le sieur Janson d'Almeloveen estime (2) que c'est un travail incomparable, & qui mérite d'être mis au nombre de ceux d'Hercule. Il ajoute qu'il a arraché la palme à tous ceux qui avoient travaillé sur le même sujet jusqu'alors, & qu'avec ses lumiéres il a percé des ténébres aussi épaisses qu'étoient autrefois celles des Cimmeriens. Mr de Malinckrot (3) prétend que ce Livre n'est presque que pour les Doctes, & le Bibliographe Allemand (4) dit que c'est un Trésor inépuisable. Mais ce Trésor qui a enrichi tous les autres, a réduit l'Auteur & sa famille à la mendicité, comme nous le dirons en parlant de son valet Scapula.

Au reste, Henri Estienne n'a point été le seul qui ait travaillé à ce grand Ouvrage (5) comme nous l'apprend Scaliger; & outre plusieurs personnes de France qui y ont mis la main, Melchior Adam dit (6) que Frederic Sylburge l'a merveilleusement aidé, & il prétend que la meilleure partie de ce gros Trésor est de cet Allemand; mais quand on dit trop, on ne prouve rien.

* *Thesaurus Linguæ Græcæ Henr. Stephani* in-fol. 4. voll. *Paris. Typ. Henr. Steph.* 1572.— *Idem & ejusdem* in-fol. *unà cum appendice* in-fol. *ibidem* sans année. *

1 Posterior. Scaligeran. p. 55. 76. 77. chap. 14. pag. 92.
2 Theodor. Janson ab Almelouv. vit. Stephanor. pag. 72.
3 Bern. de Malinckrot de arte Typogr.
4 Bibliograph. cur. Philolog. pag. 31.
5 Poster. Scaliger. ut suprà.
6 Melch. Ad. vit. Philosoph. pag. 418.

ROBERT CONSTANTIN, de Caen, *mort en* 1605. *âgé de* 103. *ans*.

686 Jules Scaliger, dont notre Constantin avoit été le domestique, dit qu'il avoit autant d'intégrité que d'érudition (1). Le Bibliographe Anonyme prétend que son Dictionnaire Grec est une excellente piéce (2) & que si on veut avouer la vérité, on reconnoîtra aisément qu'il est composé avec plus de jugement que celui d'Henri Estienne. Cependant Joseph Scaliger qui s'y entendoit incomparablement mieux que cet Allemand, avoit persuadé le contraire aux Gens de Lettres long-tems auparavant, & avoit dit nettement que celui de Constantin ne vaut rien (3), & que celui d'Estienne est très-bon (4).

Le même Auteur écrivant à Vertunien (5) lui mande que Mr Contant (celui qui a fait le Commentaire sur Dioscoride) avoit remarqué en plusieurs occasions que Constantin n'étoit qu'un âne dans l'intelligence des bons Auteurs, & qu'il étoit d'autant plus insupportable, que dans une ignorance profonde il avoit une présomption & une impudence capable de faire hésiter & de faire trembler les plus savans, qui faisoient profession de modestie. Il ajoute qu'il n'y avoit personne plus mal propre que lui pour manier les œuvres de Pline.

* *Rob. Constantini Lexicon Græco-Latinum à Francisco Porto auctum* in-folio *Genevæ* 1592. 1607.
* *Rob. Constantini Supplementum Latinæ Linguæ, seu Dictionarium abstrusorum vocabulorum* in-4°. *Genevæ* 1573.

1 P. Colom. Gall. Oriental. pag. 103
2 Bibliograph. Anon. cur. Philolog. pag. 32.
3 ¶ Ceci a besoin d'être rectifié par les réflexions de Mr Huet touchant Robert Constantin & Joseph Scaliger, page 353. de ses Origines de Caen 2. édit. Voyés aussi Chevillier page 161. de l'Histoire de l'Imprimerie de Paris. ¶
4 Posterior. Scaligeran. pag. 55.
5 Jos. Scalig. in opuscul. pag. 395. Epist. ad Vertunian.

JEAN SCAPULA, *Valet* d'Henri Eſtienne.

687 SI le grand Ouvrage d'Henri Eſtienne n'a point eu autant de cours qu'il auroit mérité d'en avoir, il faut s'en prendre à l'infidélité de ce mauvais ſerviteur. Son Maître avoit épuiſé toutes ſes forces & ſes finances ; & il étoit très-juſte qu'il les retirât. Scapula ne ſe crut point obligé à ces conſidérations, & il prit de ce tréſor ce qu'il jugea être de plus grand uſage & plus à la portée du commun des Etudians. Et ſans en avoir rien communiqué à ſon Maître, il en fit un Lexicon in 4°. ſous ſon nom, & pour faire un gain particulier des travaux de ſon Maître. Ce Livre étant beaucoup moins cher que le Tréſor d'Eſtienne, fut par conſéquent d'un débit beaucoup plus grand.

Voilà une des principales cauſes de la mauvaiſe fortune de cet excellent *Lexicon* d'Henri Eſtienne & de celle de ſa famille. Mais ſi la malice de Scapula a ſû trouver les moyens de ruiner la fortune de ſon Maître, elle ne peut rien diminuer de la gloire qu'il avoit juſtement acquiſe par grand ce travail.

* *Joan. Scapulæ Lexicon Græco - Latinum & alia*, &c. in - fol. *Lugd.-Bat.* 1651. *

Theod. Janſſ. de vit. Stephanor. p. 74. 75.   Bern. de Malincktot de Typog. c. 14.

GUILLAUME ROBERTSON & JOSEPH HILL *Anglois, de notre ſiécle.*

688 Monſieur *Robertſon* avoit pris de Schrevelius, & de divers autres faiſeurs de Lexicons, dequoi faire ſon Tréſor de la Langue Grecque, qui fut imprimé à Cambridge. Mais Mr *Hill* y ajouta depuis environ quatre-vingt mille mots (1), & il le fit imprimer à Londres in 4°. en 1676. Ce Tréſor eſt fort accompli, ſi on s'en rapporte à la foi de ſon titre, & on peut dire

---

1 ¶ Baillet dans ſes Corrections a reconnu qu'il a eu tort de s'en fier à Colomiés qui dans ſa Bibliothèque choiſie avoit dit que le Miniſtre Hill avoit augmenté de 80. mille mots le Dictionnaire de Robertſon. Il a vu avec Bayle page 731. de ſes Nouvelles de Juin 1686. qu'il y avoit en cela double erreur, en ce que ce n'étoit pas le Dictionnaire de Robertſon, mais celui de J. Schrevelius que le Miniſtre Hill avoit augmenté non pas de 80. mille mots, mais ſeulement de 8000. ¶

GRAMMAIRIENS GRECS.

pour sa recommandation, qu'il est moins chargé de fautes que plusieurs autres petits Lexicons qui avoient paru jusqu'alors.

P. Colomiez Biblioth. choisie, page 80.

DOM LANCELOT de P. R. *Benedictin* (1).

689   Nous avons de cet Auteur un Recueil de *Racines Grecques* qui a eu grand cours jusqu'ici. Ce Livre est disposé de telle sorte, qu'il peut passer pour un jeu d'esprit & pour un divertissement auquel les moindres enfans peuvent apprendre sans peine les principaux mots qui composent la Langue Grecque, & où les plus avancés trouvent aussi dequoi s'entretenir utilement.

On n'a point encore vû rien paroître en ce genre qui soit plus méthodique, ni qui soit peut-être plus utile que ce Recueil. L'Auteur met de la distinction entre les plus nécessaires d'entre les Racines, & celles qui le sont moins. Il renferme les premiéres dans de petits Vers François divisés par Stances, qui nous enseignent en même tems plusieurs significations différentes d'un même mot. Et afin de ne laisser rien à désirer pour la perfection de ce Recueil, il a eu soin de mettre au-dessous de chaque Stance des additions & des explications courtes & faciles.

Ainsi on peut dire que c'est un Lexicon des plus accomplis en son genre, & qui est d'autant plus estimable, qu'il renferme plus de choses importantes en un espace aussi étroit qu'on peut se l'imaginer en un petit Livre in 12. Il fournit presque tout ce qu'on peut souhaiter, & on n'a besoin ni d'autre Glose, ni d'autre Dictionnaire, ni souvent même d'autre Grammaire pour entendre les Auteurs. L'ordre alphabétique, la mesure, la cadence & la rime soulagent merveilleusement la mémoire de ceux qui veulent retenir ces Racines par cœur ; & ce n'est pas encore un des moindres avantages de ce Livre pour ceux du Pays qu'il soit composé en notre Langue.

L'Auteur a fait un petit corps de Racines moins importantes, qu'il n'a pas jugé à propos de mettre en Vers comme les autres. En quoi il n'a point été approuvé de tout le monde, parce que, selon ces personnes, c'est exposer ces Racines du second ordre au mépris

1 ¶ Voyés l'Article 668.

& à l'oubli des enfans en les diſtinguant ſi fort des premiéres. La troiſiéme partie du Livre comprend les Particules indéclinables, & la quatriéme eſt un Recueil de mots François qui ont quelque rapport avec ceux de la Langue Grecque, ou comme à leur origine, ou par quelque alluſion, ou même par quelque reſſemblance. Tout n'y eſt pas également juſte, mais il ne dit rien de lui-même, & il ne ſe rend pas toujours garand de ce que diſent les autres. D'ailleurs, ſon principal deſſein étoit de faire une eſpéce de jeu de ces mots, afin qu'ils puiſſent ſervir à en faire retenir d'autres. Cependant cette partie a attiré ſur lui le chagrin d'un célébre Cenſeur (1), dont nous pourons parler au Traité des Plagiaires, parce que cette cauſe a eu beaucoup d'éclat parmi les Gens de Lettres.

* Jardin des Racines Grecques, &c. par Dom Lancelot in-12. Paris 1657. *

⁋ Le Pere Labbe.   Préface des Racines Grécques, &c.

CHAPITRE II.

DE QUELQUES DICTIONNAIRES
de Grec corrompu & barbare.

690   Les principaux de ceux qui ont eu du cours, ſont celui de Mr *Rigaut* qui parut en 1601. in-4°. celui de J. *Meurſius*, qui fut publié en 1614. & ceux que Mr *Fabrot* a fait ſur quelques Auteurs de l'Hiſtoire Byzantine. Mais le premier ſemble n'avoir eu en vûë qu'une partie du Droit & l'intelligence (1) de quelques Novelles des Empereurs de Conſtantinople. Le ſecond a paru trop ſuperficiel & trop chargé de bagatelles de Grammaire: & le troiſiéme ne s'eſt attaché proprement qu'aux mots qu'il a trouvés dans les Auteurs qu'il a voulu expliquer, & il ne s'eſt point voulu rendre univerſel.

C'eſt ce qui a porté le Public à tourner toutes ſes vûës & ſes eſpérances vers Mr Du Cange, qui s'étant rendu ſenſible à ſes interêts, a bien voulu faire pour lui à l'égard de l'*Helleniſme* cor-

---

1 ⁋ Il devoit dire & *l'intelligence des termes militaires employés dans quelques Novelles*, &c.

GRAMMAIRIENS GRECS.

rompu, ce qu'il avoit déja fait quelques années auparavant à l'égard de la Latinité. Comme ce bel ouvrage n'eſt pas encore ſorti de la Preſſe entiérement, les Savans n'ont pas eu le moyen de juger parfaitement de ſon mérite. Mais ce n'eſt point prévenir le Public mal-à-propos, que de lui faire concevoir pour ce Gloſſaire Grec une idée ſemblable à celle qu'il a de ſon Gloſſaire de la Latinité. [Ce Gloſſaire a paru à Lyon en 1688. en deux volumes *in-folio*, ſous le titre de *Gloſſarium, ad Scriptores mediæ & infimæ Græcitatis*.] Car il ſervira pour avoir une intelligence parfaite de tous les Auteurs Grecs du moyen & du bas âge. Il expliquera à fond les termes Grecs mis nouvellement en uſage, ceux qui ſont corrompus de l'ancien Grec, ceux qui ne ſont preſque point uſités, ceux qui ſont pris des Langues Latine, Italienne, & Françoiſe, ceux qui ſont entierement barbares, ceux qui regardent la Liturgie, l'Art militaire, la Juriſprudence Grecque & Barbare, la Médecine, & la Botanique. En un mot on y trouvera des éclairciſſemens hiſtoriques, Philologiques & Critiques ſur les Coutumes, les Pratiques, les Rits des Grecs & des Orientaux depuis le tems de Juſtinien, ſur les Charges, & les Dignités Eccléſiaſtiques & Monaſtiques, ſur celles de la Cour & de la Juſtice de l'Empire de Conſtantinople, & ſur diverſes autres choſes dont on poura parler avec plus de connoiſſance quand le Public ſera en poſſeſſion de cet excellent Ouvrage.

CHAPITRE III.

De ceux qui ont donné des Grammaires Grecques.

APOLLONIUS d'Alexandrie, ſurnommé *le Dyſcole*, ou *le Chagrin*, ſous Marc Aurele & Commode.

691 C'Eſt le principal des Grammairiens Grecs dont il nous ſoit reſté quelque choſe. Priſcien (1) diſoit qu'il étoit difficile de trouver rien qui fût plus net & plus méthodique que ſes

---

1 Priſcian. in Libr. de Grammat. Præfat. & ex eo Poſſ. & Voſſ.

Queſtions de Grammaire, où il étoit éxact juſqu'au ſcrupule. Voſſius prétend (1) que ſes quatre Livres de la *Syntaxe* ou de la *Conſtruction*, ſont tout-à-fait néceſſaires pour bien entendre les Poëtes, & qu'il les a compoſés avec une éxactitude, & une diligence toute extraordinaire. Poſſevin dit (2) que ces Livres de la Syntaxe ſont d'un très-grand ſecours pour apprendre la Langue Grecque, mais particuliérement pour venir facilement à bout des Livres d'Ariſtote de l'*Interprétation*, & de ceux des autres Dialecticiens. De ſorte qu'on n'a point mauvaiſe raiſon de mettre Apollonius au rang des Philoſophes plutôt que parmi les Grammairiens, puiſqu'au jugement du même Critique, ſes écrits qui paroiſſent être de Grammaire, ſont de la Philoſophie la plus fine & la plus éxacte.

Il eſt vrai que ce ſont des préceptes de Grammaire; mais il ne les donne pas dans cette nudité & dans cette ſimplicité qui eſt ordinaire aux Grammairiens. Il en va rechercher les cauſes juſques dans le fond & juſqu'aux premiers principes des choſes, il les éxamine avec tant de ſolidité & il en raiſonne ſi éxactement, qu'il ſemble qu'il n'y ait plus rien à deſirer. Et c'eſt cet excellent modéle que Théodore Gaza & Thomas Linacer ſe ſont propoſé de ſuivre, le premier dans ſa Grammaire Grecque, & le ſecond dans ſa Latine.

Nous avons cet ouvrage d'Apollonius Grec & Latin avec les notes de François Portus & de Frederic Sylburge, & l'édition [*in*-4°.] de Francfort de l'an 1590. eſt eſtimée la plus éxacte.

1 G. Jo. Voſſ. de arte Grammatic. cap. 3. cap. 14. pag. 41.
2. pag. 13.
2 Poſſevin. Bibl. ſelect. lib. 12. Tract. 3 Voſſ. loc. cit. ut ſuprà pag. 14.

HERODIEN *l'Hiſtorien*, vivant ſous Alexandre Severe & les Empereurs ſuivans, & que quelques-uns font fils de cet Apollonius dont nous venons de parler.

Nous avons ſous ſon nom un Traité *des Nombres* c'eſt-à-dire, du Singulier, du Duel & du Pluriel: & un autre des *Enclitiques*, imprimés en Grec à Veniſe au commencement du ſiécle précédent. Outre des Extraits du *Grand Verbe* & les déductions des *Verbes irréguliers*.

Prſcien

GRAMMAIRIENS GRECS.

Priscien témoigne qu'il n'y avoit rien de plus travaillé, & de plus poli que ce que cet Herodien avoit fait fur l'art de la Grammaire.

Priscian. in Præfat. Libror. de Grammatic.

Item Voffius de arte Grammatica lib. 1. cap. 4. pag. 13.

EMMANUEL CHRYSOLORAS, *Gentilhomme de Conſtantinople*, mort en 1414. (1) *au Concile de Conſtance*.

692 Nous avons ſes *Queſtions de Grammaire* écrites en Grec, mais Paul Jove (2) dit qu'il ne faut pas meſurer ſon habileté ſur cet ouvrage. Car il étoit capable de toute autre choſe, & il a préféré la gloire d'enſeigner de vive voix & d'agir dans les affaires & les négociations, à celle d'écrire.

Auſſi a-t-on remarqué (3) qu'il n'aimoit point à compoſer, mais qu'il étoit infatigable d'ailleurs, quand il s'agiſſoit d'inculquer ſes préceptes à ſes Ecoliers, comme il le fit voir à Veniſe, à Florence, à Rome, & à Pavie où il profeſſa ſa Langue.

Voſſius dit (4) que ſon Livre eſt propre pour apprendre les principes de la Langue Grecque, mais qu'il y a omis les formations des verbes.

Au reſte c'eſt à Chryſoloras que l'Italie, & par elle les autres Provinces de l'Occident & du Nord-même ont la principale obligation de la connoiſſance qu'ils ont acquiſe de la Langue Grecque. Car il eſt le principal de ce petit reſte d'habiles gens de la Grece, que la deſtruction (5) de l'Empire de Conſtantinople pouſſa en Italie pour y chercher une retraite aſſurée. Et Chryſoloras ayant été envoyé en

---

1 ¶ Il fut enterré le 15. d'Avril 1415. à Conſtance comme en fait foi l'Epitaphe que lui fit Enée Sylvius, depuis Pape, nommé Pie II. rapportée tout au long par de Sponde dans ſa continuation de Baronius.

2 Paul. Jov. elog. 23.

3 Freder, Spanheim. & ex eo G. M. Konigius in Bibl. V. & N. pag. 190.

4 G. J Voſſ. Ariſtarch. part. 1. cap. 4. pag. 14. & lib. 1. de Grammatic. art. cap. 4. pag. 14.

5 Item Martin. Cruſius Germano-Græciæ pag. 234.

6 Item Lancelot préface de la Grammaire Grecque.

7 ¶ Emmanuel Chryſoloras ne doit pas être compté parmi ces Grecs lettrés que la deſtruction de l'Empire de Conſtantinople pouſſa en Italie, puiſqu'il mourut en 1415. trente-huit an avant la priſe de Conſtantinople arrivée en 1453. & que d'ailleurs Léonard d'Arezzo page 253 de ſon Hiſtoire *Rerum Italicarum* fait voir clairement que Chryſoloras étoit en Italie dès l'an 1398.

Tome II.

Europe par l'Empereur Jean Paléologue (1) pour implorer l'assistance des Princes Chrétiens, aima mieux après sa négociation & son ambassade, s'arrêter en Italie pour y enseigner, que de retourner à Constantinople, & il y a apparence que son exemple y attira les autres Grecs.

* *Manuelis Chrysolorœ Erotemata Græca* in-8°. *Argent*. 1516.—*Grammatica Græca* in-4°. *Ap. Aldam* 1512. *

¶ Chrysoloras ne peut avoir été envoyé ni par Jean Paléologue pére de Manuel Paléologue, ni par Jean fils de ce Manuel. Il ne peut avoir été envoyé par le premier, qui mourut en 1391. sept ans avant l'arrivée de Chrysoloras en Italie. Il ne peut non plus avoir été envoyé par le second qui en 1415. tems de la mort de Chrysoloras, n'étoit pas encore Empereur, n'ayant commencé à l'être qu'en 1419. C'est donc par Manuel Paléologue pére de Jean, & grandpére de Constantin, dernier Empereur Chrétien de Constantinople qu'Emmanuel Chrysoloras fut envoyé. §

EMMANUEL MOSCHOPULUS Grec (1).

693 LE Public a de cet Auteur 1°. une *Grammaire Grecque* imprimée à Bâle, 2°. un Traité de l'*éxamen du discours* avec un *Recueil de mots Attiques* imprimé à Paris. 3°. un Traité de la *Syntaxe* ou *Construction*, &c. le tout en Grec, [*in*-4°. *Rob. Stephan.* 1545.]

Mais Vossius a remarqué (2) qu'il y a dans tous ces Ouvrages beaucoup de choses qui ne sont d'aucun usage, & d'autres qui sont fausses & contraires aux maximes communément reçûës. Nous avons dit ailleurs un mot de son Lexicon.

1 ¶ On a distingué ci-dessus dans la note sur l'Article 677. deux Moschopulus, l'Oncle & le Neveu. Jean Albert Fabrice donne la Grammaire à l'Oncle, & le Recueil de mots Attiques au Neveu. C'est ce que Baillet dans l'Article marqué appelle le Lexicon de Moschopulus. Le Traité de l'*Examen du discours* dont le titre en Grec est περὶ σχεδῶν est aussi du Neveu, & c'est dans ce livre en particulier que Vossius a dit qu'il se trouvoit beaucoup de remarques superfluës, & même fausses. Henri Etienne l'avoit dit avant lui & fort au long dans son Dialogue *de bene instituendis Græcæ linguæ studiis.* §

2 Voss. lib. 1. de Grammatic. art. cap. 4. pag. 14.

THEODORE GAZA, *mort en* 1478.

694 Gaze de Thessalonique étant venu en Italie après la prise de son Pays sur les Vénitiens qui arriva en 1444. mérita la louange de tous les doctes, dit Dom Lancelot (1), par sa *Grammaire Grecque* qu'il divisa en Quatre Livres. Scaliger (2) en avoit une estime toute particuliére ; & Robortel disoit qu'il y a renfermé tant d'esprit & de doctrine (3), qu'il ne croyoit pas qu'on pût lui préférer aucun des Anciens. Budé témoignoit aussi (4) qu'il n'avoit jamais rien lû de semblable en ce genre.

En effet tout ce qu'on a de Chrysoloras, d'Argyropyle, de Chalcondyle, de Moschopule, de Lascaris & des autres Grecs modernes n'approche pas de ce que Gaze a fait sur ce sujet (5).

Néanmoins cet ouvrage est plus utile pour ceux qui sont déja avancés que pour ceux qui commencent. Le premier Livre qui traite des Lettres & des parties d'Oraison est trop obscur, parce qu'il est trop concis & trop court. Le quatriéme Livre qui traite de la Structure du discours & des diverses façons de parler est beaucoup plus difficile que les autres. C'est ce qui a porté divers Savans qui ont vécu depuis à y faire des explications, à le traduire, & à tâcher de le rendre intelligible même aux enfans.

Le célébre Jacques Toussain (6) Professeur Royal l'expliqua & l'enseigna publiquement à Paris ; Lazare Bonamy en fit autant à Padoüe, & le docte Helie André y fit un Commentaire assés ample avec le secours d'Apollonius le Dyscole, que Gaze avoit suivi particuliérement.

Casaubon dit (7) que quand Scaliger vouloit faire voir la difficulté de la Langue Grecque il rapportoit les éxemples de Planude &

---

1 Lancel. Gramm. Grec. Préfac. pag. 6. num. 1 & pag. 8. num. 3.
2 Posterior. Scaligeran. pag. 90.
3 Franc. Robortel in Comment. de re poëtic. Aristot.
4 Guill. Bud. & ex eo Konig. Biblioth. V. & N. pag. 326.
5 G. J. Voss lib. 1. Aristarch. seu art. Grammatie cap. 4. pag. 14.
6 ¶ Pâquier dit toujours *Tusan*, mais il faut comme je l'ai remarqué ci-dessus Article 682. dire *Toussin* On m'a dit que ce nom dans les Lettres patentes de François I. touchant l'établissement des Lecteurs & Professeurs Royaux étoit écrit *Thouzan* ; ce que je crois d'autant plus aisément que Melchior Volmar, qui dit l'avoir familiérement pratiqué, a écrit *Jacobus Thusanus* dans sa belle & longue Préface au-devant de la Grammaire de Demetrius Chalcondyle.
7 Casaubon Prolegomen. ad Antholog. Martial. sive Epistol. ad Jos. Scaligerum scripta an. 1607.

de Gaze qui étant fans contredit les plus favans d'entre les Grecs modernes, & les mieux éxercés dans leur Langue, n'avoient pas laiffé de faire un très-grand nombre de fautes contre les régles de l'Hellenifme.

On peut voir l'éloge de Gaze dans Paul Jove (1).

* *Theod. Gazæ Grammatica Græca Inftitutiones Gr. & Lat. per Erafm. Roterodamum* in-4°. *Bafil.* 1521.*

1 Paul Jove élog. 26.

DEMETRIUS CHALCONDYLE Grec, *Profeffeur de Florence, puis de Milan,* mort fous le Pape Jules II. (1)

Et homme voyant que la Grammaire de Gaze étoit obfcure & difficile, travailla à donner de fon côté quelques régles plus aifées pour ceux qui commencent (2).

Paul Jove dit (3) que fon Livre des *Rudimens de la Langue Grecque* eft d'autant plus utile que l'ouvrage de Gaze fembloit n'être propre que pour les plus avancés & les doctes. Voffius prétend (4) que notre Chalcondyle eft plus plein que Chryfolore. Il ajoute que Pierre Danez Evêque de Lavaur avoit coutume de louer exceffivement les queftions ou les *Erotèmes de Chalcondyle* [in-4°. Paris 1525.], & que Budé les fit mettre au jour par Melchior Volmar.

Il avoit fuccedé à Argyropyle en la chaire de Florence, mais l'ambition & les mauvais traitemens de Politien le firent retirer à Milan, où il mourut.

* *Demetrii Copiæcornu Linguæ Græcæ, Græcè* in-folio *Mediolani* 1499.*

1 ¶ L'an 1513. quelques jours avant la mort de ce Pape. ¶
2 Lancel. Gramm. Græc. num. 3. pag. 3.
3 Paul Jov. élog. 29.
4 Voff. lib. 1. de art. Grammat. cap. 4. pag. 14.

GRAMMAIRIENS GRECS.

1. CONSTANTIN LASCARIS *Grec*, habitué en Sicile (1) vers l'an 1470.
2. JEAN ANDRE' (2) LASCARIS de Rhyndacé (3) *Grec*, habitué en France sous Charles VIII. & Louis XII.

Constantin *Lascaris* fit une Grammaire Grecque qui est plus claire & plus ample que n'étoient celles qui avoient paru jusqu'alors, soit de Chrysoloras, soit de Gaza, soit même de Chalcondyle (4). Il avoit écrit en Grec, & Alde Manuce l'ancien l'avoit mise (5) en Latin, mais Gaspar *Philomusus* la donna depuis plus correcte & plus éxacte. Vossius prétend avec raison que Gaza a travaillé plus doctement que Lascaris (6).

Pour ce qui regarde Jean *Lascaris*, on a de lui un Traité de l'origine, de la valeur & de la véritable forme des lettres Grecques: outre quelques Poësies & quelques harangues.

Mais Erasme (7) & Mr Huet (8) témoignent que les affaires d'Etat, & les négociations jointes à sa paresse naturelle l'ont empêché de réussir, comme la beauté & la force de son esprit sembloit le demander.

* *Const. Lascaris Gramm. Græca. Item libri. III. Erotematum, cum aliis variis opusc.* in-4°. *Venet.* 1537. — *Jani Lascaris de veris Græcarum literarum formis & causis apud Antiquos* in-8°. *Parif.* 1536.*

1 ¶ A Messine, où il eut entre autres écoliers Pierre Bembe dont on voit une Epître à Politien datée de Messine le 18. Novembre 1493. Henri Etienne page 42. de son Dialogue *de bene instituendis Græcæ Linguæ studiis* confond ce Constantin Lascaris avec André Jean.

2 ¶ André Jean Lascaris. Voyés la note sur l'Article 323.

3 ¶ Il faloit dire ou de Rhyndace ou de Rhyndacos; car c'est Ῥυνδακος que cette ville s'appelloit & non pas Ῥυνδακη.

4 Lancel. Nouvell-Méth. de la Gramm. Grec. num. 3. pag. 8.

5 ¶ Cette version, dont Melchior Volmar a eu raison de se moquer, n'a jamais été d'Alde, Vossius qui sur la foi de Gesner l'a cru, s'est trompé Elle est constamment du Carme Jean Creston ou Crafton, & fut imprimée pour la premiére fois à Milan in-4°. avec le Grec de Constantin l'an 1480. Le Grec seul revu par Denys de Crète y avoit été imprimé dès l'an 1476. *Typis Dionysii Paravisini.* ¶

6 G. J. Voss. lib. 1. de art. Gramm. c. 4. pag. 14.

7 Erasm. in Dial. Ciceronian. pag. 159.
8 P. Dan. Huet. de cl. Interpretib. lib. 2. pag. 181.

¶ Comme il ne s'agit ici que de literature Grecque, il n'étoit nullement à propos de citer le *Ciceronianus* d'Erasme où il est dit que Lascaris auroit pu être compté parmi les imitateurs de Ciceron s'il n'avoit été détourné de cette étude par les négociations & ambassades fréquentes dont il fut chargé. Et quant à Mr Huet il n'a point dit que la paresse eut empêché Lascaris de réussir dans ses versions de Grec en Latin, mais d'en donner un plus grand nombre, & de s'acquerir par-là de l'honneur en rendant service à la postérité, en sorte qu'on pouvoit dire que tout ce qu'on en se reposant il avoit accordé à l'oisiveté, il l'avoit retranché de sa gloire. ¶

URBAIN (1) de *Bellune* Cordelier, Précepteur de Leon X. mort l'an 1533. âgé de 84. ans.

697   IL a écrit une Grammaire Grecque en Latin, & il est le premier, selon Vossius (2), qui ait mérité quelque estime. Il est bon néanmoins de savoir que la première édition qui fut faite par Alde Manuce à Venise ne vaut rien, parce que l'Auteur n'y a eu aucune part, & qu'elle s'est faite à son insu, mais qu'il faut s'en tenir à une seconde édition qui parut depuis en Allemagne, ayant été disposée & augmentée par Urbain-même.

1 ¶ Joannes Pierius Valerianus son neveu en a fait un ample éloge vers la fin de son second livre *de literatorum Infelicitate*, où il est à remarquer qu'il l'appelle *Urbanus Valerianus* dans le corps du livre, & que dans la Table il substituë le nom de *Bolzanius* à celui de *Valerianus*. La famille de Bolzani, dit Joannes Imperialis page 39. de son *Muséum historicum* étoit des plus anciennes de Belluno, & comme elle étoit entrée dans celle des *Valerii* de la même ville, cela donna lieu à Pierius d'appeller son oncle tantôt *Urbanus Valerianus*, tantôt comme à l'endroit que j'ai cité ; & en lui dédiant le 23. livre de ses Hiéroglyphiques, *Urbanus Bolzanius*. Mr de Thou a trouvé à propos de joindre les deux ensemble, & de dire sur la fin du 7. livre *Joannes Pierius Valerianus Bolzanus*. Vossius s'est trompé lorsqu'il a cru qu'il y avoit eu deux Urbains, tous deux célebres Grammairiens, savoir celui-ci de Belluno, & un autre d'Imola dont parle Léandre Albert. Il n'y a eu très-certainement que celui de Belluno ; l'erreur de Léandre Albert qui l'a fait natif d'Imola, est cause de celle de Vossius. Urbain de Belluno mourut l'an 1524. comme le marque son neveu Pierius lorsqu'il dit que ce fut la première année du Pontificat de Clement VII. Il est vrai que Léandre Albert qui n'a fini son ouvrage de la Description d'Italie qu'en 1549. n'a pas laissé en parlant d'Urbain, prétendu natif d'Imola, de dire *Urbano Grammatico degnissimo Humanista, anch'egli questi anni passati passò all'altra vita.* Mais Vossius, qui a fondé ce semble, là-dessus en partie son opinion des deux Urbains, ne devoit pas ignorer que Léandre Albert ayant employé quelque 30. ans à la composition de son ouvrage, y a parlé des choses, suivant qu'il étoit plus ou moins éloigné du tems où elles étoient arrivées. C'est ainsi qu'en faisant mention du Jacobin Zénobe Acciavoli Bibliothécaire du Vatican, qu'on fait qui mourut l'an 1520. il dit : *che passò à miglior vita questi anni passati*. Je ne pense pas avoir besoin de chercher d'autres exemples pour justifier l'expression dont il a usé en parlant d'*Urbano Grammatica*.

2 Voss. Lib de Gramm cap. 4. pag. 15. Item Lancel. Nouv. Meth. n. 5. pag. 9.

GUILLAUME BUDE' *Parisien*, Maître des Requêtes & Conseiller d'Etat, mort en 1540.

598   CE grand Homme n'étoit redevable de son profond savoir à aucun Maître d'entre les hommes, & Dieu s'étoit servi immédiatement de son industrie particuliére, & de sa constance infatigable pour le rendre tel qu'il a paru dans le monde.

Mr Huet dit (1) qu'il étoit né pour la gloire de son siécle, qu'il a été comblé de toutes les louanges que les sciences peuvent attirer sur la tête d'un homme, & que quoiqu'il se fût rendu admirable par la possession de toutes sortes de connoissances, rien ne lui avoit néanmoins tant attiré cette admiration universelle du genre Humain, que la résurrection & le rétablissement qu'il avoit procuré à la Langue Grecque morte depuis tant de siécles.

Mr de Launoy qui a voulu nous le représenter comme un des grands Théologiens de la Maison de Navarre, écrit (2) qu'il faisoit tout l'honneur & tout l'ornement des Lettres & des Savans de son siécle, parmi lesquels il étoit beaucoup au-dessus de toute comparaison. Il ajoute que Budé non content d'avoir joint l'intégrité des mœurs à la science, ce qui étoit rare en ce tems-là, il avoit une passion sans éxemple pour avancer les lettres & toutes les belles connoissances, & pour leur procurer leur perfection, soit en formant lui-même des disciples par des instructions qu'il vouloit bien leur faire chés lui, soit en employant tous les moyens imaginables pour porter les autres à l'étude même à ses dépens.

Que c'est lui qui a dissipé toutes ces ténébres épaisses qui enveloppoient les deux Langues, les arts & les sciences; qui les a purgées & délivrées de la barbarie; & qui leur a rendu cet ancien éclat qu'elles avoient à Athènes & à Rome dans l'état le plus florissant de ces deux Villes.

Mais que ce qu'il y a d'incomparable dans Budé, c'est de voir qu'il n'ait eu personne à imiter devant lui, ni personne même après lui qui ait été capable de l'imiter : à moins qu'on ne veuille en excepter Pierre Danès Evêque de Lavaur en ce qui regarde la connoissance de la Langue Grecque seulement (& *pour faire encore honneur au Collége de Navarre*).

1 Petr. Dan. Huet. de clar. Interpret. lib. 2. pag. 156.   2 J. de Launoy Hist. Colleg. Reg. Navar. pag. 875. addend.

GRAMMAIRIENS GRECS.

Budé.

En un mot, que les services rendus à la République des Lettres par notre Budé sont si extraordinaires, & en si grand nombre, que si on considére sérieusement la chose & par elle-même & par ses circonstances, on jugera aisément que tous les titres & les éloges que l'on pourroit ramasser ensemble n'auroient rien de trop pour lui.

Ainsi Paul Jove avoit raison (1) de l'appeller le plus savant de toute l'Europe sans en excepter même Erasme. Et Rhenanus n'a point fait difficulté de le considérer seul (2) comme le Prince des Lettres, quelque interêt qu'il eût de lui faire partager cette gloire avec Erasme auquel il étoit attaché par plus d'une sorte de liaison.

Mr de Sainte Marthe dit qu'il l'emportoit sans contredit au-dessus de tout ce qu'il y avoit eu de plus habile dans ce siécle jusqu'à son tems même. Et Erasme n'a point fait difficulté de l'appeller le prodige & le miracle de la France.

Celui de ses Livres qui semble avoir le plus contribué a lui acquerir cette réputation, est sans doute l'Ouvrage des *Commentaires de la Langue Grecque*, qui selon Louis le Roy (3) renferme presque toutes les richesses de cette Langue, & qui montre en même tems les rapports qu'elle a avec la Langue Latine. C'est un travail immense, d'une lecture infinie (4), dont l'entreprise avoit été inouie jusqu'alors, & beaucoup au-dessus des forces de tous les Savans qui avoient paru dans le monde avant lui, & de ceux même qui vivoient de son tems, & qui n'avoient rien de commun avec lui en ce point d'érudition (5).

C'est cet Ouvrage qui l'a fait appeller le plus grand Grec de l'Europe par Scaliger (6), & qui a fait dire à un célebre Poëte du siécle passé (7).

Gallia quod Græca est, quod Græcia barbara non est ;
Utraque Budæo debet utrumque suo.

En effet, Jean Lascaris (8) qui passoit alors pour le plus habile homme

---

1 Paul. Jov. elog. 97. Item Scævol. Sammarth. lib. 1. elog. 2. pag. 3.
2 Beat. Rhenan. Epistol. ad Carol. V. pag. 49. in vitæ Erasmi apparat. edition. Lugd.-Batav. Item in collect. Batef. vir. ill. edit. Londin. pag. 205.
Item Jacob. Aug. Thuan. Histor. ad ann. 1547. pag. 206. edit. Paris in-8°.
¶ Budé dans cet endroit du Rhenanus n'est qualifié Prince des Lettres que par rapport aux matiéres qu'il a traitées, différentes de celles de Théologie auxquelles Erasme de son côté s'étoit le plus appliqué. Il faut d'ailleurs prendre garde que Rhenanus écrivoit cela le 1. de Juin 1540. près de 3. mois avant la mort de Budé, & plus de 4. ans après celle d'Erasme.
3 Ludovic. Regius in vit. Guil. Budæi pag. 217. in Collect. Batesian. Londin.
4 P. Jov. elog. ut suprà & alii pas.
5 Vit. G Bud ut suprà.
6 Posterior. Scaligeran. pag. 39.
7 Georg. Buchanan Scot. in Epigramm.
8 Ap. Scæv. Sammarth. in elog. Bud. lib. 1. pag. 3.

de tous les Grecs modernes, eſtimoit que Budé avoit porté ſi haut la connoiſſance de cette Langue, qu'il étoit arrivé au point de la perfection Attique, & qu'il avoit égalé les plus éloquens & les plus délicats d'entre les Ecrivains de l'ancienne Grece.

Auſſi Rhenanus témoignoit-il publiquement (1) qu'il ne ſe pouvoit rien trouver de plus utile que ſes Commentaires pour ceux qui vouloient apprendre parfaitement cette Langue, parce que ſelon le Roy (2) il y découvre d'une maniére admirable les myſtéres les plus cachés des Grecs, qui avoient été preſque inviſibles & impénétrables aux plus éclairés.

Beze ſemble dire auſſi (3) que ce ſont ces Commentaires principalement qui ont fait paſſer Budé pour le Reſtaurateur de la Langue. Et l'Auteur Anonyme de la Bibliographie, après avoir marqué comme les autres (4) que cet Ouvrage eſt le meilleur & le plus important de tous ceux que Budé ait jamais faits, ajoute que c'eſt auſſi celui qui a ouvert la porte & montré le chemin aux plus grands *Helleniſtes* de ces deux derniers ſiécles, & à Mr Saumaiſe-même pour arriver à la véritable érudition.

Néanmoins les Critiques qui ont le plus admiré ce grand fond d'érudition dans cet Ouvrage de Budé, n'ont point toujours approuvé la maniére dont il s'y eſt pris pour le faire paſſer à la Poſtérité. Mr Nicole (5) dit qu'à la vérité ces Commentaires ſont très-doctes, & qu'ils ſont les fruits d'un travail incroyable, mais qu'après tout, ce n'eſt qu'une grande maſſe informe & indigeſte, ſans ordre & ſans méthode. Scaliger-même a prétendu qu'il y avoit fait des fautes (6), & que s'étant pourvû d'un gros magazin de lieux communs & de phraſes, il n'a preſque rien écrit de ſon fond, mais ſeulement par imitation ; ce qui ne regarde pas moins toutes ſes compoſitions en général, que ſes Commentaires en particulier.

Les autres Critiques ont trouvé à redire à ſon ſtyle, & ils témoignent être fâchés que Budé étant ſi capable de bien écrire, ait

---

1 B. Rhenan. ut ſuprà epiſt. præf. vit. Eraſm.

2 Lud. Reg. vit. Bud ut ſuprà.

¶ Ne diroit on pas que ſi Rhenanus exagéroit l'utilité de ſes Commentaires, c'étoit ſur l'idée que Louis le Roi lui en avoit donnée dans ſa vie de Budé ? Budé cependant n'étoit pas mort alors, ni ſa vie par conſéquent écrite.

3 Theod Bez. in Iconib.

4 Bibliograph. curioſ. Philologic. pag. 32.

5 Nic. in Epigrammar. delect. lib. 7. pag. 379.

6 Scaligeran. poſt ut ſuprà pag. 39. ¶ Les fautes que Scaliger a dit que Budé avoit faites dans ſes Commentaires ſe ſont pas d'ignorance dans le vrai ſenſe, mais d'avoir voulu en quelques endroits, deriver du Grec ces mots François, qui n'en viennent pas.

méprisé si visiblement cette partie de la composition, sans laquelle les écrits les plus savans & les plus excellens paroissent toujours difformes & rebutans pour les Lecteurs, dont il faut considérer le goût aussi-bien que l'utilité. Paul Jove (1) attribuë à l'importance de ses autres occupations ce mépris qu'il avoit pour l'éloquence & pour la politesse du discours, & il dit que s'étant contenté de posseder dans les trésors immenses de sa mémoire un si grand amas de richesses sans confusion & sans embarras, il avoit négligé de les produire au jour dans le même ordre qu'elles étoient rangées dans sa tête.

Mr de Sainte Marthe avouë aussi (2) qu'il n'avoit point cette beauté & cette netteté d'*élocution* qui a été si recherchée depuis ces tems-là, & qui a été cultivée avec tant de soin & de scrupule par les Sectateurs du stile Ciceronien. Mais il prétend qu'il a eu raison de se mettre au-dessus de cet assujettissement, & que ce n'étoit point une vanité en lui de se croire assés homme d'autorité dans la Republique des Lettres, pour pouvoir faire un éxemple de la gravité de son stile, sans s'arrêter à toutes ces affectations de discours, qui ont passé enfin pour des délicatesses, des élégances & des agrémens du stile. Qu'au reste ce n'est nullement la faculté d'écrire poliment qui lui a manqué, mais que c'est uniquement la volonté, puisque tous ses Livres sont des témoins irréprochables de la profonde connoissance qu'il avoit de la Langue Latine, & de toutes ses finesses.

Mr Huet (3) écrit même qu'il n'avoit pas eu moins de succès & de bonheur pour la Latinité que pour l'Hellenisme, & qui plus est, que dans ce qu'il a voulu traduire du Grec en Latin, il a porté si loin la splendeur & la magnificence des expressions, qu'il en a remporté le titre de Paraphraste pompeux, plutôt que celui d'un Interpréte disert.

En effet, quoi que quelques-uns ayent voulu dire de la dureté de son stile, on doit convenir avec Louis le Roy (4) que sa maniére d'écrire est ample, grave, véhemente : qu'elle a une heureuse abondance, & l'air tout-à-fait grand, & qu'elle est travaillée en toutes ses parties. Les Sentences y sont exquises & recherchées jusques dans

---

1 Elog. Rud. ut suprâ.

¶ Paul Jove après avoir dit : *sed qui in memoriæ thesauris tantas divitias miro digestas ordine continebat, ajoute, voluti occupatus in apparatu, candidioris eloquentiæ cultum neglexisse existimatur* : Ce qui ne signifie pas qu'on ait cru que l'importance des autres occupations de Budé lui aient fait mépriser les ornemens de l'élocution, mais qu'on s'est imaginé qu'occupé du soin de recueillir les choses, il avoit négligé celui de les exprimer dans une plus grande netteté.

2 Scævol. Samm. lib. 1. elog. n. 2. ut suprâ.

3 P. Dan. Huet. loco citato suprâ.

4 Lud. Regius ut suprâ.

le fond de la meilleure Antiquité ; les mots y font choisis, les ex- **Budé.**
preſſions y font nobles ; les figures y font fréquentes ; les nombres
mêmes y font mefurés & pleins de dignité ; mais les Périodes y font
un peu trop longues. Et dans les endroits de ſes Ecrits où il pourſuit
les déſordres du ſiécle, on lui trouve beaucoup de vivacité, d'ardeur,
& de cet emportement de Rhétorique qui emeut les paſſions dans
les Lecteurs les plus froids.

 Le même Auteur dit qu'il employe les ornemens les plus éclatans
pour embellir ce qu'il a entrepris d'expliquer ; qu'il ſait parfaitement
l'art d'amplifier les choſes ; que quand il veut mettre en uſage de
nouveaux mots, & des expreſſions qui n'ont point encore vû la lumiére, il le fait le plus agréablement du monde, & avec une adreſſe
toute particuliere, auſſi-bien que lors qu'il veut remettre en crédit de
vieux termes, & des maniéres de parler qui font paſſées depuis
long-tems.

 Néanmoins, quoique tous ces avantages fuſſent toujours ſoutenus
d'une profonde érudition, il ne laiſſe pas de paroître triſte, pour
ainſi dire, rude, & embaraſſé dans ſon ſtyle : parce qu'effectivement
il étoit trop rigoureux à lui-même, & trop difficile dans le choix
de ſes mots, qu'il alloit ſouvent rechercher de trop loin, évitant
avec trop d'affectation les choſes qui lui paroiſſoient trop communes.

 On a jugé auſſi qu'il répandoit dans tous ſes ouvrages les paſſages
Grecs avec trop de profuſion, qu'il ſe gênoit trop dans la crainte
qu'il avoit de tomber dans le genre bas ou médiocre même, & qu'il
aimoit trop le grand ſtyle & les expreſſions extraordinaires. C'eſt ce
qui a un peu dégoûté le commun des Gens de Lettres de la lecture
de pluſieurs de ſes Livres, dont les rares beautés ne ſont perceptibles
qu'à un petit nombre de Savans.

 Eraſme qui regardoit le mérite de Budé avec des yeux de jaloux,
& qui avoit fait une recherche aſſés exacte, mais un peu intereſſée,
de ſes défauts, trouvoit qu'il étoit trop grand amateur des métaphores, & que la multitude de celles qu'il a employées, loin de
donner de l'éclat & de l'ornement à ſon diſcours, l'a tellement obſ-
curci, qu'on l'auroit pris volontiers pour un faiſeur d'énigmes.

 Il prétend que ſon diſcours n'eſt point coupé, & que ſa conſtruction eſt trop longue, trop liée & trop embaraſſée. Qu'il y a trop d'u-
niformité dans ſes compoſitions, & qu'elles ne ſont point aſſés di-
verſifiées par les ſentences, les fleurs, ou quelques autres ornemens
du diſcours ; que cette égalité fatigue le Lecteur, ſans qu'il y puiſſe

trouver dequoi se délasser, ni où il puisse quelquefois se mettre à l'ombre de cette splendeur perpetuelle qu'il tâche d'entretenir par tout. Qu'il s'éloigne trop de cette simplicité naturelle qui sied mieux que toute autre chose à la manière d'écrire qu'il a embrassée (1). Qu'aussitôt qu'il est entré en matière, il se laisse incontinent emporter à l'ardeur & à l'impétuosité de son génie, qu'il perd terre tout d'un coup, & ne revient pas aisément quand il est en pleine mer; mais que laissant aller sa barque au gré des vents, il donne souvent de la tête dans les divers précipices où son enthousiasme le transporte. Que ce peu de stabilité est la cause qui fait que dans tous ses Ouvrages on ne trouve que fort rarement des divisions, des définitions, des distinctions, & d'autres partitions du discours que l'art & la méthode nous fournissent : & qu'il se répand comme une rivière débordée qui inonde la campagne sans pouvoir se retenir.

Budé n'ignoroit pas ces reproches que lui faisoit Erasme, & loin de vouloir remedier à ces défauts, ou d'y chercher des excuses, il se croyoit en droit de les justifier, & de leur donner même de l'autorité.

Il avouoit qu'effectivement il étoit obscur en quelques endroits, mais il disoit qu'il l'avoit fait à dessein, & qu'il avoit eu raison d'en user de la sorte, parce que la conjoncture des tems auxquels il écrivoit, demandoit que ses Ecrits ne fussent entendus que d'un très-petit nombre de personnes intelligentes. Que si quelqu'un se trouvoit offensé de ses métaphores trop fréquentes, il devoit s'en prendre aux Anciens & aux Maîtres de la Langue Latine, qui lui en avoient donné l'éxemple, & qui avoient accordé à la métaphore, & aux figures le premier rang dans l'élocution. Qu'ayant eu à traiter des matières très-relevées & très-importantes, il avoit cru le devoir faire d'une manière digne d'elles, c'est-à-dire, d'un air splendide mêlé de gravité, & qu'ainsi il n'avoit point dû épargner ni les tropes, ni les nombres, ni tout cet appareil *epidictique* du Discours, non plus que les métaphores qui se sont présentées à lui naturellement sans les avoir recherchées. Qu'il n'étoit nullement surpris de voir qu'il ne se fût rendu intelligible qu'à un petit nombre de gens, & que sa diction eût paru en quelques endroits un peu mystérieuse & énigmatique; qu'en ce point il avoit trouvé ses modèles dans les siécles les plus florissans de l'une & de l'autre Langue, & qu'il n'étoit pas malheureux

---

.1 ¶ Comment peut-on dire que cette simplicité naturelle sied mieux à la manière d'écrire, que Budé a embrassée, puisque la manière d'écrire qu'il a embrassée consiste à s'éloigner de cette simplicité naturelle ? ¶

d'avoir cette conformité avec plufieurs Auteurs du premier ordre. **Budé.**
D'ailleurs, que chacun a fon caracte re qui lui eft propre, & dont il eft auſſi impoſſible de ſe défaire que de ſa propre peau. Qu'il n'y a rien de plus naturel que de ſuivre ſon génie, & que quelque effort que nous faſſions pour redreſſer notre nature, & pour prévenir les défauts qui nous viennent de ſa part, ils ſe produiſent preſque toujours d'eux-mêmes dans le tems que nous y ſongeons le moins, & lors même que nous y donnons le moins d'occaſion. Que pour lui, il n'étoit point fâché d'avoir accordé quelque choſe à ſa nature; qu'il étoit bien aiſe de faire ſavoir au Public qu'il avoit quelquefois écrit pour lui-même, & qu'ainſi il ne s'étoit pas cru obligé d'avoir toujours égard aux autres, ni de travailler avec autant de circonſpection qu'on feroit pour une repreſentation de théatre. Qu'il n'avoit pas toujours voulu conſulter le goût & l'appetit de ceux de ſon ſiécle, ni flater leurs plaiſirs, parce qu'il ſongeoit auſſi à l'utilité future de la Poſterité. Enfin, que pour ce qui eft du reproche qu'on lui faiſoit d'être trop diffus, il ne s'en croyoit pas beaucoup deshonoré, parce que dans la difficulté qu'il y a de garder la juſte médiocrité, il étoit perſuadé que l'excès eft toujours beaucoup plus ſupportable que le défaut, & qu'on peut toujours retirer quelque profit & quelque avantage du luxe & de la profuſion, mais qu'il n'y a rien à prendre ni dans la ſécherefſe ni dans la difette.

Voilà ce que Budé avoit jugé néceſſaire de répondre à Eraſme pour ſa juſtification. Et parce que par cette conduite il lui donna ſujet, ce ſemble, d'uſer de la voie de récrimination, & de lui reprocher à ſon tour un aſſés grand nombre de défauts, dont nous avons déja touché quelque choſe dans la ſeconde partie de nos Critiques; il ne ſera peut-être point mal-à-propos de rapporter ici le jugement que Chriſtofle Longolius, ou de Longueil, a fait des bonnes & des mauvaiſes qualités de ces deux grands Hommes, en les comparant l'un avec l'autre en ces termes (1).

Si l'on conſidére, dit-il, la véritable érudition, je ne voi pas en quoi Budé doive le céder à Eraſme, ſoit pour les belles Lettres, ſoit pour toutes les connoiſſances qui regardent la Religion.

Si l'on regarde le ſtyle & l'élocution, ils méritent tous deux des louanges aſſés égales. L'un eft plus élevé, plus grand, & plus étendu: l'autre eft plus profond, plus rempli, & plus reſſerré.

Celui-ci a plus de plénitude; celui-là a plus de rapidité.

---

1 Chriſtoph. Longolius in epiſtol. Item apud L. Reg. in vit. Bud. pag. 228. 229. 230.

Budé. On trouve dans Budé plus de nerf, plus de sang & plus de vigueur: & dans Erasme on remarque plus de charnure, plus de peau & plus de couleur.

Celui-là semble avoir eu plus de diligence; celui-ci paroît avoir eu plus de facilité.

Budé aimoit extraordinairement les sentences & le serieux: Erasme aimoit excessivement les facéties & la plaisanterie.

Budé ne songeoit qu'à instruire & à se rendre utile en tout ce qu'il écrivoit: Erasme ne songeoit presque qu'à plaire & à divertir son Lecteur.

Budé tâchoit de venir à ses fins par son éxactitude, par la force de son esprit, par la gravité, & par la dignité des matiéres qu'il traitoit: Erasme tendoit à la victoire par son art, par sa subtilité, par sa douceur, & par ses agrémens.

Budé s'est rendu admirable: Erasme s'est rendu aimable.

Budé dompte & assujettit son Lecteur par la force: Erasme captive & gagne le sien par la douceur.

Budé est scrupuleux dans le choix des mots, éxact & naturel dans la proprieté des termes, & quand la chose qu'il traite demande à sortir de ses expressions naturelles, il est heureux dans les métaphores, grave dans ses sentences, fort diversifié dans ses figures, il garde toujours la bienséance & la majesté dans tous ses discours, il est sublime, il est sévere, & se maintient toujours dans le grand air: Erasme de son côté paroit poli, agréable, modéré, populaire, fleuri, riche en synonymes, bien troussé dans sa composition (1), net dans ses expressions, abondant dans ses exemples, nombreux dans ses raisonnemens, & plaisant dans ses rencontres & ses pointes.

Budé est ordinairement tout d'une piéce & toujours lui-même; mais il semble qu'il tonne, & qu'il lance la foudre quand il s'agit de combattre la malice des tems, & d'abattre l'orgueil des ignorans: Erasme au contraire voulant attaquer la corruption des mœurs de son siécle, songe à guérir les maladies par des adoucissemens, des emplâtres & des collyres, & fait profession de vouloir compatir à la foiblesse & au malheur des Particuliers (hors les occasions où l'amour de la satire lui a fait prendre le parti des insultes).

Budé a le cœur droit, & ne sait ce que c'est que de dissimuler, il applique des remedes violens à la vérité, mais il faut considerer que les maux qu'il entreprenoit de penser, étoient presque désesperés,

---

1. ¶ *Compositione expeditus*, dit Longueil, aisé dans son style.

& qu'ils demandoient indispensablement l'application du fer & du feu : Erasme est plus artificieux, & semble avoir voulu arriver aux mêmes fins par des routes plus détournées & plus cachées.

Quand il s'agit de traiter une matiére historique, on remarque que Budé approche plus des maniéres de Thucydide que de celles de Salluste : & qu'Erasme a plus de rapport avec Tite-Live qu'avec Herodote.

Si c'est un sujet Poëtique, Budé semble avoir quelque chose de plus héroïque & de plus tragique par sa gravité & par le poids de ses sentences : Erasme a quelque chose de plus comique, & comme il est plus mou & plus efféminé, il fait voir qu'il auroit été plus propre pour le genre Lyrique & pour l'Elegie.

Celui-ci n'avoit pas moins de peine à s'élever, que celui-là en avoit à se rabaisser.

Erasme avoit un talent particulier pour produire la plupart des bonnes qualités que nous lui avons attribuées : & Budé au contraire sembloit n'avoir d'industrie que pour renfermer les siennes au dedans de lui-même, & pour les dérober à la vûë du Public.

On peut dire qu'Erasme étoit plus propre à la déclamation, & que Budé sembloit être né plutôt pour prononcer des Sentences & des Arrêts.

On publioit même en ces tems-là que Budé étoit plus avant dans la faveur & dans le conseil de Pallas ; mais qu'Erasme sacrifioit plus volontiers aux Graces qui l'avoient reçû à leur suite.

Enfin ils sont arrivés au même but dans la carriére des Lettres, quoiqu'ils ayent pris un chemin fort différent l'un de l'autre.

Longolius après avoir ainsi recueilli ce que les Personnes intelligentes disoient à l'avantage de l'un & de l'autre, a trouvé aussi de quoi faire un parallele de leurs défauts dans ce que les Critiques trouvoient à redire en eux.

On prétend, continuë-t-il, que la plus grande faute que Budé ait jamais faite, est celle de n'en avoir jamais fait, & d'avoir été trop rigoureux à lui-même : au lieu que le grand défaut d'Erasme est celui d'avoir eu trop de complaisance pour ses propres défauts, & de s'être traité avec trop d'indulgence.

Que Budé voulant peser toutes choses à la balance des Anciens avec trop d'éxactitude & de severité, semble avoir eu trop peu d'égard à la portée de son siécle, & à la médiocrité des Esprits, & n'avoir écrit que pour lui seul & pour les Muses, c'est-à-dire, pour un petit nombre d'Esprits choisis : Qu'Erasme au contraire se laissant aller à son

Budé. génie, & s'étant imaginé qu'il n'y avoit rien de si bas & de si trivial qui ne dût paroître beau dans le discours, dès qu'il lui faisoit l'honneur de l'employer dans ses écrits, est devenu rampant, trouble, & bourbeux, comme s'il n'eût voulu écrire que pour les halles & pour les boutiques.

Que Budé est semblable à une eau tournoyante, qui tantôt s'engloutit dans des gouffres, & tantôt s'éleve par bouillons & s'enfle extraordinairement d'espace en espace : Qu'Erasme au contraire coule doucement sans profondeur, sans élevation & sans détour, comme sur un sable uni, mais qu'il est sans force, & comme ces ruisseaux dont on voit la fange & le fond, & qui n'ont rien de pur que la surface.

Que les uns considérent l'austerité de Budé comme une véritable dureté, & que les autres ont pris la molesse d'Erasme pour une lâcheté efféminée.

En un mot, qu'ils n'ont pas sû ni l'un ni l'autre trouver le point de ce juste milieu qu'on doit garder entre les extrémités.

Longolius ajoute pour finir, que l'un & l'autre ont leurs Partisans & leurs raisons, & qu'il ne prétend pas décider lequel a le dessus l'un de l'autre : mais qu'au reste, après avoir tout consideré, les bonnes qualités de l'un & de l'autre l'emportent beaucoup sur les mauvaises.

Il semble que c'est Budé lui-même qui a donné lieu à tous ces paralleles dans une Lettre qu'il écrivit à Erasme, où l'on voit en peu de mots la substance de ce que nous venons de rapporter (1), & où il semble conclure par un effet de sa modestie, que la force, la gravité, & l'élevation qu'on lui attribuoit n'avoient pas eu tant de poids ni tant d'efficace sur les Esprits que les graces, les douceurs, l'adresse, la flaterie, & les autres maniéres insinuantes d'Erasme.

Outre les Commentaires de la Langue Grecque qui ont été imprimés fort souvent depuis l'an 1528. & augmentés de plus d'un tiers par l'Auteur sur la fin de sa vie, on peut mettre encore parmi les ouvrages qui regardent notre sujet, son *Lexicon* Grec-Latin. L'édition que Crespin en fit l'an 1554. sur le manuscrit de l'Auteur est assés estimée, mais on y insera quelques additions étrangères.

On pouroit aussi ajouter ici non seulement ses *Epitres Grecques* qui regardent la Langue, mais encore ses trois Livres de la *Philo-*

---

1. Bud. epist. ad Erasm. ap. eumd. Reg. pag. 230.

logie

GRAMMAIRIENS GRECS. 617

logie & celui de la *maniére d'etudier les belles Lettres*. Mais pour ce qui eſt des trois Livres qu'il a fait du *Paſſage de l'Helleniſme au Chriſtianiſme*, [à Paris *in-folio* 1556.] ils regardent plutôt la Religion que les Langues, ayant compoſé cet ouvrage pour l'oppoſer à celui de l'Inſtitution de Calvin, & pour défendre l'ancienne Théologie & la diſcipline de l'Egliſe (1).

Nous parlerons encore de Budé au Recueil de nos Antiquaires au ſujet des Monnoies, & dans celui des Juriſconſultes pour ce qu'il a fait ſur les Pandectes, &c.

* *Guill. Budæi Comment. Linguæ Græcæ* in-folio *Pariſ. apud Rob. St phan.* 1548. *

1 Catalog. oper. Bud. extat apud Launoium ut ſupra.

NICOLAS CLENARD ou CLEYNARTS de *Dieſt en Brabant*, mort en 1542.

699 Caliger (1) dit que ce Grammairien étoit plus recommandable par ſa diligence & par ſa bonne volonté, que par ſon ſavoir qui étoit médiocre, & qu'on ne pouvoit pas dire qu'il fût véritablement habile en aucune Langue.

En effet ceux qui ont entrepris de faire ſes éloges (2) ne nous ont loué preſque autre choſe que ſon zèle pour l'utilité publique & pour l'avancement de la jeuneſſe, & ſa modeſtie dans ſes Ecrits & dans ſa conduite.

C'eſt peut-être une des raiſons qui ont porté le Public à préférer ſa *Grammaire Grecque* à toutes les autres pour la faire enſeigner dans les Ecoles, quoiqu'elle ſoit fort imparfaite ; & que pluſieurs de ceux qui ſont venus après lui, ayent beaucoup mieux réuſſi que lui. Et c'eſt auſſi ce qui a excité pluſieurs perſonnes à la corriger, à l'expliquer, & à l'augmenter plutôt que de rien entreprendre de nouveau ſur ce ſujet.

Les principaux des Grammairiens qui y ont travaillé ſoit par autorité publique ſoit de leur propre mouvement ſont Pierre *Anteſignan*, Henri *Eſtienne*, Alexandre *Scot*, Frederic *Morel*,

1 Prima Scaligerana pag. 46. ſuo loc. & Lancelot Nouv. Meth. Grecq.
2 Valer. Andr. Deſſel. Biblioth. Belgic. préface.

René *Goulu* (1), Pierre Bertrand *Merigon*, Jacques *Gretser*, Eſtienne *Moquot*, Richard *de Hez*, Gerard Jean *Voſſius*, Philippes *Labbe*, &c. Voſſius témoigne pour ſa part qu'il avoit reçû des Etats ou de ſon Univerſité une eſpece de commiſſion d'y retrancher & d'y ajouter ce qu'il jugeroit à propos ſelon les perſonnes, les tems, & les lieux où l'on devoit l'enſeigner (2), ſans s'écarter de la route que Clenard avoit tracée.

Au reſte cet Auteur avoit toujours aimé paſſionnément les Langues dès ſa premiére jeuneſſe, & c'eſt ſans doute ce qui l'a empêché de ſe former un ſtyle, & d'avoir plus d'égard à l'élocution qu'il n'a eu. Néanmoins Melchior Adam ne laiſſe pas de dire que ſa diction eſt pure quoiqu'elle ne ſoit pas étudiée (3), & qu'il a fait voir qu'il auroit pû écrire auſſi purement, & auſſi élegamment qu'homme de ſon ſiècle, ſi l'amour des Langues étrangeres & ſurtout de l'Arabe ne l'eut emporté ailleurs. Mais cela regarde plutôt ſes Lettres que ſa Grammaire.

* *Joan. Clenardi Inſtitutiones in Græcam Linguam cum notis Anteſignani* in-4°. *Pariſ.* 1581. — *Ejuſdem* in-8°. *Lugd.-Bat.* 1594. — *Cum notis Ren. Guillonii* in-8°. *Lipſ.* 1613. — *A Stephano Moquoto recognitæ* in-8°. *Pariſ.* 1630. — *Cum notis Sylburgii* in-4°. *Francof.* 1624. — *Auctæ à Ger. Joan. Voſſio* in-8°. *Amſterd.* 1650. *

1 ¶ Il y a bien eu Nicolas Goulu Profeſſeur Royal en Grec, gendre de Dorat, mais il n'y a point eu de René Goulu. C'eſt René Guillon que Baillet a voulu dire. René Guillon Vendomois a fait des Annotations ſur la Grammaire de Clénard. Il avoit été valet de Budé, & mourut l'an 1570. La reſſemblance de ſon nom Latin *Guillonius* à celui de *Gulonius* que prenoit Nicolas Goulu a été la cauſe de la mepriſe. Voyés la note ſur l'Article 709.

2 Voſſ. præfat. ad Lector. Inſtitut. Grammat. Græc. Clenard.

3 Melch. Adam. vit. Philoſoph. German. pag. 125.

FRANÇOIS VERGARA Eſpagnol, mort en 1545. & JEAN VERGARA, ſon frere, mort en 1557.

700   Nous avons de François Vergare une *Grammaire Grecque* en quatre Livres qui eſt bonne au jugement de Scaliger (1), & André Schot eſtimoit qu'il ne ſe pouvoit trouver rien de plus achevé en ce genre (2). Caninius étant venu peu de

1 Poſter. Scaligeran. p. 248.   2 Biblioth. Hiſpan. A. S. Peregrin. tom. 3. p. 555.

tems après lui, a pris dans cet ouvrage ce qu'il a jugé de meilleur (1).

Ce *François* avoit un Frere appellé *Jean* homme de grande literature à qui il cédoit pour le génie, mais il étoit plus studieux & plus laborieux, & tous deux s'étoient rendus très-célebres dans le pays par leur industrie, & par la part qu'ils avoient euë à l'édition de la Polyglotte d'Alcala (2).

* Franc. Vergara, *de omnibus partibus Grammat. Gr. libri* IV. in-8°. *Duaci* 1593. *

1 Scaligeran. ut suprà.
2 Nicol. Anton. tom. 1. Bibl. Hispan. voce Francisc. & plura dictiou. Joan. Vergar.

G. Math. Konig. Biblioth. V. & N. pag. 838.
Item Lancel. Nouv. Meth. Grecq. préfac. num. 9. pag. 21.

ANGE CANINIUS d'*Angleria* (1) *Italien*, Professeur de Paris, mort en 1557. ou plutôt en 1554. (2)

701 **S**On *Hellenisme* lui a attiré les éloges de tout ce qu'il y a eu de Savans dans le monde après lui.

Le sieur Downe dit qu'il étoit le plus habile des Grammairiens de son siécle (3). Vossius semble aussi le préférer aux autres (4), & lui donner le premier rang parmi ceux qui ont heureusement travaillé sur la Grammaire Grecque, & en une autre occasion il lui donne pour compagnons de cette gloire Urbain dont nous avons parlé, & Frederic Sylburge (5). Dom Lancelot temoigne aussi (6) avoir une estime toute particuliére pour lui.

Mr le Févre encherit encore sur Vossius. Il prétend qu'il n'y a point un Grammairien Grec dans notre siécle non plus que dans le précedent, qui n'ait été passé de fort loin par Caninius, soutenant que tout ce qu'on a voulu dire de Vergara pour le lui opposer, & le mettre en paralelle avec lui n'a ni fondement ni vraisemblance (7).

Scaliger qui l'appelle un jeune homme très-savant, dit (8) qu'il a

1 ¶ Caninius n'étoit pas d'Anghiera, en Latin *Angleria*, ville du Milanés, il étoit d'Anghiari, en Latin *Anglarium*, ville de la Toscane : *Erat Anglariensis, non Anglerienfis.*
2 ¶ C'est tout le contraire. Mr de Thou qui comme l'a fort bien remarqué Bayle, avoit dans les premiéres éditions de son Histoire mis la mort de Caninius en 1554. s'étant depuis corrigé l'a mise en 1557 ¶
3 Douzæus in not. ad Chrysostom apud Crowæi eleuch. Auctor. in sacr. scriptur. pag. 56.

4 G. J. Voss. præfat. in Clenard. Grammat. Græc.
5 Idem Voss. lib. 1. Grammat. Latin. cap 4 pag 15.
6 Lancel Nouv. Meth. de L. L. Grecq. préfac. num 9 pag. 22.
7 Tanaquill. Fab. in not. ad prim. Scaligeran pag 47.
8 Posterior Scaliger. pag. 42.
¶ Voyés Bayle au mot *Caninius*, lettre E. ¶

pris ce qu'il y a de meilleur dans Vergare & dans tous les autres Grammairiens qui avoient eu quelque réputation avant lui, mais que cela ne l'a point empêché d'y inférer beaucoup de bonnes choses de son propre fond. Il ajoute pourtant qu'il ne lui portoit point envie, quoiqu'il sût parfaitement bien expliquer les Langues (1).

Mais on a remarqué en effet que ce qui lui est propre & qui lui fait le plus d'honneur, est la méthode nette & facile avec laquelle il a exposé les préceptes des Anciens touchant cette Langue, & la maniére dont il a traité tout ce qui concerne l'intelligence parfaite des Dialectes & la connoissance éxacte des Poëtes comme écrit Quenstedt (2).

Au reste Caninius étoit encore capable d'autre chose & il ne s'étoit point renfermé dans la seule étude de la Langue Grecque, mais il s'étoit rendu aussi très-habile dans la connoissance des Langues Orientales, dont il a même écrit des Grammaires, & où il a si bien réussi au sentiment de Forerius (3), qu'il sembloit être né & formé de la nature-même pour les enseigner, sur quoi on peut voir aussi Mr de Thou dans son Histoire (4).

* *Aug. Caninii Hellenismus* in-4°. *Lond.* 1613. — *Aug. Caninii Grammatica Græca* in-4°. *Paris.* *

1 Prim. Scaligeran. sed poster. edition. pag. 47.
2 And. Quenstedt de Patr. Vir. ill. Dial. pag. 296.
3 Franc. Forerius Domin. ex Nicol. Ant. Biblioth. Hispan. tom. 2. in Appendic. pag. 357.
4 Jac. Aug. Thuan. Histor. sui temp. lib. 9. ad fin. ann. 1554. edit. Parisiens. 1604.

Dom JOACHIM de PE'RION ou PERIONIUS *Bénédictin de Cormery en Touraine*, mort en 1559.

702 Scaliger dit (1) que ce Moine n'étoit pas fort habile en l'une ni en l'autre Langue(2), & qu'il a donné des marques de son peu d'expérience dans le pauvre Livre qu'il a fait *du rapport de la Langue Grecque avec la Latine*. Nous aurons occasion de parler plus amplement de Périon dans le Recueil de nos Traducteurs.

1 Prim. Scaligeran. pag. 120.
2 ¶ Périon parloit Latin élégamment, & avec plus de pureté que Scaliger, mais comme il a souvent fait le Cicéronien à contretems, & qu'il ignoroit absolument la Critique, voilà pourquoi Scaliger l'a regardé comme un homme qui n'étoit pas fort habile, même en Latin. ¶

PIERRE-JEAN NUGNEZ *Espagnol de Valence*, mort en 1552. (1) dit en Latin *Nonnius* & *Nunnesius*.

703. IL a assés bien réussi en tout ce qu'il a fait pour procurer aux autres la connoissance de la Langue Grecque, étant fort savant en l'une & en l'autre Langue au jugement de Scioppius. On a de lui 1°. une *Grammaire Grecque*, 2°. un Traité de la *véritable prononciation du Grec*, 3°. un autre *du changement de cette Langue en la Latine*.

* *Pet. Joan. Nunnesii Grammatistica & Grammatica Græca* in-8°. *Barcinonæ* 1589. *

1 ¶ Il mourut l'an 1502. C'est Hernan Nugnez Pinciano qui mourut en 1552. ⸸

2 Nicol. Anton. Biblioth. Hispan. tom. 2. pag. 163.

PIERRE la RAME'E ou RAMUS du Vermandois, tué en 1572.

704. Ramus ayant entrepris de renouveller presque toutes les sciences humaines dans l'Université de Paris, tâcha aussi de donner quelque lumiére à cet art de la Grammaire Grecque par un nouveau chemin, comme il fit encore pour la Langue Latine, & pour la Françoise-même. Et pour cet effet il dressa un système & un corps de Grammaire Grecque qui fut imprimé à Paris dès l'an 1557. & depuis en Allemagne où elle fut aussi-tôt embrassée dans la plupart des Ecoles de ces quartiers-là, pendant que ses ennemis tâchoient de le décrier en France.

Dom Lancelot de Port-Royal dit (1) que si Ramus n'a pas trouvé entiérement la véritable maniére d'enseigner méthodiquement & cet art, & les autres; au moins il a eu l'industrie de la rechercher des premiers, & il a donné aux autres par son éxemple un louable desir de faire la même recherche.

1 Lancel. Nouv. Méthod. de la L. Grecq. préfac. nomb. 3. pag. 9.

ADOLPHE de MEETKERKE ou MECHERQUE
Flamand de Bruge, mort en 1591.

705   C'Etoit un homme fort entendu dans la connoissance des deux Langues & de l'Antiquité. On a de lui un fort joli Livre de *l'ancienne & de la véritable prononciation de la Langue Grecque*, où il siffle la maniére vicieuse de prononcer, qui est usitée parmi les Grecs modernes, & qui s'est glissée mal-à-propos dans une bonne partie de nos Colléges.

     * *Adolph. Mekerchus de recta pronunciatione* in - 8°. *Antuerp.* 1576 *

Va'er. Andr. Dessel. Biblioth. Belgic. voce Adolph.   Lancel. Nouvell. Méthod. préfac. num. 9. pag. 11.

ANDRÉ HOY aussi de *Bruge*, *mort* au commencement de ce siécle, âgé de plus de 80. ans.

706   ON a aussi estimé les quatre Dissertations que cet Auteur a faites touchant la Grammaire Grecque. La premiére traite des causes de la corruption de la prononciation de cette Langue ; la seconde des dialectes & de leurs changemens ; la troisiéme de l'édition Grecque des Livres saints ; la quatriéme de l'orthopœe, c'est-à-dire, de la maniére la meilleure & la plus naturelle de prononcer le Grec. Nous parlerons encore de Hoy parmi les Poëtes.

     * *Andr. Hoii de causis corrupta pronunciationis Linguæ Græcæ & alia opuscula* in-8°. *Lovanii* 1620. *

Valer André Dessel. Biblioth. Belgic.

FREDERIC SYLBURGE de *Marpurg dans le Lantgraviat de Hesse*, mort en 1596.

707   C'Etoit un des plus savans hommes du siécle pour le Grec & pour le reste des Humanités. Sa Grammaire Grecque est très-estimée, & la méthode qu'il y a gardée est celle de Ramus

GRAMMAIRIENS GRECS.

dont il s'étoit rendu le sectateur (1). Nous avons vû plus haut que Vossius le préféroit à tous ceux qui ont écrit de la Grammaire Grecque avant lui, & qu'il n'en a excepté que Caninius (2).

* *Fred. Sylburgii Rudimenta Linguæ Gr.* in-8°. *Francof.* 1600.
— *Ejusdem Alphabetum Græc. de litterarum formis, potestate &c.* in-8°. *Francofurti* 1591. *

1 Lancel. Nouv. Meth. de la L. Grecque préfac. num. 3. pag. 9.

2 Joan. Gerard. Vossius præfat. in Clenardi Gramm. Græc.

ALEXANDRE SCOT : PIERRE ANTESIGNAN, &c.

708   Les Grammaires universelles de *Scot* & d'*Antesignan* sont mal digérées, sans aucun ordre, sans aucuns principes, & remplies de tant de choses ou inutiles ou embarassantes, qu'on ne se peut presque résoudre à les lire.

* *Universa Grammatica Græca per Alexandrum Scot, opera Petri Antesignani* in-8°. *Lugd.* 1614. *

1 Lancel. ibid. Nouv. Meth. préf. num. 6. pag. 15.

Mr GOULU (René) (1), & Mr MERIGON (P. Bertrand) Professeurs à Paris.

709   Dom Lancelot estime (2) qu'entre tous ceux qui se sont appliqués à éclaircir ou à amplifier Clenard, ceux qui ont le mieux réussi ont été ces deux Messieurs.

1 ¶ Dom Lancelot que Baillet cite dans ses preuves, dit que Mr *Goulu* célèbre Professeur du Roi a travaillé sur Clenard, d'où il s'ensuit que ce seroit Nicolas Goulu, n'y ayant point eu d'autre Goulu Professeur Royal que lui. Mais en cela l'erreur de Dom Lancelot est encore plus grossière que celle de Baillet qui en appelant René Goulu celui qu'il devoit appeler René Guillon, ne l'a pas du moins appelé Nicolas, ni qualifié Professeur Royal. ¶

2 Lancel. Nouv. Method. préfac. num 4. pag. 11.

FRANCOIS SANCHEZ des BROSSES ou de las Broças *Espagnol* dit *Sanctius, mort vers le commencement de ce siécle* (1).

710. Nous l'avons consideré en son lieu comme le Prince des Grammairiens Latins de son pays & de son siécle-même, & quoiqu'il ne tienne peut-être pas le même rang parmi les Grecs, la Grammaire Grecque qu'il a composée ne laisse pas d'être fort estimée. Il a suivi la méthode de Ramus, mais il ne s'y est pas tellement assujetti, qu'il ne se soit quelquefois écarté volontairement de la route que ce nouveau Maître avoit tracée (2).

* *Franc. Sanctii seu Sanchez Grammatica. Græca* in-8°. *Antuerp.* 1581. in-8°. *Salamant.* 1592. *

1 ¶ En 1609. *b*.   2. Lancel. préf. de la Nouv. Meth. de L. L. Gr. p. 9.

GERARD JEAN VOSSIUS, mort en 1649.

711. La Grammaire Grecque qui porte le nom de ce célébre Auteur n'est proprement que celle de Clenard réformée. Il est aisé de voir que la plupart des choses qu'il y a ajoutées, n'ont presque été tirées que de celle de Sylburge & de Caninius. Mais du moins ne peut-on pas nier que le bon ordre & la disposition judicieuse des préceptes ne soient de lui.

Lancel. pref. de la Nouv. Meth. num. 13. pag. 10.

ESTIENNE MOQUOT, Jesuite de Nevers, *mort en* 1628.

712. Le P. Labbe prétend (1) que pas un Grammairien de tous ceux qui avoient travaillé sur Clenard jusqu'à son tems, ne s'en étoit acquitté avec plus de méthode & de netteté que le P. Moquot, & que personne n'avoit encore été si exact que lui pour la Syntaxe, & pour la Prosodie. Néanmoins il remarque qu'il n'y a

1 Præfat. in Clenard. Grammatic. à Moquoto recognit.

point

GRAMMAIRIENS GRECS. 625

point encore affés d'ordre, & qu'il auroit dû éviter un défaut confidérable qui lui eft commun avec la plupart de ceux qui l'avoient devancé, & qui confifte dans le ramas affés confus d'un trop grand nombre de préceptes dont il auroit pû faire le choix, en débrouillant les plus néceffaires & les plus faciles d'avec les plus obfcurs, & ceux qui font moins d'ufage. Le Pere Labbe ajoute qu'il a voulu remedier à cet inconvenient dans l'édition de 1655. & les fuivantes.

LE P. *ANDRE'* PERCEVAL ou PERZIVALES Jefuite de *Candie*, mort à Palerme en 1669.

713 CE Pere a fait un abregé de la Grammaire Grecque, que l'on dit être affés net, & affés méthodique.
Compendium Grammaticæ Græcæ in-12. *Panormi* 1658. *

Nath. Sotwel Bibl. Soc. J. pag 55.

DOM LANCELOT de Port-Royal, Bénédictin, encore vivant (1).

714 NOus avons de lui une *Nouvelle Méthode* pour apprendre facilement la Langue Grecque. Le Public témoigne qu'il n'a encore eu rien de plus achevé en ce genre que cet ouvrage. L'ordre y eft très-clair & très-abregé. On y trouve un grand nombre de remarques très-folides & très-néceffaires pour la connoiffance parfaite de cette Langue & pour l'intelligence des Auteurs. Les principaux d'entre les Grammairiens modernes qu'il a fuivis font Caninius, Sylburge, Sanctius, & Voffius. Mais l'œconomie qu'il y garde en eft toute nouvelle. Car ayant reconnu par plufieurs expériences, dit-il lui-même, que la méthode de Clenard n'étoit pas la plus avantageufe, & que celle de Ramus avoit auffi quelque chofe d'embaraffant & d'incommode, que Sylburge avoit remarqué en partie, & à quoi Sanctius avoit voulu remedier en prenant un autre chemin: il s'eft tellement fervi de tous ces Auteurs, qu'il a tâché d'en prendre ce qu'ils avoient de plus utile, fans s'engager à ce qui étoit trop embrouillé & trop éloigné de la méthode ordinaire qui eft aujourd'hui reçûë en France.

1 ¶ Voyés l'Article 668.

826   GRAMMAIRIENS GRECS.

Ce même Auteur a fait depuis l'Abregé de cet ouvrage pour la commodité des commençans.

Au reste quelques applaudissemens qu'ait reçû la nouvelle Méthode Latine, il se trouve des Critiques qui donnent le prix à la Grecque & qui prétendent même que c'est le plus considérable de tant d'excellens ouvrages qui sont sortis des mains de ce célébre Auteur.

*Nouvelle Méthode pour apprendre facilement la Langue Grecque *in*-8°. Paris 1654. — L'Abregé de la Nouvelle Méthode pour apprendre la Langue Grecque *in*-8° Paris 1655.*

DES GRAMMAIRIENS

HEBREUX.

ET DE QUELQUES AUTRES LANGUES ORIENTALES.

715   Uoique la Langue des Hebreux soit la plus ancienne du Monde, elle est néanmoins une des derniéres de celles qu'on s'est avisé de reduire en Art. Les Juifs s'étoient contentés d'en recevoir une connoissance verbale de pere en fils, & de se la communiquer de vive voix par une tradition dans laquelle ils tâchoient de ne souffrir ni intermission ni alteration.

Mais voyant que les Arabes avoient réussi à faire des Grammaires de leur Langue, & qu'ils l'avoient mise en état d'être facilement apprise des Etrangers par des régles certaines : ils conçûrent enfin le dessein d'en faire autant de la leur par une émulation louable & utile. Et parce que ceux qui prirent ces premières résolutions vivoient dans les lieux où la Langue Arabe étoit en usage, ils composérent aussi à leur imitation des Grammaires de la Langue Hébraïque en Arabe, & les Rabins même qui ont écrit depuis ce tems-là des Grammaires en Hébreu de Rabin, n'ont presque fait que traduire les mots Arabes en une autre Langue.

Joan. Morin. Exercitat. Biblic.   Rich. Simon Hist. Critiq. du V. Testam;
& Joan. Vossius de Grammatic. lib. 1.   liv. 1. pag. 186.
cap. 4. pag. 17.

CHAPITRE I.

Des Principaux GRAMMAIRIENS qui ont vécu vers la fin du neuvième siécle & le commencement du dixiéme.

716   LE Pere Simon dit que les Grammairiens de ce tems-là étoient peu éclairés, & qu'ils ne pouvoient presque se défaire de certaines subtilités cabalistiques, & d'autres jeux d'esprit qui étoient toute leur occupation. Il ajoute qu'ils n'étoient nullement exercés dans l'art de la Critique, laquelle ne s'accorde pas avec l'étude des Allégories qui étoient alors fort estimées; que c'est apparemment pour cette raison qu'on a négligé les Livres de ces premiers Grammairiens Juifs qui n'avoient ni art ni méthode, & que c'est peut-être aussi ce qui pourroit avoir donné lieu aux modernes d'attribuer au Rabin Juda Hiug la qualité de premier Grammairien, parce qu'il est en effet le premier qui ait traité méthodiquement cette matiére & avec quelque pénétration d'esprit. Car pour ce qui est du Rabin *Saadia Gaon ou Haggaon*, nous ne parlerons de lui que dans notre Recueil des Interprétes de la *Bible*.

RABIN JUDA HIUG *de Fez vers l'an* 1040.

717   SA Grammaire est en Quatre Livres quoique plusieurs ne parlent que de Deux. Dans cet Ouvrage il imite entiérement la méthode des Grammairiens Arabes. Mais toutes les régles qu'il établit, & celles-mêmes qui ont été inventées depuis lui n'ont pas empêché que les Rabins Grammairiens ne disputent encore aujourd'hui de la racine de quantité de mots, & par conséquent de leur véritable signification, & qu'on ne juge aisément que leurs préceptes ne sont pas toujours certains.

Notre Rabin a appris des Grammairiens Arabes à ne mettre pour fondement de la lecture que les trois lettres *Aleph, Vau, & Jod* que les Juifs appellent pour cette raison *les Meres de la lecture*. Son dessein a été d'ôter autant qu'il lui a été possible cette grande confusion de lettres qui font les unes pour les autres dans le texte Hébreu.

Mais peut-être auroit-il été plus à propos de rétablir l'ancienne leçon selon le génie de la Langue Hébraïque : car il est certain que les premiers Auteurs des Livres sacrés qui ont écrit avant la captivité, ont parlé purement Hébreu, & non pas Chaldéen. Et ainsi ce que R. Juda & les autres Grammairiens après lui ont nommé changement de lettres, est plus souvent une erreur de copiste qu'un changement qui soit singulier à la Langue Hébraïque.

Le Pere Simon de qui nous avons pris tout ce que nous venons de rapporter estime qu'on ne peut conclure autre chose de cet ouvrage de R. Juda Hiug, sinon que les anciens Grammairiens ne convenoient point entre eux touchant la racine des verbes que nous appellons *Reposans* : Et aujourd'hui même les Rabins n'en peuvent encore tomber d'accord nonobstant toutes ces régles qu'ils ont inventées pour éclaircir cette matiére.

Rich. Simon hist. crit. du V. Test. liv. 1. chap. 31. pag. 191. 192. Item pag. 194.

R. JONA de Cordoüe, *Medecin, vivant vers la fin du onziéme siécle, & le commencement du douziéme.*

718 C'Est le plus célébre des Grammairiens Juifs après R. Juda. Il a composé sept Livres de Grammaire, quoique la plupart des Auteurs ne parlent que de trois. Il a fait aussi un Dictionnaire, qui étant joint à sa Grammaire, s'appelle d'un nom commun *Ricma*. Il accuse d'ignorance tous les Grammairiens qui l'avoient précédé, hors R. Juda Hiug. Il avoüe que la Langue Hébraïque a été presque perduë, & qu'on l'a rétablie par les autres Langues voisines, & il prétend que cette Langue n'étoit pas encore dans sa perfection quand il écrivit sa Grammaire. Il commence son Ouvrage par la division des parties du discours de la même maniere que les Grammairiens Arabes, & il l'a écrit en leur Langue aussi-bien que R. Juda.

Kimhi refute souvent son Dictionnaire, & celui de ce Juda Hiug : d'où l'on peut justifier dans plusieurs endroits les anciens Interprétes de l'Ecriture, quand ils ne sont pas conformes aux nouveaux. C'est aussi ce qui fait voir que ces premiers Grammairiens n'ont pas tenu la Massore (1) pour infaillible, puisqu'ils n'ont égard

1 La Critique des Lettres & des mots du texte, & l'établissement des points pour fixer l'explication de la prononciation des mots.

qu'au sens, & qu'ils appliquent la régle générale de la Massore aux lieux où ils le jugent à propos.

Mais comme le Pere Simon nous apprend que les Ouvrages du R. Jona ne sont point encore imprimés, quoiqu'ils ayent été traduits d'Arabe en Hébreu de Rabin, il est inutile de nous y étendre davantage, puisqu'il n'est point à l'usage de tout le monde en cet état.

Rich. Sim. hist. Critiq. du V. Test. chap. 31. pag. 195. 196.

ABEN-ESRA, ou ABRAHAM d'EZRA, Rabin *Espagnol*. Quelques-uns l'appellent *Abraham Barthelemi Meir Aben-Ezra*, mort vers le milieu du douziéme siécle âgé de 75. ans.

719 C'Est le premier & le plus savant des Grammairiens Juifs dont on ait imprimé les Ouvrages. Nous avons de lui deux Livres de Grammaire sous les titres de l'*Elegance en la Grammaire*, & de *la Balance de la Langue sainte*. Il suit la Méthode des Rabins Juda & Jona dont nous avons parlé. Comme il a le style assés concis, il en devient quelquefois obscur, mais au reste il est pur, & des meilleurs d'entre tous les Rabins.

* *Abr. Aben-Esra elegantiæ Grammatica* in-8°. Venet. 1546. *

Rich. Simon liv. 1. de l'hist. Critiq. du V. T. c. 31. p. 196. 197.

R. DAVID KIMHI, *vers la fin du douziéme siécle*.

720 IL est celui de tous les Grammairiens Juifs qui ait été le plus suivi, même parmi les Chrétiens, qui n'ont presque composé leurs Dictionnaires & leurs versions de la Bible que sur les Livres de ce Rabin, ou de ses Commentaires sur l'Ecriture, dont une bonne partie a été imprimée dans les grandes Bibles de Venise & de Bâle. On estime particuliérement sa Méthode & la netteté de son style. Et les Juifs modernes le préférent aussi à tous les autres Grammairiens.

Nous avons sa Grammaire sous le nom de *Sepher Michlol*: & son Dictionnaire intitulé *Sepher Scorascim*.

Son frere *Moyse Kimhi* a écrit auſſi de la Grammaire.

* *Dav. Kimchi Michlol Haddikduk ſeu complementum Gramm. Hebraicè* in 8°. Venet. 1545. — *Ejuſdem* 11. *pars ẽ Michlol, videl. Radicum ſeu Lexicon hebraicè* in-8°. *Venet.* 1555.

* *Moſis Kimchi lib. Dikduk, id eſt Grammatica aliàs ὁδοιπορία ad ſcientiam &c. cum notis Conſt.* l'Empereur in-8°. *Lugd.-Bat.* 1631.*

1 Rich Simon H C. du V. T. liv. 1. c. 31. p. 198.
Id. Catalog. des Rabb. à la fin de la Critiq.

R. ELIE LEVITE, *Juif Allemand vers l'an* 1520. (1.)

721   TOut ce que ce Rabin a fait ſur la Grammaire eſt bon. C'eſt le plus ſavant Critique des Juifs, & il les a ſurpaſſés tous dans l'art de la Grammaire. Outre les remarques qu'il a faites ſur les Livres des deux Kimhi dont nous venons de parler, il a compoſé pluſieurs Ouvrages excellens de Grammaire qu'on a traduits depuis en Latin, & les Réfléxions qu'il a faites ſur cet Art ſont tout-à-fait utiles pour ſavoir à fond la Langue Hébraïque.

On a de lui un Dictionnaire Chaldaïque, & un autre Lexicon ſous le nom de *Tisbi*, qui eſt un Gloſſaire des mots Hébreux-barbares, & qui a été mis en Latin par Fagius.

Il eſt le premier, & preſque le ſeul de tous les Juifs qui ſe ſoit appliqué à la Maſſore, ou à la Critique du texte Hébreu. On peut dire auſſi qu'il eſt le ſeul parmi ceux de ſa Nation qui ait été capable de ne ſe laiſſer point préoccuper, & de ne point croire ſimplement à l'autorité de ſes Docteurs. Il a examiné les choſes en elles-mêmes ſans s'arrêter aux préjugés de ceux de ſa Secte. En un mot, c'eſt celui des Rabins qui a été le moins ſuperſtitieux & qui mérite le plus d'être lû.

Quoiqu'il fût Juif, il n'a pas laiſſé d'enſeigner les Chrétiens à Rome & à Veniſe, & c'eſt ce qui le rendit odieux aux ſiens, qui s'imaginoient qu'il entretenoit grand commerce avec ceux de notre Religion.

* *El. Levitæ Grammatica Hebraica* in-4°. *Iſnæ* 1542. — *Ejuſdem liber compoſitionis ſeu de vocabulis Hebr.* in-4°. Baſil. 1536.

1 ¶ Geſner feuillet 219. de ſa Biblioth. ayant dit qu' Elie Lévite étoit mort à Veniſe l'an 1544. s'eſt rétracté feuil. 619. tourné, ayant appris que ce Rabin vivoit encore, fort âgé, & continuoit d'écrire: *b* Le P. Simon liv. 1. de l'H. C. du V. T. c. 31. p. 199. & liv. 3. du même Ouvr. p. 603.

R. TAM fils de *Jechia*, ou de *Jehaia*.

722 C'Etoit un grand Docteur parmi les siens, savant autant dans les Arts que dans les Langues, & qui a excellé dans l'explication des Racines de la Langue Hébraïque.

Sim. hist. critiq. du V. Test. livr. 1. chap. 30. pag. 189.

R. JOSEPH fils de CASPI.

723 IL a fait un Dictionnaire sous le titre de *Chaînes d'argent*. Il différe assés souvent des autres Grammairiens, & il reprend dès le commencement de son Ouvrage les Rabins Jona, Abenezra & Kimhi de s'être trompés à l'égard des racines, &c.

Sim. ibid. chap. 31. pag. 198.

R. ABRAHAM de Balmis *vers l'an* 1530.

724 SA Grammaire fut imprimée à Venise l'an 1523. [*in*-4°.] Il y a à la vérité peu de méthode dans cet Auteur, mais il fait paroître d'ailleurs une grande érudition, & il reprend en une infinité d'endroits les erreurs des Grammairiens qui ont écrit avant lui. Tout son Ouvrage montre évidemment l'incertitude de la Grammaire Hébraïque, au sentiment du Pere Simon (1).

Mr Huet remarque que la Grammaire de ce Rabin a été traduite en Latin par un Anonyme qui auroit beaucoup mieux fait de n'y pas toucher. Car il s'est attaché à la lettre de son original avec des scrupules si badins, & il s'est prescrit des loix si ridicules dans sa traduction, qu'il est difficile de rien trouver de plus fade & de plus impertinent, de sorte que sa version est encore plus obscure même que l'original Hébreu (2).

* *Abr. de Balmis Grammatica Ebraa cum interpretatione Latina* in-4°. *Venet.* 1529. *

1 Rich. Simon c. 31. p. 199. 2 P. Dan. Huet. lib. 2. de claris Interpretib. p. 142.

CHAPITRE II.

DE QUELQUES GRAMMAIRIENS HEBREUX d'entre les Chrétiens.

PARAGRAPHE I.

De ceux qui ont fait des Lexicons.

SANTES PAGNINUS Dominicain de Lucques mort en 1541. (1)

725 IL nous a donné un Trésor ou Dictionnaire de la Langue Sainte ; mais nous parlerons de lui plus amplement ailleurs au sujet de sa *Version de l'Ecriture*.

* *Thesaurus Linguæ sanctæ, sive Lexicon Hebraicum Sanctis Pagnini, auctum & recognitum à Joh. Mercero* in-fol. Colon. Allobrog. 1614. *

ʳ 1 ¶ L'Inscription Sépulcrale de Santès Pagninus enterré aux Jacobins de Lyon porte qu'il mourut l'an MDXXXXI. Mais comme on sait que la tombe a été transférée d'un lieu de l'Eglise à un autre, & que le caractère de l'Inscription, originairement menu & Gothique, a été changé en lettre capitale Romaine, on a sujet de croire qu'au lieu de MDXXXVI. le chiffre ainsi formé à l'antique M CCCCCXXXVI. aura fait lire MDXXXXI. ensorte que cette seconde date toute fausse qu'elle est a passé pour authentique, préferablement à la premiére quoique fondée sur deux preuves, dont l'une qui est le témoignage de Léandre Albert célébre Jacobin, homme fort exact à marquer les événemens dans le tems qu'ils arrivoient, est très-forte ; l'autre, qui est l'Epitaphe de Santès, faite par Jean Voulté, en Latin *Joannes Vultejus* l'an 1536. à Lyon, où elle fut imprimée l'année suivante, me paroit décisif. Voici les paroles de Léandre Albert dans l'endroit de la Description d'Italie où il parle de Luque : *Ha dato grande ornamento a questa patria ne' giorni nostri Xante Pagnino dell' ordine de' Predicatori, eccellente Teologo, e molto perito nelle lettere Latine, Greche, Ebree, Caldée ed Arabe, come chiaramente veder si può nella tradottione della sacra Scrittura di Ebreo in Latino nel' Isagoge, e Grammatica Ebrea, e Greca, con molte altre opere, Passò di questa mortal vita tanto huomo in Lione di Francia nell' anno 1536. di anni settanta, di sua età.* L'Epitaphe dont j'ai parlé que personne jusqu'ici n'a produite, se trouve au 4. livre des Epigrammes de Vulteius pag. 158.

Sanctes cum vita perfecit fila prioris
Aggreditur vitæ posterioris iter.
Hoc probat hic tumulus nobis, qui terminus illi est
Alterius vitæ, principium alterius.
Ergo abiit Sanctes, patriæ lux, ille trilinguis,
Quem summi excepit regia sacra Jovis.

Ces vers sont plats, mais admirables pour redresser l'Anachronisme des Jacobins de Lyon, au calcul desquels on a trop aveuglément déferé. J'ajoute, par maniére de preuve surabondante qu'on ne sauroit faire voir que Santès depuis 1536. ait écrit quoi que ce soit. §

JEAN FORSTER d'Auſbourg, mort en 1556.

726 Quenſtedt (1) & Mr de Thou (2) diſent qu'il s'eſt acquis beaucoup de réputation par la connoiſſance de la Langue Hébraïque & particuliérement par ſon Dictionnaire Hébreu. Le P. Simon croit qu'il compoſa cet ouvrage pour deux fins (3). La premiére étoit de prévenir ou corriger l'erreur des nouveaux Hébraïſans qui n'ont preſque ſuivi que les Rabins dans leurs verſions de l'Ecriture : La ſeconde de ſes fins étoit de favoriſer les préjugés de Luther. Ce Pere ajoute que Forſter s'eſt furieuſement emporté contre ceux qui ſuivent les Rabins, mais que ce Dictionnaire n'a pas laiſſé d'être eſtimé de pluſieurs perſonnes même parmi les Proteſtans, & que Conrad Kircher s'en eſt ſervi dans la Concordance Grecque des Septante.

Néanmoins Forſter, au jugement de notre Critique, a vû un mal auquel il n'a pû remedier. L'ouvrage qu'il avoit entrepris étoit au-deſſus de ſes forces, & il a eu, ſelon le même Pere, grand tort de condamner abſolument les Livres Rabins qu'il n'entendoit point & qu'il n'avoit jamais lûs.

Joan. Forſteri Lexicon Hebraicum in-fol. _Baſil._ 1564.

1 And. Quenſtedt. Dial. de Patr. Vir. ill. calc. ann. 1556. edition. Pariſ.
pag. 155.
2 Jac. Aug. Thuan. hiſtor. lib. 11. ad livre 3. chap. 2.
3 Rich. Simon hiſt. crit. du V. Teſtam

Meſſieurs le FEVRE de la BODERIE _Normands_, natifs de _Falaiſe_, dits en Latin,

1 _Guido Faber_, aliàs, _Fabricius Boderianus_, mort en 1598. &
2 _Nicolaus Faber_, aliàs, _Fabricius Boderianus_ ſon frere.

727 Ces deux freres avec André Maſius & quelques autres ont rendu à l'Egliſe & aux Lettres des ſervices ſignalés dans l'édition de la Polyglotte d'Anvers qu'Arias Montanus conduiſoit chés Plantin. Mais Gui s'eſt rendu plus célébre que Nicolas. Mr Bochart & Buxtorf le reconnoiſſent pour un très-habile homme dans les Langues Hébraïque, Syriaque, & Chaldaïque, & qui n'avoit

presque pas son semblable alors (1) pour son éxactitude & son habileté surtout dans la Langue Syriaque où il avoit fait de fortes habitudes par de longues études.

Scaliger dit (2) que son Dictionnaire Syriaque Chaldaïque est très-bien fait, & qu'il avoit été à l'école de Guillaume Postel. Néanmoins Buxtorf & Bochart disent (3) qu'il n'a point laissé d'y transcrire les fautes des autres, & d'y en ajouter des siennes.

1 Paul Colomes. Gall. Oriental. p. 42. Petr. Dan. Huet. de clar. Interpretib. p. 119. Item retro pag. 100.

2 Poster. Scaligeran. pag. 82.
3 Ut suprà ap. P. Colom. Gall. Or.

JEAN BUXTORF le pere mort en 1629.

JEAN BUXTORF le fils mort en 1664.

728 EN ce qui regarde la Grammaire des Langues Orientales nous avons de Buxtorf le pere 1°. *Un Manuel Hébraïque & Chaldaïque*, 2°. *Un abregé de la Grammaire*, 3°. *Un Trésor de Grammaire pour la langue Sainte ou Hébraïque*, 4°. *Un abregé des Racines Hébraïques & Chaldaïques*. 5°. *Un Lexicon Hébraïque-Chaldaïque* avec un petit Dictionnaire pour les Livres des Rabins qu'il lui a plu d'appeler *Rabbinico-Philosophique*. 6°. Un autre *Lexicon Chaldaïque, Rabbinique, & Talmudique* qu'il avoit laissé imparfait un peu au-delà de la moitié, mais que son fils acheva de son propre travail & qu'il publia après avoir revû, corrigé & limé le tout éxactement. 7°. Un *Traité des Abbréviations Hébraïques*. 8°. Un *abregé de son Lexicon Hébraïque & Chaldaïque*. 9°. Une *Grammaire Chaldaïque*. 10°. Sans parler de sa *Tiberiade* ou de son *Commentaire Massoretique*, & de ses *Concordances Hébraïques & Chaldaïques de la Bible* que son fils a aussi achevées & mises au jour, & dont nous aurons peut-etre occasion de traiter ailleurs. Buxtorf le fils pere de Mr Buxtorf d'aujourd'hui qui s'appelle Jean-Jacques & qui occupe la chaire de ses Ancestres nous a donné aussi en matiére de Grammaire, Un *Lexicon Chaldaïque & Syriaque*, & sept *dissertations sur la langue Hébraïque*, outre son *Florilege Hébraïque*, son *Anticritique* & ses *défenses* contre Louis Capel touchant les points & un *abregé de la Grammaire Hébraïque* qu'on lui attribuë & que Jean Davis a traduit en Anglois sous son nom l'an 1656.

GRAMMAIRIENS HEBREUX.

Le Pere Simon dit (1) en général que ces deux Buxtorfs qui se sont acquis beaucoup de réputation surtout parmi les Protestans, n'ont fait paroître dans la plupart de leurs ouvrages que de l'entêtement pour les sentimens des Rabins, sans avoir consulté d'autres Auteurs.

Mais Buxtorf le pere a reçû de grands éloges de tous les Savans de son tems. Vossius faisant l'oraison funébre d'Erpen dit (2) que l'Europe n'avoit personne de plus intelligent que lui, & qui fût plus exercé dans les Livres des Rabins & en ce qui regarde le Talmud. Scaliger va plus loin, & il assure (3) que Buxtorf méritoit d'être le Maître des Rabins, témoignant qu'il se seroit fait volontiers son écolier lui-même nonobstant sa barbe grise, ce qui est d'autant plus considérable que Buxtorf n'étoit qu'un jeune homme lorsqu'il parloit de la sorte. Il ajoute qu'il étoit le seul dans l'Europe qui sût à fond la Langue Hébraïque, & qui fût capable de donner la méthode de la bien apprendre. Casaubon en avoit presque les mêmes sentimens que Scaliger, & il dit que ses écrits témoignent beaucoup de candeur & de modestie, & un certain air honnête qui gagne le Lecteur (4).

La Faculté de Théologie (Lutherienne) de Strasbourg a rendu un témoignage fort glorieux à son mérite. Il est rapporté par Daniel Toussain (5), & l'on y voit le jugement avantageux qu'elle faisoit de ses Ouvrages, disant qu'il a la méthode très-belle, qu'il est court & concis dans tout ce qu'il a écrit, & qu'il a en même tems beaucoup de netteté & de clarté pour expliquer les choses qui ont été rapportées par les Rabins, & les autres Auteurs dans une grande confusion avec beaucoup d'obscurité & trop d'étenduë. Mais surtout que ses écrits posterieurs dans lesquels il traite exactement tout ce qui peut contribuer à l'intelligence des saintes Ecritures, lui ont attiré l'admiration du Public, & qu'en effet il n'y a rien de trivial, rien de petit, ni presque rien qu'on puisse dire être de l'invention de ceux qui l'ont devancé: que tout y est rare, exquis, & bien choisi, & qu'on y remarque partout beaucoup de pénétration d'esprit, de travail, & d'industrie avec un grand fond d'érudition.

---

1 Rich. Sim. préface de l'hist. Critiq. du V. Test.
2 G. J. Voss. in orat. funebr. Thom. Erpenii apud Henn. Witten. tom. 2. Memor. Philosoph. pag. 147.
3 Jos. Scaliger apud Dan. Tossan. de vit. & morte Buxtorfii senioris apud Witt. t. 1.
Memor. Philos. pag. 314.
4 Dan. Heinsius de Casaub. apud eumd. Witt.
5 D. Tossan. orat. fun de vit. & laud. Buxtorf. pag. 315. ut suprà tom. 1. Mem. Phil.

Le Pere Simon dit que la plupart de ceux qui se vantent aujourd'hui de savoir la Langue Hébraïque, n'ont presque point eu d'autre Maître que le Dictionnaire de Buxtorf qu'ils ont jugé être le meilleur, parce qu'il est le plus abrégé, & le plus méthodique. Mais qu'il est cependant le plus resserré de tous dans la signification des mots Hébreux, parce qu'il a pris pour sa régle les Livres des Rabins (1).

1 Rich. Sim. Livre 3. chap. 2. de l'hist. Critiq. &c.

PHILIPPES DACQUIN, ou HACQUIN, d'Avignon, de Juif devenu Chrétien, & qui s'est appellé en Latin AQUINAS (1).

729 SOn Dictionnaire Hébreu-Chaldaïque parut à Paris en 1629. in fol. avec les approbations de diverses personnes. Kataker dit (2) que cet Ouvrage est très-accompli. Mr de Muis en estimoit fort l'Auteur en général (3) & il écrit que cet homme savoit à point nommé non seulement tous les versets, mais même tous les mots de la Bible.

Mais Mr de Flavigni n'en parle pas si avantageusement, quoique ce qu'il en dit ne regarde proprement que le mauvais office qu'il prétend que Dacquin avoit rendu au texte Hebreu des Heptaples de Paris (4).

1 ¶ Mort vers 1640.
2 Thom. Kataker in Cinno pag. 106. edition. 1651.
3 Simeon Muisius in Psalm. xxxv.
versu 14.
4 Paul. Colomes. Gall. Oriental. pag. 256.

Le P. JOURDAIN, Jesuite de Saint Flour (Antoine) mort en 1636.

730 ON a de ce Pere des Racines de la Langue Hébraïque, qu'il a comprises en une centaine de Décades en vers avec leur explication Latine, & il a ajouté une autre Décade de ses Remarques. Cela fut imprimé à Lyon en 1624. in 8°. L'Auteur y a affecté une maniére Laconique, c'est à-dire, qu'il a tâché d'être

fort court, & d'être plus riche & plus abondant en pensées que dans les paroles.

Il avoit encore fait un Dictionnaire en trois Langues, & un Traité de la Poësie des Hébreux, mais on dit que cela n'a point vû le jour.

Ph. Allegamb. Biblioth. Soc. J.

Mr CASTELL (Edmond) Chanoine de Cantorbie, Aumonier du Roi d'Angleterre & Professeur en Arabe à Cambridge.

731 Il publia en 1659. à Londres un Lexicon en sept Langues, sçavoir en Hébreu, en Chaldéen, en Syriaque, en Samaritain, en Ethiopien, en Arabe, & en Persan. Mais ce dernier est un Dictionnaire à part imprimé à la tête du premier des deux Volumes de ce grand Lexicon, & Mr Golius y a été de moitié avec lui.

C'est un Ouvrage très-pénible & fort accompli en son genre, qui est très-utile pour toutes sortes de Livres anciens & modernes écrits en ces Langues, mais particuliérement pour l'Ecriture sainte, les Versions & les Commentaires qu'on y a faits.

Il y découvre aussi un très-grand nombre de fautes qui se trouvent dans les autres Lexicons, surtout dans Buxtorf, Ferrarius, & Giggeius. Il y a inseré le Lexicon de *Schindlerus* presque tout entier, & généralement tout ce que les autres ont de meilleur. Mais son industrie, & les grands secours qu'il a reçus de tous les côtés lui ont donné lieu d'y ajouter une infinité de choses nouvelles.

Et pour tâcher de ne laisser rien à desirer dans ce bel ouvrage, Mr Castell a donné un abregé fort méthodique de la Grammaire de toutes ces Langues, dont il a fait une espéce de Concordance [*in-*8°. *Lond.*]

Il avoit eu aussi grande part à l'édition de la Polyglotte d'Angleterre.

PARAGRAPHE II.

De ceux qui ont écrit de l'Art & des Régles de la Grammaire.

ANTOINE RAOUL CHEVALIER, *Normand*, mort à Gernefey en 1572. (1)

732 Caliger dit (2) que la Grammaire Hébraïque de Chevalier eſt très-bonne & très-parfaite. Mr Colomiez eſtime auſſi qu'elle eſt très-éxacte (3), & c'eſt encore le ſentiment de Mr de Muis (4).

On peut ajouter que c'eſt à cet Auteur que le Tréſor de la Langue Sainte de SANTE'S PAGNINUS eſt redevable de ſes augmentations & de ſes corrections.

* *Ant. Rodolphi Cevalleri Moncampienſis Rudimenta Ebraicæ Lingua* in-4°. *Vuitteb.* 1574. *

1 ¶ Voyés Mr Huet qui l'appelle Antoine Rodolphe le Chevalier page 417. de ſes Origines de Caen. Raoul, Rodolphe, & Radulphe, c'eſt le même nom diverſement énoncé. §

2 Poſterior. Scaligeran. pag. 47.
3 Paul. Colomeſ. Gall. Oriental. p. 43.
4 Sim. Muiſius in Caſtigationib. Animadverſion. Morini pag. 163. édition. 1635. apud Colom.

JEAN MERCIER *d'Uſez en Languedoc*, Profeſſeur Royal à Paris, mort en 1570. (1).

733 ON a crû faire ſon jugement & ſon éloge en diſant qu'il étoit le diſciple véritable & naturel de Vatable à qui il ſuccéda auſſi-bien dans ſa réputation que dans ſa chaire.

Ses principaux ouvrages de Grammaire ſont. 1°. *Des notes ſur le Tréſor de la Langue Sainte de Pagninus.* 2°. *Une Grammaire Chaldaïque avec les abbreviations.* 3°. *Des tables ſur la Grammaire Chaldaïque.* 4°. *Un alphabet Hébraïque.* 5°. *Et quelques verſions de Rabins ſur les Accens.*

Beze prétend que Mercier étoit l'homme le plus éxact & le plus

1 ¶ Voyés la note ſur l'Article 378.

GRAMMAIRIENS HEBREUX.

habile de son siécle (en ces connoissances) & qu'il n'étoit inférieur à son Maître en quoi que ce fût, l'ayant même surpassé dans le discernement admirable avec lequel il a découvert les fautes des Rabins (1). Casaubon (2) & Mr de Thou (3) soutiennent qu'il étoit incontestablement le plus habile d'entre tous les Chrétiens pour la connoissance de la Langue Hébraïque, & le dernier ajoute qu'il a même surpassé son illustre Maître en un point, ayant heureusement découvert l'art de la Poësie Hébraïque, la quantité & la mesure des Vers des Hébreux qui nous avoient été inconnuës jusqu'alors, & ayant promis même d'écrire sur cette matiére.

Scaliger dit (4) que c'étoit le plus grand des Grammairiens, & le plus excellent des Hébreux de son siécle ; & il ajoute qu'il avoit beaucoup de pieté, mais il eût été à souhaiter qu'elle eût porté ses fruits dans le sein de l'Eglise Catholique. Drusius dit aussi (5) que Mercier s'est distingué parmi les Maîtres de la Langue Hébraïque & les Interprétes de l'Ecriture comme un cedre qui paroît au milieu des viornes. Mr du Tillet lui donne un grand jugement avec une profonde érudition (6) disant que les Hébreux & les Chrétiens lui étoient également redevables ; & Mr le Président Ferrier au rapport de Mr Servin l'Avocat Général (7) l'appelloit le plus savant Chrétien sans exception.

Néanmoins Estienne Pasquier témoigne (8) que notre Mercier n'étoit pas universel, mais que toutes ses lumiéres sembloient être renfermées dans la connoissance de ses Livres Hébreux ; qu'il étoit *grand & superlatif* en cette Langue & même qu'au jugement des plus habiles il avoit le dessus de tous les Juifs : mais que pour le reste c'étoit un vrai *zero* de chiffre particuliérement pour les affaires du monde.

---

1 Theod. de Beze præfat. in Ecclesiasten edition. 1598.
2 Isaac Casaub. Epistol. ad Porthæs. pag. 468. edition. Hagiens.
3 Jac. Aug. Thuan. hist. sui tempor. ad ann. 1547.
4 Scaligeran. prim. pag. 109. Item poster. Scaliger. pag. 156.
5 Joan. Drus. in observation. pag. 368. & ap. Colom.
6 Joan. Tillius epistol. ad Cardinal. Lotharing. præfix edition. Hebraicæ Evangel. S. Matthæi
7 Louis Servin pag. 341. de ses plaidoyers de l'édition de 1619.

8 Est. Pasquier catechisme des Jesuites, page 29. & ap. Colom.

¶ Pasquier dans l'endroit cité ne dit rien de tel, mais seulement que Mercier accusé par les Jésuites d'avoir sollicité vivement contre eux, n'y avoit point songé du tout ne se mêlant que de son Hébreu, & nullement des affaires du monde dans lesquelles il étoit un vrai zéro. S'ensuit-il de ce raisonnement que Mercier, hors son Hebreu dans lequel il excelloit, fût en tout autre genre de litérature un zéro ? Mr Huet page 157. *de claris Interpretibus*, sans parler de Mr de Thou, ni de Scévole de Sainte Marthe, en a donné une autre idée.

Mr Bochart a remarqué aussi de son côté (1) qu'il savoit assés mal la Géographie, & pour nous en donner un éxemple il rapporte l'endroit entre les autres où Mercier disoit que l'Acarnanie, la Carie, & la Bactriane étoient des Provinces voisines & contiguës.

Mr Colomiez a recueilli les éloges que les savans ont fait de Mercier dans son Livre de la France Orientale. (2)

1 Sam. Bochart in Phaleg pag. 92. & ap. Colom.
2 Paul Colomes. in Gall. Oriental. pag. 49. 50.

JEAN DE CINQ-ARBRES d'*Orillac en Auvergne* en Latin *Quinquarboreus*, mort en 1588. (1)

734   IL n'y a rien de trop singulier dans les ouvrages de la Grammaire Hébraïque qui les fasse distinguer : quoiqu'après Jean Mercier son Collegue il passât pour un des plus habiles dans la connoissance de ces Langues, & qu'il eût même au-dessus de lui l'avantage d'y avoir joint les autres Sciences (2).

* *Joan. Quinquarborei Ling. Ebraica Institutiones cum notis P. Vignalis* in-4°. *Parif.* 1610. *

1 ¶ Colomiés dit que ce fût en 1587.
2 Paul. Colomiez Gall. Oriental. p. 65. 66.
¶ Colomiés dans sa *Gallia Orientalis* a rapporté touchant Jean de Cinq-arbres ce témoignage tiré d'une harangue d'un Régent de Montaigu nommé Jaques Prevoteau: *Inter Hebraica lingua Professores possum nominare Quinquarboreum qui ad literas Hebraicas variarum rerum cognitionem adjunxit.* On voit que cette connoissance de diverses choses ne dit rien de positif, & que sur une louange conçue en termes si vagues il n'y avoit pas lieu de conclure que Jean de Cinq-arbres étoit un homme universel qui possédoit toutes les sciences. C'est ce qu'il n'a pas fait reconnoître par ses ouvrages, au lieu que Mercier, à qui on le préfere ici mal à propos, l'a non seulement surpassé en capacité pour l'Hebreu, mais a de plus, par ses traductions d'Orus, & d'Harmenopule, donné dès sa premiére jeunesse des marques de son talent pour le Grec.

PIERRE MARTINEZ ou MARTINIUS de la basse Navarre, *mort à la Rochelle vers l'an* 1594.

735   ON a enseigné publiquement sa Grammaire Hébraïque en Allemagne & aux Pays-bas: ce qui est une marque de l'estime générale qu'on en faisoit. Buxtorf le pere témoigne qu'il étoit éxact dans la connoissance de cette Langue. On a fait dans
la

GRAMMAIRIENS HEBREUX.

la suite quelques augmentations & quelques changemens à cette Grammaire.

* *Petri Martinii, Morentini Navarri, Grammatica Ebrææ lib.* II. *cum observat. Sixtini ab Amama* in-8°. *Franek.* 1625.*

P. Colom. Gall. Oriental. pag. 67. 68.   Joan. Buxtorf. in Thesauro Grammatic. pag. 9. edition. 1609.

BONAVENTURE CORNEILLE BERTRAM *Poictevin de Thouars, mort à Lausanne l'an* 1594.

736 IL étoit assés heureux en conjecture & en critique de Grammaire comme a remarqué Casaubon en plus d'un endroit rapporté par Mr Colomiez (1). Il a procuré au Public une nouvelle édition du Trésor de la Langue Sainte de Pagninus augmenté d'un grand nombre d'Observations tant de Jean Mercier, & d'Antoine Raoul Chevalier que des siennes particuliéres. Il a fait aussi un parallele de la Langue Hébraïque avec la Syriaque ou Arameenne.

Néanmoins son principal ouvrage est son Commentaire de l'Etat & Police des Juifs publié avec les observations de Constantin l'Empereur, mais nous en parlerons ailleurs.

1 P. Colom. Gall. Oriental. pag. 73.

GILBERT GENEBRARD *Auvergnat Bénédictin, Professeur Royal en Hébreu à Paris, Archevêque de la Ligue à Aix, puis Prieur de N. D. de Semeur en Auxois, mort en* 1597.

737 IL est également estimé par les Savans de l'une & de l'autre communion pour la connoissance de la Langue Sainte, & son siécle n'avoit point porté de plus grand Hébreu que lui après Vatable & Mercier. On peut voir dans Mr Colomiés (1) un Recueil de témoignages avantageux que les doctes ont rendus à son mérite. Scaliger écrit pourtant à Buxtorf qu'il lui manquoit quelque chose pour être achevé, & que ce qu'il avoit entrepris sur les Rabins demandoit un plus habile homme que lui. Il a écrit peu de chose sur la Grammaire, mais nous parlerons de lui plus amplement parmi les Chronologistes & les Théologiens.

1 P. Colomiez Gall. Oriental. p. 88. & seq.   2 Jos. Scalig. epist. ad Buxt. ann. 1606.

JEAN DRUSIUS ou de DRIESCHE d'*Oudenarde en Flandre*, mort en 1616.

738 IL passoit avec beaucoup de raison pour un des plus habiles du siécle dans la connoissance de la Langue Sainte, & il étoit si persuadé de son propre mérite (1) qu'il s'étoit donné la qualité de *divin Grammairien.*

La plupart de ses ouvrages regardent la Critique & l'explication literale des Saintes Ecritures, & nous rapporterons parmi les Interprétes de la Bible le jugement que les Doctes en font.

Mais les principaux de ceux qu'il a faits de pure Grammaire sont 1°. *Une Grammaire Hébraïque.* 2°. *Des notes sur la Grammaire Hébraïque de Nicolas Clenard.* 3°. *Un Traité de la véritable maniére de lire l'Hebreu.* 4°. *Un alphabet de l'ancien Hébreu avec des notes.* 5°. *Un Traité des particules Chaldaïques, Syriaques, Rabbiniques.* 6°. Deux Livres sur *les lettres serviles des Hébreux.* 7°. *Des tables sur la Grammaire Chaldaïque.* 8°. Un Traité sur *les mots Hébreux qui se trouvent dans le nouveau Testament.* 9°. Quelques autres petits *opuscules de Grammaire* joints ensemble. 10°. Il avoit encore composé une *Orthographe sacrée*, c'est-à-dire, de la coutume ancienne d'écrire les noms qui sont dans l'Ecriture sainte en Hébreu, en Grec & en Latin. 11°. Il avoit fait aussi un *Nomenclator* ou *Lexicon des Langues Orientales.* 12°. Un Lexicon Syriaque écrit en lettres Syriaques. 13°. Un Traité des *Dialectes sacrées.* 14. Un autre appellé *Cadmus* ou des mots qui ont passé d'Orient en Occident, & qui d'Hébreux, Syriaques, Chaldaïques sont devenus Grecs & Latins. 15°. Enfin il avoit disposé pour une nouvelle édition le *Dictionnaire d'Elie le Levite* avec une censure qu'il y avoit faite.

Au reste les Protestans ont parlé bien ou mal de Drusius suivant la disposition différente où leur esprit étoit à son égard.

Les uns (2) disoient qu'il n'avoit pas lû les Rabins, qu'il écrivoit mal, qu'il avoit un pauvre jugement, qu'il ne savoit que sa Grammaire, qu'il étoit le singe de Lipse, qu'il avoit une étrange latinité, qu'il n'étoit rien auprès de Buxtorf; en un mot qu'il n'étoit point savant quoiqu'il se crût le plus habile homme du siécle.

---

1 Baillet lui-même Art. 468. dit que Drusius ne s'étoit donné ce nom que par rapport aux livres Divins, c'est à dire à l'Ecriture sainte, à l'éclaircissement de laquelle il avoit voué toute son étude.

2 Posterior. Scaligeran. pag. 67. 68.

GRAMMAIRIENS HEBREUX.

Les autres au contraire difent qu'il a bien écrit ; qu'il étoit plus habile que Serarius en Hébreu, quoique dans toutes les autres connoiffances ce Jefuite le paffât de beaucoup ; qu'il étoit judicieux Critique ; & que hors quelques maniéres d'écrire & de prononcer, fes ouvrages peuvent être de très-grande utilité (1).

Il étoit mal-traité & fouvent perfecuté par les Hérétiques fes confreres. Mais Scaliger dit qu'ils ne lui vouloient du mal que parce qu'il n'avoit pas voulu foufcrire la confeffion de foi des Calviniftes, & qu'ayant été nourri à Louvain il paroiffoit avoir toujours retenu dans fes Ecrits & dans fes difcours des impreffions de l'Eglife Catholique. Il dit encore que Drufius étoit haï de fes compagnons les Proteftans, mais que c'étoient des Barbares (2).

* Voyés le Catalogue de fes ouvrages dans la Bibliothéque de Valere André pag. 496. *

1 Val. Andr. Bib. Belg. & Rich. Sim. hift. Critiq. du V. T.   2 Scalig. ut fuprà.

LE *CARDINAL BELLARMIN* (Rob.) *de Monte Pulciano mort en* 1622. (1) & *GEORGES MAYR Jefuite Allemand, mort en* 1623.

739   LA Grammaire Hébraïque de Bellarmin eft fort bonne quoiqu'il ne fût que fort peu d'Hébreu felon Scaliger (2). Et en effet il y paroît plus de méthode & de netteté que d'érudition Juive, [*in-*8°. à Anvers 1606.]

Celle du P. *Mayr* n'a pas été moins eftimée que celle de ce Cardinal, & il paroît qu'elle a été d'affés grand ufage par le nombre de fes éditions (3). [*in-*8°. à Lyon 1659.]

1 ¶ Baillet dès l'an 1686. avoit reconnu qu'au lieu de 1621. il faloit 1621. comme auparavant il l'avoit mis aux Articles 86. & 237 §
2 Pofterior. Scaligeran. pag. 23.
3 Alegamb. & Sotwel. in Biblioth.

Mmmm ij

JEAN BUXTORF *le pere, mort en* 1629.

740. Nous avons parlé de ce qu'il a fait sur les régles & l'art de la Grammaire Hébraïque parmi ceux qui ont fait des Dictionnaires de cette Langue.

CHAPITRE III.

DE QUELQUES AUTRES TRAITE'S
de Grammaire de Langues Orientales.

PARAGRAPHE I.

DE LA GRAMMAIRE ARABE

Par Guillaume POSTEL Normand, *mort en* 1581.
ET Par Thomas ERPEN Hollandois, *mort en* 1624.

741. Scaliger dit (1) que la Grammaire Arabe de Guillaume POSTEL est un tissu de préceptes qu'il a recueillis des Leçons ordinaires des Maîtres naturels de cette Langue, & qui est proprement une traduction de leurs régles. Ainsi il ne faut point douter, dit-il, qu'il n'ait fort bien réussi, & qu'il n'ait rendu un très-grand service à la Langue Arabe, & à ceux qui la veulent apprendre éxactement.

Mais quaprès tout, Postel n'étoit pas si habile en cette Langue qu'il avoit voulu paroître, qu'il l'avoit remarqué dans diverses conversations qu'il avoit euës avec lui, & qu'il en avoit donné des marques dès le premier chapitre de l'Alcoran qu'il a voulu traduire, & où il n'a rien fait qui vaille, si on en excepte trois ou quatre mots qui sont assés heureusement tournés. Nous parlerons encore de Postel en un autre endroit.

---

1 Joseph Scaliger in opusculis pag. 461. edition. ann. 1610.

GRAMMAIRIENS ARABES.

742 POur ce qui regarde ERPEN, Cafaubon dans le Livre de Mr Huet dit qu'il avoit une curiofité & une intelligence toute particuliére pour l'Arabifme & pour toutes les régles de la Grammaire de cette Langue (1). Mr Golius dit que c'eft une chofe très-rare & prefque fans éxemple, qu'une même perfonne ait jamais pû communiquer la perfection à un Art dont elle auroit trouvé les commencemens, mais qu'il femble que cela foit arrivé à Erpen, & qu'il ait mis la premiére & la derniére main (parmi les Chrétiens) à la véritable Grammaire des Arabes (2).

Voffius dans l'Oraifon funébre qu'il fit de ce favant homme fon Collégue dit (3) qu'il avoit une connoiffance fi parfaite de cette Langue, & qu'il en écrivoit dans un ftyle fi choifi & fi naturel, que le Roi de Maroc ne pouvoit affés admirer la pureté de fa diction dans les Lettres qu'il en recevoit en cette Langue, & qu'il les montroit fouvent comme des raretés finguliéres aux principaux Seigneurs de fa Cour, & aux Perfonnes de Lettres de fon Royaume.

ON pouroit remarquer encore ici que les Savans ont une eftime particuliére pour le *Lexicon Arabe* de Thomas du PERIER Parifien, parce qu'il a été fait fuivant les lumiéres de Thomas Erpen, & que du Perier s'étoit merveilleufement perfectionné chés lui dans la connoiffance de cette Langue en s'occupant à corriger les épreuves de ce qu'on en imprimoit alors (4).

* *Thom. Erpenii, Grammatica Arabica, cum felectis Leckmanni in-4°. Leidæ* 1656.
Lexicon Arabicum, Franc. Raphalengii, cum notis Thom. Erpenii in-fol. 1613.*

1 P. D. Huet. de claris Interpretibus lib. 2. pag. 122.
2 Jacob. Golius præfat. ad Gramm. Arab. Erpenii, edition. Lugd. Bat. ann. 1656.
3 G. J. Voff. orat. fun. pro Erpen. ap. Henning. Witten. tom. 1. Memor. Philof. noftri fæculi pag. 156.
4 Voff. orat. fun. Erp. ut fuprà. p. 149.

PARAGRAPHE II.

DE LA GRAMMAIRE PERSANE,

Par *Louis* de DIEU, de Flessingue, *Hollandois*, *mort* en 1642.

ET

Par le P. ANGE de S. JOSEPH, *Carme Déchauffé*, *encore vivant*.

743 Les Rudimens que Louis *de Dieu* a faits de la Langue des Perses in 4°. en 1639. & qu'il a publiés après la version de l'Histoire de Christ par Xavier, sont généralement estimés de tout le monde, parce qu'on est persuadé que s'il avoit des égaux dans la connoissance de toutes les Langues Orientales, il étoit difficile de lui trouver quelqu'un qui l'emportât sur lui. Il en a donné encore des preuves par sa *Grammaire de trois Langues*, *Hebraïque*, *Syriaque & Chaldaïque*, & par un abregé de la *Grammaire Hébraïque*, & un petit *Dictionnaire* des principales Racines de cette Langue. Mais cela paroit encore plus par d'autres Ouvrages plus importans qui ne regardent pas notre sujet.

Le Pere Ange de *Saint Joseph* a fait une espéce de Grammaire ou de Dictionnaire Persan, publié à Amsterdam en 1684. sous le titre de *Gazophylacium Linguæ Persarum* [in-fol.]. Mr de la Roque (1) dit que la Méthode qu'il y propose pour apprendre cette Langue, est reguliére; que toutes les remarques y sont encore fort justes,& les traits d'histoire dont il embellit son Ouvrage fort instructifs. Il s'est expliqué en Latin, en François, & en Italien, pour en étendre l'usage à toutes les Nations de l'Europe, & il fait profession d'éviter toutes les difficultés de Grammaire qui ne sont qu'embarasser l'esprit, & retarder le progrès qu'on y peut faire.

 Compendium Grammaticæ Hebrææ in-4°. Amst. 1616. — *Rudimenta Linguæ Arabicæ & Persicæ* in-4°. — *Grammatica Ling. Orientalium, Hebraicæ, Chald. & Syriacæ inter se collatarum* in-4°.

1. Journal des Sav. du 10. Juillet 1684.

PARAGRAPHE III.

DE LA GRAMMAIRE TURQUE.

Le Pere BERNARD de PARIS, & le Pere PIERRE d'ABBEVILLE, *Capucins encore vivans*.

744 LE premier de ces Peres avoit fait d'abord le Dictionnaire en Turc & en François, & y avoit ajouté les termes Perfans & Arabes dont les Turcs ont coutume de fe fervir. Mais comme cette édition a été faite à Rome, on a fait traduire le François en Italien par le Pere Pierre d'*Abbeville* du même Ordre.

L'Auteur du Journal eftime (1) qu'il auroit été plus utile & plus à propos de faire commencer ce Dictionnaire par le Turc plutôt que par l'Italien; car il (2) eft plus propre pour traduire le Turc, que pour apprendre à le parler, à caufe qu'il eft rempli d'une infinité de mots Arabes & Perfans qui n'entrent point dans le Difcours des Turcs, & qui ne fe trouvent que dans leurs Ecritures & dans leurs Livres, où ils font d'un grand ufage. Auffi dit-on que l'Auteur l'avoit compofé de cette maniére.

1. Journ. des Sav. du 25. Avril 1667.
2. ¶ La netteté ordonnoit d'ufer ici de ré- pétition, & de dire : *car ce Dictionnaire eft plus propre pour* &c. *b*

DES GRAMMAIRES
en Langues vulgaires qui viennent de la Latine.

CHAPITRE I.
DES GRAMMAIRIENS FRANCOIS.

PARAGRAPHE I.

De quelques Auteurs qui ont écrit de l'Orthographe Françoise,
COMME,

1. Louis MAIGRET, ou *Meygret*, Lyonnois.
2. Jacques PELLETIER, du Mans, mort en 1582.
3. Guillaume DES AUTELS, *Gentilhomme Bourguignon.*
4. Laurent JOUBERT, *Médecin, mort en 1582.*
5. Claude EXPILLY, *Président au Parlement de Grenoble, mort en 1636. &c.*

745. IL est assés inutile de rappeller la mémoire des vieilles querelles qui furent excitées dans le siécle passé touchant l'Orthographe véritable de notre Langue. *Pelletier & Maigret* convenoient ensemble qu'il falloit écrire d'une maniére entiérement conforme à la prononciation, quoiqu'ils ne fussent pas généralement d'accord en toutes choses. *Guillaume des Autels* attaqua le parti de Maigret, qui fit des efforts inutiles pour se défendre, & pour autoriser ses maximes.

Quelque chose qu'on ait voulu dire du droit des uns ou des autres, on ne peut pas nier ce qui est de fait, & il est constant que Pelletier & Maigret

GRAMMAIRIENS FRANÇOIS.

Maigret perdirent leur caufe, quoiqu'ils fuffent des meilleurs Ecrivains de leur fiécle pour notre Langue. C'eſt au moins ce que Mr de Sainte Marthe témoigne de Pelletier (1) qui felon cet Aureur a écrit très-purement en François, & qui ayant compoſé ſes Dialogues fur notre Orthographe d'une manière élégante pour ces tems-là, établit par cet ouvrage les fondemens de la réputation qu'il acquit dans la fuite.

Comme ces fortes de Livres font prefque tous tombés dans les révolutions arrivées à notre Langue depuis ce tems-là, on ne s'intereſſeroit pas beaucoup dans le jugement que nous en pourions faire, ainfi nous nous contenterons de rapporter ici quelques titres des principaux Livres qui fe firent alors fur ce ſujet pour faire honneur à l'importance de la querele.

Ce fut Maigret qui la commença l'an 1545. par fon ,, *Traité tou-* ,, *chant le commun ufage de l'Ecriture Françoife auquel eſt debatu des* ,, *fautes & abus en la vraye & ancienne puiſſance des Lettres*. Le fieur des Autels s'étant déguifé fous l'anagramme de fon nom (2), écrivit contre cet Ouvrage par un *Traité touchant l'ancienne Ecriture Françoife & l'Orthographe* qui avoit été en ufage jufqu'alors, pour confondre ceux qu'il appelloit *Meigretiſtes*, & qui ſe multiplioient beaucoup. L'an 1550. Jacques Pelletier publia à Poictiers ſes *Dialogues de l'Ortografe è prononciacion Françoèſe* en deux Livres où il pratiqua le premier les nouvelles maximes d'Orthographe qu'il vouloit preſcrire aux autres. Les perfonnages des Dialogues n'y étoient pas feints, c'étoient Jean Martin, Théodore de Beze, Denys Sauvage, le Seigneur d'Auron, l'Evêque de Montpellier (3) & lui. Il ajouta à la fin de cet ouvrage une Apologie à Louis Maigret, & depuis ce tems-là il écrivit & fit imprimer la plupart de ſes ouvrages & entre autres fon Art-poëtique & fon Algebre d'une manière conforme à la prononciation. En même tems Louis Maigret fit paroître à Paris *le Traité de la Grammere Françèſe*, & devant la fin de la même année il donna la *Réponſe à l'Apolojie de Jaqes Pelletier*; & un autre Livre de *défenſes* touchant fon Orthographe Françoife contre les cenſures de Guillaume des Autels & ſes Adhérans. L'an 1551. des

---

1 Scævol. Sammarth elog. lib. 3. pag. 80.

1 Glavmal du Vez.

¶ Il faut pour trouver dans l'Anagramme le nom entier *Guillaume des Autels*, écrire néceſſairement *Glaumalis du Vezelet*.

2 ¶ Quoiqu'en diſe du Verdier page 609.

de fa Bibliothèque, l'Evêque de Montpellier, ſavoir Guillaume Peliſſier, n'a pas été un des perſonnages de ces Dialogues. Il y eſt ſeulement dit que Dauron (car c'eſt ainſi que Peletier écrit ce nom) étoit obligé de tenir compagnie à cet Evêque la plupart du tems. ♪

Autels fit imprimer à Lyon, *la Réplique aux furieuses defenses de Louis Maigret touchant son Orthographe & la question de notre écriture Françoise*. Maigret voulut répartir dès la même année par un nouveau Livre qui eut pour titre *la Réponse à la dezesperée replique de Glaumalis de Vezelet transformé en Gyllaome des Aotels*.

Quelques-uns voulurent dans la suite des tems renouveller la dispute, comme Laurent *Joubert* qui publia en 1579. à Paris un *Dialogue sur la Cacographie Françoise avec annotations sur son Orthographie*, mais cela fut sans succès.

Le Président *Expilly* écrivit aussi sur le même sujet, & publia à Lyon en 1618. un Traité in folio de l'*Orthographe Françoise* selon la prononciation de notre Langue.

Enfin les Etrangers ont eu la curiosité de traiter aussi cette matière, & l'an 1669. on vit paroître in-12. à Ausbourg un Livre de l'*Orthographe de la Langue Françoise* composé par Jerôme Ambroise *Langen-Mantel*.

On peut rapporter encore parmi les Traités de l'Ecriture Françoise celui des *Principes du déchiffrement de la Langue Françoise* que *Jacques* de *Gevry* publia à Paris en 1668. Les régles qu'il donne pour déchiffrer du François suffisent, selon Mr Galois (1), lorsque les mots sont séparés les uns des autres ; qu'il n'y a pas plus de vingt-deux caractéres dans l'Ecriture qu'on veut lire ; que les mêmes caractéres signifient toujours les mêmes lettres, & que l'Ortographe est bien observée. Mais si tous les mots sont joints ensemble sans être distingués autrement que par des caractéres inutiles mis exprès entre deux ; si l'on a multiplié les plus ordinaires, ou que les mêmes caractéres signifient tantôt une lettre & tantôt une autre : il faut avoir recours à d'autres addresses pour les déchiffrer.

1 Journal du 17. Décembre 1668.

PARAGRAPHE II.

De ceux qui ont écrit des Principes de la Grammaire Françoise.

ESTIENNE DOLET d'*Orleans*, *brulé à la Place Maubert en* 1545. (1).

746   CEt homme dont nous avons déja parlé au Recueil des Imprimeurs, se croyoit fort nécessaire au monde pour perfectionner & embellir la Langue Françoise, s'imaginant être celui que la Providence avoit destiné pour la tirer de la barbarie & de l'indigence où elle avoit été jusqu'alors. C'étoit peut-être dans cette pensée qu'il disoit au Roi François Premier dans une Epitre qu'il lui fit en vers.

> *Vivre je veux pour l'honneur de la France*
> *Que je prétens (si ma mort on n'avance)*
> *Tant célébrer, tant orner par écrits,*
> *Que l'Etranger n'aura plus à mépris*
> *Le nom François, & bien moins notre Langue,*
> *Laquelle on tient pauvre en toute harangue......*

Et un peu après il ajoute.

> *Passant nos ans en l'augmentation*
> *Du bien Public, & décoration*
> *De notre Langue encore mal ornée*, &c.

Mais il semble que l'autorité publique n'ait point eu grand égard à cette prétenduë vocation de Dolet, & l'obstacle qu'il prévoyoit lui arriva par sa faute, son supplice fit aller toutes ses belles résolutions en fumée.

Néanmoins la Justice ne toucha point à ceux de ses Ecrits où il ne s'agissoit pas de la Religion ou de l'Etat. Tels sont tous les ouvrages qu'il a fait dans le dessein d'enrichir & d'avancer notre Langue. On y trouve un grand nombre de traductions Françoises, mais il y a peu de choses touchant les régles de notre Grammaire. Nous avons

---

1 ¶ Voyés la note sur l'Article 26.

GRAMMAIRIENS. FRANÇOIS.

de lui un Traité *de la Ponctuation Françoise*, & un *des Accents de notre Langue* qui sont joints à celui qu'il a fait de la maniére de bien traduire d'une Langue à une autre. Il avoit écrit davantage & plus amplement pour la Grammaire Latine quoique nous n'en ayons parlé qu'en passant.

V. les Bibl. de la Croix du Maine & de du Verdier.

PIERRE DE LA RAME'E ou *Ramus Picard du Vermandois*, tué en 1572.

747 Comme il avoit entrepris de donner des Méthodes nouvelles pour procurer l'avancement & la perfection des Arts & des Sciences, & comme il avoit déja travaillé sur la Grammaire des Langues Grecque & Latine, il crût que ses obligations & la piété envers sa Patrie demandoient de lui qu'il fit aussi quelque chose pour sa Langue maternelle. On a de lui une espéce de *Grammaire Françoise* où il a fixé les déclinaisons des noms & les conjugaisons des verbes, & où il a réglé l'ordre & la convenance des mots par la Syntaxe

Il s'y est servi d'une nouvelle Orthographe qui est de son invention, mais elle est si extraordinaire qu'il a crû devoir mettre à côté la même chose selon la maniére ordinaire d'écrire, comme une espéce d'interprétation de son ouvrage.

* Grammaire Françoise de Pierre de la Ramée *in*-8°. Paris 1527. *

La Croix du M. Bibl.   Ch. Sorel Bibl. trait. 1. de la L. Franc. p. 17.

HENRI ESTIENNE *Parisien*, mort en 1598.

748 Cet Auteur dont nous avons déja parlé en plus d'un endroit, a fait un Traité *de la conformité du langage François avec le Grec*, où tout le monde trouve de fort bonnes remarques. Il en a fait encore un autre qu'il a appellé *de la précellence du langage François sur le Toscan*.

Mr de Sainte Marthe (1) dit qu'il écrivit ce dernier Traité pour

1 Scævol. Sammarthan. elog. lib. 4. pag. 131.

GRAMMAIRIENS FRANCOIS. 655

détromper ceux du pays qui s'imaginoient que l'Italien devoit être Eftienne préféré en toutes chofes au langage François, & qu'il l'a rempli de beaucoup d'agrémens proportionnés au goût de fon tems pour perfuader le Public de l'excellence de notre Langue. Néanmoins il faut avouer qu'il y paroit trop paffionné en quelques endroits, & qu'il agit avec peu de fincérité, ayant compofé des difcours Italiens remplis de mots & d'expreffions qui fonnent mal & qui choquent l'oreille, & qu'il a choifies exprès pour les oppofer à ce qu'il y avoit de plus agréable de fon tems dans notre Langue (1).

Il avoit compofé outre cela deux dialogues *du langage François Italianifé* pour fe mocquer de quelques Courtifans de fon fiécle qui pour paroître polis & galans corrompoient la Langue Françoife, & y introduifoient plufieurs mots Italiens. Néanmoins l'ufage s'eft trouvé plus fort que fes raifons, & il a autorifé quantité de termes de Milice & des autres Profeffions, à caufe du cours qu'on leur a donné pendant les guerres d'Italie, & parce qu'on les a jugés agréables & faciles depuis qu'on fréquente ceux du pays plus particuliérement (2).

,, Au refte Henri Eftienne écrivoit en François auffi-bien qu'homme
,, de fon tems comme il l'a témoigné dans le difcours de la vie de
., Catherine de Médicis qui eft de *main de Maître* felon le fentiment
,, du nouveau Traducteur de Fra-Paolo (3). Il parloit fi bien la Lan-
,, gue de fon pays que le Roi Henri III. lui donna ordre de com-
,, pofer le difcours (4) de la *Précellence* (5) *du langage François* dont
nous avons parlé.

* De la Précellence du langage François, par Henri Eftienne *in*-8°. Paris 1579. — Traité de la conformité du langage François avec le Grec par le même *in*-8°. — Dialogue du nouveau langage François Italianifé & autrement déguifé par les Courtifans de ce tems par le même in-16. à Anvers 1579. *

1 Ch. Sorel Bibl. Franc. de la pureté de la L. Franc. page. 11.
2 Nouvel. de la Rép. des Lettres de Mars 1684. page 92. 93.
3 ¶ Bayle entend Amelot de la Houffaie, mais Gui Patin, *Lettre* 190 *du* 5. *tom.* à Roterdam chés Reinier Léers, dit que Beze eft le véritable auteur de cette vie, qu'elle eft dans les Mémoires de Charles IX. & quelle fut réimprimée en 1649.
4 ¶ C'eft, comme le remarque Bayle dans l'endroit cité, Henri Eftienne lui-même qui nous l'apprend dans la préface de fon Traité contre la Latinité de Lipfe.
5 ¶ On auroit pû lui dire que le mot *Précellence* n'étant pas François, le titre feul de fon livre faifoit voir qu'il écrivoit pour l'honneur d'une langue qu'il ne favoit pas. *b*

Mr de MALHERBE (François) Gentilhomme *de Normandie*, mort en 1628.

749   Ous n'avons rien de lui, ce me semble, qu'il ait écrit sur les régles de notre Langue, mais il est considéré comme le restaurateur de la pureté, & comme le premier Maître des véritables Grammairiens qui sont venus depuis, & généralement de ceux qui ont voulu écrire naturellement soit en vers soit en prose. Et c'est lui plus qu'aucun autre qui a courageusement exterminé tous ces styles de Nerveze, & de des-Escuteaux, & toutes ces autres affectations ridicules qui auroient rendu notre Langue hideuse & grotesque sans ce secours salutaire. Mais nous parlerons de Malherbe plus amplement dans le Recueil des Traducteurs & des Poëtes, où nous verrons la réponse qu'il fit à ceux qui souhaitoient qu'il fit une Grammaire Françoise.

Mademoiselle de GOURNAY (Marie le Jars) (1).

750   Ette bonne Démoiselle a fait des observations sur le *Langage François, sur la Poësie & sur les diminutifs*. Ce n'est pas ce qu'il y a de meilleur dans ses ouvrages, il y a un peu trop du foible de son sexe & d'entêtement pour les vieux mots, & les anciennes maniéres de s'exprimer en notre Langue. Nous parlerons d'elle encore ailleurs.

1 ¶ Elle mourut le 13. Juillet 1645. agée de 80. ans.

Mr de VAUGELAS (Claude FAURE) (1) de l'Académie, mort en 1649.

   Es Remarques qu'il a faites sur la Langue Françoise sont belles & judicieuses généralement parlant, quoique ce soit plutôt un Recueil de Réfléxions sur ce qu'on sait déja que d'instructions nouvelles sur ce qu'on doit savoir.

1 ¶ Il faut écrire & prononcer Favre comme havre, cadavre, &c. surquoi l'on peut voir l'*Indice expurgatoire du Menagiana*, pag. 41.

GRAMMAIRIENS FRANCOIS.

Le sieur Sorel dit (1) qu'il y montre la différence qu'il y a entre l'usage de la Cour & du grand monde, & l'usage bas & populaire; mais que quelques-uns n'ont pas laissé de l'accuser de caprice & de trop de délicatesse dans la condamnation de quelques mots. Vaugelas:

Le Pere Bouhours témoigne (2) qu'il s'est attaché particuliérement à établir la netteté du style parmi nous, & à régler la Langue selon la façon de parler des meilleurs Ecrivains du tems & des plus honnêtes gens de la Cour, & il ajoute que ces remarques (3) sont pleines de mille réfléxions qui donnent une véritable idée de la Langue, & qu'elles comprennent presque toutes les régles qui peuvent servir pour bien parler & pour bien écrire.

Mr Pelisson juge (4) que quelque chose que Messieurs de la Mothe le Vayer & Dupleix ayent écrit contre ce Livre des Remarques, il ne laisse pas de mériter une estime très-particuliére, & que c'est le sentiment du Public. ,, Car, dit cet Auteur, non seulement la matiére ,, en est très-bonne pour la plus grande partie, & le style excellent & ,, merveilleux. Mais encore y a-t-il dans tout le corps de l'Ouvrage ,, je ne sai quoi d'honnête homme, tant d'ingénuité & de fran- ,, chise, qu'on ne sauroit presque s'empêcher d'en aimer l'Auteur.

Mais nous ne pouvons mieux terminer le jugement qu'on doit faire de ce Livre de Vaugelas, qu'en décrivant fidélement ce qu'en a écrit le P. Bouhours dans ses Remarques (5).

,, Mr de Vaugelas, dit ce Pere, a été l'oracle de la France durant
,, sa vie, il l'est encore après sa mort, & il le sera tandis que les Fran-
,, çois seront jaloux de la pureté & de la gloire de leur Langue. Il a
,, tout ce qu'il faut pour être le *Héros* de ceux qui veulent apprendre
,, à bien parler & à bien écrire. Outre qu'il avoit un génie merveil-
,, leux pour notre Langue, il a été élevé à la Cour; & comme il y
,, vint extrémement jeune, il ne s'est point senti du mauvais air des
,, Provinces. Il fit une longue étude du Langage, avant que de son-
,, ger à composer ses Remarques. Et quand il eut pris le dessein d'é-
,, crire ses lumiéres & ses réfléxions, il ne se précipita point pour
,, faire un Livre
,, Qu'y a-t-il de plus judicieux, de plus élégant & de plus modeste

---

1 Ch. Sorel. Biblioth. Franc. Traité de la pureté de la L. Fr. pag. 19. 20.
Idem de la connoiss. des bons Livres chap. 2. pag. 51.
Voyés encore le sieur Furetiere Nouvell. Allegoric. pag. 155.
2 Entret. d'Ariste & d'Eug. Entret. 2.

pag. 151.
3 Idem ibid. pag. 161.
4 Relat. Histor. de l'Acad. Franc. pag 318.
5 Remarques Nouvelles sur la L. Franç. pag. 372. 373. 374. 395. 396. & seqq.

Vaugelas. ,, que ces belles Remarques qu'il a travaillées avec tant de soin, &
,, où il a mis tant d'années. Il choisit bien les Auteurs qu'il cite; il ne
,, confond pas les modernes avec les anciens, ni les bons avec les
,, mauvais. Les raisonnemens qu'il fait ne sont ni vagues ni faux; il
,, ne remplit point son Livre de fatras, & de je ne sai quelle érudi-
,, tion qui ne sert à rien, ou qui ne sert qu'à fatiguer les Lecteurs. S'il
,, cite quelquefois du Latin, c'est avec réserve, & quand il ne
,, peut se faire entendre. Quelque sombre que soit sa matiére, il trou-
,, ve le secret de l'égayer par des réfléxions sensibles, mais sensées, &
,, par des traits de louange ou de satire forts délicats.

,,   De sorte que les Remarques de Mr de Vaugelas ont un agrément
,, & une fleur que n'ont pas beaucoup de Livres, dont la matiére n'est
,, ni séche ni épineuse. Mais, ce que j'estime infiniment, il parle
,, toujours en honnête homme; il ne dit rien qui blesse la pudeur ou
,, la bienséance; il ne se louë point, il ne fait point le Docteur; il ne
,, se propose point pour modéle, & il ne se cite point.

,,   Mais quelque chose qu'on puisse dire à l'avantage de Mr de Vau-
,, gelas, on ne prétend pas défendre tout ce qu'il y a dans ses Remar-
,, ques. Car depuis sa mort quelques *locutions* qu'il a approuvées, ont
,, vieilli : & quelques autres qu'il a condamnées, se sont introduites
,, suivant le destin des Langues vivantes : Mais excepté ces *locutions*,
,, qui sont en petit nombre, tout le reste subsiste, & nous peut servir
,, de régle, pour bien parler, & pour bien écrire (1). Nous aurions
pû nous en tenir à cette idée que le Pere Bouhours nous donne de
Mr de Vaugelas, si le chagrin de Mr Ménage contre ce Pere ne lui
en eût fait tracer un autre portrait, que la sincérité m'oblige de representer ici tel qu'il nous l'a dépeint dans le second volume de ses Observations (2).

,,   Mr de Vaugelas, dit Mr Ménage, étoit un bon homme, mais
,, il étoit un très-mauvais Etymologiste. C'étoit un fort honnête
,, homme : mais ce n'étoit pas un savant homme. Je connois une
,, personne qui lui a fourni tous les passages Grecs, Latins, & Ita-
,, liens qui sont dans son Livre. Il a pourtant fait de très-doctes,
,, de très-belles, & de très-curieuses remarques sur notre Langue, mais
,, avec le secours de ses amis, de Mr Chapelain, de Mr Conrart, de
,, Mr Patru, & de quelques autres de ces Messieurs de l'Académie :
,, *Je ne lui ai pas nui aussi, & je lui ai fait part de plusieurs Obser-*

---

1 Remarques Nouvelles sur la L. Franç. Pag. 372. 373. 374. 395. 396. & suiv.

2 Mr Ménage tom. 2. des Observat. sur la L. Franç. chap. 27. pag. 69. 70.

vations

GRAMMAIRIENS FRANÇOIS.

,, *vations que le Pere Bouhours admire aujourd'hui, & qu'il se gar-*
,, *deroit bien d'estimer s'il savoit qu'elles fussent de moi.*

* Remarques sur la Langue Françoise avec les notes de Th. Corneille *in*-12. 2. vol. Paris 1687.

Mr DUPLEIX (Scipion) de Condom, Historiographe (1).

752. CEt Auteur a fait un Livre entier contre celui de Mr de Vaugelas, sous le titre de *la Langue Françoise* (2). Il y a quelques endroits qui ne sont pas tout-à-fait déraisonnables; mais dans le reste il s'est rendu ridicule, en voulant faire revivre des maniéres dont on s'est généralement défait. (3)

* Liberté de la Langue Françoise dans sa pureté, ou discussion des Remarques de Vaugelas par Scipion Dupleix *in*-4°. Paris 1621.

1 ¶ Il mourut l'an 1662. agé de 92. ans.
2 ¶ Il faloit dire sous le titre de la *Liberté de la Langue Françoise*, & cette faute est apparemment de l'Imprimeur. *b*
3 Sorel Biblioth. Franç, Traité de la pureté, pag. 10.

Mr de LA MOTHE LE VAYER, de l'Académie, (1) Précepteur de Monsieur.

753. DAns le Volume de ses petits Traités en forme de Lettres, il y en a un contre Vaugelas, où il fait paroître de l'esprit & quelque érudition, mais cela n'a pourtant pas diminué le prix du Livre des Remarques.

* Lettre touchant les Remarques de la Langue Françoise par Mr de la Mothe le Vayer *in*-8°. Paris 1647.

1 ¶ Il mourut en 1672. agé de 86½ ans.

Le Pere LABBE (Philippe) Jesuite, *mort en* 1666.

754 CE Pere a publié un Traité *Des Etymologies Françoises*, où le Public n'a point laissé de trouver beaucoup de bonnes choses, malgré l'opinion médiocre où l'on est de son rare mérite. Il est vrai que plusieurs prétendent que ces Etymologies Françoises ne sont autre chose que le Recueil alphabétique des mots François tirés de la Langue Grecque, que Dom Lancelot a mis à la fin de son *Jardin des Racines Grecques* : & qu'il s'est contenté de l'augmenter de diverses expressions assés peu obligeantes envers cet Auteur, & de quelques additions peu importantes. Mais nous parlerons ailleurs de ce démêlé.

* Les Etymologies de la Langue Françoise, contre la nouvelle secte des Hellenistes de Port-Royal par le R. P. Philippe Labbe *in* 8°. Paris 1661.

Avis sur la seconde édit. des Rac. Gr.

DE QUELQUES LIVRES CONTRE LES PRECIEUSES.

755 LA *Précieuse*, ou, *le Myſtére des Ruelles* en quatre Volumes, est un Ouvrage dans lequel on introduit des personnes qui parlent, & qui agissent autrement que les autres, c'est-à-dire, qui affectent toutes choses. Il donna sujet à une Comédie Italienne de ce nom, laquelle fut imitée en François sous le titre de *Fausses Précieuses*, où on a affecté un langage étudié & choisi.

Le sieur Sorel dit aussi (1) que *le Dictionnaire Historique, Poëtique & Géographique des Précieuses*, avoit paru d'abord être d'une invention assés plaisante, mais que le dessein en fut fort mal éxécuté, & qu'on y méla trop de ridicule, aussi-bien que dans un autre Livre imprimé à part sous le titre de *Dictionnaire des Précieuses*, qui semble être un Recueil de mots impertinens, fait à plaisir pour se mocquer de ces sortes de personnes qui font les *Précieuses* dans leurs discours & leurs entretiens.

1 Charl. Sorel Bibl. Franc. &c.

Mr MENAGE (Gilles) d'*Angers* (1).

756 Nous avons de Mr Ménage deux Ouvrages confidérables fur la Langue Françoife. Le premier eft le Livre des *Origines Françoifes*, qui vaut lui feul une multitude d'Auteurs au fentiment de Dom Lancelot de Port Royal (2), parce, dit il, qu'outre ce qu'il a tiré des Anciens, il a aufli recueilli avec foin ce que les plus habiles de notre tems avoient de plus curieux fur cette matiére. Ce Livre des Origines a eu tant de réputation, que fes Envieux pour tâcher de la détourner de fon Auteur, & de la lui faire perdre, firent courir le bruit qu'il l'avoit pris ailleurs (3).

 C'eft ce Livre important qui a fait dire au Pere Bouhours, que „ Mr Ménage eft fans doute un des premiers Grammairiens du „ Royaume; car quoiqu'il ait l'efprit univerfel, & que ce foit une des „ plus grandes Mémoires du monde, il s'eft attaché toute fa vie à la „ Grammaire, mais c'eft particuliérement dans les Etymologies où „ il excelle; il femble avoir l'efprit fait tout exprès pour cette fcience; „ il femble même quelquefois infpiré, tant il eft heureux à découvrir „ d'où viennent les mots, par éxemple, *Jargon* de *Barbarus*; *La-* „ *quais* de *Verna*; *Larigot* de *Fiftula*, &c. Cet éloge qu'en fait le P. Jefuite paroît d'abord un peu différent de celui que nous venons de rapporter du P. Bénédictin; mais comme l'un n'eft peut-être pas moins véritable que l'autre, on peut dire qu'en les joignant enfemble, il en réfulte un jugement aflés équitable de ces *Origines* de Mr Ménage. (4)

 L'autre Ouvrage eft celui des *Obfervations fur la Langue Françoife*, en deux volumes in 12. qui ont été fort bien reçûs du Public. Le premier volume a été imprimé plus d'une fois; & le fecond le fut en 1676. pour la premiére fois. Le P. Bouhours dit (5) que ces Obfervations de Mr Ménage font curieufes aufli-bien que fes Origines Françoifes, & qu'après les Remarques de Vaugelas, il ne connoit rien en ce genre qui inftruife davantage: quoique depuis ce tems-là il ait témoigné beaucoup de répugnance pour fe foumettre à l'autorité de *Nicod*, qui eft un des principaux Auteurs de Mr Ménage dans fes Obfervations.

1 ¶ Voyés l'Article 564.
2 Dom Lancel. de P. R. préface des Racines Grecq
3 Avis à Mr. Ménage pag. 15.
4 Remarques du P. Bouhours fur la L. Franç. pag. 252. 253.
5 Entret. 2. d'Arifte & d'Eugen. p. 165.

Ménage.

Ce même Pere soutient dans un autre Livre (1) qu'il ne s'est pas mocqué de Mr Ménage, quand il a dit encore la même chose sous le masque du Gentilhomme Bas-Breton (2) & malgré leur mesintelligence & leur brouillerie mutuelle, il prétend avoir eu raison de dire, sans *ridiculiser* personne, que Mr Ménage est un savant homme, qui a une profonde connoissance des Langues, & de douter si nous avons en France un homme plus universel, si nous en avons un qui soit tout ensemble comme lui, Grammairien, Poëte, Jurisconsulte, Historien & Philosophe.?

Effectivement Mr Costar donne à Mr Ménage le dégré *du plus & du mieux* en cinq ou six sortes de Langues, & il lui attribuë une érudition & une probité *agissante & officieuse*.

Mais dans la peine où je me trouvois de pouvoir ramasser tous les éloges que Mr Ménage a reçûs de différentes personnes, je me suis senti tout d'un coup soulagé par la bonne nouvelle qu'un de mes amis vient de m'apprendre, & qui me fait connoître que Mr Ménage travaille sérieusement à les recueillir lui-même, & à en faire un juste volume pour en régaler le Public, dont il croit flater le goût, & procurer l'avantage par ce nouveau service.

Avant que de quitter Mr Ménage, je me crois obligé de parler encore d'un autre de ses Ouvrages qui regarde aussi la Langue Françoise. C'est la *Requête des Dictionnaires* (3) qu'il fit contre l'Académie Françoise, & qui l'ayant brouillé d'une maniére presque irréconciliable avec cet illustre Corps, le mit aussi mal avec le Public. Mr Furetiére, quoique de l'Académie, dit que ce Livre est un Ouvrage plein de jeux d'esprit (4), mais voici comme il parle allégoriquement de notre Abbé au sujet de cette Requête. ,, La joûte du Cavalier *Mé-*
,, *nage* fit beaucoup de bruit, car ayant pris l'interêt de *Nicod* & de
,, *Calepin*, à qui il avoit quelque obligation, il se mit en lice, & se
,, présenta au bout de la Carriere pour combattre tous venans. Il fit
,, alors plusieurs coups de lance, & rompit avec plusieurs des quarante
,, *Barons*, & il leur donna de si rudes atteintes, qu'encore qu'il n'eût
,, dessein que de faire un jeu & un tournoi, cela passa pour un com-
,, bat à outrance, & à fer émoulu.

Mais l'Allégorie à part il y a apparence que si Mr Ménage eût sû quelques-uns des Statuts de l'Académie, & que s'il eût pu prévoir

---

1 Remarques nouvelles sur la Langue Franç. pag. 237.
Item ibid. pag. 367.
2 Doutes sur la L. Franç. par un Gentilh. de Prov. pag. 61.

3 ¶ Voyés touchant cette *Requête* le chap. 82. entier de l'Anti-Baillet. *b*
4 A. Furet. Nouvell. Allegor. sur les troubl. pag. 156. 157.

GRAMMAIRIENS FRANCOIS.

alors une pensée qu'on voulut lui inspirer l'année derniére, il auroit dressé sa Requête un peu autrement, quoique son mérite particulier joint à la générosité de Messieurs de l'Académie ne soit que trop puissant pour effacer les impressions désavantageuses que cette piéce avoit laissées dans quelques esprits.

* Dictionnaire Etymologique ou Origines de la Langue Françoise nouvelle édition *in-folio* à Paris 1694. *

Le sieur DE TRIGNY, ou Dom LANCELOT de Port Royal (1).

757 ON a de cet Auteur une *Grammaire générale & raisonnée* [*in*-12. 1664.] dont nous avons deja parlé. C'est pourquoi nous nous contenterons de dire ici, que quoique ce petit Livre puisse être très utile à toutes les Nations de l'Europe, pour apprendre les principes de toutes sortes de Langues, il regarde plus particuliérement notre Pays & notre Langue, sur laquelle l'Auteur a fait des Remarques très-judicieuses & très-utiles pour jetter les fondemens les plus solides & les plus durables du veritable Art de Parler.

1 ¶ Voyés les Articles 606. & 668.

LE P. BOUHOURS Jesuite (*Dominique*) *Parisien*, né en 1628. vers le tems de la mort de *Malherbe* (1).

758 CEt Auteur a déja régalé le Public de plusieurs ouvrages; & si Dieu lui conserve sa bonne volonté & sa santé, nous avons lieu d'en espérer encore d'autres. Tous ses Ecrits sont généralement utiles pour se perfectionner dans la pureté de notre Langue: mais je n'en sache que trois qui regardent particuliérement l'Art de la bien parler, c'est-à-dire, la Grammaire Françoise, savoir 1°. *Les Doutes sur la Langue Françoise proposés à l'Académie par le Gentilhomme de Province* in-12. 2°. *Les Remarques nouvelles sur la Langue Françoise* in-4°. 3. Et le second des *Entretiens d'Ariste & d'Eugene* in-12.

Le premier de ces ouvrages est une censure de quatorze ou quinze des Messieurs de l'Académie, & de huit des Messieurs de Port Royal.

1 ¶ Voyés l'Article 141.

Bouhours. Elle paroît écrite avec une addresse & une délicatesse qui passent le Provincial de Basse-Bretagne. Mr Ménage dit (1) „ que ce Livre des „ *Doutes* est écrit avec beaucoup d'agrément, & qu'il contient d'ail- „ leurs beaucoup de belles remarques. Et comme Aristote a dit que „ le doute raisonnable est le commencement de la science, nous „ pouvons dire de même, continuë Mr Ménage, qu'un homme qui „ doute aussi raisonnablement que fait l'Auteur de ce Livre est très- „ capable de décider. Et c'est peut-être par cette raison qu'oubliant „ le titre de son Livre, il décide plus souvent qu'il ne propose. Et pour „ mêler la critique à l'éloge, il ajoute que l'aversion que notre Au- „ teur a pour ces Messieurs de Port-Royal, & que la passion qu'il té- „ moigne pour Mr de Vaugelas lui ont pourtant fait reprendre & „ soutenir plusieurs choses qui ne devoient être ni reprises ni sou- „ tenuës.

2° Pour ce qui regarde le Livre des *Remarques nouvelles* on auroit cru volontiers que ce seroit une explication ou une réponse en forme de réfutation aux observations de Mr Ménage, si l'Auteur ne nous avoit averti lui-même (2) que ces remarques ont été faites particuliérement pour régler le style, & qu'étant considerées sur ce pied-là, elles regardent moins le Peuple que les personnes qui se mêlent un peu d'écrire. Il dit néanmoins qu'il n'a point prétendu s'ériger en Maître, & que s'il semble quelquefois décider, il ne le fait pas de son chef, mais seulement après avoir observé l'usage, & avoir consulté les personnes les plus habiles dans la Langue : & qu'il ne prononce que sur le témoignage des bons Auteurs.

On peut juger par la multitude de ses citations qu'il n'a point voulu être crû sur sa parole dans une matiére où la bonne foi seule ne donne pas de créance. Pour autoriser un mot il a rapporté quelquefois des périodes toutes entiéres, afin qu'on en voie mieux l'usage.

Au reste la sage conduite qu'il a gardée dans ces citations pourroit servir de réponse à ceux qui ont crû que ses principales intentions dans tous ses ouvrages de Grammaire n'avoient été que de critiquer ces Messieurs de Port-Royal, puisqu'on y découvre le soin particulier qu'il a pris d'y employer leur autorité en toute rencontre, & qu'il les appelle même *nos Maîtres* (3) sans que rien put l'y obliger que la persuasion volontaire où il paroît être de leur mérite. Il dit qu'il ne

---

1 Guill. Men. Observat. sur la Langue Franç. de la seconde édit. partie prem. Item dans la seconde partie, avis au Lect. pag. 4. 5.

2 Dom Bouh. Remarq. nouvell. sur la Langue Franç. Avertiss. pag. 1.

3 Le même p. 309. des Rem. nouv.

GRAMMAIRIENS FRANCOIS. 663

loüé point expressément ni ces Messieurs ni les autres personnes qu'il cite, parce qu'*outre qu'ils sont fort au-dessus de ses louanges, leur nom seul est un éloge* (1).

3°. Il ne nous reste plus qu'à parler du second des *Entretiens d'Ariste & d'Eugene*, & des cinq autres même à cause de l'occasion qui s'en présente. Car on peut dire avec quelque apparence que l'ouvrage entier n'ayant été entrepris par l'Auteur que pour faire voir sur toutes choses en quoi consiste le génie de notre Langue, & pour tâcher de tracer un modéle pour ceux qui voudront parler & écrire à la mode ; il appartient légitimement à la Grammaire Françoise, quoique certains Critiques (2) y ayent voulu trouver une Morale, une Physique, & une Théologie à censurer.

Ces Entretiens qui ont été composés devant les deux autres ouvrages dont nous venons de parler ont eu un cours & un débit merveilleux. Ils ont été imprimés à Paris cinq fois, à Grenoble deux fois, à Lyon, à Brusselles, à Amsterdam, à Leyden, &c. Nous avons vû peu de Livres de nos jours qui ayent été reçûs plus favorablement parmi ce qu'on appelle le beau monde, & qui ayent été lûs avec plus d'avidité & de plaisir.

Quelque grand qu'ait été le nombre des Censeurs de cet ouvrage cela n'a point empêché le Public de croire qu'il est écrit avec beaucoup de délicatesse & de pureté de langage ; de sorte qu'au rapport d'un Ecrivain tout récent, plusieurs semblent être encore persuadés que pour parler comme les honnêtes gens doivent faire, on doit imiter le style d'Ariste & d'Eugene (3).

Le Cléante moderne témoigne (4) qu'il y a dans cet ouvrage du P. Bouhours une varieté surprenante de toutes sortes de choses ; qu'il y en a de Politiques, d'Historiques, de Physiques, de Morales, de Chrétiennes, & quelques-unes aussi de Galantes. Il nous apprend qu'on en juge différemment dans le monde, & qu'il se trouve sur cet ouvrage des opinions contraires jusqu'à l'extrémité. Mais que parmi les honnêtes gens qui jugent des choses par les choses-mêmes, & sans passion, c'est un sentiment assés commun que le Livre est bien écrit, que le style en est pur, clair, poli, doux ; & qu'avec cela il y a de la vivacité & du brillant : que c'est un Auteur (5) correct, éxact,

---

1 Le même Avertiss. des Rem. pag. 3.
2 ¶ Mrs de Port Royal à l'aide desquels Barbier Daucour composa sous le nom de Cléante les 2. tomes de ses Lettres contre les Entretiens d'Ariste & d'Eugène. §
3 Description de la Ville de Paris, partie 2. pag. 65.
4 Sentim. de Cleante sur les Entret. d'Ariste & d'Eug. tom. 1. p. 5. & 6. Lettre 1.
5 Le même Cléante au tome 1. de ses sentimens p. 270. 272. Lettre 8.

Bouhours. tendre, & délicat; que les observations particuliéres que l'Auteur a faites sur notre Langue sont belles, curieuses, justes, raisonnables : que l'éloge & l'histoire qu'il fait de la Langue Francoise sont véritables, bien pris, & pleins de justesse (1).

L'Auteur du Livre de la Délicatesse dit (2) qu'il n'y a pas un de ces six Entretiens qui ne nous apprenne dans la matiére, tout ce qui se peut dire du sujet qui y est traité ; & dans la forme, la maniére dont les honnêtes gens s'entretiennent de tout cela dans le beau monde. Il ajoute que ces Entretiens étant si bien dans toutes les regles, personne n'a lieu de s'étonner qu'ils ayent été dans une approbation presque universelle.

Mais quelques éloges que le Public ait donné & donne encore aujourd'hui à ces Entretiens, ils n'ont pu éviter la destinée ordinaire des Livres qui font du bruit. Le sort des plus excellens Auteurs a voulu de tout tems que les plus beaux ouvrages fussent les plus exposés à la censure, & que l'on jugeât même de leur prix par le grand empressement qu'on a toujours témoigné pour découvrir & publier leurs défauts. On feroit de gros volumes de tout ce qu'on a écrit contre Homere, Herodote, Platon, Aristote, Ciceron, Seneque, Virgile, Tite-Live, & contre un grand nombre de modernes qui se sont le plus distingués du commun des Auteurs. Ainsi ce n'est pas un deshonneur au Pere Bouhours de partager la mortification avec tant de grands hommes puisqu'il a travaillé pour avoir part à leur gloire.

§. I.

De tous ces Critiques je n'en connois pas qui ait eu plus d'éclat que Cleante dont la liberté a donné matiere aux entretiens de bien des gens. Il y a peu d'endroits dans cet ouvrage qu'il n'ait attaqués. Il trouve à dire à cette solidité d'esprit (3) qu'il prétend y avoir rencontrée au lieu de celle qu'il y cherchoit, & à cette agréable utilité qui doit plaire & qui doit instruire tout ensemble (4). Il dit que ces Entretiens d'Ariste sont un Livre à la vérité, mais que c'est tout ce qu'on en peut dire; qu'on y trouve quelquefois certaines qualités étrangéres qui tiennent la place du bon sens, & particuliérement un certain

1 Le même au tom. 1. pag. 3.
2 ¶ L'abbé de Villars. de la Délicat. p. 53. & 32.
3 ¶ Cléante a dit le plus simplement & le plus intelligiblement du monde que bien des gens *ne trouvoient point dans les Entretiens d'Ariste & d'Eugéne, cette solidité d'esprit qui devoit y être.* Baillet a fait de ces mots un galimatias où l'on n'entend rien.
4 Sentim. tom. 1. sur les Entret. d'Ariste & d'Eug. pag. 7. 8. 31. 33. 34. pag. 39. 96. 97. 99. 100. 159. 160. &. au tom. 2. pag. 166. 267.

amour

GRAMMAIRIENS FRANÇOIS

amour propre qui se flate, qui se vante, & qui juge de tout à sa fan- **Bouhours.**
taisie : & qu'on y remarque une disproportion surprenante de ce que
l'Auteur dit avec ce qu'il est, assurant que son Livre ne répond pas
assés à l'honneur & à la sainteté de sa Profession.

 Il juge outre cela, que les recits y sont trop longs, les descriptions
trop pompeuses, les comparaisons trop fréquentes & trop parées ;
toutes choses contraires au génie & à la liberté des conversations
familiéres sans étude, & à qui l'occasion seule donne des sujets ;
& que ce sont souvent des traits de harangue & de prédication, &
des piéces de composition affectée, plutôt que de simples conversations. Il soutient qu'il en est de ses raisonnemens comme des perles
imaginaires dont il est parlé dans le premier des Entretiens ; que ceux-
là ne nous y rendent pas plus raisonnables, comme celles-ci ne nous
rendent pas plus riches. En un mot que ce n'est qu'un amas de paroles inutiles qui valent moins que le silence ; un style affecté, flaté,
peint, de nul usage ; un pur artifice (1) qui n'empêche pas les moins
intelligens de reconnoître qu'il a composé en François, de même
qu'un Ecolier composeroit en Latin ; qu'il n'a rien fait que par phrases
recherchées & empruntées, comme si le François qui est sa Langue
maternelle & une Langue vivante, étoit une Langue déja morte pour
lui.

 Il accuse la Critique qu'il fait des Auteurs de notre Langue de
beaucoup d'inégalité & de trop de passion, soit pour les uns, soit
contre les autres. Il lui reproche la longueur demesurée de ses pa-
renthéses & de ses périodes. Enfin il le chicane sur une infinité d'endroits (2) dans les choses qui regardent la Morale, sur sa maniére de
parler des choses de la Religion (3), & sur l'éxactitude Physique des
choses naturelles qu'il a voulu expliquer (4). Il le tourmente sur les
regles du bon sens, sur son style, & sur la maniere dont il a jugé des
autres desquels il a converti les ouvrages à son usage (5).

 L'Auteur du Traité de la Délicatesse déja connu d'ailleurs & par sa
qualité & par son Livre du Comte de Gabalis, s'est crû nécessaire au
P. Bouhours, & n'ayant pas jugé à propos de suivre ce Pere dans l'indifférence où il s'est mis pour souffrir généreusement les reproches de
Cléante & des autres Critiques, il a fait voir au Public une réponse apo-
logetique pour les Entretiens d'Ariste & d'Eugene sous le titre nouveau

---

1 Le même au tome 2. page 35. 172. 4 Lettre 5. page 131.
2 Lettre 3. du 2. tome page 55. 5 Au même tome Lettre 6. 7. 8. 9. page
3 Lettre 4. du même tome page 162. 206. 246. 274.
101.

Bouhours. de la *Délicatesse*. Ce qui fut suivi d'un second volume des *Sentimens de Cléante*.

L'Apologiste pour répondre aux objections de Cléante sur le peu de conformité des Entretiens d'Ariste avec la sainteté de la Profession des Jesuites, dit que „ Dieu & l'Eglise ayant confié à cette Com-
„ pagnie l'éducation des jeunes gens, ils sont obligés de leur ap-
„ prendre à parler & à vivre; non pas à parler & à vivre en Jesuites,
„ mais en Cavaliers s'ils sont destinés à l'être : en Courtisans, en Gens
„ du monde. Que les Entretiens d'Ariste & d'Eugene sont le mo-
„ dele des entretiens de ces sortes de personnes; qu'ils parlent de tout
„ ce dont les honnêtes Gens ont accoutumé de parler, & de la ma-
„ niére qu'il faut qu'ils en parlent. Qu'ils parlent quelquefois des
„ femmes & de la galanterie, & qu'il eût été ridicule qu'ils n'en
„ eussent point parlé du tout; parce que les Gens de Cour en parlent
„ sans cesse. Qu'il faloit par conséquent faire voir comme les Gens
„ de Cour en doivent parler sans libertinage & sans hypocrisie, en
„ menageant le bel esprit, & la pudeur ; en Gens du monde qui ont
„ du bel air & de la vertu; en Gens de Cour, non pas en Je-
„ suites (1).

Voilà ce que Mr l'Abbé semble avoit dit de plus régulier dans son Livre de la Délicatesse, & tout ce qu'il a avancé sur tous les autres points, pour faire mine de repousser les accusations du Critique, ne paroit guere moins cavalierement débité (2).

Il pouvoit ne point se donner tant de peine, ou faire quelque chose de meilleur. Le Pere Bouhours pouvoit aisément se passer d'Apologie, & quand il en auroit eu besoin, le rang qu'il tient dans la République des Lettres méritoit quelque chose de plus que le médiocre : & on peut dire que l'Apologiste avec sa prétendue *Délicatesse* & par une amitié trop zélée & trop peu discrete, a ôté à ce Pere la gloire de gagner ses adversaires, ou d'en triompher par sa modestie, sa retenue, & son silence.

§. 2.

Celui d'après Cléante qui s'est voulu signaler contre le Pere Bouhours est sans doute Mr Ménage, qui témoigne (3) que lorsque les Entretiens d'Ariste & d'Eugene parurent au jour, il usa du droit de leur amitié mutuelle pour l'avertir en particulier de toutes les choses qu'il y trouvoit à redire. Il a attaqué généralement tous les Livres

---

1 De la Délicatesse pag. 33. 34. 35.
2 Le même pag. 131. 132. 137. 138. 139. 140. 110. 111. 104. 113. 114. 118. 119. 122. 114. 125.
3 G. Menag. Avis au Lect. du 2. tom. de ses observ. pag. 2.

de Grammaire de notre Auteur, mais il est toujours fâcheux qu'il ait mêlé ses ressentimens particuliers avec la cause publique des Lettres. C'est en quoi il paroit avoir eu moins de prudence que Cléante.

Toute la seconde partie de ses Observations sur notre Langue est une réfutation mêlée d'invectives contre le Pere Bouhours. On y trouve une infinité de choses peu obligeantes que je toucherai legerement tant pour n'être point accusé de dissimulation & d'infidélité, que pour satisfaire le Public, qui veut toujours connoître & juger souverainement de ces sortes de disputes qui s'élévent entre les Gens de Lettres.

Mr Ménage accuse le Pere Bouhours (1) de s'être érigé en *Précieux* en lisant Voiture & Sarasin ; Moliere & Despreaux, *& en visitant les Dames & les Cavaliers*. Il dit qu'à la vérité il écrit avec beaucoup de politesse, mais qu'il écrit sans jugement, & qu'il n'y a aucune érudition dans ses Ecrits.

Il prétend que ce Pere ne sait ni Grec, ni Hébreu, ni Scholastique ni Droit Canon ; qu'il n'a lû ni Peres, ni Conciles, ni Histoire Ecclésiastique. Il l'appelle outrageusement & plus d'une fois *Un petit Grammairien en Langue vulgaire* qui s'imagine être un grand Théologien. Il lui rend injure pour raillerie, & il témoigne aimer mieux prendre contre son adversaire le parti de la vengeance que celui du mépris.

Il dit ailleurs (2) que ce Pere est le plus ignorant du monde dans son Art de Grammaire ; qu'il est prêt de lui montrer en présence de Messieurs de l'Académie qu'il y a dans son Livre des *Doutes* sur la Langue Françoise plus de fautes de Langue, d'érudition, & de jugement, qu'il n'y a de pages.

Enfin il l'accuse de n'avoir point lû la Bible (3) ; de ne savoir pas l'Italien dont il fait tant de parade ; d'être ignorant en fait d'Etymologies ; d'être mauvais Logicien ; de ne savoir ce que c'est que *justesse* ; d'ignorer les véritables regles de la Grammaire ; de ne savoir ce que c'est que *propre* & ce que c'est que *figuré* ; de n'avoir qu'une fausse délicatesse, & de ne faire assés souvent que des remarques puériles. Voilà les principaux défauts que Mr Ménage a prétendu trouver dans les Livres de Grammaire du Pere Bouhours, & on juge que s'il en eût moins dit, on en auroit cru peut-être un peu davantage.

1 Chap. 3. des mêmes Observat. page 6. 7.
2 Au même Liv. chap. 65. page 244. 245.
3 Ménag. en divers endroits du même liv. pag. 7. 484.
Pag. 95. 446. 115. 95. 170. 183. 81. 310. 386. pag. 57. 58. pag. 260. 373.

Bouhours.

§. 3.

Après Mr Ménage je ne connois point de Critiques qui ayent témoigné par écrit leurs sentimens sur le Pere Bouhours, si on en excepte Mr Amelot de la Houssaye, Mr l'Abbé Danet, & le Pere Maimbourg. Du moins peut-on assurer qu'on fait une espéce d'injustice à ces *Solitaires*, c'est-à-dire à Messieurs de Port-Royal lorsqu'on veut les mettre au rang de ses Censeurs.

Il est vrai que de son côté il a pris un soin tout particulier d'éxaminer les mots & les expressions de quelques-uns de leurs Livres, & qu'il sembloit par cette conduite scrupuleuse (1) leur avoir donné quelque sujet de lui rendre la pareille en suivant les mouvemens ordinaires du cœur humain. Mais loin de prendre un parti qui sied assés mal à de véritables Chrétiens, ces Messieurs se sont montrés très-dociles aux remontrances du P. Bouhours.

Ils ne pouvoient pas savoir dans leur solitude l'usage & les modes nouvelles de la Cour, des ruelles, & du beau monde : mais ils n'en ont pas plutôt été avertis par notre Pere, qu'incontinent on les a vûs changer sans entêtement, & sans témoigner la moindre attache pour des maniéres d'aussi petite conséquence que le sont des mots & des expressions, à l'égard de ceux qui font profession de ne chercher que la solidité des choses.

Il a censuré la longueur de leurs périodes & leur style que quelques-uns vouloient faire passer pour Asiatique : aussi-tôt on les a vûs entrer peu-à-peu dans la voie du Laconisme avec une soumission qui est propre aux véritables Savans. Et ils ont eu pour lui une reconnoissance dont ils n'ont pû mieux marquer la sincerité que par leur silence, dans l'état où les choses se sont trouvées depuis quelque tems à l'égard des uns & des autres.

Car ils ne paroissent point avoir voulu user de recrimination à son égard, & ils ne lui ont pas reproché, comme font plusieurs autres Critiques, la longueur de ses Périodes, qui passent même en extension les plus longues de celles qu'il a reprises dans leurs Livres, & qui ont quelquesfois besoin de plus d'une page (2) pour pouvoir s'étendre à leur aise.

Ils ont laissé volontiers à d'autres la demangeaison de publier que notre Pere est soupçonné de vouloir *énerver* & *désosser* notre Langue, & d'avoir tenté de la rendre Italienne, c'est-à-dire, de lui ôter les

---

1 ¶ *Scrupuleuse* fait ici un contre-sens. *desobligeante* auroit été plus propre.

2 Dans les opuscules de l'édit. de l'an 1684. il se trouve une Période qui commence à la pag. 81. & ne finit qu'à la pag. 83.

GRAMMAIRIENS FRANCOIS.

nerfs & les os qui servent à la soutenir dans sa vigueur naturelle. Il est **Bouhours.** aisé de trouver dans les Ecrits même de ces Messieurs des preuves de cette sage conduite qu'ils ont gardée à l'égard du P. Bouhours.

Il faut écouter sur ce sujet le sieur de Chanteresne (1) au troisiéme volume des Essais de Morale (2). ,, Je me souviens, dit cet Auteur,
,, que lorsqu'on publia un certain Livre, dans lequel l'Auteur, avoit
,, prétendu ramasser diverses fautes contre la Langue, qu'il croyoit
,, avoir trouvées dans des Ouvrages de pieté qui passoient pour bien
,, écrits, on éxamina dans une compagnie par maniére d'entretien,
,, ce que ceux qui s'y trouvoient interessés devoient faire en cette ren-
,, contre. Chacun convint d'abord que les Remarques de cet Auteur
,, étant si peu considérables, qu'elles n'auroient pas dû être proposées
,, contre des écrits même où l'on n'auroit eu pour but que d'acquerir
,, la réputation de bien écrire, ceux qu'il attaquoit ne devoient pas
,, avoir la moindre pensée de former une contestation sur un si petit
,, sujet, quelque tort que cet Auteur pût avoir dans quelques-unes de
,, ses Remarques. Mais quand on vint à parler de ce qu'ils devoient
,, faire, on ne fut pas de même avis. Il y en eut qui soutinrent qu'ils
,, ne devoient pas même témoigner qu'ils eussent vû ce Livre. Mais
,, le plus grand nombre crût qu'ils devoient prendre un autre parti, &
,: que pour toute réponse, ils n'avoient qu'à *Corriger de bonne foi dans*
,, *les autres Editions de ces Livres, tout ce que cet Auteur y avoit repris*
,, *avec quelque apparence de justice.* La raison qu'ils en alleguoient,
,, outre le motif général d'honorer la vérité en tout, c'est qu'il n'y
,, avoit point de meilleur moyen pour faire que le Public rendît justice
,, à cet Auteur, & à ceux qu'il auroit attaqués, que d'user envers lui
,, d'une conduite si moderée. J'avouë que je fus de ce sentiment, &
,, que je crus qu'il n'y en avoit point de plus conforme ni à la charité
,, qui tend toujours à nous humilier, ni à l'amour propre, qui est
,, bien aise de mettre en vûë les defauts de ceux qui nous ont
,, voulu rabaisser. Je le pratiquerai même volontiers, continuë cet
,, Auteur, si j'en ai occasion, sans prétendre obliger personne de
,, croire que ce soit une action d'humilité, puisque je reconnois
,, qu'elle peut avoir très-aisément un autre principe. C'est ainsi que la
,, charité & l'honnêteté s'accordent à faire paroître au dehors les
,, mêmes sentimens, en ce qui regarde nos bonnes & nos mau-
,, vaises qualités : & il n'est pas difficile de juger par-là qu'elles

---

1 ¶ Pierre Nicolle.
2 Ess. de Mor. second Traité de la charité & de l'amour propre num. 31. 32. p. 147.

143. 149. de l'édit. d'Holl.
Et même dans Mr Men. Observ. tom 2. ch. 68. pag. 261. 262.

„ en font de même en ce qui regarde celle des autres.

Nous parlerons encore du Pere Bouhours dans la suite de ce Recueil.

* Remarques sur la Langue Françoise, par le P. Bouhours *in*-4°. 1675. — Suite des Remarques nouvelles sur la Langue Françoise du même *in*-12. Paris 1692. — Doutes sur la Langue Françoise proposés à Messieurs de l'Académie Françoise par un Gentilhomme de Province *in*-12. Paris 1674. — Entretiens d'Ariste & d'Eugene *in*-12. quatriéme édition, où les mots des devis sont expliqués, Paris 1673. *

Mr CHARPENTIER, de l'Académie (1).

759 Cet Auteur publia en 1676. un Livre sous le titre de *Défense de la Langue Françoise*, pour l'Inscription de l'Arc de Triomphe, dans le dessein de répondre à Mr l'Abbé de Bourzeys, qui avoit été d'avis qu'on se servît de la Langue Latine. Notre Langue n'avoit peut-être pas encore eu jusqu'alors un meilleur Avocat contre les *Latinistes* : & Mr Charpentier de son côté n'eût peut-être jamais un si beau sujet de produire sa capacité. L'Auteur des Nouvelles de la République des Lettres dit (2) qu'il a répondu avec beaucoup de solidité aux argumens de son Adversaire, & qu'il a fortifié son sentiment par des raisons fort considérables, debitées avec beaucoup d'éloquence & d'érudition.

Cependant le Pere *Lucas* Jesuite ayant entrepris de faire perdre créance au Livre de Mr Charpentier, prononça une harangue pour montrer que les Inscriptions des Monumens publics doivent se faire en Latin. Mr Charpentier éxamina cette Piéce importante après qu'elle fut imprimée, & l'Auteur que nous avons cité dit qu'il le fit à son loisir avec la derniére éxactitude, & que c'est ce qui a produit un nouvel Ouvrage sous le titre *De l'Excellence de la Langue Françoise*, en deux volumes imprimés en 1683. [*in*-12.] Qu'il contient une érudition fort exquise, & qu'il mérite extrémement d'être lû. Que les raisons qu'on y débite en faveur de la Langue vulgaire doivent avoir d'autant plus de force que Mr Charpentier n'est pas de ces Gens qui méprisent le Latin, parce qu'ils ne l'entendent pas. Car on sait qu'il a une connoissance profonde des Auteurs Grecs & Romains,

---

1 ¶ Mort l'an 1702. 2 Nouv. de la Rep. des Lettres de l'an 1684.

Mr BERAIN, *Avocat au Parlement de Paris.*

760 IL a fait de nouvelles Remarques sur la Langue Françoise, dans lesquelles, selon le sentiment du Pere Bouhours, il témoigne avoir beaucoup du génie de Mr Ménage. ,, Ils ont l'un ,, & l'autre la même Orthographe (qui tient un peu de celle des ,, Meigretistes), ils ont à peu près les mêmes vûës, & font les ,, mêmes questions dans leurs Remarques. Mr Ménage se cite très-,, souvent lui-même ; & Mr Berain ne cite gueres que Mr Ménage ,, qu'il copie presque tout entier. Mr Ménage & Mr Berain se fondent sur l'autorité des vieux Dictionnaires, pour terminer les différens de la Langue.

* Nouvelles Remarques sur la Langue Françoise par N. Berain *in*-12. à Rouen 1675.*

Le P. Bouh. Remarq. nouvell. sur la Langue Fr. pag. 341. 342.

JEAN HENRI OTTIUS.

761 CEt homme a fait depuis quelques années un Livre in 12. sous le titre de *Franco-Gallia*, dans lequel il examine le rapport de la Langue Françoise avec l'Allemande. Ainsi c'est proprement un Dictionnaire où l'on trouve plus de mille mots François que cet Auteur prétend dériver de l'Allemand. Il y en a quelques-uns de fort justes, mais les autres sont pour la plupart un peu trop tirés pour pouvoir être bien reçus.

Journal des Savans du 11. Aoust 1679.

Mr. RICHELET (Pierre) (1).

762 IL fit publier à Genéve en 1680. in 4°. un *Dictionnaire François*, dans lequel outre les mots & les choses, il a renfermé diverses Remarques nouvelles sur la Langue Françoise. Il fait pro-

1 ¶ Mort le 29. Novembre 1698. agé de 67. ans.

feſſion d'y rapporter éxactement les trois ſortes d'expreſſions, propres, figurées, & burleſques. Il y tient un milieu pour l'Orthographe entre les deux extrémités en retranchant la plupart des lettres doubles & inutiles qui ne défigurent pas les mots lorſqu'elles en ſont retranchées. Il avoit beaucoup profité ſous Mr d'Ablancourt, il témoigne même avoir tiré beaucoup de lumiéres de feu Mr Patru, outre cela il cite la plupart des bons Auteurs, & ſe fonde le plus qu'il peut ſur l'uſage.

Mais les libertés qu'il s'y eſt données en ont un peu diminué le prix, & l'ont fait paſſer (1) dans l'eſprit de beaucoup de Gens pour une piéce ſatirique & malhonnête, & pour le fruit d'une paſſion indiſcréte. On dit qu'on r'imprime cet Ouvrage en Hollande avec beaucoup d'augmentations & de corrections, & il y a tout ſujet de croire que l'Auteur aura plus d'égard au reſpect qui eſt dû au Public, & qu'en groſſiſſant le preſent qu'il lui veut faire, il aura ſoin de le purifier.

* Les commencemens de la Langue Françoiſe ou Grammaire tirés de l'uſage & des bons Auteurs par Pierre Richelet *in*-12. Paris. — La connoiſſance des Genres François tirée de l'uſage & des meilleurs Auteurs de la Langue par le même *in*-12. Paris 1694. — Nouvelle édition du Dictionnaire *in*-4°. à Genève 1710. & à Lyon & à Rouën en 2. vol. *in-fol.* 1721. *

1 ¶ Il faloit : *& ont fait paſſer ſon ouvrage dans l'eſprit* &c.

Monſieur F I L Z.

763 SA *Méthode courte & facile* pour apprendre la Langue Latine & Françoiſe a été aſſés eſtimée. [*in*-12. 1669.]

Le ſieur TOMASSINI (Jean-Baptiſte).

764 CEux qui ſe ſont ſervis de ſa triple *Grammaire* pour apprendre le François, l'Allemand, & l'Italien, en diſent beaucoup de bien. Elle eſt en Latin & en François.

Journal du 8. Septembre 1681.

Le sieur ALAIS (D.V.)

765 L'Auteur du Journal des Savans dit (1) que la *Grammaire Méthodique* de la Langue Françoise, faite par cet Auteur, est fort éxacte, & plus parfaite que toutes celles d'auparavant.

1 Journal du 30. Mars 1682.

CHAPITRE II.
GRAMMAIRIENS ITALIENS

PARAGRAPHE I.
De quelques Dictionnaires.

Franc. ALUNNO, de Ferrare.

766 LE premier Dictionnaire de la Langue Italienne fut celui que publia *Alunno* l'an 1543. puis en 1551. à Venise, sous le titre de *Richesses de la Langue vulgaire*, composé de tous les mots de Bocace, de Petrarque, & de Dante (1). C'est un Ouvrage de grand travail, sans doute, mais il s'y trouve des fautes dans l'interprétation de certains mots. (2).

1 ¶ Il y a ici trois fautes. La première d'avoir dit que le Dictionnaire qu'Alunno publia en 1543. sous le titre de *Ricchezze della lingua volgare* est le plus ancien Dictionnaire Italien, puisque sans parler de celui d'Acarisio publié à Cento la même année, le Dictionnaire Toscan de Fabricio da Luna imprimé à Naples l'an 1536. in-4°. est une preuve suffisante du contraire. La seconde faute c'est d'avoir ignoré que le Dictionnaire qu'Alunno composa de tous les mots de Dante, de Pétrarque, & de Bocace n'a pas pour titre *le Ricchezze della Lingua volgare*, mais *la Fabrica del mondo*. Et la troisiéme d'avoir cru que le Dictionnaire qu'Alunno intitula *le Ricchezze della Lingua volgare* contenoit tous les termes de Dante, de Pétrarque, & de Bocace, au lieu qu'il ne contient uniquement que ceux de Bocace. §

2 Lancelot de Port-Royal, préface de la Gramm. Ital. page 8,

Meſſieurs DE LA CRUSCA, *Académiciens de Florence.*

767 UNe des plus conſidérables entrepriſes de l'Académie de la *Cruſca*, a été le *Dictionnaire* qui porte ſon nom, & qui eſt un Ouvrage de près de quarante années, tiré des plus excellens Auteurs du ſiécle de pureté. Il faut que cet Ouvrage ait été dans une grande approbation du Public, puiſqu'on dit (1) qu'il a ſervi de modéle (2) à celui que l'Académie Françoiſe a entrepris pour l'affermiſſement de notre Langue. Néanmoins il s'eſt trouvé des Critiques qui ont eu aſſés de réſolution pour attaquer ce grand & célébre Dictionnaire. Paul Beni a pris la liberté d'écrire contre le Livre & les Auteurs, & il a donné à ſon Ouvrage le titre d'*Anti-Cruſca*. Les Académiciens lui répondirent par un écrit qu'ils publiérent, & auſſi-tôt il leur fit une Replique ſous le nom de *Cavalcante*, laquelle au jugement du Tomaſini (3), parut ſi docte & ſi efficace, que non ſeulement elle le mit pleinement à couvert des reproches des Académiciens, mais qu'elle lui acquit encore le titre glorieux de *Défenſeur de la Langue Italique*. Mais ni le Beni par ſes deux Ecrits, ni le Tomaſini par cet éloge outré, n'ont pû empêcher la Poſterité de conſerver au Vocabulaire la premiére réputation où il s'eſt mis dans ſa naiſſance.

Vocabulario de Gli Academici della Cruſca in-fol. *Venet.* 1680.

1 Nouvelle Méth. de la Gramm. Ital. préface pag. 9. par Lancel.
2 ¶ Le Dictionnaire de la Cruſca n'a ſervi que d'exemple à l'Académie Françoiſe, mais nullement de modéle ; l'execution du Dictionnaire François étant fort différente de celle de l'Italien. ¶
3 Jac. Phil. Tomaſin. elog. tom 1. p. 351.

OCTAVE FERRARI. (1).

768 SEs *Origines de la Langue Italienne* furent imprimées à Padouë il y a huit ou neuf ans. On trouve dans cet Ouvrage beaucoup d'érudition, mais l'Auteur paroît ſi jaloux de la Langue de ſon pays, qu'il croit que toute autre origine que celle qu'il lui donne de la Langue Latine, auſſi-bien qu'à la Françoiſe & à l'Eſpagnole lui ſeroit injurieuſe. En quoi il abandonne le ſentiment du Cardinal Bembe, qui prétend qu'elle doit un aſſés bon nombre de mots au Jargon de Languedoc & de la Provence (2).

1 ¶ Mort l'an 1682 agé de 75. ans.
2 Journal du 10. Mai 1677.

Monsieur MENAGE (Gilles).

769 IL a recueilli les *Origines de la Langue Italienne*, qu'il a fait imprimer à Paris in 4°. chés Cramoify. C'est un Ouvrage loué & estimé par les Italiens-mêmes, & surtout, par le sieur Dati (1) Florentin pour l'élegance de la composition & l'éxactitude des Recherches.

Origines Linguæ Italicæ in-fol. *Geneva* 1685.

1 Carol. Dat. in addend. ad Men. Origin. Ital.

PARAGRAPHE II.

DE QUELQUES GRAMMAIRES ITALIENNES.

Le Cardinal BEMBO (Pierre) mort en 1547.

770 ON a de lui trois Livres de la maniére de bien parler la Langue Toscane ou Italienne. Ils sont écrits en Dialogues avec tant de délicatesse & de beauté, selon Jean de la Case (1) qu'on lui est redevable non seulement d'avoir introduit la coutume dans le pays de parler le langage Toscan dans sa pureté naturelle, mais encore d'en avoir fait un Art fort méthodique, & des régles qui ne sont point sujettes au changement.

Dom Lancelot (2) témoigne que ces Remarques qu'il a faites sur la Langue Italienne, ont été reçuës avec un applaudissement général de l'Italie, parce qu'il les avoit tirées des Auteurs du siécle de pureté.

Ce Cardinal étoit dans l'opinion de ceux qui prétendoient que c'est plutôt l'étude des bons Livres que la conversation du Peuple qui donne cette éloquence & cette pureté à laquelle il aspiroit. C'est pourquoi il s'appliquoit fort au choix des bons mots, sans s'arrêter à la coutume & à l'usage du tems où il vivoit, disant qu'il n'y avoit rien de plus inconstant, de plus bizarre, & de plus sujet au changement, ni en même tems rien de plus vicieux & de plus corrompu que cette

1 Johan. Cas. de vit. P. Bemb. pag. 153. collection. Batef.   2 Préface de la Grammaire Italienne, pag. 7.

Bembo coutume & cet usage. Et comme il avoit lû que ni la ville de Rome, ni celle d'Athène n'avoient jamais pû rendre fixe & stable cet usage des Langues qu'on vante tant, non pas même dans le tems que leur Etat étoit le plus florissant, & que la Majesté ou la Politesse de leurs Langues étoient dans leur plus haut période: il crut qu'il en seroit de même de la Langue Italienne, à laquelle personne ne pouroit donner le privilége de stabilité qu'on n'avoit jamais pû communiquer aux deux plus belles & plus célébres Langues du monde.

Ainsi il ne jugea point à propos de se conformer à l'usage présent de son tems, de peur de contracter quelque chose de la Barbarie qu'il prétendoit être survenuë à la Langue Italienne; mais il voulut se régler sur la pureté établie par les anciens Auteurs de la Langue, c'est-à-dire, par Petrarque & Bocace, depuis le tems desquels il supposoit que les Etrangers avoient introduit diverses nouveautés, qu'il appelloit Barbarie.

Toutes ses Réfléxions ne sont prises que dans les Livres de ces Anciens, ne croyant pas que ni les Courtisans, ni les Dames, ni la Populace de son tems fussent d'assés bons Maîtres pour lui apprendre quelque chose de plus raisonnable que les Livres.

Le sieur de la Case qui nous a marqué la plupart de ces particularités dans sa vie, ajoute qu'il affectoit aussi de la gravité & de la majesté dans ses expressions, afin de les distinguer davantage de celles des Halles & des Boutiques ; qu'il étoit extrémement circonspect & scrupuleux dans le choix des mots ; que ses idées étoient tout-à-fait singuliéres & extraordinaires, & ses manieres éloignées du commun & du vulgaire. Ce qui fait que le Peuple d'Italie ne pouvant s'en accommoder, ne prend point de goût ni de plaisir dans la lecture des Livres qu'il a faits en cette Langue. C'est aussi ce qui a fait dire à plusieurs, qui n'aiment pas tant de raffinement ni de réfléxions, que ce Cardinal sous prétexte d'avoir voulu rendre ses écrits purs & châtiés, les a affoiblis & décharnés par une exactitude trop scrupuleuse, & par des subtilités trop vétilleuses.

Avec tout cela ce même Auteur prétend (1) que si on veut comparer les Ecrits de Bembe avec ceux des autres Italiens, il sera aisé d'en voir la différence ; que pour lui il a toujours fort goûté & aimé son style, non seulement parce qu'il est élégant, splendide, noble, & relevé, mais encore parce qu'il est accompagné de divers ornemens, qu'il est plein & coulant comme celui d'Isocrate.

Nous parlerons encore de Bembe plus d'une fois.

1 Casa ut suprà pag. 152. &c.

LEONARD SALVIATI (1).

771   Et homme ayant eu la meilleure part à l'établissement de l'Académie de la Crusca vers l'an 1580. fit paroître plus de suffisance qu'aucun autre dans la révision des Auteurs Italiens. Son ouvrage intitulé *Gli Auvertimenti* suivit bien-tôt après, & il est rempli de très-curieuses réfléxions sur les fondemens & la perfection de la Langue Italienne (2).

1 ¶ Mort au mois de Septembre 1589. dans sa 50. année. ¶   2 Lancel. pref. de la Grammaire Italienne page 9.

DOM LANCELOT de Port Royal, Bénédictin (1).

772   ON lui attribuë deux *Grammaires* outre la générale & raisonnée dont nous avons parlé plus haut. La première est pour apprendre la Langue Italienne, la seconde est pour l'Espagnole. Elles sont toutes deux fort estimées.

CESAR OUDIN (2) avoit déja fait la même chose long tems auparavant pour l'une & l'autre Langue, en François avec assés de succès, quoique plusieurs estiment plus sa Grammaire Espagnole que l'Italienne. Son fils Antoine *Oudin* (3) retoucha depuis l'une & l'autre.

1 ¶ Voyés l'Article 668.   3 ¶ Mort le 21. Février 1653.
2 ¶ Mort le 1. Octobre 1621.

BENEDETTO FLORENTIN l'an 1679.

773   ON a de lui un Traité de la *Construction irréguliére de la Langue Toscane* qui ne laisse pas d'avoir ses irrégularités quelque délicate & quelque polie qu'elle soit. On estime cet Ouvrage, & l'Auteur a fait connoître qu'il est habile, dans le discours qu'il a ajouté à la fin de son Traité.

Journal du 12. Aout 1680. page 227.

CHAPITRE III.

DES GRAMMAIRES ESPAGNOLES.

ANTOINE DE LEBRIXA ou de NEBRISSE mort en 1622.

774 CEt Auteur n'eut pas moins de zèle pour travailler à l'avancement & à la construction de la Langue vulgaire de son Pays qu'au rétablissement de la Latine. Il a fait une *Grammaire Espagnole* qui selon le témoignage de Dom Nicolas Antoine n'a pas peu contribué à la perfection & à l'embellissement de cette Langue (1).

Il a encore dressé un ample *Dictionnaire* dans la même fin. Il le fit d'Espagnol en Latin, & de Latin en Espagnol. Et Dom Lancelot dit que tous ceux qui ont travaillé depuis sur cette matière ont toujours eu recours à cet Ouvrage (2).

* *Antonii Nebrissensis Grammatici Dictionarium Hispanicum, accessit Dictionarium propriorum nominum &c.* in-fol. *Madriti* 1638.
Item Dittionario de Romance por Antonio di Nebrissa in-fol. *ibid* 1638.*

1 Nic. Ant. Bibl. Hisp. tom. 1. p. 107.   2 Préf. de la Gramm. Espag. par D. T.

CHRISTOFLE DE LAS CASAS mort en 1576.

775 IL a composé en Langue Espagnole un *Dictionnaire* des deux Langues Toscane & Castillane, c'est-à-dire, Italienne & Espagnole, que Jules Camille Italien a augmenté depuis peu. Gaspar Scioppius dit que c'est un Livre de la derniére trempe, & qu'il n'est d'aucun usage. Mais Dom Nicolas Antoine prétend que ceux qui sont curieux d'apprendre ces deux Langues en retirent beaucoup d'utilité (1).

* *Christoval de Las Casas, Vocabulario de las das Languas Toscana y Castellana* in-4°. *sevilla* 1583.*

3 Biblioth. Hisp. tom. 1. pag. 184.

BERNARDO ALDRETE vers l'an 1606.

776 C'Etoit un homme habile dans les Langues Grecque, Hébraïque, &c. & dans l'Antiquité. Il avoit le jugement sain, solide, libre & dégagé. On a de lui en Espagnol un Traité de *l'Origine de la Langue Castillane*, imprimé en 1606. in 4°. C'est un Ouvrage docte tout-à-fait & laborieux, & l'Auteur y a été assisté par son frere *Joseph*.

Nic. Anton. tom. 1. pag. 172. Bibl. Hisp.

BARTHELEMY de XIMENES PATON, *vivant au commencement de ce siécle.*

777 IL a fait un Livre de l'*Orthographe* Latine & Espagnole, qui est estimé fort utile.

Nous parlerons plus amplement de cet Auteur parmi les Rhétoriciens.

Eloquentia Española en arte in-8°. Toleto 1604.

Nic. Ant. tom. 1. pag. 159. ut suprà.

SEBASTIEN COVARRUVIAS, vers l'an 1611.

778 CEt auteur a composé *le Trésor de la Langue Espagnole*, qui, selon Dom Lancelot (1) est particuliérement estimé pour les Etymologies des mots, dont il rend raison avec beaucoup de suffisance. Dom Nicolas Antoine dit (2), qu'il a fait voir dans cet Ouvrage combien il étoit habile dans la connoissance des Langues Latine, Grecque, Hébraïque, & Arabe-même.

Il est vrai qu'il y a inseré beaucoup de choses qui semblent n'avoir pas toujours beaucoup de rapport au sujet qu'il traite, & qu'il s'étend souvent dans des recherches plus savantes & plus curieuses qu'elles

1 Lancel. de Port-Royal préface de la Grammaire Espagnole.
2 Nicol. Anton. tom. 2. Biblioth. Hispan. pag. 225.

ne paroiffent néceffaires. C'eft ce que Scioppius n'a pas manqué de reprendre avec la feverité ordinaire de fa critique (1). Il a raifon de prétendre que ce Tréfor ne peut être utile qu'à ceux qui favent déja la Langue Efpagnole; mais pourquoi accufer Covarruvias de négligence & de peu de conduite pour avoir omis plufieurs chofes qu'il auroit été utile de favoir; & pourquoi l'accufer de peu de jugement, pour avoir rapporté quantité de chofes qui ne paroiffent pas néceffaires, comme s'il ne les avoit amaffées que pour faire une vaine parade d'érudition? Les perfonnes raifonnables & judicieufes jugeront aifément que nonobftant fes omiffions & fes inutilités, il mérite toujours beaucoup de louanges pour avoir fi bien commencé, & pour avoir fi fort avancé un Ouvrage de cette importance, auquel perfonne n'a pû encore mettre la derniére main jufqu'à prefent, à caufe de la difficulté de l'éxécution (2).

Nous avons parlé parmi les Grammairiens de la Langue Italienne de deux Grammaires Efpagnoles écrites en notre Langue, & qui font eftimées. La premiére eft des deux *Oudins*; la feconde eft de *Port-Royal*.

* *Teforo de la Lingua Caftellana o Efpañola, compuefo S. D. Cobarruvias*, in-fol. *en Madrid*. 1611. *

1 Gafp. Sciopp. in confultat. de Scholar. & Studior. ration.   [2 Nicol. Ant; ut fuprà.

TABLE GENERALE

DES AUTEURS ET DES OUVRAGES,
sur lesquels on a rapporté les Jugemens des Savans dans les Recueils des Imprimeurs, des Critiques, des Grammairiens, & des Traducteurs.

Les chiffres ne sont pas ceux des pages, mais ceux des Articles ou Chapitres, qui dans tout le corps de l'Ouvrage sont placés à côté de la première lettre de chaque Article.

A

D'ABBEVILLE, *Pierre*, 744.
Aben-Ezra, *Abraham*, 719.
d'Ablancourt, *Nicolas Perrot*, 950.
Abram, *Nicolas*, 519.
Abril *ou* Avril, *Pierre Simon*, 658. 1033.
Academie Françoise, 135.
Acciajoli *ou* Accievoli, *Donat*, 316. 819.
Accursius, *Mariangelus*, 331.
d'Achery, *voyés* Dachery.
Acidalius, *Valens*, 411.
Adam, *Melchior*, 144.
Adelard, 798.
Agellius, *v.* Aulu-Gelle.
Agricola, *Rodolphe*, 259. 309. 811.
Alais, D. V. 765.
Alamanni *ou* Aleman, *Nicolas*, 882.
Alberic, *Jacques*, 123.
Alberti, *Leandre*, 110.
Alderete, *Bernard*, 776.
d'Alderete, *Diegue*, v. Garzia.
Aleander le jeune, *Jerôme*, 491.

Alegambe, *Philippe*, 112. 2. T. 53. 3. T. 779.
Alegre de Casanate, *Marc Antoine*, 107.
Alcotti, *Jean-Baptiste*, 1013.
Alexandre ab Alexandro, 311.
Alidosi, J. N. v. Paschal.
Allatius *ou* Allacci, *Leon*, 116. 546. 924.
Allemans, *Traducteurs en Lang. vulg.* 1045.
Alstedius, *Jean-Henry*, 269.
d'Altamura, *Ambroise*, 110.
Alunno, *François*, 766.
Alvarez, *Emmanuel*, 659.
Amasæus, *Romulus*, le pere & *Pompilius*, le fils 842.
Amelot de la Houssaye, 977.
Amerbache, *Jean*, 34.
Amerbache, *Vite*, 259.
Amyot, *Jacques*, 935.
l'Amy, *Bernard*, 263. bis, 607.
Anastase le Nonce *ou* Apocrisiaire, 793.
Anastase le Bibliothecaire, 795.
d'Andilly, *Robert Arnaud*, 954.
André de Desschel, *Valere*, 127. 150. 609.

TABLE GENERALE

2. T. 53. Andronique de Theſſalonique, 299.
3. T. 779. Dall' Anguillata, *Jean André*, 983.
Anianus, 792.
Anteſignan, *Pierre*, 708.
Antoine de Siene, *v.* Siene.
Antonio, *Nicolas*, 128.
Apollonius d'Alexandrie, 691.
Aproſio, *Angel*, 113.
Aretin, *Leonard*, 297. 801.
Argyropyle, *Jean*, 814.
Arnaud, *Antoine*, 955.
Aſcenſius, *Joſſe Badius*, 6. 333.
Aſconius Pedianus, 273.
Athenée, 280.
de l'Aubeſpine, *Gabriel*, 487.
Auguſtin, *Antoine*, 238. 397.
Aulu-Gelle, *ou ſelon d'autres* Agelle, 279.
Auratus, *v.* Dorat.
des Autels, *Guillaume*, 745.
Avanzati, *Bernard*, 998.
Avanzo, *François*, 1006.
Avril, *Pierre Simon*, *v.* Abril.
d'Ayala, *Diegue*, *v.* Lopez.

B

Bacon, *François de Verulam*, 270.
Badius Aſcenſius, *Joſſe*, *v.* Aſcenſius.
Bayle, 78.
après le Journal des Sav. de France.
Baldelli, *François*, 1001.
Baldi, *Bernardin*, 1013.
Bale *ou* Baleus, *Jean*, 158.
de Balmis, *Abraham*, 724.
Baluze, *Eſtienne*, 575.
Barbarus *ou* Barbaro, *Daniel*, 1011.
Barbarus, *Hermolaüs*, 314. 816.
Barboſa, *Arias*, 329.
Barezzo Barezzi, 988.
Baronius, *Ceſar*, 237.
Barriento, *Barthelemy*, 656.
Barthius, *Gaſpar*, 528. alſ. 529.
Bartolin, *Albert*, 157.
Bartolocci, 102.
Bartolomé, *Jacques*, 1042. n. 3.
Barvoët, *Alexandre*, 217.

de Baſa, *ou* Baza, *Dominique*, 3.
Baſgapé *ou* A-Baſilica Petri, Charles, 1026.
Baudouin, *Jean*, 948.
de la Baune, *Jacques*, 605. §. 4.
Belier *ou* Beller, *Jean*, 42.
Bellarmin, *Robert*, 86. 237. 739.
Belon *ou* Bellon, *Pierre*, 932.
Bembe, *Pierre*, 770.
Bence, *François*, 886.
Benedict, *Florentin*, 773.
Benoiſt *ou* Benedict, *Jean*, 481.
Berain, 760.
Berkelius, *Abraham*, 589.
Bernegger, *Matthias*, 499.
Beroalde, { *Philippe*, le pere, *Philippe*, le fils, } 324.
Bertram, *Bonaventure Corneille*, 736.
Bertrand, *Jean*, 204.
Beſſarion, 802.
de Beughem, *Corneille*, 203.
Beveregius, *Guillaume*, 569.
Bignon, *Jerôme*, 526.
Bigot, *Emery*, 581.
Billaine, *Louis*, 25.
de Billy, *Jacques*, 387. 873. 932.
Birague de Châtillon, *Lapus*, 804.
Bitrian, *Jean*, 142. n. 4.
Blaevv, { *Guillaume* Janſſon, *Jean* Janſſon, } 46.
Blancanus, *Joſeph*, 202.
Blancard *ou* Blanchard, *Nicolas*, 587.
Blanchot, *Pierre*, 229.
Blanc-pain, *Thomas*, 579.
Blondel, *David*, 255.
Boccace, *Jean*, 296.
Boccalini, *Trajan*, 64.
Bodin, *Jean*, 413.
Boëce *ou* Boëthius, 782.
de la Boëtie, *Eſtienne*, 932.
Boïardo, *Mathieu*, 992.
Boileau, *v.* Des-Preaux.
du Bois *ou* Boſius, *Simon*, 388.
du Bois, 980.
Bolduanus, *Paul*, 184. 196.
Bollandus, *Jean*, 241. 537.
Bombergue, *Daniel*, 4.

DES AUTEURS.

Bona, *Jean*, 96.
Bond, *Jean*, 522.
Bongars, *Jacques*, 453.
Boniface, *Balthasar*, 183.
Borremans, *Antoine*, 586.
Borrichius, *Olaüs*, 175.
Borromée, *Frederic*, 163.
Boscan, *Jean*, 1027.
Bosius, *v.* du Bois.
Bottrigari, *Hercule*, 1015.
Bouhours, *Dominique*, 141. 758. 971.
Bouillaud *ou* Bullialdus, *Ismaël*, 226.
du Boulay *ou* Bulæus, *Cesar Egasse*, 138.
Bourdelot, *Jean*, 486.
Bourdin, *Gilles*, 375.
Boxhornius, *Marc-Zuer*, 500.
Bracelli, *Jacques*, 119.
Brasseur, *Philippes*, 154.
de Breval, 946.
Brice, *Germain*, 344. 825. *bis*
Briet, *Philippes*, 172.
Brodeau, *Jean* Brodæus, 366.
Brovverus, *Christofle*, 471.
Bruccioli, *Antoine*, 1016.
le Brun, 600.
Bucelin, *Gabriel*, 103.
Budé, *Guillaume*, 343. 598. 824. *bis*
Bulæus, *v.* du Boulay.
Bumaldus, *Jean Antoine*, 122.
Burley, *Gualter*, 194.
Busæus, *Jean*, 450.
Buschius, *Herman*, 337.
Buxtorf, { *Jean* le pere, 102. 728. 740. { *Jean* le fils, 728.

C

Calcagninus, *Calius*, 328.
Calderin, *Domice*, 305.
Calepin, *Ambroise*, 630.
Callidius, *Corneille de Loofs*, 145.
Camaldule, *Ambroise*, 815.
Camerarius, *Joachim*, 380. 861.
Camerarius, *Philippes*, 480.
Camusat, *Jean*, 23.
de Candale, *François de Foix*, 884.

Candidus December, *Pierre*, 805. 2. T. 53.
du Cange, *Charles du Fresne*, 574. 641. 3. T. 779.
690.
Caninius, *Ange*, 701.
Canisius, *Henry*, 449.
Cano, *Melchior*, 231.
Canter, *Guillaume*, 59. 383. 864.
Canter, *Theodore*, 403.
Cantoclarus, *v.* Chantecler.
Capella, *Martian. Min. Fel.* 289.
Capnion, *Jean*, *v.* Reuchlin.
Caramuel, *Jean*, 614. 667.
de Cardone, *Jean-Baptiste*, 229.
de Carmone, *J. Gerard*, 823.
Caro, *Annibal*, 981. *bis*
Carrion, *Louis*, 410.
Cartari, *Vincent*, 982.
Casanate, *v.* Alegre.
de las Casas, *Christofle*, 775.
Causaubon, *Isaac*, 457. 902.
Causabon, *Meric* ou *Emery*, 539.
Casellius, *Jacques Durand*, 443.
Cassandre, 964.
Cassiodore, *Magn. Aur. Senat.* 789.
Castalio, *Joseph*, 464.
Castell, *Edme* ou *Edmond*, 731.
de Castel-vetro, *Louis*, 376. 1019.
Castricome, *Pancrace*, 148.
Catalogues Anonymes des Bibliothéques, du Duc de Baviere, 212.
de Constantinople, 214.
de Leyde, 215.
du Louvre, 219.
de la Chine, 213.
du Card. Barberin, 227.
d'Heinsius, 227.
Catalogues de Libraires, 205.
Caussin, *Nicolas*, 163.
Ceba, *Ansaldo*, 1021.
Censorin, 283.
Ceratin, *Jacques*, 341.
de la Cerda, *Jean Louis*, 502. 630.
Chalcondyle, *Demetrius*, 695.
Chalvet *ou* Calventius, *Mathieu*, 941.
de Champagne, *Jean*, 997.
de Chantecler, *Charles*, 896.
Chanut, 974.

Rrrr ij

TABLE GENERALE

2. T. 53.
3. T. 779.

Charifius, *Flavius Sofipater*,	624.
Charpentier,	759. 966.
Checque *ou* Cheecke, *Jean*,	839.
du Chefne, *André*,	132.
Chevalier, *Antoine Raoul*,	732.
Chevreau, *Urbain*,	544.
della Chiefa *ou* ab Ecclefia, *François Aug.*	124.
Chifflet, *Pierre François*,	561.
Chouet, *Jacques*,	31.
Chreftien, *Florent*,	415.
Chriftophorfon, *Jean*,	844.
Chryfoloras, *Manuel ou Emmanuel*,	692.
Ciacconius, *Pierre*,	389.
Ciceron,	163.
de Cinq-Arbres, *Jean*,	734.
Ciofani, *Hercule*,	404.
Claufer, *Conrad*,	852.
Clement, *Claude*,	229.
Clenard, *Nicolas*,	699.
Coccejus, *Jean*,	466.
Coëffeteau, *Nicolas*,	943.
le Cointe, *François*,	249.
de Colines, *Simon*,	15.
Colletet, *Guillaume*,	130.
Colomiez, *Paul*,	69. 137.
Combefis, *François*,	556. 926.
Comenius, *Jean Amos*,	634.
Comes *ou* de Comitibus *ou* Conti, *Noël*,	870.
Commandin, *Frederic*,	865.
Commelin, *Jerôme*,	37.
Conftantin, *Robert*,	59. 435. 686.
Contarini, *Vincent*,	469.
Conti, *Natale*, *v.* Comes.	
de Cordes, *Jean*,	222.
Cordier, *Baltafar*,	508. 918.
Cordier, *Jean Martin*,	1042.
Cornarius, *Jean*,	843.
Corradus, *Quint. Marius*,	651.
de Cortegana, *Diegue*, *v.* Lopez.	
Coffart, *Gabriel*,	541.
Cotelier, *Jean Bapt.*	582.
Coulomby,	946.
Coufin, *Louis*,	970.
Courant, *Pierre*,	579.

Covarruvias, *Sebaftien*,	778.
Cramoify, *Sebaftien*,	22.
Craffo, *Jean Paul*,	858.
Craffo, *Laurent*,	73. 171.
Crafton, *Jean*,	680.
Crefpin, *Jean*,	31. 683.
Crinitus, *Pierre*,	165. 321.
Crifpe, *Jean-Baptifte*,	195.
Critiques de l'hift. Byz.	603.
Crocus, *Corneille*,	654.
de la Croix, *v.* Crucejus.	
de la Croix-du-Maine, *François Grudé*,	129.
Crovvæus, *Guillaume*,	97.
Crucejus *ou* della Croce, *Annibal*,	866.
Crucejus *ou* de la Croix, *Emery*,	497.
Cruckius, *Jacques*,	476.
la Crufca, *Academ. de Flor.*	767.
Crufer, *Herman*,	860.
Cujas, *Jacques*,	406.
Cunæus, *Pierre*,	896.
Cuper, *Gilbert*,	585.
Cydonius *v.* Demetrius.	
Cyriaque d'Ancone.	298.
Cyrille.	676.

D

Dablancourt *v.* d'Ablancourt.	
Dachery, *Luc*,	563.
Dacier, *André*,	597. 979.
Dacquin, *ou* d'Hacquin, Aquinas, *Philippes*,	729.
Daillé, *Jean*,	255.
Dalechamp, *ou* de la Champ, *Jacques*,	421. 890.
Danet, *Pierre*,	638.
de Daniel, *ou* Danielis, *Pierre*,	405. 333.
Daufquey, *Claude*,	493. 609. 914.
December *v.* Candide.	
Delfau, *François*,	550.
Delrio, *Marc Antoine*,	440.
Demetrius Cydonius,	800.
Dempfter, *Thomas*,	161.
Denys d'Halicarnaffe,	53.
Denys le Petit,	790.
Defpautere, *Jean*,	644.
Des-Preaux, *Boileau*,	140. 594. 976.

DES AUTEURS.

Diana, *Antonin*,	91.
Didyme le Grammairien,	291.
de Dieu, *Louis*,	743.
Diomede le Gramm.	621.
Dolce, *Louis*,	991.
Dolet, *Estienne*,	26. 746. 932.
Domenichi, *Louis*,	994.
Donat, *Ælius*,	285. 622.
Donat, *Jerôme*,	318. 821.
Donat, *Marcel*,	424.
Doni, *Antoine François*,	115.
Dorat, *Jean*,	233. 401. 406.
Dorlandus, *Pierre*,	108.
Dousa, *Jean* le pere,	434.
Dousa, *Jean* le fils,	417.
Draudius, *George*,	63.
Drusius, *Jean*,	468. 738.
le Duc *v.* Fronton.	
de Dudinck, *Josse*,	229.
Dupleix, *Scipion*,	752.
Duryer, *v.* Ryer.

E

Ab Ecclesia, *v. della* Chiesa.	
Egnatius, *Jean Bapt.*	123.
Eisingrein, *Guillaume*,	83.
Elie Levite,	721.
Elssius, *Philippe*,	106.
Elzevier, { *Bonaventure*, *Abraham*, *Louis*, *Daniel*, }	48.
Epiphane le Scolastique,	783.
Epiſcopius, *Nicolas*,	33.
Erasme, *Didier*, 57. 259. 339. 647. 832.	
Eratosthene,	271.
Erhard, *George*,	461.
Ernstius, *Henry*,	223.
Erpen, *Thomas*,	742.
Erythræus, *Janus Nicius*,	115.
Escobar, *ou* Escovar, *François*,	838.
des Essars, *Nicolas d'Herberay*,	930.
Estienne de Byzance, *v.* Stephanus.	
les Estiennes, *Imprim.*	7.
Estienne, *Robert I.*	8. 632.
Estienne, *Charles*,	9. 681. 2. T. 53.
Estienne, *Henry II.*	11. 420. 685. 3. T. 779. 748. 892. 937.
Estienne, { *Robert II.* *Paul*, *Robert III.* *Antoine*, }	10. 12. 13. 14.
Etymologicon Grec,	675.
Eunapius,	193.
Eustathius, *de Thess.*	293. 787.
d'Expilly, *Claude*,	745.

F

Faber *v.* du Faur, & le Fevre.	
Fabricius *v.* le Fevre.	
Fabrini, *Jean*,	985.
Fabrot, *Charles Annibal*, 604. §. 2. 690.	
Faletti, *Jerôme*,	1025.
Fanucci, *Thomas*,	166.
Faret,	946.
Faria de Souza, *Emmanuel*,	1039.
Farnabe, *Thomas*,	521.
Fauchet, *Claude*,	130. 939.
du Faur de S. Jory, *Pierre*,	426.
Favorin, *Varin*,	678.
Felicien, *Jean Bernardin*,	827. bis.
Fell, *Jean*,	567.
Ferg *ou* Freg, *Christofle*,	221.
Ferrari, *Octave*,	768.
Ferrarius le Benedictin,	907.
Ferrini,	118.
le Fevre de { *Guy*, la Boderie, *Nicolas*, } freres, 727.
le Fevre, *Nicolas*,	454.
le Fevre, *Tanneguy*,	170. 545. 952.
le Fevre, *Anne*,	596. 979.
Fichard, *Jean*,	204.
Ficin, *Marsile*,	820.
Filz,	763.
Finé, *Oronce*,	836.
Flaccus, *Verrius*,	617.
Flechier, *Esprit*,	973.
Floridus Sabinus, *François*, *v.* Sabinus.	
Foësius, *Anutius*,	888.

TABLE GENERALE

2. T. 53. Foires de Francford, 206.
3. T. 779. de Foix de Candale v. Candale.
Foliera *ou* Fogliete, *Hubert*, 119.
Fonseca, *Pierre*, 893.
Forster, *Jean*, 726.
Fortius de Ringelberg, *Joachim Steerck*, 260.
du Fossé, v. Marsilly.
Fournier, *Guillaume*, 373.
Foxius Morzillus, v. Morzillo.
Frachetta, *Jerôme*, 986.
Frehher, *Marquard*, 458.
Freigius, *Thomas*, 266.
Freinshemius, *Jean*, 531.
Frelon, *Imprim.* 29.
du Fresne, *Charles*, v. du Cange.
du Fresne, *Raphaël*, v. Trichet.
de Freymon, *Vvolfang*, 204.
Fris ou Frisius, *André*, 49.
Frischlin, *Nicodeme*, 660.
Frisius, *Jean Jacques*, 59. 196.
Frizon, *Leonard*, 176.
Froben, {*Jean le Pere*, *Jerôme le Fils*,} 33.
Fronton le Duc, 479. 909.
Frusius, *André*, 655.
Fruterius, *Luc*, 374.
Fulgence Planciade, 623.

G

Gaddi, *Jacques*, 65.
Gale, *Thomas*, 555.
Galeotti, *Barthelemy*, 122.
Galesinus, *Pierre*, 874.
Gallois P. 78.
le Gallois, 229.
Garet, *Jean*, 578.
Garnier, *Jean*, 229. 251. 558.
Garzia *ou* Gracian d'Alderete, *Diegue*, 1031.
Garzoni, *Thomas*, 267.
Gataker, *Thomas*, 514.
Gaudin, *Jean*, 636.
Gaumin, *Gilbert*, 542.
Gaza, *Theodore*, 306. 694. 809.
Gelenius, *Sigismond*, 830.

Gelli, *Jean-Baptiste*, 1004.
A Gellius v. Aullu-Gelle.
Genebrard, *Gilbert*, 737. 889. 936.
Genez de Sepulveda, *Jean*, v. Sepulveda.
Gennade de Marseille, 81.
Gerberon, *Gabriel*, 572.
Gerhard, *Jean*, 88.
Germain, *Michel*, 577.
Gesner, *Conrad*, 59. 368. 608. 684. 851.
Geusius, *Jacques*, 592.
Ghilini, *Jerôme*, 73.
Ghino, *Leonard*, 990.
Giffanus, *Obert ou Hubert*, 445. 901.
Gilles, *Pierre*, 835.
Giraldi, *Lilio Gregorio*, 167. 356.
Girard, 960.
Giry, *Louis*, 951.
Giselin, *Victor*, 422.
Giudici, *ou* le Juge, *Jean*, 1008.
Glarean, *Henry Lorit*, 36.
Glossaires, *ou Vieilles* Gloses, 627.
Goar, *Jacques*, 604. §. 2.
Godefroy, *Denys*, 478.
Godefroy, *Jacques*, 487. n. 2.
Godoy, *Pierre*, v. Gonzales.
Golius, *Jacques*, 215.
Goltzius, *Hubert*, 40.
de Gomberville, *Marin le Roy*, 185.
Gonzales de Godoy, *Pierre*, 1042. n. 6.
de Gournay, *Marie le Jars*, 750.
de Goussainville, *Pierre*, 562.
Gracian, *Diegue*, v. Garzia.
Grævius, *Jean George*, 570.
de la Grange, *Isaac*, 465.
Grant, *Edouard*, 683.
de Grante-Mesnil, ou Grentemesnil, v. Paumier.
Graverol, *François*, 176.
de Grenade, *Louis*, 1034.
Grevin, *Jacques*, 932.
les Gryphes, *Sebastien, Antoine*, &c. 27.
Gronovius {*Jean* Frederic le P., *Jacques* le Fils,} 448.

DES AUTEURS.

Grotius, *Hugues*,	504. 916.
Groulart, *Claude*,	898.
Gruter, *Jean*,	483.
Gryné ou Gryn, *Simon*,	346. 826. *bis*.
Gualtherus, *Rodolphe*,	879.
Guarini de Verone,	302.
Guarino, *Alexandre*,	996.
Guillelme, *Jean*,	391.
Guinther ou Vvinther, *Jean*,	859.
Guyet, *François*,	518.
Gymnique, *Jean*,	38.

H

Hacquin *v.* Dacquin.
Hahnpol ou Hagenbut, *v.* Cornarius.

Hallervord, *Jean*,	59. 74.
du Hamel,	963.
Hanckius, *Martin*,	191.
Harduoin, *Jean*,	601.
Harold, *François*,	111.
Harpocration, *Valere*,	672.
Heidel, *Vvolphgang Ernest*,	614.
Heinsius, *Daniel*,	229. 517. 922.
Heinsius, *Nicolas*,	227. 557.
Henric-Petri,	36.
Henriquez, *Chrysostome*,	104.
Henry de Gand,	81.
Henschenius, *Godefroy*,	241. 337.
Herauld, *Didier*,	472.

Herbst, *Jean*, *v.* Oporin.

Hermant, *Godefroy*,	253. 566. 961.
Herodien,	691.
d'Herouval, *Antoine de Vion*,	565.
de Herrera, *Thomas*,	106.
Hervagius,	36.
Hervet, *Gentien*,	875. 934.
Hesychius Grammair.	671.
Hierat, *Antoine*,	38.
Hill, *Joseph*,	688.

Hiug, *v.* Juda,

Hoelzlin, *Jeremie*,	523.
Hoefchelius, *David*,	210. 470. 905.
Holstenius, *Luc*,	532. 923.
Honoré d'Autun,	81.
Hoofdius,	1046.
Hornius, *George*,	198. 2. T. 53. 3. T. 779.
Hotman, *ou* Hotoman, *François*,	407.
Hotringer, *Jean Henry*,	102.
Hoy, *André*.	706.
Huarte, *Jean*,	257.
Huët, *Pierre Daniel*,	71. 571.
Humfred, *Laurent*,	880.
Hyde, *Thomas*,	225.

I

Ildefonse de Tolede,	81.
Illyricus, *Matthias Flaccius*,	83.
Imprimeurs Anglois,	50.
Hollandois,	44.
Polonois ou Sociniens,	51.
Imprimerie du Vatican,	52.
du Louvre.	52. *bis*.
Index des livres défendus,	77.
Isidore Mercator,	794.
Isidore de Sevile,	81. 290.

J

Jacob de S. Charles, *Louis*,	92. 107. 229.
Jacobilli, *Louis*,	124.
Jamés, *Thomas*,	208.

Janson, *Nicolas*, *v.* Jenson.
Jansson, *Guill. Jean*, &c. *v.* Blaevv.

de Jarava, *Jean*,	1041.

Jean de Sarisbery, *v.* Sarisbery.

Jenson, *Nicolas*,	1.
S. Jerôme,	80. 779.

du Jon, *v.* Junius.

Jona de Cordouë,	718.

de Jonghe, *v.* Junius.

Jonsius, *Jean*,	199.
Joseph de Gaspi R.	723.
de S. Joseph, *Ange*,	743.
Joubert, *Laurent*,	745.
Jourdain, *Antoine*,	730.
Journal des Savans,	78.
Jove, *Paul*,	58.
Juda Hiug,	717.
Junius ou du Jon, *François*,	427.
Junius ou de Jonghe, *Adrien*,	382. 862.

TABLE GENERALE

2. T. 53. Foires de Francford, 206.
3. T. 779. de Foix de Candale v. Candale.
Foliera *ou* Fogliete, *Hubert*, 119.
Fonseca, *Pierre*, 893.
Forster, *Jean*, 726.
Fortius de Ringelberg, *Joachim Steerck*, 260.
du Fossé, *v.* Marsilly.
Fournier, *Guillaume*, 373.
Foxius Morzillus, *v.* Morzillo.
Frachetta, *Jerôme*, 986.
Frehher, *Marquard*, 458.
Freigius, *Thomas*, 266.
Freinshemius, *Jean*, 531.
Frelon, *Imprim.* 29.
du Fresne, *Charles*, *v.* du Cange.
du Fresne, *Raphaël*, *v.* Trichet.
de Freymon, *Vvolfang*, 204.
Fris ou Frisius, *André*, 49.
Frischlin, *Nicodeme*, 660.
Frisius, *Jean Jacques*, 59. 196.
Frizon, *Leonard*, 176.
Froben, { *Jean le Pere*, { *Jerôme le Fils*, } 33.
Fronton le Duc, 479. 909.
Frusius, *André*, 655.
Fruterius, *Luc*, 374.
Fulgence Planciade, 623.

G

Gaddi, *Jacques*, 65.
Gale, *Thomas*, 555.
Galeotti, *Barthelemy*, 122.
Galesinus, *Pierre*, 874.
Gallois P. 78.
le Gallois, 229.
Garet, *Jean*, 578.
Garnier, *Jean*, 229. 251. 558.
Garzia *ou* Gracian d'Alderete, *Diegue*, 1031.
Garzoni, *Thomas*, 267.
Gataker, *Thomas*, 514.
Gaudin, *Jean*, 636.
Gaumin, *Gilbert*, 542.
Gaza, *Theodore*, 306. 694. 809.
Gelenius, *Sigismond*, 830.

Gelli, *Jean-Baptiste*, 1004.
A Gellius *v.* Aullu-Gelle.
Genebrard, *Gilbert*, 737. 889. 936.
Genez de Sepulveda, *Jean*, *v.* Sepulveda.
Gennade de Marseille, 81.
Gerberon, *Gabriel*, 572.
Gerhard, *Jean*, 88.
Germain, *Michel*, 577.
Gesner, *Conrad*, 59. 368. 608. 684. 851.
Geusius, *Jacques*, 592.
Ghilini, *Jerôme*, 73.
Ghino, *Leonard*, 990.
Giffanus, *Obert ou Hubert*, 445. 901.
Gilles, *Pierre*, 835.
Giraldi, *Lilio Gregorio*, 167. 356.
Girard, 960.
Giry, *Louis*, 951.
Giselin, *Victor*, 422.
Giudici, *ou le Juge*, *Jean*, 1008.
Glarean, *Henry Lorit*, 36.
Glossaires, *ou Vieilles* Gloses, 627.
Goar, *Jacques*, 604. §. 2.
Godefroy, *Denys*, 478.
Godefroy, *Jacques*, 487. n. 2.
Godoy, *Pierre*, *v.* Gonzales.
Golius, *Jacques*, 215.
Goltzius, *Hubert*, 40.
de Gomberville, *Marin le Roy*, 185.
Gonzales de Godoy, *Pierre*, 1042. n. 6.
de Gournay, *Marie le Jars*, 750.
de Goussainville, *Pierre*, 562.
Gracian, *Diegue*, *v.* Garzia.
Grævius, *Jean George*, 570.
de la Grange, *Isaac*, 465.
Grant, *Edouard*, 683.
de Grante-Mesnil, *ou* Grentemesnil, *v.* Paumier.
Graverol, *François*, 176.
de Grenade, *Louis*, 1034.
Grevin, *Jacques*, 932.
les Gryphes, *Sebastien*, *Antoine*, &c. } 27.
Gronovius { *Jean* Frederic le P. { *Jacques* le Fils, } 448.

DES AUTEURS.

Grotius, *Hugues*,	504. 916.	Hornius, *George*,	198. 2. T. 53.
Groulart, *Claude*,	898.	Hotman, *ou* Hotoman, *François*, 407. 3. T. 779.
Gruter, *Jean*,	483.	Hottinger, *Jean Henry*,	102.
Gryné ou Gryn, *Simon*,	346.	Hoy, *André*.	706.
826. bis.		Huarte, *Jean*,	257.
Gualtherus, *Rodolphe*,	879.	Huët, *Pierre Daniel*,	71. 571.
Guarini de Verone,	302.	Humfred, *Laurent*,	880.
Guarino, *Alexandre*,	996.	Hyde, *Thomas*,	225.
Guillelme, *Jean*,	391.		
Guinther ou Vvinther, *Jean*,	859.	**I**	
Guyet, *François*,	518.	Ildefonse de Tolede,	81.
Gymnique, *Jean*,	38.	Illyricus, *Matthias Flaccius*,	83.
		Imprimeurs Anglois,	50.
H		Hollandois,	44.
Hacquin *v.* Dacquin.		Polonois ou Sociniens,	51.
Hahnpol ou Hagenbut, *v.* Cornarius.		Imprimerie du Vatican,	52.
Hallervord, *Jean*,	59. 74.	du Louvre.	52. bis.
du Hamel,	963.	*Index des livres* défendus,	77.
Hanckius, *Martin*,	191.	Isidore Mercator,	794.
Hardouin, *Jean*,	601.	Isidore de Sevile,	81. 290.
Harold, *François*,	111.		
Harpocration, *Valere*,	672.	**J**	
Heidel, *Vvolphgang Erneft*,	614.	Jacob de S. Charles, *Louis*,	92.
Heinsius, *Daniel*,	229. 517. 922.	107. 229.	
Heinsius, *Nicolas*,	227. 557.	Jacobilli, *Louis*,	124.
Henric-Petri,	36.	Jamés, *Thomas*,	208.
Hentiquez, *Chryfoftome*,	104.	Janson, *Nicolas*, *v.* Jenson.	
Henry de Gand,	81.	Jansson, *Guill. Jean*, &c. v. Blaevv.	
Henschenius, *Godefroy*,	241. 337.	de Jarava, *Jean*,	1041.
Herauld, *Didier*,	472.	Jean de Sarisbery, *v.* Sarisbery.	
Herbst, *Jean*, *v.* Oporin.		Jenson, *Nicolas*,	1.
Hermant, *Godefroy*, 253. 566. 961.		S. Jerôme,	80. 779.
Herodien,	691.	du Jon, *v.* Junius.	
d'Herouval, *Antoine de Vion*,	565.	Jona de Cordouë,	718.
de Herrera, *Thomas*,	106.	de Jonghe, *v.* Junius.	
Hervagius,	36.	Jonsius, *Jean*,	199.
Hervet, *Gentien*,	875. 934.	Joseph de Gaspi R.	723.
Hesychius Grammair.	671.	de S. Joseph, *Ange*,	743.
Hierat, *Antoine*,	38.	Joubert, *Laurent*,	745.
Hill, *Joseph*,	688.	Jourdain, *Antoine*,	730.
Hiug, *v.* Juda,		Journal des Savans,	78.
Hoelzlin, *Jeremie*,	523.	Jove, *Paul*,	58.
Hoeschelius, *David*, 210. 470. 905.		Juda Hiug,	717.
Holstenius, *Luc*,	532. 923.	Junius ou du Jon, *François*,	427.
Honoré d'Autun,	81.	Junius ou de Jonghe, *Adrien*, 382. 862.
Hoofdius,	1046.		

t. T. 53. les Juntes Imprim. *Bern. Phil.* &c. 5.
3. T. 779. Juſtinien, *Fabien*, 62. 87.
Juſtinien, *Michel*, 119.

K

Keckerman, *Barthelemy*, 268. 447.
Kimhi, *David*, 720.
Konig, *Georges Matthias*, 75.

L

Labbe, *Philippes*, 67. 95. 541. 666. 754.
Labbé, *Charles*, 473.
Laërce, *Diogene*, 192.
Lætus, *Pomponius*, 313.
de Laguna, *André*, 365. 848. 1032.
Lambecius, *Pierre*, 218.
Lambin, *Denys*, 377. 854.
Lancelot de P. R. 668. 689. 714. *Voyés encore* Port Royal.
Landino, *Chriſtofle*, 1003.
Langbaine, *Gerard*, 431.
Langius, *Charles*, 371.
Langus, *Jean*, 840.
LapusFlorentin.Caſtillon. *v.* Birague.
Laſcaris, *Conſtantin*, 696.
Laſcaris, *Jean André*, 323. 996.
Latino Latini, 408.
de Launoy, *Jean*, 139. 248.
Laurent, *Jean*, 523.
de Laval, 958.
de Lebrixa, *v.* Nebriſſenſis.
Lectius, *Jacques*, 439.
Leonicene, *Nicolas*, 827. 995.
Leonique Thomé, *Nicolas*, 828.
Leopard, *Paul*, 372.
Leunclavius, *Jean*, 409. 883.
Lilius, *Georges*, 160.
Lilius, *Guillaume*, 653.
Linacer, *Thomas*, 646. 826.
Lindanus, *Jean Antonide*, *v.* Vanderlinden.
Lindembrog, { *Erpold*, }
ou   { *Frederic*, } 495.
Lidembruch, { *Henry*. }

Lipen, *Martin*, 76.
Lipſe, *Juſte*, 229. 437. 662.
de Locres, *Ferry ou Ferreol*, 142. 155.
Lombert, 975.
Lomejer, *Jean*, 229.
de Longe-Pierre, 602.
Longin, *Denys Caſſius*, 55.
Lopez d'Ayala, *Diegue*, 1018.
Lopez de Cortegana, *Diegue*, 1030.
Lopez d'Eſtremadoure, *Diegue*, 1029.
Lopez de Tolede, *Diegue*, 1035.
Lopis Stunica, *ou plûtot*
Lopez de Zuniga, *Diegue*, 347.
Lubin, *Eilhard*, 477.
Lucius, *Pierre*, 107.
D. de Luines *v.* Laval.
de Lunebourg, *Auguſte*, 614.
Lupus, *Chrétien*, 252. 559.
Luſcinius, *Ottomarus*, 825.
Luther, *Martin*, 1043.
Lycoſthene, *Conrad*, 59.

M

Mabillon, *Jean*, 577.
Macrobe, *Aur. Ambr. Theod.* 284.
Magini, *Jean Antoine*, 1010.
Maigret ou Meygret, *Louis*, 475.
Maire, *Jean*, 47.
de Malherbe, *François*, 749. 944.
Mandoſi, *Proſper*, 116.
Les Manuces *Imprim.* 2.
Manuce le fils, *Paul*, 831.
Manuce le petit fils, *Alde*, 418. 609. 1024.
de Marca, *Pierre*, 245.
Marcellus, *Nonius*, 620.
de Marcilly, *Theodore*, 460.
Maretti, *Fabio*, 984.
Mariana, *Jean*, 1036.
de Marolles, *Michel*, 228. 962.
de Marſilly, *Paul Antoine*, 957.
de Sainte Marthe, *Scevole*, 131.
de Martignac, 598. 978.
Martinius, *Pierre*, 735. 885.
Maſius, *André*, 855.
Maſſon, *Jean Papire*, 432.

Matamore,

DES AUTEURS.

Matamore, *Alfonse Garsias*, 125.
Mathieu Toscan, *Jean*, v. Toscan.
Maturantius, *François*, 262.
Maucroix, 967.
de Maussac, *Philippes Jacques*, 507.
de Medinilla & Porres, *Jean Antoine*, 1042. n. 5.
Méetkerque ou Metcherque, *Adolphe*, 705.
Melanchthon, *Philippes*, 259. 364. 847.
Ménage, *Gilles*, 564. 756. 769.
Ménard, *Hugues*, 524.
de Mendoza, *Ferdinand*, 238.
Mercier, *Jean*, 378. 733. 857.
Mercier des Bordes, *Josias*, 463. 908.
Mercure savant, 78.
après le Journal des Savans.
de Merouville, *Charles*, 605. §. 4.
Merula, *George*, 308. 818.
de Mesmes *ou* Memmius, *Jean-Baptiste*, 834.
Meursius, *Jean*, 152. 498. 690.
de Meziriac, *Claude Gaspar Bachet*, 496. 945.
de Milanges, *Simon*, 32.
le Mire *ou* Miræus, 89. 109. 149. 211.
Modius, *François*, 419.
Moliere, *different du P. Comique*, 946.
de Molina, *Jean*, 1042. n. 2.
de Molinet *ou* Moulinet, *Claude*, 576.
de Montaigu, *Richard*, 915.
Moquot, *Estienne*, 712.
les Morels { *Guillaume*, *Jean*, *Imprim.* *Frederic* l'ancien. *Claude*. } 21.
Morel, *Frederic* le jeune, 459. 906.
Moret *Imprim.* { *Jean*, & *Baltasar*, } 43.
Morus, *Thomas*, 338. 831.
Morzillo, *Sebastien Fox*, 355.
Moschopulus, *Emmanuel*, 677. 693.
Mosellan, *Pierre*, 331.
Moser, *Barthelemy*, 203.
de la Mothe-le-Vayer. v. le Vayer.
du Moulinet. v. Molinet.

Tome II.

Mountagu. v. Montaigu.
Munckerus, *Thomas*, 590.
Munster, *Sebastien*, 933.
Muret, *Marc-Antoine*, 394. 877.
Musculus, *Wolphgang*, 849.
Mutius, 792.
de Myle, *Imprim.* { *Arnold* *Herman* } 38.

N

Nannius, *Pierre*, 361. 837.
Nardius, *Jean*, 516.
Naudé, *Gabriel*, 200. 229. 243.
Neander, *Michel*, 887.
Nebrissensis *ou* Lebrixa, *Ælius Anton*. 330. 645. 774.
Nicodemo, *Leonard*, 1174
Nicole, 263.
Nivelle, *Sebastien*, 22.
Nizolius, *Marius*, 631.
Nonius, v. Marcellus.
Nonnius, *Pierre*, v. Nugnez.
Nonnius Pincianus, *Frederand*, 358.
Nortwegue, *Jean*, 162.
Nugnez, *Pierre Jean*, 703.
Nugnez de Guzman. *Ferdinand*, v. Nonnius Pincian.
Nunnesius, v. Nugnez.

O

Oblopæus, *Vincent*, 897.
Officina Latinitatis, 637.
Oldoino, *Augustin*, 124.
Oporin, *Jean*, 35.
Oresme ou d'Oresmieux, *Nicolas*, 928.
d'Orleans, *Louis*, 441.
Osius, *Felix*, 489.
Oswalde Schreckenfusch, *Erasme*, 869.
Ottius, *Jean Henry*, 761.
Ouate-bled. v. Vatable.
Oyselius, *Jacques*, 560.

P

Pacius de Beriga, *Jules*, 913.

2. T. 53.
3. T. 779.

TABLE GENERALE

2. T. 53. Pænius, *Sophiste*,	781.	Petrarque, *François*,	295.
3. T. 779. le Page, *Jean*,	109.	Petrejus, *Theodore*,	108.
Pagninus, *Santes*,	725.	Petri, *Suffred*,	147.
de Paimpont, *v.* Vaillant.		Philander, *Guillaume*,	363.
Pajot, *Charles*,	635.	Philelphe, *François*,	307. 810.
Palmerius, *Jean Meller*,	475.	Photius,	56.
Palmerius, *Matthias*,	803.	Phrynichus Arrhabius,	669.
Pamelius, *Jacques*,	399.	Picolomini, *Alexandre*,	1020.
Pancirol, *Guy*,	204.	Pie, *Jean-Baptiste*,	348.
Panvini, *Onufre*,	121.	Pie II. Pape, *dit auparavant*	
Papebrochius, *Daniel*, 241.	537.	Æneas Silvius Piccolomini,	300.
de Paris, *Bernard*,	744.	Pierius Valerianus, *Jean*,	256.
Parthasius, *Janus*,	335.	Pigafetta, *Philippes*,	1009.
Parthenio Barthelemy,	989.	Pighius Vinand, *Estienne*,	433.
Paschal Alidosi, J. N.	122.	Pincianus, *Ferdinand*, *v.* Nonnius.	
Pasor, *George*,	534.	Pinedo, *Thomas*,	554.
Passerat, *Jean*, 428. 610.	630.	du Pinet de Noroy, *Antoine*,	932.
Patin, *Charles*,	583.	Pirckeimer, *Bilibald*,	830.
Patisson, *Mamert*,	17.	Pithou, { *Pierre*, *François*, } freres,	414.
Patru, *Olivier*,	250.		
Paul Diacre,	617.	Pitiscus, *Samuel*,	602. §. 3.
Paumier de Grente-Mesnil, *Jacques*,	143.	Pitseus, *Jean*,	159.
		Planciade *ou* Placiade, *v.* Fulgence.	
de la Pause, *Jean*, *v.* Plantevit.		Plantevit de la Pause, *Jean*,	102.
Pearson, *Jean*,	567.	Plantin, *Christofle*,	41.
Pedianus, *v.* Asconius.		Planudes, *Maxime*,	799.
Peletier *ou* Pelletier, *Jacques*,	745.	Platon de Tivoli,	831.
Pellisson Fontanier, *Paul*,	134.	Plutarque,	163.
Pellini, *Pompeio*,	1007.	Pocciantius, *Michel*,	118.
Pellissier *ou* Pellicier, *Guillaume*,	357.	Poggius, *Jean François*,	301.
Pena *ou* Penia, *Jean*,	841.	Pogianus, *Jules*,	866.
Pennot, *Gabriel*,	105.	Politi, *Adrien*,	997.
Perceval *ou* Perzivalez, *André*.		Politien, *Ange Bassien*,	315. 817.
Peregrinus, *v.* Schott.		Pollux, *Jules*,	281. 670.
Periander, *Gilles*,	146.	Pomei, *François*,	636.
du Perier, *Thomas*,	742.	Pompejus, *Festus*,	617.
Perione, *Joachim*,	702. 845.	Ponce de Leon, *Gonsalve Marin*,	881.
Perraut, *Claude*,	595. 972.	Pontanus *ou* Bruck, *Jacques*,	482. 663. 910.
du Perron, *Jacques Davy*,	239.		
Perrot, *Nicolas*,	303. 806.	Pontanus, *Jean Jovien*,	179. 320.
Perrot d'Abl. *Nicolas*, *v.* d'Ablancourt.		la Popeliniere, *Lancelot Voisin*,	180.
Persona *ou* Porsena, *Christofle*,	812.	Popma, { *Ausone*, *Cyprien*, *Sixte*, *Tite*, } freres,	390.
Petau, *Denys*,	513. 921.		
Petit, *Jacques*,	599.		
Petit, *Pierre*,	593.		
Petit, *Samuël*,	530.	Porcacchi, *Thomas*,	999.
de Petra, *Gabriel*,	903.	Porsena, *Christofle*, *v.* Persona.	

DES AUTEURS.

de la Porte, *Jean Baptiste*, 615.
Portenare, *Ange*, 120.
des Portes, *Philippes*, 234.
Port Royal, 94. 244. 606. 757. 772. 953. 959. *Voyés aussi* d'Andilly, Lancelot, de Saci, &c.
Possevin, *Antoine*, 60. 85. 207.
Possin, *Pierre*, v. Poussines.
Postel, *Guillaume*, 741. 872.
de Poussines, *Pierre*, 553. 927.
del Pozzo, *ou* Puteanus, *Jules*, 121.
del Prado, *Laurent*, v. Ramirez.
Precieuses, 755.
Pricæus, *Jean*, 551.
le Prieur, *Philippes*, 552.
Priscien, 625.
de Pure, 965.
Puteanus, *Erycius*, 124. 229. 503.
Puteanus, *Jules*, v. Pozzo.
Puteanus, *Pierre, Jacques*, &c. v. du Puy.
Putschius, *Elie*, 436.
du Puy, *Pierre & Jacques freres*, 226.

Q

Quenstedt, *Jean André*, 66.
Quentel, *Pierre, Arnold*, &c. 38.
Quesnel, *Joseph*, 226.
Quesnel, *Pasquier*, 580.
de Quevedo Villegas, *François*, 1038.
Quintilien, 54.

R

Rader, *Matthieu*, 492. 912.
Ragueneau J. 611.
Rainold, *Jean*, 255.
Ramirez del Prado, *Laurent*, 527.
Remus ou la Ramée, *Pierre*, 657. 704. 747.
Raphelengius, *François*, 45.
Rapin, *René*, 70. 174. 189.
Ravisius Textor, *Jean*, v. Textor.
Raynaud, *Theophile*, 93.
Reinesius, *Thomas*, 525.
Renouard, 940.
Rescius, *Rutger*, 39.

Reuchlin, *Jean*, dit Capnion, 326. 2. T. 53.
Rhenanus, *Beatus Bildius*, 352. 3. T. 779.
Rhodomannus, *Laurent*, 438.
de Ribadeneyra, *Pierre*, 112.
Riccobon, *Antoine*, 120. 423. 895.
Richelet, *Pierre*, 762.
Richer, *Edme*, 258.
Rigaud, *Nicolas*, 509. 690. 919.
Rittershuys, *Conrad*, 456.
Rivet, *André*, 90.
Rivius, *Jean*, 359.
Robertson, *Guillaume*, 688.
Robertel, *François*, 371.
Rocca, *Ange*, 220.
Rodeille, *Pierre*, 602. §. 2. & 605. §. 5.
Rodigin, *Louis Richier Cæl.* 325.
de la Roque, 78.
de Rosoy, *Claude Vitart*, 932.
de Rossis *ou* le Roux, *Vittorio ou Vincent*, v. Erythræus.
Roswede, *Heribert*, 241. 484.
le Rouille ou Rovillius, 28.
le Roy ou Regius, *Louis*, 867. 933.
le Roy, de Haute-fontaine, 968.
Rubens, *Philippes*, 451.
Ruelle, *Jean*, 340. 833.
Rufin, 780.
Rupert, *Christofle Adam*, 505.
Rutilius, *Bernardin*, 204.
du Ryer, *Pierre*, 949.

S

Sabinus, *Franc. Floridus*, 204. 351.
de Saci, *Isaac le Maistre*, 956.
Sallo *ou* d'Hedonville, 78.
Salviati, *Leonard*, 771.
Sambucus, *Jean*, 392.
Sanctius *ou* Sanchez, *François*, 429. 661. 710.
Sanderus, *Antoine*, 153. 216.
Sandius, *Christofle*, 100. 190.
de Sarisbery, *Jean*, 292.
de Saumaise, *Claude*, 511.
du Saussay, *André*, 133.
Savaron, *Jean*, 467.

TABLE GENERALE

2. T. 53. Saville, *Henry*, 474.
3. T. 779. Scaino, *Marc-Antoine*, 1017.
Scala, *Barthelemy*, 317.
Scaliger, *Jules Cesar*, 168. 362. 650. 846.
Scaliger, *Joseph Juste*, 235. 446. 899.
Scapula, *Jean*, 687.
Scaurus, *Terence*, 619.
Schabraï, *Rabbin*, 101.
de Scheelstraate, *Emmanuel*, 252.
Schildius, *Jean*, 604. §. 3.
Schmidt, *Erasme*, 494.
Scholiastes, *v.* Scoliastes.
Schott, *André*, 126. 163. 485. 911.
Schott, *Gaspar*, 614.
Schrevelius, *Cornelius*, 533. 604. §. 3.
Science de l'Histoire, 187.
Scioppius, *Gaspar*, 162. 201. 246. 535. 665.
Scoliastes { Grecs, } 274. 275. 276. { Latins. } 277.
Scoliastes Dauphins, autrement, *Variorum*, de Paris, 605. §. 4.
Scoppa, *Lucius Jean*, 342. 609. 646.
Scot, *Alexandre*, 708.
Scot Erigene, *Jean*, 796.
Sedegno, *Jean*, 1040.
Segni, *Bernard*, 1018.
Segni, *Pierre*, 1023.
de Segrais, *Jean Baptiste*, 581.
Selden, *Jean*, 515.
Sempilius, *Hugues*, 202.
Seneque, *Lucius*, 612.
Sepulveda, *Jean Genés*, 853.
Serranus *ou* de Serre, *Jean*, 868.
Servius, *Maur. Honorat.* 286.
Sevin, *Nicolas*, 510.
de Seyssel, *Claude*, 929.
de Siene, *Antoine*, 110.
de Siene, *Sixte, v.* Sixte.
Sigebert de Gemblours. 81.
Sigonius, *Charles*, 183.
Silvius, *Æneas, v.* Pie II. P.
Simler, *Josias*, 59.
Sirmond, *Jacques*, 242. 512. 920.
Simon, *Richard*, 98.

Sixte de Sienne, *François*, 84.
Solin, *C. Jules*, 282.
Soprani, *Raphael*, 119.
Sorel, *Charles*, 136.
Sotwel, *Nathanael*, 112.
de Sousa, *Emmanuel, v.* Faria.
Spach, *Israel*, 196.
Spanheim, *Ezechiel*, 584. 969.
Spanheim, *Frederic le jeune*, 215.
Spelman, *Henry*, 639.
Spera, *Pierre Ange*, 162.
Spinosa, *Benoit*, 99.
Spizelius, *Theophile*, 256.
de Sponde, *Jean*, 430.
Stanley, *Thomas*, 538.
Starovolski, *Simon*, 156.
Statius, *Achilles*, 395.
Stephanus de Byzance, 673.
Steerck de Rhingelberg, *v.* Fortius.
Stevveckius, *Godefchalc*, 442.
Stobée, *Jean*, 287.
Strebée, *Jean Louis*, 832.
Strozzi, *Frederic*, 993.
Struthius, *Joseph*, 856.
Stuckius, *Jean Guillaume*, 444.
Sturmius, *Jean*, 402.
Suetone, 162. 163.
Sueyro ou Sueiro, *Emmanuel*, 1037.
Suidas, 674.
Superbe, *Augustin*, 121.
Svvert, *François*, 150.
Sylburge, *Frederic*, 707. 416.

T

Tallemant, 968.
Tam, *Rabbin*, 722.
Tartaglia, *ou* Tartalea, *Nicolas*, 1014.
Taubman, *Frederic*, 455.
Taxander, *Valer. Andr. v.* André.
Tectander, *Joseph*, 856.
Tennulus *ou* Tenneuil, *Samuel*, 591.
Tetti, *Scipion*, 217.
Textor, *Jean Ravisius*, 336. 652.
Thaumas du Fossé, *v.* Marsilly.
Thomasinus, *v.* Tomasini.
Thory, *Geofroy*, 20. 932.

DES AUTEURS.

de Thou, *Jacques Auguste*, 240.
Thysius, *Antoine*, 536.
Tileman, *Frederic*, 181.
de Tillemont, *Sebastien le Nain*, 254.
Tinto, *François*, 121.
Tiraqueau, *André*, 311.
Tiron, *Tullius*, 612.
de Toledo, *Diegue*, v. Lopez.
Tollius, *Corneille*, 256.
Tollius, *Jacques*, 547.
Tomasini, *Jacques Philippes*, 64. 114. 209.
Toppi, *Nicolas*, 117.
Torrentius, *Lævin*, 412.
Tortelli, *Jean*, 609.
Toscan, *Jean Mathieu*, 113.
de Tournes ou Tornæsius, { *Jean, Antoine, Samuel*, } Imp. 30.
Toussain ou Tusanus, *Jacques*, 682.
Trapezonce ou Trapezontin, *George*, 310. 813.
Trichet du Fresne, *Raphael*, 224.
de Trigny, 757.
Trittheme, *Jean*, 82. 103. 107. 143. 614.
Turnebe ou Tournebeuf, *Adrien*, 19. 369. 850.
Turrien ou la Torre, *François*, 232. 593. 876.
Turselin, *Horace*, 619. 894.
Tzetzes, { *Isaac, Jean*, } freres, 294.

U

d'Ulloa, *Alfonse*, 1005.
Urbain, 697.
Ursatus ou Orsati, *Sertorius*, 613.
Ursinus ou Orsini, *Fulvius*, 425.
Usserius ou Usher, *Jacques*, 255. 520.

V

Vadianus, *Joachim*, 353.
Vaillant de Guéslis de Paimpont, *Germain*, 400.

du Vair, *Guillaume*, 942. 2. T. 53.
Valerius, *Corneille*, 265. 3. T. 779.
Valla, *George*, 334. 609. 829.
Valla, *Laurent*, 304. 643. 807.
Valois, *Henry*, 247. 549. 925.
Valvasone, *Erasme*, 987.
Vander-Linden, *Jean Antonide*, 203.
Varchi, *Benoît*; 1022.
Varer, 263.
Variorum d'Hollande, 604. §. 3.
Variorum de Paris, v. Scoliastes Dauphins.
Varron, *M. Ter.* 272. 616.
de Vascosan, *Michel*, 16.
Vatable, *François*, 828.
de Vaugelas, *Claude Faure*, 751. 947.
Vavasseur, *François*, 68. 173. 666.
le Vayer, *François de la Mothe*, 186. 753.
Veenhuysen, *Jean*, 523.
du Verdier, *Antoine*, 59. 129.
du Verdier, *Claude*, 61.
Verdizzotti, *Jean Marie*, 1002.
Vergara, { *François, Jean*, } Freres, 700.
Vertranius Maurus, *Marc*, 354.
Victorius, *Pierre*, 396. 878.
de Vignere, *Blaise*, 938.
Vigier ou Viger, *François*, 917.
Vignon, *Eustache*, 31.
de Villegas, *François*, v. Quevedo.
Vinet ou Vinette, *Elie*, 398.
de Vintemille, *Jacques*, 932.
Vischius, ou de Visch, *Charles*, 104.
Vitelli, *N.* 1012.
Vitré, *Antoine*, 24.
Vivés, *Jean Louis*, 230. 259. 345. 648.
Volaterran, *Raphael*, 322. 822.
Vossius, { *Denys, Gerard le jeune, François*, } freres, 490.
Vossius, *Gerard le Catholique*, 900.
Vossius, *Gerard Jean*, 163. 169. 182. 197. 202. 261. 506. 633. 640. 664. 711.
Vossius, *Isaac*, 568.

Sfff iij

TABLE GENERALE DES AUTEURS.

2. T. 53. Vulcanius, *Bonaventure*, 448. 904. Wolphius, *Jerôme*, 386. 871.
3. T. 779. Vultejus, *Juste*, 829. Wovverius, *Jean*, 452.

W

de **W**Adding, *Luc*, 111.
de Waghenare, *Pierre*, 109.
Wechel, { *Chrétien*, *André* } Impr. 18.
Weitzius, 501.
Welser, *Marc*, 462.
Willichius, *Josse*, 609.
Williot, *Henry*, 111.
Winther, *v.* Guinther.
de Wion, *Arnold*, 103.
Witte *ou* Witten, *Henning*, 72.

X

XImenés Paton, *Barthelemy*, 777.
Xylander, *Guillaume*, 384. 863. 1044.

Z

ZAcharie, Pape, 791.
Zambert, *Barthelemy*, 824.
Zeillers, *Martin*, 188.
Zucchi, *Barthelemy*, 1000.
Zuerius, *Marc*, *v.* Boxhornius.

Fin de la Table des Auteurs.

Corrections des fautes survenuës dans l'impression des Notes sur le Tome II.

Pag.	Lig.	Col.	Fautes	Corrections
72	d		Après ces mots. Le P. Quetif.	Ajoutés en note. Le P. Jaques Quétif étant mort l'an 1698 avant que d'avoir fini le tiers de l'ouvrage, le P. Jaques Echard son Confrére, également habile & laborieux, a poursuivi le dessein de cette Bibliothèque, l'a revuë, continuée, & enfin publiée à Paris *in-fol.* en deux volumes, le 1. en 1719. le 2. en 1721.
80	1		Après Luc Ferrini.	Ajoutés en note. Les deux Religieux Servites qui nous ont donné le Catalogue Latin des Ecrivains de Florence, y ont très mal réussi, & j'ignore en quel sens leur ouvrage est appelé fort accompli, puisqu'il péche par tout dans le style, & presque par tout dans les faits.
93	3	B	Chrysade,	Chrysalde
112	6	A	ϑλιχαψευ	ιϑυς χαψευ
—	1	B	οι δε	οιδε
121	1	—	par principe	par principes
157	5	—	que l'anacronisme touchant Bellarmin en étoit uniquement à l'art. 739. quoique dès 1636.	que l'anachronisme touchant Bellarmin étoit uniquement à l'art. 739. quoique dès 1686.
165	9		16. Janvier	18. Janvier
167	d		soixante-quatorziéme	soissante & quatorzième
170	6	A	Bellano	Belluno
176	d	—	Ajoutés. Alexandre Varet Parisien né l'an 1632. mourut le 1. Aout 1676. & non pas 1685. ou, comme dit du l'un, vers 1686.	
185	3	B	εἰς γνῶσιν τὰ τομα	εἰς γνῶσιν τ ὄνομα
—	11		ὁ ὀνάζομβῳ	ὀνομάζομεν
187	6	A	motachronisme	métachronisme
190	6	B	de Porphirion, du Scholiaste anonyme, de Cruquius,	de Porphyrion, du Scholiaste anonyme de Cruquius,
194	8	—	nous avons eu en la place	nous avons en la place
206	5	A	ni Colletet	ni de Colletet
—	3	B	& par Hymenie.	& par *Hysmine.*
214	15	A	On pourroit	On pourroit
216	2	—	l'article avant	l'article *le* avant
218	9	B	Politien Calderin,	Politien, Calderin,
219	1	—	latines	Latines
—	5	A	ou comme celle	ou Noble Romain, comme celle
233	9		Amendolava	Amendolara
237	8		Pierre Carabin	Pierre Cara l'un
—	30		*quum*	*quum*
—	31		*fœculo*	*jaculo*
238	5		Cruquius	Cruquius
239	5		Mæcenatis	Mæcenatis
240	16		1417.	1415.
241	33		*Qui dum*	*Qui tum*
250	2		Casimo	Cosimo
254	21	A	*gratulatus sum*	*gratulatus sum*
—	5	B	*imitatur*	*imitatur*
264	8	—	unité	unités.

TABLE GENERALE DES AUTEURS.

2. T. 53. Vulcanius, *Bonaventure*, 448. 904. Wolphius, *Jérôme*, 386. 871.
3. T. 779. Vultejus, *Juste*, 829. Wovverius, *Jean*, 452.

W
X

de **W**adding, *Luc*, 111.
de Waghenare, *Pierre*, 109.
Wechel, { *Chrétien*, *André* } Impr. 18.
Weitzius, 501.
Welser, *Marc*, 462.
Willichius, *Josse*, 609.
Willot, *Henry*, 111.
Winther, *v.* Guinther.
de Wion, *Arnold*,
Witte *ou* Witten, *Henning*, 72.

Ximenés Paton, *Barthelemy*, 777.
Xylander, *Guillaume*, 384. 863. 1044.

Z

ZAcharie, Pape, 791.
Zambert, *Barthelemy*, 824.
Zeillers, *Martin*, 188.
Zucchi, *Barthelemy*, 1000.
Zuerius, *Marc*, *v.* Boxhornius.

Fin de la Table des Auteurs.

Corrections des fautes survenuës dans l'impression des Notes sur le Tome II.

Pag.	Lig.	Col.	Fautes	Corrections
71		d	*Après ces mots.* Le P. Quetif.	*Ajoutés en note.* Le P. Jaques Quétif étant mort l'an 1698 avant que d'avoir fini le tiers de l'ouvrage, le P. Jaques Echard son Confrére, également habile & laborieux, a poursuivi le dessein de cette Bibliothèque, l'a revuë, continuée, & enfin publiée à Paris *in-fol.* en deux volumes, le 1. en 1719. le 2. en 1721.
80	1		*Après* Luc Ferrini.	*Ajoutés en note.* Les deux Religieux Servites qui nous ont donné le Catalogue Latin des Ecrivains de Florence, y ont très mal réussi, & j'ignore en quel sens leur ouvrage est appelé fort accompli, puisqu'il péche par tout dans le stile, & presque par tout dans les faits.
93	3	B	Chrysade,	Chrysalde
112	6	A	θλιρκάψαι	θλίψαι χράψαι
——	1	B	οἱ δὲ	οἷς
121	1	——	par principe	par principes
157	5	——	que l'anacronisme touchant Bellarmin en étoit uniquement à l'art. 739. quoique dès 1686.	que l'anachronisme touchant Bellarmin étoit uniquement à l'art. 739. quoique dès 1686.
165	9		16. Janvier	18. Janvier
167		d	soixante-quatorziéme	soissante & quatorzième
170	6	A	Bellano	Belluno
176		d	—— *Ajoutés.* Alexandre Varet Parisien né l'an 1632. mourut le 1. Aout 1676, & non pas 1685. ou, comme dit du Pin, vers 1686.	
185	3	B	εἰσγνωτο τῦ νομα	εἰσηνῶτο τῦ νομα
——	11	——	ὁ ὀνυκζορῶ	ὀνομάζορῶ
187	6	A	motachronisme	métachronisme
190	6	B	de Porphirion, du Scholiaste anonyme, de Cruquius,	de Porphyrion, du Scholiaste anonyme de Cruquius,
194	8	——	nous avons eu en la place	nous avons en la place
206	5	A	ni Collecet	ni de Colletet
——	3	B	& par *Hysmenie*.	& par *Hysmine*.
214	15	A	On pourroit	On pourroit
216	2	——	l'article avant	l'article *le* avant
218	9	B	Politien Calderin,	Politien, Calderin,
219	1		latines	Latines
——	5	A	ou comme celle	ou Noble Romain, comme celle
233	9		Amendolava	Amendolara
237	8		Pierre Carabin	Pierre Cara l'un
——	30		*quam*	*quum*
——	31		*sæculo*	*sæculo*
238	5		Craquius	Cruquius
239	5		*Mœcenatis*	*Mæcenatis*
240	16		1417.	1415.
241	33		*Quidam*	*Quidam*
250	2	A.	Cosimo	Cosimo
254	21		*gratulatus sum*	*gratulatus sum*
——	5	B	*imitator*	*imitatur*
264	8		imité	imités

Pag.	Lig.	Col.	Fautes	Corrections
287	6	A	Grinæus,	Grynæus,
289	1	B	Trévisanne,	Trévisane,
292	2	--	dizième	quinzième
377	5	--	Matman.	Matman,
387	2	A	Il le dit lui-même	Il le dit si expressément lui-même
413	12	--	ἀπροσδονόστ⊕	ἀπροσδονύσως
446	2	--	après sa 80. année. *ajoutés*: Il étoit d'Altembourg en Misnie.	Altemberg est en Transsylvanie.
500	1	B	l'Odissée,	l'Odyssée,
543	6	--	Glose.	Gloses.
561	4	--	Humanité	Humanités
584	5	--	Werstein.	Werstein
----	7	--	*au lieu* du volume &c. *lisés* du livre 4. de sa Bibliothèque Grecque chap. 33.	
587	4	A	qui a donné le nom au Dictionnaire de Suïdas, par éxemple qui citeroit le Scholiaste d'Apollonius Stephanus, &c.	qui a donné le nom au Dictionnaire; du Suïdas, par éxemple, que citent le Scholiaste d'Apollonius, Stephanus &c.
589	8	B	de celle de Gadius.	de celles de Gudius
591	7	A	*Crastono*	*Crastono*
593	4	B	Rorberson	Robertson
608	9	A	du	de
609	5	--	ses	ces
621	1	--	1502.	1602.
632	23	--	décisif	décisive.

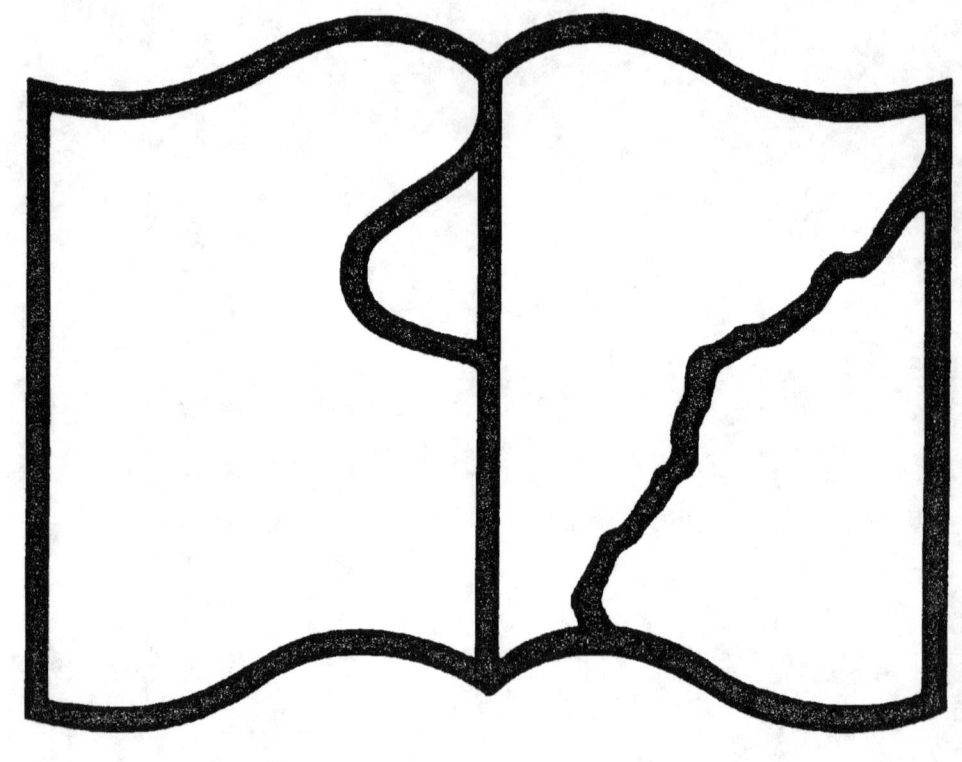

Texte détérioré — reliure défectueuse

NF Z 43-120-11

Contraste insuffisant

NF Z 43-120-14

www.ingramcontent.com/pod-product-compliance
Lightning Source LLC
Chambersburg PA
CBHW050321020526
44117CB00031B/1327